Bled

Poche

Correcteur d'orthographe

hachette

Table des matières

Le **Bled Poche Correcteur d'orthographe** est édité sous la direction de Cécile Labro

Responsable de projet : Jean-Benoit Ormal-Grenon

Informatique éditoriale et mise en page : Nord Compo multimédia

Couverture : Mélissa Chalot

Fabrication : Pascal Thomas

ISBN 978-2-01-395064-0

58, rue Jean Bleuzen, 92178 Vanves Cedex

www.hachette-education.fr

Imprimé en Espagne par Macrolibros
Dépôt légal : mai 2015 - Édition 01 - 54/2235/4

PRÉSENTATION

Un dictionnaire traditionnel se consulte non seulement pour connaître le sens d'un mot, mais aussi son orthographe ; son format n'est cependant pas adapté au transport et sa maniabilité est souvent peu engageante lorsqu'il s'agit d'aller y vérifier une simple orthographe.

Le **Bled Poche Correcteur d'orthographe** est un outil qui vous permettra en toute occasion de contrôler rapidement et de manière fiable l'orthographe d'un mot, un accord ou une forme conjuguée.

Sa nomenclature rassemble **60 000 mots**, couvrant ainsi l'essentiel de la langue dans son usage au quotidien ainsi que dans de nombreux domaines de spécialité. Les **variantes orthographiques** courantes et celles issues des **rectifications de l'orthographe** sont prises en compte : en règle générale, celles-ci sont présentées à la suite de l'entrée principale. Les **pluriels atypiques et** ceux **des mots composés** sont indiqués. Pour les **verbes**, un numéro permet au lecteur de consulter le tableau de conjugaison correspondant, fourni en fin d'ouvrage.

Comme dans un dictionnaire classique, la catégorie grammaticale donnée pour chaque entrée renseigne sur l'usage syntaxique du mot et permet de distinguer les homonymes (le verbe *aller* et le nom *aller*, par exemple). Dans le cas d'homonymes ayant la même catégorie grammaticale, comme par exemple *tante* et *tente*, une indication sémantique aide le lecteur à sélectionner le mot qu'il recherche.

Enfin, les annexes présentent les **règles de la nouvelle orthographe**, qui tendent à supprimer certaines anomalies, exceptions ou irrégularités de la langue française, les **règles d'accord du participe passé**, qui est un des points de grammaire sur lequel les usagers du français ont souvent des doutes, et la **liste des préfixes et suffixes**, pour aider tous les utilisateurs à mieux comprendre et à mieux écrire les mots composés.

Le **Bled Poche Correcteur d'orthographe** a été conçu pour que – dans le cartable ou au bureau, qu'il s'agisse de rédiger un devoir, un compte-rendu ou une lettre – vous ayez sous la main toutes les réponses à vos questions d'orthographe.

ABRÉVIATIONS EMPLOYÉES DANS CE DICTIONNAIRE

a	adjectif	*nf*	nom féminin
af	adjectif féminin	*nf pl*	nom féminin pluriel
am	adjectif masculin	*nm*	nom masculin
art	article	*nm pl*	nom masculin pluriel
av	adverbe	*num*	numéral
conj	conjonction	*pers*	personnel
déf	défini	*poss*	possessif
dém	démonstratif	*pr*	pronom
impers	impersonnel	*prép*	préposition
ind, indéf	indéfini	*vi*	verbe intransitif
interj	interjection	*vpr*	verbe pronominal
inv	invariable	*vt*	verbe transitif
loc	locution	*vti*	verbe transitif indirect
n	nom		

Dans cet ouvrage, les entrées sont accompagnées :

de **formes fléchies du féminin et du pluriel**, dans le cas des noms et des adjectifs :
abdominal, ale, aux *a*
généticien, enne *n*

de **variantes orthographiques**, dont celles issues des *Rectifications de l'orthographe* :
connaître ou **connaitre** *vt 1*
bougainvillée *nf* ou **bougainvillier** *nm*
révolver ou **revolver** *nm*

de l'indication des **pluriels atypiques ou de ceux des mots composés** :
confessionnal *nm Des confessionnaux.*
cellule-souche *nf Des cellules-souches.*

de **renvois vers les tableaux de conjugaison** en fin d'ouvrage :
avoir *vt 7*
acquiescer *vti 10*

a

a *nm*
à *prép*
aa *nm*
abaca *nm*
abacost *nm*
abaissable *a*
abaissant, ante *a*
abaisse *nf*
abaisse-langue *nm Des abaisse-langues.*
abaissement *nm*
abaisser *vt* ***1***
abaisseur *nm*
abajoue *nf*
abalone *nm*
abandon *nm*
abandonnataire *n*
abandonnateur, trice *n*
abandonner *vt, vi, vpr* ***1***
abandonnique *a, n*
abaque *nm*
abasourdir *vt* ***2***
abasourdissant, ante *a*
abasourdissement *nm*
abâtardir *vt* ***2***
abâtardissement *nm*
abatis *nm*
abat-jour *nm Des abat-jours ou abat-jour.*
abats *nm pl*
abat-son *nm Des abat-sons.*
abattage *nm*
abattant *nm*
abattée *nf*
abattement *nm*
abatteur *nm*
abattis *nm*
abattoir *nm*
abattre *vt, vpr* ***77***
abattu, ue *a*
abat-vent *nm Des abat-vents.*
abaya *nf*
abbatial, ale, aux *a, nf*
abbaye *nf*
abbé *nm*
abbesse *nf*
abbevillien, enne *n, a*
abc *nm inv*
abcéder (s') *vpr* ***14***
abcès *nm*
abdication *nf*
abdiquer *vt* ***1***
abdomen *nm*
abdominal, ale, aux *a, n*
abdos *nm pl*
abducteur *a, nm*
abductif, ive *a*
abduction *nf*
abécédaire *nm*
abeille *nf*
abélia ou **abélie** *nm*
abélien, enne *a*
aber *nm*
aberdeen-angus *n inv*
aberrance *nf*
aberrant, ante *a*
aberration *nf*
abêtir *vt* ***2***
abêtissant, ante *a*
abêtissement *nm*
abhorrer *vt* ***1***
abiétacée *nf*
abîme ou **abime** *nm*
abîmer ou **abimer** *vt, vpr* ***1***
ab intestat *av*
abiotique *a*
abject, ecte *a*
abjectement *av*
abjection *nf*
abjuration *nf*
abjurer *vt* ***1***
ablatif, ive *a*
ablatif *nm*
ablation *nf*
able *nm*
ablégat *nm*
ableret ou **ablier** *nm*
ablette *nf*
ablier ou **ableret** *nm*
ablution *nf*
abnégation *nf*
aboi *nm*
aboiement *nm*
abolir *vt* ***2***
abolition *nf*
abolitionnisme *nm*
abolitionniste *a, n*
abomasum *nm*
abominable *a*
abominablement *av*
abomination *nf*
abominer *vt* ***1***
abondamment *av*
abondance *nf (quantité)*
abondance *nm (fromage)*
abondant, ante *a*
abondement *nm*
abonder *vt, vi* ***1***
abonné, ée *a, n*
abonnement *nm*
abonner *vt* ***1***
abonnir *vt* ***2***
abord *nm*
abordable *a*
abordage *nm*
aborder *vt, vi* ***1***
aborigène *a, n*
abornement *nm*
aborner *vt* ***1***
abortif, ive *a, nm*
abouchement *nm*
aboucher *vt, vpr* ***1***
aboudhabien, enne *a, n*
abouler *vpr* ***1***
aboulie *nf*
aboulique *a, n*
about *nm*
aboutement *nm*
abouter *vt* ***1***
abouti, ie *a*
aboutir *vi, vti* ***2***
aboutissement *nm*
aboyer *vi* ***22***
aboyeur, euse *n*
abracadabra *interj*
abracadabrant, ante ou **abracadabrantesque** *a*
abraser *vt* ***1***
abrasif, ive *a, nm*
abrasion *nf*
abraxas *nm*
abréaction *nf*
abréagir *vi* ***3***
abrégé *nm*
abrègement ou **abrégement** *nm*
abréger *vt* ***13***
abreuver *vt, vpr* ***1***
abreuvoir *nm*
abréviatif, ive *a*
abréviation *nf*
abréviativement *av*
abri *nm*
abribus *nm Nom déposé*
abricot *nm*
abricotier *nm*
abri-sous-roche *nm Des abris-sous-roche.*
abrité, ée *a*
abriter *vt* ***1***
abrogatif, ive *a*
abrogation *nf*
abrogatoire *a*
abrogeable *a*
abroger *vt* ***11***
abrupt, upte *a, nm*
abruptement *av*
abruti, ie *a, n*
abrutir *vt* ***2***
abrutissant, ante *a*
abrutissement *nm*
abruzzais, aise *a, n*
ABS *nm*
abscisse *nf*
abscons, onse *a*
absence *nf*
absent, ente *a, n*
absentéisme *nm*
absentéiste *a, n*
absenter (s') *vpr* ***1***
absidal ou **absidial, ale, aux** *a*
abside *nf*
absidiole *nf*
absinthe *nf*
absinthisme *nm*
absolu, ue *a, nm*
absoluité *nf*
absolument *av*

absolution *nf*
absolutisme *nm*
absolutiste *a, n*
absolutoire *a*
absorbant, ante *a*
absorber *vt, vpr* ***1***
absorbeur *nm*
absorptiométrie *nf*
absorptiométrique *a*
absorption *nf*
absoudre *vt* ***51***
absout ou **absous, oute** *a*
absoute *nf*
abstème *a, n*
abstenir (s') *vpr* ***35***
abstention *nf*
abstentionnisme *nm*
abstentionniste *a, n*
abstinence *nf*
abstinent, ente *a, n*
abstract *nm*
abstraction *nf*
abstraire *vt, vpr* ***74***
abstrait, aite *a, nm*
abstraitement *av*
abstrus, use *a*
absurde *a, nm*
absurdement *av*
absurdité *nf*
abus *nm*
abuser *vt, vti* ***1***
abuseur *nm*
abusif, ive *a*
abusivement *av*
abutilon *nm*
abyssal, ale, aux *a*
abysse *nm*
abyssin *nm*
abzyme *nf*
acabit *nm*
acacia *nm*
académicien, enne *n*
académie *nf*
académique *a*
académiquement *av*
académisme *nm*
acadianisme *nm*
acadien *nm*
acadien, enne *a, n*
açai *nm*
acajou *nm*
acalculie *nf*
acalèphe *nm*
acalorique *a*
acanthacée *nf*
acanthaire *nm*
acanthaster *nf*
acanthe *nf*
acanthocéphale *nm*
acanthocyte *nm*
acanthocytose *nf*
acanthoptérygien *nm, am*
acanthose *nf*
a cappella *av*
acara ou **acra** *nm*
acare *nm*
acariâtre *a*
acaricide *a, nm*
acarien *nm*
acariose *nf*
acarologie *nf*
acarologique *a*
acatalepsie *nf*
acataleptique *a, n*
acaule *a*
accablant, ante *a*
accablement *nm*
accabler *vt* ***1***
accalmie *nf*
accaparant, ante *a*
accaparement *nm*
accaparer *vt* ***1***
accapareur, euse *n*
accastillage *nm*
accastiller *vt* ***1***
accédant, ante *n*
accéder *vti* ***12***
accélérando ou **accelerando** *av*
accélérateur, trice *a, nm*
accélération *nf*
accéléré *nm*
accélérer *vt, vi, vpr* ***12***
accéléromètre *nm*
accent *nm*
accenteur *nm*
accentuation *nf*
accentué, ée *a*
accentuel, elle *a*
accentuer *vt* ***1***
acceptabilité *nf*
acceptable *a*
acceptant, ante *a, n*
acceptation *nf*
accepter *vt* ***1***
accepteur *nm*
acception *nf*
accès *nm*
accessibilité *nf*
accessible *a*
accession *nf*
accessit *nm*
accessoire *a, nm*
accessoirement *av*
accessoirisation *nf*
accessoiriser *v* ***1***
accessoiriste *n*
accident *nm*
accidenté, ée *a, n*
accidentel, elle *a*
accidentellement *av*
accidenter *vt* ***1***
accidentogène *a*
accidentologie *nf*
accidentologique *a*
accidentologue *n*
accipitriforme *nm*
accises *nf pl (impôts)*
acclamation *nf*
acclamer *vt* ***1***
acclimatable *a*
acclimatation *nf*
acclimatement *nm*
acclimater *vt* ***1***
accointances *nf pl*
accolade *nf*
accolement *nm*
accoler *vt* ***1***
accommodant, ante *a*
accommodat *nm*
accommodation *nf*
accommodement *nm*
accommoder *vt, vpr* ***1***
accompagnant, ante *n*
accompagnateur, trice *n*
accompagnement *nm*
accompagner *vt, vpr* ***1***
accompli, ie *a, nm*
accomplir *vt, vpr* ***2***
accomplissement *nm*
accon ou **acon** *nm*
acconage ou **aconage** *nm*
acconier *nm*
accord *nm*
accordailles *nf pl*
accord-cadre *nm Des accords-cadres.*
accordéon *nm*
accordéoniste *n*
accorder *vt, vpr* ***1***
accordeur, euse *n*
accordoir *nm*
accore *nm ; a, nf*
accort, orte *a*
accostage *nm*
accoster *vt* ***1***
accotement *nm*
accoter *vt* ***1***
accotoir *nm*
accouchée *nf*
accouchement *nm*
accoucher *vt, vti* ***1***
accoucheur, euse *n*
accouder (s') *vpr* ***1***
accoudoir *nm*
accouplement *nm*
accoupler *vt, vpr* ***1***
accourir *vi* ***25***
accoutrement *nm*
accoutrer *vt* ***1***
accoutumance *nf*
accoutumé, ée *a*
accoutumer *vt, vpr* ***1***
accouvage *nm*
accréditation *nf*
accréditer *vt, vpr* ***1***
accréditeur, euse *n*
accréditif, ive *a, nm*
accrescent, ente *a*
accrétion *nf*
accro *a, n (dépendant)*
accrobranche ou **acrobranche** *nm Nom déposé*

accroc *nm (déchirure)*
accrochage *nm*
accroche *nf*
accroche-cœur *nm Des accroche-cœurs.*
accroche-plat *nm Des accroche-plats.*
accrocher *vt, vi, vpr* ***1***
accrocheur, euse *a*
accroire *vt*
accroissement *nm*
accroître ou **accroitre** *vt* ***59***
accroupir (s') *vpr* ***2***
accroupissement *nm*
accru, ue *a, nm*
accrue *nf*
accu *nm*
accueil *nm*
accueillant, ante *a*
accueillir *vt* ***26***
acculement *nm*
acculer *vt* ***1***
acculturation *nf*
acculturer *vt* ***1***
accumulateur *nm*
accumulation *nf*
accumuler *vt* ***1***
accusateur, trice *a, n*
accusatif *nm*
accusation *nf*
accusatoire *a*
accusé, ée *n*
accuser *vt* ***1***
ace *nm (au tennis)*
acéphale *a*
acéracée *nf*
acerbe *a*
acerbité *nf*
acéré, ée *a*
acérer *vt* ***12***
acéricole *a*
acériculteur, trice *n*
acériculture *nf*
acescence *nf*
acescent, ente *a*
acétabulaire *nf*
acetabulum *nm*
acétal *nm*
acétaldéhyde *nm*
acétamide *nm*
acétate *nm*
acétification *nf*
acétifier *vt* ***1***
acétique *a (vinaigre)*
acétobacter *nm inv*
acétone *nf*
acétonémie *nf*
acétonémique *a*
acétonurie *nf*
acétonurique *a*
acétylcellulose ou **acétocellulose** *nf*
acétylcholine *nf*
acétylcoenzyme A *nf*
acétyle *nm*
acétylène *nm*
acétylénique *a*
acétylsalicylique *a*
achaine ou **akène** *nm*
achalandage *nm*
achalandé, ée *a*
achalander *vt* ***1***
achalant, ante *a, n*
achaler *vt* ***1***
achards *nm pl*
acharné, ée *a*
acharnement *nm*
acharner (s') *vpr* ***1***
achat *nm*
achatine *nf*
ache *nf*
acheb *nm*
acheminement *nm*
acheminer *vt* ***1***
achetable *a*
achète *nm*
acheter *vt* ***17***
acheteur, euse *n*
acheuléen, enne *a, nm*
achevé, ée *a*
achèvement *nm*
achever *vt* ***15***
achigan *nm*
achillée *nf*
achiral, ale, aux *a*
achondrite *nf*
achondroplase *a, n*
achondroplasie *nf*
achondroplasique *a*
achoppement *nm*
achopper *vi* ***1***
achromatine *nf*
achromatique *a*
achromatisme *nm*
achromatopsie *nf*
achronique *a*
achronique *a*
aciculaire ou **aciculé, ée** *a*
acidalie *nf*
acide *a, nm*
acidifiable *a*
acidifiant *a, nm*
acidification *nf*
acidifier *vt* ***1***
acidimètre *nm*
acidimétrie *nf*
acidimétrique *a*
acidité *nf*
acid jazz *nm*
acidobasique *a*
acidocétose *nf*
acidophile *a*
acidose *nf*
acidulé, ée *a*
aciduler *vt* ***1***
acier *nm*
aciérage *nm*
aciérer *vt* ***12***
aciérie *nf*
aciériste *n*
acinétien *nm*
acinétobacter *nm*
acineux, euse *a*
acinus *nm Des acinus ou acini.*
aclinique *a*
acmé *nm*
acné *nf*
acnéique *a, n*
acœlomate *nm*
acolytat *nm*
acolyte *nm*
acompte *nm*
acon ou **accon** *nm*
aconage ou **acconage** *nm*
aconier *nm*
aconit *nm*
aconitine *nf*
a contrario *a, av*
acoquinement *nm*
acoquiner (s') *vpr* ***1***
acore *nf*
açoréen, enne *a, n*
à-côté *nm*
acotylédone *a*
à-coup *nm*
acouphène *nm*
acousticien, enne *n*
acoustique *a, nf*
acquéreur *nm*
acquérir *vt* ***34***
acquêt *nm*
acquiescement *nm*
acquiescer *vti* ***10***
acquis, ise *a, nm (expérience)*
acquisitif, ive *a*
acquisition *nf*
acquit *nm (quittance)*
acquit-à-caution *nm Des acquits-à-caution.*
acquitté, ée *n*
acquittement *nm*
acquitter *vt, vpr* ***1***
acra ou **acara** *nm*
acre *nf (mesure)*
âcre *a*
âcreté *nf*
acridien *nm*
acridologie *nf*
acridologique *a*
acridologue *n*
acrimonie *nf*
acrimonieusement *av*
acrimonieux, euse *a*
acrobate *nm*
acrobatie *nf*
acrobatique *a*
acrobatiquement *av*
acrobranche ou **accrobranche** *nm Nom déposé*
acrocéphalie *nf*
acroclinium ou **acroclinie** *nm*
acrocyanose *nf*
acroléine *nf*

acromégalie *nf*
acromion *nm*
acronyme *nm*
acronymie *nf*
acropole *nf*
acrosome *nm*
acrosport *nm*
acrostiche *nm*
acrotère *nm*
acrylique *a, n*
acrylonitrile *nm*
actanciel, elle *a*
actant *nm*
acte *nm*
actée *nf*
acter *vt* ***1***
acteur, trice *n*
actif, ive *a, n*
acting out *nm inv*
actinide *nm*
actinidia *nm*
actinie *nf*
actinique *a*
actinistien *nm*
actinite *nf*
actinium *nm*
actinologie *nf*
actinologique *a*
actinométrie *nf*
actinométrique *a*
actinomorphe *a*
actinomycète *nf*
actinomycose *nf*
actinopode *nm*
actinoptérygien *nm*
actinote *nf*
action *nf*
actionnaire *n*
actionnarial, ale, aux *a*
actionnariat *nm*
actionner *vt* ***1***
actionneur *nm*
actionnisme *nm*
activateur, trice *a, nm*
activation *nf*
activement *av*
activer *vt, vpr* ***1***
activisme *nm*
activiste *a, n*
activité *nf*
actomyosine *nf*
actu *nf*
actuaire *n*
actualisation *nf*
actualiser *vt* ***1***
actualisme *nm*
actualité *nf*
actuariat *nm*
actuariel, elle *a*
actuel, elle *a*
actuellement *av*
acuité *nf*
aculéate *nm*
acuminé, ée *a*
acuponcteur, trice *n*
acupressing *nm* ou **acupression** *nf* ou **acupressure** *nf*
acupuncteur *n*
acupuncture ou **acuponcture** *nf*
acutangle *a*
acyclique *a*
acyle *nm*
adage *nm*
adagio *av, nm*
adamantin, ine *a*
adamite *nm*
adaptabilité *nf*
adaptable *a*
adaptateur, trice *nm*
adaptatif, ive *a*
adaptation *nf*
adapter *vt, vpr* ***1***
addax *nm*
addenda *nm Des addendas ou addenda.*
addict *n*
addictif, ive *a, nm*
addiction *nf*
addictivité *nf*
addictologie *nf*
addictologique *a*
addictologue *n*
additif, ive *a, nm*
addition *nf*
additionnel, elle *a*
additionner *vt* ***1***
additionneur *nm*
additivé, ée *a*
adducteur *a, nm*
adduction *nf*
adduit *nm*
adénine *nf*
adénite *nf*
adénocarcinome *nm*
adénogramme *nm*
adénoïde *a*
adénome *nm*
adénopathie *nf*
adénosine *nf*
adénosine-phosphate *nf Des adénosines-phosphates.*
adénoviral, ale, aux *a*
adénovirus *nm*
adent *nm*
adepte *n*
adéquat, ate *a*
adéquatement *av*
adéquation *nf*
adhérence *nf*
adhérent, ente *a, n*
adhérer *vti* ***12***
adhésif, ive *a, nm*
adhésion *nf*
adhésivité *nf*
ad hoc *a*
ad hominem *a*
adiabatique *a, nf*
adiabatisme *nm*
adiante *nm*
adieu *interj, nm*
à Dieu va ! ou **à Dieu vat** *interj*
adipeux, euse *a*
adipocyte *nm*
adipogène *a*
adipolyse *nf*
adipose *nf*
adiposité *nf*
adiposogénital, ale, aux *a*
adivasi *n*
adjacent, ente *a*
adjectif, ive *nm, a*
adjectival, ale, aux *a*
adjectivement *av*
adjectiver *vt* ***1***
adjoindre *vt* ***62***
adjoint, ointe *a, n*
adjonction *nf*
adjudant *n* ou **adjudante** *nf*
adjudant-chef *n* ou **adjudante-chef** *nf Des adjudants-chefs.*
adjudicataire *n*
adjudicateur, trice *n*
adjudication *nf*
adjuger *vt* ***11***
adjuration *nf*
adjurer *vt* ***1***
adjuvant, ante *nm, a*
ad libitum *av*
ad litem *a*
ADM *nf pl*
admettre *vt* ***64***
administrable *a*
administrateur, trice *n*
administratif, ive *a, n*
administration *nf*
administrativement *av*
administré, ée *n, a*
administrer *vt* ***1***
admirable *a*
admirablement *av*
admirateur, trice *n*
admiratif, ive *a*
admiration *nf*
admirativement *av*
admirer *vt* ***1***
admis, ise *a, n*
admissibilité *nf*
admissible *a*
admission *nf*
admittance *nf*
admonestation *nf*
admonester *vt* ***1***
admonition *nf*
ADN *nm*
adné, ée *a*
ado *n (jeune)*
adobe *nm*
adolescence *nf*
adolescent, ente *n, a*
adonis *n*
adonner (s') *vpr* ***1***
adoptable *a, n*

adoptant, ante *a, n*
adopté, ée *a, n*
adopter *vt* ***1***
adoptif, ive *a*
adoption *nf*
adorable *a*
adorablement *av*
adorateur, trice *n*
adoration *nf*
adorer *vt* ***1***
ados *nm (talus)*
adossement *nm*
adosser *vt* ***1***
adoubement *nm*
adouber *vt* ***1***
adoucir *vt, vpr* ***2***
adoucissage *nm*
adoucissant, ante *a, nm*
adoucissement *nm*
adoucisseur *nm*
ad patres *av*
adragante *nf*
adrénaline *nf*
adrénergique *a, nm*
adrénolytique *a, nm*
adressage *nm*
adresse *nf*
adresser *vt, vpr* ***1***
adret *nm*
adroit, oite *a*
adroitement *av*
ADSL *nm*
adsorbant, ante *a*
adsorber *vt* ***1***
adsorption *nf*
adstrat *nm*
adulaire *nf*
adulateur, trice *n*
adulation *nf*
aduler *vt* ***1***
adulescent, ente *a, n*
adulte *a, n*
adultération *nf*
adultère *a, n*
adultérer *vt* ***14***
adultérin, ine *a*
adultisme *nm*
advection *nf*
advenir *vi* ***35***
adventice *a*
adventif, ive *a*
adventiste *n, a*
adverbe *nm*
adverbial, ale, aux *a*
adverbialement *av*
adversaire *n*
adversatif, ive *a*
adverse *a*
adversité *nf*
ad vitam æternam *av*
adynamie *nf*
aède *nm*
ægopodium ou **égopodium** *nm*
ægosome ou **égosome** *nm*
ægyrine ou **égyrine** *nm*
æpyornis ou **épyornis** *nm*
aérage *nm*
aérateur *nm*
aération *nf*
aéraulique *nf, a*
aéré, ée *a*
aérer *vt, vpr* ***12***
aérien, enne *a, nm*
aérifère *a*
aérium *nm*
aérobic *nm*
aérobie *a, nf*
aérobiologie *nf*
aérobiologique *a*
aérobiologiste *n*
aérobiose *nf*
aéroclub ou **aéro-club** *nm Des aéroclubs.*
aérocolie *nf*
aérocondenseur *nm*
aérodigestif, ive *a*
aérodrome *nm*
aérodynamicien, enne *n*
aérodynamique *nf, a*
aérodynamisme *nm*
aérodyne *nm*
aérofrein *nm*
aérogare *nf*
aérogastrie *nf*
aérogel *nm*
aérogénérateur *nm*
aéroglisseur *nm*
aérogramme *nm*
aérographe *nm*
aérolithe ou **aérolite** *nf*
aérologie *nf*
aérologique *a*
aéromobile *a*
aéromobilité *nf*
aéromodélisme *nm*
aéromodéliste *n*
aéromonas *nm*
aéronaute *n*
aéronautique *a, nf*
aéronaval, ale, als *a*
aéronef *nm*
aéronomie *nf*
aérophagie *nf*
aéroplane *nm*
aéroport *nm*
aéroporté, ée *a*
aéroportuaire *a*
aéropostal, ale, aux *a*
aéroréfrigérant, ante *a, nm*
aérosol *nm*
aérospatial, ale, aux *a, nf*
aérostat *nm*
aérostation *nf*
aérostatique *a, nf*
aérostier *nm*
aéroterrestre *a*
aérothermie *nf*
aérothermique *a*
aérotrain *nm Nom déposé*
aérotransporté, ée *a*
aéroville *nf*
æschne *nf*
æthuse ou **éthuse** *nf*
affabilité *nf*
affable *a*
affablement *av*
affabulateur, trice *a, n*
affabulation *nf*
affabuler *vt, vi* ***1***
affacturage *nm*
affadir *vt* ***2***
affadissant, ante *a*
affadissement *nm*
affaibli, ie *a*
affaiblir *vt, vpr* ***2***
affaiblissant, ante *a*
affaiblissement *nm*
affaire *nf*
affairé, ée *a*
affairement *nm*
affairer (s') *vpr* ***1***
affairisme *nm*
affairiste *nm*
affaissement *nm*
affaisser *vt, vpr* ***1***
affalement *nm*
affaler *vt, vpr* ***1***
affamé, ée *a*
affamer *vt* ***1***
affameur, euse *n*
affect *nm*
affectation *nf*
affecté, ée *a*
affecter *vt, vpr* ***1***
affectif, ive *a*
affection *nf*
affectionné, ée *a*
affectionner *vt* ***1***
affectivement *av*
affectivité *nf*
affectueusement *av*
affectueux, euse *a*
afférent, ente *a*
affermage *nm*
affermer *vt* ***1***
affermir *vt* ***2***
affermissement *nm*
affèterie ou **afféterie** *nf*
affichable *a*
affichage *nm*
affiche *nf*
afficher *vt, vpr* ***1***
affichette *nf*
afficheur *nm*
affichiste *n*
affichothèque *nf*
affidavit *nm*
affidé, ée *a, nm*
affilage *nm*
affilé, ée *a*
affilée (d') *av*
affiler *vt* ***1***

affiliation *nf*
affilié, ée *a, n*
affilier *vt, vpr* ***1***
affin, ine *a*
affinage *nm*
affinement *nm*
affiner *vt, vpr* ***1***
affineur, euse *n*
affinitaire *a*
affinité *nf*
affiquet *nm*
affirmatif, ive *a*
affirmation *nf*
affirmativement *av*
affirmer *vt* ***1***
affixal, ale, aux *a*
affixe *nm (GRAM)*
affixe *nf (MATH)*
affixé, ée *a*
affleurement *nm*
affleurer *vt, vi* ***1***
afflictif, ive *a*
affliction *nf*
affligeant, ante *a*
affliger *vt, vpr* ***11***
affluence *nf*
affluent *nm*
affluer *vi* ***1***
afflux *nm*
affolant, ante *a*
affolement *nm*
affoler *vt* ***1***
affouage *nm*
affouillement *nm*
affouiller *vt* ***1***
affouragement *nm*
affourager *vt* ***13***
affourcher *vi* ***1***
affranchi, ie *a, n*
affranchir *vt* ***2***
affranchissement *nm*
affres *nf pl*
affrètement *nm*
affréter *vt* ***14***
affréteur *nm*
affreusement *av*
affreux, euse *a*
affriander *vt* ***1***
affriolant, ante *a*
affrioler *vt* ***1***
affriquée *af, nf*
affront *nm*
affrontement *nm*
affronter *vt, vpr* ***1***
affubler *vt* ***1***
affusion *nf*
affût ou **affut** *nm*
affutage *nm*
affûtage *nm*
affûté, ée ou **affuté, ée** *a*
affûter ou **affuter** *vt* ***1***
affûteur, euse ou **affuteur, euse** *n*
affûtiaux ou **affutiaux** *nm pl*
afghan, ane *a*
afghani *nm*
afghanisation *nf*
aficionado, da *n*
afin de *prép*
afin que *conj*
aflatoxine *nf*
afocal, ale, aux *a*
à-fonds *nm pl*
a fortiori *av*
africain, aine *a, n*
africain-américain, aine *a, n*
africains-américains
africanisation *nf*
africaniser *vt* ***1***
africanisme *nm*
africaniste *n*
afrikaans *nm*
afrikander ou **afrikaner** *a, n*
afro *a inv*
afro-américain, aine *a, n*
afro-asiatique *a, nm*
afro-beat *nm*
afro-brésilien, enne *a, n*
afro-centrisme *nm*
afro-centriste *a, n*
afro-cubain, aine *a, n*
afro-rock *nm*
aftershave *nm*
AG *nf*
agaçant, ante *a*
agace ou **agasse** *nf*
agacement *nm*
agacer *vt* ***10***
agaceries *nf pl*
agalactie ou **agalaxie** *nf*
agame *nm*
agamète *nf*
agami *nm*
agamidé *nm*
agamie *nf*
agammaglobulinémie *nf*
agapanthe *nf*
agape *nf*
agar-agar *nm Des agars-agars.*
agaric *nm*
agaricacée *nf*
agaricale *nf*
agasse ou **agace** *nf*
agate *nf*
agave *nm*
age *nm (agriculture)*
âge *nm (période, années)*
âgé, ée *a*
agenais, aise *a, n*
agence *nf*
agencement *nm*
agencer *vt* ***10***
agencier, ère *n*
agenda *nm*
agénésie *nf*
agenouillement *nm*
agenouiller (s') *vpr* ***1***
agent *nm*
agératum ou **agérate** *nm*
aggiornamento *nm*
agglo *nm*
agglomérat *nm*
agglomération *nf*
aggloméré *nm*
agglomérer *vt* ***12***
agglutinable *a*
agglutinant, ante *a*
agglutination *nf*
agglutiner *vt* ***1***
agglutinine *nf*
agglutinogène *nm*
aggravant, ante *a*
aggravation *nf*
aggravée *nf*
aggraver *vt, vpr* ***1***
agha *nm*
agile *a*
agilement *av*
agilité *nf*
agio *nm*
a giorno *av, a*
agiotage *nm*
agioter *vi* ***1***
agioteur, euse *n*
agir *vi, vpr impers* ***2***
âgisme *nm*
agissant, ante *a*
agissements *nm pl*
agitateur, trice *nm*
agitation *nf*
agitato *av*
agité, ée *a, n*
agiter *vt, vpr* ***1***
agit-prop *nf*
aglobulie *nf*
aglosse ou **aglossa** *nf*
aglyphe *a*
agnat *nm*
agnathe *nm*
agnation *nf*
agnatique *a*
agneau *nm*
agnelage *nm*
agnelée *nf*
agneler *vi* ***16***
agnelet *nm*
agnelin *nm*
agneline *nf*
agnelle ou **agnèle** *nf*
agnosie *nf*
agnosique *a, n*
agnosticisme *nm*
agnostique *a, n*
agnus-castus *nm inv*
agnus Dei *nm inv*
agonie *nf*
agonir *vt* ***2***
agonisante, ante *a, n*
agoniser *vi* ***1***
agoniste *a, nm*
agora *nf*
agoraphobe *a, n*
agoraphobie *nf*

agouti *nm*
agrafage *nm*
agrafe *nf*
agrafer *vt* ***1***
agrafeuse *nf*
agrainage *nm*
agrainer *vt* ***1***
agraire *a*
agrammatical, ale, aux *a*
agrammaticalité *nf*
agrammatique *a*
agrammatisme *nm*
agrandir *vt, vpr* ***2***
agrandissement *nm*
agrandisseur *nm*
agranulocytose *nf*
agraphie *nf*
agrarien, enne *n, a*
agréable *a*
agréablement *av*
agréage *nm*
agréé, éée *a*
agréer *vt, vti* ***8***
agrégat *nm*
agrégateur *nm*
agrégatif, ive *n*
agrégation *nf*
agrégé, ée *n*
agréger *vt* ***13***
agrément *nm*
agrémenter *vt* ***1***
agrès *nm pl*
agresser *vt* ***1***
agresseur *nm*
agressif, ive *a*
agression *nf*
agressivement *av*
agressivité *nf*
agreste *a*
agricole *a*
agriculteur, trice *n*
agriculture *nf*
agriffer (s') *vpr* ***1***
agrile *nm*
agrion *nm*
agripaume *nf*
agrippement *nm*
agripper *vt* ***1***
agritourisme ou **agrotourisme** *nm*
agroalimentaire *a, nm*
agrobiologie *nf*
agrobiologique *a*
agrobiologiste *n*
agrocarburant *nm*
agrochimie *nf*
agrochimique *a*
agrochimiste *n*
agroclimatologie *nf*
agroécologie *nf*
agroécologique *a*
agroenvironnemental, ale, aux *a*
agroforesterie *nf*
agroforestier, ère *a*
agro-industrie *nf*
agro-industriel, elle *a*
agrologie *nf*
agrologique *a*
agronome *nm*
agronomie *nf*
agronomique *a*
agropastoral, ale, aux *a*
agrostide ou **agrostis** *nf*
agrotis ou **agrotide** *nm*
agrotourisme ou **agritourisme** *nm*
agrume *nm*
aguardiente *nf*
aguerrir *vt* ***2***
aguerrissement *nm*
aguets (aux) *av*
agueusie *nf*
aguichage *nm*
aguichant, ante *a*
aguiche *nf*
aguicher *vt* ***1***
aguicheur, euse *a, n*
ah ! *interj*
ahan *nm*
ahaner *vi* ***1***
ahbache *a, n*
ahmadi, ie *a, n*
ahuri, ie *a, n*
ahurir *vt* ***2***
ahurissant, ante *a*
ahurissement *nm*
aï *nm*
aiche ou **esche** ou **èche** *nf*
aidant, ante *n*
aide *n*
aidé, ée *a*
aide-éducateur, trice *n Des aides-éducateurs.*
aide-mémoire *nm Des aide-mémoires ou aide-mémoire.*
aider *vt, vti, vpr* ***1***
aide-soignant, ante *n Des aides-soignants.*
aïe ! *interj*
aïeul, aïeule *n Des aïeuls, aïeules.*
aïeux *nm pl*
aigle *n*
aiglefin ou **aigrefin** ou **églefin** *nm*
aiglon, onne *n*
aigre *a, nm*
aigre-doux, -douce *a aigres-doux, douces*
aigrefin ou **aiglefin** ou **églefin** *nm*
aigrelet, ette *a*
aigrement *av*
aigremoine *nf*
aigrette *nf*
aigreur *nf*
aigri, ie *a*
aigrir *vt, vi* ***2***
aigrissement *nm*
aigu, uë ou **aigu, üe** *a, nm*
aiguail *nm*
aigue-marine *nf Des aigues-marines.*
aiguière *nf*
aiguillage *nm*
aiguillat *nm*
aiguille *nf*
aiguillée *nf*
aiguiller *vt* ***1***
aiguillette *nf*
aiguilleur *nm*
aiguillon *nm*
aiguillonner *vt* ***1***
aiguisage *nm*
aiguise-crayon *nm Des aiguise-crayons.*
aiguisement *nm*
aiguiser *vt* ***1***
aiguisoir *nm*
aïkido *nm*
aïkidoka *n*
ail *nm Des ails ou aulx.*
ailante *nm*
aile *nf*
ailé, ée *a*
aileron *nm*
ailette *nf*
ailier, ère *n*
aillade *nf*
ailler *vt* ***1***
ailleurs *av, nm*
aimable *a*
aimablement *av*
aimant, ante *a*
aimant *nm*
aimantation *nf*
aimanter *vt* ***1***
aïmara *nm*
aimer *vt, vpr* ***1***
aine *nf (anatomie)*
aîné, ée ou **ainé, ée** *a, n (premier-né)*
aînesse ou **ainesse** *nf*
aïnou *nm*
aïnou, oue *a, n*
ainsi *av*
aïoli ou **ailloli** *nm*
air *nm (atmosphère, apparence, mélodie)*
airain *nm*
airbag *nm Nom déposé*
aire *nf (domaine, surface)*
airedale *nm*
airelle *nf*
airer *vi* ***1***
air-miss *nm inv*
ais *nm*
aisance *nf*
aise *nf, a*
aisé, ée *a*
aisément *av*
aisseau *nm*
aisselle *nf*
AIT *nm*
aïto *nm*
aîtres ou **aitres** ou **êtres** *nm pl*
aixois, oise *a, n*
ajaccien, enne *a, n*

ajiste *a, n*
ajointer *vt* ***1***
ajonc *nm*
ajoupa *nm*
ajour *nm*
ajourer *vt* ***1***
ajourné, ée *a, n*
ajournement *nm*
ajourner *vt* ***1***
ajout *nm*
ajoute *nf*
ajouter *vt, vti, vpr* ***1***
ajustable *a*
ajustage *nm*
ajustement *nm*
ajuster *vt* ***1***
ajusteur, euse *n*
ajutage *nm*
akan *nm*
akène ou **achaine** *nm*
akinésie *nf*
akkadien *nm*
akvavit ou **aquavit** *nf*
alabastrite *nf*
alacrité *nf*
alaire *a*
alaise ou **alèse** *nf*
alambic *nm*
alambiqué, ée *a*
alandier *nm*
alanguir *vt* ***2***
alanguissement *nm*
alanine *nf*
alarmant, ante *a*
alarme *nf*
alarmer *vt, vpr* ***1***
alarmisme *nm*
alarmiste *a, n*
alaskien, enne *a, n*
alaterne *nm*
albacore *nm*
albanais *nm*
albanais, aise *a, n*
albanophone *a, n*
albâtre *nm*
albatros *nm*
albédo *nm*
albertain, aine *a, n*
albigeois, oise *a, n*
albinisme *nm*
albinos *a, n*
albite *nf*
albizzia *nm*
albuginée, ée *a, nf*
albugo *nm*
album *nm*
albumen *nm*
albumine *nf*
albuminé, ée *a*
albuminémie *nf*
albumineux, euse *a*
albuminoïde *a, nm*
albuminurie *nf*
albuminurique *a, n*
alcade *nm*
alcali *nm*
alcalimètre *nm*
alcalimétrie *nf*
alcalimétrique *a*
alcalin, ine *a*
alcaliniser *vt* ***1***
alcalinité *nf*
alcalinoterreux, euse *a*
alcaloïde *nm*
alcalose *nf*
alcane *nm*
alcantara *nm Nom déposé*
alcaptone *nf*
alcaptonurie *nf*
alcarazas *nm*
alcazar *nm*
alcène *nm*
alchémille *nf*
alchimie *nf*
alchimique *a*
alchimiste *nm*
alcidé *nm*
alcool *nm*
alcoolat *nm*
alcoolature *nf*
alcoolémie *nf*
alcoolier *nm*
alcoolification *nf*
alcoolique *a, n*
alcoolisable *a*
alcoolisation *nf*
alcoolisé, ée *a*
alcooliser *vt, vpr* ***1***
alcoolisme *nm*
alcoolo *a, n*
alcoolodépendance *nf*
alcoolodépendant, ante *a, n*
alcoologie *nf*
alcoologique *a*
alcoologue *n*
alcoolopathie *nf*
alcoomètre *nm*
alcoométrie *nf*
alcootest ou **alcotest** *nm Nom déposé*
alcôve *nf*
alcoyle *nm*
alcyne *nm*
alcyon *nm*
ALD *nf*
aldactone *nf*
aldéhyde *nm*
aldéhydique *a*
al dente *av*
aldin, ine *a*
aldol *nm*
aldose *nf*
aldostérone *nf*
ale *nf*
aléa *nm*
aléatoire *a*
aléatoirement *av*
alémanique *a, nm*
alençonnais, aise *a, n*
alêne *nf (poinçon)*
alénois *am*
alentour *av*
alentours *nm pl*
aléoute *a, n*
aléoute *nm*
aleph *nm*
alépine *nf*
alérion *nm*
alerte *a ; nf ; interj*
alerter *vt* ***1***
alésage *nm*
alèse ou **alaise** *nf*
aléser *vt* ***14***
aléseur *nm*
aléseuse *nf*
alésoir *nm*
aleurite *nf*
aleurode *nm*
aleurone *nf*
alévi, ie *n, a*
alevin *nm*
alevinage *nm*
aleviner *vt* ***1***
alevinier *nm* ou **alevinière** *nf*
alévisme *nm*
alexandra *nm*
alexandrin, ine *a*
alexandrin *nm*
alexandrin, ine *a, n*
alexandrinisme *nm*
alexandrite *nf*
alexandrium *nm*
alexie *nf*
alezan, ane *a, nm*
alfa *nm*
alfalfa *nm*
alfatier, ère *a*
algal, ale, aux *a*
algarade *nf*
algazelle *nf*
algèbre *nf*
algébrique *a*
algébriquement *av*
algébriste *n*
algérien, enne *a, n*
algérois, oise *a, n*
algicide *a, nm*
algide *a*
algidité *nf*
algie *nf*
alginate *nm*
algine *nf*
alginique *a*
algique *a*
algoculteur, trice *n*
algoculture *nf*
algodystrophie *nf*
algol *nm*
algologie *nf*
algologie *nm*
algologique *a*
algologique *a*

algologue *n*
algologue *n*
algonkien, enne *n, a*
algonquin ou **algonkin** *nm*
algorithme *nm*
algorithmique *a, nf*
algothérapeute *n*
algothérapie *nf*
algue *nf*
alias *av, nm*
alibi *nm*
aliboufier *nm*
alicament *nm*
alicamenteux, euse *a*
alicante *nm*
alidade *nf*
alien *n*
aliénabilité *nf*
aliénable *a*
aliénant, ante *a*
aliénataire *n*
aliénateur, trice *n*
aliénation *nf*
aliéné, ée *a, n*
aliéner *vt, vpr* ***12***
aliéniste *n*
alifère *a*
aliforme *a*
alignement *nm*
aligner *vt, vpr* ***1***
aligot *nm*
aligoté *nm*
aliment *nm*
alimentaire *a*
alimentation *nf*
alimenter *vt* ***1***
alinéa *nm*
alios *nm*
aliotique *a*
aliphatique *a*
aliquante *af*
aliquote *af*
alise *nf*
alisier *nm*
alismatacée *nf*
alisme *nm*
alitement *nm*
aliter *vt* ***1***
alizari *nm*
alizarine *nf*
alizé *a, nm*
alkékenge *nf*
alkylation *nf*
alkyle *nm*
allaitant, ante *a*
allaitement *nm*
allaiter *vt* ***1***
allamanda *nf*
allant, ante *nm, a*
allantoïde *nf*
allantoïdien, enne *a*
allantoïne *nf*
alléchant, ante *a*
allécher *vt* ***12***
allée *nf (chemin)*
allégation *nf*
allège *nf*
allégé, ée *a, nm*
allégeance *nf*
allègement ou **allégement** *nm*
alléger *vt* ***13***
allégorie *nf*
allégorique *a*
allégoriquement *av*
allègre *a*
allègrement ou **allégrement** *av*
allégresse *nf*
allégretto ou **allegretto** *av, nm*
allégro ou **allegro** *av, nm*
alléguer *vt* ***12***
alleingang *nm*
allèle *nm*
allélique *a*
allélomorphe *a*
alléluia *nm*
allemand, ande *a, n*
allène *nm*
aller *vi, v aux* ***8***
aller *nm (trajet)*
allergène *nm, a*
allergénique *a*
allergie *nf*
allergique *a, n*
allergisant, ante *a, nm*
allergologie *nf*
allergologique *a*
allergologue *n*
aller-retour *nm Des allers-retours.*
alleu *nm*
alleutier *nm*
alliacé, ée *a*
alliage *nm*
alliaire *nf*
alliance *nf*
allicine *nf*
allié, ée *a, n (partenaire)*
allier *vt, vpr* ***1***
alligator *nm*
alligatoridé *nm*
allitération *nf*
allô ! ou **allo** *interj*
allocataire *n*
allocation *nf*
allochtone *a, n*
allocs *nf pl*
allocutaire *n*
allocution *nf*
allodial, ale, aux *a*
allogamie *nf*
allogène *a*
allogreffe *nf*
allométrie *nf*
allonge *nf*
allongé, ée *a*
allongement *nm*
allonger *vt, vi, vpr* ***11***
allopathe *n*
allopathie *nf*
allopathique *a*
allophone *n, a*
allophtalmie *nf*
allosaure *nm*
allosome *nm*
allotir *vt* ***2***
allotropie *nf*
allotropique *a*
allouer *vt* ***1***
allumage *nm*
allumé, ée *a, n*
allume-cigare *nm Des allume-cigares.*
allume-feu *nm Des allume-feux.*
allume-gaz *nm inv*
allumer *vt, vpr* ***1***
allumette *nf*
allumeur *nm*
allumeuse *nf*
allure *nf*
alluré, ée *a*
allusif, ive *a*
allusion *nf*
allusivement *av*
alluvial, ale, aux *a*
alluvion *nf*
alluvionnaire *a*
alluvionnement *nm*
alluvionner *vi* ***1***
allyle *a*
allylique *a*
alma mater *nf*
almanach *nm*
almandin *nm*
almée *nf*
aloès *nm*
aloétique *a*
aloé véra ou **aloe vera** *nm inv*
alogique *a*
aloi *nm*
alopécie *nf*
alopécique *a, n*
alors *av*
alose *nf*
alouate *nm*
alouette *nf*
alourdir *vt* ***3***
alourdissement *nm*
aloyau *nm*
alpaga *nm*
alpage *nm*
alpagiste *n*
alpaguer *vt* ***1***
alpax *nm*
alpe *nf*
alpestre *a*
alpha *nm*
alphabet *nm*
alphabétique *a*
alphabétiquement *av*
alphabétisation *nf*
alphabétisé, ée *n*
alphabétiser *vt* ***1***
alphabloquant, ante *a, nm*

alphanumérique *a*
alpharécepteur *nm*
alpin, ine *a, n*
alpinia *nm*
alpinisme *nm*
alpiniste *n*
alpiste *nm*
alsace *nm*
alsacien, enne *a, n*
alstroemeria *nm*
altaïque *a, nm*
altérabilité *nf*
altérable *a*
altérant, ante *a*
altération *nf*
altercation *nf*
alterconsommateur, trice *n*
alter ego *nm inv*
altérer *vt* ***12***
altérite *nf (géologie)*
altérité *nf (autre)*
altermondialisme *nm* ou **altermondialisation** *nf*
altermondialiste *n*
alternance *nf*
alternant, ante *a*
alternat *nm*
alternateur *nm*
alternatif, ive *a*
alternative *nf*
alternativement *av*
alterne *a*
alterné, ée *a*
alterner *vi* ***1***
alternodémarreur *nm*
altesse *nf*
althéa ou **althæa** *nf*
altier, ère *a*
altimètre *nm*
altimétrie *nf*
altiport *nm*
altise *nf*
altiste *n*
altitude *nf*
alto *nm*
altocumulus *nm*
altoséquanais, aise *a, n*
altostratus *nm*
altruisme *nm*
altruiste *a, n*
altuglas *nm Nom déposé*
alu *nm*
alucite *nf*
aluminate *nm*
alumine *nf*
aluminer *vt* ***1***
alumineux, euse *a*
aluminier *nm*
aluminium *nm*
aluminothermie *nf*
alun *nm*
alunage *nm*
aluner *vt* ***1***
alunir *vi* ***2***
alunissage *nm*
alunite *nf*
alvéolaire *a*
alvéole *n*
alvéolé, ée *a*
alvéolite *nf*
alya ou **alyah** *nf*
alysse ou **alysson** *nf*
alyte *nm*
amabilité *nf*
amadine *nf*
amadou *nm*
amadouer *vt* ***1***
amadouvier *nm*
amaigrir *vt* ***2***
amaigrissant, ante *a*
amaigrissement *nm*
amalgamation *nf*
amalgame *nm*
amalgamer *vt, vpr* ***1***
aman *nm*
amandaie *nf*
amande *nf (fruit)*
amandier *nm*
amandine *nf*
amanite *nf*
amant, ante *n*
amap *nf*
amarantacée *nf*
amarante *n, a inv*
amareyeur *nm*
amaril, ile *a*
amariner *vt* ***1***
amarrage *nm*
amarre *nf*
amarrer *vt* ***1***
amaryllidacée *nf*
amaryllis *nf*
amas *nm*
amasser *vt, vpr* ***1***
amateur, trice *n* ou **amateure** *nf*
amateurisme *nm*
amazigh, ighe *a, n*
amazighité *nf*
amazone *nf ; nm*
amazonite *nf*
ambages *nf pl*
ambassade *nf*
ambassadeur, drice *n*
ambiance *nf*
ambiancer *vt* ***12***
ambianceur, euse *nf*
ambiant, ante *a*
ambidextre *a*
ambigu, uë ou **ambigu, üe** *a*
ambiguïté ou **ambiguïté** *nf*
ambigument *av*
ambiophonie *nf*
ambitieusement *av*
ambitieux, euse *a, n*
ambition *nf*
ambitionner *vt* ***1***
ambivalence *nf*
ambivalent, ente *a*
amble *nm*
ambler *vi* ***1***
amblyope *a*
amblyopie *nf*
amblyrhynque *nm*
amblystome *nm*
ambon *nm*
ambre *a inv, nm*
ambré, ée *a*
ambrette *nf*
ambroisie *nf*
ambulacraire *a*
ambulacre *nm*
ambulance *nf*
ambulancier, ère *n, a*
ambulant, ante *a, nm*
ambulatoire *a, nm*
âme *nf*
amélanchier *nm*
améliorable *a*
améliorant, ante *a*
amélioration *nf*
améliorer *v* ***1***
amen *interj*
aménageable *a*
aménagement *nm*
aménager *vt* ***11***
aménageur, euse *n*
aménagiste *n*
amendable *a*
amende *nf (contravention)*
amendement *nm*
amender *vt, vpr* ***1***
amène *a*
amenée *nf*
amener *vt, vpr* ***15***
aménité *nf*
aménorrhée *nf*
amensalisme *nm*
amentifère *a*
amenuisement *nm*
amenuiser *vt, vpr* ***1***
amer, ère *a*
amer *nm*
amérasien, enne *a, n*
amèrement *av*
américain, aine *a, n*
américanisation *nf*
américaniser *vt* ***1***
américanisme *nm*
américaniste *n*
américium *nm*
amérindianisme *nm*
amérindien *nm*
amerloque *n*
amerrir *vi* ***2***
amerrissage *nm*
amertume *nf*
améthyste *nf*
amétrope *a, n*
amétropie *nf*
ameublement *nm*
ameublir *vt* ***2***
ameublissement *nm*

ameuter *vt* ***1***
amflora *nf Nom déposé*
amharique *nm*
ami, ie *n, a*
amiable *a*
amiablement *av*
amiante *nm*
amianté, ée *a, n*
amiantifère *a*
amibe *nf*
amibiase *nf*
amibien, enne *a*
amiboïde *a*
amical, ale, aux *a*
amicale *nf*
amicalement *av*
amict *nm*
amide *nm*
amidon *nm*
amidonnage *nm*
amidonner *vt* ***1***
amidonnerie *nf*
amidonnier, ère *a*
amidonnier *nm*
amiénois, oise *a, n*
amincir *vt* ***2***
amincissant, ante *a*
amincissement *nm*
amine *nf*
aminé, ée *a*
a minima *a, av*
aminoacide *nm*
aminoplaste *nm*
aminoside *nm*
amiral, ale, aux *n, a*
amirauté *nf*
amish *a, n*
amitié *nf*
amitieux, euse *a*
amitose *nf*
amixie *nf*
amma *nm*
ammanien, enne *a, n*
ammocète *nf*
ammodyte *nf*
ammoniac *nm (gaz)*
ammoniac, aque *a*
ammoniacal, ale, aux *a*
ammoniaque *nf (liquide)*
ammonite *nf*
ammonium *nm*
ammophile *nf*
amnésiant, ante *a*
amnésie *nf*
amnésique *a, n*
amniocentèse *nf*
amnios *nm*
amnioscopie *nf*
amniote *nm*
amniotique *a*
amnistiable *a*
amnistie *nf*
amnistié, ée *a, n*
amnistier *vt* ***1***
amocher *vt* ***1***
amodiation *nf*
amodier *vt* ***2***
amoindrir *vt* ***2***
amoindrissement *nm*
amok *nm*
amollir *vt* ***2***
amollissant, ante *a*
amollissement *nm*
amome *nm*
amonceler *vt* ***16***
amoncellement ou **amoncèlement** *nm*
amont *nm, a inv*
amoral, ale, aux *a*
amoralité *nf*
amorçage *nm*
amorce *nf*
amorcer *vt* ***10***
amoroso *av*
amorphe *a*
amorti *nm (arrêt)*
amortie *nf (balle arrêtée)*
amortir *vt* ***2***
amortissable *a*
amortissement *nm*
amortisseur *nm*
amosite *nf*
amouillante *af*
amour *nm*
amouracher (s') *vpr* ***1***
amour-en-cage *nm Des amours-en-cage.*
amourette *nf*
amourettes *nf pl*
amoureusement *av*
amoureux, euse *a, n*
amour-haine *nm*
amour-propre *nm Des amours-propres.*
amovibilité *nf*
amovible *a*
amoxicilline *nf*
ampélidacée *nf*
ampélographe *n*
ampélographie *nf*
ampélographique *a*
ampélopsis *nm*
ampérage *nm*
ampère *nm*
ampère-étalon *nm Des ampères-étalons.*
ampère-heure *nm Des ampères-heures.*
ampèremètre *nm*
amphétamine *nf*
amphétaminique *a, nm*
amphi *nm*
amphibie *a, n*
amphibien *nm*
amphibole *nf*
amphibolite *nf*
amphibologie *nf*
amphibologique *a*
amphictyon *nm*
amphictyonie *nf*
amphictyonique *a*
amphigouri *nm*
amphigourique *a*
amphimixie *nf*
amphineure *nm*
amphioxus *nm*
amphiphile *a*
amphiphilie *nf*
amphipode *nm*
amphiprion *nm*
amphisbène *nm*
amphithéâtre *nm*
amphitryon *nm*
amphogène *a*
amphore *nf*
amphotère *a*
ampicilline *nf*
ample *a*
amplectif, ive *a*
amplement *av*
ampleur *nf*
ampli *nm*
ampliatif, ive *a*
ampliation *nf*
amplificateur *nm*
amplification *nf*
amplifier *vt* ***1***
ampliforme *a*
amplitude *nf*
ampli-tuner *nm Des amplis-tuners.*
ampoule *nf*
ampoulé, ée *a*
ampullaire *nf*
amputation *nf*
amputé, ée *a, n*
amputer *vt* ***1***
amuïr (s') *vpr* ***2***
amuïssement *nm*
amulette *nf*
amure *nf*
amurer *vt* ***1***
amusant, ante *a*
amuse-gueule ou **amuse-bouche** *nm Des amuse-gueules.*
amusement *nm*
amuser *vt* ***1***
amusette *nf*
amuseur, euse *n*
amygdale *nf*
amygdalectomie *nf*
amygdalien, enne *a*
amygdalite *nf*
amylacé, ée *a*
amylase *nf*
amyle *nm*
amylique *a*
amylobacter *nm*
amyloïde *a, nf*
amylomyce *nm*
amyloplaste *nm*
amylose ou **amyloïdose** *nf*
amyotrophie *nf*

amyotrophique *a*
an *nm*
ana *nm Des anas ou ana.*
anabaptisme *nm*
anabaptiste *n, a*
anableps *nm*
anabolique *a*
anabolisant, ante *a, nm*
anabolisme *nm*
anabolite *nf*
anacarde *nm*
anacardiacée *nf*
anacardier *nm*
anachorète *nm*
anachronique *a*
anachronisme *nm*
anacoluthe *nf*
anaconda *nm*
anacroisés *nm pl Nom déposé*
anacrouse *nf*
anacyclique *nm*
anadipsie *nf*
anadrome *a*
anaérobie *a*
anaérobiose *nf*
anagallis *nf*
anagène *a*
anaglyphe *nm*
anaglyptique *a, nf*
anagogie *nf*
anagogique *a*
anagrammatique *a*
anagramme *nf*
anal, ale, aux *a (anus)*
analectes *nm pl*
analgésie *nf*
analgésique *a, nm*
analité *nf*
anallergique *a*
analogie *nf*
analogique *a*
analogiquement *av*
analogue *a, nm*
analphabète *a, n*
analphabétisme *nm*
analysable *a*
analysant, ante *n*
analyse *nf*
analyser *vt* ***1***
analyseur *nm*
analyste *n*
analyste-programmeur *nm Des analystes-programmeurs.*
analytique *a, nf*
analytiquement *av*
anamnèse *nf*
anamnestique *a*
anamniote *nm*
anamorphose *nf*
ananas *nm*
anapeste *nm*
anaphase *nf*
anaphore *nf*
anaphorique *a, nm*
anaphrodisiaque *a, nm*
anaphrodisie *nf*
anaphylactique *a*
anaphylaxie *nf*
anaplasie *nf*
anaplasique *a*
anaplastie *nf*
anar *n*
anarchie *nf*
anarchique *a*
anarchiquement *av*
anarchisant, ante *a*
anarchisme *nm*
anarchiste *a, n*
anarchosyndicalisme *nm*
anarchosyndicaliste *a, n*
anasarque *nf*
anastigmatique ou **anastigmate** *a*
anastomose *nf*
anastomoser *vt, vpr* ***1***
anastrophe *nf*
anastylose *nf*
anatexie *nf*
anatexite *nf*
anathème *nm*
anatidé *nm*
anatife *nm*
anatocisme *nm*
anatomie *nf*
anatomique *a*
anatomiquement *av*
anatomiste *n*
anatomopathologie *nf*
anatomopathologique *a*
anatomopathologiste *n*
anatoxine *nf*
ancestral, ale, aux *a*
ancêtre *n*
anche *nf (d'instrument de musique)*
anchois *nm*
anchoyade ou **anchoïade** *nf*
ancien, enne *a, nm*
anciennement *av*
ancienneté *nf*
ancillaire *a*
ancolie *nf*
ancrage *nm (fixation)*
ancre *nf (pièce métallique)*
ancrer *vt* ***1*** *(fixer)*
ancyle *nm*
andain *nm*
andante *av, nm*
andantino *av, nm*
andésine *nf*
andésite *nf*
andésitique *a*
andin, ine *a, n*
andorran, ane *a, n*
andosol *nm*
andouille *nf*
andouiller *nm*
andouillette *nf*
andrinople *nf*
androcée *nm*
androcéphale *a*
androgène *a, nm*
androgenèse *nf*
androgénétique *a*
androgénique *a*
androgénothérapie *nf*
androgyne *a, n*
androgynie *nf*
androïde *nm*
andrologie *nf*
andrologique *a*
andrologue *n*
andromède *nf*
andropause *nf*
andropogon *nm*
androsace *nf*
androstérone *nf*
âne *nm*
anéantir *vt* ***2***
anéantissement *nm*
anecdote *nf*
anecdotique *a*
anémiant, ante *a*
anémie *nf*
anémier *vt* ***1***
anémique *a, n*
anémochore *a*
anémomètre *nm*
anémométrie *nf*
anémométrique *a*
anémone *nf*
anémophile *a*
anémophilie *nf*
anencéphale *a, n*
anencéphalie *nf*
anergie *nf*
anergique *a*
anergisant, ante *a*
ânerie *nf*
anéroïde *a*
ânesse *nf*
anesthésiant, ante *a, nm*
anesthésie *nf*
anesthésier *vt* ***1***
anesthésiologie *nf*
anesthésiologique *a*
anesthésiologiste *n*
anesthésique *a, nm*
anesthésiste *n*
aneth *nm*
anévrismal, ale, aux *a*
anévrisme *nm*
anfractuosité *nf*
angarie *nf*
ange *nm*
angéite *nf*
angélique *a ; nf*
angéliquement *av*
angéliser *vt* ***1***
angélisme *nm*
angelot *nm*
angélus *nm*
angevin, ine *a, n*
angiectasie *nf*

angine *nf*
angiocardiographie *nf*
angiogenèse *nf*
angiographie *nf*
angiologie *nf*
angiologue *n*
angiomatose *nf*
angiome *nm*
angiopathie *nf*
angioplastie *nf*
angiospasme *nm*
angiosperme *a, nf*
angiotensine *nf*
angkorien, enne *a, n*
anglais, aise *a, n*
anglaiser *vt* ***1***
angle *nm*
anglet *nm*
anglican, ane *a, n*
anglicanisme *nm*
anglicisation *nf*
angliciser *vt* ***1***
anglicisme *nm*
angliciste *n*
anglo-américain, aine *a, nm*
anglomane *n*
anglomanie *nf*
anglo-normand *nm*
anglonormand, ande *a, n*
anglophile *a, n*
anglophilie *nf*
anglophobe *a, n*
anglophobie *nf*
anglophone *a, n*
angoissant, ante *a*
angoisse *nf*
angoissé, ée *a, n*
angoisser *vt, vi, vpr* ***1***
angolais, aise *a, n*
angon *nm*
angor *nm*
angora *a inv, nm*
angoumoisin, ine *a, n*
angræcum ou **angrécum** *nm*
angström ou **angstrœm** *nm*
anguiforme *a*
anguille *nf*
anguillère *nf*
anguillule *nf*
angulaire *a*
anguleux, euse *a*
angus *n*
angusture ou **angustura** *nf*
anharmonique *a*
anhidrose *nf*
anhidrotique *a*
anhinga *nm*
anhiste *a*
anhistorique *a*
anhydre *a*
anhydride *nm*
anhydrite *nf*
anicroche *nf*
ânier, ère *n*
aniline *nf*
anilisme *nm*
animadversion *nf*
animal, ale, aux *a*
animal *nm Des animaux.*
animalcule *nm*
animalerie *nf*
animalier, ère *a, n*
animalité *nf*
animaloïde *a*
animat *nm*
animateur, trice *n*
animation *nf*
animé, ée *a*
animelles *nf pl*
animer *vt, vpr* ***1***
animisme *nm*
animiste *a, n*
animosité *nf*
anion *nm*
anis *nm*
anisaki *nm*
anisé, ée *a, n*
anisette *nf*
anisogamie *nf*
anisomère *a*
anisométropie *nf*
anisotrope *a*
anisotropie *nf*
anjou *nm*
anjouanais, aise *a, n*
ankarien, enne ou **ankarois, oise** ou **ankariote** *a, n*
ankylosaure *nm*
ankylose *nf*
ankyloser *vt, vpr* ***1***
ankylostome *nm*
ankylostomiase *nf*
annal, ale, aux *a (pour un an)*
annales *nf pl*
annaliste *n*
annate *nf*
anneau *nm*
annécien, enne *a, n*
année *nf*
année-lumière *nf Des années-lumières.*
annelé, ée *a*
anneler *vt* ***19***
annelet *nm*
annélide *nm*
annexe *a, nf*
annexer *vt* ***1***
annexion *nf*
annexionnisme *nm*
annexionniste *a, n*
annexite *nf*
annihilation *nf*
annihiler *vt* ***1***
anniversaire *a, nm*
annonce *nf*
annoncer *vt, vpr* ***10***
annonceur, euse *n*
annonciateur, trice *a*
annonciation *nf*
annoncier, ère *n*
annotateur, trice *n*
annotation *nf*
annoter *vt* ***1***
annuaire *nm*
annualisation *nf*
annualiser *vt* ***1***
annualité *nf*
annuel, elle *a*
annuellement *av*
annuité *nf*
annulabilité *nf*
annulable *a*
annulaire *a ; nm*
annulatif, ive *a*
annulation *nf*
annuler *vt* ***1***
annus horribilis *nf*
anoblir *vt* ***2***
anoblissement *nm*
anode *nf*
anodin, ine *a*
anodique *a*
anodisation *nf*
anodiser *vt* ***1***
anodonte *nm*
anodontie *nf*
anolis ou **anoli** *nm*
anomal, ale, aux *a*
anomala *nm*
anomalie *nf*
anomalistique *a*
anomalure *nm*
anomie *nf*
anomique *a*
anomoure *nm*
ânon *nm*
anonacée *nf*
anone *nf*
ânonnement *nm*
ânonner *v* ***1***
anonymat *nm*
anonyme *a, n*
anonymement *av*
anonymisation *nf*
anonymiser *vt* ***1***
anophèle *nm*
anoploure *nm*
anorak *nm*
anorchidie ou **anorchie** *nf*
anorexie *nf*
anorexigène *a, nm*
anorexique *a, n*
anorganique *a*
anorgasmie *nf*
anorgasmique *a*
anormal, ale, aux *a*
anormalement *av*
anormalité *nf*
anosmie *nf*
anosmique *a, n*
anoure *a, nm*
anovulation *nf*

anovulatoire *a*
anoxémie *nf*
anoxémique *a, n*
anoxie *nf*
anoxique *a, n*
anse *nf (poignée)*
ansé, ée *a*
ansériforme *nm*
antabuse *a*
antagonique *a*
antagoniser *vt* ***1***
antagonisme *nm*
antagoniste *a, n*
antalgie *nf*
antalgique *a, nm*
antan (d') *a*
antarctique *a*
antebois ou **antibois** *nm*
antécambrien, enne *a, nm*
antécédence *nf*
antécédent, ente *a, nm*
antécime *nf*
antédiluvien, enne *a*
antéfixe *nf*
antéhypophyse *nf*
antéislamique *a*
antenais, aise *a*
anténatal, ale, aux *a*
antennaire *a*
antennate *nm*
antenne *nf*
antenniste *n*
antépénultième *a, nf*
antéposer *vt* ***1***
antérieur, eure *a*
antérieurement *av*
antériorité *nf*
antérograde *a*
antéropostérieur, eure *a*
anthélie *nf*
anthelminthique *a, nm*
anthémis *nf*
anthère *nf*
anthéridie *nf*
anthérozoïde *nm*
anthèse *nf*
anthocyane *nf*
anthologie *nf*
anthologique *a*
anthozoaire *nm*
anthracite *nm, a inv*
anthracnose *nf*
anthracose *nf*
anthrax *nm*
anthrène *nm*
anthropique *a*
anthropisation *nf*
anthropiser *vt* ***1***
anthropobiologie *nf*
anthropobiologique *a*
anthropobiologiste *n*
anthropocène *nm*
anthropocentrique *a*
anthropocentrisme *nm*
anthropogenèse ou **anthropogénie** *nf*
anthropogénétique *a*
anthropoïde *a, nm*
anthropologie *nf*
anthropologique *a*
anthropologue *n*
anthropométrie *nf*
anthropométrique *a*
anthropomorphe *a*
anthropomorphique *a*
anthropomorphisme *nm*
anthroponyme *nm*
anthroponymie *nf*
anthropophage *a, n*
anthropophagie *nf*
anthropopithèque *nm*
anthroposophie *nf*
anthropozoïque *a*
anthropozoonose *nf*
anthurium *nm*
anthurus *nm*
antiacarien, enne *a, nm*
antiacide *a, nm*
antiacnéique *a, nm*
antiacridien, enne *a, nm*
antiadhésif, ive *a, nm*
antiaérien, enne *a*
antiâge *a*
antiagrégant *nm*
antialcoolique *a*
antiallergique *a, nm*
antiamaril, ile *a*
antiaméricanisme *nm*
antiandrogène *a, nm*
antianémique *a, nm*
antiangineux ou **antiangoreux** *nm*
antiangiogenèse *nf*
antiangiogénique *a*
antiapartheid *a*
antiar *nm*
antiarche *nm*
antiarthrosique *a, nm*
antiarythmique *a, nm*
antiasthénique *a, nm*
antiasthmatique *a, nm*
antiatomique *a*
antiautoritaire *a*
antibactérien, enne *a, nm*
antibiogramme *nm*
antibiorésistance *nf*
antibiorésistant, ante *a*
antibiothérapie *nf*
antibiotique *a, nm*
antiblocage *a*
antibrouillage *a*
antibrouillard *a, nm*
antibruit *a*
anticalcaire *a*
anticalcique *a, nm*
anticancéreux, euse *a, nm*
anticapitaliste *a*
antichambre *nf*
antichar *a, nm*
antichoc *a*
anticholestérol *a, nm*
anticholinergique *a, nm*
antichrèse *nf*
anticipation *nf*
anticipatoire *a*
anticipé, ée *a*
anticiper *vt, vti* ***1***
anticlérical, ale, aux *a, n*
anticléricalisme *nm*
anticlinal, ale, aux *a, nm*
anticoagulant, ante *a, nm*
anticodon *nm*
anticolonialisme *nm*
anticolonialiste *a, n*
anticommercial, ale, aux *a*
anticommunisme *nm*
anticommuniste *a, n*
anticonceptionnel, elle *a*
anticoncurrentiel, elle *a*
anticonformisme *nm*
anticonformiste *a, n*
anticonjoncturel, elle *a*
anticonstitutionnel, elle *a*
anticonstitutionnellement *av*
anticonvulsivant, ante *a, nm*
anticorps *nm*
anticrise *a*
anticryptogamique *a*
anticyclique *a*
anticyclonal, ale, aux *a*
anticyclone *nm*
anticyclonique *a*
antidater *vt* ***1***
antidémarrage *a, nm*
antidémocratique *a*
antidépresseur *am, nm*
antidérapant, ante *a*
antidétonant, ante *a, nm*
antidiabétique *a, nm*
antidiarrhéique *a, nm*
antidiphtérique *a*
antidiscriminatoire *a*
antidiurétique *a, nm*
antidopage ou **antidoping** *a*
antidote *nm*
antidouleur *a, nm*
antidreyfusard, arde *a, n*
antiéconomique *a*
antiémétique ou **antiémétisant, ante** *a, nm*
antienne *nf*
antiépileptique *a, nm*
antiesclavagiste *a, n*
antiétatique *a*
antiétatisme *nm*
antifascisme *nm*
antifasciste *a, n*
antiferment *nm*
antifiscal, ale, aux *a*
antifolique *a, nm*
antifongique *a, nm*
antifriction *a*
anti-g *a inv*

antigang *a*
antigel *nm, a*
antigène *nm*
antigénémie *nf*
antigénique *a*
antigivrant, ante ou **antigivre** *a, nm*
antiglisse *a inv*
antigouvernemental, ale, aux *a*
antigrippal, ale, aux *a, nm*
antiguayen, enne *a, n*
antiguerre *a, n inv*
antihéros *nm*
antiherpétique *a, nm*
antihistaminique *a, nm*
antihormonal, ale, aux *a, nm*
antihormone *nf*
antihygiénique *a*
antihypertenseur *nm*
anti-impérialiste *a, n anti-impérialistes*
anti-infectieux, euse *a, nm anti-infectieux*
anti-inflammatoire *a, nm anti-inflammatoires*
anti-inflationniste *a anti-inflationnistes*
antijeu *nm*
antilibéral, ale, aux *a, n*
antillais, aise *a, n*
antillanisme *nm*
antilook *a*
antilope *nf*
antimatière *nf*
antiménopause *a*
antimicrobien, enne *a, nm*
antimigraineux *nm*
antimilitarisme *nm*
antimilitariste *a, n*
antimissile *a*
antimite *a, nm*
antimitotique *a, nm*
antimoine *nm*
antimondialisme *nm* ou **antimondialisation** *nf*
antimondialiste *a, n*
antimonide *nm*
antimoussant, ante *a, nm*
antimycosique *a, nm*
antinataliste *a*
antinational, ale, aux *a*
antinauséeux, euse *a, nm*
antinazi, ie *a, n*
antineutron *nm*
antinévralgique *a, nm*
antinomie *nf*
antinomique *a*
antinoyau *nm*
antinucléaire *a, n*
antiœdémateux, euse *a, nm*
antiostéoporotique *a, nm*
antioxydant, ante *a, nm*
antipaludéen, enne ou **antipaludique** *a, nm*
antipape *nm*
antiparasitaire *a, nm*
antiparasite *a, nm*
antiparasiter *vt* ***1***
antiparkinsonien, enne *a, nm*
antiparlementaire *a, n*
antiparlementarisme *nm*
antiparticule *nf*
antipathie *nf*
antipathique *a*
antipatinage *nm*
antipelliculaire *a*
antipersonnel *a*
antiperspirant, ante ou **antitranspirant, ante** *a, nm*
antiphrase *nf*
antipodal, ale, aux *a*
antipode *nm*
antipodiste *n*
antipoison *a, nm*
antipollution *a*
antiprotéase *nf*
antiprotectionnisme *nm*
antiprotectionniste *a, nm*
antiproton *nm*
antiprurigineux, euse *a, nm*
antipsoriasique *a, nm*
antipsychiatrie *nf*
antipsychotique *a, nm*
antipyrétique *a, nm*
antiquaille *nf*
antiquaire *n*
antiquark *nm*
antique *a, n*
antiquité *nf*
antirabique *a*
antiracisme *nm*
antiraciste *a, n*
antiredéposant *nm*
antireflet *a*
antireflux *a, nm*
antirèglementaire ou **antiréglementaire** *a*
antirejet *a*
antireligieux, euse *a*
antirépublicain, aine *a*
antiretour *a*
antirétroviral, ale, aux *a, nm*
antiride *a, nm*
antirouille *a, nm*
antiroulis *a*
antiscabieux, euse *a, nm*
antiscientifique *a*
antiscorbutique *a, nm*
antiséborrhéique *a, nm*
antisèche *nf*
antisécrétoire *a, nm*
antiségrégationniste *a, n*
antisémite *n, a*
antisémitisme *nm*
antisens *a, nm*
antisepsie *nf*
antiseptique *a, nm*
antisexiste *a*
antisionisme *nm*
antisioniste *a, n*
antisismique *a*
antislash *nm*
antisocial, ale, aux *a*
antisolaire *a*
antispasmodique *a, nm*
antisportif, ive *a*
antistatique *a, nm*
antistress *a*
antistrophe *nf*
antisubversif, ive *a*
antisudoral, ale, aux *a, nm*
antisyndical, ale, aux *a*
antisystème *a*
antitabac *a inv*
antiterroriste *a*
antitétanique *a*
antithermique *a, nm*
antithèse *nf*
antithétique *a*
antithrombine ou **antithrombique** *nf*
antithrombotique *a, nm*
antithyroïdien, enne *a, nm*
antitout *a inv, n inv*
antitoxine *nf*
antitoxique *a, nm*
antitrust *a*
antituberculeux, euse *a*
antitumoral, ale, aux *a, nm*
antitussif, ive *a, nm*
antiulcéreux, euse *a, nm*
anti-UV *a inv*
antivaccinal, ale, aux ou **antivaccinaliste** *a, n*
antivariolique *a inv*
antivénérien, enne *a*
antivenimeux, euse *a*
antiviral, ale, aux *a, nm*
antivirus *nm*
antivitamine *nf*
antivol *nm*
antonomase *nf*
antonyme *nm*
antonymie *nf*
antonymique *a*
antral, ale, aux *a*
antre *nm*
antrustion *nm*
anurie *nf*
anus *nm*
anversois, oise *a, n*
anxiété *nf*
anxieusement *av*
anxieux, euse *a, n*
anxiodépressif, ive *a*
anxiogène *a*
anxiolytique *a, nm*
AOC *nf*
AOP *nf*
aoriste *nm*
aorte *nf*
aortique *a*
aortite *nf*

aortographie *nf*
août ou **aout** *nm*
aoûtat ou **aoutat** *nm*
aoûtement ou **aoutement** *nm*
aoûter ou **aouter** *vi* ***1***
aoûtien, enne ou **aoutien, enne** *n*
apagogie *nf*
apaisant, ante *a*
apaisement *nm*
apaiser *vt* ***1***
apanage *nm*
aparté *nm*
apartheid *nm*
apathie *nf*
apathique *a*
apathiquement *av*
apatite *nf*
apatride *n, a*
apatridie *nf*
aperception *nf*
apercevoir *vt, vpr* ***43***
aperçu *nm*
apériodique *a*
apériteur *nm*
apéritif, ive *a, nm*
apéro *nm*
aperture *nf*
apesanteur *nf*
apétale *a, nf*
à-peu-près *nm inv*
apeurer *vt* ***1***
apex *nm*
aphaniptère *nm*
aphasie *nf*
aphasique *a, n*
aphélie *nm*
aphérèse *nf*
aphidien *nm*
aphone *a*
aphonie *nf*
aphorisme *nm*
aphoristique *a*
aphrodisiaque *a, nm*
aphrodisie *nf*
aphte *nm*
aphteux, euse *a*
aphtose *nf*
aphylle *a, nf*
aphysie *nf*
api (d') *loc (pomme)*
à-pic *nm Des à-pics.*
apical, ale, aux *a*
apicole *a*
apiculteur, trice *n*
apiculture *nf*
apitoiement *nm*
apitoyer *vt* ***22***
apivore *a*
aplacophore *nm*
aplanir *vt* ***2***
aplanissement *nm*
aplasie *nf*
aplasique *a*
aplat *nm*
aplatir *vt, vpr* ***2***
aplatissage *nm*
aplatissement *nm*
aplite *nf*
aplomb *nm*
aplomber *vt* ***1***
apnée *nf*
apnéique *a, n*
apnéiste *n*
apocalypse *nf*
apocalyptique *a*
a poco *av*
apocope *nf*
apocrine *nf*
apocryphe *a, nm*
apocynacée *nf*
apode *a, nm*
apodictique *a*
apodiforme *nm*
apodose *nf*
apogamie *nf*
apogée *nm*
apolipoprotéine *nf*
apolitique *a*
apolitisme *nm*
apollinien, enne *a*
apollon *nm*
apologétique *a, nf*
apologie *nf*
apologiste *n*
apologue *nm*
apomixie *nf*
aponévrose *nf*
aponévrotique *a*
apophonie *nf*
apophtegme *nm*
apophysaire *a*
apophyse *nf*
apoplectique *a, n*
apoplexie *nf*
apoptose *nf*
aporie *nf*
aposporie *nf*
apostasie *nf*
apostasier *vi* ***2***
apostat *nm*
a posteriori ou **à postériori** *av*
apostille *nf*
apostolat *nm*
apostolique *a*
apostoliquement *av*
apostrophe *nf*
apostropher *vt* ***1***
apothécie *nf*
apothème *nm*
apothéose *nf*
apothicaire *nm*
apôtre *nm*
apotropaïque *a*
appalachien, enne *a*
apparaître ou **apparaitre** *vi* ***55***
apparat *nm*
apparatchik *nm*
apparaux *nm pl*
appareil *nm*
appareillable *a*
appareillage *nm*
appareillement *nm*
appareiller *vt* ***1***
apparemment *av*
apparence *nf*
apparent, ente *a*
apparenté, ée *a*
apparentement *nm*
apparenter (s') *vpr* ***1***
appariement *nm*
apparier *vt* ***1***
appariteur *nm*
apparition *nf*
appartement *nm*
appartenance *nf*
appartenir *v, vti, vpr* ***35***
appas ou **appâts** *nm pl (charmes)*
appassionato *av*
appât *nm (leurre)*
appâter *vt* ***1***
appauvrir *vt, vpr* ***2***
appauvrissement *nm*
appeau *nm*
appel *nm*
appelant, ante *a, nm*
appelé, ée *a, n*
appeler *vt* ***18***
appellatif, ive *a, nm*
appellation *nf*
appendice *nm*
appendicectomie *nf*
appendicite *nf*
appendiculaire *a, nm*
appentis *nm*
appenzell *nm*
appenzellois, oise *a, n*
appert (il) *vi*
appertisation *nf*
appertisé, ée *a*
appesantir *vt, vpr* ***2***
appesantissement *nm*
appétence *nf*
appétissant, ante *a*
appétit *nm*
applaudimètre *nm*
applaudir *vt, vi, vti, vpr* ***2***
applaudissements *nm pl*
applet *nf*
applicabilité *nf*
applicable *a*
applicateur *am, nm*
applicatif, ive *a*
application *nf*
applique *nf*
appliqué, ée *a*
appliquer *vt, vpr* ***1***
appliquette *nf*
appoggiature *nf*
appoint *nm*
appointé *nm*
appointements *nm pl*
appointer *vt* ***1***

appointir *vt* ***2***
appontage *nm*
appontement *nm*
apponter *vi* ***1***
apport *nm*
apporter *vt* ***1***
apporteur, euse *n*
apposer *vt* ***1***
apposition *nf*
appréciable *a*
appréciateur, trice *n*
appréciatif, ive *a*
appréciation *nf*
apprécier *vt, vpr* ***1***
appréhender *vt* ***1***
appréhension *nf*
apprenant, ante *n*
apprendre *vt* ***70***
apprenti, ie *n*
apprentissage *nm*
apprêt *nm*
apprêtage *nm*
apprêté, ée *a*
apprêter *vt, vpr* ***1***
apprivoisable *a*
apprivoisement *nm*
apprivoiser *vt, vpr* ***1***
approbateur, trice *a, n*
approbatif, ive *a*
approbation *nf*
approchable *a*
approchant, ante *a*
approche *nf*
approché, ée *a*
approcher *vt, vti, vpr* ***1***
approfondi, ie *a*
approfondir *vt* ***2***
approfondissement *nm*
appropriation *nf*
approprié, ée *a*
approprier (s') *vpr* ***1***
approuvable *a*
approuver *vt* ***1***
approvisionnement *nm*
approvisionner *vt, vpr* ***1***
approvisionneur, euse *n*
approximatif, ive *a*
approximation *nf*
approximativement *av*
appui *nm*
appui-bras ou **appuie-bras** *nm Des appuis-bras.*
appui-tête ou **appuie-tête** *nm Des appuis-tête.*
appuyé, ée *a*
appuyer *vt, vti, vpr* ***21***
apraxie *nf*
apraxique *a, n*
âpre *a*
âprement *av*
après *prép, conj, av*
après-demain *av*
après-guerre *n Des après-guerres.*
après-midi *n Des après-midis ou après-midi.*
après-rasage *a, nm après-rasages*
après-shampoing ou **après-shampooing** *nm Des après-shampoings.*
après-ski *nm Des après-skis ou après-ski.*
après-soleil *nm Des après-soleils ou après-soleil.*
après-vente *a*
âpreté *nf*
a priori ou **apriori** *av, a, nm inv*
apriorique *a*
apriorisme *nm*
aprioriste *a, n*
à-propos *nm inv*
apsara *nf*
apside *nf*
apte *a*
aptère *a*
aptérygote *nm*
aptéryx *nm*
aptitude *nf*
apulien, enne *a, n*
apurement *nm*
apurer *vt* ***1***
apyrène *a*
apyrétique *a*
aquacole *a*
aquaculteur, trice *n*
aquaculture ou **aquiculture** *nf*
aquafortiste *n*
aquagym *nf*
aquamanile *nm*
aquaplanage ou **aquaplaning** *nm*
aquaplane *nm*
aquarelle *nf*
aquarellé, ée *a*
aquarelliste *n*
aquariologie *nf*
aquariologique *a*
aquariologue *n*
aquariophile *n*
aquariophilie *nf*
aquarium *nm*
aquatinte *nf*
aquatintiste *n*
aquatique *a*
aquavit ou **akvavit** *nf*
aquazole *nm Nom déposé*
aqueduc *nm*
aqueux, euse *a*
à quia *av*
aquicole *a*
aquiculteur, trice *n*
aquifère *a, nm*
aquilin *am*
aquilon *nm*
aquitain, aine *a, n*
aquoibonisme ou **à-quoi-bonisme** *nm*
aquoiboniste ou **à-quoi-boniste** *a, n*
aquosité *nf*
ara *nm (oiseau)*
arabe *a, nm*
arabesque *nf*
arabette *nf*
arabica *nm*
arabique *a*
arabisant, ante *n*
arabisation *nf*
arabiser *vt* ***1***
arabisme *nm*
arabité *nf*
arable *a*
arabo-andalou, ouse *a*
arabo-islamique *a*
arabophone *a, n*
arac ou **arak** ou **arack** *nm*
aracée *nf*
arachide *nf*
arachidonique *a*
arachnéen, enne *a*
arachnide *nm*
arachnoïde *nf*
arachnologie *nf*
aragonite *nf*
araignée *nf*
araire *nm*
arak ou **arac** ou **arack** *nm*
araldite *nf Nom déposé*
aralia *nm*
araliacée *nf*
araméen *nm*
aramide *nm*
aramon *nm*
aranéide *nm*
arapaïma *nm*
arapède *nm*
arasement *nm*
araser *vt* ***1***
aratoire *a*
araucaria *nm*
arbalète *nf*
arbalétrier *nm*
arbitrage *nm*
arbitragiste *n*
arbitraire *a, nm*
arbitrairement *av*
arbitral, ale, aux *a*
arbitralement *av*
arbitre *n*
arbitrer *vt* ***1***
arbois *nm*
arboré, ée *a*
arborer *vt* ***1***
arborescence *nf*
arborescent, ente *a*
arborétum ou **arboretum** *nm*
arboricole *a*
arboriculteur, trice *n*
arboriculture *nf*
arborisation *nf*
arborisé, ée *a*
arbouse *nf*
arbousier *nm*

arbovirose *nf*
arbovirus *nm*
arbre *nm*
arbre-de-Noël *nm Des arbres-de-Noël.*
arbrisseau *nm*
arbuscule *nm*
arbuste *nm*
arbustif, ive *a*
arc *nm*
arcade *nf*
arcadien, enne *a, n*
arcane *nm*
arcature *nf*
arc-boutant ou **arcboutant** *nm Des arcs-boutants.*
arc-bouter ou **arcbouter** *vt, vpr* ***1***
arc-doubleau ou **arcdoubleau** *nm Des arcs-doubleaux.*
arceau *nm*
arc-en-ciel *nm Des arcs-en-ciel.*
arch *nm*
archaïque *a*
archaïsant, ante *a*
archaïsme *nm*
archange *nm*
archangélique *a*
arche *nf*
archée *nf*
archéen, enne *a, nm*
archégone *nm*
archelle *nf*
archéobactérie *nf*
archéobotanique *nf, a*
archéobotaniste *n*
archéologie *nf*
archéologique *a*
archéologue *n*
archéomagnétisme *nm*
archéométrie *nf*
archéoptéryx *nm*
archéornithe *nm*
archéozoologie *nf*
archer *nm (tireur)*
archerie *nf*
archet *nm (instrument de musique)*
archèterie *nf*
archetier, ère *n*
archétypal, ale, aux *a*
archétype *nm*
archétypique *a*
archevêché *nm*
archevêque *nm*
archiconfrérie *nf*
archicube *n*
archidiacre *nm*
archidiocésain, aine *a*
archidiocèse *nm*
archiduc, archiduchesse *n*
archiépiscopal, ale, aux *a*
archiépiscopat *nm*
archiluth *nm*
archimandrite *nm*
archipel *nm*
archiphonème *nm*
archiprêtre *nm*
architecte *n*
architectonique *a, nf*
architectural, ale, aux *a*
architecture *nf*
architecturer *vt* ***1***
architeuthis *nm*
architrave *nf*
archivable *a*
archivage *nm*
archiver *vt* ***1***
archives *nf pl*
archiviste *n*
archivistique *nf, a*
archivolte *nf*
archonte *nm*
arçon *nm*
arc-rampant *nm Des arcs-rampants.*
arctique *a*
arcure *nf*
ardéiforme *nm*
ardemment *av*
ardennais, aise *a, n*
ardent, ente *a*
ardeur *nf*
ardillon *nm*
ardoise *nf*
ardoisé, ée *a*
ardoisier, ère *a, nm*
ardoisière *nf*
ardu, ue *a*
are *nm (mesure)*
arec ou **aréquier** *nm*
aréique *a*
aréisme *nm*
areligieux, euse *a*
aréna *nm*
arénacé, ée *a*
arène *nf*
arénicole *a, nf*
arénisation *nf*
aréolaire *a*
aréole *nf*
aréomètre *nm*
aréopage *nm*
arête *nf*
argan *nm*
arganeraie *nf*
arganier *nm*
argas *nm*
argémone *nf*
argent *nm*
argentage *nm*
argentan *nm*
argenté, ée *a*
argenter *vt* ***1***
argenterie *nf*
argentier *nm*
argentifère *a*
argentin, ine *a (son)*
argentin, ine *a, n*
argentique *a, nm*
argenture *nf*
argile *nf*
argileux, euse *a*
arginine *nf*
argiope *nf*
argon *nm*
argonaute *nm*
argonnais, aise *a, n*
argot *nm*
argotier *nm*
argotique *a*
argotisme *nm*
argotologie *nf*
argousier *nm*
argousin *nm*
argovien, enne *a, n*
arguer ou **argüer** *vt, vti* ***1***
argument *nm*
argumentaire *nm, a*
argumentatif, ive *a*
argumentation *nf*
argumenter *vi* ***1***
argus *nm*
argutie *nf*
argyrisme *nm*
argyronète *nf*
arhat *n*
aria *nf (mélodie)*
aria *nm (souci)*
arianisme *nm*
aride *a*
aridification *nf*
aridité *nf*
ariégeois, oise *a, n*
arien, enne *a, n (religion)*
ariette *nf*
arille *nm*
arion *nm*
arioso *nm Des ariosos ou ariosi.*
aristocrate *n*
aristocratie *nf*
aristocratique *a*
aristoloche *nf*
aristotélicien, enne *a, n*
aristotélisme *nm*
arithméticien, enne *n*
arithmétique *nf, a*
arithmétiquement *av*
arithmomancie *nf*
arlequin, ine *n*
arlequinade *nf*
armada *nf*
armagnac *nm*
armailli *nm*
armateur *nm*
armature *nf*
armaturier *nm*
arme *nf*
armé, ée *a, nm*
armée *nf*
armement *nm*
arménien *nm*
arménien, enne *a, n*
armer *vt, vpr* ***1***
armet *nm*

armillaire *nf*
arminianisme *nm*
arminien, enne *a, n*
armistice *nm*
armoire *nf*
armoiries *nf pl*
armoise *nf*
armorial, ale, aux *a, nm*
armorier *vt* ***1***
armure *nf*
armurerie *nf*
armurier *nm*
ARN *nm*
arnaque *nf*
arnaquer *vt* ***1***
arnaqueur, euse *n*
arnica *nf*
arobase ou **arobas** *nf*
arolle ou **arole** *nm*
aromate *nm*
aromathérapeute *n*
aromathérapie *nf*
aromathérapique *a*
aromaticien, enne *n*
aromaticité *nf*
aromatique *a, nf*
aromatisant, ante *a, nm*
aromatisation *nf*
aromatiser *vt* ***1***
arôme ou **arome** *nm*
aronde *nf*
aroumain *nm*
arpège *nm*
arpéger *vt* ***15***
arpent *nm*
arpentage *nm*
arpenter *vt* ***1***
arpenteur *nm*
arpenteuse *nf*
arpète ou **arpette** *n*
arpion *nm*
arqué, ée *a*
arquebuse *nf*
arquebusier *nm*
arquer *vt, vi* ***1***
arrachage *nm*
arrache (à l') ou **à l'arraché** *av*
arraché *nm*
arrache-clou *nm Des arrache-clous.*
arrachement *nm*
arrache-pied (d') ou **arrachepied (d')** *av*
arracher *vt, vpr* ***1***
arrache-racine *nm Des arrache-racines.*
arracheur, euse *n*
arrachis *nm*
arrachoir *nm*
arrageois, oise *a, n*
arraisonnement *nm*
arraisonner *vt* ***1***
arrangeable *a*
arrangeant, ante *a*
arrangement *nm*
arranger *vt, vpr* ***11***
arrangeur, euse *n*
arrérager *vi* ***13***
arrérages *nm pl*
arrestation *nf*
arrêt *nm (immobilisation)*
arrêté, ée *a*
arrêté *nm*
arrête-bœuf *nm Des arrête-bœufs ou arrête-bœuf.*
arrêter *vt, vi, vpr* ***1***
arrêtiste *nm*
arrêtoir *nm*
arrhénotoque *a*
arrhes *nf pl*
arriération *nf*
arrière *av ; nm, a inv*
arriéré, ée *a, n*
arriéré *nm*
arrière-ban *nm Des arrière-bans.*
arrière-bouche *nf Des arrière-bouches.*
arrière-boutique *nf Des arrière-boutiques.*
arrière-cour *nf Des arrière-cours.*
arrière-cuisine *nf Des arrière-cuisines.*
arrière-faix *nm inv*
arrière-garde *nf Des arrière-gardes.*
arrière-gorge *nf Des arrière-gorges.*
arrière-goût ou **arrière-gout** *nm Des arrière-goûts.*
arrière-grand-mère *nf Des arrière-grands-mères.*
arrière-grand-oncle *nm Des arrière-grands-oncles.*
arrière-grand-père *nm Des arrière-grands-pères.*
arrière-grands-parents *nm pl*
arrière-grand-tante *nf Des arrière-grands-tantes.*
arrière-main *nf Des arrière-mains.*
arrière-monde *nm Des arrière-mondes.*
arrière-neveu, arrière-nièce *n Des arrière-neveux ou arrière-nièces.*
arrière-pays *nm inv*
arrière-pensée *nf Des arrière-pensées.*
arrière-petite-fille *nf Des arrière-petites-filles.*
arrière-petite-nièce *nf Des arrière-petites-nièces.*
arrière-petit-fils *nm Des arrière-petits-fils.*
arrière-petit-neveu *nm Des arrière-petits-neveux.*
arrière-petits-enfants *nm pl*
arrière-plan *nm Des arrière-plans.*
arrière-saison *nf Des arrière-saisons.*
arrière-salle *nf Des arrière-salles.*
arrière-train *nm Des arrière-trains.*
arrimage *nm*
arrimer *vt* ***1***
arrimeur, euse *n*
arrivage *nm*
arrivant, ante *n*
arrivé, ée *a, n*
arrivée *nf*
arriver *vi, vti* ***1***
arrivisme *nm*
arriviste *n, a*
arroche *nf*
arrogamment *av*
arrogance *nf*
arrogant, ante *a*
arroger (s') *vpr* ***11***
arroi *nm*
arrondi, ie *a, n*
arrondir *vt* ***2***
arrondissage *nm*
arrondissement *nm*
arrosable *a*
arrosage *nm*
arrosé, ée *a*
arrosement *nm*
arroser *vt* ***1***
arroseur, euse *n*
arrosoir *nm*
arrow-root *nm Des arrow-roots.*
arroyo *nm*
ars *nm*
arsenal *nm Des arsenaux.*
arséniate *nm*
arsenic *nm*
arsenical, ale, aux *a*
arsénicisme *nm*
arsénié, ée *a*
arsénieux, euse *a*
arsénique *a*
arsénite *nf*
arséniure *nm*
arsin *am*
arsine *nf*
arsouille *n*
art *nm (création)*
artéfact ou **artefact** *nm*
artémia *nf*
artémisinine *nf*
artère *nf*
artériel, elle *a*
artériographie *nf*
artériole *nf*
artériopathie *nf*
artérioscléreux, euse *a, n*
artériosclérose *nf*
artérioveineux, euse *a*
artérite *nf*
artéritique *a, n*
artésien, enne *a*
arthralgie *nf*
arthralgique *a, n*
arthrite *nf*
arthritique *a, n*
arthritisme *nm*
arthrodèse *nf*
arthrographie *nf*

arthropathie *nf*
arthroplastie *nf*
arthropode *nm*
arthroscopie *nf*
arthrose *nf*
arthrosique *a, n*
artichaut *nm*
artichiculteur, trice *n*
article *nm*
articulaire *a*
articulateur *nm*
articulation *nf*
articulatoire *a*
articulé, ée *a*
articuler *vt, vpr* ***1***
articulet *nm*
artifice *nm*
artificialisation *nf*
artificialiser *vt* ***1***
artificialité *nf*
artificiel, elle *a*
artificiellement *av*
artificier *nm*
artificieusement *av*
artificieux, euse *a*
artillerie *nf*
artilleur *nm*
artimon *nm*
artiodactyle *nm*
artisan, ane *n*
artisanal, ale, aux *a*
artisanalement *av*
artisanat *nm*
artison *nm*
artiste *n, a*
artistement *av*
artistique *a*
artistiquement *av*
artocarpus ou **artocarpe** *nm*
artothèque *nf*
art-thérapeute *n*
art-thérapie *nf Des arts-thérapies.*
arty *a inv*
arum *nm*
aruspice ou **haruspice** *nm*
arva *nm Nom déposé*
aryanisation *nf*
aryaniser *vt* ***1***
aryen, enne *a (idéologie)*
aryle *a*
arythmie *nf*
as *nm (le meilleur)*
asana *nf*
asbestose *nf*
ascaridiase ou **ascaridiose** *nf*
ascaris *nm*
ascendance *nf*
ascendant, ante *a*
ascendant *nm*
ascendeur *nm*
ascenseur *nm*
ascension *nf*
ascensionnel, elle *a*
ascensionniste *n*
ascensoriste *nm*
ascèse *nf*
ascète *n*
ascétique *a (spiritisme)*
ascétisme *nm*
ascidie *nf*
ascite *nf*
ascitique *a, n*
asclépiadacée *nf*
asclépiade *nf*
ascomycète *nm*
ascophyllum *nm*
ascorbique *a*
ascospore *nf*
aselle *nm*
asémantique *a*
asepsie *nf*
aseptique *a*
aseptisation *nf*
aseptisé, ée *a*
aseptiser *vt* ***1***
asexualité *nf*
asexué, ée *a*
asexuel, elle *a, n*
ashkénaze *n, a*
ashram *nm*
asiago *nm*
asiate *n, a*
asiatique *a, n*
asilaire *a*
asile *nm*
asilisme *nm*
asinien, enne *a*
asismique *a*
asocial, ale, aux *a, n*
asocialité *nf*
asparagiculteur, trice *n*
asparagine *nf*
asparagus *nm*
aspartam *nm*
aspartique *a*
aspe *nm*
aspect *nm*
aspectuel, elle *a*
asperge *nf*
asperger *vt* ***11***
aspergeraie *nf*
aspergillus *nm*
aspérité *nf*
asperme *a*
aspermie *nf*
asperseur *nm*
aspersion *nf*
aspersoir *nm*
aspérule *nf*
asphaltage *nm*
asphalte *nm*
asphalter *vt* ***1***
asphaltique *a*
asphodèle *nm*
asphyxiant, ante *a*
asphyxie *nf*
asphyxier *vt* ***1***
aspic *nm*
aspidistra *nm*
aspirant, ante *a, nm*
aspirateur *nm*
aspiration *nf*
aspiratoire *a*
aspirer *vt, vti* ***1***
aspirine *nf Nom déposé*
aspiro-batteur *nm Des aspiro-batteurs.*
asplénium *nm*
asque *nm*
assagir *vt* ***2***
assagissement *nm*
assai *av*
assaillant, ante *a, n*
assaillir *vt* ***27***
assainir *vt* ***2***
assainissement *nm*
assainisseur *nm*
assaisonnement *nm*
assaisonner *vt* ***1***
assamais *nm*
assamais, aise *a, n*
assamela *nm*
assassin, ine *nm, a*
assassinat *nm*
assassiner *vt* ***1***
assaut *nm*
assèchement *nm*
assécher *vt* ***12***
assemblage *nm*
assemblée *nf*
assembler *vt, vpr* ***1***
assembleur, euse *n*
asséner ou **assener** *vt* ***10*** *ou* ***13***
assentiment *nm*
asseoir ou **assoir** *vt* ***40***
assermentation *nf*
assermenté, ée *a*
assermenter *vt* ***1***
assertif, ive *a*
assertion *nf*
assertorique *a*
asservir *vt* ***2***
asservissant, ante *a*
asservissement *nm*
asservisseur *nm*
assesseur *nm*
assez *av*
assidu, ue *a*
assiduité *nf*
assidûment ou **assidument** *av*
assiégé, ée *a, n*
assiégeant, ante *a, n*
assiéger *vt* ***13***
assiette *nf*
assiettée *nf*
assignable *a*
assignat *nm*
assignation *nf*
assigner *vt* ***1***
assimilable *a*
assimilateur, trice *a*
assimilation *nf*

assimilé, ée *n*
assimiler *vt, vpr* ***1***
assis, ise *a*
assise *nf*
assises *nf pl (justice, réunion)*
assistanat *nm*
assistance *nf*
assistant, ante *nm*
assisté, ée *a, n*
assister *vt, vti* ***1***
assoce *nf*
associatif, ive *a, n*
association *nf*
associationnisme *nm*
associationniste *a, n*
associé, ée *n*
associer *vt, vpr* ***1***
assoiffé, ée *a*
assoiffer *vt* ***1***
assoir ou **asseoir** *vt* ***40***
assolement *nm*
assoler *vt* ***1***
assombrir *vt* ***2***
assombrissement *nm*
assommant, ante *a*
assommer *vt* ***1***
assommeur *nm*
assommoir *nm*
Assomption *nf*
assomptionniste *nm*
assonance *nf*
assonancé, ée *a*
assonant, ante *a*
assorti, ie *a*
assortiment *nm*
assortir *vt, vpr* ***2***
assoupi, ie *a*
assoupir *vt, vpr* ***2***
assoupissement *nm*
assouplir *vt* ***2***
assouplissement *nm*
assouplisseur ou **assouplissant** *nm*
assourdir *vt* ***2***
assourdissant, ante *a*
assourdissement *nm*
assouvir *vt* ***2***
assouvissement *nm*
assuétude *nf*
assujetti, ie *a, n*
assujettir *vt* ***2***
assujettissant, ante *a*
assujettissement *nm*
assumer *vt, vpr* ***1***
assurabilité *nf*
assurable *a*
assurage *nm*
assurance *nf*
assurance-crédit *nf Des assurances-crédits.*
assurance-vie *nf Des assurances-vie.*
assurantiel, elle ou **assuranciel** *a*
assuré, ée *a, n*
assurément *av*
assurer *vt, vi, vpr* ***1***
assureur *n* ou **assureure** *nf*
assyrien, enne *a, n*
assyriologie *nf*
assyriologue *n*
astacicole *a*
astaciculteur, trice *n*
astaciculture *nf*
astanais, aise *a, n*
astasie *nf*
astate *nm*
aster *nm*
astéracée *nf*
astéride *nm*
astérie *nf*
astérisque *nm*
astéroïde *nm*
astérosismologie *nf*
asthénie *nf*
asthénique *a, n*
asthénosphère *nf*
asthmatique *a, n*
asthme *nm*
asthmologie *nf*
asthmologue *n*
asti *nm*
asticot *nm*
asticoter *vt* ***1***
astigmate *a, n*
astigmatique *a*
astigmatisme *nm*
astilbe *nf*
astiquage *nm*
astiquer *vt* ***1***
astragale *nm*
astrakan *nm*
astral, ale, aux *a*
astre *nm*
astreignant, ante *a*
astreindre *vt, vpr* ***69***
astreinte *nf*
astrild *nm*
astringence *nf*
astringent, ente *a, nm*
astroblème *nm*
astrocytaire *a*
astrocyte *nm*
astrocytome *nm*
astrolabe *nm*
astrologie *nf*
astrologique *a*
astrologue *n*
astrométrie *nf*
astrométrique *a*
astrométriste *n*
astronaute *n*
astronautique *nf*
astronef *nm*
astronome *n*
astronomie *nf*
astronomique *a*
astronomiquement *av*
astroparticule *nf*
astrophysicien, enne *n*
astrophysique *nf, a*
astroport *nm*
astuce *nf*
astucieusement *av*
astucieux, euse *a*
asymétrie *nf*
asymétrique *a*
asymptomatique *a*
asymptote *nf*
asymptotique *a*
asynchrone *a*
asyndète *nf*
asystole *nf*
ataraxie *nf*
ataraxique *a*
atavique *a*
atavisme *nm*
ataxie *nf*
ataxique *a, n*
atèle *nm (singe)*
atelier *nm*
atellane *nf pl*
atémi *nm*
a tempo *av*
atemporel, elle *a*
ATER *n*
atermoiements *nm pl*
atermoyer *vi* ***22***
athanor *nm*
athée *a, n*
athéisme *nm*
athénée *nm*
athénien, enne *a, n*
athèque *nm*
athermique *a*
athéromateux, euse *a, n*
athérome *nm*
athéroscléreux, euse *a*
athérosclérose *nf*
athlète *n*
athlétique *a*
athlétisme *nm*
athonite *a, n*
athrepsie *nf*
athymie *nf*
atiéké ou **attiéké** *nm*
atlante *nm*
atlantique *a*
atlantisme *nm*
atlantiste *a, n*
atlas *nm*
atmosphère *nf*
atmosphérique *a*
atoca *nm*
atoll *nm*
atome *nm*
atomicité *nf*
atomique *a*
atomisation *nf*
atomisé, ée *a, n*
atomiser *vt* ***1***
atomiseur *nm*
atomisme *nm*

atomiste *n, a*
atonal, ale, als *a*
atonalisme *nm*
atonalité *nf*
atone *a*
atonie *nf*
atonique *a*
atopie *nf*
atopique *a*
atours *nm pl*
atout *nm*
atoxique *a*
ATPase *nf*
atrabilaire *a, n*
atrazine *nf*
âtre *nm*
atrésie *nf*
atriau *nm*
atrium *nm*
atroce *a*
atrocement *av*
atrocité *nf*
atrophiant, ante *a*
atrophie *nf*
atrophier *vt* ***1***
atrophique *a, n*
atropine *nf*
atropinique *a, nm*
attabler (s') *vpr* ***1***
attachant, ante *a*
attache *nf*
attaché, ée *n*
attaché-case *nm Des attachés-cases.*
attachement *nm*
attacher *vt, vpr* ***1***
attagène *nm*
attaquable *a*
attaquant, ante *nm*
attaque *nf*
attaquer *vt, vpr* ***1***
attardé, ée *a*
attarder (s') *vpr* ***1***
atteindre *vt, vti* ***69***
atteinte *nf*
attelage *nm*
atteler *vt, vpr* ***16***
attelle *nf (maintien)*
attenant, ante *a*
attendre *vt, vpr* ***71***
attendrir *vt, vpr* ***2***
attendrissant, ante *a*
attendrissement *nm*
attendrisseur *nm*
attendu, ue *a, nm, prép, conj*
attentat *nm*
attentatoire *a*
attente *nf*
attenter *vi* ***1***
attentif, ive *a*
attention *nf, interj*
attentionné, ée *a*
attentionnel, elle *a*
attentisme *nm*
attentiste *a, n*
attentivement *av*
atténuant, ante *a*
atténuateur *nm*
atténuation *nf*
atténuer *vt* ***1***
atterrages *nm pl*
atterrant, ante *a*
atterrer *vt* ***1***
atterrir *vi* ***2***
atterrissage *nm*
atterrissement *nm*
atterrisseur *nm*
attestation *nf*
attesté, ée *a*
attester *vt* ***1***
atticisme *nm*
attiédir *vt* ***2***
attiédissement *nm*
attiéké ou **atiéké** *nm*
attier *nm*
attifer *vt* ***1***
attiger *vi* ***11***
attique *a, nm*
attirable *a*
attirail *nm*
attirance *nf*
attirant, ante *a*
attirer *vt, vpr* ***1***
attisement *nm*
attiser *vt* ***1***
attitré, ée *a*
attitude *nf*
attitudinal, ale, aux *a*
attorney *nm*
attouchement *nm*
attracteur *nm*
attractif, ive *a*
attraction *nf*
attractivité *nf*
attraire *vt* ***58***
attrait *nm*
attrapade *nf*
attrape *nf*
attrape-mouche *nm Des attrape-mouches.*
attrape-nigaud ou **attrape-couillon** *nm Des attrape-nigauds.*
attraper *vt* ***1***
attrapetout *a inv*
attrayant, ante *a*
attribuable *a*
attribuer *vt, vpr* ***1***
attribut *nm*
attributaire *n*
attributif, ive *a*
attribution *nf*
attristant, ante *a*
attrister *vt* ***1***
attrition *nf*
attroupement *nm*
attrouper *vt* ***1***
atype *nm*
atypique *a*
atypisme *nm*
au *art*
aubade *nf*
aubain *nm*
aubaine *nf*
aube *nf*
aubépine *nf*
aubère *a, nm*
auberge *nf*
aubergine *nf, a inv*
aubergiste *n*
aubette *nf*
aubier *nm*
aubin *n*
aubois, oise *a, n*
aubrac *n*
aubrietia ou **aubriète** *nf*
auburn *a*
aucuba *nm*
aucun, une *pr, a*
aucunement *av*
audace *nf*
audacieusement *av*
audacieux, euse *a, n*
au-deçà *av*
au-delà *av, nm inv*
audibilité *nf*
audible *a*
audience *nf*
audiencement *nm*
audiencer *vt* ***12***
audiencier, ère *a, n*
audimat *nm Nom déposé*
audimatique *a*
audimètre *nm*
audimétrie *nf*
audimétrique *a*
audimutité *nf*
audio *a*
audioblog *nm*
audioconférence *nf*
audiofréquence *nf*
audiogramme *nm*
audioguidage *nm*
audioguide *nm Nom déposé*
audioguider *vt* ***1***
audiologie *nf*
audiologique *a*
audiologue *n*
audiomètre *nm*
audiométrie *nf*
audiométrique *a*
audionumérique *a, nm*
audio-oral, ale, aux *a*
audiophone *nm*
audioprothèse *nf*
audioprothésiste *n*
audiotypiste *n*
audiovisuel, elle *a, nm*
audit *nm*
auditer *vt* ***1***
auditeur, trice *nm*
auditif, ive *a*
audition *nf*

auditionner *vt, vi* ***1***
auditoire *nm*
auditorat *nm*
auditorium *nm*
audois, oise *a, n*
auge *nf*
augeron, onne *a, n*
auget *nm*
augite *nf*
augment *nm*
augmentable *a*
augmentatif, ive *a, nm*
augmentation *nf*
augmenté, ée *a*
augmenter *vt, vi* ***1***
augural, ale, aux *a*
augure *nm*
augurer *vt* ***1***
auguste *a, nm*
augustin, ine *n*
augustinien, enne *a*
augustinisme *nm*
aujourd'hui *av, nm*
aula *nf*
aulacode *nm*
aulique *a*
aulnaie ou **aunaie** *nf*
aulne ou **aune** *nm*
aulofée ou **auloffée** *nf*
aulx *nm pl*
aumône *nf*
aumônerie *nf*
aumônier *nm*
aumônière *nf*
aune *nf*
aunisien, enne *a, n*
auparavant *av*
auprès de *prép, av*
aura *nf*
aurélie *nf*
auréole *nf*
auréoler *vt* ***1***
auréomycine *nf*
auriculaire *a, nm*
auricule *nf*
auriculothérapie *nf*
auriculoventriculaire *a*
aurifère *a*
aurification *nf*
aurifier *vt* ***2***
aurige *nm*
aurignacien, enne *nm, a*
aurillacois, oise *a, n*
aurique *a*
aurochs *nm*
auroral, ale, aux *a*
aurore *nf*
auscitain, aine *a, n*
auscultation *nf*
auscultatoire *a*
ausculter *vt* ***1***
auspices *nm pl*
aussi *av, conj*
aussière ou **haussière** *nf*
aussitôt *av*
austénite *nf*
austénitique *a*
austère *a*
austérité *nf*
austral, ale, als ou **aux** *a*
australien, enne *a, n*
australopithèque *nm*
austrasien, enne *a, n*
austronésien, enne *a, nm*
autan *nm*
autant *av*
autarcie *nf*
autarcique *a*
autel *nm (table)*
auteur *n* ou **auteure** *nf*
auteur-compositeur *n* ou **auteure-compositrice** *nf* ou **auteure-compositeure** *nf Des auteurs-compositeurs.*
auteurisme *nm*
auteuriste *a, n*
authenticité *nf*
authentification *nf*
authentifier *vt* ***1***
authentique *a*
authentiquement *av*
authentiquer *vt* ***1***
authigène *a*
autisme *nm*
autiste *a, n*
autistique *a*
auto *nf*
autoaccusateur, trice *a*
autoaccusation *nf*
autoaccuser (s') *vpr* ***1***
autoadaptatif, ive *a*
autoadaptation *nf*
autoadhésif, ive *a*
autoallumage *nm*
autoanalyse *nf*
autoanalyser (s') *vpr*
autoanticorps *nm*
autoantigène *nm*
autoassurance *nf*
autoassurer (s') *vpr* ***1***
autobilan *nm*
autobiographe *n*
autobiographie *nf*
autobiographique *a*
autobloqueur ou **autobloquant** *nm*
autobronzant, ante *a, nm*
autobus *nm*
autocar *nm*
autocaravane *nf*
autocariste *n*
autocassable *a*
autocatalyse *nf*
autocélébration *nf*
autocélébrer *vt* ***1***
autocensure *nf*
autocensurer (s') *vpr* ***1***
autocentré, ée *a*
autocéphale *a*
autochenille *nf*
autochrome *a, nf*
autochtone *a, n*
autocitation *nf*
autoclavage *nm*
autoclave *nm*
autocollant, ante *a, nm*
autocommutateur *nm*
autoconcurrence *nf*
autocongratulation *nf*
autocongratuler (s') *vpr* ***1***
autoconsommation *nf*
autoconstruction *nf*
autoconstruire *vt* ***69***
autocontrôle *nm*
autocontrôler (s') *vpr* ***1***
autocopiant, ante *a*
autocopie *nf*
autocorrectif, ive *a*
autocorrection *nf*
autocouchette *a inv autos-couchettes*
autocrate *nm*
autocratie *nf*
autocratique *a*
autocratisme *nm*
autocritique *nf*
autocritiquer (s') *vpr* ***1***
autocross *nm*
autocuiseur *nm*
autodafé *nm*
autodéclaration *nf*
autodéfense *nf*
autodéfinir (s') *vpr* ***3***
autodéfinition *nf*
autodénigrement *nm*
autodérision *nf*
autodérisoire *a*
autodésignation *nf*
autodésigner (s') *vpr* ***1***
autodestructeur, trice *a*
autodestructible *a*
autodestruction *nf*
autodétermination *nf*
autodéterminer (s') *vpr* ***1***
autodétruire (s') *vpr* ***69***
autodictée *nf*
autodidacte *a, n*
autodirecteur *nm*
autodiscipline *nf*
autodissolution *nf*
autodissoudre (s') *vpr* ***36***
autoécole ou **auto-école** *nf*
autoéditer *vt* ***1***
autoédition *nf*
autoentrepreneur *nm*
autoentrepreneure *nf*
autoentreprise *nf*
autoentretenir (s') *vpr* ***36***
autoépuration *nf*
autoérotique *a*
autoérotisme *nm*
autoévaluation *nf*
autoévaluer (s') *vpr* ***1***

autofécondation *nf*
autofiction *nf*
autofictionnel, elle *a*
autofinançable *a*
autofinancement *nm*
autofinancer (s') *vpr* ***10***
autoflagellation *nf*
autoflageller (s') *vpr* ***1***
autofocus *a, nm*
autoformation *nf*
autogame *a*
autogamie *nf*
autogène *a*
autogéré, ée *a*
autogérer (s') *vpr* ***14***
autogestion *nf*
autogestionnaire *a*
autogire *nm*
autographe *a, nm*
autographie *nf*
autogreffe *nf*
autoguidage *nm*
autoguidé, ée *a*
autohypnose *nf*
auto-immun, une *a*
auto-immunisation *nf Des auto-immunisations.*
auto-immunité *nf Des auto-immunités.*
auto-induction *nf Des auto-inductions.*
auto-injecteur *nm Des auto-injecteurs.*
auto-intoxication *nf Des auto-intoxications.*
auto-ironie *nf Des auto-ironies.*
autolimitation *nf*
autologue *a*
autolyse *nf*
autolytique *a*
automassage *nm*
automate *nm*
automaticien, enne *n*
automaticité *nf*
automation *nf*
automatique *a, n*
automatiquement *av*
automatisation *nf*
automatiser *vt* ***1***
automatisme *nm*
automédication *nf*
automédiquer (s') *vpr* ***1***
automesure *nf*
automitrailleuse *nf*
automnal, ale, aux *a*
automne *nm*
automobile *nf, a*
automobilisme *nm*
automobiliste *n*
automoteur, trice *a, n*
automutilation *nf*
automutiler (s') *vpr* ***1***
autonettoyant, ante *a*
autonome *a*
autonomie *nf*
autonomisation *nf*
autonomiser *vt* ***1***
autonomisme *nm*
autonomiste *n, a*
autonyme *nm, a*
autonymie *nf*
autopalpation *nf*
autopartage *nm*
autophagie *nf*
autophobie *nf*
autoplastie *nf*
autopollinisation *nf*
autopompe *nf*
autopont *nm*
autoportant, ante *a*
autoporteur, euse *a*
autoportrait *nm*
autoprescription *nf*
autoprescrire (s') *vpr* ***67***
autoproclamation *nf*
autoproclamer (s') *vpr* ***1***
autoproduction *nf*
autoproduire *vt* ***69***
autopromotion *nf*
autopropulsé, ée *a*
autopropulsion *nf*
autopsie *nf*
autopsier *vt* ***2***
autopsique *a*
autopublication *nf*
autopunitif, ive *a*
autopunition *nf*
autoradio *n*
autoradiographie *nf*
autorail *nm*
autoréduction *nf*
autoréférence *nf*
autoréglage *nm*
autorégulateur, trice *a*
autorégulation *nf*
autoréguler (s') *vpr* ***1***
autoreverse *nm*
autorisation *nf*
autorisé, ée *a*
autoriser *vt, vpr* ***1***
autoritaire *a*
autoritairement *av*
autoritarisme *nm*
autoritariste *a, n*
autorité *nf*
autoroute *nf*
autoroutier, ère *a*
autosaisir (s') *vpr* ***3***
autosatisfaction *nf*
autosatisfait, aite *a*
autoscopie *nf*
autosome *nm*
autosomique *a*
autostart *nm*
autostop ou **auto-stop** *nm*
autostoppeur, euse ou **auto-stoppeur, euse** *n*
autosubsistance *nf*
autosuffisance *nf*
autosuffisant, ante *a*
autosuggestion *nf*
autotensiomètre *nm*
autotest *nm*
autotester (s') *vpr* ***1***
autothérapie *nf*
autothérapique *a*
autotomie *nf*
autotour *nm*
autotracté, ée *a*
autotransformateur *nm*
autotransfusion *nf*
autotrophe *a*
autour *nm*
autour (de) *av, prép*
autourserie *nf*
autovaccin *nm*
autre *a, pr indéf, nm*
autrefois *av*
autrement *av*
autrichien, enne *a, n*
autruche *nf*
autrui *pr indéf inv*
autunite *nf*
auvent *nm*
auvergnat *nm*
auvergnat, ate *a, n*
aux *art*
auxerrois, oise *a, n*
auxèse ou **auxésis** *nf*
auxiliaire *a, n*
auxiliariat *nm*
auxine *nf*
auxotrophe *a*
avachir (s') *vpr* ***2***
avachissement *nm*
aval *nm Des avals. (caution)*
aval *nm, av, a inv (cours d'eau)*
avalanche *nf*
avalancheux, euse *a*
avaler *vt* ***1***
avaleur *nm*
avaliser *vt* ***1***
avaloir *nm (trottoir, cheminée)*
à-valoir *nm inv (règlement)*
avance *nf*
avancé, ée *a*
avancée *nf*
avancement *nm*
avancer *vt, vi, vpr* ***10***
avanie *nf*
avant *av, prép ; nm, a inv*
avantage *nm*
avantager *vt* ***11***
avantageusement *av*
avantageux, euse *a*
avant-bassin *nm Des avant-bassins.*
avant-bec *nm Des avant-becs.*
avant-bras *nm inv*
avant-centre *nm Des avant(s)-centres.*
avant-contrat *nm Des avant-contrats.*

avant-corps *nm inv*
avant-coureur *a avant-coureurs*
avant-dernier, ère *a, n avant-derniers*
avant-garde *nf Des avant-gardes.*
avant-gardisme *nm*
avant-gardiste *a, n*
avant-goût ou **avant-gout** *nm Des avant-goûts.*
avant-guerre *n Des avant-guerres.*
avant-hier *av*
avant-main *nm Des avant-mains.*
avant-métré *nm Des avant-métrés.*
avant-midi *n Des avant-midis ou avant-midi.*
avant-plan *nm Des avant-plans.*
avant-port *nm Des avant-ports.*
avant-poste *nm Des avant-postes.*
avant-première *nf Des avant-premières.*
avant-projet *nm Des avant-projets.*
avant-propos *nm inv*
avant-saison *nf Des avant-saisons.*
avant-scène *nf Des avant-scènes.*
avant-soirée *nf Des avant-soirées.*
avant-texte *nm Des avant-textes.*
avant-toit *nm Des avant-toits.*
avant-train *nm Des avant-trains.*
avant-veille *nf Des avant-veilles.*
avare *a, n*
avarice *nf*
avaricieux, euse *a, n*
avarie *nf*
avarié, ée *a*
avarier *vt* ***1***
avatar *nm*
AVC *nm*
Ave ou **Ave Maria** *nm inv*
avec *prép, av*
aveline *nf*
avelinier *nm*
aven *nm*
avenant, ante *a*
avenant *nm*
avenant (à l') *av*
avènement *nm*
avenir *nm*
Avent *nm (Noël)*
aventure *nf*
aventuré, ée *a*
aventurer *vt* ***1***
aventureusement *av*
aventureux, euse *a*
aventurier, ère *n*
aventurine *nf*
aventurisme *nm*
aventuriste *a, n*
avenu, e *a*
avenue *nf*
avéré, ée *a*
avérer (s') *vpr* ***12***
avers *nm*
averse *nf*
aversion *nf*
averti, ie *a*
avertir *vt* ***2***
avertissement *nm*
avertisseur, euse *nm, a*
avestique *nm*
aveu *nm*
aveuglant, ante *a*
aveugle *a, n*
aveuglement *nm*
aveuglément *av*
aveugle-né, née *a, n aveugles-nés*
aveugler *vt, vpr* ***1***
aveuglette (à l') *av*
aveulir *vt* ***2***
aveulissement *nm*
aveyronnais, aise *a, n*
aviaire *a*
aviateur, trice *n*
aviation *nf*
avicole *a*
aviculteur, trice *n*
aviculture *nf*
avide *a*
avidement *av*
avidité *nf*
avifaune *nf*
avignonnais, aise *a, n*
avilir *v* ***2***
avilissant, ante *a*
avilissement *nm*
aviné, ée *a*
aviner *vt* ***1***
avion *nm*
avion-cargo *nm Des avions-cargos.*
avion-citerne *nm Des avions-citernes.*
avion-école *nm Des avions-écoles.*
avionique *nf*
avionnerie *nf*
avionnette *nf*
avionneur *nm*
avion-radar *nm Des avions-radars.*
avion-suicide *nm Des avions-suicides.*
avion-taxi *nm Des avions-taxis.*
avipelvien *nm*
aviron *nm*
avirulent, ente *a*
avis *nm*
avisé, ée *a*
aviser *vt, vi, vpr* ***1***
aviseur *nm*
aviso *nm*
avitailler *vt* ***1***
avitailleur *nm*
avitaminose *nf*
avivage *nm*
avivement *nm*
aviver *vt* ***1***
avocaillon *nm*
avocat *nm (fruit)*
avocat, ate *n (juriste)*
avocatier *nm*
avocette *nf*
avodiré *nm*
avoine *nf*
avoinée *nf*
avoir *vt* ***7***
avoir *nm*
avoisinant, ante *a*
avoisiner *vt* ***1***
avorté, ée *a*
avortement *nm*
avorter *vt, vi* ***1***
avorteur, euse *n*
avorton *nm*
avouable *a*
avoué *nm*
avouer *vt, vpr* ***1***
avril *nm*
avruga *nm Nom déposé*
avulsion *nf*
avunculaire *a*
avunculat *nm*
awacs *nm inv*
awélé *nm*
axe *nm*
axel *nm*
axénique *a*
axer *vt* ***1***
axial, ale, aux *a*
axile *a*
axillaire *a*
axiologie *nf*
axiologique *a*
axiomatique *a, nf*
axiomatisation *nf*
axiomatiser *vt*
axiome *nm*
axis *nm*
axolotl *nm*
axonais, aise *a, n*
axone *nm*
axonométrie *nf*
axonométrique *a*
ayant cause *n Des ayants cause.*
ayant droit *n Des ayants droit.*
ayatollah *nm*
aye-aye *nm Des ayes-ayes.*
aymará *nm*
ayurveda *nm*
ayurvédique *a*
azalée *nf*
azéotrope *nm*
azéotropique *a*
azerbaïdjanais, aise ou **azéri, ie** *a, n*
azéri *nm*
azerole *nf*
azerolier *nm*
azerty *a inv*
azilien, enne *a, nm*
azimut *nm*
azimutal, ale, aux *a*
azimuté, ée *a*
azobé *nm*
azoïque *a*
azonal, ale, aux *a*

azoospermie *nf*
azote *nm*
azoté, ée *a*
azotémie *nf*
azotobacter *nm*
azotobactériale *nf*
azoturie *nf*
azuléjo ou **azulejo** *nm*
azur *nm*
azurage *nm*
azurant *nm*
azuré, ée *a*
azuréen *a*
azurer *vt* ***1***
azurite *nf*
azygos *a inv, nf*
azyme *a, nm*

b

b *nm*
B.A. *nf*
b.a.-ba *nm inv*
ba *nm (mythologie)*
baba *a inv, nm*
baba cool ou **baba** *n Des babas cool.*
babassu *nm*
babélisme *nm*
babeurre *nm*
babiche *nf*
babil *nm*
babillage *nm*
babillard, arde *a, n*
babiller *vi* ***1***
babines *nf pl*
babiole *nf*
babiroussa *nm*
babisme *nm*
bâbord *nm*
bâbordais *nm*
babouche *nf*
babouchka *nf*
babouin *nm*
babouvisme *nm*
babouviste *a, n*
babtou *n*
baby *nm*
baby-blues ou **babyblues** *nm inv*
baby-boom ou **babyboom** ou **babyboum** *nm Des baby-booms.*
baby-boomer ou **babyboomer** ou **babyboumeur, euse** *n*
baby-foot ou **babyfoot** *nm Des baby-foots ou baby-foot.*
babylonien *nm*
babylonien, enne *a, n*
baby-sitter ou **babysitter** *n Des baby-sitters.*
baby-sitting ou **babysitting** *nm*
bac *nm*
baccalauréat *nm*
baccara *nm (jeu)*
baccarat *nm (cristal)*
bacchanale *nf*
bacchante *nf*
bacchantes ou **bacantes** *nf pl*
bâchage *nm*
bâche *nf*
bachelier, ère *n*
bachelor *nm*
bâcher *vt* ***1***
bachi-bouzouk *nm Des bachi-bouzouks.*
bachique *a*
bachot *nm*
bachotage *nm*
bachoter *vi* ***1***
bacillaire *a, n*
bacille *nm*
bacilliforme *a*
bacillose *nf*
backgammon *nm*
background *nm*
backlash *nm*
backoffice *nm*
backroom *nm*
backstage *nm*
bâclage *nm*
bâcle *nf*
bâcler *vt* ***1***
bacon *nm*
bactéricide *a*
bactérie *nf*
bactérien, enne *a*
bactériocine *nf*
bactériologie *nf*
bactériologique *a*
bactériologiste *n*
bactériophage *nm*
bactériose *nf*
bactériostatique *a, nm*
bacula *nm*
badaboum *interj*
badaud, aude *n, a*
badèche *nf*
bader *vi* ***1***
baderne *nf*
badge *nm*
badger *vi* ***13***
badgeuse *nf*
badiane *nf*
badigeon *nm*
badigeonnage *nm*
badigeonner *vt* ***1***
badigeonneur, euse *n*
badigoinces *nf pl*
badin, ine *a*
badinage *nm*
badine *nf*
badiner *vi* ***1***
badinerie *nf*
badlands *nf pl*
badminton *nm*
baffe *nf*
baffle *nm*
bafouer *vt* ***1***
bafouillage *nm*
bafouille *nf*
bafouiller *vt, vi* ***1***
bafouilleur, euse *n*
bâfrer *vi* ***1***
bâfreur, euse *n*
bagad *nm Des bagads ou bagadou.*
bagage *nm*
bagagiste *nm*
bagarre *nf*
bagarrer *vi, vpr* ***1***
bagarreur *n, a*
bagasse *nf*
bagatelle *nf*
bagdadien, enne ou **bagdadi, ie** *a, n*
bagel ou **baguel** *nm*
baggy *nm*
bagnard *nm*
bagne *nm*
bagnes *nm*
bagnole *nf*
bagou ou **bagout** *nm*
baguage *nm*
bague *nf*
baguenaude *nf*
baguenauder *vi, vpr* ***1***
baguenaudier *nm*
baguer *vt* ***1***
baguette *nf*
baguier *nm*
bah ! *interj*
bahaï *a, n*
bahaïsme *nm*
bahamien, enne *a, n*
bahianais, aise *a, n*
bahreïni, ie ou **bahreïnien, enne** *a, n*
baht *nm (monnaie)*
bahut *nm*
bai, baie *a*
baie *nf*
baignade *nf*
baigner *vt, vi* ***1***
baigneur, euse *nm*
baignoire *nf*
bail *nm Des baux.*
baille *nf*
bâillement *nm*
bailler *vt* ***1*** *(donner)*
bâiller *vi* ***1*** *(ouvrir)*
bailleur, bailleresse *n*
bailli *nm*
bailliage *nm*
bâillon *nm*
bâillonnement *nm*
bâillonner *vt* ***1***
bain *nm*
bain-marie *nm Des bains-marie.*
baïonnette *nf*
Baïram *nm*
baisable *a*
baise *nf*
baise-en-ville *nm inv*
baisemain *nm*
baisement *nm*
baiser *vt* ***1***
baiser *nm*
baisodrome *nm*
baisoter *vt* ***1***
baisse *nf*
baisser *vt, vi, vpr* ***1***
baissier, ère *a, n*
bajocien, enne *a, nm*
bajoue *nf*
bajoyer *nm*
bakchich *nm*
bakélite *nf Nom déposé*
baklava *nm*
bakufu *nm*

bal *nm Des bals. (soirée dansante)*
balade *nf*
balader *vt* ***1***
baladeur, euse *n, a*
baladin *nm*
baladiyat *nm*
baladodiffusable *a*
baladodiffuser *vt* ***1***
baladodiffuseur, euse *n*
baladodiffusion *nf*
balafon *nm*
balafoniste *n*
balafre *nf*
balafré, ée *a, n*
balafrer *vt* ***1***
balai *nm (ustensile)*
balai-brosse *nm Des balais-brosses.*
balais *am*
balaise ou **balèze** *a, n*
balalaïka *nf*
balance *nf*
balancé, ée *a*
balancelle *nf*
balancement *nm*
balancer *vt, vi, vpr* ***10***
balancier *nm*
balancine *nf*
balançoire *nf*
balane *nf*
balanin *nm*
balanite *nf*
balanoglosse *nm*
balaou *nm*
balata *nm*
balayage *nm*
balayer *vt* ***20***
balayette *nf*
balayeur, euse *n*
balayures *nf pl*
balboa *nm*
balbutiant, ante *a*
balbutiement *nm*
balbutier *vt, vi* ***1***
balbuzard *nm*
balbynien, enne *a, n*
balcon *nm*
balconnet *nm*
balconnière *nf*
baldaquin *nm*
baléare *a, n*
baleine *nf*
baleiné, ée *a*
baleineau *nm*
baleinier, ère *a, n*
baleinoptère ou **balénoptère** *nm*
balèvre *nf*
balèze ou **balaise** *a, n*
balinais, aise *a, n*
balisage *nm*
balise *nf*
baliser *vt, vi* ***1***
baliseur, euse *n*
balisier *nm*
baliste *nf ; nm*
balistique *a, nf*
balivage *nm*
baliveau *nm*
balivernes *nf pl*
balkanique *a*
balkanisation *nf*
balkaniser *vt* ***1***
ballade *nf*
ballant, ante *a, nm*
ballast *nm*
ballastage *nm*
ballaster *vt* ***1***
ballastière *nf*
balle *nf (sphère)*
balle-molle *nf Des balles-molles.*
ballerine *nf*
ballet *nm (spectacle)*
balletomane *n*
ballon *nm*
ballonnement *nm*
ballonner *vt* ***1***
ballonnet *nm*
ballon-sonde *nm Des ballons-sondes.*
ballot *nm*
ballote *nf*
ballotement *nm*
ballotin *nm*
ballottage ou **ballotage** *nm*
ballottement *nm*
ballotter ou **balloter** *vt, vi* ***1***
ballottine *nf*
ball-trap ou **balltrap** *nm Des ball-traps.*
balluchon ou **baluchon** *nm*
balnéaire *a*
balnéo *nf*
balnéothérapie *nf*
bâlois, oise *a, n*
balourd *nm (mécanique)*
balourd, ourde *a, n*
balourdise *nf*
baloutche ou **béloutche** *a, n*
balsa *nm*
balsamier *nm*
balsamine *nf*
balsamique *a, nm*
balte ou **baltique** *a, nm*
balthazar *nm*
baltringue *n*
baluchitère *nm*
balustrade *nf*
balustre *nm*
balzane *nf*
bamakois, oise *a, n*
bambara *nm*
bambin *nm*
bambochade *nf*
bamboche *nf*
bambocher *vi* ***1***
bambocheur, euse *a*
bambou *nm*
bamboula *nf*
bambouseraie *nf*
ban *nm (convocation)*
banal, ale *a banaux ou banals (féodalité, ordinaire)*
banalement *av*
banalisant, ante *a*
banalisation *nf*
banaliser *vt* ***1***
banalité *nf*
banane *nf*
bananeraie *nf*
bananier, ère *nm, a*
banat *nm*
ban bao *nm inv*
banc *nm (siège)*
bancable ou **banquable** *a*
bancaire *a*
bancal, ale, aux *a, nm*
bancarisation *nf*
bancariser *vt* ***1***
bancassurance *nf*
banche *nf*
bancher *vt* ***1***
banco *nm, interj*
bancoulier *nm*
bancroche *a, n*
banc-titre *nm Des bancs-titres.*
bandage *nm*
bandagiste *n*
bandana *nm*
bandant *a*
bande *nf*
bandé, ée *a*
bande-annonce *nf Des bandes-annonces.*
bandeau *nm*
bandelette *nf*
bander *vt, vi* ***1***
banderille *nf*
banderillero ou **bandérilléro** *nm*
banderolage *nm*
banderole *nf*
bande-son *nf Des bandes-son.*
bande-vidéo *nf Des bandes-vidéo.*
bandicoot *nm*
bandit *nm*
banditisme *nm*
bandol *nm*
bandonéon *nm*
bandonéoniste *n*
bandothèque *nf*
bandoulière *nf*
bang *nm, interj*
bangkokien, enne *a, n*
bangladais, aise ou **bangladeshi, ie** *a, n*
banguissois, oise *a, n*
banian *nm*
banjo *nm*
banjoïste *n*
banjulais, aise *a, n*
bankable *a*
banlieue *nf*
banlieusard, arde *n*
banne *nf*

banneret *nm*
banneton *nm*
bannette *nf*
banni, ie *a, n*
bannière *nf*
bannir *vt* ***2***
bannissement *nm*
banon *nm*
banquable ou **bancable** *a*
banque *nf*
banquer *vi* ***1***
banqueroute *nf*
banquet *nm*
banqueter *vi* ***17***
banquette *nf*
banquier, ère *n*
banquise *nf*
bantou *nm*
bantoustan *nm*
banyuls *nm*
baobab *nm*
baoulé *nm*
baptême *nm*
baptisé, ée *a, n*
baptiser *vt* ***1***
baptismal, ale, aux *a*
baptisme *nm*
baptistaire *a*
baptiste *a, n*
baptistère *nm*
baquet *nm*
bar *nm (établissement, unité, poisson)*
baragouin *nm*
baragouinage *nm*
baragouiner *vt, vi* ***1***
baragouineur, euse *n*
baraka *nf*
baraque *nf*
baraqué, ée *a*
baraquement *nm*
baraquer *vi* ***1***
baraterie *nf*
baratin *nm*
baratiner *vi* ***1***
baratineur, euse *a, n*
barattage *nm*
baratte *nf*
baratter *vt* ***1***
barbacane *nf*
barbadien, enne *a, n*
barbant, ante *a*
barbaque *nf*
barbare *a, n*
barbaresque *a*
barbarie *nf*
barbarisme *nm*
barbe *nf (poil)*
barbe *nm, a (cheval)*
barbeau *nm*
barbecue *nm*
barbe-de-capucin *nf Des barbes-de-capucin.*
barbelé, ée *a, nm pl*
barber *vt* ***1***
barbet *nm*
barbette *nf*
barbiche *nf*
barbichette *nf*
barbier *nm*
barbille *nf*
barbillon *nm*
barbiturique *nm, a*
barbiturisme *nm*
barbon *nm*
barbotage *nm*
barboter *vi* ***1***
barboteuse *nf*
barbotin *nm*
barbotine *nf*
barbouillage *nm*
barbouiller *vt* ***1***
barbouilleur, euse *n*
barbouillis *nm*
barbouzard, arde *a*
barbouze *n*
barbu, ue *a, nm (poilu)*
barbue *nf (poisson)*
barbule *nf*
barcarolle ou **barcarole** *nf*
barcasse *nf*
barcelonais, aise *a, n*
bard *nm*
barda *nm*
bardage *nm*
bardane *nf*
barde *nm (poète)*
barde *nf (lard)*
bardeau *nm (petite planche)*
barder *vt* ***1*** *(couvrir)*
bardis *nm*
bardolino *nm*
bardot ou **bardeau** *nm (animal)*
barefoot *nm*
barème *nm*
baresthésie *nf*
baresthésique *a*
barge ou **berge** *nf (oiseau)*
barge *nf (embarcation)*
barge *n ; a (fou)*
barguigner *vi* ***1***
barigoule *nf*
baril *nm*
barillet *nm*
bariolage *nm*
barioler *vt* ***1***
barisien, enne ou **barrois, oise** *a, n*
barjo ou **barjot** *a, n*
barkhane *nf*
barlong, longue *a*
barlotière *nf*
barmaid *nf Des barmaids.*
barman *nm Des barmans ou barmen.*
barmitsva *nf inv*
barn *nm*
barnabite *nm*
barnum *nm*
barocentrique *a*
barodet *nm*
barographe *nm*
barolo *nm*
baromètre *nm*
barométrie *nf*
barométrique *a*
baron, onne *nm*
baronnet *nm*
baronnie *nf*
baroque *a, nm*
baroquement *av*
baroqueux, euse *n*
baroquisant, ante *a*
baroquisme *nm*
barorécepteur *nm*
baroréflexe *nm*
baroscope *nm*
barotraumatique *a*
barotraumatisme *nm*
baroud *nm*
baroudeur, euse *n*
barouf *nm*
barque *nf*
barquette *nf*
barracuda *nm*
barrage *nm*
barragiste *n*
barre *nf (objet long)*
barré, ée *a, nm*
barreau *nm*
barrer *vt, vpr* ***1***
barrette *nf*
barreur, euse *n*
barricade *nf*
barricader *vt, vpr* ***1***
barriérage *nm*
barrière *nf*
barriérer *vt* ***14***
barrique *nf*
barrir *vi* ***2***
barrissement *nm*
barrot *nm*
barsac *nm*
bartavelle *nf*
barycentre *nm*
barycentrique *a*
baryon *nm*
baryonique *a*
barysphère *nf*
baryte *nf*
baryté, ée *a*
barytine *nf*
baryton *nm*
barytose *nf*
baryum *nm*
barzoï *nm*
bas, basse *a, nm, av*
bas *nm*
basal, ale, aux *a*
bas-alpin, ine *a, n*
basalte *nm*
basaltique *a*
basane *nf*
basané, ée *a*

bas-bleu *nm Des bas-bleus.*
bascophone *a, n*
bas-côté *nm Des bas-côtés.*
basculant, ante *a*
bascule *nf*
basculement *nm*
basculer *vt, vi* ***1***
basculeur *nm*
bas-de-casse *nm inv*
base *nf*
base-ball ou **baseball** *nm*
baseballeur, euse *n*
base-balleur *n*
base-jump ou **basejump** *nm*
baselle *nf*
baser *vt, vpr* ***1***
base-vie *nf Des bases-vie.*
bas-fond *nm bas-fonds*
basic *nm (informatique)*
basicité *nf*
baside *nf*
basidiomycète *nm*
basileus *nm*
basilic *nm (aromate)*
basilical, ale, aux *a*
basilique *nf (édifice religieux)*
basin *nm*
basique *a ; nm (élémentaire, vêtement)*
basiquement *av*
basisme *nm*
basiste *a, n*
bas-jointé, ée *a*
basket *nf*
basket-ball ou **basketball** ou **basket** *nm Des basket-balls.*
basketteur, euse *n*
BASM *nf*
basmati *nm*
bas-normand, ande *a, n*
basocellulaire *a*
basoche *nf*
basochien, enne *a, n*
basommatophore *nm*
basophile *a*
basophilie *nf*
basquaise *nf*
basque *a, n*
basques *nf pl*
basquine *nf*
bas-relief *nm Des bas-reliefs.*
bas-rhinois, oise *a, n*
basse *nf (musicologie)*
basse-cour ou **bassecour** *nf Des basses-cours.*
basse-fosse *nf Des basses-fosses.*
bassement *av*
bassesse *nf*
basset *nm*
basse-taille ou **bassetaille** *nf Des basses-tailles.*
basse-terrien, enne ou **basseterrien, enne** *a, n*
bassier, ère *n*
bassin *nm*
bassine *nf*
bassiner *vt* ***1***
bassinet *nm*
bassinoire *nf*
bassin-versant *nm Des bassins-versants.*
bassiste *nm*
basson *nm*
bassoniste *n*
basta ! ou **baste** *interj*
bastaing ou **basting** *nm*
bastaque ou **bastague** *nf*
bastiais, aise *a, n*
bastide *nf*
bastidon *nm*
bastille *nf*
bastingage *nm*
bastion *nm*
baston *n*
bastonnade *nf*
bastonner *vt, vi, vpr* ***1***
bastos *nf*
bastringue *nm*
bas-ventre *nm Des bas-ventres.*
bât *nm (harnachement)*
bataclan *nm*
bataille *nf*
batailler *vi* ***1***
batailleur, euse *a*
bataillon *nm*
bâtard, arde *a, n*
batardeau *nm*
bâtardise *nf*
batave *a, n*
batavia *nf*
batayole *nf*
bat' d'Af *nm pl*
bateau *nm, a*
bateau-citerne *nm Des bateaux-citernes.*
bateau-feu *nm Des bateaux-feux.*
bateau-lavoir *nm Des bateaux-lavoirs.*
bateau-mouche *nm Des bateaux-mouches.*
bateau-pilote *nm Des bateaux-pilotes.*
bateau-pompe *nm Des bateaux-pompes.*
batée *nf*
batelage *nm*
bateler *vt* ***16***
bateleur, euse *n*
batelier, ère *n*
batellerie *nf*
bâter *vt* ***1***
bat-flanc *nm Des bat-flancs ou bat-flanc.*
batholite *nm*
bathonien, enne *a, nm*
bathyal, ale, aux *a*
bathymètre *nm*
bathymétrie *nf*
bathymétrique *a*
bathypélagique *nm*
bathyscaphe *nm*
bathysphère *nf*
bâti, ie *a*
bâti *nm*
batifolage *nm*
batifoler *vi* ***1***
batifoleur, euse *n*
batik *nm*
bâtiment *nm*
bâtir *vt* ***2***
bâtissable *a*
bâtisse *nf*
bâtisseur, euse *n*
batiste *nf*
bâton *nm*
bâtonnage *nm*
bâtonnat *nm*
bâtonner *vt* ***1***
bâtonnet *nm*
bâtonnier, ère *n*
batracien *nm*
battage *nm*
battance *nf*
battant, ante *a ; n*
battant *nm (de cloche, porte)*
batte *nf*
battement *nm*
batterie *nf*
batteur, euse *nm*
batteuse *nf*
battiture *nf*
battle-dress *nm inv*
battoir *nm*
battre *vt, vi, vpr* ***77***
battu, ue *a*
battue *nf*
batture *nf*
batzien, enne *a, n*
BAU *nf*
bau *nm Des baux.*
baud *nm (mesure)*
baudet *nm*
baudrier *nm*
baudroie *nf*
baudruche *nf*
bauge *nf*
bauhinia *nm*
baume *nm (pommade)*
bauquière *nf*
bauxite *nf*
bavard, arde *a, n*
bavardage *nm*
bavarder *vi* ***1***
bavardoir *nm*
bavarois *nm* ou **bavaroise** *nf (entremets)*
bavarois, oise *a, n*
bavasser *vi* ***1***
bave *nf*
baver *vi* ***1***
bavette *nf*
baveux, euse *a, n*

bavocher *vi* ***1***
bavoir *nm*
bavolet *nm*
bavure *nf*
bayadère *nf ; a inv*
bayer *vi* ***20*** *(rêvasser)*
bayou *nm (Louisiane)*
bayoud *nm (maladie)*
bazadaise *nf*
bazar *nm*
bazarder *vt* ***1***
bazari *nm*
bazooka *nm*
BCBG *a*
BCG *nm Nom déposé*
BD *nf*
beach-volley *nm*
beagle *nm*
béance *nf*
béant, ante *a*
béarnais, aise *a, n*
béarnaise *nf*
beat *nm (musique)*
béat, ate *a*
béatement *av*
béatification *nf*
béatifier *vt* ***1***
béatifique *a*
béatilles *nf pl*
béatitude *nf*
beatnik *n, a*
beau, bel, belle *a*
beau, belle *n*
beauceron, onne *a, n*
beaucoup *av*
beauf *nm*
beau-fils *nm Des beaux-fils.*
beaufort *nm*
beaufortain, aine *a, n*
beau-frère *nm Des beaux-frères.*
beaujolais *nm*
beaujolais, aise *a, n*
beau-parent *nm beaux-parents*
beau-père *nm Des beaux-pères.*
beaupré *nm*
beauté *nf*
beauvaisien, enne ou **beauvaisin, ine** *a, n*
beaux-arts *nm pl*
beaux-enfants *nm pl*
bébé *nm*
bébé-éprouvette *nm Des bébés-éprouvette ou bébés-éprouvettes.*
bébé-médicament *nm Des bébés-médicaments.*
bébête *a, nf*
be-bop ou **bop** *nm Des be-bops.*
bec *nm*
bécane *nf*
bécard *nm*
bécarre *nm*
bécasse *nf*
bécasseau *nm*
bécassine *nf*
bec-croisé *nm Des becs-croisés.*
bec-de-cane *nm Des becs-de-cane.*
bec-de-corail *nm Des becs-de-corail.*
bec-de-corbin *nm Des becs-de-corbin.*
bec-de-lièvre *nm Des becs-de-lièvre.*
bec-de-perroquet *nm Des becs-de-perroquet.*
bec-en-ciseaux *nm Des becs-en-ciseaux.*
bec-en-sabot *nm Des becs-en-sabot.*
becfigue *nm*
bec-fin ou **becfin** *nm Des becs-fins.*
bêchage *nm*
béchamel *nf*
bêche *nf*
bêche-de-mer *n Des bêches-de-mer.*
becher *nm*
bêcher *vt, vi* ***1***
bêcheur, euse *n*
bécot *nm*
bécoter *vt* ***1***
becquée ou **béquée** *nf (oiseau)*
becquerel *nm*
becquet ou **béquet** *nm*
becquetance ou **bectance** *nf*
becqueter ou **bèqueter** ou **becter** *vt, vi* ***17***
bedaine *nf*
bédane ou **bec-d'âne** *nm*
bédéaste *n*
bedeau *nm*
bédégar *nm*
bédéphile *n*
bédéthèque *nf*
bedon *nm*
bedonnant, ante *a*
bedonner *vi* ***1***
bée *af*
beeper *nm*
béer *vi* ***8***
beffroi *nm*
bégaiement *nm*
bégayant, ante *a*
bégayer *vt, vi* ***20***
bégayeur, euse *n, a*
bégonia *nm*
bégu, uë ou **bégu, üe** *a*
bègue *a, n*
béguètement *nm*
bégueter *vi* ***17***
bégueule *nf, a*
bégueulerie *nf*
béguin *nm*
béguinage *nm*
béguine *nf*
bégum *nf*
béhaviorisme ou **behaviourisme** *nm*
béhavioriste ou **behaviouriste** *n, a*
beige *a, nm*
beigeasse ou **beigeâtre** *a*
beigne *nf (gifle)*
beigne *nm (pâtisserie)*
beignet *nm*
béjaune *nm*
béké *n (créole)*
bel *nm (sciences)*
bélandre *nf*
bêlant, ante *a*
bel canto *nm*
bêlement *nm*
bélemnite *nf*
bêler *vi* ***1***
belette *nf*
belfortain, aine *a, n*
belge *a, n*
belgicisme *nm*
belgradois, oise *a, n*
bélier *nm*
bélière *nf*
bélinographe *nm*
bélître ou **bélitre** *nm*
bélizéen, enne *a, n*
belladone *nf*
bellâtre *nm*
belle-dame *nf Des belles-dames.*
belle-de-fontenay *nf Des belles-de-fontenay.*
belle-de-jour *nf Des belles-de-jour.*
belle-de-nuit *nf Des belles-de-nuit.*
belle-doche *nf Des belles-doches.*
belle-famille *nf Des belles-familles.*
belle-fille *nf Des belles-filles.*
bellement *av*
belle-mère *nf Des belles-mères.*
belles-lettres *nf pl*
belle-sœur *nf Des belles-sœurs.*
bellicisme *nm*
belliciste *n, a*
belligérance *nf*
belligérant, ante *a, nm*
bellilois, oise *a, n*
belliqueux, euse *a*
belluaire *nm*
belon *nf*
belote *nf*
béloutche ou **baloutche** *a, n*
bel paese *nm inv*
béluga ou **bélouga** *nm*
belvédère *nm*
bemba *nm*
bémol *nm*
bémoliser *vt* ***1***
bénard *nm*
bénarde *nf*
benchmark ou **benchmarking** *nm*
bendir *nm*
bénédicité *nm*
bénédictin, ine *n, a*
bénédictin, ine *a, n*
bénédictine *nf Nom déposé*
bénédiction *nf*
bénef *nm*

bénéfice *nm*
bénéficiaire *n, a*
bénéficier *vti* ***1***
bénéficier *nm*
bénéfique *a*
benêt *n, am*
bénévolat *nm*
bénévole *a, n*
bénévolement *av*
bengali *nm*
bengali, ie *a, n*
bénichon *nm*
bénignement *av*
bénignité *nf*
bénin, igne *a*
béninois, oise *a, n*
Bénioff (plan de) *nm*
béni-oui-oui *nm inv*
bénir *vt* ***2***
bénit, ite *a*
bénitier *nm*
benjamin, ine *n*
benji *nm*
benjoin *nm*
benne *nf*
benoît, oîte ou **benoit, oite** *a*
benoîte ou **benoite** *nf*
benoitement *av*
benoîtement *av*
benthique *a*
benthos *nm*
bento *nm*
bentonite *nf*
benzène *nm*
benzénique *a*
benzine *nf*
benzoate *nm*
benzodiazépine *nf*
benzoïque *a*
benzol *nm*
benzolisme *nm*
benzopyrène *nm*
benzylcellulose *nf*
benzyle *nm*
benzylique *a*
béotien, enne *a, n*
BEP *nm*
BEPC *nm*
béquée ou **becquée** *nf (oiseau)*
béquet ou **becquet** *nm*
bèqueter ou **becqueter** ou **becter** *vt, vi* ***17***
béquille *nf*
béquiller *vt* ***1***
ber *nm*
berbère *a, nm*
berbéridacée *nf*
berbéris *nm*
berbérisme *nm*
berbériste *a, n*
berbérophone *a, n*
bercail *nm*
berçante *nf*
berce *nf*
berceau *nm*
bercelonnette *nf*
bercement *nm*
bercer *vt* ***10***
berceur, euse *a*
berceuse *nf*
béret *nm*
bérézina *nf*
bergamasque *nf*
bergamote *nf*
bergamotier *nm*
berge ou **barge** *nf (oiseau)*
berge *nf*
bergénia *nm*
berger, ère *n (pâtre)*
bergerac *nm*
bergère *nf (siège)*
bergerie *nf*
bergeronnette *nf*
béribéri *nm*
bérimbau *nm*
berk ou **beurk** *interj*
berkélium *nm*
berlèse *nm*
berline *nf*
berlingot *nm*
berlinois, oise *a, n*
berlue *nf*
berlusconisme *nm*
berme *nf*
bermuda *nm*
bermudien, enne *a, n*
bernacle ou **bernache** *nf*
bernardin, ine *n*
bernard-l'ermite ou **bernard-l'hermite** *nm inv*
berne *nf*
berner *vt* ***1***
bernique ou **bernicle** *nf ; interj*
bernois, oise *a, n*
berrichon, onne *a, n*
berruyer, ère *a, n*
bersaglier *nm Des bersagliers ou bersaglieri.*
berthe *nf*
bertillonnage *nm*
béryl *nm*
béryllium *nm*
béryx *nm*
berzingue (à toute, à tout) *av*
besace *nf*
besaiguë ou **besaigüe** *nf*
besant *nm*
bésef ou **bézef** *av*
bésicles ou **besicles** *nf pl*
bésigue *nm*
besogne *nf*
besogner *vi* ***1***
besogneux, euse *a, n*
besoin *nm*
besson, onne *n*
bestiaire *nm*
bestial, ale, aux *a*
bestialement *av*
bestialité *nf*
bestiaux *nm pl*
bestiole *nf*
best-of *nm inv*
best-sellarisation *nf*
best-seller *nm Des best-sellers.*
bêta, asse *n, a (idiot)*
bêta *nm, a inv*
bêtabloquant, ante *a, nm*
bêtacarotène *nm*
bétail *nm*
bétaillère *nf*
bétaïne *nf*
bêtalactamine *nf*
bêtamimétique *a, nm*
bêtarécepteur *nm*
bêtastimulant, ante *a, nm*
bêtatron *nm*
bête *nf, a*
bétel *nm*
bêtement *av*
bêtifiant, ante *a*
bêtifier *vi* ***1***
bêtise *nf*
bêtisier *nm*
bétoine *nf*
bétoire *nf*
béton *nm*
bétonnage *nm*
bétonné, ée *a*
bétonner *vt, vi* ***1***
bétonneur, euse *a, n*
bétonnier, ère *a*
bétonnière ou **bétonneuse** *nf*
bétonnisation ou **bétonisation** *nf*
bette ou **blette** *nf*
betterave *nf*
betteravier, ère *a, nm*
bétulacée *nf*
bétyle *nm*
beuglant *nm*
beuglante *nf*
beuglement *nm*
beugler *vt, vi* ***1***
beur, beure *n, a (personne)*
beurette *nf*
beurgeois, oise *a, n*
beurgeoisie *nf*
beurre *nm (alimentation)*
beurré, ée *a*
beurré *nm*
beurrée *nf*
beurrer *vt* ***1***
beurrerie *nf*
beurrier *nm*
beuverie *nf*
bévatron *nm*
bévue *nf*
bey *nm (hiérarque)*
beylical, ale, aux *a*
beylicat *nm*
beylisme *nm*
beyrouthin, ine *a, n*
bharatanatyam *nm*

bhikkhu *nm*
bhoutanais, aise *a, n*
bi *a, n inv*
biais *nm*
biaiser *vt, vi* ***1***
biathlète *n*
biathlon *nm*
biaural, ale, aux ou **binaural, ale, aux** *a*
bib *nm Nom déposé*
bibace *nf*
bibacier *nm*
bibande *a, nm*
bibelot *nm*
biberon *nm*
biberonner *vt* ***1***
bibi *nm ; pr*
bibine *nf*
bibite *nf*
bible *nf*
bibliobus *nm inv*
bibliographe *n*
bibliographie *nf*
bibliographier *vt* ***2***
bibliographique *a*
bibliologie *nf*
bibliomanie *nf*
bibliométrie *nf*
bibliométrique *a*
bibliophile *n*
bibliophilie *nf*
bibliophilique *a*
bibliothécaire *n*
bibliothéconomie *nf*
bibliothéconomique *a*
bibliothèque *nf*
bibliste *n*
bic *nm (stylo) Nom déposé*
bicaméral, ale, aux *a*
bicamérisme ou **bicaméralisme** *nm*
bicarbonate *nm*
bicarbonaté, ée *a*
bicarburation *nf*
bicentenaire *a, nm*
bicéphale *a*
bicéphalisme *nm*
biceps *nm*
biche *nf*
bicher *vi* ***1***
bichette *nf*
bichique *nm*
bichkékois, oise *a, n*
bichlamar *nm*
bichon, onne *n*
bichonner *vt* ***1***
bichromate *nm*
bichromie *nf*
bicipital, ale, aux *a*
bicloune *nf*
bicolore *a*
biconcave *a*
biconvexe *a*
bicoque *nf*
bicorne *a, nm*
bicorps *a, nm*
bicourant *a*
bicross *nm inv Nom déposé*
biculturalisme *nm*
biculturel, elle *a*
bicuspide *a*
bicuspidie *nf*
bicycle *nm*
bicyclette *nf*
bidasse *nm*
bide *nm*
bidens *nm*
bidet *nm*
bidimensionnel, elle *a*
bidirectionnel, elle *a*
bidoche *nf*
bidon *nm, a inv*
bidonnage *nm*
bidonnant, ante *a*
bidonner *vt* ***1***
bidonner (se) *vpr* ***1***
bidonneur, euse *n*
bidonville *nm*
bidouillage *nm*
bidouille *nf*
bidouiller *vt* ***1***
bidouilleur, euse *n*
bidule *nm*
bief *nm*
bielle *nf*
biellette *nf*
biélorusse *a, n*
biélorusse *nm*
bien *av, a inv ; nm*
bien-aimé, ée *a, n bien-aimés*
bien-cuit *nm Des bien-cuits.*
bien-dire *nm sing*
biénergie *nf*
bien-être *nm sing*
bienfaisance *nf*
bienfaisant, ante *a*
bienfait *nm*
bienfaiteur, trice *n*
bien-fondé *nm Des bien-fondés.*
bien-fonds *nm Des bien-fonds ou biens-fonds.*
bienheureux, euse *a, n*
bien-jugé *nm Des bien-jugés.*
biennal, ale, aux *a, n*
bien-pensance *nf*
bien-pensant, ante *a, n bien-pensants*
bienséance *nf*
bienséant, ante *a*
bien sûr *av*
bientôt *av*
bientraitance *nf*
bientraitant, ante *a, n*
bienveillance *nf*
bienveillant, ante *a*
bienvenir *vi* ***39***
bienvenu, ue *a, n, interj (opportun)*
bienvenue *nf (arrivée)*
bière *nf*
biergol *nm*
Biermer (maladie de) *nf*
biface *nm*
bifacial, ale, aux *a*
biffage *nm*
biffe *nf*
biffer *vt* ***1***
biffin *nm*
biffure *nf*
bifide *a*
bifidus *nm inv*
bifilaire *a*
biflèche *a*
bifocal, ale, aux *a*
bifteck *nm*
bifton ou **biffeton** *a*
bifurcation *nf*
bifurquer *vi* ***1***
bigame *a, n*
bigamie *nf*
bigarade *nf*
bigaradier *nm*
bigarré, ée *a*
bigarreau *nm*
bigarrer *vt* ***1***
bigarrure *nf*
big band *nm*
big-bang *nm Des big-bangs.*
bigle *a, n*
bigler *v* ***1***
bigleux, euse *a, n*
bignole *nf*
bignone ou **bignonia** *nf*
bignoniacée *nf*
bigophone *nm*
bigophoner *vt* ***1***
bigorne *nf*
bigorneau *nm*
bigorner *vt* ***1***
bigot, ote *n, a*
bigot *nm*
bigoterie *nf*
bigotisme *nm*
bigouden, ène *n, a*
bigoudi *nm*
bigre ! *interj*
bigrement *av*
bigue *nf*
biguine *nf*
bihebdomadaire *a*
bihoreau *nm*
bijectif, ive *a*
bijection *nf*
bijou *nm Des bijoux.*
bijouterie *nf*
bijoutier, ère *n*
bikini *nm Nom déposé*
bilabiale *af, nf*
bilabié, ée *a*
bilame *nf*
bilan *nm*
bilantiel, elle *a*
bilatéral, ale, aux *a*

bilatéralement *av*
bilatéralisme *nm*
bilatéralité *nf*
bilboquet *nm*
bile *nf*
biler (se) *vpr* ***1***
bileux, euse *a*
bilharzie *nf*
bilharziose *nf*
biliaire *a*
bilieux, euse *a*
biligenèse *nf*
bilingue *a, n*
bilinguisme *nm*
bilirubine *nf*
bilirubinémie *nf*
biliverdine *nf*
bill *nm*
billard *nm*
billbergia *nf*
bille *nf*
billet *nm*
billette *nf*
billetterie *nf*
billettiste *n*
billevesée *nf*
billion *nm*
billon *nm*
billonnage *nm*
billot *nm*
bilobé, ée *a*
biloculaire *a*
biloquer *vt* ***1***
bimane *a, n*
bimbeloterie *nf*
bimbelotier, ère *n*
bimbo *nf*
bimensuel, elle *a, nm*
bimestre *nm*
bimestriel, elle *a, nm*
bimétallique *a*
bimétallisme *nm*
bimétalliste *a, n*
bimillénaire *a, nm*
bimoteur *a, nm*
binage *nm*
binaire *a, n*
binational, ale, aux *a, n*
binationalité *nf*
biner *vt, vi* ***1***
binette *nf*
bineuse *nf*
bingo *nm, interj*
biniou *nm*
binoclard, arde *a, n*
binocle *nm*
binoculaire *a, nm*
binom *nm*
binôme *nm*
binomial, ale, aux *a*
binominal, ale, aux *a*
bin's ou **binz** *nm*
bintje *nf*
bio *a, nm*
bioaccumulation *nf*
bioacousticien, enne *a, n*
bioacoustique *nf, a*
bioactif, ive *a*
bioastronome *n*
bioastronomie *nf*
bioastronomique *a*
biobanque *nf*
biobibliographie *nf*
biobibliographique *a*
biocapteur *nm*
biocarburant *nm*
biocatalyse *nf*
biocatalyseur *nm*
biocénologie *nf*
biocénose *nf*
biocénotique *a*
biochimie *nf*
biochimique *a*
biochimiste *n*
biochronologie *nf*
biocide *a, nm*
bioclimat *nm*
bioclimatique *a*
bioclimatologie *nf*
bioclimatologique *a*
biocombustible *nm*
biocompatibilité *nf*
biocompatible *a*
bioconversion *nf*
biodéchet *nm*
biodégradabilité *nf*
biodégradable *a*
biodégradation *nf*
biodégrader *vt* ***1***
biodesign *nm*
biodiésel *nm*
biodisponibilité *nf*
biodiversité *nf*
biodynamie *nf*
biodynamique *a*
bioélectricité *nf*
bioélectrique *a*
bioélectronique *nf, a*
bioélément *nm*
bioénergétique *a*
bioénergie *nf*
bioéquitable *a*
bioéquivalence *nf*
bioéquivalent, ente *a*
bioéthanol *nm*
bioéthicien, enne *n*
bioéthique *a, nf*
biofilm *nm*
bioforce *nf*
biogaz *nm*
biogène *a*
biogenèse *nf*
biogénétique *a*
biogénétique *nf, a*
biogéochimie *nf*
biogéochimique *a*
biogéochimiste *n*
biogéographe *a, n*
biogéographie *nf*
biogéographique *a*
biogéoscience *nf*
biographe *n*
biographie *nf*
biographique *a*
bio-indicateur, trice *a, nm bio-indicateurs*
bio-industrie *nf Des bio-industries.*
bio-industriel, elle *a*
bio-informaticien, enne *n*
bio-informatique *nf, a bio-informatiques*
bioingénierie *nf*
bio-invasion *nf Des bio-invasions.*
biologie *nf*
biologique *a*
biologiquement *av*
biologisant, ante *a*
biologisme *nm*
biologiste *n*
bioluminescence *nf*
bioluminescent, ente *a*
biomagnétique *a*
biomagnétisme *nm*
biomarqueur *nm*
biomasse *nf*
biomatériau *nm*
biome *nm*
biomécanicien, enne *n*
biomécanique *nf, a*
biomédecine *nf*
biomédical, ale, aux *a*
biométéorologie *nf*
biométéorologique *a*
biométricien, enne *n*
biométrie *nf*
biométrique *a*
biomimétique *a*
biomimétisme *nm*
biomoléculaire *a*
biomolécule *nf*
biomorphique *a*
biomorphisme *nm*
bionique *nf, a*
biopersistance *nf*
biopersistant, ante *a, nf*
biopesticide *nm*
biophysicien, enne *n*
biophysique *nf, a*
biopic *nm*
biopiratage *nm* ou **biopiraterie** *nf*
bioplastique *nm*
biopôle *nm*
biopolitique *nf, a*
biopolymère *nm*
bioprocédé *nm*
biopsie *nf*
biopuce *nf*
bioréacteur *nm*
biorobotique *nf, a*
biorythme *nm*
biosciences *nf pl*
biosécurité *nf*

biosignature *nf*
biosimilaire *a, nm*
biosphère *nf*
biostasie *nf*
biostatisticien, enne *n*
biostatistique *nf, a*
biosurveillance *nf*
biosynthèse *nf*
biotech *nf*
biotechnicien, enne *n*
biotechnique *a*
biotechnologie ou **biotechnique** *nf*
biotechnologique *a*
bioterrorisme *nm*
bioterroriste *a, n*
biothérapie *nf*
biotique *a*
biotite *nf*
biotope *nm*
biotraitement *nm*
biotype *nm*
biotypologie *nf*
biotypologique *a*
biovigilance *nf*
bioxyde *nm*
bip ou **bip-bip** *nm*
bipale *a*
biparti, ie ou **bipartite** *a*
bipartisan, ane *a*
bipartisme *nm*
bipartition *nm*
bipède *a, nm*
bipédie *nf*
bipenne ou **bipenné, ée** *a ; nf*
biper *vt* ***1***
biphasé, ée *a, nm*
biplace *a, nm*
biplan *nm*
bipolaire *a*
bipolarisation *nf*
bipolarisme *nm*
bipolarité *nf*
bipoutre *a*
bippeur *nm*
bique *nf (animal)*
biquet, ette *n*
biquotidien, enne *a*
birapport *nm*
birbe *nm*
bircher *nm*
biréacteur *nm*
biréfringence *nf*
biréfringent, ente *a*
birème *nf*
biribi *nm*
birman *nm*
birman, ane *a, n*
biroute *nf*
birr *nm*
bis, bise *a*
bis *av, a inv, interj, nm*
bisaïeul, eule *n*
bisannuel, elle *a*
bisbille *nf*
biscaïen *nm*
biscôme *nm*
biscornu, ue *a*
biscoteau ou **biscoto** *nm*
biscotte *nf*
biscotterie *nf*
biscuit *nm*
biscuiter *vt* ***1***
biscuiterie *nf*
biscuitier *nm*
bise *nf*
biseau *nm*
biseautage *nm*
biseauter *vt* ***1***
biser *vt, vi* ***1***
biset *nm*
bisexualité *nf*
bisexué, ée *a*
bisexuel, elle *a*
bismuth *nm*
bison *nm*
bisontin, ine *a, n*
bisou *nm*
bisphénol *nm*
bisque *nf*
bisquer *vi* ***1***
bissau-guinéen, enne *a, n*
bisse *nm*
bissecteur, trice *a, nf*
bissection *nf*
bissel *nm*
bisser *vt* ***1***
bissexte *nm*
bissextile *af*
bistorte *nf*
bistouille *nf*
bistouri *nm*
bistournage *nm*
bistourner *vt* ***1***
bistre *nm, a inv*
bistrer *vt* ***1***
bistrot ou **bistro** *nm*
bistrotier, ère *n, a*
bisulfate *nm*
bisulfite *nm*
bisulfure *nm*
bit *nm (informatique)*
bitension *a inv*
biter *vt* ***1***
bitoniau *nm*
bitord *nm*
bitos *nm*
bitte ou **bite** *nf (maritime, pénis)*
bitter *nm*
bitumage *nm*
bitume *nm*
bitumer *vt* ***1***
bitumeux, euse *a*
bitumineux *a*
biturbine *a*
biture ou **bitture** *nf*
biturer (se) ou **bitturer (se)** *vpr* ***1***
biunivoque *a*
bivalence *nf*
bivalent, ente *a*
bivalve *a, nm*
biveau *nm*
bivitellin, ine *a*
bivouac *nm*
bivouaquer *vi* ***1***
biwa *nf*
bizarde *af*
bizarre *a, nm*
bizarrement *av*
bizarrerie *nf*
bizarroïde *a*
bizness ou **business** *nm inv*
bizut ou **bizuth** *nm*
bizutage *nm*
bizuter *vt* ***1***
bizuteur, euse *n*
blabla ou **blablabla** *nm*
black *n, a*
black-bass *nm inv*
black-blanc-beur *a inv*
blackboulage *nm*
blackbouler *vt* ***1***
black-jack ou **blackjack** *nm*
blacklister *vt* ***1***
black-out ou **blackout** *nm inv*
black-rot *nm Des black-rots.*
blafard, arde *a*
blaff *nm*
blague *nf*
blaguer *v* ***1***
blagueur, euse *a, n*
blair *nm*
blaireau *nm*
blairer *vt* ***1***
blâmable *a*
blâme *nm*
blâmer *vt* ***1***
blanc, blanche *a ; nm*
blanc-bec *nm Des blancs-becs.*
blanc-bleu *a blancs-bleus*
blanc-étoc ou **blanc-estoc** *nm Des blancs-étocs.*
blanchaille *nf*
blanchâtre *a*
blanche *nf*
blanchet *nm*
blancheur *nf*
blanchiment *nm*
blanchir *vt, vi* ***2***
blanchissage *nm*
blanchissant, ante *a*
blanchissement *nm*
blanchisserie *nf*
blanchisseur, euse *n*
blanchon *nm*
blanc-manger *nm Des blancs-mangers.*
blanc-seing *nm Des blancs-seings.*
blandices *nf pl*
blanquette *nf*
blaps *nm inv*
blase ou **blaze** *nm*
blasé, ée *a*

blaser *vt* ***1***
blason *nm*
blasonner *vt* ***1***
blasphémateur, trice *n*
blasphématoire *a*
blasphème *nm*
blasphémer *vt, vi* ***12***
blast *nm*
blastocœle *nm*
blastoderme *nm*
blastogenèse *nf*
blastoïde *nm*
blastome *nm*
blastomère *nm*
blastomycète *nm*
blastomycose *nf*
blastophage *nm*
blastula *nf*
blatérer *vi* ***12***
blatte *nf*
blazer *nm*
blé *nm*
bled *nm*
blême *a*
blêmir *vi* ***2***
blêmissement *nm*
blende *nf*
blended *nm*
blender *nm*
blennie *nf*
blennorragie *nf*
blennorragique *a*
blépharite *nf*
blépharoplastie *nf*
blèsement *nm*
bléser *vi* ***12***
blésité *nf*
blésois, oise *a, n*
blessant, ante *a*
blessé, ée *a, n*
blesser *vt* ***1***
blessure *nf*
blet, blette *a*
blette ou **bette** *nf*
blettir *vi* ***2***
blettissement *nm*
bleu, bleue *a ; n*
bleu *nm (couleur, meurtrissure, fromage)*
bleuâtre *a*
bleuet ou **bluet** *nm*
bleuetière *nf*
bleuir *vt* ***2***
bleuissement *nm*
bleusaille *nf*
bleuté, ée *a*
bliaud ou **bliaut** *nm*
blindage *nm*
blindé, ée *a, nm*
blinde (à toute) *av*
blinder *vt* ***1***
bling-bling *a inv, nm inv*
blini *nm*
blinquer *vi* ***1***
blister *nm*
blitz *nm*
blitzkrieg *nm*
blizzard *nm*
bloc *nm*
blocage *nm*
bloc-cuisine *nm Des blocs-cuisines.*
bloc-cylindres *nm Des blocs-cylindres.*
bloc-diagramme *nm Des blocs-diagrammes.*
bloc-évier *nm Des blocs-éviers.*
blockbuster *nm*
blockhaus *nm*
bloc-moteur *nm Des blocs-moteurs.*
bloc-notes *nm Des blocs-notes.*
bloc-porte *nm Des blocs-portes.*
bloc-système *nm Des blocs-systèmes.*
blocus *nm*
blog ou **blogue** *nm*
blogosphère *nf*
bloguer *vt, vi* ***1***
blogueur, euse *n*
blond, blonde *a, n*
blondasse *a, n*
blondeur *nf*
blondinet, ette *n*
blondir *vi* ***2***
bloody-mary ou **bloodymary** *nm inv*
bloom *nm*
bloomer *nm*
bloquant, ante *a*
bloquer *vt* ***1***
bloqueur, euse *n*
blottir (se) *vpr* ***2***
blousant, ante *a*
blouse *nf (vêtement)*
blouser *vt, vi* ***1***
blouson *nm*
bluegrass *nm*
blue-jean ou **blue-jeans** ou **bluejean** *nm Des blue-jeans.*
blues *nm (chant)*
bluesman *nm*
bluet ou **bleuet** *nm*
bluette *nf*
bluff *nm*
bluffant, ante *a*
bluffer *vt, vi* ***1***
bluffeur, euse *n, a*
blush *nm*
blutage *nm*
bluter *vt* ***1***
bluterie *nf*
blutoir *nm*
BMX *nm Nom déposé*
boa *nm*
boat people *n inv*
bob *nm*
bobard *nm*
bobèche *nf*
bobet, ette *a, n*
bobeur, euse *n*
bobinage *nm*
bobine *nf*
bobineau ou **bobinot** *nm*
bobiner *vt* ***1***
bobinette *nf*
bobineur, euse *n*
bobineuse ou **bobinoir** *nf*
bobo *nm (douleur, blessure)*
bobo *n, a (personne)*
boboïsant, ante *a*
boboïsation *nf*
boboïser *vt* ***1***
bobologie *nf*
bobonne *nf*
bobsleigh *nm*
bobtail *nm*
bobun *nm*
bocage *nm*
bocager, ère *a*
bocain, aine *an*
bocal *nm Des bocaux.*
bocard *nm*
bocardage *nm*
bocarder *vt* ***1***
boche *nm, a*
bock *nm*
bodega *nf*
bodhi *nf*
bodhisattva *nm*
body *nm*
body-art *nm*
bodyboard *nm*
bodybuilder *n*
bodybuildeur, euse *n*
body-building ou **bodybuilding** *nm*
boësse *nf*
boëte ou **boëtte** ou **boitte** *nf*
bœuf *nm, a inv bœufs*
bof ! *interj*
boghead *nm*
boghei *nm*
bogie ou **boggie** *nm*
bogolan *nm*
bogomile *n, a*
bogotanais, aise *a, n*
bogue *nf (châtaigne)*
bogue *nm (informatique)*
bogué, ée *a*
boguet *nm*
bohème *n, a*
bohémien, enne *a, n*
bohrium *nm*
boïdé *nm*
boire *vt* ***52***
boire *nm*
bois *nm*
boisage *nm*
boisé, ée *a, nm*
boisement *nm*
boiser *vt* ***1***
boiserie *nf*
boiseur *nm*
boisseau *nm*

boissellerie *nf*
boisson *nf*
boîte ou **boite** *nf*
boîte-boisson ou **boite-boisson** *nf* *Des boîtes-boissons.*
boitement *nm*
boiter *vi* ***1***
boiterie *nf*
boiteux, euse *a, n*
boîtier ou **boitier** *nm*
boitillement *nm*
boitiller *vi* ***1***
bol *nm*
bolchevik ou **bolchevique** ou **bolchévique** *n*
bolchevisme ou **bolchévisme** *nm*
bolcheviste ou **bolchéviste** *n*
boldo *nm*
bolduc *nm*
bolée *nf (contenu)*
boléro *nm*
bolet *nm (champignon)*
bolide *nm*
bolier ou **boulier** *nm (filet)*
bolivar *nm*
boliviano *nm*
bolivien, enne *a, n*
bollard *nm*
bolomètre *nm*
bombacacée *nf*
bombage *nm*
bombance *nf*
bombarde *nf*
bombardement *nm*
bombarder *vt* ***1***
bombardier *nm*
bombardon *nm*
bombayïte *a, n*
bombe *nf*
bombé, ée *a*
bombement *nm*
bomber *vt, vi* ***1***
bomber ou **bombeur** *nm*
bombeur, euse *n*
bombinette *nf*
bomblette *nf*
bombyx *nm*
bôme *nf (navire)*
bon, bonne *a, av, interj*
bon *nm*
bonace *nf*
bonapartisme *nm*
bonapartiste *a, n*
bon à rien *n Des bons à rien.*
bonasse *a*
bonbon *nm*
bonbonne ou **bombonne** *nf*
bonbonnière *nf*
bon-chrétien *nm Des bons-chrétiens.*
bond *nm (saut)*
bondage *nm*
bonde *nf*
bondé, ée *a*
bondelle *nf*
bondérisation *nf*
bondériser *vt* ***1***
bondieuserie *nf*
bondir *vi* ***2***
bondissement *nm*
bondon *nm*
bondrée *nf*
bonellie *nf*
bon enfant *a inv*
bongo *nm*
bonheur *nm*
bonheur-du-jour *nm Des bonheurs-du-jour.*
bonhomie ou **bonhommie** *nf*
bonhomme *nm, a inv bonshommes*
boni *nm*
boniche ou **bonniche** *nf*
bonichon *nm*
bonification *nf*
bonifier *vt* ***1***
boniment *nm*
bonimenter *vt* ***1***
bonimenteur, euse *n*
bonite *nf*
bonjour *nm*
bon marché *a inv*
bonne *nf (employée)*
bonne-maman *nf Des bonnes-mamans.*
bonnement *av*
bonnet *nm*
bonneteau *nm*
bonneterie ou **bonnetterie** *nf*
bonneteur *nm*
bonnetier, ère *n*
bonnette *nf*
bonnois, oise *a, n*
bonnotte *nf*
bonobo *nm*
bon-papa *nm Des bons-papas.*
bonsaï ou **bonzaï** *nm*
bonsoir *nm*
bonté *nf*
bonus *nm*
bon vivant *nm, a bons vivants*
bonze, bonzesse *n*
bonzerie *nf*
boogie-woogie *nm Des boogie-woogies.*
bookmaker ou **bookmakeur** *n*
bookmaking *nm*
boom *nm*
boomer ou **boomeur** *nm*
boomerang *nm*
booster ou **boosteur** *nm*
booster *vt* ***1***
bootlegger *nm*
boots *nf pl*
boqueteau *nm*
bora *nm*
boracite *nf*
borane *nm*
borassus ou **borasse** *nm*
borate *nm*
boraté, ée *a*
borax *nm*
borazon ou **borazone** *nm*
borborygme *nm*
bord *nm (extrémité)*
bordage *nm*
bordé *nm*
bordeaux *nm, a inv*
bordée *nf*
bordel *nm, interj*
bordelais, aise *a, n*
bordelaise *nf*
bordélique *a*
bordélisation *nf*
bordéliser *vt* ***1***
border *vt* ***1***
bordereau *nm*
borderie *nf*
borderline *nm, a*
bordier, ère *a, n*
bordigue *nf*
bordure *nf*
bordurer *vt* ***1***
bore *nm (chimie)*
boréal, ale, aux *a*
borgne *n, a*
borie *nf*
borique *a*
boriqué, ée *a*
bornage *nm*
borne *nf*
borné, ée *a*
borne-fontaine *nf Des bornes-fontaines.*
borner *vt, vpr* ***1***
bornette *nf*
bornoyer *vt, vi* ***22***
borraginacée *nf*
borrelia *nf*
borréliose *nf*
borsalino *nm Nom déposé*
bort *nm*
bortsch ou **bortch** *nm*
borure *nm*
bosco *nm*
boscot, otte *a, n*
boskoop *nf*
bosniaque ou **bosnien, enne** *a, n*
bosniaque *nm*
boson *nm*
bosquet *nm*
boss *nm*
bossage *nm*
bossa-nova *nf Des bossas-novas.*
bosse *nf (enflure, relief)*
bosselage *nm*
bossèlement *nm*
bosseler *vt* ***16***
bossellement *nm*
bosselure *nf*
bosser *vt* ***1***
bossette *nf*
bosseur, euse *n*

bossoir *nm*
bossu, ue *a, n*
bossuer *vt* ***1***
boston *nm*
bostonien, enne *a, n*
bostryche ou **bostriche** *nm*
bot, bote *a (médecine)*
botanique *nf, a*
botaniste *n*
bothriocéphale *nm*
botnet *nm*
botrytis *nm*
botswanais, aise ou **botswanéen, enne** *a, n*
botte *nf (bouquet, chaussure)*
bottelage *nm*
botteler *vt* ***16***
botteleur, euse *n*
botteleuse *nf*
botter *vt* ***1***
botteur *nm*
bottier *nm*
bottillon *nm*
bottin *nm*
bottine *nf*
botulinique *a*
botulique *a*
botulisme *nm*
boubou *nm*
boubouler *vi* ***1***
bouc *nm*
boucan *nm*
boucanage *nm*
boucane *nf*
boucaner *vt* ***1***
boucanier *nm*
boucau *nm*
bouchage *nm*
bouchain *nm*
boucharde *nf*
bouche *nf*
bouché, ée *a*
bouche-à-bouche *nm inv*
bouche-à-oreille *nm inv*
bouchée *nf (portion)*
boucher *vt* ***1***
boucher, ère *n, a (commerçant)*
boucherie *nf*
bouche-trou *nm Des bouche-trous.*
bouchon *nm*
bouchonné, ée *a*
bouchonnement *nm*
bouchonner *vt, vi* ***1***
bouchonnier *nm*
bouchot *nm*
bouchoteur *nm*
bouclage *nm*
boucle *nf*
boucler *vt, vi* ***1***
bouclette *nf*
bouclier *nm*
bouddha *nm*
bouddhique *a*
bouddhisme *nm*
bouddhiste *n*
bouder *vt, vi* ***1***
bouderie *nf*
boudeur, euse *a*
boudeuse *nf*
boudin *nm*
boudinage *nm*
boudiné, ée *a*
boudiner *vt* ***1***
boudineuse *nf*
boudoir *nm*
boue *nf (terre)*
bouée *nf*
boueur ou **boueux** *nm*
boueux, euse *a*
bouffant, ante *a*
bouffarde *nf*
bouffe *a ; nf*
bouffée *nf*
bouffer *vt, vi* ***1***
bouffetance *nf*
bouffette *nf*
bouffi *nm*
bouffir *vt, vi* ***2***
bouffissure *nf*
bouffon, onne *n, a*
bouffonner *vi* ***1***
bouffonnerie *nf*
bougainvillée *nf* ou **bougainvillier** *nm*
bouge *nm*
bougé *nm*
bougeoir *nm*
bougeotte *nf*
bouger *vt, vi* ***11***
bougie *nf*
bougisme *nm*
bougna ou **bougnat** *nm*
bougnoul, oule *n*
bougon, onne *a, n*
bougonnement *nm*
bougonner *v* ***1***
bougre, esse *n, interj, nm*
bougrement *av*
boui-boui ou **bouiboui** *nm Des bouis-bouis.*
bouif *nm*
bouillabaisse *nf*
bouillant, ante *a*
bouillasse *nf*
bouille *nf*
bouilleur *nm*
bouilli, ie *a, nm*
bouillie *nf*
bouillir *vi* ***30***
bouilloire *nf*
bouillon *nm*
bouillon-blanc *nm Des bouillons-blancs.*
bouillonnant, ante *a*
bouillonné *a, nm*
bouillonnement *nm*
bouillonner *vi* ***1***
bouillotte *nf*
bouillotter *vi* ***1***
boukha *nf*
boulaie *nf*
boulange *nf*
boulanger *vt, vi* ***11***
boulanger, ère *n, a*
boulangerie *nf*
boulangisme *nm*
boulangiste *a, n*
boulbène *nf*
boule *nf*
boulê *nf*
bouleau *nm*
boule-de-neige *nf Des boules-de-neige.*
bouledogue *nm*
bouler *vt, vi* ***1***
boulet *nm*
bouleté, ée *a*
boulette *nf*
boulevard *nm*
boulevardier, ère *a*
bouleversant, ante *a*
bouleversement *nm*
bouleverser *vt* ***1***
boulgour *nm*
boulier *nm*
boulier ou **bolier** *nm (filet)*
boulimie *nf*
boulimique *a, n*
boulin *nm*
bouline *nf*
boulingrin *nm*
bouliste *n, a*
boulocher *vi* ***1***
boulodrome *nm*
boulon *nm*
boulonnage *nm*
boulonnais, aise *a, n*
boulonner *vt* ***1***
boulonnerie *nf*
boulot, otte *a, n*
boulot *nm*
boulotter ou **bouloter** *vi* ***1***
boum *interj, nm (bruit)*
boum *nf (fête)*
boumer *vi* ***1***
bouquet *nm*
bouqueté, ée *a*
bouquetière *nf*
bouquetin *nm*
bouquin *nm*
bouquiner *vi* ***1***
bouquinerie *nf*
bouquineur, euse *n*
bouquiniste *n*
bourbe *nf*
bourbeux, euse *a*
bourbier *nm*
bourbillon *nm*
bourbon *nm*
bourbonien, enne *a*
bourbonnais, aise *a, n*
bourbouille *nf*

bourcet *nm*
bourdaine *nf*
bourde *nf*
bourdon *nm*
bourdonnant, ante *a*
bourdonnement *nm*
bourdonner *vi* ***1***
bourg *nm (village)*
bourgade *nf*
bourge *n*
bourgeois, oise *n, a*
bourgeoisement *av*
bourgeoisie *nf*
bourgeon *nm*
bourgeonnement *nm*
bourgeonner *vi* ***1***
bourgeron *nm*
bourgmestre *nm*
bourgogne *nm*
bourgueil *nm*
bourguignon, onne *a, n*
bourlingue *nf*
bourlinguer *vi* ***1***
bourlingueur, euse *n*
bourrache *nf*
bourrade *nf*
bourrage *nm*
bourrasque *nf*
bourratif, ive *a*
bourre *nf (capitonnage)*
bourré, ée *a*
bourreau *nm*
bourrée *nf*
bourrelé, ée *a*
bourrèlement *nm*
bourrelet *nm*
bourrelier *nm*
bourrellerie *nf*
bourrer *vt, vi, vpr* ***1***
bourrette *nf*
bourriche *nf*
bourrichon *nm*
bourricot ou **bourriquot** *nm*
bourride *nf*
bourrin *nm*
bourrique *nf*
bourriquet *nm*
bourru, ue *a*
bourse *nf (petit sac, pension, lieu public, salle des marchés)*
bourse-à-pasteur *nf Des bourses-à-pasteur.*
boursicotage *nm*
boursicoter *vi* ***1***
boursicoteur, euse *n, a*
boursicotier, ère *a*
boursier, ère *n ; a*
boursoufflement ou **boursouflement** ou **boursoufflage** ou **boursouflage** *nm*
boursouflé, ée ou **boursoufflé, ée** *a*
boursoufler ou **boursouffler** *vt* ***1***
boursouflure ou **boursoufflure** *nf*
bouscueil *nm*
bousculade *nf*
bousculer *vt* ***1***
bouse *nf*
bouseux, euse *n*
bousier *nm*
bousillage *nm*
bousiller *vt* ***1***
bousilleur, euse *n*
boussole *nf*
boustifaille *nf*
boustrophédon *nm*
bout *nm (extrémité, morceau)*
bout-à-bout *nm inv*
boutade *nf*
bout-dehors *nm Des bouts-dehors.*
boute-en-train ou **boutentrain** *nm inv*
boutefeu *nm*
bouteille *nf*
bouteiller ou **boutiller** *nm*
bouter *vt* ***1***
bouterolle ou **bouterole** *nf*
bouteur *nm*
boutique *nf*
boutiquier, ère *n, a*
boutis *nm*
boutisse *nf*
boutoir *nm*
bouton *nm*
bouton-d'argent *nm Des boutons-d'argent.*
bouton-d'or *nm Des boutons-d'or.*
boutonnage *nm*
boutonner *vt, vi* ***1***
boutonneux, euse *a*
boutonnière *nf*
bouton-pression *nm Des boutons-pression.*
boutre *nm*
bout-rimé *nm Des bouts-rimés.*
bouturage *nm*
bouture *nf*
bouturer *vt, vi* ***1***
bouverie *nf*
bouvet *nm*
bouvier, ère *nm*
bouvière *nf*
bouvillon *nm*
bouvreuil *nm*
bouzouki ou **buzuki** *nm*
bovarysme *nm*
bovidé *nm*
bovin, ine *a, nm*
boviné *nm*
bowal *nm*
bowling *nm*
bow-string ou **bowstring** *nm Des bow-strings.*
bow-window ou **bowwindow** *nm Des bow-windows.*
box *nm Des box ou boxes. (stalle)*
box-calf ou **boxcalf** *nm Des box-calfs.*
boxe *nf (sport)*
boxer *vi* ***1***
boxer ou **boxer-short** *nm*
boxeur, euse *n*
box-office *nm Des box-offices.*
box-palette *nf Des box-palettes.*
boy *nm*
boyard *nm*
boyau *nm*
boyauderie *nf*
boyaudier, ère *n*
boycott *nm*
boycottage *nm*
boycotter *vt* ***1***
boycotteur, euse *n*
boy-scout ou **boyscout** *nm*
bpi *nm*
bpm *nm*
bps *nm*
brabançon, onne *a, n*
brabant *nm*
bracelet *nm*
bracelet-montre *nm Des bracelets-montres.*
brachial, ale, aux *a*
brachiation *nf*
brachiopode *nm*
brachiosaure *nm*
brachycéphale *a, n*
brachycère *nm*
brachycome *nm*
brachyodonte *a*
brachyoure *nm*
braconnage *nm*
braconner *vi* ***1***
braconnier *nm*
bractéal, ale, aux *a*
bractée *nf*
bradage *nm*
bradel *nm*
brader *vt* ***1***
braderie *nf*
bradeur, euse *n*
bradycardie *nf*
bradykinine *nf*
bradype *nm*
braguette *nf*
brahman *nm*
brahmane *nm*
brahmanique *a*
brahmanisme *nm*
brahmi *nf*
brahmine *nf*
brai *nm (résidu)*
braies *nf pl*
braillard, arde *n*
braille *nm*
braillement *nm*
brailler *vi* ***1***
brailleur, euse *a, n*
braiment *nm*
brainstorming *nm*

brain-trust ou **braintrust** *nm Des brain-trusts.*
braire *vi* ***74***
braise *nf*
braiser *vt* ***1***
brame *nm*
bramement *nm*
bramer *vi* ***1***
brancard *nm*
brancardier *nm*
branchage *nm*
branche *nf*
branché, ée *a, n*
branchement *nm*
brancher *vt, vi, vpr* ***1***
branchette *nf*
branchial, ale, aux *a*
branchie *nf*
branchiopode *nm*
branchitude *nm*
branchu, ue *a*
brandade *nf*
brande *nf*
brandebourg *nm*
branding *nm*
brandir *vt* ***2***
brandon *nm*
brandy *nm*
branlant, ante *a*
branle *nm*
branle-bas ou **branlebas** *nm inv*
branlée *nf*
branlement *nm*
branler *vt, vi* ***1***
branleur, euse *n*
branque ou **branquignol** *a, n*
brante *nf*
braquage *nm*
braque *nm ; a*
braquemart *nm*
braquer *vt* ***1***
braquet *nm*
braqueur, euse *n*
bras *nm*
brasage *nm*
braser *vt* ***1***
brasero ou **braséro** *nm*
brasier *nm*
brasilien, enne *a, n*
brasiller *vi* ***1***
bras-le-corps (à) *av*
brassage *nm*
brassard *nm*
brasse *nf*
brassée *nf*
brasser *vt* ***1***
brasserie *nf*
brasseur, euse *n*
brassicole *a*
brassière *nf*
brassin *nm*
brasure *nf*
bratislavien, enne ou **bratislavois, oise** *a, n*
bravache *nm, a*
bravade *nf*
brave *a, nm*
bravement *av*
braver *vt* ***1***
bravissimo *interj*
bravitude *nf*
bravo *interj, nm Des bravo ou bravi.*
bravoure *nf*
brazzavillois, oise *a, n*
break *nm*
breakdance *nf*
breaker *nm*
breakfast *nm*
brebis *nf*
brèche *nf*
bréchet *nm*
brèdes *nf pl*
bredouillage ou **bredouillement** *nm*
bredouille *a*
bredouiller *v* ***1***
bredouilleur, euse *n, a*
bredouillis *nm*
bref, brève *a, av*
bref *nm*
bregma *nm*
bréhaigne *af*
breitschwanz *nm*
brelan *nm*
breloque *nf*
brème *nf*
brent *nm*
bresaola *nf*
brésil *nm*
brésilien, enne *a, n*
bressan, ane *a, n*
brestois, oise *a, n*
bretèche ou **bretesse** *nf*
bretelle *nf*
bretessé, ée *a*
breton *nm*
breton, onne *a, n*
bretonnant, ante *a*
brette *nf*
bretteur *nm*
bretzel *n*
breuvage *nm*
brève *nf*
brevet *nm*
brevetabilité *nf*
brevetable *a*
brevetage *nm*
brevetaire *a*
breveté, ée *a, n*
breveter *vt* ***17***
bréviaire *nm*
bréviligne *a*
brévité *nf*
briard *nm*
briard, arde *a, n*
bribe *nf*
bric-à-brac *nm inv*
bric et de broc (de) *av*
brick *nm (voilier)*
bricolage *nm*
bricole *nf*
bricoler *vt, vi* ***1***
bricoleur, euse *n, a*
bridage *nm*
bride *nf*
bridé, ée *a*
brider *vt* ***1***
bridge *nm*
bridger *v* ***13***
bridgeur, euse *n*
brie *nm (fromage)*
briefer *vt* ***1***
briefing *nm*
brièvement *av*
brièveté *nf*
briffer *vt* ***1***
brigade *nf*
brigadier *nm*
brigadière *nf*
brigadiste *n*
brigand *nm*
brigandage *nm*
brigantin *nm*
brigantine *nf*
brigue *nf*
briguer *vt* ***1***
brillamment *av*
brillance *nf*
brillant, ante *a*
brillant *nm*
brillantage *nm*
brillanter *vt* ***1***
brillantine *nf*
brillantiner *vt* ***1***
brillat-savarin *nm inv*
briller *vi* ***1***
brimade *nf*
brimbalement *nm*
brimbaler *v* ***1***
brimborion *nm*
brimer *vt* ***1***
brin *nm (bout)*
brindille *nf*
bringé, ée *a*
bringeure *nf*
bringue *nf*
bringuer *vi, vpr* ***1***
brinquebaler ou **bringuebaler** *vt, vi* ***1***
brio *nm*
brioche *nf*
brioché, ée *a*
briochin, ine *a, n*
brion *nm*
briouate *nm*
brique *nf, a inv*
briquer *vt* ***1***
briquet *nm*
briquetage *nm*
briqueter *vt* ***17***
briqueterie ou **briquèterie** *nf*
briquetier *nm*

briquette *nf*
bris *nm (cassure)*
brisance *nf*
brisant, ante *a*
brisant *nm*
briscard ou **brisquard** *nm*
brise *nf*
brisé, ée *a*
brise-béton *nm Des brise-bétons ou brise-béton.*
brisées *nf pl*
brise-fer *n Des brise-fers ou brise-fer.*
brise-glace *nm Des brise-glaces ou brise-glace.*
brise-jet *nm Des brise-jets ou brise-jet.*
brise-lame ou **brise-lames** *nm Des brise-lames.*
brise-motte ou **brise-mottes** *nm Des brise-mottes.*
briser *vt, vi* ***1***
brise-tout ou **brisetout** *n inv*
briseur, euse *n*
brise-vent *nm Des brise-vents ou brise-vent.*
brisis *nm*
bristol *nm*
brisure *nf*
britannique *a, n*
britanno-colombien, enne *a, n*
british *a, n*
brittonique *a, n*
brize *nf*
broc *nm*
brocante *nf*
brocanter *vi* ***1***
brocanteur, euse *n*
brocard *nm (animal, moquerie)*
brocarder *vt* ***1***
brocart *nm (tissu)*
brocatelle *nf*
broccio *nm*
brochage *nm*
broche *nf*
brocher *vt* ***1***
brochet *nm (poisson)*
brocheton *nm*
brochette *nf*
brocheur, euse *n*
brochure *nf*
brocoli *nm*
brodequin *nm*
broder *vt, vti* ***1***
broderie *nf*
brodeur, euse *n*
broker ou **brokeur** *n*
brol *nm*
bromate *nm*
brome *nf (botanique)*
brome *nm (élément)*
broméliacée *nf*
bromhydrique *a*
bromique *a*
bromure *nm*
bronca *nf*
bronche *nf*
broncher *vi* ***1***
bronchiole *nf*
bronchiolite *nf*
bronchique *a*
bronchite *nf*
bronchiteux, euse *a, n*
bronchitique *n*
bronchoconstriction *nf*
bronchodilatateur, trice *a, nm*
bronchographie *nf*
bronchopathie *nf*
bronchopneumonie *nf*
bronchoscopie *nf*
bronchospasme *nm*
brontosaure *nm*
bronzage *nm*
bronzant, ante *a*
bronze *nm*
bronzé, ée *n*
bronzer *vt, vi* ***1***
bronzette *nf*
bronzier *nm*
brook *nm*
brossage *nm*
brosse *nf*
brosser *v* ***1***
brosserie *nf*
brou *nm*
brouet *nm*
brouette *nf*
brouettée *nf*
brouetter *vt* ***1***
brouhaha *nm*
brouillade *nf*
brouillage *nm*
brouillamini *nm*
brouillard *nm*
brouillasser *v impers* ***1***
brouille ou **brouillerie** *nf*
brouiller *vt, vpr* ***1***
brouilleur *nm*
brouillon, onne *a, n*
brouillon *nm*
brouilly *nm*
broussailles *nf pl*
broussailleux, euse *a*
broussard, arde *n*
brousse *nf*
broussin *nm*
brout *nm*
broutard *nm*
broutement *nm*
brouter *vt, vi* ***1***
broutille *nf*
brownie *nm*
brownien, enne *a*
browning *nm*
browser ou **browseur** *nm*
broyage *nm*
broyat *nm*
broyer *vt* ***22***
broyeur, euse *n, a*
brrr ! *interj*
bru *nf*
bruant *nm*
brucelles *nf pl*
brucellose *nf*
bruche *nf*
brucine *nf*
brugeois, oise *a, n*
brugmansia *nm*
brugnon *nm*
brugnonnier *nm*
bruine *nf*
bruiner *v impers* ***1***
bruineux, euse *a*
bruire *vi* ***2***
bruissement *nm*
bruit *nm*
bruitage *nm*
bruiter *vt* ***1***
bruiteur *nm*
bruitiste *a*
brûlage ou **brulage** *nm*
brûlant, ante ou **brulant** *a*
brûlé, ée ou **brulé, ée** *a, nm*
brûle-gueule ou **brule-gueule** *nm Des brûle-gueules ou brûle-gueule.*
brûle-parfum ou **brule-parfum** *nm Des brûle-parfums ou brûle-parfum.*
brûle-pourpoint (à) ou **brulepourpoint (à)** *av*
brûler ou **bruler** *vt, vi* ***1***
brûlerie ou **brulerie** *nf*
brûleur ou **bruleur** *nm*
brûlis ou **brulis** *nm*
brûloir ou **bruloir** *nm*
brûlot ou **brulot** *nm*
brûlure ou **brulure** *nf*
brumaire *nm*
brumasser *v impers* ***1***
brume *nf*
brumeux, euse *a*
brumisateur *nm Nom déposé*
brumisation *nf Nom déposé*
brun, brune *a, n (couleur)*
brunante *nf*
brunâtre *a*
brunch *nm Des brunchs ou brunches.*
bruncher *vi* ***1***
brunéien, enne *a, n*
brunet, ette *n*
bruni *nm*
brunir *vt, vi* ***2***
brunissage *nm*
brunissement *nm*
brunisseur, euse *n*
brunissoir *nm*
brunissure *nf*
brunoise *nf*
bruschetta *nf*
brushing *nm*
brusque *a*
brusquement *av*
brusquer *vt* ***1***

brusquerie *nf*
brut, brute *a, nm, av (naturel, grossier)*
brutal, ale, aux *a, n*
brutalement *av*
brutalisation *nf*
brutaliser *vt 1*
brutalisme *nm*
brutalité *nf*
brutasse *nf*
brute *nf (malotru)*
bruxellisation *nf*
bruxellois, oise *a, n*
bruxomanie ou **bruxisme** *nf*
bruyamment *av*
bruyant, ante *a*
bruyère *nf*
bryone *nf*
bryophyte *nf*
bryozoaire *nm*
BSR *nm*
BTS *nm*
buanderie *nf*
bubale *nm*
bubinga *nm*
bubon *nm*
bubonique *a*
bucarestois, oise *a, n*
buccal, ale, aux *a*
buccin *nm*
buccinateur *nm, am*
buccodentaire *a*
buccogénital, ale, aux *a*
buccorhodanien, enne *a, n*
bucentaure *nm*
bûche ou **buche** *nf*
bûcher ou **bucher** *vt 1*
bûcher ou **bucher** *nm*
bûcheron, onne ou **bucheron, onne** *n*
bûcheronnage ou **bucheronnage** *nm*
bûcheronner ou **bucheronner** *vi 1*
bûchette ou **buchette** *nf*
bûcheur, euse ou **bucheur, euse** *a, n*
bucolique *nf, a*
bucolisme *nm*
bucrane ou **bucrâne** *nm*
budapestois, oise *a, n*
buddleia ou **buddleya** ou **buddléia** *nm*
budget *nm*
budgétaire *a*
budgétarisme *nm*
budgétariste *a*
budgétisation *nf*
budgétiser ou **budgéter** *vt 1*
budgétivore *a*
buée *nf*
buffet *nm*
buffle *nm*
bufflèterie ou **buffleterie** *nf*
bufflon *nm*
bufflonne ou **bufflesse** *nf*
bufonidé *nm*
bug *nm (informatique)*
buggé, ée *a*
buggy *nm*
bugle *nf (plante)*
bugle *nm (instrument)*
buglosse *nf*
bugne *nf*
bugrane *nf*
buiatre *n*
buiatrie *nf*
building *nm*
buire ou **bure** *nf*
buis *nm*
buisson *nm*
buisson-ardent *nm Des buissons-ardents.*
buissonnant, ante *a*
buissonneux, euse *a*
buissonnier, ère *a*
bujumburien, enne *a, n*
bulbaire *a*
bulbe *nm*
bulbeux, euse *a*
bulbicole *a*
bulbiculteur, trice *n*
bulbiculture *nf*
bulbille *nf*
bulbul *nm*
bulgare *a, n*
bulgare *nm*
bulgogi *nm*
bulin *nm*
bullaire *nm*
bull-dog ou **bulldog** *nm Des bull-dogs.*
bulldozer *nm*
bulle *nf*
bulle *nm inv, a inv (papier)*
buller *vi 1*
bulletin *nm*
bulleux, euse *a*
bull-finch ou **bullfinch** *nm Des bull-finchs.*
bull-terrier *nm Des bull-terriers.*
bulot *nm*
bun *nm*
buna *nm Nom déposé*
bundle *nm*
bungalow *nm*
bunker *nm*
bunkerisation *nf*
bunkeriser *vt 1*
bunodonte *a*
bunraku *nm*
buphtalmum *nm*
buprénorphine *nf*
bupreste *nm*
burakumin *n*
buraliste *n*
bure *nf (étoffe)*
bure *nm (puits)*
bureau *nm*
bureaucrate *n*
bureaucratie *nf*
bureaucratique *a*
bureaucratiquement *av*
bureaucratisation *nf*
bureaucratiser *vt 1*
bureauticien, enne *n*
bureautique *nf, a Nom déposé*
burelé, ée *a*
burette *nf*
burgau *nm*
burgaudine *nf*
burger *nm*
burgien, enne ou **bressan, ane** *a, n*
burgrave *nm*
burin *nm*
burinage *nm*
buriner *vt 1*
burkinabé, ée ou **burkinais, aise** *a, n*
Burkitt (tumeur de) *nf*
burlat *nf*
burlesque *a, nm*
burlesquement *av*
burlingue *nm*
burmese *n*
burnous *nm*
burn-out *nm inv*
buron *nm*
burqua ou **burqa** *nf*
burrito *nm*
bursite *nf*
burundais, aise *a, n*
bus *nm inv*
busard *nm*
busc *nm*
buse *nf*
buser *vt 1*
bush *nm*
bushido *nm*
business ou **bizness** *nm inv*
businessangel *nm*
businessman *nm Des businessmans ou businessmen.*
businessplan *nm*
busqué, ée *a*
busserole *nf*
buste *nm*
bustier *nm*
but *nm (fin)*
butadiène *nm*
butane *nm*
butanier *nm*
buté, ée *a*
butée *nf*
butène *nm*
buter *vt, vi, vpr 1 (trébucher)*
buteur *nm*
butin *nm*
butinage *nm*
butiner *vt, vi 1*
butineur, euse *a*
buto *nm*
butoir *nm*

butome *nm*
butor *nm*
buttage *nm*
butte *nf (monticule)*
butter *vt **1** (agriculture)*
buttoir *nm*
butyle *nm*
butylène *nm*
butyrate *nm*
butyreux, euse *a*
butyrine *nf*
butyrique *a*
butyromètre *nm*
butyrophénone *nm*
buvable *a*
buvard *nm*
buvée *nf*
buvette *nf*
buveur, euse *n*
buxacée *nf*
buy-back ou **buyback** *nm Des buy-backs.*
buzuki ou **bouzouki** *nm*
buzz *nm*
buzzer *vi **1***
by-pass *nm inv*
byssus *nm*
byte *nm*
byzantin, ine *a*
byzantinisme *nm*

C

c *nm*
CA *nm*
ça *pr dém ; nm inv*
çà *av*
cab *nm*
cabale *nf (complot)*
cabaliste ou **kabbaliste** *n*
cabalistique *a*
caban *nm*
cabane *nf*
cabanon *nm*
cabaret *nm*
cabaretier, ère *n*
cabas *nm*
cabécou *nm*
cabernet-franc *nm*
cabernet-sauvignon *nm*
cabestan *nm*
cabiai *nm*
cabillaud *nm (poisson)*
cabillot *nm (marine)*
cabine *nf*
cabinet *nm*
câblage *nm*
câble *nm*
câblé, ée *a, n*
cableau ou **câblot** *nm*
câbler *vt* ***1***
câbleur, euse *n*
câblier *nm, am*
câbliste *nm*
câblodistributeur *nm*
câblodistribution *nf*
câblo-opérateur *nm*
cabochard, arde *a, n*
caboche *nf*
cabochon *nm*
cabomba *nm*
cabosse *nf*
cabosser *vt* ***1***
cabot *nm*
cabotage *nm*
caboter *vi* ***1***
caboteur *nm*
cabotin, ine *n, a*
cabotinage *nm*
cabotiner *vi* ***1***
cabrer *vt, vpr* ***1***
cabri *nm*
cabriole *nf*
cabrioler *vi* ***1***
cabriolet *nm*
cabus *nm*
caca *nm*
cacaber *vi* ***1***
cacahuète ou **cacahouète** *nf*
cacalie *nf*
cacao *nm*
cacaoté, ée *a*
cacaoui ou **kakawi** *nm*
cacaoyer ou **cacaotier** *nm*
cacaoyère ou **cacaotière** *nf*
cacarder *vi* ***1***
cacatoès *nm*
cacatois *nm*
cachalot *nm*
cache *n (abri, feuille)*
cache-cache *nm inv*
cache-cœur *nm Des cache-cœurs ou cache-cœur.*
cache-col *nm Des cache-cols ou cache-col.*
cachectique *a, n*
cache-entrée *nm Des cache-entrées ou cache-entrée.*
cache-flamme *nm Des cache-flamme ou cache-flammes.*
cachemire *nm*
cachemirien, enne ou **kashmiri, ie** *a, n*
cache-misère *nm Des cache-misères ou cache-misère.*
cache-nez *nm inv*
cache-pot *nm Des cache-pots ou cache-pot.*
cache-poussière *nm Des cache-poussières ou cache-poussière.*
cache-prise *nm Des cache-prises.*
cacher *vt, vpr* ***1***
cache-radiateur *nm Des cache-radiateurs.*
cache-sexe *nm Des cache-sexes ou cache-sexe.*
cachet *nm*
cachetage *nm*
cache-tampon *nm Des cache-tampons ou cache-tampon.*
cacheter *vt* ***17***
cachetier, ère *n*
cachetonner *vi* ***1***
cachette *nf*
cachexie *nf*
cachot *nm*
cachotterie *nf*
cachottier, ère *a, n*
cachou *nm, a inv*
cachucha *nf*
cacique *nm*
cacochyme *a*
cacophonie *nf*
cacophonique *a*
cactacée ou **cactée** *nf*
cactus *nm*
cadastral, ale, aux *a*
cadastre *nm*
cadastrer *vt* ***1***
cadavéreux, euse *a*
cadavérique *a*
cadavre *nm*
caddie *nm Nom déposé*
cade *nm*
cadeau *nm*
cadeauter *vt* ***1***
cadenas *nm*
cadenasser *vt* ***1***
cadence *nf*
cadencé, ée *a*
cadencement *nm*
cadencer *vt* ***10***
cadène *nf*
cadet, ette *n, a*
cadi *nm*
cadien, enne *a, n*
cadmiage *nm*
cadmier *vt* ***1***
cadmium *nm*
cador *nm*
cadrage *nm*
cadran *nm*
cadrat *nm*
cadratin *nm*
cadre *nm*
cadrer *vt, vi* ***1***
cadreur, euse *n*
caduc, caduque *a*
caducée *nm*
caducifolié, ée *a*
caducité *nf*
cadurcien, enne *a, n*
cæcal, ale, aux *a*
cæcum *nm*
caennais, aise *a, n*
cafard, arde *n*
cafard *nm*
cafardage *nm*
cafarder *vi* ***1***
cafardeur, euse *n*
cafardeux, euse *a*
café *nm, a inv*
café-concert *nm Des cafés-concerts.*
caféier *nm*
caféière *nf*
caféine *nf*
caféiné, ée *a*
caféisme *nm*
cafetan ou **caftan** *nm*
cafétéria *nf*
café-théâtre *nm Des cafés-théâtres.*
cafetier, ère *n*
cafetière *nf*
cafouillage *nm*
cafouiller *vi* ***1***
cafouilleur, euse *n*
cafouilleux, euse *a*
cafouillis *nm*
cafre *a, n*
cafter *vi* ***1***
cafteur, euse *n*
cage *nf*
cageot *nm*
caget *nm*
cagette *nf*
cagibi *nm*
cagna *nf*
cagnard *nm*
cagne ou **khâgne** *nf*

cagneux, euse *a (genoux)*
cagneux, euse ou **khâgneux, euse** *n (élève)*
cagnotte *nf*
cagot, ote *n, a*
cagou ou **kagou** *nm*
cagoulard *nm*
cagoule *nf*
cagoulé, ée *a*
cahier *nm (livre)*
cahin-caha *av*
cahors *nm*
cahot *nm*
cahotant, ante *a*
cahotement *nm*
cahoter *vt, vi* ***1***
cahoteux, euse *a*
cahute ou **cahutte** *nf*
caïd *nm*
caïdat *nm*
caïeu ou **cayeu** *nm*
caïlcédrat *nm*
caillassage *nm*
caillasse *nf*
caillasser *vt* ***1***
caille *nf*
caillé, ée *a, nm (lait)*
caillebotis *nm*
caillebotte *nf*
caille-lait *nm Des caille-laits ou caille-lait.*
cailler *vt, vi, vpr* ***1***
caillera *n, a*
caillette *nf*
caillot *nm*
caillou *nm*
cailloutage *nm*
caillouté, ée *a*
caillouter *vt* ***1***
caillouteux, euse *a*
cailloutis *nm*
caïman *nm*
caïmanais, aise *a, n*
caïque *nm*
cairn *nm*
cairote *a, n*
caisse *nf*
caisserie *nf*
caissette *nf*
caissier, ère *n*
caisson *nm*
cajeput *nm*
cajoler *vt, vi* ***1***
cajolerie *nf*
cajoleur, euse *a, n*
cajou ou **caju** *nm*
cajun *a*
cake *nm*
cake-walk *nm*
cakile *nm*
cal *nm Des cals. (durillon)*
calabrais, aise *a, n*
caladium *nm*
calage *nm*
calaison *nf*
calamar ou **calmar** *nm*
calame *nm*
calamine *nf*
calaminé, ée *a*
calamistrer *vt* ***1***
calamité *nf*
calamiteux, euse *a*
calancher *vi* ***1***
calandrage *nm*
calandre *nf*
calandrer *vt* ***1***
calanque *nf*
calao *nm*
calathéa ou **calathea** *nm*
calbar ou **calcif** *nm*
calcaire *a, nm*
calcanéen, enne *a*
calcanéite *nf*
calcanéum *nm*
calcédoine *nf*
calcémie *nf*
calcéolaire *nf*
calcicole *a*
calcicordé *nm*
calcif ou **calbar** *nm*
calciférol *nm*
calcification *nf*
calcifier *vt* ***1***
calcifuge *a*
calcin *nm*
calcination *nf*
calciner *vt* ***1***
calcique *a*
calcite *nf*
calcithérapie *nf*
calcitonine *nf*
calcium *nm*
calciurie *nf*
calcschiste *nm*
calcul *nm*
calculabilité *nf*
calculable *a*
calculateur, trice *n, a*
calculer *vt* ***1***
calculette *nf*
calculeux, euse *a*
caldarium *nm*
caldeira *nf*
caldoche *n, a*
cale *nf*
calé, ée *a*
calebasse *nf*
calebassier *nm*
calèche *nf*
caleçon *nm*
calédonien, enne *a, n*
cale-étalon *nf Des cales-étalons.*
caléfaction *nf*
calembour *nm*
calembredaine *nf*
calendaire *a*
calendes *nf pl*
calendos *nm*
calendrier *nm*
calendula *nf*
cale-pied *nm Des cale-pieds.*
calepin *nm*
caler *vt, vi* ***1***
caleter ou **calter** *vi* ***1***
calfat *nm*
calfatage *nm*
calfater *vt* ***1***
calfeutrage *nm*
calfeutrement *nm*
calfeutrer *vt, vpr* ***1***
calibrage *nm*
calibre *nm*
calibrer *vt* ***1***
calibreur *nm*
calibreuse *nf*
calice *nm*
caliche *nm*
calicot *nm*
calicule *nm*
califat ou **khalifat** *nm*
calife ou **khalife** *nm*
californien, enne *a, n*
californium *nm*
califourchon (à) *av*
câlin, ine *a, nm*
câliner *vt* ***1***
câlinerie *nf*
câlinothérapie *nf*
caliorne *nf*
calisson *nm*
calixarène *nm*
calleux, euse *a*
call-girl *nf Des call-girls.*
callicarpa *nm*
calligramme *nm*
calligraphe *n*
calligraphie *nf*
calligraphier *vt* ***2***
calligraphique *a*
callipyge *a*
callosité *nf*
callune *nm*
calmant, ante *a, nm*
calmar ou **calamar** *nm*
calme *nm ; a*
calmement *av*
calmer *vt* ***1***
calmir *vi* ***2***
caló *nm*
calomel *nm*
calomniateur, trice *a, n*
calomnie *nf*
calomnier *vt* ***1***
calomnieusement *av*
calomnieux, euse *a*
caloporteur *am, nm*
calorie *nf*
calorifère *nm*
calorification *nf*
calorifique *a*
calorifuge *a, nm*
calorifugeage *nm*

calorifuger *vt* ***11***
calorimètre *nm*
calorimétrie *nf*
calorimétrique *a*
calorique *a*
calorisation *nf*
calot *nm*
calotin, ine *n, a*
calotte *nf*
calotter *vt* ***1***
caloyer, ère *n*
calquage *nm*
calque *nm*
calquer *vt* ***1***
calter ou **caleter** *vi* ***1***
calumet *nm*
calvados *nm*
calvadosien, enne *a, n*
calvaire *nm*
calville *nf*
calvinisme *nm*
calviniste *a, n*
calvitie *nf*
calypso *nm*
camaïeu *nm*
camail *nm*
camarade *n*
camaraderie *nf*
camard, arde *a, n*
camarétois, oise *a, n*
camarguais, aise *a, n*
camarguaise *nf*
camarilla *nf*
cambial, ale, aux ou **cambiaire** *a*
cambiste *n*
cambium *nm*
cambodgien, enne *a, n*
cambouis *nm*
cambrage *nm*
cambrement *nm*
cambrer *vt* ***1***
cambrésien, enne *a, n*
cambrien, enne *nm, a*
cambriolage *nm*
cambrioler *vt* ***1***
cambrioleur, euse *n*
cambrousse *nf*
cambrure *nf*
cambuse *nf*
cambusier *nm*
came *nf*
camé, ée *a, n*
camée *nm (pierre)*
caméléon *nm*
camélia ou **camellia** *nm*
camélidé *nm*
caméline *nf*
camelle *nf*
camelot *nm*
camelote *nf*
camembert *nm*
camer (se) *vpr* ***1***
caméra *nf*
caméraman ou **cameraman** *nm*
camérier *nm*
caméristе *nf*
camerlingue *nm*
camerounais, aise *a, n*
caméscope *nm Nom déposé*
camion *nm*
camion-citerne *nm Des camions-citernes.*
camionnage *nm*
camionner *vt* ***1***
camionnette *nf*
camionneur, euse *nm*
camisard *nm*
camisole *nf*
camomille *nf*
camouflage *nm*
camoufler *vt* ***1***
camouflet *nm*
camp *nm (hébergement, parti)*
campagnard, arde *a, n*
campagne *nf*
campagnol *nm*
campanaire *a*
campane *nf*
campanien, enne *a, n*
campaniforme *a*
campanile *nm*
campanulacée *nf*
campanule *nf*
campé, ée *a*
campêche *nm*
campement *nm*
camper *vt, vi, vpr* ***1***
campeur, euse *n*
camphre *nm*
camphré, ée *a*
camphrier *nm*
camping *nm*
camping-car *nm Des camping-cars.*
camping-cariste *n*
camping-gaz *nm inv Nom déposé*
campos ou **campo** *nm*
campus *nm*
camus, use *a*
canada *nf*
canadair *nm Nom déposé*
canadianisme *nm*
canadien, enne *a, n*
canadienne *nf*
canaille *nf, a*
canaillerie *nf*
canal *nm Des canaux.*
canalicule *nm*
canalisable *a*
canalisateur *a, n*
canalisation *nf*
canaliser *vt* ***1***
cananéen, enne *a, nm*
canapé *nm*
canaque ou **kanak, e** *a, n*
canard *nm*
canardeau *nm*
canarder *vt, vi* ***1***
canari *nm*
canarien, enne *a, n*
canasson *nm*
canasta *nf*
cancale *nf*
cancan *nm*
cancaner *vi* ***1***
cancanier, ère *a, n*
cancer *nm*
cancéreux, euse *a, n*
cancérigène ou **cancérogène** *a*
cancérisation *nf*
cancériser (se) *vpr* ***1***
cancérogenèse *nf*
cancérologie *nf*
cancérologique *a*
cancérologue *n*
cancérophobie *nf*
cancéropôle ou **cancéropole** *nm*
canche *nf*
cancoillotte *nf*
cancre *nm*
cancrelat *nm*
candela ou **candéla** *nf*
candélabre *nm*
candeur *nf*
candi *am, nm*
candida *nm*
candidat, ate *n*
candidater *vi* ***1***
candidature *nf*
candide *a*
candidement *av*
candidose *nf*
candir *vt* ***2***
candisation *nf*
candomblé *nm*
cane *nf (animal)*
canéficier *nm*
canepetière *nf*
canéphore *nf*
caner *vi* ***1*** *(reculer, mourir)*
caneton *nm*
canette *nf (petite cane)*
canette ou **cannette** *nf (couture, de boisson)*
canevas *nm*
cange *nm*
cangue *nf*
caniche *nm*
caniculaire *a*
canicule *nf*
canidé *nm*
canif *nm*
canin, ine *a*
canine *nf*
caninette *nf Nom déposé*
canitie *nf*
caniveau *nm*
canna *nm*
cannabiculteur, trice *n*
cannabiculture *nf*
cannabinacée *nf*
cannabinoïde *a, nm*
cannabique *a*

cannabis *nm*
cannabisme *n*
cannage *nm*
cannaie *nf*
canne *nf (bâton)*
canne-béquille *nf Des cannes-béquilles.*
canneberge *nf*
canne-épée *nf Des cannes-épées.*
cannelé *nm*
canneler *vt* ***16***
cannelier *nm*
cannelle *nf, a inv*
cannelloni *nm*
cannelure *nf*
canner *vt* ***1*** *(rempailler)*
cannette ou **canette** *nf (couture, de boisson)*
cannetille *nf*
canneur, euse *n*
cannibale *a, nm*
cannibalique *a*
cannibalisation *nf*
cannibaliser *vt* ***1***
cannibalisme *nm*
cannier, ère *n*
cannisse ou **canisse** *nf*
canoë *nm*
canoéiste *n*
canoë-kayak *nm*
canon *nm ; a inv*
cañon ou **canyon** *nm*
canonial, ale, aux *a*
canonicité *nf*
canonique *a*
canoniquement *av*
canonisable *a*
canonisation *nf*
canoniser *vt* ***1***
canoniste *nm*
canonnade *nf*
canonnage *nm*
canonner *vt* ***1***
canonnier *a, nm*
canonnière *nf*
canope *nm*
canopée *nf*
canot *nm*
canotage *nm*
canoter *vi* ***1***
canoteur, euse *n*
canotier *nm*
canqueter *vi* ***17***
cantabile *nm, av*
cantal *nm Des cantals.*
cantalien, enne *a, n*
cantaloup *nm*
cantate *nf*
cantatrice *nf*
canter *vt, vpr* ***1***
canter *nm*
cantharide *nf*
cantharidine *nf*
cantilène *nf*
cantilever ou **cantiléver** *a inv, nm*
cantine *nf*
cantiner *vt* ***1***
cantinier, ère *n*
cantique *nm*
canton *nm*
cantonade *nf*
cantonais, aise *a, n*
cantonal, ale, aux *a, nf pl*
cantonnement *nm*
cantonner *vt, vpr* ***1***
cantonnier *nm*
cantonnière *nf*
canular *nm*
canularesque *a*
canule *nf*
canut, use *n*
canyon ou **cañon** *nm*
canyoning ou **canyonisme** *nm*
canyoniste *n*
canzone *nf*
caodaïsme *nm*
caoua *nm*
caouanne *nf*
caoutchouc *nm*
caoutchoutage *nm*
caoutchouter *vt* ***1***
caoutchouteux, euse *a*
cap *nm (maritime)*
CAP *nm (diplôme)*
capable *a*
capacimètre *nm*
capacitaire *n*
capacitation *nf*
capacité *nf*
caparaçon *nm*
caparaçonner *vt* ***1***
cape *nf (manteau)*
capé, ée *a*
capéer ou **capeyer** *vi* ***22***
capelage *nm*
capelan *nm*
capeler *vt* ***19***
capelet *nm*
capeline *nf*
CAPES *nm*
capésien, enne *n, a*
CAPET *nm*
capharnaüm *nm*
cap-hornier *nm Des cap-horniers.*
capillaire *a, nm*
capillarite *nf*
capillarité *nf*
capilliculteur, trice *n*
capilotade *nf*
capitaine *nm*
capitainerie *nf*
capital *nm capitaux (fonds)*
capital, ale, aux *a*
capitale *nf (ville)*
capitalisable *a*
capitalisation *nf*
capitaliser *vt* ***1***
capitalisme *nm*
capitaliste *a, n*
capitalistique *a*
capital-risque *nm inv*
capital-risqueur *nm Des capital-risqueurs ou capitaux-risqueurs.*
capitanat *nm*
capitation *nf*
capité, ée *a*
capiteux, euse *a*
capiton *nm*
capitonnage *nm*
capitonner *vt* ***1***
capitoul *nm*
capitulaire *a, nm*
capitulard, arde *a, n*
capitulation *nf*
capitule *nm*
capituler *vi* ***1***
capoeira *nf*
capoeiriste *n*
caporal, ale, aux *nm*
caporalisme *nm*
caporaliste *a*
capot *nm ; a inv (carrosserie)*
capotage *nm*
capote *nf*
capoter *vt, vi* ***1***
cappadocien, enne *a, n*
capparidacée *nf*
cappuccino *nm*
câpre, esse *a, n*
câpre *nf*
capriccio *nm*
caprice *nm*
capricieusement *av*
capricieux, euse *a, n*
capricorne *nm*
câprier *nm*
caprification *nf*
caprifoliacée *nf*
caprimulgiforme *nm*
caprin, ine *a*
capriné *nm*
capselle *nf*
capside *nf*
capsien, enne *nm, a*
capsulage *nm*
capsulaire *a*
capsule *nf*
capsule-congé *nf Des capsules-congés.*
capsuler *vt* ***1***
capsulite *nf*
captable *a*
captage *nm*
captant, ante *a*
captateur, trice *n*
captation *nf*
captatoire *a*
capter *vt* ***1***
capteur *nm*
captieusement *av*
captieux, euse *a*
captif, ive *a, n*

captivant, ante *a*
captiver *vt* ***1***
captivité *nf*
captorhinomorphe *nm*
capture *nf*
capturer *vt* ***1***
capuce *nm*
capuche *nf*
capuchon *nm*
capucin, ine *nm*
capucine *nf*
cap-verdien, enne *a, n*
capybara *nm*
caque *nf*
caquelon *nm*
caquer *vt* ***1***
caquet *nm*
caquetage *nm*
caquètement *nm*
caqueter *vi* ***17***
car *conj*
car *nm (bus)*
carabe *nm*
carabin *nm*
carabine *nf*
carabiné, ée *a*
carabinier, ère *nm*
carabique *nm*
carabistouilles *nf pl*
caracal *nm Des caracals.*
caracassien, enne *a, n*
caraco *nm*
caracole *nf*
caracoler *vi* ***1***
caractère *nm*
caractériel, elle *a, n*
caractérisation *nf*
caractérisé, ée *a*
caractériser *vt* ***1***
caractéristique *a, nf*
caractérologie *nf*
caracul ou **karakul** *nm*
carafage *nm*
carafe *nf*
carafer *vt* ***1***
carafon *nm*
caramba *interj*
carambolage *nm*
carambole *nf*
caramboler *vi* ***1***
carambolier *nm*
carambouillage *nm* ou **carambouille** *nf*
caramel *nm, a inv*
caramélisation *nf*
caraméliser *vt* ***1***
carangue *nf*
carapace *nf*
carapater (se) *vpr* ***1***
caraque *nf*
carassin *nm*
carat *nm*
caravagisme *nm*
caravagiste *a, n*
caravanage *nm*
caravane *nf*
caravanier, ère *nm, a*
caravaning *nm*
caravansérail *nm*
caravelle *nf*
carbet *nm*
carbochimie *nf*
carbochimique *a*
carbohydrate *nm*
carbonado *nm*
carbonarisme *nm*
carbonaro *nm Des carbonaros ou carbonari.*
carbonatation *nf*
carbonate *nm*
carbonater *vt* ***1***
carbonatite *nf*
carbone *nm*
carboné, ée *a*
carbonifère *nm, a*
carbonique *a*
carbonisation *nf*
carboniser *vt* ***1***
carbonitruration *nf*
carbonnade ou **carbonade** *nf*
carbonyle *nm*
carborundum *nm Nom déposé*
carboxyhémoglobine *nf*
carboxylase *nf*
carboxyle *nm*
carboxylique *a*
carboxypeptidase *nf*
carburant, ante *a, nm*
carburateur, trice *a, nm*
carburation *nf*
carbure *nm*
carburé, ée *a*
carburéacteur *nm*
carburer *vt, vi* ***1***
carburol *nm*
carcailler ou **courcailler** *vi* ***1***
carcajou *nm*
carcan *nm*
carcasse *nf*
carcassonnais, aise *a, n*
carcéral, ale, aux *a*
carcinoembryonnaire *a*
carcinogène *a*
carcinogenèse *nf*
carcinologie *nf*
carcinologique *a*
carcinomateux, euse *a*
carcinome *nm*
carcinose ou **carcinomatose** *nf*
cardage *nm*
cardamine *nf*
cardamome *nf*
cardan *nm*
carde *nf*
carder *vt* ***1***
cardère *nf*
cardeur, euse *n*
cardia *nm*
cardial, ale, aux *a*
cardialgie *nf*
cardialgique *a*
cardiaque *a, n*
cardigan *nm*
cardinal, ale, aux *a, nm*
cardinal *nm Des cardinaux.*
cardinalat *nm*
cardinalice *a*
cardiofréquencemètre *nm*
cardiogénique *a*
cardiogramme *nm*
cardiographe *nm*
cardiographie *nf*
cardioïde *nf*
cardiolipide *nm*
cardiologie *nf*
cardiologue *n*
cardiomégalie *nf*
cardiomyopathie *nf*
cardiopathie *nf*
cardiopulmonaire *a*
cardiosperme *nm*
cardiothyréose *nf*
cardiotomie *nf*
cardiotonique *a, nm*
cardiotraining *nm*
cardiovasculaire *a*
cardite *nf*
cardon *nm*
carélien, enne *a, n*
carême *nm*
carénage *nm*
carence *nf*
carencé, ée *a*
carène *nf*
caréner *vt* ***12***
carentiel, elle *a*
caressant, ante *a*
caresse *nf*
caresser *vt* ***1***
caret *nm*
carex *nm*
car-ferry *nm Des car-ferries ou car-ferrys.*
cargaison *nf*
cargneule *nf*
cargo *nm*
cargue *nf*
carguer *vt* ***1***
cari ou **cary** ou **curry** *nm*
cariacou *nm*
cariant, ante *a*
cariatide ou **caryatide** *nf*
caribe *nm*
caribou *nm*
caricatural, ale, aux *a*
caricaturalement *av*
caricature *nf*
caricaturer *vt* ***1***
caricaturiste *n*
carie *nf (dent)*
carier *vt* ***1***
carieux, euse *a*

carignan *nm*
carillon *nm*
carillonnant, ante *a*
carillonné, ée *a*
carillonner *vt, vi* ***1***
carillonneur, euse *n*
carinate *nm*
carioca *a, n*
cariogène *a*
cariste *n*
caritatif, ive *a*
carjacking *nm*
carlin *nm*
carline *nf*
carlingue *nf*
carlisme *nm*
carliste *a, n*
carmagnole *nf*
carme *nm*
carmélite *nf*
carmenère *nm*
carmin *nm, a inv*
carminatif, ive *a*
carminé, ée *a*
carnage *nm*
carnassier, ère *a, n*
carnassière *nf*
carnation *nf*
carnauba *nm*
carnaval *nm Des carnavals.*
carnavalesque *a*
carne *nf*
carné, ée *a*
carneau *nm*
carnet *nm*
carnettiste *n*
carnier *nm*
carnivore *a, n*
carnotset ou **carnotzet** *nm*
carolin, ine *a*
carolomacérien, enne *a, n*
carolorégien, enne *a, n*
carolus *nm*
caronade *nf*
caroncule *nf*
carotène *nm*
caroténoïde *a, nm*
carothèque *nf*
carotide *nf, a*
carotidien, enne *a*
carottage *nm*
carotte *nf, a inv*
carotter *vt* ***1***
carotteur, euse *n*
carottier, ère *a, n*
carottier *nm*
caroube *nf*
caroubier *nm*
carouge *n*
carpaccio *nm*
carpatique ou **karpatique** *a*
carpe *nf (poisson)*
carpe *nm (os)*
carpeau ou **carpillon** *nm*
carpelle *nm*
carpetbagger *nm*
carpette *nf*
carphologie *nf*
carpien, enne *a*
carpobrotus *nm*
carpocapse *nf*
carpophore *nm*
carquois *nm*
carragheen *nm*
carraghénane *nf*
carrare *nm*
carre *nf (coin, ski)*
carré, ée *a*
carré *nm*
carreau *nm*
carrée *nf*
carrefour *nm*
car-régie *nm Des cars-régies.*
carrelage *nm*
carreler *vt* ***16***
carrelet *nm*
carreleur, euse *n*
carrément *av*
carrer *vt, vpr* ***1***
carrier *nm*
carrière *nf*
carriérisme *nm*
carriériste *n*
carriole *nf*
carrossable *a*
carrossage *nm*
carrosse *nm*
carrosser *vt* ***1***
carrosserie *nf*
carrossier *nm*
carrousel *nm*
carroyage *nm*
carroyer *vt* ***23***
carrure *nf*
cartable *nm*
carte *nf (carton)*
cartel *nm*
carte-lettre *nf Des cartes-lettres.*
cartellisation *nf*
cartelliser *vt* ***1***
carter *nm*
carte-réponse *nf Des cartes-réponses.*
carterie *nf*
cartésianisme *nm*
cartésien, enne *a, n*
carte-vue *nf Des cartes-vues.*
carthame *nm*
cartier, ère *n*
cartilage *nm*
cartilagineux, euse *a*
cartisane *nf*
cartographe *a*
cartographie *nf*
cartographier *vt* ***2***
cartographique *a*
cartomancie *nf*
cartomancien, enne *n*
carton *nm*
carton-cuir *nm Des cartons-cuirs.*
cartonnage *nm*
cartonner *vt, vi* ***1***
cartonnerie *nf*
cartonnette *nf*
cartonneux, euse *a*
cartonnier, ère *nm*
carton-paille *nm Des cartons-pailles.*
carton-pâte *nm Des cartons-pâtes.*
cartoon *nm*
cartoonesque *a*
cartooniste *n*
cartophile *n*
cartophilie *nf*
cartothèque *nf*
cartouche *nm (ornement)*
cartouche *nf (emballage, étui)*
cartoucherie *nf*
cartouchière *nf*
cartulaire *nm*
carvi *nm*
caryatide ou **cariatide** *nf*
caryocinèse *nf*
caryogamie *nf*
caryogramme *nm*
caryolyse *nf*
caryolytique *a, nm*
caryophyllacée *nf*
caryophyllé, ée *a, nf*
caryopse *nm*
caryotype *nm*
cas *nm*
casanier, ère *a, n*
casaque *nf (veste)*
casbah *nf*
cascabelle *nf*
cascade *nf*
cascader *vi* ***1***
cascadeur, euse *n*
casco *nf*
case *nf*
caséeux, euse *a*
caséification *nf*
caséifier *vt* ***1***
caséine *nf*
casemate *nf*
caser *vt, vpr* ***1***
caserne *nf*
casernement *nm*
caserner *vt* ***1***
casernier *nm*
caseyeur *nm*
cash *nm, av (argent)*
casher, ère ou **cachère** ou **kasher** *a*
cash-flow *nm Des cash-flows.*
cashrout ou **cacherout** ou **kashrout** *nf*
casier *nm*
casimir *nm*
casino *nm*
casinotier, ère *n*
casoar *nm*
caspase *nf*

casque *nm*
casqué, ée *a*
casque-micro *nm Des casques-micros.*
casquer *vi* ***1***
casquette *nf*
casquettier, ère *n*
cassable *a*
cassage *nm*
cassandre *nf*
cassant, ante *a*
cassate *nf*
cassation *nf*
cassave *nf*
casse *nf*
cassé, ée *a*
casseau *nm*
casse-cou *nm, a casse-cous ou casse-cou*
casse-croûte ou **casse-croute** *nm Des casse-croûtes ou casse-croûte.*
casse-dalle *nm Des casse-dalles.*
casse-gueule *a, nm casse-gueules ou casse-gueule*
casse-noisette *nm Des casse-noisettes ou casse-noisette.*
casse-noix *nm inv*
casse-patte *nm Des casse-pattes ou casse-patte.*
casse-pied ou **casse-pieds** *a, n casse-pieds*
casse-pierre ou **casse-pierres** *nm Des casse-pierres ou casse-pierre.*
casse-pipe *nm Des casse-pipes ou casse-pipe.*
casser *vt, vi, vpr* ***1***
casserole *nf*
casserolée *nf*
casse-tête *nm Des casse-têtes ou casse-tête.*
cassetin *nm*
cassette *nf*
cassetthothèque *nf*
casseur, euse *n, a*
cassie *nf*
cassier *nm*
cassis *nm (fruit, dos d'âne)*
cassissier *nm*
cassitérite *nf*
cassolette *nf*
casson *nm*
cassonade *nf*
cassoulet *nm*
cassure *nf*
castagne *nf*
castagner (se) *vpr* ***1***
castagnettes *nf pl*
caste *nf*
castel *nm*
castelet *nm*
castelroussin, ine *a, n*
caster *vt, vi* ***1***
casteur, euse *n*
castillan *nm*
castillan, ane *a, n*
castine *nf*
casting *nm*
castique *a*
castor *nm*
castoréum *nm*
castramétation *nf*
castrat *nm*
castrateur, trice *a*
castration *nf*
castrer *vt* ***1***
castrisme *nm*
castriste *a, n*
casual *a, nm*
casuarina *nm*
casuel, elle *a, nm*
casuiste *nm*
casuistique *nf*
casus belli *nm inv*
CAT *nm*
catabase *nf*
catabolique *a*
catabolisme *nm*
catabolite *nm*
catachrèse *nf*
cataclysmal, ale, aux *a*
cataclysme *nm*
cataclysmique *a*
catacombes *nf pl*
catadioptre *nm*
catadioptrique *a*
catadrome *a*
catafalque *nm*
catagène *a*
cataire ou **chataire** *nf*
catalan *nm*
catalan, ane *a, n*
catalectique *a*
catalepsie *nf*
cataleptique *a, n*
catalogage *nm*
catalogne *nf*
catalogue *nm*
cataloguer *vt* ***1***
catalogueur, euse *n*
catalpa *nm*
catalyse *nf*
catalyser *vt* ***1***
catalyseur *nm*
catalytique *a*
catamaran *nm*
cataménial, ale, aux *a*
cataphote *nm Nom déposé*
cataplasme *nm*
cataplectique *a, n*
cataplexie *nf*
catapultage *nm*
catapulte *nf*
catapulter *vt* ***1***
cataracte *nf*
catarhinien ou **catarrhinien** *nm*
catarrhe *nm (maladie)*
catarrheux, euse *a, n*
catastrophe *nf*
catastropher *vt* ***1***
catastrophique *a*
catastrophisme *nm*
catastrophiste *a, n*
catatonie *nf*
catatonique *a, n*
catch *nm*
catcher *vi* ***1***
catcheur, euse *n*
catéchèse *nf*
catéchète *n*
catéchétique *a*
catéchine *nf*
catéchique *a*
catéchiser *vt* ***1***
catéchisme *nm*
catéchiste *n*
catécholamine *nf*
catéchuménat *nm*
catéchumène *n*
catégorie *nf*
catégoriel, elle *a*
catégorique *a*
catégoriquement *av*
catégorisable *a*
catégorisation *nf*
catégoriser *vt* ***1***
catelle *nf*
caténaire *a, nf*
caterpillar *nm Nom déposé*
catgut *nm*
cathare *n, a (adepte)*
catharisme *nm*
catharsis *nf*
cathartique *a*
cathéchistique *a*
cathédral, ale, aux *a*
cathédrale *nf*
cathèdre *nf*
cathepsine *nf*
catherinette *nf*
cathéter *nm*
cathétérisme *nm*
cathétomètre *nm*
cathode *nf*
cathodique *a*
catholicisme *nm*
catholicité *nf*
catholicos *nm*
catholicosat *nm*
catholique *a, n*
cati *nm*
catimini (en) *av*
catin *nf*
cation *nm*
catir *vt* ***2***
catoblépas *nm*
catogan *nm*
cattleya *nm*
caucasien, enne ou **caucasique** *a, nm*
caucasien, enne *a, n*
cauchemar *nm*
cauchemarder *vi* ***1***

cauchemardesque *a*
cauchemardeux, euse *a*
cauchois, oise *a, n*
caucus *nm*
caudal, ale, aux *a*
caudataire *nm*
caudillo *nm*
caudrette *nf*
caulerpe *nf*
caulescent, ente *a*
caulinaire *a*
cauri ou **cauris** *nm*
causal, ale, aux *a, nf*
causalgie *nf*
causaliser *vi* ***1***
causalisme *nm*
causalité *nf*
causant, ante *a*
causatif, ive *a*
cause *nf*
causer *vt, vi, vti* ***1***
causerie *nf*
causette *nf*
causeur, euse *n*
causeuse *nf*
causse *nm (géographie)*
caussenard, arde *a, n*
causticité *nf*
caustification *nf*
caustique *a, nm (substance, satirique)*
caustique *nf (surface)*
cautèle *nf*
cauteleusement *av*
cauteleux, euse *a*
cautère *nm*
cautérisation *nf*
cautériser *vt* ***1***
caution *nf*
cautionnement *nm*
cautionner *vt* ***1***
cavage *nm*
cavaillon *nm*
cavalcade *nf*
cavalcader *vi* ***1***
cavale *nf*
cavaler *vi, vpr* ***1***
cavalerie *nf*
cavaleur, euse *a, n*
cavalier, ère *n, a*
cavalièrement *av*
cavatine *nf*
cave *nf (local, somme)*
cave *nm, a (dupe, étranger)*
cave *a (creux)*
caveau *nm*
caveçon *nm*
cavée *nf*
caverne *nf*
caverneux, euse *a*
cavernicole *a, nm*
cavet *nm*
caviar *nm*
caviardage *nm*
caviarder *vt* ***1***
cavicorne *nm*
caviste *n*
cavitaire *a*
cavitation *nf*
cavité *nf*
cavurne *nf*
caye *nf*
cayenne *nf*
cayeu ou **caïeu** *nm*
CD *nm*
CDD *nm*
CDI *nm*
CD-Rom ou **cédérom** *nm*
ce, cet, cette, ces *a dém*
CE *nm*
ce *pr dém*
céanothe ou **ceanothus** *nm*
céans *av*
cébette *nf*
cebiche ou **ceviche** *nm*
cébidé *nm*
ceci *pr dém*
cécidie *nf*
cécidomyie *nf*
cécilie *nf*
cécité *nf*
cédant, ante *n*
céder *vt, vi, vti* ***12***
cédérom ou **CD-Rom** *nm*
cédéthèque *nf*
cédétiste *a, n*
cedex ou **cédex** *nm*
cedi *nm*
cédille *nf*
cédraie *nf*
cédrat *nm*
cédratier *nm*
cèdre *nm*
cèdrela ou **cédrela** *nm*
cédrière *nf*
cédule *nf*
céfran, ane *a, n*
cégep *nm*
cégépien, enne *n*
cégétiste *a, n*
ceindre *vt* ***69***
ceinturage *nm*
ceinture *nf*
ceinturé, ée *a*
ceinturer *vt* ***1***
ceinturon *nm*
cela *pr dém*
céladon *nm, a inv*
célastracée *nf*
célastrale *nf*
célébrant *nm*
célébration *nf*
célèbre *a*
célébrer *vt* ***12***
célébret *nm*
célébrité *nf*
celer *vt* ***16***
cèleri ou **céleri** *nm*
célérité *nf*
célesta *nm*
céleste *a*
célestin *nm*
célestine *nf*
célibat *nm*
célibataire *a, n*
célibattant, ante *a, n*
cella *nf*
cellérier, ère *n*
cellier *nm (réserve)*
cellophane *nf Nom déposé*
cellulaire *a*
cellular *nm*
cellulase *nf*
cellule *nf*
cellule-souche *nf Des cellules-souches.*
cellulite *nf*
cellulitique *a, n*
celluloïd *nm Nom déposé*
cellulose *nf*
cellulosique *a*
célosie *nf*
celte ou **celtique** *a, n*
celte ou **celtique** *nm*
celtisant, ante *n*
celtisme *nm*
celtiste *a, n*
celtitude *nf*
celui, celle *pr dém ceux ou celles*
celui-ci, celle-ci *pr dém ceux-ci ou celles-ci*
celui-là, celle-là *pr dém ceux-là ou celles-là*
cembro *nm*
cément *nm*
cémentation *nf*
cémenter *vt* ***1***
cémentite *nf*
cénacle *nm*
cendre *nf (feu)*
cendré, ée *a, nm*
cendrée *nf*
cendreux, euse *a*
cendrier *nm*
cène *nf (christianisme)*
cénesthésie *nf*
cénesthésique *a*
cenne *nf*
cénobite *nm*
cénobitique *a*
cénobitisme *nm*
cénotaphe *nm*
cénozoïque *a*
cens *nm (féodalité)*
censé, ée *a (supposé)*
censément *av (apparemment)*
censeur *nm*
censier, ère *n, a*
censitaire *nm, a*
censorat *nm*
censure *nf*
censurer *vt* ***1***

cent *a num, nm*
centaine *nf*
centaure *nm*
centaurée *nf*
centavo *nm*
centenaire *a, nm*
centennal, ale, aux *a*
centésimal, ale, aux *a*
centète *nm*
centétidé *nm*
centiare *nm*
centième *a, n*
centigrade *nm*
centigramme *nm*
centile *nm*
centilitre *nm*
centime *nm*
centimètre *nm*
centimétrique *a*
centon *nm*
centrafricain, aine *a, n*
centrage *nm*
central, ale, aux *a, n*
centralien, enne *n*
centralisateur, trice *a*
centralisation *nf*
centraliser *vt* ***1***
centralisme *nm*
centraliste *a, n*
centralité *nf*
centranthe *nm*
centration *nf*
centre *nm*
centré, ée *a*
centre-auto *nm Des centres-autos.*
centre-fort *nm Des centres-forts.*
centrer *vt* ***1***
centreur *nm*
centre-ville *nm Des centres-villes.*
centrifugation *nf*
centrifuge *a*
centrifuger *vt* ***11***
centrifugeur, euse *n*
centriole *nm*
centripète *a*
centrisme *nm*
centriste *a, n*
centromère *nm*
centrosome *nm*
centrospermale *nf*
centumvir *nm*
centuple *a, nm*
centupler *vt* ***1***
centurie *nf*
centurion *nm*
cénure ou **cœnure** *nm*
cep *nm (vigne)*
cépage *nm*
cèpe *nm (champignon)*
cépée *nf*
cependant *conj, av*
céphalalgie *nf*
céphalaspide *nm*
céphalée *nf*
céphalique *a*
céphalocordé *nm*
céphalopode *nm*
céphalorachidien, enne *a*
céphalosporine *nf*
céphalothorax *nm*
céphéide *nf*
céraiste *nm*
céralin *nm Nom déposé*
cérambycidé *nm*
cérame *a*
céramide *nm*
céramique *nf, a*
céramiste *n*
céramologie *n*
céramologique *a*
céramologue *n*
cérargyrite *nf*
céraste *nm*
cérat *nm*
cératias *nm*
cératodus *nm*
cératopsien *nm*
cerbère *nm*
cercaire *nf*
cerce *nf*
cerceau *nm*
cerclage *nm*
cercle *nm*
cercler *vt* ***1***
cercopithécidé *nm*
cercopithèque *nm*
cercosporiose *nf*
cercueil *nm*
cerdan, ane *a, n*
céréale *nf*
céréaliculture *nf*
céréalier, ère *a, nm*
cérébelleux, euse *a*
cérébellite *nf*
cérébral, ale, aux *a, n*
cérébralité *nf*
cérébroside *nm*
cérébrospinal, ale, aux *a*
cérébrovasculaire *a*
cérémonial *nm Des cérémonials.*
cérémonialiser *vt* ***1***
cérémonie *nf*
cérémoniel, elle *a*
cérémonieusement *av*
cérémonieux, euse *a*
céreux, euse *a*
cerf *nm (animal)*
cerfeuil *nm*
cerf-volant *nm Des cerfs-volants.*
cerf-voliste *n Des cerfs-volistes.*
céride *nm*
cérifère *a*
cérificateur *nm*
cérique *a*
cerisaie *nf*
cerise *nf, a inv*
cerisier *nm*
cérite ou **céritite** *nf*
cérithe *nm*
cérium *nm*
cermet *nm*
cernable *a*
cerne *nm*
cerné, ée *a*
cerneau *nm*
cerner *vt* ***1***
céroplastique *nf*
cerque *nm*
cers *nm*
certain, aine *a, pr, nm*
certainement *av*
certes *av*
certificat *nm*
certificateur, trice *a, n*
certification *nf*
certifié, ée *n, a*
certifier *vt* ***1***
certitude *nf*
céruléen, enne *a*
cérumen *nm*
cérumineux, euse *a*
céruse *nf*
cérusite *nf*
cerveau *nm*
cervelas *nm*
cervelet *nm*
cervelle *nf*
cervical, ale, aux *a*
cervicalgie *nf*
cervicarthrose *nf*
cervicite *nf*
cervicobrachial, ale, aux *a*
cervidé *nm*
cervoise *nf*
césalpiniacée *nf*
césar *nm*
césarien, enne *a*
césarienne *nf*
césariser *vt* ***1***
césarisme *nm*
césine *nf*
césium *nm*
cespiteux, euse *a*
cessant, ante *a*
cessation *nf*
cesse *nf*
cesser *vt, vi* ***1***
cessez-le-feu *nm inv*
cessibilité *nf*
cessible *a*
cession *nf*
cession-bail *nf Des cessions-bails.*
cessionnaire *n*
c'est-à-dire *conj*
cesta punta *nf*
ceste *nm*
cestode *nm*
cestodose *nf*
césure *nf*
cétacé *nm*
cétane *nm*
céteau *nm*

cétène *nm*
cétoine *nf*
cétol *nm*
cétologie *nf*
cétologique *a*
cétologue *n*
cétone *nf*
cétonémie *nf*
cétonique *a*
cétonurie *nf*
cétose *n*
cétostéroïde *nm*
cétraria ou **cetraria** *nm*
cévenol, ole *a, n*
ceviche ou **cebiche** *nm*
ceylanais, aise *a, n*
cézannien, enne *a, n*
chaabi *nm*
chabadabada *a*
chabichou *nm*
chabin, ine *a*
chablaisien, enne *a, n*
chabler *vt* ***1***
chablis *nm*
chabot *nm*
chabraque ou **schabraque** *nf*
chabrot ou **chabrol** *nm*
chacal *nm Des chacals.*
cha-cha-cha *nm inv*
chachlik *nm*
chacone ou **chaconne** *nf*
chacun, une *pr indéf*
chadburn *nm*
chadouf *nm*
chaebol *nm*
chafiisme ou **shafiisme** *nm*
chafiite ou **shafiite** *a*
chafouin, ine *a*
Chagas (maladie de) *nf*
chagossien, ienne *a, n*
chagrin *nm (cuir)*
chagrin, ine *a*
chagriner *vt* ***1***
chah ou **shah** ou **schah** *nm*
chahut *nm*
chahuter *vt, vi* ***1***
chahuteur, euse *a, n*
chai *nm*
chaille *nf*
chaînage ou **chainage** *nm*
chaîne ou **chaine** *nf (succession)*
chaîner ou **chainer** *vt* ***1***
chaînette ou **chainette** *nf*
chaîneur, euse ou **chaineur, euse** *n*
chaînier, ère ou **chainier, ère** ou **chaîniste** ou **chainiste** *n*
chaînon ou **chainon** *nm*
chair *nf (anatomie)*
chaire *nf (religion, bureau)*
chaise *nf*
chaisier, ère *n*
chakchouka *nf*
chakra *nm*
chaland *nm (bâteau)*
chaland, ande *n (client)*
chalandise *nf*
chalaze *nf*
chalazion *nm*
chalcididé *nm*
chalcogène *nm, a*
chalcographie *nf*
chalcolithique *a, nm*
chalcopyrite *nf*
chalcosine *nf*
chaldéen, enne *a, n*
châle *nm*
chalet *nm*
chaleur *nf*
chaleureusement *av*
chaleureux, euse *a*
châlit *nm*
challenge *nm*
challengeur, euse ou **challenger** *n*
chaloir *v impers*
chalonnais, aise *a, n*
chaloupe *nf*
chaloupé, ée *a*
chalouper *vi* ***1***
chalumeau *nm Des chalumeaux.*
chalumiste *n*
chalut *nm*
chalutable *a*
chalutage *nm*
chaluter *vi* ***1***
chalutier *nm*
chamade *nf*
chamailler (se) *vpr* ***1***
chamaillerie *nf*
chamailleur, euse *a, n*
chaman, ane *n*
chamanique *a*
chamanisme *nm*
chamaniste *a, n*
chamanistique *a*
chamarrer *vt* ***1***
chamarrures *nf pl*
chambard *nm*
chambardement *nm*
chambarder *vt* ***1***
chambellan *nm*
chambérien, enne *a, n*
chambertin *nm*
chambolle-musigny *nm inv*
chamboulement *nm*
chambouler *vt* ***1***
chambranle *nm*
chambray *nm*
chambre *nf*
chambrée *nf*
chambrer *vt* ***1***
chambrette *nf*
chambrier *nm*
chambrière *nf*
chambriste *a, n*
chame *nm*
chameau *nm Des chameaux.*
chamécyparis ou **chamæcyparis** *nm*
chamédoréa ou **chamædorea** *nm*
chamelier *nm*
chamelle *nf*
chamelon *nm*
chaméphyte *nm*
chamérops ou **chamærops** *nm*
chamito-sémitique *a, nm*
chamois *nm, a inv*
chamoisage *nm*
chamoiser *vt* ***1***
chamoisine *nf*
chamotte *nf*
champ *nm (agriculture)*
champagne *nm (vin)*
champagne *nf (plaine, écu)*
champagnisation *nf*
champagniser *vt* ***1***
champardennais, aise *a, n*
champart *nm*
champenois, oise *a, n*
champenoise *nf*
champêtre *a*
champi ou **champis, ise** *n, a*
champignon *nm*
champignonnière *nf*
champignonniste *a, n*
champion, onne *nm*
championnat *nm*
champlever *vt* ***15***
chamsin ou **khamsin** *nm*
chan ou **tch'an** *nm*
chançard, arde *a, n*
chance *nf*
chancelant, ante *a*
chanceler *vi* ***16***
chancelier, ère *nm*
chancelière *nf*
chancellerie *nf*
chanceux, euse *a, n*
chanci *nm*
chancir *vi* ***3***
chancre *nm*
chancrelle *nf*
chandail *nm*
Chandeleur *nf*
chandelier *nm*
chandelle *nf*
chanfrein *nm*
chanfreiner *vt* ***1***
change *nm*
changeant, ante *a*
changement *nm*
changer *vt, vi, vti, vpr* ***11***
changeur *nm*
chanlatte *nf*
channe *nf*
chanoine *nm*
chanoinesse *nf*
chanson *nf*
chansonnette *nf*
chansonnier, ère *n*

chant *nm (musique, partie d'une pièce)*
chantage *nm*
chantant, ante *a*
chanteau *nm Des chanteaux.*
chantefable *nf*
chantepleure *nf*
chanter *vt, vi* ***1***
chanterelle *nf*
chanteur, euse *n, a*
chantier *nm*
chantignole *nf*
chantilly *n*
chantonnement *nm*
chantonner *vt* ***1***
chantoung ou **shantoung** *nm*
chantournement *nm*
chantourner *vt* ***1***
chantre *nm*
chanvre *nm*
chanvrier, ère *n, a*
chaos *nm (désordre)*
chaotique *a*
chaouabti ou **shaouabti** *nm*
chaource *nm*
chapardage *nm*
chaparder *vt* ***1***
chapardeur, euse *a, n*
chapati *nm*
chape *nf*
chapé, ée *a*
chapeau *nm Des chapeaux.*
chapeauter *vt* ***1***
chapelain *nm*
chapelet *nm*
chapelier, ère *n*
chapelle *nf*
chapellenie *nf*
chapellerie *nf*
chapelure *nf*
chaperon *nm*
chaperonner *vt* ***1***
chapiteau *nm Des chapiteaux.*
chapitre *nm*
chapitrer *vt* ***1***
chapka *nf*
chapon *nm*
chaponnage *nm*
chaponner *vt* ***1***
chapska ou **schapska** *nm*
chaptalisation *nf*
chaptaliser *vt* ***1***
chaque *a indéf*
char *nm*
charabia *nm*
characée *nf*
charade *nf*
charadriiforme *nm*
charançon *nm*
charançonné, ée *a*
charbon *nm*
charbonnage *nm*
charbonner *vt, vi* ***1***
charbonnerie *nf*
charbonneux, euse *a*
charbonnier, ère *n, a*
charcutage *nm*
charcuter *vt* ***1***
charcuterie *nf*
charcutier, ère *a, n*
chardon *nm*
chardonay ou **chardonnay** *nm*
chardonneret *nm*
charentais, aise *n*
charentais, aise *a, n*
charge *nf*
chargé, ée *a ; n*
chargement *nm*
charger *vt, vpr* ***11***
chargeur *nm*
chargeuse *nf*
charia *nf*
chariacompatible *a*
chariot ou **charriot** *nm*
chariotage ou **charriotage** *nm*
charioter *vt* ***1***
charismatique *a, n*
charisme *nm*
charitable *a*
charitablement *av*
charité *nf*
charivari *nm*
charlatan *nm*
charlatanerie *nf*
charlatanesque *a*
charlatanisme *nm*
charlemagne *nm*
charleston *nm*
charlot *nm*
charlotte *nf*
charmant, ante *a*
charme *nm*
charmer *vt* ***1***
charmeur, euse *n, a*
charmille *nf*
charnel, elle *a*
charnellement *av*
charnier *nm*
charnière *nf*
charnu, ue *a*
charognard *nm*
charogne *nf*
charolais *nm*
charolais, aise ou **charollais, aise** *a, n*
charophycée *nf*
charpentage *nm*
charpente *nf*
charpenté, ée *a*
charpenter *vt* ***1***
charpenterie *nf*
charpentier, ère *n*
charpie *nf*
charretée *nf*
charretier, ère *n, a*
charrette *nf*
charriage *nm*
charrier *vt, vi* ***1***
charriot ou **chariot** *nm*
charriotage ou **chariotage** *nm*
charrioter *vt* ***1***
charroi *nm*
charron *nm*
charronnerie ou **charronnage** *nf*
charroyer *vt* ***23***
charrue *nf*
charte *nf*
charte-partie *nf Des chartes-parties.*
charter *nm*
chartisme *nm*
chartiste *a, n*
chartiste *a, n*
chartrain, aine *a, n*
chartreuse *nf Nom déposé*
chartreux, euse *n*
chartreux *nm*
chartrier *nm*
charts *nm pl*
chas *nm (aiguille)*
chassable *nm*
chassagne-montrachet *nm inv*
chasse *nf (traque)*
châsse *nf (reliquaire)*
chassé *nm*
chasse-clou *nm Des chasse-clous.*
chassé-croisé *nm Des chassés-croisés.*
chasséen, enne *a, nm*
chasse-goupille *nm Des chasse-goupilles.*
chasselas *nm*
chasse-marée *nm Des chasse-marées ou chasse-marée.*
chasse-mouche *nm Des chasse-mouches ou chasse-mouche.*
chasse-neige *nm Des chasse-neiges ou chasse-neige.*
chasse-pierre *nm Des chasse-pierres ou chasse-pierre.*
chasse-pointe *nm Des chasse-pointes.*
chassepot *nm*
chasser *vt, vi* ***1***
chasseresse *nf, a*
chasse-roue *nm Des chasse-roues.*
chasseur, euse *nm*
chasseur-cueilleur *nm Des chasseurs-cueilleurs.*
chassie *nf (dépôt)*
chassieux, euse *a*
châssis *nm (cadre)*
chaste *a*
chastement *av*
chasteté *nf*
chasuble *nf*
chat ou **tchat** *nm*
châtaigne *nf, a inv*
châtaigneraie *nf*
châtaignier *nm*
châtain *a, nm*
chataire ou **cataire** *nf*
château *nm Des châteaux.*

chateaubriand ou **châteaubriant** *nm*
château-d'Yquem *nm inv*
château-lafite *nm inv*
château-la-pompe *nm inv*
château-latour *nm inv*
châteauneuf-du-pape *nm*
châtelain *nm*
châtelaine *nf*
châtelet *nm*
châtellenie *nf*
chat-huant *nm Des chats-huants.*
châtier *vt* ***1***
chatière *nf*
châtiment *nm*
chatoiement *nm*
chaton *nm*
chatouille *nf*
chatouillement *nm*
chatouiller *vt* ***1***
chatouilleux, euse *a*
chatouillis *nm*
chatoyant, ante *a*
chatoyer *vi* ***22***
châtrer *vt* ***1***
châtron *nm*
chatroom *nm*
chatte *nf*
chattemite *nf*
chatter ou **tchater** *vi* ***1***
chatterie *nf*
chatterton *nm*
chatteur *n*
chaud, chaude *a, n, av, nm*
chaudement *av*
chaude-pisse *nf Des chaudes-pisses.*
chaud-froid *nm Des chauds-froids.*
chaudière *nf*
chaudin *nm*
chaudrée *nf*
chaudron *nm*
chaudronnerie *nf*
chaudronnier, ère *n*
chauffage *nm*
chauffagiste *nm*
chauffant, ante *a*
chauffard *nm*
chauffe *nf*
chauffe-assiette *nm Des chauffe-assiettes.*
chauffe-bain *nm Des chauffe-bains.*
chauffe-biberon *nm Des chauffe-biberons.*
chauffe-eau *nm Des chauffe-eaux ou chauffe-eau.*
chauffe-plat *nm Des chauffe-plats.*
chauffer *vt, vi, vpr* ***1***
chaufferette *nf*
chaufferie *nf*
chauffeur *nm*
chauffeuse *nf*
chaulage *nm*
chauler *vt* ***1***
chauleuse *nf*
chaumage *nm*
chaume *nm*
chaumer *vt, vi* ***1***
chaumière *nf*
chaumontais, aise *a, n*
chaussant, ante *a*
chaussé, ée *a*
chaussée *nf*
chausse-pied ou **chaussepied** *nm Des chausse-pieds.*
chausser *vt* ***1***
chausses *nf pl*
chausse-trappe ou **chaussetrappe** ou **chausse-trape** *nf Des chausse-trappes.*
chaussette *nf*
chausseur *nm*
chausson *nm*
chaussure *nf*
chauve *a, n*
chauve-souris ou **chauvesouris** *nf Des chauves-souris.*
chauvin, ine *a, n*
chauvinisme *nm*
chaux *nf (oxyde)*
chavirage *nm*
chavirement *nm*
chavirer *vt, vi* ***1***
chayotte *nf*
cheap *a*
cheb, cheba *n*
chébec ou **chebec** *nm*
chèche *nm*
chéchia *nf*
check-list ou **checklist** *nf Des check-lists.*
check-point ou **checkpoint** *nm Des check-points.*
check-up ou **checkup** *nm inv*
cheddar *nm*
cheddite *nf*
cheeseburger *nm*
cheesecake *nm*
chef *nm*
chef-d'œuvre *nm Des chefs-d'œuvre.*
chefferie *nf*
chef-garde *n Des chefs-gardes.*
chef-lieu *nm Des chefs-lieux.*
cheftaine *nf*
cheik ou **cheikh** ou **scheikh** *nm*
chéilite *nf*
cheimatobie *nf*
cheire *nf*
chéiroptère ou **chiroptère** *nm*
chélate *nm*
chélater *vt* ***1***
chélateur *nm*
chélation *nf*
chelem ou **schelem** *nm*
chélicérate *nm*
chélicère *nf*
chélidoine *nf*
chelléen, enne *nm, a*
chéloïde *nf*
chélonien *nm*
chemin *nm*
chemin de croix *nm Des chemins de croix.*
chemin de fer *nm Des chemins de fer.*
chemineau *nm Des chemineaux.*
cheminée *nf*
cheminement *nm*
cheminer *vi* ***1***
cheminot, ote *n, a*
chemisage *nm*
chemise *nf*
chemiser *vt* ***1***
chemiserie *nf*
chemisette *nf*
chemisier, ère *n*
chemisier *nm*
chémosis *nm*
chênaie *nf*
chenal *nm Des chenaux.*
chenapan *nm*
chenas *nm*
chêne *nm (arbre)*
chéneau *nm Des chéneaux.*
chêne-liège *nm Des chênes-lièges.*
chenet *nm*
chènevière *nf*
chènevis *nm*
cheni *nm*
chenil *nm*
chenille *nf*
chenillé, ée *a*
chenillette *nf*
chenin *nm*
chénopode *nm*
chénopodiacée *nf*
chenu, ue *a*
cheptel *nm*
chèque *nm*
chéquier *nm*
cher, chère *a, av*
cherbourgeois, oise *a, n*
chercher *vt, vi, vpr* ***1***
chercheur, euse *n, a*
chercheure *nf*
chère *nf (nourriture)*
chèrement *av*
chergui *nm*
chéri, ie *a, n (bien-aimé)*
chérif *nm*
chérifat *nm*
chérifien, enne *a*
chérimole *nf*
chérimolier *nm*
chérir *vt* ***2***
chermès *nm*
chernozem ou **tchernoziom** *nm*
chérot *am*
cherry *nm Des cherrys ou cherries. (liqueur)*
cherté *nf*

chérubin *nm*
chervis *nm*
chester *nm*
chétif, ive *a*
chétivement *av*
chétivité *nf*
chétodon *nm*
chétognathe *nm*
cheum *a*
cheval *nm Des chevaux.*
chevalement *nm*
chevaler *vt* ***1***
chevaleresque *a*
chevalerie *nf*
chevalet *nm*
cheval-heure *nm Des chevaux-heure.*
chevalier *nm*
chevalière *nf*
chevalin, ine *a*
cheval-vapeur *nm Des chevaux-vapeur.*
chevauchant, ante *a*
chevauchée *nf*
chevauchement *nm*
chevaucher *vt, vi, vpr* ***1***
chevau-léger *nm Des chevau-légers.*
chevêche *nf*
chevelu, ue *a, nm*
chevelure *nf*
chevesne ou **chevaine** ou **chevenne** *nm*
chevet *nm*
chevêtre *nm*
cheveu *nm Des cheveux.*
chevillage *nm*
chevillard *nm*
cheville *nf*
cheviller *vt* ***1***
chevillère *nf*
chevillette *nf*
chevillier *nm*
cheviotte *nf*
chèvre *n*
chevreau *nm Des chevreaux.*
chèvrefeuille *nm*
chevrette *nf*
chevreuil *nm*
chevrier, ère *nm*
chevrillard *nm*
chevron *nm*
chevronné, ée *a*
chevrotain *nm*
chevrotant, ante *a*
chevrotement *nm*
chevroter ou **chevreter** *vt, vi* ***1***
chevrotin *nm*
chevrotine *nf*
chewing-gum *nm Des chewing-gums.*
chez *prép*
chez-soi ou **chez-moi** *nm inv*
chiadé, ée *a, nm*
chiader *vt* ***1***
chialer *vi* ***1***
chiant, ante *a*
chianti *nm*
chiard *nm*
chiasma *nm*
chiasme *nm*
chiasse *nf*
chibani *n*
chibouque ou **chibouk** *nf*
chic *nm, a, interj*
chicane *nf*
chicaner *vt, vi, vpr* ***1***
chicanerie *nf*
chicaneur, euse *a*
chicanier, ère *n, a*
chicano *an*
chicha *nf*
chiche *a (avare)*
chiche *a (pois)*
chiche *interj (apte)*
chiche-kebab ou **chichekébab** *nm Des chiches-kebabs.*
chichement *av*
chichi *nm*
chichiteux, euse *a, n*
chichon *nm*
chiclé *nm*
chicon *nm*
chicoracée *nf*
chicorée *nf*
chicot *nm*
chicotin *nm*
chiée *nf*
chien *nm*
chien-assis *nm Des chiens-assis.*
chiendent *nm*
chienlit *nf*
chien-loup *nm Des chiens-loups.*
chienne *nf*
chier *vi* ***1***
chieur, euse *n*
chiffe *nf*
chiffon *nm*
chiffonnade *nf*
chiffonnage ou **chiffonnement** *nm*
chiffonné, ée *a*
chiffonner *vt, vi* ***1***
chiffonnier, ère *nm*
chiffrable *a*
chiffrage *nm*
chiffre *nm*
chiffrement *nm*
chiffrer *vt* ***1***
chiffreur, euse *n*
chignole *nf*
chignon *nm*
chihuahua *nm*
chiisme *nm*
chiite *a, n*
chikungunya *nm*
chili ou **chile** *nm*
chilien, enne *a, n*
chilom *nm*
chimère *nf*
chimérique *a*
chimie *nf*
chimiokine *nf*
chimioluminescence *nf*
chimioprophylaxie *nf*
chimiorésistance *nf*
chimiosensibilité *nf*
chimiosensible *a*
chimiosynthèse *nf*
chimiotactisme *nm*
chimiothèque *nf*
chimiothérapie *nf*
chimiothérapique *a*
chimiotrophie *nf*
chimiotropisme *nm*
chimique *a*
chimiquement *av*
chimiquier *nm*
chimisme *nm*
chimiste *nm*
chimpanzé *nm*
chinage *nm*
chinchard *nm*
chinchilla *nm*
chine *nm (papier, porcelaine)*
chine *nf (brocante)*
chiné *a, nm*
chiner *vt, vi* ***1***
chinetoque *n*
chineur, euse *n*
chino *nm Nom déposé*
chinois, oise *a, nm*
chinois, oise *a, n*
chinoiser *vi* ***1***
chinoiserie *nf*
chinon *nm*
chinook *nm*
chintz *nm*
chiot *nm*
chiotte *nf*
chiourme *nf*
chiper *vt* ***1***
chipette *nf*
chipeur, euse *a, n*
chipie *nf*
chipolata *nf*
chipotage *nm*
chipoter *vi* ***1***
chipoterie *nf*
chipoteur, euse *n*
chipotier, ère *a, n*
chips *nf inv*
chique *nf (tabac)*
chiqué *nm*
chiquenaude *nf*
chiquer *vt* ***1***
chiqueur, euse *n*
chiral, ale, aux *a*
chiralité *nf*
chirographaire *a*
chiromancie *nf*
chiromancien, enne *n*
chiropracteur *nm*
chiropraticien, enne *n*

chiropratique ou **chiropraxie** ou **chiropractie** *nf*
chiroptère ou **chéiroptère** *nm*
chiroubles *nm*
chirurgical, ale, aux *a*
chirurgie *nf*
chirurgien, enne *n*
chirurgien-dentiste *nm Des chirurgiens-dentistes.*
chisinovien, enne *a, n*
chistéra ou **chistera** *n*
chitine *nf*
chitineux, euse *a*
chiton *nm*
chiure *nf*
chlamyde *nf*
chlamydia *nf*
chlamydiose *nf*
chleuh *n, a*
chlinguer ou **schlinguer** *vi* ***1***
chloasma *nm*
chloracétate *nm*
chloracétique *a*
chloracné *nf*
chlorage *nm*
chloral *nm*
chlorate *nm*
chloration *nf*
chlore *nm*
chloré, ée *a*
chlorelle *nf*
chlorémie *nf*
chlorer *vt* ***1***
chloreux *am*
chlorhydrate *nm*
chlorhydrique *a*
chlorique *a*
chlorite *nm (sel)*
chlorite *nf (minerai)*
chlorobenzène *nm*
chlorofibre *nf*
chlorofluorocarbone *nm*
chloroforme *nm*
chloroformer *vt* ***1***
chlorome *nm*
chlorométrie *nf*
chlorométrique *a*
chlorophycée *nf*
chlorophylle *nf*
chlorophyllien, enne *a*
chloroplaste *nm*
chlorose *nf*
chloroser (se) *vpr* ***1***
chlorotique *a*
chlorpromazine *nf*
chloruration *nf*
chlorure *nm*
chlorurer *vt* ***1***
chnoque ou **schnock** *a inv, nm*
choane *nf*
choanocyte *nf*
choanoflagellé *nm*
choc *nm, a*
chocard *nm*
chochotte *nf*
chocolat *nm, a inv*
chocolaté, ée *a*
chocolaterie *nf*
chocolatier, ère *a, n*
chocolatine *nf*
chocottes *nf pl*
choéphore *n*
chœur *nm (musique)*
choir *vi* ***50***
choisi, ie *a*
choisir *vt* ***2***
choix *nm*
choke-bore *nm choke-bores*
cholagogue *a, nm*
cholangite *nf*
cholécyste *nm*
cholécystectomie *nf*
cholécystite *nf*
cholécystographie *nf*
cholédoque *a, nm*
cholémie *nf*
choléra *nm*
cholérétique *a, nm*
cholériforme *a*
cholérique *a, n*
cholestérol *nm*
cholestérolémie *nf*
choliambe *nm*
choline *nf*
cholinergie *nf*
cholinergique *a*
cholinestérase *nf*
chômable *a*
chômage *nm*
chômé, ée *a*
chômer *vt, vi* ***1***
chômeur, euse *n*
chondre *nm*
chondrichtyen *nm*
chondriome *nm*
chondriosome *nm*
chondrite *nf*
chondroblaste *nm*
chondroblastome *nm*
chondrocalcinose *nf*
chondrodysplasie ou **chondrodystropie** *nf*
chondrogenèse *nf*
chondromatose *nf*
chondrome *nm*
chondrosarcome *nm*
chondrostéen *nm*
chope *nf*
choper *vt* ***1***
chopine *nf*
chopper *nm*
chopper *vi* ***1***
chopsuey *nm*
choquant, ante *a*
choquer *vt* ***1***
choral, ale, als ou **aux** *a, n (musique)*
chorba *nf*
chorée *nf*
chorège *nm*
chorégie *nf*
chorégique *a*
chorégraphe *n*
chorégraphie *nf*
chorégraphier *vt* ***2***
chorégraphique *a*
choréique *a, n*
choreute *nm*
chorial, ale, aux *a*
choriambe *nm*
choriocarcinome *nm*
choriocentèse *nf*
chorion *nm*
choriste *n*
chorizo *nm*
choroïde *nf*
choroïdien, enne *a*
chorologie *nf*
chorologique *a*
chorus *nm*
chose *n*
chosification *nf*
chosifier *vt* ***1***
chott *nm*
chou, choute *n, a inv*
chou *nm Des choux.*
chouan *nm*
chouannerie *nf*
choucas *nm*
chouchen *nm*
chouchou, oute *n*
chouchou *nm* ou **chouchoute** *nf (chayotte)*
chouchouter *vt* ***1***
choucroute *nf*
chouette *nf ; a, interj*
chou-fleur *nm Des choux-fleurs.*
chouïa *nm*
chou-navet *nm Des choux-navets.*
chou-palmiste *nm Des choux-palmistes.*
chouquette *nf*
chou-rave *nm Des choux-raves.*
chouraver ou **chourer** *vt* ***1***
chow-chow ou **chowchow** *nm Des chows-chows.*
choyer *vt* ***22***
chrême *nm (huile)*
chrestomathie *nf*
chrétien, enne *a, n*
chrétiennement *av*
chrétienté *nf*
chris-craft *nm inv Nom déposé*
chrisme *nm*
christ *nm*
christiania *nm*
christianisation *nf*
christianiser *vt* ***1***
christianisme *nm*
christique *a*
christologie *nf*
christophine ou **cristophine** *nf*

chromage *nm*
chromate *nm*
chromatide *nf*
chromatine *nf*
chromatique *a*
chromatisme *nm*
chromatogramme *nm*
chromatographe *nm*
chromatographie *nf*
chromatographique *a*
chromatophore *nm*
chrome *nm*
chromé, ée *a*
chromer *vt* ***1***
chromeux, euse *a*
chromique *a*
chromisation *nf*
chromiste *n*
chromo *nm*
chromogène *a*
chromolithographie *nf*
chromosome *nm*
chromosomique *a*
chromosphère *nf*
chromosphérique *a*
chromothérapie *nf*
chromothérapique *a*
chronaxie *nf*
chronicisation *nf*
chroniciser (se) *vpr* ***1***
chronicité *nf*
chronique *nf ; a*
chroniquement *av*
chroniquer *vt* ***1***
chroniqueur, euse *nm*
chrono *nm*
chronobiologie *nf*
chronobiologique *a*
chronobiologiste *n*
chronographe *nm*
chronologie *nf*
chronologique *a*
chronologiquement *av*
chronométrage *nm*
chronomètre *nm*
chronométrer *vt* ***12***
chronométreur, euse *n*
chronométrie *nf*
chronométrique *a*
chronophage *a*
chronopharmacologie *nf*
chronopharmacologique *a*
chronophotographie *nf*
chronopsychologie *nf*
chronopsychologique *a*
chronopsychologue *n*
chronotachygraphe *nm*
chronotoxicité *nf*
chrysalide *nf*
chrysanthème *nm*
chrysanthémiste *n*
chryséléphantin, ine *a*
chrysobéryl *nm*
chrysocale *nm*
chrysocolle *nf*
chrysolite ou **chrysolithe** *nf*
chrysomèle *nf*
chrysomélidé *nm*
chrysope *nf*
chrysoprase *nf*
chrysotile *nm*
ch'timi ou **chtimi** ou **chti** *a, nm*
chtonien, enne *a*
CHU *nm*
chuchotement *nm*
chuchoter *vt, vi* ***1***
chuchoterie *nf*
chuchoteur, euse *n*
chuchotis *nm*
chuintant, ante *a, nf*
chuintement *nm*
chuinter *vi* ***1***
churro *nm*
chut *interj, nm inv*
chute *nf*
chuter *vi* ***1***
chutier *nm*
chutney *nm*
chyle *nm*
chylifère *a*
chyme *nm*
chymosine *nf*
chypre *nm*
chypré, ée *a*
chypriote ou **cypriote** *a, n*
ci *av ; pr dém*
ciao ou **tchao** *interj*
ci-après *loc av*
cibiste *n*
ciblage *nm*
cible *nf*
ciblé, ée *a*
cibler *vt* ***1***
ciboire *nm*
ciborium *nm*
ciboule *nf*
ciboulette *nf*
ciboulot *nm*
cicadelle *nf*
cicadidé *nm*
cicatrice *nf*
cicatriciel, elle *a*
cicatricule *nf*
cicatrisable *a*
cicatrisant, ante *a*
cicatrisation *nf*
cicatriser *vt, vi, vpr* ***1***
cicéro *nm*
cicérone *nm*
cicindèle *nf*
ciclosporine ou **cyclosporine** *nf*
ciconiiforme *nm*
ci-contre *av*
cicutine *nf*
ci-dessous *av*
ci-dessus *av*
ci-devant *n inv*
cidre *nm*
cidrerie *nf*
cidricole *a*
ciel *nm, interj ciels*
cierge *nm*
cigale *nf*
cigare *nm*
cigarette *nf*
cigarettier ou **cigaretier** *nm*
cigarière *nf*
cigarillo *nm*
ci-gît ou **ci-git** *av*
cigogne *nf*
cigogneau *nm*
ciguatera *nf*
ciguë ou **cigüe** *nf*
ci-inclus, use *a, av*
ci-joint, e *a, av*
cil *nm*
ciliaire *a*
cilice *nm (religion)*
cilié, ée *a, nm*
cillement *nm*
ciller *vt* ***1***
cimaise *nf*
cime *nf*
ciment *nm*
cimentation *nf*
cimenter *vt* ***1***
cimenterie *nf*
cimentier, ère *a, nm*
cimeterre *nm*
cimetière *nm*
cimier *nm*
cinabre *nm*
cinaméthécaire *n*
cinchonine *nf*
cincle *nm*
cindynicien, enne *a*
cindynique *nf, a*
ciné *nm*
cinéaste *n*
ciné-club ou **cinéclub** *nm Des ciné-clubs.*
cinéma *nm*
cinémascope *nm Nom déposé*
cinémathèque *nf*
cinématique *a, nf*
cinématographe *nm*
cinématographie *nf*
cinématographique *a*
cinématographiquement *av*
cinémomètre *nm*
ciné-parc ou **cinéparc** *nm*
cinéphile *n*
cinéphilie *nf*
cinéphilique *a*
cinéraire *a ; nf*
cinérama *nm Nom déposé*
cinérite *nf*
cinéroman *nm*
cinéscénie *nf*
cinéscope *nm*
cinétique *a, nf*

cingalais, aise ou **cinghalais, aise** *a, nm*
cinglant, ante *a*
cinglé, ée *a, n*
cingler *vt, vi* ***1***
cinnamome *nm*
cinoche *nm*
cinq *a num inv, nm inv*
cinquantaine *nf*
cinquante *a num inv, nm inv*
cinquantenaire *a, nm*
cinquantième *a, nm*
cinquième *a, n*
cinquièmement *av*
cinsaut ou **cinsault** *nm*
cintrage *nm*
cintre *nm*
cintré, ée *a*
cintrer *vt* ***1***
cipaye *nm*
cipolin *nm*
cippe *nm*
cipre *nm*
cirage *nm*
circadien, enne *a*
circaète *nm*
circassien, enne *a, n*
circoncire *vt* ***79***
circoncis, ise *a, nm*
circoncision *nf*
circonférence *nf*
circonflexe *a, nm*
circonlocution *nf*
circonscription *nf*
circonscrire *vt* ***61***
circonspect, ecte *a*
circonspection *nf*
circonstance *nf*
circonstancié, ée *a*
circonstanciel, elle *a*
circonvallation *nf*
circonvenir *vt* ***35***
circonvoisin, ine *a*
circonvolution *nf*
circuit *nm*
circuiterie *nf*
circulaire *a, nf*
circulairement *av*
circulant, ante *a*
circularisation *nf*
circulariser *vt* ***1***
circularité *nf*
circulation *nf*
circulatoire *a*
circuler *vi* ***1***
circumduction *nf*
circumlunaire *a*
circumméridien, enne *a*
circumnavigation *nf*
circumpolaire *a*
circumterrestre *a*
cire *nf (matière)*
ciré, ée *a, nm*
cirer *vt* ***1***
cireur, euse *n*
cireux, euse *a*
cirier, ère *n*
ciron *nm*
cirque *nm*
cirre ou **cirrhe** *nm*
cirrhose *nf*
cirrhotique *a, n*
cirripède *nm*
cirrocumulus *nm*
cirrostratus *nm*
cirrus *nm*
cirse *nm*
cisaille *nf*
cisaillement *nm*
cisailler *vt* ***1***
cisalpin, ine *a*
ciseau *nm*
cisèlement *nm*
ciseler *vt* ***17***
ciselet *nm*
ciseleur *nm*
ciselure *nf*
cisjordanien, enne *a, n*
cisoires *nf pl*
cissoïde *nf*
ciste *nm (plante)*
ciste *nf (corbeille, sépulture)*
cistercien, enne *a, n*
cisticole *nf*
cistre *nm (instrument)*
cistre *nf (plante)*
cistron *nm*
cistude *nf*
citadelle *nf*
citadin, ine *n, a*
citation *nf*
cité *nf*
cité-dortoir *nf Des cités-dortoirs.*
cité-jardin *nf Des cités-jardins.*
citer *vt* ***1***
citerne *nf*
citerneau *nm*
cithare *nf (caisse de résonance plate)*
cithariste *n*
citizen band *nf*
citoyen, enne *n, a*
citoyenneté *nf*
citrate *nm*
citrin, ine *a*
citrine *nf*
citrique *am*
citron *nm, a inv*
citronnade *nf*
citronné, ée *a*
citronnelle *nf*
citronnier *nm*
citrouille *nf*
citrus *nm*
cityguide *nm*
citymagazine *nm*
çivaïsme ou **shivaïsme** ou **sivaïsme** *nm*
civaïte, shivaïte *n*
cive *nf*
civelle *nf*
civet *nm*
civette *nf*
civière *nf*
civil, ile *a, nm*
civilement *av*
civilisateur, trice *a, n*
civilisation *nf*
civilisationnel, elle *a*
civilisé, ée *a, n*
civiliser *vt* ***1***
civiliste *n*
civilité *nf*
civique *a*
civisme *nm*
clabaud *nm*
clabaudage *nm*
clabauder *vt* ***1***
clabauderie *nf*
clabaudeur, euse *n*
clabot ou **crabot** *nm*
clabotage ou **crabotage** *nm*
claboter ou **craboter** *vi*
clac ! *interj*
clade *nm*
cladisme ou **cladistique** *nm*
cladistique *a*
cladocère *nf*
cladogramme *nm*
cladonie *nf*
clafoutis *nm*
claie *nf*
claim *nm*
clair, claire *a, nm, av (lumineux)*
clairance *nf*
claire *nf (huître)*
clairement *av*
clairet, ette *a, nm*
clairette *nf*
claire-voie ou **clairevoie** *nf Des claires-voies.*
clairière *nf*
clair-obscur *nm*
clairon *nm*
claironnant, ante *a*
claironner *vi* ***1***
clairsemé, ée *a*
clairvoyance *nf*
clairvoyant, ante *a*
clam *nm*
clameau *nm Des clameaux.*
clamer *vt* ***1***
clameur *nf*
clamp *nm*
clamper *vt* ***1***
clampin *nm*
clamser ou **clamecer** *vi* ***1***
clan *nm*
clandé *nm*
clandestin, ine *a, n*
clandestinement *av*
clandestinité *nf*

clanique *a*
clanisme *nm*
claniste *a*
clap *nm*
clapet *nm*
clapier *nm*
clapot *nm*
clapotement ou **clapotage** ou **clapotis** *nm*
clapoter *vi* ***1***
clapoteux, euse *a*
clappement *nm*
clapper *vi* ***1***
claquage *nm*
claquant, ante *a*
claque *nm (gibus, endroit)*
claque *nf (gifle, échec)*
claquement *nm*
claquemurer *vt, vpr* ***1***
claquer *vt, vi* ***1***
claqueter *vi* ***16***
claquette *nf*
clarain *nm*
clarifiant, ante *a, nm*
clarification *nf*
clarifier *vt* ***1***
clarine *nf*
clarinette *nf*
clarinettiste *n*
clarisse *nf*
clarkia *nf*
clarté *nf*
clash *nm Des clashs.*
classable *a*
classe *nf ; a*
classement *nm*
classer *vt* ***1***
classe-relais *nf Des classes-relais.*
classeur *nm*
classicisme *nm*
classieux, euse *a*
classifiant, ante *a*
classificateur, trice *a, n*
classification *nf*
classificatoire *a*
classifier *vt* ***1***
classique *a, n*
classiquement *av*
clastique *a*
clathrate *nf*
clathre *nm*
claudicant, ante *a*
claudication *nf*
claudiquer *vi* ***1***
clause *nf*
claustra *nm Des claustras.*
claustral, ale, aux *a*
claustration *nf*
claustre *nm*
claustrer *vt* ***1***
claustrophobe *a, n*
claustrophobie *nf*
clausule *nf*
clavaire *nf*
clavardage *nm*
clavarder *vt* ***1***
claveau *nm*
clavecin *nm*
claveciniste *n*
clavelée *nf*
clavetage *nm*
claveter *vt* ***17***
clavette *nf*
clavicorde *nm*
clavicordiste *n*
claviculaire *a*
clavicule *nf*
clavier *nm*
claviériste *n*
claviste *n*
clayère *nf*
clayette *nf*
claymore *nf*
clayon *nm*
clayonnage *nm*
clayonner *vt* ***1***
clé ou **clef** *nf*
clean *a*
clearance *nf*
clearing *nm*
clébard ou **clebs** ou **klebs** *nm*
clématite *nf*
clémence *nf*
clément, ente *a*
clémentine *nf*
clémentinier *nm*
clémenvilla ou **clemenvilla** *nf*
clenbutérol *nm*
clenche *nf*
cléome *nm*
clephte ou **klephte** *nf*
clepsydre *nf*
cleptomane ou **kleptomane** *n*
cleptomanie ou **kleptomanie** *nf*
clerc *nm (religion, juridique)*
clergé *nm*
clergyman *nm Des clergymans ou clergymen.*
clérical, ale, aux *a*
cléricalisme *nm*
cléricature *nf*
clermontois, oise *a, n*
clérodendron *nm*
clérouquie *nf*
cléthrophage *a*
clic ou **click** *nm (informatique)*
clic ! *interj*
clic-clac *nm inv Nom déposé*
clichage *nm*
cliché *nm*
clicher *vt* ***1***
clicherie *nf*
clicheton *nm*
clicheur, euse *n*
client, ente *nm*
clientèle *nf*
clientélisme *nm*
clientéliste *a*
clignement *nm*
cligner *vt* ***1***
clignotant, ante *a, nm*
clignotement *nm*
clignoter *vi* ***1***
clim *nf*
climat *nm*
climatérique *a, nf*
climaticien, enne *n*
climatique *a*
climatisation *nf*
climatiser *vt* ***1***
climatiseur *nm*
climatisme *nm*
climatologie *nf*
climatologique *a*
climatologue *nm*
climatosceptique *a, n*
climatothérapie *nf*
climax *nm*
clin (à) *av*
clinal, ale, aux *a*
clin d'œil *nm*
cline *nm*
clinfoc *nm*
clinicat *nm*
clinicien, enne *n*
clinique *a, nf*
cliniquement *av*
clinker *nm*
clinomètre *nm*
clinquant, ante *nm, a*
clip *nm*
clipper ou **clippeur** *nm*
clipper ou **clipser** *vt* ***1***
cliquable *a*
cliquage *nm*
clique *nf (groupe)*
cliquer *vi* ***1***
cliques *nf pl*
cliquet *nm*
cliquètement ou **cliquettement** *nm*
cliqueter *vi* ***17***
cliquetis *nm*
clissage *nm*
clisse *nf*
clisser *vt* ***1***
clitocybe *nm*
clitoridectomie *nf*
clitoridien, enne *a*
clitoris *nm*
clivable *a*
clivage *nm*
clivant, ante *a*
cliver *vt* ***1***
clivia *nm*
cloacal, ale, aux *a*
cloaque *nm*
clochard, arde *n (vagabond, pomme)*
clochardisation *nf*
clochardiser *vt, vpr* ***1***
cloche *nf ; a*
cloche-pied (à) ou **à clochepied** *av*

clocher *vi 1*
clocher *nm*
clocheton *nm*
clochette *nf*
clodo *n*
cloison *nf*
cloisonnage *nm*
cloisonné, ée *a, nm*
cloisonnement *nm*
cloisonner *vt 1*
cloître ou **cloitre** *nm*
cloîtré, ée ou **cloitré** *a*
cloîtrer ou **cloitrer** *vt, vpr 1*
clonable *a*
clonage *nm*
clonal, ale, aux *a*
clone *nm*
cloner *vt 1*
clonique *a*
clope *n*
cloper *vi 1*
clopin-clopant ou **clopinclopant** *loc av*
clopiner *vi 1*
clopinettes *nf pl*
cloporte *nm*
cloque *nf*
cloqué, ée *a*
cloquer *vt, vi 1*
clore *vt 53*
clos, close *a*
clos *nm*
close-combat *nm*
closerie *nf*
clostridium *nm*
clôture *nf*
clôturer *vt, vi 1*
clou *nm*
clouage *nm*
clouer *vt 1*
cloutage *nm*
clouter *vt 1*
clouterie *nf*
cloutier *nm*
clovisse *nf*
clown *nm*
clownerie *nf*
clownesque *a*
cloyère *nf*
club *nm*
clubber *n*
clubbeur, euse *n*
clubbing *nm*
clubhouse *nf*
clubiste *nm*
club-sandwich *nm Des club-sandwichs.*
clunisien, enne *a, n*
clupéiforme *nm*
cluse *nf*
cluster *nm*
clystère *nm*
CMU *nf*
cnémide *nf*
cnidaire *nm*
cnidoblaste *nm*
cnidocyste *nm*
cnidosporidie *nf*
coaccusation *nf*
coaccusé, ée *n*
coach *nm*
coaché, ée *n*
coacher *vt 1*
coaching *nm*
coacquéreur, euse *n*
coadjuteur *nm*
coadjuvant *nm*
coadministrateur, trice *n*
coagulable *a*
coagulant, ante *a, nm*
coagulation *nf*
coaguler *vt, vi 1*
coagulum *nm*
coalescence *nf*
coalescent, ente *a*
coalisée, ée *a, n*
coaliser *vt, vpr 1*
coalition *nf*
coaltar ou **coltar** *nm*
coarctation *nf*
coarticulation *nf*
coassement *nm*
coasser *vi 1*
coassocié, ée *n*
coassurance *nf*
coati *nm*
coauteur *n* ou **coauteure** *nf*
coaxial, ale, aux *a*
cob *nm*
cobalt *nm*
cobaltage *nm*
cobalteux, euse *a*
cobalthérapie ou **cobaltothérapie** *nf*
cobaltine *nf*
cobaltique *a*
cobaye *nm*
cobe ou **cob** ou **kob** *nm*
cobée *nf*
cobelligérant, ante *a, nm*
cobia *nm*
cobol *nm*
cobra *nm*
cobranding *nm*
coca *n*
coca-cola *nm inv Nom déposé*
cocagne *nf*
cocaïne *nf*
cocaïné, ée *a*
cocaïnisation *nf*
cocaïnisme *nm*
cocalero *nm*
cocarcinogène *a, nm*
cocarde *nf*
cocardier, ère *a*
cocasse *a*
cocasserie *nf*
coccidie *nf*
coccidiose *nf*
coccinelle *nf*
coccolithe *nm*
coccolithophore ou **coccolithophoridé** *nm*
coccus *nm Des cocci.*
coccygien, enne *a*
coccyx *nm*
coche *nm (voiture)*
coche *nf (entaille)*
cochenille *nf*
cocher *vt 1*
cocher *nm*
cochère *af*
cochet *nm*
cochevis *nm*
cochléaire *a*
cochléaria *nm*
cochlée *nf*
cochon, onne *n, a (animal, malpropre, vicieux)*
cochonglier *nm*
cochonnaille *nf*
cochonnée *nf*
cochonner *vt 1*
cochonnerie *nf*
cochonnet *nm*
cochylis ou **conchylis** *nm*
cocker *nm*
cockney *n, a*
cockpit *nm*
cocktail *nm*
coco *nm*
cocon *nm*
cocontractant, ante *n*
cocooner *vi 1*
cocooning *nm*
cocorico *interj, nm*
cocoter ou **cocotter** *vi 1*
cocoteraie *nf*
cocotier *nm*
cocotte *nf*
cocotte-minute *nf Des cocottes-minutes. Nom déposé*
cocu, ue *a, n*
cocuage *nm*
cocufiage *nm*
cocufier *vt 1*
coda *nf*
codage *nm*
codant, ante *a*
code *nm*
code-barres *nm Des codes-barres.*
codébiteur, trice *n*
codec *nm*
codécision *nf*
codéine *nf*
codéiné, ée *a, nm*
codemandeur, eresse *n*
coder *vt 1*
codétenteur, trice *n*
codétenu, ue *n*
codeur *nm*
codéveloppement *nm*

codex *nm*
codicillaire *a*
codicille *nm*
codificateur, trice *a, n*
codification *nf*
codifier *vt* ***1***
codirecteur, trice *n*
codirection *nf*
codominance *nf*
codominant, ante *a*
codon *nm*
coéditer *vt* ***1***
coéditeur, trice *n*
coédition *nf*
coefficient *nm*
coefficienter *vt* ***1***
cœlacanthe *nm*
cœlentéré *nm*
cœliaque *a*
cœliochirurgical, ale, aux *a*
cœliochirurgie *nf*
cœlioscope *nm*
cœlioscopie *nf*
cœlioscopique *a*
cœlomate *nm*
cœlome *nm*
cœlomique *a*
coentreprise *nf*
cœnure ou **cénure** *nm*
coenzyme *n*
coépouse *nf*
coéquipier, ère *n*
coercibilité *nf*
coercible *a*
coercitif, ive *a*
coercition *nf*
cœur *nm (centre, organe)*
cœur-de-bœuf *nf Des cœurs-de-bœuf.*
cœur-de-Marie *nm Des cœurs-de-Marie.*
cœur-de-pigeon *nm Des cœurs-de-pigeon.*
cœur-de-sorcière *nm Des cœurs-de-sorcière.*
coévolution *nf*
coexistence *nf*
coexister *vi* ***1***
cofacteur *nm*
coffin *nm*
coffrage *nm*
coffre *nm*
coffre-fort *nm Des coffres-forts.*
coffrer *vt* ***1***
coffret *nm*
coffreur *nm*
cofinancement *nm*
cofinancer *vt* ***12***
cofondateur, trice *n*
cogénération *nf*
cogérance *nf*
cogérant, ante *n*
cogérer *vt* ***14***
cogestion *nf*
cogestionnaire *a, n*
cogitation *nf*
cogiter *vi* ***1***
cogito *nm*
cognac *nm*
cognassier *nm*
cognat *nm*
cognation *nf*
cognatique *a*
cogne *nm*
cognée *nf*
cognement *nm*
cogner *vt, vi, vpr* ***1***
cogneur, euse *n*
cognisciences *nf pl*
cogniticien, enne *n*
cognitif, ive *a*
cognition *nm*
cognitivisme *nm*
cognitiviste *a, n*
cognitivo-comportemental, ale, aux *a*
cohabitant, ante *a, n*
cohabitation *nf*
cohabitationniste *a, n*
cohabiter *vi* ***1***
cohérence *nf*
cohérent, ente *a*
cohéreur *nm*
cohériter *vi* ***1***
cohéritier, ère *n*
cohésif, ive *a*
cohésion *nf*
cohorte *nf*
cohue *nf*
coi, coite *a*
coiffage *nm*
coiffant, ante *a*
coiffe *nf*
coiffer *vt* ***1***
coiffeur, euse *n*
coiffure *nf*
coin *nm (angle)*
coinçage *nm*
coincé, ée *a*
coincement *nm*
coincer *vt, vi, vpr* ***10***
coinceur *nm*
coïncidence *nf*
coïncident, ente *a*
coïncider *vi* ***1***
coin-coin ou **coincoin** *nm inv*
coïnculpé, ée *n*
co-infecter *vt* ***1***
coïnfecter *vt* ***1***
co-infection ou **coïnfection** *nf Des co-infections.*
coing *nm (fruit)*
coït *nm*
coïter *vi* ***1***
coke *nm (combustible)*
coke *nf (drogue)*
cokéfaction *nf*
cokéfiable *a*
cokéfiant, ante *a*
cokéfier *vt* ***1***
cokerie *nf*
col *nm (cou, dépression)*
cola ou **kola** *nm*
coladera *nf*
colature *nf*
colback *nm*
colbertisme *nm*
colbertiste *a, n*
col-bleu *nm Des cols-bleus.*
colchicine *nf*
colchique *nm*
colcrète *nm*
col-de-cygne *nm Des cols-de-cygne.*
colectomie *nf*
colée *nf*
colégataire *n*
coléoptère *nm*
colère *nf, a*
coléreux, euse ou **colérique** *a*
coleslaw *nm*
coléus ou **coleus** *nm*
colibacille *nm*
colibacillose *nf*
colibri *nm*
colicitant, ante *n, a*
colifichet *nm*
coliforme *a, nm*
colimaçon *nm*
colin *nm*
colinéaire *a*
colin-maillard *nm Des colin-maillards.*
colinot ou **colineau** *nm*
colin-tampon *nm inv*
colique *nf, a*
colis *nm*
colisage *nm*
colistier, ère *n*
colite *nf*
colitigant, ante *a*
collabo *n*
collaborateur, trice *n*
collaboratif, ive *a*
collaboration *nf*
collaborationniste *a, n*
collaborativement *av*
collaborer *vi* ***1***
collage *nm*
collagène *nm, a*
collagénose *nf*
collagiste *n*
collant, ante *a, n*
collapsar *nm*
collapsus *nm*
collargol *nm Nom déposé*
collatéral, ale, aux *a, n*
collation *nf*
collationnement *nm*
collationner *vt* ***1***
colle *nf (glu, punition)*
collectage *nm*

collecte *nf*
collecter *vt* ***1***
collecteur, trice *n, a*
collectif, ive *a, nm*
collection *nf*
collectionner *vt* ***1***
collectionneur, euse *n*
collectionnite *nf*
collectivement *av*
collectivisation *nf*
collectiviser *vt* ***1***
collectivisme *nm*
collectiviste *a, n*
collectivité *nf*
collector *nm*
collège *nm*
collégial, ale, aux *a, nf*
collégialement *av*
collégialité *nf*
collégien, enne *n*
collègue *n*
collembole *nm*
collenchyme *nm*
coller *vt, vi, vti* ***1***
collerette *nf*
collet *nm (cape, lacet)*
colleter (se) *vpr* ***17***
colletin *nm*
colleur, euse *n*
colley *nm (chien)*
collier *nm*
collier-chou *nm Des colliers-choux.*
colliger *vt* ***11***
collimateur *nm*
collimation *nf*
collinaire *a*
colline *nf*
collision *nf*
collisionneur *nm*
collocation *nf*
collodion *nm*
colloïdal, ale, aux *a*
colloïde *nm, a*
colloque *nm*
colloquer *vt* ***1***
collure *nf*
collusion *nf*
collusoire *a*
collutoire *nm*
colluvion *nf*
collybie *nf*
collyre *nm*
colmarien, enne *a, n*
colmatage *nm*
colmater *vt* ***1***
colo *nf*
colobe *nm*
coloc *n*
colocase *nf*
colocataire *n*
colocation *nf*
cologarithme *nm*
colombage *nm*
colombard *nm*
colombe *nf*
colombien, enne *a, n*
colombier *nm*
colombin, ine *n, a*
colombo *nm*
colombophile *n, a*
colombophilie *nf*
colon *nm (d'une colonie)*
côlon *nm (anatomie)*
colón *nm (monnaie)*
colonat *nm*
colonel *nm*
colonelle *nf*
colonial, ale, aux *a, n*
colonialisme *nm*
colonialiste *a, n*
colonie *nf*
colonisateur, trice *a, n*
colonisation *nf*
colonisé, ée *a, n*
coloniser *vt* ***1***
colonnade *nf*
colonnage *nm*
colonne *nf (pilier)*
colonnette *nf*
colonoscopie ou **coloscopie** *nf*
colopathe *n*
colopathie *nf*
colopathique *a*
colophane *nf*
colophon *nm*
coloquinte *nf*
colorage *nm*
colorant, ante *a, nm*
coloration *nf*
coloratur, ure *a, nf inv*
coloré, ée *a*
colorectal, ale, aux *a*
colorer *vt* ***1***
coloriage *nm*
colorier *vt* ***1***
colorimètre *nm*
colorimétrie *nf*
colorimétrique *a*
coloris *nm*
colorisation *nf*
coloriser *vt* ***1***
coloriste *n*
colossal, ale, aux *a*
colossalement *av*
colosse *nm*
colostomie *nf*
colostrum *nm*
coloured *a, n*
colpoplastie *nf*
colportage *nm*
colporter *vt* ***1***
colporteur, euse *n*
colposcopie *nf*
colposcopique *a*
colt *nm*
coltan *nm*
coltar ou **coaltar** *nm*
coltiner *vt, vpr* ***1***
colubridé *nm*
columbarium *nm*
columbiforme *nm*
columelle *nf*
col-vert ou **colvert** *nm Des cols-verts.*
colza *nm*
com *nf*
COM *nf*
coma *nm (état)*
coma *nf (optique)*
comarquage *nm*
comateux, euse *a, n*
comatule *nf*
combassou *nm*
combat *nm*
combatif, ive ou **combattif, ive** *a, n*
combativité *nf*
combattant, ante *n, a*
combattivité *nf*
combattre *vt, vi* ***77***
combava *nm*
combe *nf*
combien *av, nm inv*
combientième *a*
combinable *a*
combinaison *nf*
combinard, arde *a, n*
combinat *nm*
combinateur *nm*
combinatoire *a, nf*
combine *nf*
combiné, ée *a, nm*
combiner *vt* ***1***
combinette *nf*
combishort *nm*
comblanchien *nm*
comble *nm (charpente, maximum)*
comble *a (rempli)*
comblement *nm*
combler *vt* ***1***
combo *nm*
comburant, ante *nm, a*
combustibilité *nf*
combustible *a, nm*
combustion *nf*
come-back *nm inv*
comédie *nf*
comédien, enne *n, a*
comédon *nm*
comestible *a, nm pl*
cométaire *a*
comète *nf*
cométique *nm*
comice *nf*
comices *nm pl*
comics *nm pl*
coming-out *nm inv*
comique *a, nm*
comiquement *av*
comité *nm*
comitial, ale, aux *a*
comitialité *nf*
comma *nm*

commandant, ante *n*
commande *nf*
commandement *nm*
commander *vt, vi, vti, vpr* ***1***
commanderie *nf*
commandeur *nm*
commanditaire *nm*
commandite *nf*
commanditer *vt* ***1***
commando *nm*
comme *av, conj*
commedia dell'arte *nf inv*
comméline *nf*
commémoraison *nf*
commémoratif, ive *a*
commémoration *nf*
commémorer *vt* ***1***
commençant, ante *n*
commencement *nm*
commencer *vt, vi* ***10***
commendataire *a, n*
commende *nf*
commensal, ale, aux *n, a*
commensalisme *nm*
commensurable *a*
comment *av, nm inv*
commentaire *nm*
commentateur, trice *n*
commenter *vt* ***1***
commérage *nm*
commerçant, ante *n, a*
commerce *nm*
commercer *vi* ***10***
commercial, ale, aux *a, n*
commercialement *av*
commercialisable *a*
commercialisation *nf*
commercialiser *vt* ***1***
commère *nf*
commettage *nm*
commettant *nm*
commettre *vt, vpr* ***64***
comminatoire *a*
comminutif *a*
commis *nm*
commisération *nf*
commissaire *n*
commissaire-priseur *nm Des commissaires-priseurs.*
commissariat *nm*
commission *nf*
commissionnaire *n*
commissionnement *nm*
commissionner *vt* ***1***
commissoire *a*
commissure *nf*
commissurotomie *nf*
commode *a, nf*
commodément *av*
commodité *nf*
commodore *nm*
commotion *nf*
commotionner *vt* ***1***
commuable *a*
commuer *vt* ***1***
commun, une *a, nm*
communal, ale, aux *a, n*
communalisation *nf*
communaliser *vt* ***1***
communard, arde *n, a*
communautaire *a, n*
communautarisation *nf*
communautariser *vt* ***1***
communautarisme *nm*
communautariste *a, n*
communauté *nf*
commune *nf*
communément *av*
communiant, ante *n*
communicable *a*
communicant, ante *a, n*
communicateur, trice *n*
communicatif, ive *a*
communication *nf*
communicationnel, elle *a*
communier *vi* ***1***
communion *nf*
communiqué *nm*
communiquer *vt, vi, vpr* ***1***
communisant, ante *a, n*
communisme *nm*
communiste *a, n*
commutable *a*
commutateur *nm*
commutatif, ive *a*
commutation *nf*
commutativité *nf*
commuter *vt* ***1***
comorien, enne *a, n*
comourants *nm pl*
compacité *nf*
compact, acte *a, nm*
compactable *a*
compactage *nm*
compact-disque *nm Des compacts-disques.*
compacter *vt* ***1***
compacteur *nm*
compagne *nf*
compagnie *nf*
compagnon *nm*
compagnonnage *nm*
compagnonnique *a*
comparable *a*
comparaison *nf*
comparaître ou **comparaitre** *vi* ***55***
comparant, ante *a, n*
comparateur, trice *a, nm*
comparatif, ive *a, nm*
comparatisme *nm*
comparatiste *n*
comparativement *av*
comparé, ée *a*
comparer *vt, vpr* ***1***
comparse *n*
compartiment *nm*
compartimentage *nm*
compartimentation *nf*
compartimenter *vt* ***1***
comparution *nf*
compas *nm*
compassé, ée *a*
compassion *nf*
compassionnel, elle *a*
compatibilité *nf*
compatible *a, nm*
compatir *vti* ***2***
compatissant, ante *a*
compatriote *n*
compendieusement *av*
compendieux, euse *a*
compendium *nm*
compensable *a*
compensateur, trice *a, nm*
compensatif, ive *a*
compensation *nf*
compensatoire *a*
compensé, ée *a*
compenser *vt* ***1***
compérage *nm*
compère *nm*
compère-loriot *nm Des compères-loriots.*
compétence *nf*
compétent, ente *a*
compétiteur, trice *n*
compétitif, ive *a*
compétition *nf*
compétitivité *nf*
compil *nf*
compilateur, trice *nm*
compilation *nf*
compiler *vt* ***1***
compisser *vt* ***1***
complainte *nf*
complaire *v, vti, vpr* ***68***
complaisamment *av*
complaisance *nf*
complaisant, ante *a*
complanter *vt* ***1***
complément *nm*
complémentaire *a, nm*
complémentarité *nf*
complémentation *nf*
complet, ète *a*
complet *nm*
complètement *av*
compléter *vt, vpr* ***14***
complétif, ive *a, nf*
complétion *nf*
complétude *nf*
complexe *a, nm*
complexé, ée *a, n*
complexer *vt* ***1***
complexification *nf*
complexifier *vt* ***1***
complexion *nf*
complexité *nf*
compliance *nf*
complication *nf*
complice *a, n*
complicité *nf*

complies *nf pl*
compliment *nm*
complimenter *vt* ***1***
complimenteur, euse *a, n*
compliqué, ée *a, n*
compliquer *vt, vpr* ***1***
complot *nm*
comploter *vi* ***1***
comploteur, euse *n*
compograveur *nm*
componction *nf*
componé, ée *a*
comporte *nf*
comportement *nm*
comportemental, ale, aux *a*
comportementalisme *nm*
comportementaliste *a, n*
comporter *vt, vpr* ***1***
composant, ante *a, n*
composé, ée *a, n*
composer *vt, vi* ***1***
composeuse *nf*
composite *a, nm*
compositeur, trice *n*
composition *nf*
compost *nm*
compostable *a*
compostage *nm*
compostage *nm*
composter *vt* ***1***
composteur *nm*
compote *nf*
compotée *nf*
compoter *vt* ***1***
compotier *nm*
compound *a inv, nm*
comprador *n, a*
compréhensibilité *nf*
compréhensible *a*
compréhensif, ive *a*
compréhension *nf*
comprendre *vt, vpr* ***70***
comprenette *nf*
compresse *nf*
compresser *vt* ***1***
compresseur *am, nm*
compressibilité *nf*
compressible *a*
compressif, ive *a*
compression *nf*
comprimable *a*
comprimé, ée *a, nm*
comprimer *vt* ***1***
compris, ise *a*
compromettant, ante *a*
compromettre *vt, vpr* ***64***
compromis *nm*
compromission *nf*
compromissoire *a*
comptabilisable *a*
comptabilisation *nf*
comptabiliser *vt* ***1***
comptabilité *nf*
comptable *a, n*
comptage *nm*
comptant *am, nm, av*
compte *nm (relevé, calcul)*
compte-chèques ou **compte chèques** *nm Des comptes-chèques.*
compte-fil *nm Des compte-fils.*
compte-goutte *nm Des compte-gouttes.*
compte-minute *nm inv compte-minutes*
compter *vt, vi* ***1***
compte-rendu ou **compte rendu** *nm Des comptes-rendus.*
compte-tour *nm Des compte-tours.*
compteur *nm (appareil)*
comptine *nf*
comptoir *nm*
compulser *vt* ***1***
compulsif, ive *a, n*
compulsion *nf*
compulsionnel, elle *a*
compulsivement *a*
comput *nm*
comtadin, ine *a, n*
comtat *nm*
comte *nm (noble)*
comté *nm*
comtesse *nf*
comtois, oise ou **franc-comtois, oise** *a, n*
con, conne *n, a*
conard, arde ou **connard, arde** *n, a*
conasse ou **connasse** *nf, a*
conatus *nm*
concassage *nm*
concassée *nf*
concasser *vt* ***1***
concasseur *nm*
concaténation *nf*
concave *a*
concavité *nf*
concéder *vt* ***12***
concélébration *nf*
concélébrer *vt* ***12***
concentration *nf*
concentrationnaire *a*
concentré, ée *a, nm*
concentrer *vt, vpr* ***1***
concentrique *a*
concentriquement *av*
concept *nm*
conceptacle *nm*
concept-car *nm Des concept-cars.*
concepteur, trice *n*
conception *nf*
conceptisme *nm*
concept-store *nm Des concepts-stores.*
conceptualisation *nf*
conceptualiser *vt* ***1***
conceptualisme *nm*
conceptualité *nf*
conceptuel, elle *a*
concernant *prép*
concerner *vt* ***1***
concert *nm*
concertant, ante *a*
concertation *nf*
concerté, ée *a*
concerter *vt, vpr* ***1***
concertina *nm*
concertino *nm*
concertiste *n*
concerto *nm*
concessif, ive *a, nf*
concession *nf*
concessionnaire *n*
concetti *nm Des concettis ou concetti.*
concevable *a*
concevoir *vt* ***43***
conchoïdal, ale, aux *a*
conchoïde *a, nf*
conchylicole *a*
conchyliculteur, trice *n*
conchyliculture *nf*
conchylien, enne *a*
conchyliologie *nf*
conchyliologique *a*
conchylis ou **cochylis** *nm*
concierge *n*
conciergerie *nf*
concile *nm*
conciliable *a*
conciliabule *nm*
conciliaire *a*
conciliant, ante *a*
conciliateur, trice *a, n*
conciliation *nf*
conciliatoire *a*
concilier *vt, vpr* ***1***
concis, ise *a*
concision *nf*
concision *nf*
concitoyen, enne *n*
concitoyenneté *nf*
conclave *nm*
concluant, ante *a*
conclure *vt, vti* ***54***
conclusif, ive *a*
conclusion *nf*
concocter *vt* ***1***
concombre *nm*
concomitamment *av*
concomitance *nf*
concomitant, ante *a*
concordance *nf*
concordant, ante *a*
concordat *nm*
concordataire *a*
concorde *nf*
concorder *vi* ***1***
concourant, ante *a*
concourir *vi, vti* ***25***
concouriste *n*
concours *nm*
concret, ète *a, nm*

concrètement *av*
concrétion *nf*
concrétisation *nf*
concrétiser *vt, vi* ***1***
concubin, ine *n*
concubinage *nm*
concupiscence *nf*
concupiscent, ente *a*
concurremment *av*
concurrence *nf*
concurrencer *vt* ***12***
concurrent, ente *a, n*
concurrentiel, elle *a*
concussion *nf*
concussionnaire *a, n*
condamnable *a*
condamnateur, trice *a, n*
condamnation *nf*
condamnatoire *a*
condamné, ée *a, n*
condamner *vt* ***1***
condé *nm*
condensabilité *nf*
condensable *a*
condensateur *nm*
condensation *nf*
condensé, ée *a, nm*
condenser *vt* ***1***
condenseur *nm*
condescendance *nf*
condescendant, ante *a*
condescendre *vti* ***5***
condiment *nm*
condimentaire *a*
condisciple *nm*
condition *nf*
conditionnable *a, n*
conditionnalité *nf*
conditionné, ée *a*
conditionnel, elle *a, nm*
conditionnellement *av*
conditionnement *nm*
conditionner *vt* ***1***
conditionneur, euse *n*
condoléances *nf pl*
condom *nm*
condominium *nm*
condor *nm*
condottière *nm Des condottières ou condottieri.*
condrieu *nm*
condrusien, enne *a, n*
conductance *nf*
conducteur, trice *n, a*
conductibilité *nf*
conductible *a*
conduction *nf*
conductivité *nf*
conduire *vt, vpr* ***67***
conduit *nm*
conduite *nf*
condylarthre *nm*
condyle *nm*
condylien, enne *a*
condylome *nm*
cône *nm*
confection *nf*
confectionner *vt* ***1***
confectionneur, euse *n*
confédéral, ale, aux *a*
confédération *nf*
confédéré, ée *n*
confédérer *vt* ***12***
confer *inv*
conférence *nf*
conférencier, ère *n*
conférer *vt, vi* ***12***
confesse *nf*
confesser *vt, vpr* ***1***
confesseur *nm*
confession *nf*
confessionnal *nm Des confessionnaux.*
confessionnaliser *vt* ***1***
confessionnalisme *nm*
confessionnaliste *a, n*
confessionnel, elle *a*
confessionnellement *av*
confetti *nm Des confettis.*
confiance *nf*
confiant, ante *a*
confidence *nf*
confident, ente *n*
confidentialité *nf*
confidentiel, elle *a*
confidentiellement *av*
confier *vt, vpr* ***1***
configuration *nf*
configurer *vt* ***1***
confiné, ée *a*
confinement *nm*
confiner *vt, vti, vpr* ***1***
confins *nm pl*
confire *vt* ***79***
confirmand, ande *n*
confirmatif, ive *a*
confirmation *nf*
confirmer *vt, vpr* ***1***
confiscable *a*
confiscation *nf*
confiscatoire *a*
confiserie *nf*
confiseur, euse *n*
confisquer *vt* ***1***
confit, ite *a, nm*
confiteor *nm inv*
confiture *nf*
confiturerie *nf*
confiturier, ère *nm*
conflagration *nf*
conflictualité *nf*
conflictuel, elle *a*
conflit *nm*
confluence *nf*
confluent *nm*
confluer *vi* ***1***
confondant, ante *a*
confondre *vt, vpr* ***5***
conformateur *nm*
conformation *nf*
conformationnel, elle *a*
conforme *a*
conformé, ée *a*
conformément *av*
conformer *vt, vpr* ***1***
conformisme *nm*
conformiste *n, a*
conformité *nf*
confort *nm*
confortable *a*
confortablement *av*
conforter *vt* ***1***
confraternel, elle *a*
confraternité *nf*
confrère *nm*
confrérie *nf*
confrérique *a*
confrontation *nf*
confronter *vt* ***1***
confucianisme *nm*
confucianiste *a, n*
confus, use *a*
confusément *av*
confusion *nf*
confusionnel, elle *a*
confusionnisme *nm*
conga *nf*
congé *nm*
congédiement *nm*
congédier *vt* ***1***
congelable *a*
congélateur *nm*
congélation *nf*
congeler *vt* ***16***
congénère ou **congénérique** *a, n*
congénital, ale, aux *a*
congénitalement *av*
congère *nf*
congestif, ive *a*
congestion *nf*
congestionner *vt* ***1***
conglomérat *nm*
conglomération *nf*
conglomérer *vt* ***12***
conglutiner *vt* ***1***
congolais *nm*
congolais, aise *a, n*
congratulations *nf pl*
congratuler *vt* ***1***
congre *nm*
congréer *vt* ***11***
congréganiste *a, n*
congrégation *nf*
congrégationalisme *nm*
congrégationaliste *a, n*
congrès *nm*
congressiste *n*
congru, ue *a*
congruence *nf*
congruent, ente *a*
conicine *nf*
conicité *nf*

conidie ou **conidiospore** *nf*
conifère *nm*
conique *a, nf*
conirostre *a, n*
conjectural, ale, aux *a*
conjecturalement *av*
conjecture *nf*
conjecturer *vt* ***1***
conjoint, ointe *n, a*
conjointement *av*
conjoncteur *nm*
conjonctif, ive *a*
conjonction *nf*
conjonctival, ale, aux *a*
conjonctive *nf*
conjonctivite *nf*
conjoncture *nf*
conjoncturel, elle *a*
conjoncturiste *n*
conjugable *a*
conjugaison *nf*
conjugal, ale, aux *a*
conjugalement *av*
conjugalité *nf*
conjugateur *nm*
conjugué, ée *a*
conjuguée *nf*
conjuguer *vt* ***1***
conjurateur, trice *n*
conjuration *nf*
conjuratoire *a*
conjuré, ée *n*
conjurer *vt, vpr* ***1***
connaissable *a*
connaissance *nf*
connaissement *nm*
connaisseur, euse *n, a*
connaître ou **connaitre** *vt, vti, vpr* ***55***
connard, arde ou **conard, arde** *n, a*
connasse ou **conasse** *nf, a*
connectabilité *nf*
connectable *a*
connecté, ée *a, n*
connecter *vt, vpr* ***1***
connecteur *nm*
connecticien, enne *n*
connectif, ive *a, nm*
connectique *nf, a*
connectivité *nf*
connement *av*
connerie *nf*
connétable *nm*
connexe *a*
connexion *nf*
connexionnisme *nm*
connexionniste *a, n*
connexité *nf*
connivence *nf*
connivent, ente *a*
connotation *nf*
connoter *vt* ***1***
connu, ue *a, nm*
conoïde *a, nm*
conque *nf*
conquérant, ante *n, a*
conquérir *vt* ***34***
conquête *nf*
conquis, ise *a*
conquistador *nm Des conquistadors ou conquistadores.*
consacré, ée *a*
consacrer *vt* ***1***
consanguin, ine *a, n*
consanguinité *nf*
consciemment *av*
conscience *nf*
consciencieusement *av*
consciencieux, euse *a*
conscient, ente *a, nm*
conscientisation *nf*
conscientiser *vt* ***1***
conscription *nf*
conscrit *nm, a*
consécration *nf*
consécutif, ive *a*
consécutivement *av*
conseil *nm*
conseiller *vt* ***1***
conseiller, ère *n*
conseilleur, euse *n*
consensualité *nf*
consensuel, elle *a*
consensuellement *av*
consensus *nm*
consentant, ante *a*
consentement *nm*
consentir *vti* ***29***
conséquemment *av*
conséquence *nf*
conséquent, ente *a, nm*
conservateur, trice *n, a*
conservation *nf*
conservatisme *nm*
conservatoire *a ; nm*
conserve *nf*
conservé, ée *a*
conserver *vt* ***1***
conserverie *nf*
conserveur *nm*
considérable *a*
considérablement *av*
considérant *nm*
considération *nf*
considérer *vt* ***12***
consignataire *nm*
consignation *nf*
consigne *nf*
consigner *vt* ***1***
consistance *nf*
consistant, ante *a*
consister *vi* ***1***
consistoire *nm*
consistorial, ale, aux *a*
consœur *nf*
consolable *a*
consolant, ante *a*
consolateur, trice *a, n*
consolation *nf*
console *nf*
consoler *vt, vpr* ***1***
consolidable *a*
consolidation *nf*
consolidé, ée *a*
consolider *vt* ***1***
consommable *a, nm*
consommateur, trice *n, a*
consommation *nf*
consommatoire *a*
consommé, ée *a, nm*
consommer *vt, vi* ***1***
consomptible *a*
consomption *nf*
consonance *nf*
consonant, ante *a*
consonantique *a*
consonantisme *nm*
consonne *nf*
consort *nm pl, am*
consortage *nm*
consortial, ale, aux *a*
consortium *nm*
consoude *nf*
conspirateur, trice *n*
conspiratif, ive *a*
conspiration *nf*
conspirer *vt, vi* ***1***
conspuer *vt* ***1***
constable *nm*
constamment *av*
constance *nf*
constant, ante *a, nf*
constantan *nm*
constat *nm*
constatable *a*
constatation *nf*
constater *vt* ***1***
constellation *nf*
constellé, ée *a*
consteller *vt* ***1***
consternant, ante *a*
consternation *nf*
consterner *vt* ***1***
constipant, ante *a*
constipation *nf*
constipé, ée *a, n*
constiper *vt* ***1***
constituant, ante *a, nm*
constitué, ée *a*
constituer *vt* ***1***
constitutif, ive *a*
constitution *nf*
constitutionnalisation *nf*
constitutionnaliser *vt* ***1***
constitutionnaliste *n*
constitutionnalité *nf*
constitutionnel, elle *a*
constitutionnellement *av*
constricteur *am, nm*
constrictif, ive *a, nf*
constriction *nf*
constructeur, trice *n, a*

constructibilité *nf*
constructible *a*
constructif, ive *a*
construction *nf*
constructivisme *nm*
constructiviste *n, a*
construire *vt* ***67***
consubstantialité *nf*
consubstantiation *nf*
consubstantiel, elle *a*
consubstantiellement *av*
consul, ule *nm*
consulaire *a*
consulat *nm*
consultable *a*
consultant, ante *a, n*
consultatif, ive *a*
consultation *nf*
consulte *nf*
consulter *vt, vi* ***1***
consulteur *nm*
consulting *nm*
consumer *vt* ***1***
consumérisme *nm*
consumériste *a, n*
contact *nm*
contacter *vt* ***1***
contacteur *nm*
contactologie *nf*
contactologique *a*
contactologiste *n*
contage *nm*
contagieux, euse *a*
contagion *nf*
contagiosité *nf*
container *nm*
contaminant, ante *a, nm*
contaminateur, trice *n*
contamination *nf*
contaminer *vt* ***1***
conte *nm (récit)*
contemplateur, trice *a, n*
contemplatif, ive *a, n*
contemplation *nf*
contemplativement *av*
contempler *vt* ***1***
contemporain, aine *a, n*
contemporanéité *nf*
contempteur, trice *n*
contenance *nf*
contenant *nm*
conteneur *nm*
conteneurisation *nf*
conteneuriser *vt* ***1***
contenir *vt, vpr* ***35***
content, ente *a, nm*
contentement *nm*
contenter *vt, vpr* ***1***
contentieux, euse *a, nm*
contention *nf*
contenu, ue *a, nm*
conter *vt* ***1*** *(narrer)*
contestabilité *nf*
contestable *a*
contestablement *av*
contestataire *n, a*
contestateur, trice *a*
contestation *nf*
conteste (sans) *av*
contester *vt* ***1***
conteur, euse *n (narrateur)*
contexte *nm*
contextualisation *nf*
contextualiser *vt* ***1***
contextuel, elle *a*
contexture *nf*
contigu, uë ou **contigu, üe** *a*
contigüité *nf*
contiguïté *nf*
continence *nf*
continent, ente *a*
continent *nm*
continental, ale, aux *a, n*
continentalité *nf*
contingence *nf*
contingent, ente *a, nm*
contingentement *nm*
contingenter *vt* ***1***
continu, ue *a, nm*
continuateur, trice *n*
continuation *nf*
continuel, elle *a*
continuellement *av*
continuer *vt, vi* ***1***
continuiste *n*
continuité *nf*
continûment ou **continument** *av*
continuo *nm*
continuum *nm*
contondant, ante *a*
contorsion *nf*
contorsionner (se) *vpr* ***1***
contorsionniste *n*
contour *nm*
contourné, ée *a*
contournement *nm*
contourner *vt* ***1***
contra *nm*
contraceptif, ive *a, nm*
contraception *nf*
contractant, ante *a, n*
contracte *a*
contracter *vt, vpr* ***1*** *(juridique, attraper, durcir, serrer)*
contractile *a*
contractilité *nf*
contraction *nf*
contractualisation *nf*
contractualiser *vt* ***1***
contractuel, elle *a, n*
contractuellement *av*
contracture *nf*
contracturer *vt* ***1***
contracyclique *a*
contradiction *nf*
contradictoire *a*
contradictoirement *av*
contragestif, ive *a, nm*
contragestion *nf*
contraignable *a*
contraignant, ante *a*
contraindre *vt* ***57***
contraint, ainte *a*
contrainte *nf*
contraire *a, nm*
contrairement *av*
contralto *n*
contrapuntique *a*
contrapuntiste ou **contrapontiste** ou **contrepointiste** *n*
contrariant, ante *a*
contrarié, ée *a*
contrarier *vt* ***1***
contrariété *nf*
contrarotatif, ive *a*
contrastant, ante *a*
contraste *nm*
contrasté, ée *a*
contraster *vt, vi* ***1***
contrastif, ive *a*
contrat *nm*
contrattaque *nf*
contravention *nf*
contraventionel, elle *a*
contre *prép, av ; nm*
contre-alizé ou **contralizé** *nm Des contre-alizés.*
contre-allée ou **contrallée** *nf Des contre-allées.*
contre-amiral ou **contramiral** *nm Des contre-amiraux.*
contre-appel ou **contrappel** *nm Des contre-appels.*
contre-argumentaire ou **contrargumentaire** *nm Des contre-argumentaires.*
contre-assurance ou **contrassurance** *nf Des contre-assurances.*
contre-attaque *nf*
contre-attaquer ou **contrattaquer** *vt* ***1***
contrebalancer *vt* ***10***
contrebande *nf*
contrebandier, ère *n*
contrebas (en) *av*
contrebasse *nf*
contrebassiste *n*
contrebasson *nm*
contrebatterie *nf*
contrebraquage *nm*
contrebraquer *vi* ***1***
contrebutement *nm*
contrebuter ou **contrebouter** *vt* ***1***
contrecarrer *vt* ***1***
contrechamp *nm*
contre-chant ou **contrechant** *nm Des contre-chants.*
contrechoc *nm*
contrecœur *nm*
contrecœur (à) *av*

contrecollage *nm*
contrecoller *vt 1*
contrecoup *nm*
contre-courant ou **contrecourant** *nm Des contre-courants.*
contre-courbe ou **contrecourbe** *nf Des contre-courbes.*
contre-culture ou **contreculture** *nf Des contre-cultures.*
contredanse *nf*
contredire *vt, vpr 60*
contredit (sans) *av*
contrée *nf*
contre-écrou ou **contrécrou** *nm Des contre-écrous.*
contre-effet *nm Des contre-effets.*
contre-électromotrice ou **contrélectromotrice** *af*
contre-emploi ou **contremploi** *nm Des contre-emplois.*
contre-enquête ou **contrenquête** *nf Des contre-enquêtes.*
contre-épreuve ou **contrépreuve** *nf Des contre-épreuves.*
contre-espionnage ou **contrespionnage** *nm*
contre-étiquette ou **contrétiquette** *nf Des contre-étiquettes.*
contre-exemple ou **contrexemple** *nm Des contre-exemples.*
contre-expertise ou **contrexpertise** *nf Des contre-expertises.*
contrefaçon *n*
contrefacteur *nm*
contrefaire *vt 9*
contrefait, aite *a*
contre-fenêtre ou **contrefenêtre** *nf Des contre-fenêtres.*
contre-fer ou **contrefer** *nm Des contre-fers.*
contre-feu ou **contrefeu** *nm Des contre-feux.*
contre-fiche ou **contrefiche** *nf Des contre-fiches.*
contreficher (se) ou **contrefiche (se)** *vpr 1*
contre-fil ou **contrefil** *nm*
contre-filet ou **contrefilet** *nm Des contre-filets.*
contrefort *nm*
contrefoutre (se) *vpr 64*
contre-fugue ou **contrefugue** *nf Des contre-fugues.*
contre-gouvernement ou **contregouvernement** *nm Des contre-gouvernements.*
contre-haut (en) ou **contrehaut (en)** *av*
contre-indication *nf*
contre-indiquer ou **contrindiquer** *vt 1*
contre-interrogatoire ou **contrinterrogatoire** *nm Des contre-interrogatoires.*
contre-jour ou **contrejour** *nm Des contre-jours.*
contre-la-montre *nm inv*
contre-lettre ou **contrelettre** *nf contre-lettres*
contremaître, esse ou **contremaitre, esse** *n*
contremanifestant, ante *n*
contre-manifestant *n*
contre-manifestation ou **contremanifestation** *nf Des contre-manifestations.*
contre-manifester ou **contremanifester** *vi 1*
contremarche *nf*
contremarque *nf*
contre-mesure ou **contremesure** *nf Des contre-mesures.*
contre-mine ou **contremine** *nf Des contre-mines.*
contremodèle *nm*
contre-offensif *a*
contre-offensive ou **controffensive** *nf Des contre-offensives.*
contrepartie *nf*
contre-passation ou **contrepassation** *nf Des contre-passations.*
contrepasser *vt 1*
contre-passer *vt 1*
contre-pente ou **contrepente** *nf Des contre-pentes.*
contre-performance ou **contreperformance** *nf Des contre-performances.*
contreperformant, ante *a*
contrepet *nm*
contrepèterie *nf*
contre-pied ou **contrepied** *nm Des contre-pieds.*
contreplacage *nm*
contre-placage *nm*
contreplaqué *nm*
contre-plaquer ou **contreplaquer** *vt 1*
contre-plongée ou **contreplongée** *nf Des contre-plongées.*
contrepoids *nm*
contre-poil (à) ou **contrepoil (à)** *av*
contrepoint *nm*
contre-pointe ou **contrepointe** *nf Des contre-pointes.*
contrepoison *nm*
contre-porte ou **contreporte** *nf Des contre-portes.*
contre-pouvoir ou **contrepouvoir** *nm Des contre-pouvoirs.*
contre-productif, ive ou **contreproductif** *a*
contre-programmation ou **contreprogrammation** *nf Des contre-programmations.*
contre-projet ou **contreprojet** *nm Des contre-projets.*
contre-propagande ou **contrepropagande** *nf Des contre-propagandes.*
contre-proposition ou **contreproposition** *nf Des contre-propositions.*
contre-publicité ou **contrepublicité** *nf Des contre-publicités.*
contrer *vi 1*
contre-rapport ou **contrerapport** *nf Des contre-rapports.*
contre-révolution ou **contrerévolution** *nf Des contre-révolutions.*
contrerévolutionnaire *n, a*
contrescarpe *nf*
contreseing *nm*
contresens *nm*
contresignataire *a, n*
contresigner *vt 1*
contre-société ou **contresociété** *nf Des contre-sociétés.*
contre-sommet ou **contresommet** *nm Des contre-sommets.*
contre-taille ou **contretaille** *nf Des contre-tailles.*
contretemps *nm*
contre-ténor ou **contreténor** *nm Des contre-ténors.*
contre-timbre ou **contretimbre** *nm Des contre-timbres.*
contre-torpilleur ou **contretorpilleur** *nm Des contre-torpilleurs.*
contre-transfert ou **contretransfert** *nm Des contre-transferts.*
contretype *nm*
contretyper *vt 1*
contreur, euse *n*
contre-ut ou **contrut** *nm*
contre-vair ou **contrevair** *nm Des contre-vairs.*
contre-valeur ou **contrevaleur** *nf Des contre-valeurs.*
contrevallation *nf*
contrevenant, ante *n*
contrevenir *vti 35*
contrevent *nm*
contreventement *nm*
contreventer *vt 1*
contrevérité *nf*
contre-visite ou **contrevisite** *nf Des contre-visites.*
contre-voie (à) ou **contrevoie (à)** *av*
contribuable *n*
contribuer *vti 1*
contributeur, trice *n*
contributif, ive *n*

contribution *nf*
contrindication *nf*
contrister *vt* ***1***
contrit, ite *a*
contrition *nf*
controffensif, ive *a*
contrôlable *a*
contrôle *nm*
contrôler *vt, vpr* ***1***
contrôleur, euse *n*
contrôlographe *nm*
contrordre *nm*
controuvé, ée *a*
controversable *a*
controverse *nf*
controversé, ée *a*
controverser *vt* ***1***
controversiste *n*
contumace *nf*
contumax ou **contumace** *a, n*
contus, use *a*
contusion *nf*
contusionner *vt* ***1***
conurbation *nf*
convaincant, ante *a*
convaincre *vt* ***75***
convaincu, ue *a*
convalescence *nf*
convalescent, ente *a*
convecteur *nm*
convectif, ive *a*
convection ou **convexion** *nf*
convenable *a*
convenablement *av*
convenance *nf*
convenir *vti* ***35***
convent *nm*
convention *nf*
conventionnel, elle *a, nm*
conventionnellement *av*
conventionnement *nm*
conventionner *vt* ***1***
conventuel, elle *a*
convenu, ue *a*
convergence *nf*
convergent, ente *a*
converger *vi* ***11***
convers, erse *a*
conversation *nf*
conversationnel, elle *a*
converser *vi* ***1***
conversion *nf*
converti, ie *a, n*
convertibilité *nf*
convertible *a, nm*
convertir *vt, vpr* ***2***
convertissable *a*
convertissage *nm*
convertissement *nm*
convertisseur *nm*
convexe *a*
convexité *nf*
conviction *nf*
convier *vt* ***1***
convive *n*
convivial, ale, aux *a*
convivialité *nf*
convocable *a*
convocation *nf*
convoi *nm*
convoiement *nm*
convoiter *vt* ***1***
convoitise *nf*
convoler *vi* ***1***
convoluté, ée *a*
convolvulacée *nf*
convoquer *vt* ***1***
convoyage *nm*
convoyer *vt* ***22***
convoyeur, euse *nm*
convulser *vt* ***1***
convulsif, ive *a*
convulsion *nf*
convulsionnaire *n*
convulsionner *vt* ***1***
convulsivement *av*
convulsivothérapie *nf*
coobligation *nf*
coobligé, ée *n*
cooccupant, ante *a, n*
cooccurrence *nf*
coofficiel, elle *a*
cookie *nm*
cool *a inv*
coolie *nm*
coolitude *nf*
coopérant, ante *n*
coopérateur, trice *n*
coopératif, ive *a*
coopération *nf*
coopératisme *nm*
coopérative *nf*
coopérer *vi* ***12***
cooptation *nf*
coopter *vt* ***1***
coordinat *nm*
coordinateur, trice *n*
coordination *nf*
coordinence *nf*
coordonnant *nm*
coordonnateur, trice *a, n*
coordonné, ée *a, n*
coordonner *vt* ***1***
copahu *nm*
copain, copine *n*
copal *nm Des copals.*
copalier *nm*
coparent *nm*
coparental, ale, aux *a*
coparentalité *nf*
copartage *nm*
copartageant *a, n*
copartager *vt* ***13***
coparticipant, ante *a, n*
coparticipation *nf*
coparticiper *vti* ***1***
copaternité *nf*
copayer *nm*
copeau *nm*
copenhagois, oise ou **copenhaguois, oise** *a, n*
copépode *nm*
copermuter *vt* ***1***
copernicien, enne *a*
copiable *a*
copiage *nm*
copie *nf*
copier *vt, vi* ***1***
copier-coller ou **copié-collé** *nm inv*
copier-coller *vt*
copieur, euse *n, a*
copieusement *av*
copieux, euse *a*
copilote *n*
copinage *nm*
copiner *vi* ***1***
copinerie *nf*
copiste *n*
coplanaire *a*
copolymère *nm*
copositionnement *nm*
coposséder *vt* ***14***
copossesseur *nm*
copossession *nf*
coppa *nf*
coprah ou **copra** *nm*
coprésidence *nf*
coprésident, ente *n*
coprévenu, ue *n*
coprin *nm*
coprince *nm*
coprocesseur *nm*
coproculture *nf*
coproducteur, trice *n*
coproduction *nf*
coproduire *vt* ***69***
coproduit *nm*
coprolalie *nf*
coprolithe *nm*
coprologie *nf*
coprologique *a*
coprophage *a, n*
coprophagie *nf*
coprophile *a, n*
coprophilie *nf*
copropriétaire *a, n*
copropriété *nf*
copte *a, n*
copula *nf*
copulateur, trice *a*
copulatif, ive *a*
copulation *nf*
copule *nf*
copuler *vi* ***1***
copyright *nm*
coq *nm (volaille)*
coq-à-l'âne *nm inv*
coquard ou **coquart** *nm*
coque *nf (enveloppe)*
coquelet *nm*
coqueleux, euse *n*
coquelicot *nm, a inv*

coquelourde *nf*
coqueluche *nf*
coquelucheux, euse *a, n*
coquemar *nf*
coqueron *nm*
coquet, ette *a, n*
coquetel *nm*
coqueter *vi* ***20***
coquetier *nm*
coquetière *nf*
coquettement *av*
coquetterie *nf*
coquillage *nm*
coquillard *nm (malfaiteur)*
coquillart *nm (pierre)*
coquille *nf*
coquillette *nf*
coquillier, ère ou **coquiller, ère** *a, nm*
coquin, ine *n, a*
coquinerie *nf*
cor *nm (instrument, durillon)*
coraciadiforme *nm*
coracoïde *a*
corail *nm, a inv coraux*
corailleur, euse *n, a*
corallien, enne *a*
corallifère *a*
coralliforme *a*
coralligène *a*
corallin, ine *a, nf*
coran *nm*
coranique *a*
corbeau *nm*
corbeille *nf*
corbeille-d'argent *nf Des corbeilles-d'argent.*
corbières *nm*
corbillard *nm*
corbillat *nm*
corbillon *nm*
corbleu ! *interj*
cordage *nm*
corde *nf*
cordé, ée *a*
cordé *nm*
cordeau *nm*
cordée *nf*
cordeler *vt* ***16***
cordelette *nf*
cordelier, ère *n*
cordelière *nf*
cordelle *nf*
corder *vt* ***1***
corderie *nf*
cordial, ale, aux *a, nm*
cordialement *av*
cordialité *nf*
cordier, ère *nm*
cordiforme *a*
cordillère *nf*
cordiste *n*
cordite *nf*
cordoba *nm*
cordon *nm*
cordonal, ale, aux *a*
cordon-bleu *nm Des cordons-bleus.*
cordonner *vt* ***1***
cordonnerie *nf*
cordonnet *nm*
cordonnier, ère *n*
cordouan *nm*
cordura *nm*
cordyline *nf*
corécepteur *nm*
corectopie *nf*
coréen *nm*
coréen, enne *a, n*
coréférence *nf*
coréférent, ente *a, n*
corégence *nf*
corégent, ente *n*
corégone *nm*
corégonidé *nm*
coreligionnaire *n*
coréopsis *nm*
coresponsabilité *nf*
coresponsable *a, n*
corête *nm*
corfiote *a, n*
coriace *a*
coriacité *nf*
corian *nm Nom déposé*
coriandre *nf*
coricide *a, nm*
corindon *nm*
corinthien, enne *a*
corme *nf*
cormier *nm*
cormophyte *nm*
cormoran *nm*
cormus ou **corme** *nm*
cornac *nm*
cornacée *nf*
cornage *nm*
cornaline *nf*
cornaquer *vt* ***1***
cornard *a, nm*
cornas *nm*
corne *nf*
corné, ée *a*
corned-beef *nm inv*
cornée *nf (œil)*
cornéen, enne *a*
cornéenne *nf*
corneille *nf*
cornélien, enne *a*
cornement *nm*
cornemuse *nf*
cornemuseur *n*
cornemuseux, euse *n*
corner *vt, vi* ***1***
corner *nm*
cornet *nm (cône, récipient)*
cornette *nf (coiffure, pavillon)*
cornette *nm (officier)*
cornettiste *n*
cornflakes *nm pl*
corniaud *nm*
corniche *nf*
cornichon *nm*
cornier, ère *a, nf*
cornillon *nm*
cornique *nm*
corniste *n*
cornouaillais, aise *a, n*
cornouille *nf*
cornouiller *nm*
cornu, ue *a*
cornue *nf*
corollaire ou **corolaire** *nm*
corolle ou **corole** *nf*
coron *nm*
coronaire *a*
coronal, ale, aux *a*
coronarien, enne *a, n*
coronarite *nf*
coronarographie *nf*
coronavirus *nm*
coronelle *nf*
coroner *nm*
coronille *nf*
coronographe *nm*
coronoïde *a*
coronoïdien, enne *a*
corossol *nm*
corozo *nm*
corporal *nm Des corporaux.*
corporatif, ive *a*
corporation *nf*
corporatisme *nm*
corporatiste *a, n*
corporel, elle *a*
corporellement *av*
corps *nm (anatomie)*
corps-à-corps *nm inv*
corpsard *nm*
corps-mort *nm Des corps-morts.*
corpulence *nf*
corpulent, ente *a*
corpus *nm*
corpusculaire *a*
corpuscule *nm*
corral *nm Des corrals.*
corrasion *nf*
correct, ecte *a*
correctement *av*
correcteur, trice *n, a*
correctif, ive *a, nm*
correction *nf*
correctionnalisation *nf*
correctionnaliser *vt* ***1***
correctionnel, elle *a, nf*
corrégidor *nm*
corrélat *nm*
corrélatif, ive *a*
corrélation *nf*
corrélationnel, elle *a*
corrélativement *av*
corréler *vt* ***12***
correspondance *nf*
correspondancier, ère *n*

correspondant, ante *a, n*
correspondre *vi, vti* ***5***
corrézien, enne *a, n*
corrida *nf*
corridor *nm*
corrigé, ée *a, nm*
corrigeable *a*
corrigeage *nm*
corriger *vt, vpr* ***11***
corrigeur, euse *n*
corrigible *a*
corroborant, ante *a*
corroboration *nf*
corroborer *vt* ***1***
corrodant, ante *a*
corroder *vt* ***1***
corroi *nm*
corroierie *nf*
corrompre *vt* ***78***
corrosif, ive *a, nm*
corrosion *nf*
corroyage *nm*
corroyer *vt* ***23***
corroyeur, euse *n*
corrupteur, trice *a, n*
corruptibilité *nf*
corruptible *a*
corruptif, ive *a*
corruption *nf*
corsage *nm*
corsaire *nm*
corse *a, n*
corse *nm*
corsé, ée *a*
corselet *nm*
corser *vt* ***1***
corset *nm*
corseter *vt* ***17***
corsetier, ère *n*
corso *nm*
corsophone *a, n*
cortège *nm*
cortenais, aise *a, n*
Cortes *nf pl*
cortex *nm*
Corti (organe de) *nm*
cortical, ale, aux *a*
corticoïde ou **corticostéroïde** *nm*
corticostérone *nf*
corticostimuline *nf*
corticosurrénal, ale, aux *a, nf*
corticothérapie *nf*
corticotrope *a*
corticotrophine *nf*
cortinaire *nm*
cortine *nf*
cortisol *nm*
cortisone *nf*
cortisonique *a*
corton *nm*
corvéable *a*
corvée *nf*
corvette *nf*
corvidé *nm*
corylopsis *nm*
corymbe *nm*
corynéum *nm*
coryphée *nm*
coryphène *nf*
coryza *nm*
cosaque *nm*
cosignataire *n*
cosignature *nf*
cosigner *vt* ***1***
cosinus *nm*
cosmétique *nm, a*
cosmétologie *nf*
cosmétologique *a*
cosmétologue *n*
cosmique *a*
cosmochimie *nf*
cosmochimique *a*
cosmodrome *nm*
cosmogonie *nf*
cosmogonique *a*
cosmographie *nf*
cosmographique *a*
cosmologie *nf*
cosmologique *a*
cosmologiste *n*
cosmologue *n*
cosmonaute *n*
cosmophysique *nf*
cosmopolite *a, n*
cosmopolitisme *nm*
cosmos *nm*
cosmotron *nm*
cosplay *nm*
cosplayeur, euse *n*
cossard, arde *a, n*
cosse *nf (enveloppe, paresse, électricité)*
cossidé *nm*
cossu, ue *a*
cossus *nm*
costal, ale, aux *a*
costard *nm*
costaricien, enne ou **costaricain, aine** *a, n*
costarmoricain, aine *a, n*
costaud, aude *a, n*
costière *nf*
costume *nm*
costumé, ée *a*
costume-cravate ou **costard-cravate** *nm Des costumes-cravates.*
costumer *vt* ***1***
costumier, ère *n*
cosy ou **cosy-corner** *nm ; a Des cosys.*
cotable *a*
cotangente *nf*
cotation *nf*
cote *nf (indication, estimation)*
côte *nf (squelette, pente, ligne)*
coté, ée *a*
côté *nm*
coteau *nm*
côte-d'orien, enne *a, n*
côtelé, ée *a*
côtelette *nf*
coter *vt* ***1***
coterie *nf*
côte-rôtie *nm Des côtes-rôties.*
côtes-du-rhône *nm inv*
coteur *nm*
cothérapie *nf*
cothurne *nm*
coticé, ée *a*
cotidal, ale, aux *a*
côtier, ère *a*
cotignac *nm*
cotillon *nm*
cotinga *nm*
cotinus *nm*
cotisant, ante *a, n*
cotisation *nf*
cotiser *vi, vpr* ***1***
côtoiement *nm*
coton *nm, a inv*
cotonéaster *nm*
cotonnade *nf*
cotonner (se) *vpr* ***1***
cotonnerie *nf*
cotonneux, euse *a*
cotonnier, ère *n, a*
coton-tige *nm Des cotons-tiges. Nom déposé*
côtoyer *vt* ***22***
cotre *nm*
cotriade *nf*
cottage *nm*
cotte *nf (armure, tunique)*
cotte *nm (poisson)*
cotutelle *nf*
cotuteur, trice *n*
cotyle *n*
cotylédon *nm*
cotylédoné, ée *a*
cotyloïde *a*
cou *nm (anatomie)*
couac *nm*
couagga ou **quagga** *nm*
couard, arde *a, n*
couardise *nf*
couchage *nm*
couchant, ante *a, nm*
couche *nf*
couché, ée *a, nm*
couche-culotte *nf Des couches-culottes.*
coucher *vt, vi, vpr* ***1***
coucher *nm*
coucherie *nf*
couche-tard *n inv*
couche-tôt *n inv*
couchette *nf*
coucheur, euse *n*
couchis *nm*
couchitique *a, nm*
couci-couça *av*

coucou *nm, interj*
coucoumelle *nf*
coude *nm*
coudée *nf*
cou-de-pied *nm Des cous-de-pied.*
couder *vt* ***1***
coudière *nf*
coudoiement *nm*
coudoyer *vt* ***22***
coudraie *nf*
coudre *vt* ***56***
coudrier *nm*
couenne *nf*
couenneux, euse *a*
couette *nf*
couffin *nm*
coufique *a, nm*
couguar ou **cougouar** *nm*
couic ! *interj*
couille *nf*
couillon, onne *n, a*
couillonnade *nf*
couillonner *vt* ***1***
couillu, ue *a*
couinement *nm*
couiner *vi* ***1***
coulabilité *nf*
coulage *nm*
coulant, ante *a*
coulant *nm*
coule *nf*
coulé *nm*
coule (à la) *av*
coulée *nf*
coulemelle *nf*
couler *vt, vi, vpr* ***1***
couleur *nf*
couleuvre *nf*
couleuvreau *nm*
couleuvrine *nf*
coulis *a, nm*
coulissant, ante *a*
coulisse *nf*
coulisseau *nm*
coulissement *nm*
coulisser *vt, vi* ***1***
couloir *nm*
coulomb *nm*
coulomètre ou **coulombmètre** *nm*
coulométrie *nf*
coulommiers *nm*
coulpe *nf*
coulure *nf*
coumarine *nf*
country *n*
coup *nm (heurt)*
coupable *a, n*
coupage *nm*
coupant, ante *a*
coup-de-poing *nm Des coups-de-poing.*
coupe *nf*
coupé *nm (automobile)*
coupe-bordure *nm Des coupe-bordures.*
coupe-boulon *nm Des coupe-boulons.*
coupe-chou *nm Des coupe-choux.*
coupe-cigare *nm Des coupe-cigares.*
coupe-circuit *nm Des coupe-circuits.*
coupe-coupe ou **coupecoupe** *nm inv*
coupée *nf (maritime)*
coupe-faim *nm Des coupe-faims.*
coupe-feu *nm Des coupe-feux.*
coupe-file *nm Des coupe-files.*
coupe-gorge *nm Des coupe-gorges.*
coupellation *nf*
coupelle *nf*
coupe-ongle *nm Des coupe-ongles.*
coupe-papier *nm inv coupe-papiers*
couper *vt, vi, vti, vpr* ***1***
couper-coller ou **coupé-collé** *nm inv*
couperet *nm*
couperose *nf*
couperosé, ée *a*
coupeur, euse *n*
coupe-vent *nm Des coupe-vents.*
couplage *nm*
couple *nf (ensemble, vénerie)*
couple *nm (deux personnes)*
couplé *nm (pari)*
coupler *vt* ***1***
couplet *nm (musique)*
coupleur *nm*
coupoir *nm*
coupole *nf*
coupon *nm*
couponing ou **couponnage** *nm*
coupon-réponse *nm Des coupons-réponse.*
coupure *nf*
couque *nf*
cour *nf (lieu, groupe de gens)*
courage *nm*
courageusement *av*
courageux, euse *a*
couramment *av*
courant, ante *a*
courant *nm*
courante *nf*
courant-jet *nm Des courants-jets.*
courantomètre *nm*
courbage *nm*
courbaril *nm*
courbatu, ue ou **courbattu** *a*
courbature ou **courbatture** *nf*
courbaturer ou **courbatturer** *vt* ***1***
courbe *a, nf*
courbement *nm*
courber *vt, vi, vpr* ***1***
courbette *nf*
courbure *nf*
courcailler ou **carcailler** *vi* ***1***
courcaillet *nm*
courçon ou **courson** ou **coursonne** *nm*
courée *nf*
courette *nf*
coureur, euse *n, a*
courge *nf*
courgette *nf*
courir *vt, vi* ***25***
courlis *nm*
couronne *nf*
couronné, ée *a*
couronnement *nm*
couronner *vt* ***1***
couroucou *nm*
courre *vt*
courriel *nm*
courrier *nm*
courriériste *n*
courroie *nf*
courroucer *vt* ***10***
courroux *nm*
cours *nm (enseignement, fleuve, avenue)*
course *nf*
course-croisière *nf Des courses-croisières.*
course-poursuite *nf Des courses-poursuites.*
courser *vt* ***1***
coursier, ère *nm*
coursive *nf*
court *nm (tennis)*
court, courte *a, av*
courtage *nm*
courtaud, aude *a, n*
courtauder *vt* ***1***
court-bouillon *nm Des courts-bouillons.*
court-circuit *nm Des courts-circuits.*
court-circuiter *vt* ***1***
court-courrier *nm Des court-courriers.*
courtepointe *nf*
courtier, ère *n*
courtilière *nf*
courtine *nf*
courtisan, ane *n*
courtiser *vt* ***1***
court-jointé, ée *a*
court-jus *nm Des courts-jus.*
court-métrage *nm Des courts-métrages.*
court-noué *nm Des court-noués.*
courtois, oise *a*
courtoisement *av*
courtoisie *nf*
court-termisme *nm*
court-termiste *a*
court-vêtu, ue *a court-vêtu(e)s*
couru, ue *a*
couscous *nm*
couscoussier *nm*
cousette *nf*

couseur *n*
cousin, ine *n (famille)*
cousin *nm (insecte)*
cousinade *nf*
cousinage *nm*
cousiner *vi* ***1***
coussin *nm*
coussinet *nm*
cousu, ue *a*
coût ou **cout** *nm (prix)*
coûtant ou **coutant** *am*
couteau *nm*
couteau-scie *nm Des couteaux-scies.*
coutelas *nm*
coutelier, ère *n, a*
coutellerie *nf*
coûter ou **couter** *vt, vi* ***1***
couteusement *av*
coûteusement *av*
coûteux, euse ou **couteux** *a*
coutil *nm*
coutre *nm*
coutume *nf*
coutumier, ère *a, nm*
coutumièrement *av*
couture *nf*
couturé, ée *a*
couturier *nm*
couturière *nf*
couvain *nm*
couvaison *nf*
couvée *nf*
couvent *nm*
couventine *nf*
couver *vt, vi* ***1***
couvercle *nm*
couvert, erte *a*
couvert *nm*
couverte *nf*
couverture *nf*
couveuse *nf*
couvi *am*
couvoir *nm*
couvrant, ante *a, nf*
couvre-chaussure *nm Des couvre-chaussures.*
couvre-chaussure *nm Des couvre-chaussures.*
couvre-chef *nm Des couvre-chefs.*
couvre-feu *nm Des couvre-feux.*
couvre-lit *nm Des couvre-lits.*
couvre-nuque *nm Des couvre-nuques.*
couvre-objet *nm Des couvre-objets.*
couvre-pied ou **couvre-pieds** ou **couvrepied** *nm Des couvre-pieds.*
couvre-plat *nm Des couvre-plats.*
couvre-sol *nm Des couvre-sols.*
couvreur *nm*
couvrir *vt, vpr* ***31***
covalence *nf*
covalent, ente *a*
covariance *nf*
covariant, ante *nm, a*
covendeur, euse *n*
cover-girl ou **covergirl** *nf Des cover-girls.*
covoiturage *nm*
cow-boy ou **cowboy** *nm Des cow-boys.*
cowper *nm*
cow-pox *nm inv*
coxal, ale, aux *a*
coxalgie *nf*
coxalgique *a*
coxaplana *nf*
coxarthrose *nf*
coxofémoral, ale, aux *a*
coyau *nm*
coyote *nm*
coypou *nm*
CP *nm*
CPE *n*
cqfd ou **CQFD** *sigle*
crabe *nm*
crabier *nm*
crabot ou **clabot** *nm*
crabotage *nm*
craboter ou **claboter** *vt* ***1***
crac ! *interj*
crachat *nm*
craché, ée *a*
crachement *nm*
cracher *vt, vi* ***1***
cracheur, euse *a, nm*
crachin *nm*
crachiner *v impers* ***1***
crachoir *nm*
crachotement *nm*
crachoter *vi* ***1***
crack *nm (as, drogue)*
cracker *nm*
cracking *nm*
crade ou **cradingue** ou **crado** ou **cracra** *a*
craie *nf (calcaire, bâton)*
craignos *a*
crailler *vi* ***1***
craindre *vt* ***57***
crainte *nf*
craintif, ive *a*
craintivement *av*
crambe *nm*
cramcram *nm*
cramer *vt, vi* ***1***
cramine *nf*
cramique *nm*
cramoisi, ie *a*
crampe *nf*
crampon *nm, a inv*
cramponner *vt, vpr* ***1***
cramponnet *nm*
cran *nm*
crâne *nm ; a*
crânement *av*
crâner *vi* ***1***
crânerie *nf*
crâneur, euse *n, a*
craniectomie *nf*
crânien, enne *a*
craniologie *nf*
craniométrie *nf*
crantage *nm*
cranter *vt* ***1***
crapahuter *vi* ***1***
crapaud *nm*
crapaud-buffle *nm Des crapauds-buffles.*
crapaudine *nf*
crapauduc *nm*
crapet *nm*
crapette *nf*
crapoteux, euse *a*
crapouillot *nm*
crapule *nf*
crapulerie *nf*
crapuleusement *av*
crapuleux, euse *a*
craquage *nm*
craquant, ante *a*
craque *nf (mensonge)*
craquée *nf*
craquelage *nm*
craqueler *vt* ***16***
craquelin *nm*
craquellement ou **craquèlement** *nm*
craquelure *nf*
craquement *nm*
craquer *vt, vi* ***1***
craqueter *vi* ***17***
craquettement ou **craquètement** *nm*
craqueur *nm*
crase *nf*
crash *nm Des crashs ou crashes.*
crasher (se) *vpr* ***1***
crash-test *nm Des crash-tests.*
crassane *nf*
crasse *nf, af*
crasseux, euse *a*
crassier *nm*
crassulacée *nf*
crassule ou **crassula** *nf*
cratère *nm*
craterelle *nf*
cratériforme *a*
craton *nm*
cravache *nf*
cravacher *vt* ***1***
cravate *nf*
cravater *vt* ***1***
crave *nm*
crawl *nm*
crawlé *am*
crawler *vi* ***1***
crawleur, euse *n*
crayeux, euse *a*
crayon *nm*
crayon-feutre *nm Des crayons-feutres.*

crayon-lecteur *nm Des crayons-lecteurs.*
crayonnage *nm*
crayonné *nm*
crayonner *vt* ***1***
crayon-optique *nm Des crayons-optiques.*
créance *nf*
créancier, ère *n, a*
créateur, trice *n, a*
créatif, ive *a, n*
créatine *nf*
créatinémie *nf*
créatinine *nf*
créatininurie *nf*
création *nf*
créationnisme *nm*
créationniste *a, n*
créativité *nf*
créature *nf*
crécelle *nf*
crécerelle *nf*
crèche *nf*
crécher *vi* ***12***
crédence *nf*
crédibiliser *vt* ***1***
crédibilité *nf*
crédible *a*
crédirentier, ère *n*
crédit *nm*
crédit-bail *nm Des crédits-bails.*
créditer *vt* ***1***
créditeur, trice *n, a*
crédit-relais *nm Des crédits-relais.*
crédit-temps *nm Des crédits-temps.*
credo ou **crédo** *nm inv*
crédule *a*
crédulement *av*
crédulité *nf*
créer *vt* ***8***
crémaillère *nf*
crémant *nm*
crémaster *nm*
crémation *nf*
crématiste *n*
crématoire *a, nm*
crématorium *nm*
crème *n, a inv*
crémer *vt, vi* ***14***
crèmerie ou **crémerie** *nf*
crémeux, euse *a*
crémier, ère *n*
crémone *nf*
créneau *nm*
crènelage ou **crénelage** *nm*
crènelé, ée ou **crénelé** *a*
crèneler ou **créneler** *vt* ***16***
crènelure ou **crénelure** *nf*
crénilabre *nm*
crénom *interj*
crénothérapie *nf*
créodonte *nm*
créole *a, n*
créolisation *nf*
créoliser (se) *vpr* ***1***
créolisme *nm*
créolistique *nf*
créolité *nf*
créolophone *a, n*
créosotage *nm*
créosote *nf*
créosoter *vt* ***1***
crêpage *nm*
crêpe *nf (alimentation)*
crêpe *nm (tissu)*
crêpelé, ée *a*
crêpelure *nf*
crêper *vt* ***1***
crêperie *nf*
crépi *nm*
crépidule *nf*
crêpier, ère *n*
crépine *nf*
crépinette *nf*
crépins *nf pl*
crépir *vt* ***2***
crépissage *nm*
crépissure *nf*
crépitation *nf*
crépitement *nm*
crépiter *vi* ***1***
crépon *nm*
crépu, ue *a*
crépure *nf*
crépusculaire *a*
crépuscule *nm*
crescendo *av, nm*
crésol *nm*
cresson *nm*
cressonnette *nf*
cressonnière *nf*
crésus *nm*
crésyl *nm Nom déposé*
crêt *nm (roche)*
crétacé, ée *a, nm*
crête *nf*
crêté, ée *a*
crête-de-coq *nf Des crêtes-de-coq.*
crételle *nf*
crétin, ine *a, n*
crétinerie *nf*
crétinisant, ante *a*
crétinisation *nf*
crétiniser *vt* ***1***
crétinisme *nm*
crétois, oise *a, n*
cretonne *nf*
cretons *nm pl*
creusage *nm*
creusement *nm*
creuser *vt, vpr* ***1***
creuset *nm*
creusois, oise *a, n*
Creutzfeld-Jakob (maladie de) *nf*
creux, euse *a, n*
crevaison *nf*
crevant, ante *a*
crevard, arde *a, n*
crevasse *nf*
crevasser *vt* ***1***
crève *nf*
crevé *nm*
crève-cœur *nm Des crève-cœurs.*
crève-la-faim *n inv*
crever *vt, vi* ***15***
crevette *nf*
crevetticole *a*
crevetticulteur, trice *n*
crevetticulture *nf*
crevettier, ère *a*
crevettier *nm*
crevoter *vi* ***1***
cri *nm*
criaillement *nm*
criailler *vt* ***1***
criaillerie *nf*
criailleur, euse *n, a*
criant, ante *a*
criard, arde *a*
criblage *nm*
crible *nm*
cribler *vt* ***1***
cribleur, euse *n*
criblure *nf*
cric *nm (appareil)*
cric-crac *interj*
cricket *nm*
cricoïde *nm, a*
cricri ou **cri-cri** *nm*
criée *nf*
crier *vt, vi* ***1***
crieur, euse *n*
crime *nm (meurtre, infraction)*
crime *nf (brigade criminelle)*
criméen, enne *a, n*
criminalisation *nf*
criminaliser *vt* ***1***
criminaliste *n*
criminalistique *nf*
criminalité *nf*
criminel, elle *a, nm*
criminellement *av*
criminogène *a*
criminologie *nf*
criminologique *a*
criminologiste *n*
criminologue *n*
crin *nm*
crincrin *nm*
crinier *nm*
crinière *nf*
crinoïde *nm*
crinoline *nf*
criocère *nm*
crique *nf (baie)*
criquer *vi* ***1***
criquet *nm*
crise *nf*
criser *vi* ***1***
crispant, ante *a*
crispation *nf*
crisper *vt, vpr* ***1***

crispin *nm*
crissement *nm*
crisser *vi* ***1***
crissure *nf*
cristal, aux *nm*
cristallerie *nf*
cristallier *nm*
cristallifère *a*
cristallin, ine *a*
cristallin *nm*
cristallinien, enne *a*
cristallisable *a*
cristallisant, ante *a*
cristallisant, ante *a*
cristallisation *nf*
cristalliser *vt, vi, vpr* ***1***
cristallisoir *nm*
cristalloélectrique *a*
cristallogenèse *nf*
cristallographe *n*
cristallographie *nf*
cristallographique *a*
cristalloïde *n*
cristallophyllien, enne *a*
criste-marine *nf Des cristes-marines.*
cristolien, enne *a, n*
cristophine ou **christophine** *nf*
critère *nm*
critérium *nm*
crithmum ou **crithme** *nm*
criticisme *nm*
criticiste *a, n*
criticité *nf*
critiquable *a*
critique *a, n*
critiquer *vt* ***1***
critiqueur, euse *n*
croassement *nm*
croasser *vi* ***1***
croate *a, n*
croate *nm*
crobard *nm*
croc *nm*
croc-en-jambe *nm Des crocs-en-jambe.*
croche *nf (musique)*
croche *a, n (crochu, malhonnête)*
croche *nm (virage, méandre)*
croche-patte ou **crochepatte** *nm Des croche-pattes.*
croche-pied ou **crochepied** *nm Des croche-pieds.*
crocher *vt, vi* ***1***
crochet *nm*
crochetable *a*
crochetage *nm*
crocheter *vt* ***17***
crocheteur *nm*
crochu, ue *a*
crocidolite *nf*
croco *nm*
crocodile *nm*
crocodilien *nm*
crocosmia *nm*
crocro ou **craw-craw** ou **crow-crow** *nm*
crocus *nm*
Crohn (maladie de) *nf*
croire *vt, vi, vti, vpr* ***58***
croisade *nf*
croisé, ée *a, n*
croisement *nm*
croiser *vt, vi, vpr* ***1***
croiserie *nf*
croisette *nf*
croiseur *nm*
croisière *nf*
croisiériste *n*
croisillon *nm*
croissance *nf*
croissant, ante *a*
croissant *nm*
croissanterie *nf Nom déposé*
croît ou **croit** *nm*
croître *vi* ***59***
croix *nf*
crolle *nf*
cromalin *nm Nom déposé*
cromesqui *nm*
cromlech *nm*
cromorne *nm*
crooner *n* ou **crooneuse** *nf*
croquant, ante *a, nm*
croquant *nm*
croque au sel (à la) *av*
croque-madame ou **croquemadame** *nm Des croque-madames ou croque-madame.*
croquembouche *nm*
croque-mitaine ou **croquemitaine** *nm Des croque-mitaines.*
croque-monsieur ou **croquemonsieur** *nm Des croque-monsieurs ou croque-monsieur.*
croque-mort ou **croquemort** *nm Des croque-morts.*
croquenot *nm*
croquer *vt, vi* ***1***
croquet *nm*
croquette *nf*
croqueur, euse *a, n*
croquignol, ole ou **croquignolet, ette** ou **croquignolesque** *a*
croquignole *nf*
croquis *nm*
croskill *nm*
crosne *nm*
cross *nm*
cross-country *nm Des cross-countrys ou cross-countries.*
crosse *nf (bâton)*
crossé, ée *a*
crossette *nf*
crossing-over *nm inv*
crossoptérygien *nm*
cross-over *nm inv*
crotale *nm*
croton *nm*
crotte *nf, interj*
crotter *vt* ***1***
crottin *nm*
croulant, ante *a, n*
croule *nf*
crouler *vi* ***1***
croup *nm (maladie)*
croupade *nf*
croupe *nf (anatomie)*
croupetons (à) *av*
croupi, ie *a*
croupier, ère *n (casino)*
croupière *nf (harnais)*
croupion *nm*
croupir *vi* ***2***
croupissant, ante *a*
croupissement *nm*
croupon *nm*
crousille *nf*
croustade *nf*
croustillant, ante *a, nm*
croustiller *vi* ***1***
croustilles *nf pl*
croûte ou **croute** *nf*
croûter ou **crouter** *vi* ***1***
croûteux, euse ou **crouteux, euse** *a*
croûton ou **crouton** *nm*
crown-glass *nm inv*
croyable *a*
croyance *nf*
croyant, ante *a, n*
crozet *nm*
crozonnais, aise *a, n*
cru *nm (terroir, vin)*
cru, crue *a, av*
cruauté *nf*
cruche *nf*
cruchon *nm*
crucial, ale, aux *a*
crucifère *nf, a*
crucifié, ée *a, n*
crucifier *vt* ***1***
crucifix *nm*
crucifixion ou **crucifiement** *nf*
cruciforme *a*
cruciverbiste *n*
crudité *nf*
crue *nf (croissance)*
cruel, elle *a*
cruellement *av*
cruenté, ée *a*
cruiser *nm*
crumble *nm*
crûment ou **crument** *av*
cruor *nm*
crural, ale, aux *a*
cruralgie *nf*
crusher *nm*
crustacé *nm*
crustal, ale, aux *a*
cryanesthésie *nf*
crylor *nm Nom déposé*
cryochimie *nf*

cryochimique *a*
cryochirurgie *nf*
cryoclastie *nf*
cryoconducteur, trice *a, nm*
cryoconservateur, trice *a, nm*
cryoconservation *nf*
cryoélectronique *a, nf*
cryogène *a*
cryogénie *nf*
cryogénique *a*
cryogénisation *nf*
cryogéniser *vt* ***1***
cryoglobuline *nf*
cryoglobulinémie *nf*
cryolithe ou **cryolite** *nf*
cryologie *nf*
cryologique *a*
cryomètre *nm*
cryométrie *nf*
cryométrique *a*
cryophysique *nf, a*
cryophyte *nm*
cryoprécipité *nm*
cryoprotecteur, trice *a, nm*
cryoscopie *nf*
cryoscopique *a*
cryosphère *nf*
cryostat *nm*
cryotechnique *nf, a*
cryotempérature *nf*
cryothérapie *nf*
cryoturbation *nf*
cryptage *nm*
cryptanalyse *nf*
cryptand *nm*
cryptate *nm*
crypte *nf*
crypté *nm*
crypter *vt* ***1***
cryptique *a*
cryptocommunisme *nm*
cryptocommuniste *a, n*
cryptogame *nm*
cryptogamie *nf*
cryptogamique *a*
cryptogénétique *a*
cryptogramme *nm*
cryptographe *n*
cryptographie *nf*
cryptographique *a*
cryptologie *nf*
cryptologique *a*
cryptomère ou **cryptomeria** *nm*
cryptophyte *nf*
cryptoprocte *nm*
cryptorchidie *nf*
cryptozoologie *nf*
csardas ou **czardas** *nf inv*
CSG *nf*
cténaire ou **cténophore** *nm*
cuadrilla *nf*
cubage *nm*
cubain, aine *a, n*
cubature *nf*
cube *nm*
cuber *vt, vi* ***1***
cubilot *nm*
cubique *a, nf*
cubisme *nm*
cubiste *a, n*
cubitainer ou **cubi** *nm Nom déposé*
cubital, ale, aux *a*
cubitus *nm Des cubitaux.*
cuboïde *a, nm*
cuboméduse *nf*
cucu ou **cucul** *a inv*
cuculidé *nm*
cuculiforme *nm*
cucurbitacée *nf*
cucurbite *nf*
cueillaison *nf*
cueillette *nf*
cueilleur, euse *n*
cueillir *vt* ***26***
cueilloir *nm*
cuesta *nf*
cui-cui ou **cuicui** *nm inv*
cuiller ou **cuillère** *nf*
cuillérée ou **cuillerée** *nf*
cuilleron *nm*
cuir *nm*
cuirasse *nf*
cuirassé, ée *a, nm*
cuirassement *nm*
cuirasser *vt, vpr* ***1***
cuirassier *nm*
cuire *vt, vi* ***67***
cuisant, ante *a*
cuiseur *nm*
cuisine *nf*
cuisiner *vt, vi* ***1***
cuisinette *nf*
cuisinier, ère *n*
cuisinière *nf*
cuisiniste *nm*
cuissage *nm*
cuissard *nm*
cuissardes *nf pl*
cuisse *nf*
cuisseau *nm (veau)*
cuisse-madame ou **cuissemadame** *nf Des cuisses-madame.*
cuissettes *nf pl*
cuisson *nf*
cuissot *nm (gibier)*
cuistance *nf*
cuistax *nm*
cuistot *nm*
cuistre *nm, a*
cuistrerie *nf*
cuit, cuite *a, nf*
cuiter (se) *vpr* ***1***
cuit-vapeur ou **cuiseur-vapeur** *nm inv*
cuivrage *nm*
cuivre *nm*
cuivré, ée *a*
cuivrer *vt* ***1***
cuivreux, euse *a*
cuivrique *a*
cul *nm*
culard *am, nm*
culasse *nf*
cul-blanc *nm Des culs-blancs.*
culbutage *nm*
culbute *nf*
culbutement *nm*
culbuter *vt, vi* ***1***
culbuteur *nm*
culbuto *nm Nom déposé*
cul-de-basse-fosse *nm Des culs-de-basse-fosse.*
cul-de-four *nm Des culs-de-four.*
cul-de-jatte *n, a culs-de-jatte*
cul-de-lampe *nm Des culs-de-lampe.*
cul-de-porc *nm Des culs-de-porc.*
cul-de-poule *nm Des culs-de-poule.*
cul-de-sac *nm Des culs-de-sac.*
culée *nf*
culer *vi* ***1***
culeron *nm*
culicidé *nm*
culière *nf*
culinaire *a*
culinairement *av*
culminant, ante *a*
culmination *nf*
culminer *vi* ***1***
culot *nm*
culottage *nm*
culotte *nf*
culotté, ée *a*
culotter *vt* ***1***
culottier, ère *n*
culpabilisant, ante *a*
culpabilisateur, trice *a*
culpabilisation *nf*
culpabiliser *vt, vi* ***1***
culpabilité *nf*
culte *nm*
cul-terreux *nm Des culs-terreux.*
cultisme *nm*
cultivable *a*
cultivar *nm*
cultivateur, trice *n, a*
cultivé, ée *a*
cultiver *vt, vpr* ***1***
cultuel, elle *a*
cultural, ale, aux *a*
culturaliser *vt* ***1***
culturalisme *nm*
culturaliste *a, n*
culture *nf*
culturel, elle *a*
culturellement *av*
cultureux, euse *a, n*
culturisme *nm*
culturiste *n*
cumbia *nf*
cumin *nm*
cumul *nm*

cumulable *a*
cumulard *nm*
cumulat *nm*
cumulatif, ive *a*
cumulativement *av*
cumuler *vt* ***1***
cumulonimbus *nm*
cumulostratus *nm*
cumulus *nm*
cunéiforme *a*
cunicole *a*
cuniculteur, trice *n*
cuniculture ou **cuniculiculture** *nf*
cunnilingus ou **cunnilinctus** *nm*
cupide *a*
cupidement *av*
cupidité *nf*
cuprate *nm*
cupressale *nf*
cuprifère *a*
cuprique *a*
cuprisme *nm*
cuproammoniacale *af*
cupronickel *nm*
cupropotassique *a*
cupule *nf*
cupulifère *nf*
curabilité *nf*
curable *a*
curaçao *nm*
curage *nm*
curare *nm*
curarisation *nf*
curariser *vt* ***1***
curatelle *nf*
curateur, trice *n*
curatif, ive *a, nm*
curculionidé *nm*
curcuma *nm*
cure *nf*
curé *nm (prêtre)*
cure-dent *nm Des cure-dents.*
curée *nf (abats)*
cure-ongle *nm Des cure-ongles.*
cure-oreille *nm Des cure-oreilles.*
cure-pipe *nm Des cure-pipes.*
curer *vt* ***1***
curetage *nm*
cureter *vt* ***17***
cureton *nm*
curette *nf*
curial, ale, aux *a*
curide *nm*
curie *nm (unité en chimie)*
curie *nf (Antiquité, église)*
curietest *nm*
curiethérapie *nf*
curieusement *av*
curieux, euse *a, nm*
curiosa *nm*
curiosité *nf*
curiste *n*
curium *nm*
curleur, euse *n*
curling *nm*
curopalate *nm*
curriculum ou **curriculum vitæ** *nm*
curry ou **cari** ou **cary** *nm*
curseur *nm*
cursif, ive *a, nf*
cursivement *av*
cursus *nm*
curule *a*
curviligne *a*
curvimètre *nm*
cuscutacée *nf*
cuscute *nf*
Cushing (syndrome de) *nm*
custode *nf*
custom *nm*
customisation *nf*
customiser *vt* ***1***
customiseur, euse *n*
cutané, ée *a*
cuti *nf*
cuticulaire *a*
cuticule *nf*
cutine *nf*
cuti-réaction ou **cutiréaction** *nf Des cuti-réactions.*
cutter ou **cutteur** *nm*
cuvage *nm*
cuvaison *nf*
cuve *nf*
cuveau *nm*
cuvée *nf*
cuvelage ou **cuvellement** ou **cuvèlement** *nm*
cuveler *vt* ***19***
cuver *vt, vi* ***1***
cuverie *nf*
cuvette *nf*
cuvier *nm*
CV *nm*
Cx *nm*
cyan *nm, a inv*
cyanamide *nf*
cyanhydrique *a*
cyanite *nf*
cyanoacrylate *nm*
cyanobactérie *nf*
cyanocobalamine *nf*
cyanogène *nm, a*
cyanophycée *nf*
cyanose *nf*
cyanoser *vt* ***1***
cyanuration *nf*
cyanure *nm*
cyanurer *vt* ***1***
cyberattaque *nf*
cybercafé *nm*
cybercriminalité *nf*
cyberculture *nf*
cyberdissident, ente *n*
cyberespace *nm*
cyberlibraire *n*
cybermarketing *nm*
cybermonde *nm*
cybernaute *n*
cybernéticien, enne *n*
cybernétique *nf, a*
cyberspatial, ale, aux *a*
cyborg *n*
cycas *nm*
cyclable *a*
cycladique *a*
cyclamen *nm*
cyclane *nm*
cycle *nm*
cyclicité *nf*
cycline *nf*
cyclique *a*
cycliquement *av*
cyclisation *nf*
cyclisme *nm*
cycliste *n, a*
cyclo-cross ou **cyclocross** *nm inv*
cyclodextrine *nf*
cycloergomètre *nm*
cyclogenèse *nf*
cyclohexane *nm*
cyclohexanol *nm*
cycloïdal, ale, aux *a*
cycloïde *nf*
cycloïdie *n, a*
cyclomoteur *nm*
cyclomotoriste *n*
cyclonal, ale, aux *a*
cyclone *nm*
cyclonique *a*
cyclope *nm*
cyclopéen, enne *a*
cyclo-pousse ou **cyclopousse** *nm inv*
cycloptère *nm*
cyclorameur *nm*
cyclose *nf*
cyclosporine ou **ciclosporine** *nf*
cyclosportif, ive *a, n*
cyclostome *nm*
cyclothymie *nf*
cyclothymique *a, n*
cyclotourisme *nm*
cyclotouriste *n*
cyclotron *nm*
cygne *nm (oiseau)*
cylindrage *nm*
cylindraxe *nm*
cylindre *nm*
cylindrée *nf*
cylindrer *vt* ***1***
cylindre-sceau *nm Des cylindres-sceaux.*
cylindrique *a*
cylindroïde *a*
cymbalaire *nf*
cymbale *nf*
cymbalier, ère *n*
cymbaliste *n*
cymbalum ou **czimbalum** *nm*
cymbidium *nm*
cyme *nf*

cynégétique *a, nf*
cynhyène *nf*
cynips *nm*
cynique *a, n*
cyniquement *av*
cynisme *nm*
cynocéphale *nm*
cynodrome *nm*
cynoglosse *nf*
cynomys *nm*
cynophile *a*
cynorhodon *nm*
cynotechnique *a*
cypéracée *nf*
cyphoscoliose *nf*
cyphose *nf*
cyphotique *a, n*
cyprès *nm*
cyprière *nf*
cyprin *nm*
cyprinidé *nm*
cypriote ou **chypriote** *n*
cypris *nm*
cyrénaïque *n, a*
cyrillique *a*
cystectomie *nf*
cystéine *nf*
cysticercose *nf*
cysticerque *nm*
cystidé ou **cystoïde** *nm*
cystine *nf*
cystique *a, nm*
cystite *nf*
cystographie *nf*
cystoscope *nm*
cystoscopie *nf*
cytaphérèse *nf*
cytarabine *nf*
cythéréen, enne *a*
cytise *nm*
cytobactériologique *a*
cytobiologie *nf*
cytobiologique *a*
cytochimie *nf*
cytochimique *a*
cytochrome *nm*
cytodiagnostic *nm*
cytofluométrie *nf*
cytofluométrique *a*
cytogénéticien, enne *n*
cytogénétique *nf, a*
cytokine *nf*
cytologie *nf*
cytologique *a*
cytologiste *n*
cytolyse *nf*
cytolytique *a, nm*
cytomégalovirose *nf*
cytomégalovirus *nm*
cytométrie *nf*
cytométrique *a*
cytopathologie *nf*
cytophérèse *nf*
cytoplasme *nm*
cytoplasmique *a*
cytosine *nf*
cytosol *nm*
cytosquelette *nm*
cytostatique *a, nm*
cytotoxicité *nf*
cytotoxine *nf*
cytotoxique *a*
cytotropisme *nm*
czimbalum ou **cymbalum** *nm*

d

d *nm*
daara *nf*
dabe ou **dab** *nm*
dabiste *n*
d'abord *av*
da capo *av*
d'accord *av*
dace *a, n*
dache (à) *av*
dacite *nf*
dacitique *a*
dacoït *n*
dacron *nm Nom déposé*
dactyle *nm*
dactylique *a*
dactylo ou **dactylographe** *n*
dactylogramme *nm*
dactylographie *nf*
dactylographier *vt* ***1***
dactylographique *a*
dactylologie *nf*
dactyloscopie *nf*
dada *nm*
dadais *nm*
dadaïsme *nm*
dadaïste *a, n*
dague *nf*
daguerréotype *nm*
daguerréotypie *nf*
daguet *nm*
dahabieh *nf*
dahir *nm*
dahlia *nm*
dahu *nm*
daigner *vt* ***1***
daikon *nm*
d'ailleurs *av*
daim *nm*
daimyo ou **daïmio** *nm*
daine *nf*
daïquiri *nm*
daïra *nf*
dais *nm (baldaquin)*
dakarois, oise *a, n*
dakin *nm*
dalaï-lama *nm Des dalaï-lamas.*
dalasi *nm*
dalit *n*
dallage *nm*
dalle *nf*
daller *vt* ***1***
dalmate *a, n*
dalmatien *nm*
dalmatique *nf*
dalot *nm*
daltonien, enne *a, n*
daltonisme *nm*
dam *nm (préjudice)*
damage *nm*
daman *nm*
damas *nm*
damascène *a, n*
damasquinage *nm*
damasquiner *vt* ***1***
damasquineur *nm*
damassé, ée *a, nm*
damasser *vt* ***1***
damassure *nf*
dame *nf (femme)*
dame ! *interj*
dame-d'onze-heures *nf Des dames-d'onze-heures.*
dame-jeanne *nf Des dames-jeannes.*
damer *vt* ***1***
dameur, euse *n*
damier *nm*
damnable *a*
damnation *nf*
damné, ée *a, n*
damner *vt* ***1***
damoiseau *nm*
damoiselle *nf*
dan *nm*
danaïde *nf*
dancehall *nm*
dancing *nm*
dandinant, ante *a*
dandinement *nm*
dandiner *vi, vpr* ***1***
dandy *nm*
dandysme *nm*
danger *nm*
dangereusement *av*
dangereux, euse *a*
dangerosité *nf*
danio *nm*
danois *nm*
danois, oise *a, n*
dans *prép*
dansant, ante *a*
danse *nf*
danser *vt, vi* ***1***
danseur, euse *n*
dantesque *a*
danubien *nm*
daphné *nm*
daphnie *nf*
d'après *prép*
daraise *nf*
darbouka ou **derbouka** *nm*
darcassou *nm*
dard *nm*
darder *vt* ***1***
dardillon *nm*
dare-dare *av*
darfourien, ienne ou **darfouri, ie** *a, n*
dari *nm*
darija *nm*
dariole *nf*
darmstadtium *nm*
darne *nf*
daron, onne *n*
darse ou **darce** *nf*
darshan *nm*
dartiste *n*
dartre *nf*
dartreux, euse *a*
darts *nm pl*
darwinien, enne *n*
darwinisme *nm*
darwiniste *a, n*
dasycladale *nf*
dasypodidé *nm*
dasyure *nm*
datable *a*
datage *nm*
dataire *nm*
datation *nf*
datcha *nf*
date *nf (jour)*
dater *vt, vi* ***1***
daterie *nf*
dateur, euse *nm, a*
datif, ive *a*
datif *nm*
dation *nf*
datte *nf (fruit)*
dattier *nm*
datura *nm*
daube *nf*
dauber *vt, vi* ***1***
daubière *nf*
dauphin, ine *n*
dauphin *nm*
dauphinelle *nf*
dauphinois *nm*
dauphinois, oise *a, n*
daurade ou **dorade** *nf*
davantage *av*
davier *nm*
davosien, enne *a, n*
dazibao *nm*
DCA *nf*
DDT *nm*
de, du, de la, des *art*
de *prép*
dé *nm*
DEA *nm*
deadheat *nm*
deadline *nm*
deal *nm*
dealer ou **dealeur, euse** *n*
dealer *vt, vi* ***1***
déambulateur *nm*
déambulation *nf*
déambulatoire *a, nm*
déambuler *vi* ***1***
débâcher *vt* ***1***
débâcle *nf*
débâcler *vi* ***1***
débagouler *v* ***1***
déballage *nm*
déballastage *nm*
déballer *vt* ***1***
déballeur, euse *n*
déballonner (se) *vpr* ***1***

débalourder *vt 1*
débandade *nf*
débander *vt, vi, vpr 1*
débaptiser *vt 1*
débarbouillage *nm*
débarbouiller *vt 1*
débarbouillette *nf*
débarcadère *nm*
débardage *nm*
débarder *vt 1*
débardeur *nm*
débarquement *nm*
débarquer *vt, vi 1*
débarras *nm*
débarrasser *vt, vpr 1*
débarrer *vt 1*
débat *nm*
débâter *vt 1*
débattement *nm*
débatteur, euse *n*
débattre *vt, vpr 77*
débauchage *nm*
débauche *nf*
débauché, ée *n, a*
débaucher *vt 1*
débecter ou **débecqueter** *vt 1*
débet *nm*
débile *a, n*
débilement *av*
débilitant, ante *a*
débilité *nf*
débiliter *vt 1*
débinage *nm*
débine *nf*
débiner *vt 1*
débiner (se) *vpr 1*
débineur, euse *n*
débirentier, ère *n*
débit *nm*
débitable *a*
débitable *a*
débitage *nm*
débitant, ante *n*
débiter *vt 1*
débiteur, trice *n, a*
débitmètre *nm*
débitmétrie *nf*
déblai *nm*
déblaiement *nm*
déblatérer *vi 12*
déblayage *nm*
déblayer *vt 20*
déblocage *nm*
débloquer *vt 1*
débobiner *vt 1*
débogage *nm*
déboguer *vt 1*
débogueur, euse *n*
déboires *nm pl*
déboisement *nm*
déboiser *vt 1*
déboitement *nm*
déboîtement *nm*
déboîter ou **déboiter** *vt, vi 1*
débonder *vt 1*
débonnaire *a*
débonnairement *av*
débonnaireté *nf*
débordant, ante *a*
débordé, ée *a*
débordement *nm*
déborder *vt, vi 1*
débosselage *nm*
débosseler *vt 19*
débotté ou **débotter** *nm*
débotter *vt 1*
débouchage *nm*
débouché *nm*
débouchement *nm*
déboucher *vt, vi 1*
déboucheur *nm*
débouchoir *nm*
déboucler *vt 1*
déboulé *nm*
débouler *vt, vi 1*
déboulonnage *nm*
déboulonnement *nm*
déboulonner *vt 1*
débouquer *vi 1*
débourbage *nm*
débourber *vt 1*
débourbeur *nm*
débourrage *nm*
débourrement *nm*
débourrer *vt, vi 1*
débours *nm*
déboursement *nm*
débourser *vt 1*
déboussolant, ante *a*
déboussoler *vt 1*
debout *av, a inv*
débouté, ée *nm*
déboutement *nm*
débouter *vt 1*
déboutonner *vt, vpr 1*
débraillé, ée *a, nm*
débrailler (se) *vpr 1*
débranchement *nm*
débrancher *vt 1*
débrayable *a*
débrayage *nm*
débrayer *vt, vi 20*
débrayeur *nm*
débridé, ée *a*
débridement ou **débridage** *nm*
débrider *vt 1*
débriefer *vt, vi 1*
débriefing *nm*
débris *nm*
débrochage *nm*
débrocher *vt 1*
débronzer *vi 1*
débrouillage *nm*
débrouillard, arde *a, n*
débrouillardise *nf*
débrouille *nf*
débrouillement *nm*
débrouiller *vt, vpr 1*
débroussaillage *nm*
débroussaillement *nm*
débroussailler *vt 1*
débroussailleuse *nf*
débrousser *vt 1*
débuché *nm*
débucher *vt, vi 1*
débudgétisation *nf*
débudgétiser *vt 1*
débureaucratisation *nf*
débureaucratiser *vt 1*
débusquement *nm*
débusquer *vt 1*
début *nm*
débutanisation *nf*
débutaniser *vt 1*
débutant, ante *n, a*
débuter *vt, vi 1*
debye *nm*
déca *nm*
deçà *prép*
décabriste ou **décembriste** *nm*
décachetage *nm*
décacheter *vt 17*
décadaire *a*
décade *nf*
décadenasser *vt 1*
décadence *nf*
décadent, ente *a, n*
décadentisme *nm*
décadi *nm*
décadrage *nm*
décadrer *vt 1*
décaèdre *a, nm*
décaféiné, ée *a, nm*
décaféiner *vt 1*
décagonal, ale, aux *a*
décagone *nm*
décagramme *nm*
décaissement *nm*
décaisser *vt 1*
décalage *nm*
décalaminage *nm*
décalaminer *vt 1*
décalcification *nf*
décalcifier *vt 1*
décalcomanie *nf*
décalé, ée *a, n*
décaler *vt 1*
décalitre *nm*
décalotter *vt 1*
décalquage *nm*
décalque *nm*
décalquer *vt 1*
décalvant, ante *a*
décalvation *nf*
décamètre *nm*
décamétrique *a*
décamper *vi 1*
décan *nm*
décanat *nm*
décaniller *vi 1*
décantage *nm*
décantation *nf*

décanter *vpr 1*
décanteur *nm*
décapage *nm*
décapant, ante *a, nm*
décapeler *vt 19*
décapement *nm*
décaper *vt 1*
décapeuse *nf*
décapitalisation *nf*
décapitaliser *vt 1*
décapitation *nf*
décapiter *vt 1*
décapode *nm*
décapotable *a, nf*
décapoter *vt 1*
décapsulage *nm*
décapsuler *vt 1*
décapsuleur *nm*
décarbonation *nf*
décarboner *vt 1*
décarbonisation *nf*
décarboniser *vt 1*
décarboxylase *nf*
décarboxylation *nf*
décarburant *nm*
décarburation *nf*
décarburer *vt 1*
décarcasser (se) *vpr 1*
décasyllabe ou **décasyllabique** *a, nm*
décathlon *nm*
décathlonien *nm*
décati, ie *a*
décatir *vt, vpr 2*
décatissage *nm*
décauser *vt 1*
decauville *nm*
décaver *vt 1*
décéder *vi 12*
décelable *a*
déceler *vt 16*
décélération *nf*
décélérer *vi 12*
décéléromètre *nm*
décembre *nm*
décembriste ou **décabriste** *nm*
décemment *av*
décemvir *nm*
décemvirat *nm*
décence *nf*
décennal, ale, aux *a*
décennie *nf*
décent, ente *a*
décentrage *nm*
décentralisateur, trice *a, n*
décentralisation *nf*
décentraliser *vt 1*
décentrement *nm*
décentrer *vt 1*
déceptif, ive *a*
déception *nf*
décérébration *nf*
décérébrer *vt 12*
décerner *vt 1*
décervelage *nm*
décerveler *vt 16*
décès *nm*
décevant, ante *a*
décevoir *vt 43*
déchaîné, ée ou **déchainé, ée** *a*
déchaînement ou **déchainement** *nm*
déchaîner ou **déchainer** *vt, vpr 1*
déchant *nm*
déchanter *vi 1*
décharge *nf*
déchargement *nm*
déchargeoir *nm*
décharger *vt, vi, vpr 11*
décharné, ée *a*
décharnement *nm*
déchaumage *nm*
déchaumer *vt 1*
déchaumeuse *nf*
déchaussé, ée *a*
déchaussement ou **déchaussage** *nm*
déchausser *vt, vi 1*
déchausseuse *nf*
déchaussoir *nm*
déchaux *a*
dèche *nf*
déchéance *nf*
déchet *nm*
déchetterie ou **déchèterie** *nf*
déchiffrable *a*
déchiffrage *nm*
déchiffrement *nm*
déchiffrer *vt 1*
déchiffreur, euse *n*
déchiquetage *nm*
déchiqueter *vt 17*
déchiqueteur *nm* ou **déchiqueteuse** *nf*
déchiqueture *nf*
déchirant, ante *a*
déchirement *nm*
déchirer *vt, vpr 1*
déchirure *nf*
déchloruration *nf*
déchlorurer *vt 1*
déchocage *nm*
déchoir *vi 50*
déchoquer *vt 1*
déchristianisation *nf*
déchristianiser *vt 1*
déchu, ue *a*
déci *nm*
décibel *nm*
décidabilité *nf*
décidable *a*
décidé, ée *a*
décidément *av*
décider *vt, vti, vpr 1*
décideur, euse *n*
décidu, ue *a*
décigrade *nm*
décigramme *nm*
décile *nm*
décilitre *nm*
déciller ou **dessiller** *vt 1*
décimal, ale, aux *a, nf*
décimalisation *nf*
décimaliser *vt 1*
décimalité *nf*
décimateur *nm*
décimation *nf*
décime *n*
décimer *vt 1*
décimètre *nm*
décimétrique *a*
décintrage *nm*
décintrement *nm*
décintrer *vt 1*
décisif, ive *a*
décision *nf*
décisionnaire *a, n*
décisionnel, elle *a*
décisoire *a*
décitex *nm*
déclamateur, trice *n*
déclamation *nf*
déclamatoire *a*
déclamer *vt, vi 1*
déclarant, ante *n, a*
déclaratif, ive *a*
déclaration *nf*
déclaratoire *a*
déclarer *vt, vpr 1*
déclassé, ée *a, n*
déclassement *nm*
déclasser *vt 1*
déclassification *nf*
déclassifier *vt 2*
déclaveter *vt 20*
déclenchant, ante *a*
déclenche *nf*
déclenchement *nm*
déclencher *vt 1*
déclencheur, euse *a, nm*
déclic *nm*
déclin *nm*
déclinable *a*
déclinaison *nf*
déclinant, ante *a*
déclinatoire *a, nm*
décliner *vt, vi 1*
déclinisme *nm*
décliniste *a, n*
décliquetage *nm*
décliqueter *vt 17*
déclive *a, nf*
déclivité *nf*
décloisonnement *nm*
décloisonner *vt 1*
déclore *vt 79*
déclouage *nm*
déclouer *vt 1*
décocher *vt 1*
décoction *nf*
décodage *nm*
décoder *vt 1*

décodeur, euse *nm*
décoffrage *nm*
décoffrer *vt* ***1***
décohabitation *nf*
décohabiter *vi* ***1***
décoiffage *nm*
décoiffant, ante *a*
décoiffement *nm*
décoiffer *vt* ***1***
décoinçage *nm*
décoincement *nm*
décoincer *vt* ***10***
décolérer *vi* ***12***
décollable *a*
décollage *nm*
décollation *nf*
décollé, ée *a*
décollecte *nf*
décollectivisation *nf*
décollectiviser *vt* ***1***
décollement *nm*
décoller *vt, vi* ***1***
décolletage *nm*
décolleté, ée *a, nm*
décolleter *vt* ***17***
décolleteur, euse *n*
décolleuse *nf*
décolonisation *nf*
décoloniser *vt* ***1***
décolorant, ante *a, nm*
décoloration *nf*
décolorer *vt* ***1***
décombres *nm pl*
décommander *vt* ***1***
décompensation *nf*
décompensé, ée *a*
décompenser *vi* ***1***
décomplexer *vt* ***1***
décomposable *a*
décomposer *vt* ***1***
décomposeur *nm*
décomposition *nf*
décompresser *vt, vi* ***1***
décompresseur *nm*
décompression *nf*
décomprimer *vt* ***1***
décompte *nm*
décompter *vt, vi* ***1***
déconcentration *nf*
déconcentrer *vt* ***1***
déconcertant, ante *a*
déconcerter *vt* ***1***
déconditionnement *nm*
déconditionner *vt* ***1***
déconfessionalisation *nf*
déconfit, ite *a*
déconfiture *nf*
décongélation *nf*
décongeler *vt* ***16***
décongestion *nf*
décongestionnant, ante *a*
décongestionnement *nm*
décongestionner *vt* ***1***
déconnade *nf*
déconnage *nm*
déconnant, ante *a*
déconnecter *vt* ***1***
déconner *vi* ***1***
déconneur, euse *n*
déconnexion *nf*
déconseiller *vt* ***1***
déconsidération *nf*
déconsidérer *vt, vpr* ***12***
déconsigner *vt* ***1***
déconsolider *vt* ***1***
déconsommation *nf*
déconstructeur *nm*
déconstruction *nf*
déconstructivisme *nm*
déconstructiviste *a, n*
déconstruire *vt* ***69***
décontamination *nf*
décontaminer *vt* ***1***
décontenancer *vpr* ***10***
décontextualiser *vt* ***1***
décontractant, ante *a*
décontracté, ée *a*
décontracter *vpr* ***1***
décontraction *nf*
décontracturant, ante *a, nm*
déconventionnement *nm*
déconventionner *vt* ***1***
déconvenue *nf*
décor *nm*
décorateur, trice *n*
décoratif, ive *a*
décoration *nf*
décorder *vt, vpr* ***1***
décorer *vt* ***1***
décorner *vt* ***1***
décorrélation *nf*
décorréler *vt* ***14***
décorticage *nm*
décortication *nf*
décortiquer *vt* ***1***
décorum *nm*
décote *nf*
décoter *vt* ***1***
découcher *vi* ***1***
découdre *vt* ***56***
découler *vi* ***1***
découpage *nm*
découpe *nf*
découpé, ée *a*
découper *vt, vpr* ***1***
découpeur, euse *n*
découplage *nm*
découplé, ée *a*
découpler *vt* ***1***
découpoir *nm*
découpure *nf*
décourageant, ante *a*
découragement *nm*
décourager *vt* ***11***
découronnement *nm*
découronner *vt* ***1***
décours *nm*
décousu, ue *a*
décousure *nf*
découvert, erte *a*
découvert *nm*
découverte *nf (trouvaille)*
découvreur, euse *n*
découvrir *vt, vi, vpr* ***31***
décrassage *nm*
décrassement *nm*
décrasser *vt, vpr* ***1***
décrédibilisation *nf*
décrédibiliser *vt* ***1***
décrément *nm*
décrépir *vt* ***2***
décrépissage *nm*
décrépit, ite *a*
décrépitude *nf*
decrescendo ou **décrescendo** *av, nm decrescendos ou decrescendi*
décret *nm*
décrétale *nf*
décréter *vt* ***14***
décret-loi *nm Des décrets-lois.*
décreuser *vt* ***1***
décri *nm*
décrier *vt* ***1***
décriminalisation *nf*
décriminaliser *vt* ***1***
décrire *vt* ***61***
décrispation *nf*
décrisper *vt* ***1***
décrochage *nm*
décrochement *nm*
décrocher *vt, vi* ***1***
décrocheur, euse *n*
décrochez-moi-ça *nm inv*
décroisement *nm*
décroiser *vt* ***1***
décroissance *nf*
décroissant, ante *a, n*
décroissement *nm*
décroît ou **décroit** *nm*
décroître ou **décroitre** *vi* ***59***
décrottage *nm*
décrotter *vt* ***1***
décrotteur *nm*
décrottoir *nm*
décrue *nf*
décrutement *nm*
décryptage *nm*
décryptement *nm*
décrypter *vt* ***1***
déçu, ue *a, n*
décubitus *nm*
de cujus *nm inv*
déculasser *vt* ***1***
déculottée *nf*
déculotter *vt, vpr* ***1***
déculpabilisation *nf*
déculpabiliser *vt* ***1***
déculturation *nf*
décuple *a, nm*
décuplement *nm*
décupler *vt, vi* ***1***
décurie *nf*

décurion *nm*
décurrent, ente *a*
décussé, ée *a*
décuvage *nm*
décuvaison *nf*
décuver *vt* ***1***
dédaignable *a*
dédaigner *vt, vti* ***1***
dédaigneusement *av*
dédaigneux, euse *a, n*
dédain *nm*
dédale *nm*
dédaléen, enne *a*
dedans *av, nm*
dédensification *nf*
dédensifier *vt* ***2***
dédiabolisation *nf*
dédiaboliser *vt* ***1***
dédicace *nf*
dédicacer *vt* ***10***
dédicataire *n*
dédicatoire *a*
dédié, ée *a*
dédier *vt* ***1***
dédifférenciation *nf*
dédifférencier (se) *vpr* ***1***
dédire (se) *v* ***60***
dédit *nm*
dédommagement *nm*
dédommager *vt* ***11***
dédorer *vt* ***1***
dédouanage *nm*
dédouanement *nm*
dédouaner *vt, vpr* ***1***
dédoublage *nm*
dédoublement *nm*
dédoubler *vt, vpr* ***1***
dédramatisation *nf*
dédramatiser *vt* ***1***
déductibilité *nf*
déductible *a*
déductif, ive *a*
déduction *nf*
déduire *vt* ***67***
déesse *nf*
de facto *av*
défaillance *nf*
défaillant, ante *a*
défaillir *vi* ***27***
défaire *vt, vpr* ***9***
défaisance *nf*
défait, aite *a*
défaite *nf*
défaitisme *nm*
défaitiste *a, n*
défalcation *nf*
défalquer *vt* ***1***
défatigant, ante *a, nm*
défatiguer *vt* ***1***
défaufiler *vt* ***1***
défausse *nf*
défausser *vt* ***1***
défausser (se) *vpr* ***1***
défaut *nm*
défaveur *nf*
défavorable *a*
défavorablement *av*
défavorisant, ante *a*
défavorisé, ée *a, n*
défavoriser *vt* ***1***
défécation *nf*
défectif, ive *a, nm*
défection *nf*
défectueusement *av*
défectueux, euse *a*
défectuosité *nf*
défendable *a*
défendeur, deresse *n*
défendre *vt, vpr* ***5***
défenestration *nf*
défenestrer *vt* ***1***
défens ou **défends** *nm*
défense *nf*
défenseur *n* ou **défenseure** *nf*
défensif, ive *a*
défensive *nf*
défensivement *av*
déféquer *vt, vi* ***12***
défèrement *nm*
déférence *nf*
déférent, ente *a*
déférer *vt, vti* ***12***
déferlage *nm*
déferlant, ante *a, nf*
déferlement *nm*
déferler *vt, vi* ***1***
déferrage *nm*
déferrement *nm*
déferrer *vt* ***1***
défervescence *nf*
défeuillaison *nf*
défeuiller *vt* ***1***
défeutrage *nm*
défeutrer *vt* ***1***
défi *nm*
défiance *nf*
défiant, ante *a*
défibrage *nm*
défibrer *vt* ***1***
défibreur, euse *n*
défibrillateur *nm*
défibrillation *nf*
défibriller *vt* ***1***
déficeler *vt* ***16***
déficience *nf*
déficient, ente *a*
déficit *nm*
déficitaire *a*
défier *vt* ***1***
défier (se) *vpr* ***1***
défigurement *nm*
défigurer *vt* ***1***
défilage *nm*
défilé *nm*
défilement *nm*
défiler *vt, vi, vpr* ***1*** *(effiler, se succéder)*
défileuse *nf*
défini, ie *a*
définir *vt* ***2***
définissable *a*
définissant *nm*
définitif, ive *a, nm*
définition *nf*
définitionnel, elle *a*
définitivement *av*
définitoire *a*
défiscalisable *a*
défiscalisation *nf*
défiscaliser *vt* ***1***
déflagrant, ante *a*
déflagrateur *nm*
déflagration *nf*
déflagrer *vi* ***1***
déflation *nf*
déflationniste *a*
défléchir *vt* ***2***
déflecteur, trice *a, nm*
défleurir *vt, vi* ***2***
déflexion *nf*
déflocage *nm*
défloquer *vt* ***1***
défloqueur *nm*
défloraison *nf*
défloration *nf*
déflorer *vt* ***1***
déflouter *vt* ***1***
défoliant, ante *a, nm*
défoliation *nf*
défolier *vt* ***1***
défonçage *nm*
défonce *nf*
défoncé, ée *a*
défoncement *nm*
défoncer *vt, vpr* ***10***
défonceuse *nf*
déforcer *vt* ***12***
déforestation *nf*
déformable *a*
déformateur, trice *a*
déformation *nf*
déformer *vt* ***1***
défoulement *nm*
défouler (se) *vpr* ***1***
défouloir *nm*
défourailler *vt* ***1***
défournage *nm*
défournement *nm*
défourner *vt* ***1***
défraîchir ou **défraichir** *vt* ***2***
défraiement *nm*
défrayer *vt* ***20***
défrichable *a*
défrichage *nm*
défrichement *nm*
défricher *vt* ***1***
défricheur, euse *n*
défripement *nm*
défriper *vt* ***1***
défrisement *nm*
défriser *vt* ***1***
défroissable *a*

défroisser *vt 1*
défroncer *vt 10*
défroque *nf*
défroqué, ée *a, n*
défroquer *vt 1*
défunt, unte *a, n*
défusion *nf*
défusionner *vi 1*
dégagé, ée *a*
dégagement *nm*
dégager *vt, vi, vpr 11*
dégaine *nf*
dégainer *vt 1*
déganter *vt 1*
dégarnir *vt, vpr 2*
dégarnissage *nm*
dégât *nm*
dégauchir *vt 2*
dégauchissage *nm*
dégauchissement *nm*
dégauchisseuse *nf*
dégazage *nm*
dégazer *vt, vi 1*
dégazolinage *nm*
dégazoliner *vt 1*
dégel *nm*
dégelée *nf*
dégeler *vt, vi 16*
dégénératif, ive *a*
dégénéré, ée *a, n*
dégénérer *vi 12*
dégénérescence *nf*
dégermer *vt 1*
dégingandé, ée *a*
dégivrage *nm*
dégivrer *vt 1*
dégivreur *nm*
déglaçage *nm*
déglacement *nm*
déglacer *vt 10*
déglaciation *nf*
déglingue *nf*
déglinguer *vt 1*
dégluer *vt 1*
déglutination *nf*
déglutir *vt 2*
déglutition *nf*
dégobiller *vt, vi 1*
dégoiser *vt, vi 1*
dégommage *nm*
dégommer *vt 1*
dégondage *nm*
dégonder *vt 1*
dégonflage *nm*
dégonflé, ée *a, n*
dégonflement *nm*
dégonfler *vt, vpr 1*
dégorgement *nm*
dégorgeoir *nm*
dégorger *vt, vi, vpr 11*
dégoter ou **dégotter** *vt 1*
dégoudronner *vt 1*
dégoulinade *nf*
dégoulinement *nm*
dégouliner *vi 1*
dégoupiller *vt 1*
dégourdi, ie *a, n*
dégourdir *vt 2*
dégourdissement *nm*
dégoût ou **dégout** *nm*
dégoutamment *av*
dégoûtamment *av*
dégoûtant, ante ou **dégoutant, ante** *a, n*
dégoutation *nf*
dégoûtation *nf*
dégoûté, ée ou **dégouté, ée** *a, n*
dégoûter ou **dégouter** *vt, vpr 1 (écœurer)*
dégoutter *vi 1 (couler)*
dégradant, ante *a*
dégradation *nf*
dégradé *nm*
dégrader *vt, vpr 1*
dégrafer *vt 1*
dégraffitage *nm*
dégraffiter *vt 1*
dégraissage *nm*
dégraissant, ante *a, nm*
dégraisser *vt, vi 1*
dégraisseur, euse *n*
dégras *nm*
dégravoyer *vt 23*
degré *nm*
dégréer *vt 8*
dégressif, ive *a*
dégressivité *nf*
dégrèvement *nm*
dégrever *vt 15*
dégriffé, ée *a, nm*
dégriffer *vt 1*
dégrillage *nm*
dégringolade *nf*
dégringoler *vt, vi 1*
dégrippage *nm*
dégrippant *nm*
dégripper *vt 1*
dégrisement *nm*
dégriser *vt, vpr 1*
dégrossir *vt 2*
dégrossissage *nm*
dégrossissement *nm*
dégrossisseur *nm*
dégrouiller (se) *vpr 1*
dégroupage *nm*
dégroupement *nm*
dégrouper *vt 1*
déguenillé, ée *a*
déguerpir *vi 2*
dégueulasse *a, n*
dégueulasser *vt 1*
dégueulasserie *nf*
dégueuler *vt, vi 1*
dégueulis *nm*
déguisé, ée *a*
déguisement *nm*
déguiser *vt, vpr 1*
dégurgitation *nf*
dégurgiter *vt 1*
dégustateur *nm*
dégustation *nf*
déguster *vt 1*
déhalage *nm*
déhaler *vt 1*
déhanchement *nm*
déhancher (se) *vpr 1*
déharnacher *vt 1*
déhiscence *nf*
déhiscent, ente *a*
dehors *av, interj, nm*
déhoussable *a*
déicide *n, a*
déictique *a, nm*
déification *nf*
déifier *vt 1*
déisme *nm*
déiste *n, a*
déité *nf*
déjà *av*
déjanté, ée *a, n*
déjanter *vt, vi 1*
déjauger *vi 11*
déjà-vu *nm inv*
déjection *nf*
déjeté, ée *a*
déjeter *vt 17*
déjeuner *vi 1*
déjeuner *nm*
déjouer *vt, vi 1*
déjucher *vt, vi 1*
déjuger (se) *vpr 11*
de jure *av*
delà *prép*
délabré, ée *a*
délabrement *nm*
délabrer *vt, vpr 1*
délacer *vt 10 (dénouer)*
délai *nm*
délainage *nm*
délainer *vt 1*
délaissement *nm*
délaisser *vt 1*
délaiter *vt 1*
délarder *vt 1*
délassant, ante *a*
délassement *nm*
délasser *vt, vpr 1 (détendre)*
délateur, trice *n*
délation *nf*
délavé, ée *a*
délaver *vt 1*
délayage *nm*
délayer *vt 20*
delco *nm Nom déposé*
déléatur ou **deleatur** *nm*
délébile *a*
délectable *a*
délectation *nf*
délecter (se) *vpr 1*
délégable *a*
délégant, ante *n*
délégataire *n*

délégation *nf*
délégiférer *vi* ***14***
délégitimation *nf*
délégitimer *vt* ***1***
délégué, ée *n*
déléguer *vt* ***12***
délestage *nm*
délester *vt* ***1***
délétère *a*
délétion *nf*
délibérant, ante *a*
délibératif, ive *a*
délibération *nf*
délibératoire *a*
délibéré, ée *a, nm*
délibérément *av*
délibérer *vi, vti* ***12***
délicat, ate *a, n*
délicatement *av*
délicatesse *nf*
délice *nm, nf pl*
délicieusement *av*
délicieux, euse *a*
délictueux, euse ou **délictuel, elle** *a*
délié, ée *a, nm*
délier *vt* ***1***
délignage *nm*
déligner *vt* ***1***
déligneuse *nf*
délignure *nf*
délimitation *nf*
délimiter *vt* ***1***
délinéament *nm*
délinéateur *nm*
délinquance *nf*
délinquant, ante *a, n*
déliquescence *nf*
déliquescent, ente *a*
délirant, ante *a, n*
délire *nm*
délirer *vi* ***1***
délirium ou **delirium tremens** *nm*
délister *vt* ***1***
délit *nm*
délitage *nm*
délitement *nm*
déliter *vt, vpr* ***1***
délitescence *nf*
délitescent, ente *a*
délivrance *nf*
délivre *nm*
délivrer *vt* ***1***
délocalisable *a*
délocalisateur, trice *a*
délocalisation *nf*
délocaliser *vt* ***1***
déloger *vt, vi* ***11***
déloyal, ale, aux *a*
déloyalement *av*
déloyauté *nf*
delphinaptère *nm*
delphinarium *nm*
delphinidé *nm*
delphinium *nm*
delphinologie *nf*
delta *nm*
deltaïque *a*
deltaplane *nm*
deltiste *n*
deltoïde *a, nm*
déluge *nm*
déluré, ée *a*
délurer *vt* ***1***
délustrage *nm*
délustrer *vt* ***1***
délutage *nm*
déluter *vt* ***1***
démagnétisation *nf*
démagnétiser *vt* ***1***
démagogie *nf*
démagogique *a*
démagogue *n, a*
démaigrir *vt* ***3***
démaigrissement *nm*
démailler *vt* ***1***
démailloter *vt* ***1***
demain *av*
démanchement *nm*
démancher *vt, vi, vpr* ***1***
demande *nf*
demander *vt, vpr* ***1***
demandeur, euse *n, a (juridique, solliciteur)*
démangeaison *nf*
démanger *vi* ***11***
démantèlement *nm*
démanteler *vt* ***16***
démantibuler *vt* ***1***
démaquillage *nm*
démaquillant, ante *a, nm*
démaquiller *vt* ***1***
démaquilleur *nm*
démarcage *nm*
démarcatif, ive *a*
démarcation *nf*
démarchage *nm*
démarche *nf*
démarcher *vt* ***1***
démarcheur, euse *n*
démarginalisation *nf*
démarginaliser *vt* ***1***
démariage *nm*
démarier *vt* ***1***
démarquage *nm*
démarque *nf*
démarquer *vt* ***1***
démarqueur, euse *n*
démarrage *nm*
démarrer *vt, vi* ***1***
démarreur *nm*
démasclage *nm*
démascler *vt* ***1***
démasquer *vt, vpr* ***1***
démâtage *nm*
démâter *vt* ***1***
dématérialisation *nf*
dématérialiser *vt* ***1***
démazoutage *nm*
démazouter *vt* ***1***
dème *nm*
démédicalisation *nf*
démédicaliser *vt* ***1***
démêlage *nm*
démêlant, ante *a, nm*
démêlé *nm*
démêlement *nm*
démêler *vt* ***1***
démêloir *nm*
démêlures *nf pl*
démembrement *nm*
démembrer *vt* ***1***
déménageable *a*
déménagement *nm*
déménager *vt, vi* ***11***
déménageur *nm*
démence *nf*
démener (se) *vpr* ***15***
démenotter *vt* ***1***
dément, ente *a, n*
démenti *nm*
démentiel, elle *a*
démentir *vt, vpr* ***29***
démerdard, arde *n*
démerder (se) *vpr* ***1***
démerdeur, euse *a, n*
démérite *nm*
démériter *vi* ***1***
démersal, ale, aux *a*
démesure *nf*
démesuré, ée *a*
démesurément *av*
démettre *vt, vpr* ***64***
démeubler *vt* ***1***
demeurant (au) *av*
demeure *nf*
demeuré, ée *a, n*
demeurer *vi* ***1***
demi, ie *a, n, av, a inv*
demiard *nm*
demi-botte *nf Des demi-bottes.*
demi-bouteille *nf Des demi-bouteilles.*
demi-brigade *nf Des demi-brigades.*
demi-centre *nm Des demi-centres.*
demi-cercle *nm Des demi-cercles.*
demi-circulaire *a*
demi-clef *nf Des demi-clefs.*
demi-colonne *nf Des demi-colonnes.*
demi-deuil *nm Des demi-deuils.*
demi-dieu *nm Des demi-dieux.*
demi-douzaine *nf Des demi-douzaines.*
demi-droite *nf Des demi-droites.*
demi-fin, -fine *a demi-fins*
demi-finale *nf Des demi-finales.*
demi-finaliste *n*
demi-fond *nm Des demi-fonds.*
demi-fondeur, euse *n*
demi-frère *nm Des demi-frères.*
demi-gros *nm*
demi-heure *nf Des demi-heures.*

demi-jour *nm Des demi-jours.*
demi-journée *nf Des demi-journées.*
démilitarisation *nf*
démilitariser *vt* ***1***
demi-litre *nm Des demi-litres.*
demi-longueur *nf Des demi-longueurs.*
demi-lune *nf Des demi-lunes.*
demi-mal *nm Des demi-maux.*
demi-mesure *nf Des demi-mesures.*
demi-mondaine *nf*
demi-monde *nm Des demi-mondes.*
demi-mort, -morte *a demi-morts*
demi-mot (à) *av*
déminage *nm*
déminer *vt* ***1***
déminéralisation *nf*
déminéraliser *vt, vpr* ***1***
démineur *nm*
demi-pause *nf Des demi-pauses.*
demi-pension *nf Des demi-pensions.*
demi-pensionnaire *n Des demi-pensionnaires.*
demi-pièce *nf Des demi-pièces.*
demi-place *nf Des demi-places.*
demi-plan *nm Des demi-plans.*
demi-portion *nf Des demi-portions.*
demi-produit *nm Des demi-produits.*
demi-queue *nm Des demi-queues.*
demi-reliure *nf Des demi-reliures.*
demi-ronde *nf Des demi-rondes.*
démis, ise *a*
demi-saison *nf Des demi-saisons.*
demi-sang *nm Des demi-sang ou demi-sangs.*
demi-sec *am, nm demi-secs*
demi-sel *nm Des demi-sel ou demi-sels.*
demi-sœur *nf Des demi-sœurs.*
demi-solde *n Des demi-soldes.*
demi-sommeil *nm Des demi-sommeils.*
demi-soupir *nm Des demi-soupirs.*
démission *nf*
démissionnaire *a, n*
démissionner *vt, vi* ***1***
demi-tarif *nm Des demi-tarifs.*
demi-teinte *nf Des demi-teintes.*
demi-ton *nm Des demi-tons.*
demi-tour *nm Des demi-tours.*
démiurge *nm*
démiurgique *a*
demi-vie *nf Des demi-vies.*
demi-volée *nf Des demi-volées.*
démixtion *nf*
démo *nf*
démobilisable *a*
démobilisateur, trice *a*
démobilisation *nf*
démobiliser *vt, vpr* ***1***
démocrate *n, a*
démocratie *nf*
démocratique *a*
démocratiquement *av*
démocratisation *nf*
démocratiser *vt* ***1***
démocratisme *nm*
démodé, ée *a*
démoder (se) *vpr* ***1***
démodex *nm*
démodulateur *nm*
démodulation *nf*
démoduler *vt* ***1***
démographe *n*
démographie *nf*
démographique *a*
demoiselle *nf*
démolir *vt* ***2***
démolissage *nm*
démolisseur, euse *n*
démolition *nf*
démon *nm*
démonétisation *nf*
démonétiser *vt* ***1***
démoniaque *a, n*
démonisation *nf*
démoniser *vt* ***1***
démonologie *nf*
démonstrateur, trice *n*
démonstratif, ive *a, nm*
démonstration *nf*
démonstrativement *av*
démontable *a*
démontage *nm*
démonté, ée *a*
démonte-pneu *nm Des démonte-pneus.*
démonter *vt, vpr* ***1***
démontrable *a*
démontrer *vt* ***1***
démoralisant, ante *a*
démoralisateur, trice *a, n*
démoralisation *nf*
démoraliser *vt* ***1***
démordre *vti* ***5***
démotique *n, a*
démotivant, ante *a*
démotivation *nf*
démotiver *vt* ***1***
démoucheter *vt* ***20***
démoulage *nm*
démouler *vt* ***1***
démoustication *nf*
démoustiquer *vt* ***1***
démultiplicateur, trice *n, a*
démultiplication *nf*
démultiplier *vt* ***1***
démuni, ie *n, a*
démunir *vt, vpr* ***2***
démuseler *vt* ***16***
démutiser *vt* ***1***
démutualisation *nf*
démutualiser *vt* ***1***
démystification *nf*
démystifier *vt* ***1***
démythification *nf*
démythifier *vt* ***1***
dénasalisation *nf*
dénasaliser *vt* ***1***
dénatalité *nf*
dénationalisation *nf*
dénationaliser *vt* ***1***
dénaturalisation *nf*
dénaturaliser *vt* ***1***
dénaturant, ante *a, nm*
dénaturation *nf*
dénaturé, ée *a*
dénaturer *vt* ***1***
dénazification *nf*
dénazifier *vt* ***2***
dendrite *nf*
dendritique *a*
dendrobate *nm*
dendrobium *nm*
dendrochronologie *nf*
dendrochronologique *a*
dendroclimatologie *nf*
dendroctone *nm*
dendrocygne *nm*
dendrologie *nf*
dendrologique *a*
dendrométrie *nf*
dendrométrique *a*
dénébulation *nf*
dénébuler ou **dénébuliser** *vt* ***1***
dénébulisation *nf*
dénégation *nf*
déneigement *nm*
déneiger *vt* ***11***
dénervation *nf*
dengue *nf*
déni *nm*
déniaisement *nm*
déniaiser *vt* ***1***
dénichage *nm*
dénicher *vt, vi* ***1***
dénicheur, euse *n*
dénicotiniser *vt* ***1***
denier *nm*
dénier *vt* ***1***
dénigrement *nm*
dénigrer *vt* ***1***
dénigreur, euse *a, n*
denim *nm*
dénitratation *nf*
dénitrater *vt* ***1***
dénitrifiant, ante *a*
dénitrification *nf*
dénitrifier *vt* ***1***
dénivelée ou **dénivelé** *nf*
déniveler *vt* ***16***
dénivellation ou **dénivèlement** ou **dénivellement** *nf*
dénombrable *a*
dénombrement *nm*
dénombrer *vt* ***1***
dénominateur *nm*
dénominatif, ive *a, nm*
dénomination *nf*
dénommé, ée *n*
dénommer *vt* ***1***
dénoncer *vt* ***10***

dénonciateur, trice *n, a*
dénonciation *nf*
dénotation *nf*
dénoter *vt 1*
dénouement *nm*
dénouer *vt 1*
dénoyautage *nm*
dénoyauter *vt 1*
dénoyauteur *nm*
denrée *nf*
dense *a*
densément *av*
densification *nf*
densifier *vt 1*
densimètre *nm*
densimétrie *nf*
densité *nf*
densitomètre *nm*
dent *nf*
dentaire *a ; nf*
dental, ale, aux *a, nf*
dentale *nm*
dent-de-lion *nf Des dents-de-lion.*
denté, ée *a*
dentée *nf*
dentelé, ée *a, nm*
denteler *vt 16*
dentelle *nf*
dentellier, ère ou **dentelier, ère** *a, nf*
dentelure *nf*
denticule *nm*
denticulé, ée *a*
dentier *nm*
dentifrice *nm*
dentinaire *a*
dentine *nf*
dentiste *n*
dentisterie *nf*
dentition *nf*
denture *nf*
denturologie *nf*
denturologique *a*
denturologiste *n*
dénucléarisation *nf*
dénucléariser *vt 1*
dénudation *nf*
dénuder *vt 1*
dénué, ée *a*
dénuement *nm*
dénutri, ie *a*
dénutrition *nf*
déodorant *nm, am*
déontologie *nf*
déontologique *a*
déontologiquement *av*
déontologue *n*
dépacsé, ée *n*
dépacser (se) *vpr 1*
dépaillage *nm*
dépailler *vt 1*
dépalissage *nm*
dépalisser *vt 1*
dépannage *nm*
dépanner *vt 1*
dépanneur, euse *n*
dépaqueter *vt 17*
déparasitage *nm*
déparasiter *vt 1*
dépareillé, ée *a*
dépareiller *vt 1*
déparer *vt 1*
déparier *vt 1*
déparler *vi 1*
départ *nm*
départager *vt 11*
département *nm*
départemental, ale, aux *a*
départementalisation *nf*
départementaliser *vt 1*
départir *vt, vpr 29*
dépassable *a*
dépassant *nm*
dépassé, ée *a*
dépassement *nm*
dépasser *vt, vi, vpr 1*
dépassionner *vt 1*
dépatouiller (se) *vpr 1*
dépavage *nm*
dépaver *vt 1*
dépaysant, ante *a*
dépaysement *nm*
dépayser *vt 1*
dépeçage *nm*
dépècement *nm*
dépecer *vt 10*
dépeceur, euse *n*
dépêche *nf*
dépêcher *vt, vpr 1*
dépeigner *vt 1*
dépeindre *vt 69*
dépenaillé, ée *a*
dépénalisation *nf*
dépénaliser *vt 1*
dépendance *nf*
dépendant, ante *a*
dépendre *vti 5*
dépens *nm pl*
dépense *nf*
dépenser *vt, vpr 1*
dépensier, ère *a, n*
déperdition *nf*
dépérir *vi 2*
dépérissement *nm*
déperlance *nf*
déperlant, ante *a*
dépersonnalisation *nf*
dépersonnaliser *vt 1*
dépêtrer *vt 1*
dépeuplement *nm*
dépeupler *vt 1*
déphasage *nm*
déphaser *vt 1*
déphosphatation *nf*
déphosphater *vt 1*
déphosphorer *vt 1*
déphosphorisation *nf*
déphosphorylation *nf*
dépiauter *vt 1*
dépigeonnisation *nf* ou **dépigeonnage** *nm*
dépigmentation *nf*
dépilage *nm*
dépilation *nf*
dépilatoire *a, nm*
dépiler *vt 1*
dépiquage *nm*
dépiquage *nm*
dépiquer *vt 1*
dépistable *a*
dépistage *nm*
dépister *vt 1*
dépit *nm*
dépiter *vt 1*
déplacé, ée *a, n*
déplacement *nm*
déplacer *vt, vpr 10*
déplafonnement *nm*
déplafonner *vt 1*
déplaire *v, vti, vpr 68*
déplaisant, ante *a*
déplaisir *nm*
déplantage *nm*
déplantation *nf*
déplanter *vt 1*
déplasmolyse *nf*
déplâtrage *nm*
déplâtrer *vt 1*
déplétion *nf*
dépliage *nm*
dépliant, ante *a, nm*
dépliement *nm*
déplier *vt 1*
déplissage *nm*
déplisser *vt 1*
déploiement *nm*
déplombage *nm*
déplomber *vt 1*
déplorable *a*
déplorablement *av*
déploration *nf*
déplorer *vt 1*
déployable *a*
déployer *vt 22*
déplumer *vt, vpr 1*
dépoétiser *vt 1*
dépointage *nm*
dépointer *vt 1*
dépoitraillé, ée *a*
dépolarisant, ante *a*
dépolarisation *nf*
dépolariser *vt, vi 1*
dépoli, ie *a*
dépolir *vt 2*
dépolissage *nm*
dépolitisation *nf*
dépolitiser *vt 1*
dépolluant, ante *a, nm*
dépolluer *vt 1*
dépollueur *am, nm*
dépollution *nf*
dépolymérisation *nf*

dépolymériser *vt* ***1***
déponent, ente *a, nm*
dépopulation *nf*
déport *nm*
déportation *nf*
déporté, ée *n*
déportement *nm*
déporter *vt, vpr* ***1***
déposant, ante *n*
dépose *nf*
déposer *vt* ***1***
dépositaire *n*
déposition *nf*
dépositoire *nm*
déposséder *vt* ***12***
dépossession *nf*
dépôt *nm*
dépotage *nm*
dépotement *nm*
dépoter *vt, vi* ***1***
dépotoir *nm*
dépôt-vente *nm Des dépôts-ventes.*
dépouille *nf*
dépouillé, ée *a*
dépouillement *nm*
dépouiller *vt* ***1***
dépourvu, ue *a*
dépoussiérage *nm*
dépoussiérant *nm*
dépoussiérer *vt* ***12***
dépravant, ante *a*
dépravation *nf*
dépravé, ée *a, n*
dépraver *vt* ***1***
déprécarisation *nf*
déprécariser *vt* ***1***
déprécation *nf*
dépréciatif, ive *a*
dépréciation *nf*
déprécier *vt* ***1***
déprédateur, trice *a, n*
déprédation *nf*
déprendre (se) *vpr* ***70***
dépresseur *nm, am*
dépressif, ive *a, n*
dépression *nf*
dépressionnaire *a*
dépressivité *nf*
dépressogène *a*
dépressurisation *nf*
dépressuriser *vt* ***1***
déprimant, ante *a*
déprime *nf*
déprimé, ée *a, n*
déprimer *vt, vi* ***1***
déprise *nf*
dépriser *vt* ***1***
de profundis *nm inv*
déprogrammation *nf*
déprogrammer *vt* ***1***
dépucelage *nm*
dépuceler *vt* ***16***
depuis *prép, av, conj*
dépulper *vt* ***1***
dépuratif, ive *a, nm*
dépuration *nf*
dépurer *vt* ***1***
députation *nf*
député, ée *n*
députer *vt* ***1***
déqualification *nf*
déqualifier *vt* ***1***
der *n*
déraciné, ée *n*
déracinement *nm*
déraciner *vt* ***1***
dérager *vi* ***13***
déraillement *nm*
dérailler *vi* ***1***
dérailleur *nm*
déraison *nf*
déraisonnable *a*
déraisonnablement *av*
déraisonner *vi* ***1***
déramer *vt* ***1***
dérangé, ée *a*
dérangeant, ante *a*
dérangement *nm*
déranger *vt* ***11***
dérapage *nm*
déraper *vi* ***1***
dérasement *nm*
déraser *vt* ***1***
dératé, ée *n*
dératisation *nf*
dératiser *vt* ***1***
dérayer *vt* ***21***
dérayure *nf*
derbouka ou **darbouka** *nm*
derby *nm*
déréalisant, ante *a*
déréalisation *nf*
déréaliser *vt* ***1***
derechef *av*
déréel, elle *a*
déréférencement *nm*
déréférencer *vt* ***12***
déréglé, ée *a*
dérèglement *nm*
dérèglementation ou **déréglementation** *nf*
dérèglementer ou **déréglementer** *vt* ***1***
dérégler *vt* ***12***
dérégulation *nf*
déréguler *vt* ***1***
déréliction *nf*
déremboursement *nm*
dérembourser *vt* ***1***
dérépression *nf*
déresponsabilisation *nf*
déresponsabiliser *vt* ***1***
dérestauration *nf*
dérestaurer *vt* ***1***
dérider *vt* ***1***
déringardisation *nf*
déringardiser *vt* ***1***
dérision *nf*
dérisoire *a*
dérisoirement *av*
dérivable *a*
dérivatif, ive *a, nm*
dérivation *nf*
dérive *nf*
dérivé *nm (issu de)*
dérivé, ée *a*
dérivée *nf (mathématiques)*
dériver ou **dériveter** *vt, vti ; vi* ***1***
dériveur *nm*
dermabrasion *nf*
dermaptère *nm*
dermatoglyphe *nm*
dermatologie *nf*
dermatologique *a*
dermatologue *n*
dermatomyosite *nf*
dermatophyte *nm*
dermatose *nf*
derme *nm*
dermeste *nm*
dermique *a*
dermite ou **dermatite** *nf*
dermocorticoïde *nm*
dermocosmétique *a, nm*
dermographe *nm*
dermographisme *nm*
dermoplastie *nf*
dermoprotecteur, trice *a, nm*
dermoptère *nm*
dernier, ère *a, n*
dernièrement *av*
dernier-né, dernière-née *n Des derniers-nés.*
dérobade *nf*
dérobé, ée *a*
dérobée (à la) *loc av*
dérober *vt, vpr* ***1***
dérochage *nm*
dérochement *nm*
dérocher *vt, vi* ***1***
déroctage *nm*
dérogation *nf*
dérogatoire *a*
dérogeance *nf*
déroger *vti* ***11***
dérouillée *nf*
dérouiller *vt, vi* ***1***
déroulage *nm*
déroulant, ante *a*
déroulé *nm*
déroulement *nm*
dérouler *vt, vpr* ***1***
dérouleur *nm*
dérouleuse *nf*
déroutage ou **déroutement** *nm*
déroutant, ante *a*
déroute *nf*
dérouter *vt* ***1***
derrick *nm*
derrière *prép, av ; nm*
derviche *nm*
des *art*

dès *prép, conj*
désabonnement *nm*
désabonner *vt* ***1***
désabusé, ée *a*
désabusement *nm*
désabuser *vt* ***1***
désaccord *nm*
désaccorder *vt* ***1***
désaccouplage *nm*
désaccoupler *vt* ***1***
désaccoutumance *nf*
désaccoutumer *vt* ***1***
désacidification *nf*
désacidifier *vt* ***2***
désacralisation *nf*
désacraliser *vt* ***1***
désactivation *nf*
désactiver *vt* ***1***
désadaptation *nf*
désadapté, ée *a, n*
désadapter *vt* ***1***
désaffectation *nf*
désaffecté, ée *a*
désaffecter *vt* ***1***
désaffection *nf*
désaffiliation *nf*
désaffilier *vt* ***2***
désagréable *a*
désagréablement *av*
désagrégation *nf*
désagréger *vt* ***13***
désagrément *nm*
désaimantation *nf*
désaimanter *vt* ***1***
désaisonnalisation *nf*
désaisonnaliser *vt* ***1***
désajustement *nm*
désajuster *vt* ***1***
désaliénation *nf*
désaliéner *vt* ***12***
désalinisateur *nm*
désalinisation *nf*
désaliniser *vt* ***1***
désalpe *nf*
désalper *vt* ***1***
désaltérant, ante *a*
désaltérer *vt* ***12***
désambiguïsation ou **désambigüisation** *nf*
désambiguïser ou **désambigüiser** *vt* ***1***
désamiantage *nm*
désamianter *vt* ***1***
désamidonnage *nm*
désamidonner *vt* ***1***
désamorçage *nm*
désamorcer *vt* ***10***
désamour *nm*
désangoisser *vt* ***1***
désannexer *vt* ***1***
désannexion *nf*
désaper *vt* ***1***
désapparier *vt* ***1***
désappointé, ée *a*
désappointement *nm*
désappointer *vt* ***1***
désapprendre *vt* ***70***
désapprobateur, trice *a*
désapprobation *nf*
désapprouver *vt* ***1***
désapprovisionnement *nm*
désapprovisionner *vt* ***1***
désarçonnant, ante *a*
désarçonner *vt* ***1***
désarêter *vt* ***1***
désargenté, ée *a*
désargenter *vt* ***1***
désarmant, ante *a*
désarmement *nm*
désarmer *vt, vi* ***1***
désarrimage *nm*
désarrimer *vt* ***1***
désarroi *nm*
désarticulation *nf*
désarticuler *vt, vpr* ***1***
désassemblage *nm*
désassembler *vt* ***1***
désassimilation *nf*
désassimiler *vt* ***1***
désassortiment *nm*
désassortir *vt* ***2***
désastre *nm*
désastreusement *av*
désastreux, euse *a*
désatellisation *nf*
désatelliser *vt* ***1***
désattribuer *vt* ***1***
désattribution *nf*
désavantage *nm*
désavantager *vt* ***11***
désavantageusement *av*
désavantageux, euse *a*
désaveu *nm*
désavouer *vt* ***1***
désaxé, ée *a, n*
désaxer *vt* ***1***
descamisados *nm pl*
descellement *nm*
desceller *vt* ***1*** *(ôter un scellé)*
descendance *nf*
descendant, ante *n, a*
descenderie *nf*
descendeur, euse *nm*
descendre *vt, vi* ***5***
descenseur *nm*
descente *nf*
déscolarisation *nf*
déscolariser *vt* ***1***
descripteur *nm*
descriptible *a*
descriptif, ive *a, nm*
description *nf*
déséchouer *vt* ***1***
déséconomies *nf pl*
déségrégation *nf*
désembourber *vt* ***1***
désembouteiller *vt* ***1***
désembuage *nm*
désembuer *vt* ***1***
désemparé, ée *a*
désemparer *vt* ***1***
désemplir *vi* ***2***
désencadrement *nm*
désencadrer *vt* ***1***
désenchaîner ou **désenchainer** *vt* ***1***
désenchanté, ée *a*
désenchantement *nm*
désenclavement *nm*
désenclaver *vt* ***1***
désencombrement *nm*
désencombrer *vt* ***1***
désencrage *nm*
désencrasser *vt* ***1***
désencrer *vt* ***1***
désendettement *nm*
désendetter (se) *vpr* ***1***
désenfler *vi* ***1***
désenfumage *nm*
désenfumer *vt* ***1***
désengagement *nm*
désengager *vt* ***11***
désengorgement *nm*
désengorger *vt* ***11***
désengrener *vt* ***16***
désenivrer *vt* ***1***
désennuyer *vt* ***21***
désenrayer *vt* ***20***
désensablement *nm*
désensabler *vt* ***1***
désensibilisant, ante *a*
désensibilisation *nf*
désensibiliser *vt* ***1***
désensorceler *vt* ***19***
désentoilage *nm*
désentoiler *vt* ***1***
désentraver *vt* ***1***
désenvasement *nm*
désenvaser *vt* ***1***
désenvoûtement ou **désenvoutement** *nm*
désenvoûter ou **désenvouter** *vt* ***1***
désépaissir *vt* ***2***
désépargne *nf*
désépargner *vt* ***1***
déséquilibre *nm*
déséquilibré, ée *a, n*
déséquilibrer *vt* ***1***
déséquiper *vt, vpr* ***1***
désert, erte *a*
désert *nm*
déserter *vt, vi* ***1***
déserteur, eure *n*
désertification *nf*
désertifier (se) *vpr* ***1***
désertion *nf*
désertique *a*
désertisation *nf*
désescalade *nf*
désespérance *nf*
désespérant, ante *a*
désespéré, ée *a, n*
désespérément *av*

désespérer *vpr 12*
désespoir *nm*
désétatiser *vt 1*
désexcitation *nf*
désexciter *vt 1*
désexualisation *nf*
désexualiser *vt 1*
déshabillage *nm*
déshabillé *nm*
déshabiller *vt 1*
déshabituer *vt 1*
désherbage *nm*
désherbant, ante *a, nm*
désherber *vt 1*
déshérence *nf*
déshérité, ée *a, n*
déshéritement *nm*
déshériter *vt 1*
déshonneur *nm*
déshonorant, ante *a*
déshonorer *vt 1*
déshuilage *nm*
déshuiler *vt 1*
déshumanisant, ante *a*
déshumanisation *nf*
déshumaniser *vt 1*
déshydratant, ante *a*
déshydratation *nf*
déshydraté, ée *a*
déshydrater *v 1*
déshydrogénase *nf*
déshydrogénation *nf*
déshydrogéner *vt 12*
désidérata ou **desiderata** *nm Des désidératas ou desiderata.*
design *nm inv, a inv*
désignatif, ive *a*
désignation *nf*
designer ou **designeur, euse** *n*
désigner *vt 1*
désillusion *nf*
désillusionner *vt 1*
désimpliqué, ée *a*
désincarcération *nf*
désincarcérer *vt 12*
désincarnation *nf*
désincarné, ée *a*
désincarner (se) *vpr 1*
désincitation *nf*
désinciter *vt 1*
désincrustant, ante *a, nm*
désincrustation *nf*
désincruster *vt 1*
désindexation *nf*
désindexer *vt 1*
désindustrialisation *nf*
désindustrialiser *vt 1*
désinence *nf*
désinfectant, ante *a, nm*
désinfecter *vt 1*
désinfection *nf*
désinflation *nf*
désinflationniste *a*
désinformateur, trice *a*
désinformation *nf*
désinformer *vt 1*
désinhibant, ante *a*
désinhiber *vt 1*
désinhibiteur, trice *a*
désinscription *nf*
désinscrire (se) *vpr 67*
désinsectisation *nf*
désinsectiser *vt 1*
désinsérer *vt 14*
désinsertion *nf*
désinstallation *nf*
désinstaller *vt 1*
désinstalleur ou **désinstallateur** *nm*
désintégration *nf*
désintégrer *vt 12*
désintéressé, ée *a*
désintéressement *nm*
désintéresser *vt, vpr 1*
désintérêt *nm*
désintermédiation *nf*
désintoxication *nf*
désintoxiquant, ante *a, nm*
désintoxiquer *vt 1*
désinvestir *vt 2*
désinvestissement *nm*
désinvolte *a*
désinvolture *nf*
désir *nm*
désirable *a*
désirer *vt 1*
désireux, euse *a*
désistement *nm*
désister (se) *vpr 1*
desk *nm*
desman *nm*
desmosome *nm*
désobéir *vti 2*
désobéissance *nf*
désobéissant, ante *a*
désobéisseur, euse *a, n*
désobligeance *nf*
désobligeant, ante *a*
désobliger *vt 11*
désobstruction *nf*
désobstruer *vt 1*
désocialisation *nf*
désocialiser *vt 1*
désodé, ée *a*
désodorisant, ante *a, nm*
désodoriser *vt 1*
désœuvré, ée *a, n*
désœuvrement *nm*
désolant, ante *a*
désolation *nf*
désolé, ée *a*
désoler *vt 1*
désolidariser *vt, vpr 1*
désolvabilisation *nf*
désolvabiliser *vt 1*
désoperculer *vt 1*
désopilant, ante *a*
désopiler *vt 1*
désorbitage *nm*
désorbitation *nf*
désorbiter *vt 1*
désordonné, ée *a*
désordre *nm*
désorganisateur, trice *a, n*
désorganisation *nf*
désorganiser *vt 1*
désorientation *nf*
désorienter *vt 1*
désormais *av*
désorption *nf*
désossage *nm*
désossement *nm*
désosser *vt 1*
désoxydant, ante *a, nm*
désoxydation *nf*
désoxyder *vt 1*
désoxyribonucléique *a*
désoxyribose *nf*
despérado ou **desperado** *nm*
despotat *nm*
despote *nm*
despotique *a*
despotiquement *av*
despotisme *nm*
desquamation *nf*
desquamer *vt, vi 1*
DESS *nm*
dessablement ou **dessablage** *nm*
dessabler *vt 1*
dessaisir *vt, vpr 2*
dessaisissement *nm*
dessalage *nm*
dessalement *nm*
dessaler *vt, vi 1*
dessalure *nf*
dessangler *vt 1*
desséchant, ante *a*
dessèchement *nm*
dessécher *vt, vpr 12*
dessein *nm (but)*
desseller *vt 1 (enlever une selle)*
desserrage *nm*
desserrement *nm*
desserrer *vt 1*
dessert *nm*
desserte *nf*
dessertir *vt 2*
dessertissage *nm*
desservant *nm*
desservir *vt 29*
dessiccateur *nm*
dessiccatif, ive *a, nm*
dessiccation *nf*
dessiller ou **déciller** *vt 1*
dessin *nm (art)*
dessinateur, trice *n*
dessiner *vt, vpr 1*
dessouder *vt 1*
dessoûler ou **dessaouler** ou **dessouler** *vt, vi 1*
dessous *prép, av ; nm*
dessous-de-bras *nm inv*

dessous-de-plat *nm inv*
dessous-de-table *nm inv*
dessuintage *nm*
dessuinter *vt* ***1***
dessus *prép, av ; nm*
dessus-de-lit *nm inv*
dessus-de-porte *nm inv*
déstabilisant, ante *a*
déstabilisateur, trice *a*
déstabilisation *nf*
déstabiliser *vt* ***1***
déstalinisation *nf*
déstaliniser *vt* ***1***
déstandardisation *nf*
déstandardiser *vt* ***1***
déstigmatisation *nf*
déstigmatiser *vt* ***1***
destin *nm*
destinataire *n*
destinateur *nm*
destination *nf*
destinée *nf*
destiner *vt* ***1***
destituer *vt* ***1***
destitution *nf*
déstockage *nm*
déstocker *vt, vi* ***1***
déstockeur *nm*
déstressant, ante *a*
déstresser *vt, vi* ***1***
destrier *nm*
destroy *a inv*
destroyer *nm*
destructeur, trice *a, n*
destructible *a*
destructif, ive *a*
destruction *nf*
déstructuration *nf*
déstructurer *vt* ***1***
désuet, ète *a*
désuétude *nf*
désulfuration *nf*
désulfurer *vt* ***1***
désuni, ie *a*
désunion *nf*
désunir *vt, vpr* ***2***
désynchronisation *nf*
désynchroniser *vt* ***1***
désyndicalisation *nf*
désyndicaliser *vt* ***1***
détachable *a*
détachage *nm*
détachant, ante *a, nm*
détaché, ée *a*
détachement *nm*
détacher *vt, vpr* ***1***
détail *nm*
détaillant, ante *n*
détaillé, ée *a*
détailler *vt* ***1***
détaler *vi* ***1***
détartrage *nm*
détartrant, ante *a, nm*
détartrer *vt* ***1***
détartreur *nm*
détasser *vt* ***1***
détatouage *nm*
détatouer *vt* ***1***
détaxation *nf*
détaxe *nf*
détaxer *vt* ***1***
détectable *a*
détecter *vt* ***1***
détecteur, trice *a, nm*
détection *nf*
détective *nm*
déteindre *vt, vi* ***69***
dételage *nm*
dételer *vt, vi* ***16***
détendeur *nm*
détendre *vt, vpr* ***5***
détendu, ue *a*
détenir *vt* ***35***
détente *nf*
détenteur, trice *n*
détention *nf*
détenu, ue *n, a*
détergent, ente *a, nm*
déterger *vt* ***11***
détérioration *nf*
détériorer *vt* ***1***
déterminable *a*
déterminant, ante *a, nm*
déterminatif, ive *a, nm*
détermination *nf*
déterminé, ée *a, nm*
déterminer *vt, vpr* ***1***
déterminisme *nm*
déterministe *a, n*
déterrage *nm*
déterré, ée *n*
déterrement *nm*
déterrer *vt* ***1***
détersif, ive *a, nm*
détersion *nf*
détestable *a*
détestablement *av*
détestation *nf*
détester *vt* ***1***
déthéiné, ée *a*
détonant, ante *a*
détonateur *nm*
détonation *nf*
détoner *vi* ***1*** *(exploser)*
détonique *nf*
détonner *vi* ***1*** *(contraster)*
détordre *vt* ***5***
détortiller *vt* ***1***
détour *nm*
détourage *nm*
détouré *nm*
détourer *vt* ***1***
détourné, ée *a*
détournement *nm*
détourner *vt* ***1***
détox *nf*
détoxication ou **détoxification** *nf*
détoxifiant, ante *a, nm*
détoxifier *vt* ***2***
détoxiquer *vt* ***1***
détracteur, trice *n, a*
détraqué, ée *a, n*
détraquement *nm*
détraquer *vt* ***1***
détrempe *nf*
détrempe *nf*
détremper *vt* ***1***
détresse *nf*
détricotage *nm*
détricoter *vt* ***1***
détriment *nm*
détritique *a*
détritivore *a, nm*
détritus *nm pl*
détroit *nm*
détromper *vt* ***1***
détrôner *vt* ***1***
détrousser *vt* ***1***
détrousseur *nm*
détruire *vt, vpr* ***67***
dette *nf*
détumescence *nf*
DEUG *nm*
deuil *nm*
deus ex machina *nm*
DEUST *nm*
deutérium *nm*
deutérocanonique *a*
deutéromycète *nm*
deutéron ou **deuton** *nm*
deutschemark *nm*
deutzia *nm*
deux *a num inv, nm inv*
deux-deux (à) *a*
deuxième *a, n*
deuxièmement *av*
deux-mâts *nm inv*
deux-pièces *nm inv*
deux-points *nm inv*
deux-ponts *nm inv*
deux-quatre (à) *a*
deux-roues *nm inv*
deux-sévrien, enne *a, n*
deux-temps *nm inv*
deuzio ou **deusio** *av*
dévadasi *nf*
dévaler *vt, vi* ***1***
dévaliser *vt* ***1***
dévalorisant, ante *a*
dévalorisation *nf*
dévaloriser *vt* ***1***
dévaluation *nf*
dévaluer *vt* ***1***
dévanagari *nf*
devancement *nm*
devancer *vt* ***10***
devancier, ère *n*
devant *prép, av ; nm*
devanture *nf*
dévasement *nm*
dévaser *vt* ***1***
dévastateur, trice *a*

dévastation *nf*
dévaster *vt* ***1***
dévédéthèque ou **DVDthèque** *nf*
déveine *nf*
développable *a*
développante *nf*
développé *nm*
développée *nf*
développement *nm*
développemental, ale, aux *a*
développer *vt, vpr* ***1***
développeur, euse *n*
devenir *vi* ***35***
devenir *nm*
déventement *nm*
déventer *vt* ***1***
déverbal *nm Des déverbaux.*
dévergondage *nm*
dévergondé, ée *a, n*
dévergonder (se) *vpr* ***1***
déverguer *vt* ***1***
dévernir *vt* ***2***
déverrouillage *nm*
déverrouiller *vt* ***1***
devers *prép*
dévers, erse *a, nm*
déversement *nm*
déverser *vt, vpr* ***1***
déversoir *nm*
déverticalisation *nf*
dévêtir *vt* ***32***
dévi *nf*
déviance *nf*
déviant, ante *a, n*
déviation *nf*
déviationnisme *nm*
déviationniste *a, n*
dévidage *nm*
dévider *vt* ***1***
dévidoir *nm*
dévier *vt, vi* ***1***
devin, devineresse *n*
devinable *a*
deviner *vt* ***1***
devinette *nf*
dévirer *vt* ***1***
dévirilisant, ante *a*
dévirilisation *nf*
déviriliser *vt* ***1***
devis *nm*
dévisager *vt* ***11***
devise *nf*
deviser *vt, vi* ***1***
dévissable *a*
dévissage *nm*
dévisser *vt, vi* ***1***
de visu *av*
dévitalisation *nf*
dévitaliser *vt* ***1***
dévitaminé, ée *a*
dévitrification *nf*
dévitrifier *vt* ***2***
dévoiement *nm*
dévoilement *nm*
dévoiler *vt, vpr* ***1***
devoir *vt, vpr* ***4***
devoir *nm*
dévoisé, ée *a*
dévoltage *nm*
dévolter *vt* ***1***
dévolteur *nm*
dévolu, ue *a, nm*
dévolutif, ive *a*
dévolution *nf*
dévon ou **devon** *nm*
dévonien, enne *a, nm*
dévorant, ante *a*
dévorateur, trice *a*
dévorer *vt* ***1***
dévoreur, euse *a, n*
dévot, ote *a, n*
dévotement *av*
dévotion *nf*
dévotionnel, elle *a*
dévoué, ée *a*
dévouement *nm*
dévouer *vt, vpr* ***1***
dévoyé, ée *n*
dévoyer *vt* ***22***
dextérité *nf*
dextralité *nf*
dextre *nf, a*
dextrine *nf*
dextrocardie *nf*
dextrogyre *a*
dextromoramide *nf*
dextrorsum *a inv, av*
dextrose *nm*
dey *nm (titre)*
dézingage *nm*
dézinguer *vt* ***1***
dharma *nm*
dhimma *nf*
dhimmi *n*
dhrupad *nm*
dhurrie *nm*
dia ! *interj*
diabésité *nf*
diabète *nm*
diabétique *a, n*
diabétologie *nf*
diabétologique *a*
diabétologue *n*
diable *nm, interj*
diablement *av*
diablerie *nf*
diablesse *nf*
diablotin *nm*
diabolique *a*
diaboliquement *av*
diabolisation *nf*
diaboliser *vt* ***1***
diabolo *nm*
diachronie *nf*
diachronique *a*
diacide *nm, a*
diaclase *nf*
diaconat *nm*
diaconesse *nf*
diacoustique *nf*
diacre *nm*
diacritique *a*
diadème *nm*
diagenèse *nf*
diagnose *nf*
diagnostic *nm*
diagnostique *a*
diagnostiquer *vt* ***1***
diagnostiqueur, euse *n*
diagonal, ale, aux *a, nf*
diagonalement *av*
diagramme *nm*
diagraphe *nm*
diagraphie *nf*
dialcool *nm*
dialectal, ale, aux *a*
dialectalisme *nm*
dialecte *nm*
dialecticien, enne *n*
dialectique *nf, a*
dialectiquement *av*
dialectisant, ante ou **dialectophone** *a, n*
dialectologie *nf*
dialectologique *a*
dialectologue *n*
dialogique *a*
dialogue *nm*
dialoguer *vt, vi* ***1***
dialoguiste *n*
dialypétale *a, nf*
dialyse *nf*
dialysé, ée *n*
dialysépale *a*
dialyser *vt* ***1***
dialyseur *nm*
diamagnétique *a*
diamagnétisme *nm*
diamant *nm*
diamantaire *a, nm*
diamanté, ée *a*
diamanter *vt* ***1***
diamantifère *a*
diamantin, ine *a*
diamétral, ale, aux *a*
diamétralement *av*
diamètre *nm*
diamide *nf*
diamine *nf*
diane *nf*
diantre ! *interj*
diapason *nm*
diapause *nf*
diapédèse *nf*
diaphane *a*
diaphanéité *nf*
diaphanoscopie *nf*
diaphragmatique *a*
diaphragme *nm*
diaphragmer *vt, vi* ***1***
diaphyse *nf*
diapir *nm*

diapo *nf*
diaporama *nm*
diapositive *nf*
diaprer *vt* ***1***
diarisme *nm*
diariste *n*
diarrhée *nf*
diarrhéique *a, n*
diarthrose *nf*
diaspora *nf*
diaspore *nf*
diasporique *a*
diastole *nf*
diastolique *a*
diathèque *nf*
diathermane *a*
diathermie *nf*
diathèse *nf*
diatomée *nf*
diatomique *a*
diatomite *nf*
diatonique *a*
diatoniquement *av*
diatribe *nf*
dibranche ou **dibranchial, aux** *nm*
dicaryon *nm*
dicastère *nm*
dicentra *nf*
dichogame *a*
dichogamie *nf*
dichotome *a*
dichotomie *nf*
dichotomique *a*
dichroïque *a*
dichroïsme *nm*
dicibilité *nf*
dicible *a*
dicline *a*
dico *nm*
dicotylédone *a, nf*
dictame *nm*
dictat ou **diktat** *nm*
dictateur *nm*
dictatorial, ale, aux *a*
dictature *nf*
dictée *nf*
dicter *vt* ***1***
diction *nf*
dictionnaire *nm*
dictionnairique *a, nf*
dicton *nm*
dictyoptère *nm*
dictyosome *nm*
didacthèque *nf*
didacticiel *nm*
didacticien, enne *n*
didactique *a, nf*
didactiquement *av*
didactisme *nm*
didactyle *a*
didascalie *nf*
didjeridoo *nm*
dièdre *nm*
dieffenbachia *nm*
diégèse *nf*
diégétique *a*
dieldrine *nf*
diélectrique *a, nm*
diencéphale *nm*
diène *nm*
diérèse *nf*
diergol *nm*
dièse *nm*
diésel ou **diesel** *nm*
diésélisation *nf*
diéséliser *vt* ***1***
diéséliste *n*
diéser *vt* ***12***
dies irae *nm*
diester *nm Nom déposé*
diète *nf*
diététicien, enne *n*
diététique *nf, a*
diététiquement *av*
diététiste *n*
diéthylénique *a*
dieu *nm*
diffa *nf*
diffamant, ante *a*
diffamateur, trice *n, a*
diffamation *nf*
diffamatoire *a*
diffamé, ée *n*
diffamer *vt* ***1***
différé, ée *a, nm*
différemment *av*
différence *nf*
différenciateur, trice *a*
différenciation *nf*
différencié, ée *a*
différencier *vt, vpr* ***1***
différend *nm*
différent, ente *a*
différentialisme *nm*
différentialiste *a, n*
différentiation *nf*
différentiel, elle *a*
différentiel *nm*
différentielle *nf*
différentier ou **différencier** *vt* ***1***
différer *vt, vi* ***12***
difficile *a, n*
difficilement *av*
difficulté *nf*
difficultueux, euse *a*
diffluence *nf*
diffluent, ente *a*
diffluer *vi* ***1***
difforme *a*
difformité *nf*
diffracter *vt* ***1***
diffractif, ive *a*
diffraction *nf*
diffus, use *a*
diffusable *a*
diffusant, ante *a*
diffusément *av*
diffuser *vt, vi* ***1***
diffuseur *nm*
diffusible *a*
diffusiomètre *nm*
diffusion *nf*
digamma *nm*
digérer *vt* ***12***
digest *nm*
digeste *a*
digesteur *nm*
digestibilité *nf*
digestible *a*
digestif, ive *a, nm*
digestion *nf*
digicode *nm*
digit *nm*
digital, ale, aux *a*
digitale *nf*
digitaline *nf*
digitalique *a, nm*
digitaliser *vt* ***1***
digité, ée *a*
digitiforme *a*
digitigrade *a, nm*
digitopuncture ou **digitoponcture** *nf*
diglossie *nf*
diglycéride *nm*
digne *a*
dignement *av*
dignitaire *nm*
dignité *nf*
dignois, oise *a, n*
digramme *nm*
digresser *vi* ***1***
digression *nf*
digue *nf*
diholoside *nm*
dijonnais, aise *a, n*
diktat ou **dictat** *nm*
dilacération *nf*
dilacérer *vt* ***12***
dilapidateur, trice *a, n*
dilapidation *nf*
dilapider *vt* ***1***
dilatabilité *nf*
dilatable *a*
dilatateur, trice *a, nm*
dilatation *nf*
dilater *vt, vpr* ***1***
dilatoire *a*
dilatomètre *nm*
dilection *nf*
dilemme *nm*
dilettante *n*
dilettantisme *nm*
diligemment *av*
diligence *nf*
diligent, ente *a*
diligenter *vt* ***1***
diluant, ante *a, nm*
diluer *vt* ***1***
dilutif, ive *a*
dilution *nf*
diluvien, enne *a*

diluvium *nm*
dimanche *nm*
dîme ou **dime** *nf*
dimension *nf*
dimensionnel, elle *a*
dimensionnement *nm*
dimensionner *vt* ***1***
dimère *nm*
diminué, ée *a*
diminuendo *av*
diminuer *vt, vi* ***1***
diminutif, ive *a, nm*
diminution *nf*
dimorphe *a*
dimorphisme *nm*
dim sum *nm*
dinanderie *nf*
dinandier, ère *n*
dinar *nm*
dînatoire ou **dinatoire** *a*
dinde *nf*
dindon *nm*
dindonneau *nm*
dîner ou **diner** *vi* ***1***
dîner ou **diner** *nm*
dînette ou **dinette** *nf*
dîneur, euse ou **dineur, euse** *n*
dinghy *nm Des dinghys ou dinghies.*
dingo *a, n inv en genre (fou)*
dingo *nm (chien)*
dingue *a, n*
dinguer *vi* ***1***
dinguerie *nf*
dinoflagellé ou **dinophycée** *nm*
dinophysis *nm*
dinornis *nm*
dinosaure *nm*
dinosaurien *nm*
dinothérium *nm*
diocésain, aine *a, n*
diocèse *nm*
diode *nf*
diodon *nm*
dioïque *a*
dionée *nf*
dionysiaque *a*
dionysien, enne *a, n*
dionysies *nf pl*
dioptre *nm*
dioptrie *nf*
dioptrique *nf, a*
diorama *nm*
diorite *nf*
dioscoréacée *nf*
dioula *nm*
dioxine *nf*
dioxyde *nm*
dioxygène *nm*
dipétale *a*
diphasé, ée *a*
diphonème *nm*
diphtérie *nf*
diphtérique *a, n*
diphtongaison *nf*
diphtongue *nf*
diphtonguer *vt* ***1***
diploblastique *a*
diplocoque *nm*
diplodocus *nm*
diploïde *a*
diplômant, ante *a*
diplomate *n, a*
diplomatie *nf*
diplomatique *a, nf*
diplomatiquement *av*
diplôme *nm*
diplômé, ée *a, n*
diplômer *vt* ***1***
diplopie *nf*
dipneuste *nm*
dipolaire *a*
dipôle *nm*
dipsacacée ou **dipsacée** *nf*
dipsomanie *nf*
diptère *a ; nm*
diptyque *nm*
dircab *n*
dircom *n*
dire *vt, vpr* ***60***
dire *nm*
direct, ecte *a, nm*
directement *av*
directeur, trice *n, a*
directif, ive *a*
direction *nf*
directionnel, elle *a*
directissime *nf*
directive *nf*
directivisme *nm*
directivité *nf*
directoire *nm*
directorat *nm*
directorial, ale, aux *a*
dirham *nm*
dirigé, ée *a*
dirigeable *a, nm*
dirigeant, ante *a, n*
diriger *vt, vpr* ***11***
dirigisme *nm*
dirigiste *a, n*
dirimant, ante *a*
discal, ale, aux *a*
discarthrose *nf*
discernable *a*
discernement *nm*
discerner *vt* ***1***
disciple *nm*
disciplinable *a*
disciplinaire *a*
disciplinairement *av*
discipline *nf*
discipliné, ée *a*
discipliner *vt* ***1***
disc-jockey ou **disque-jockey** *n*
Des disc-jockeys.
disco *n*
discobole *nm*
discographie *nf*
discographique *a*
discoïde ou **discoïdal, ale, aux** *a*
discompte *nm*
discompter *vt* ***1***
discompteur *nm*
discomycète *nm*
discontinu, ue *a, nm*
discontinuer *vi* ***1***
discontinuité *nf*
disconvenance *nf*
disconvenir *vti* ***35***
discopathie *nf*
discophile *n*
discophilie *nf*
discordance *nf*
discordant, ante *a*
discorde *nf*
discorder *vi* ***1***
discothécaire *n*
discothèque *nf*
discount *nm*
discounter *nm*
discounter *vt* ***1***
discoureur, euse *n*
discourir *vi* ***25***
discours *nm*
discourtois, oise *a*
discourtoisement *av*
discourtoisie *nf*
discrédit *nm*
discréditer *vt* ***1***
discret, ète *a*
discrètement *av*
discrétion *nf*
discrétionnaire *a*
discrétionnairement *av*
discrétisation *nf*
discrétiser *vt* ***1***
discriminant, ante *a, nm*
discrimination *nf*
discriminatoire *a*
discriminer *vt* ***1***
disculpation *nf*
disculper *vt, vpr* ***1***
discursif, ive *a*
discussion *nf*
discutable *a*
discutailler *vi* ***1***
discutailleur, euse *a, n*
discuté, ée *a*
discuter *vt, vi, vti* ***1***
disert, erte *a*
disette *nf*
diseur, euse *n*
disgrâce *nf*
disgracié, ée *a*
disgracier *vt* ***1***
disgracieusement *av*
disgracieux, euse *a*
disharmonie ou **dysharmonie** *nf*
disjoindre *vt* ***62***
disjoint, ointe *a*
disjoncter *vi* ***1***
disjoncteur *nm*

disjonctif, ive *a, nf*
disjonction *nf*
dislocation *nf*
disloquer *vt* ***1***
dismutation *nf*
disparaître ou **disparaitre** *vi* ***55***
disparate *a, nf*
disparité *nf*
disparition *nf*
disparu, ue *a, n*
dispatcher *vt* ***1***
dispatcheur, euse ou **dispatcher** *n*
dispatching *nm*
dispendieusement *av*
dispendieux, euse *a*
dispensable *a*
dispensaire *nm*
dispensateur, trice *n, a*
dispense *nf*
dispenser *vt, vpr* ***1***
dispersant, ante *a, nm*
dispersement *nm*
disperser *vt, vpr* ***1***
dispersible *a*
dispersif, ive *a*
dispersion *nf*
display *nm*
disponibilité *nf*
disponible *a*
dispos, ose *a*
disposant, ante *n*
disposé, ée *a*
disposer *vt, vi, vti, vpr* ***1***
dispositif *nm*
disposition *nf*
disproportion *nf*
disproportionné, ée *a*
dispute *nf*
disputé, ée *a*
disputer *vt, vpr* ***1***
disquaire *n*
disqualification *nf*
disqualifier *vt, vpr* ***1***
disque *nm*
disque-jockey ou **disc-jockey** *n*
disquette *nf*
disqueuse *nf*
disruptif, ive *a*
disruption *nf*
dissection *nf*
dissemblable *a*
dissemblance *nf*
dissémination *nf*
disséminer *vt* ***1***
dissension *nf*
dissensus *nm*
dissentiment *nm*
disséquer *vt* ***12***
dissertation *nf*
disserter *vi* ***1***
dissidence *nf*
dissident, ente *a, n*
dissimilation *nf*
dissimilitude *nf*
dissimulateur, trice *a, n*
dissimulation *nf*
dissimulé, ée *a*
dissimuler *vt* ***1***
dissipateur, trice *n, a*
dissipation *nf*
dissipé, ée *a*
dissiper *vt* ***1***
dissociable *a*
dissociation *nf*
dissocier *vt* ***1***
dissolu, ue *a*
dissolubilité *nf*
dissoluble *a*
dissolution *nf*
dissolvant, ante *a, nm*
dissonance *nf*
dissonant, ante *a*
dissoner *vi* ***1***
dissoudre *vt* ***51***
dissous, dissoute ou **dissout, dissoute** *a*
dissuader *vt* ***1***
dissuasif, ive *a*
dissuasion *nf*
dissyllabe ou **dissyllabique** *a, nm*
dissymétrie *nf*
dissymétrique *a*
distal, ale, aux *a*
distance *nf*
distancemètre *nm*
distancer *vt* ***10***
distanciation *nf*
distancier (se) *vpr* ***1***
distant, ante *a*
distendre *vt, vpr* ***5***
distension *nf*
disthène *nm*
distillat *nm*
distillateur, trice *n*
distillation *nf*
distiller *vt, vi* ***1***
distillerie *nf*
distinct, incte *a*
distinctement *av*
distinctif, ive *a*
distinction *nf*
distinguable *a*
distingué, ée *a*
distinguer *vt, vpr* ***1***
distinguo *nm*
distique *nm*
distomatose *nf*
distordre *vt* ***5***
distorsion *nf*
distractif, ive *a*
distraction *nf*
distractivité *nf*
distraire *vt* ***74***
distrait, aite *a, n*
distraitement *av*
distrayant, ante *a*
distribué, ée *a*
distribuer *vt* ***1***
distributaire *a, n*
distributeur, trice *a, nm*
distributif, ive *a*
distribution *nf*
distributionnalisme *nm*
distributionnel, elle *a*
distributivité *nf*
district *nm*
distyle *a*
dit, dite *a*
dit *nm*
dithyrambe *nm*
dithyrambique *a*
dito *av*
diurèse *nf*
diurétique *a, nm*
diurnal *nm Des diurnaux.*
diurne *a*
diva *nf*
divagation *nf*
divaguer *vi* ***1***
divan *nm*
dive *af*
divergence *nf*
divergent, ente *a*
diverger *vi* ***11***
divers, erse *a pl*
diversement *av*
diversifiable *a*
diversification *nf*
diversifier *vt* ***1***
diversiforme *a*
diversion *nf*
diversité *nf*
diverticule *nm*
diverticulose *nf*
divertimento *nm*
divertir *vt* ***2***
divertissant, ante *a*
divertissement *nm*
dividende *nm*
divin, ine *a, nm*
divinateur, trice *a*
divination *nf*
divinatoire *a*
divinement *av*
divinisation *nf*
diviniser *vt* ***1***
divinité *nf*
divis, ise *a, nm*
diviser *vt, vpr* ***1***
diviseur, euse *n, a*
divisibilité *nf*
divisible *a*
division *nf*
divisionnaire *a, nm*
divisionnisme *nm*
divisionniste *n, a*
divorce *nm*
divorcé, ée *a, n*
divorcer *vi* ***10***
divortialité *nf*
divulgateur, trice *n*
divulgation *nf*

divulguer *vt 1*
divulsion *nf*
diwan *nm*
dix *a num inv, nm inv*
dix-huit *a num inv, nm inv*
dix-huitième *a, n*
dixieland ou **dixie** *nm*
dixième *a, n*
dixièmement *av*
dixit *v*
dix-neuf *a num inv, nm inv*
dix-neuvième *a, n*
dix-sept *a num inv, nm inv*
dix-septième *a, n*
diya *nf*
dizain *nm*
dizaine *nf*
dizygote *a*
dj ou **DJ** *n*
djaïn *n, a*
djaïnisme ou **jaïnisme** *nm*
djakartanais, aise ou **jakartanais, aise** *a, n*
djebel ou **djébel** *nm*
djellaba *nf*
djembé *nm*
djemmaa ou **djemaa** *nf*
djerbien, enne *a, n*
DJette ou **djette** *nf*
djeun ou **djeune** *n*
djiboutien, enne *a, n*
djihad ou **jihad** *nm*
djihadisme ou **jihadisme** *nm*
djihadiste ou **jihadiste** *a, n*
djinn *nm*
DNA *nm*
do *nm inv*
doberman *nm*
dobok *nm*
dobson *nm*
doc *nf*
docile *a*
docilement *av*
docilité *nf*
docimasie *nf*
docimologie *nf*
dock *nm*
docker ou **dockeur** *nm*
dockside *nf Nom déposé*
docte *a*
doctement *av*
docteur *n* ou **docteure** *nf*
doctoral, ale, aux *a*
doctoralement *av*
doctorant, ante *n*
doctorat *nm*
doctoresse *nf*
doctrinaire *n, a, nm pl*
doctrinal, ale, aux *a*
doctrine *nf*
docudrame ou **docu-drama** *nm*
docufiction *nf*
document *nm*
documentaire *a, nm*
documentaliste *n*
documentariste *n*
documentation *nf*
documenté, ée *a*
documenter *vt, vpr 1*
docu-soap ou **docusoap** *nm Des docu-soaps.*
dodécaèdre *nm*
dodécagonal, ale, aux *a*
dodécagone *nm*
dodécaphonique *a*
dodécaphonisme *nm*
dodécaphoniste *n*
dodécasyllabe *a, nm*
dodelinement *nm*
dodeliner *vi 1*
dodo *nm*
dodomais, aise *a, n*
dodu, ue *a*
dogaresse *nf*
dog-cart ou **dogcart** *nm Des dog-carts.*
doge *nm*
dogger *nm*
dogmatique *a, n*
dogmatiquement *av*
dogmatiser *vi 1*
dogmatisme *nm*
dogmatiste *a, n*
dogme *nm*
dogue *nm*
doigt *nm (anatomie)*
doigté *nm*
doigter *vt 1*
doigtier *nm*
doit *nm (comptabilité)*
dojo *nm*
dol *nm*
dolby *nm Nom déposé*
dolce *av*
dolcissimo *av*
doldrums *nm pl*
dôle *nf*
doléances *nf pl*
dolent, ente *a*
doler *vt 1*
dolic ou **dolique** *nm*
dolichocéphale *a, n*
doline *nf*
doliole *nf*
dollar *nm*
dollarisation *nf*
dollariser *vt 1*
dolman *nm*
dolmen *nm*
dolo *nm*
doloire *nf*
dolomie *nf*
dolomite *nf*
dolomitique *a*
dolomitisation *nf*
dolorisme *nm*
doloriste *a, n*
dolosif, ive *a*
dom *nm (titre)*
DOM *nm inv*
domaine *nm*
domanial, ale, aux *a*
domanialiser *vt 1*
domanialité *nf*
domcomien, enne *a, n*
dôme *nm (hémisphère)*
domesticable *a*
domestication *nf*
domesticité *nf*
domestique *a, n*
domestiquer *vt 1*
domicile *nm*
domiciliaire *a*
domiciliataire *nm*
domiciliation *nf*
domicilié, ée *a*
domicilier *vt 1*
domien, enne *a, n*
dosminance *nf*
dominant, ante *a*
dominante *nf*
dominateur, trice *a, n*
domination *nf*
dominer *vt, vi 1*
dominguois, oise *a, n*
dominicain, aine *n, a*
dominical, ale, aux *a*
dominion *nm*
dominiquais, aise *a, n*
domino *nm*
dominoterie *nf*
dominotier *nm*
dommage *nm*
dommageable *a*
domotique *nf, a*
domptable *a*
domptage *nm*
dompter *vt 1*
dompteur, euse *n*
dompte-venin *nm Des dompte-venins ou dompte-venin.*
don, doña ou **don, donia** *n*
don *nm (cadeau)*
donacie *nf*
donataire *n*
donateur, trice *n*
donation *nf*
donation-partage *nf Des donations-partages.*
donatisme *nm*
donatiste *a, n*
donax *nm*
donc *conj*
dondon *nf*
donf (à -) *av*
dông *nm*
donjon *nm*
don Juan *nm*
donjuanesque *a*
donjuanisme *nm*
donnant-donnant *a, nm*
donne *nf*

donné, ée *a, nm*
donnée *nf*
donner *vt, vi, vpr* ***1***
donneur, euse *n, a*
don Quichotte *nm Des dons Quichottes.*
donquichottesque *a*
donquichottisme *nm*
dont *pr rel inv*
donzelle *nf*
dop *nm*
dopa *nf*
dopadécarboxylase *nf*
dopage ou **doping** *nm*
dopamine *nf*
dopaminergique *a*
dopant, ante *a, nm*
dopathérapie *nf*
dope *nm*
doper *vt, vpr* ***1***
dopeur, euse *n*
dorade ou **daurade** *nf*
dorage *nm*
dordognais, aise *a, n*
doré, ée *a, nm*
dorénavant *av*
dorer *vt* ***1***
d'ores et déjà *av*
doreur, euse *n*
dorien *nm*
dorique *a, nm*
doris *nf (mollusque)*
doris *nm (bateau)*
dorlotement *nm*
dorloter *vt* ***1***
dormance *nf*
dormant, ante *a, nm*
dormeur, euse *n*
dormir *vi* ***29***
dormition *nf*
doronic *nm*
dorsal, ale, aux *a, n*
dorsale *nf*
dorsalgie *nf*
dortoir *nm*
dorure *nf*
dorycnium *nm*
doryphore *nm*
dos *nm (derrière)*
dosa *nm*
dosable *a*
dosage *nm*
dos-d'âne *nm inv*
dose *nf*
doser *vt* ***1***
dosette *nf*
doseur, euse *a, nm*
dosimètre *nm*
dosimétrie *nf*
dosimétrique *a*
dos-nu *nm Des dos-nus.*
dossard *nm*
dosse *nf*
dosseret *nm*
dossier *nm*
dossière *nf*
dossiste *n*
dot *nf*
dotal, ale, aux *a*
dotation *nf*
dotcom ou **dot-com** ou **dot.com** *nf*
doter *vt* ***1***
douaire *nm*
douairière *nf*
douane *nf*
douanier, ère *n ; a*
douar *nm*
doubiste ou **doubien, enne** *a, n*
doublage *nm*
double *a, nm, av*
doublé, ée *a, nm (répété)*
doubleau *nm*
double-clic *nm*
double-cliquer *vi* ***1***
double-crème *nm Des doubles-crèmes ou double-crème.*
double-croche *nf Des doubles-croches.*
double-faute *nf Des doubles-fautes.*
doublement *av ; nm*
double-page *nf Des doubles-pages.*
double peine *n*
doubler *vt, vi, vpr* ***1***
doublet *nm (linguistique)*
doubleur, euse *n*
doublon *nm*
doublonner *vi* ***1***
doublure *nf*
douce-amère *nf Des douces-amères.*
douceâtre ou **douçâtre** *a*
doucement *av, interj*
doucereusement *av*
doucereux, euse *a*
doucette *nf*
doucettement *av*
douceur *nf*
douchanbéen, enne *a, n*
douche *nf*
doucher *vt, vpr* ***1***
douchette *nf*
douchière *nf*
doucine *nf*
doucir *vt* ***3***
doucissage *nm*
doudou *nm (pour enfants)*
doudou *nf (terme affectueux)*
doudouisme *nm*
doudoune *nf*
doué, ée *a*
douelle *nf*
douer *vt* ***1***
douglas *nm*
douille *nf*
douiller *vi* ***1***
douillet, ette *a*
douillette *nf*
douillettement *av*
doula *nf*
douleur *nf*
douloureusement *av*
douloureux, euse *a, n*
doum *nm*
douma *nf*
doupion *nm*
dourine *nf*
douro *nm*
doussié *nf*
doute *nm*
douter *vt, vpr* ***1***
douteusement *av*
douteux, euse *a*
douve *nf*
douvelle *nf*
doux, douce *a, av, n*
doux-amer, douce-amère *a*
douzain *nf*
douzaine *nf*
douze *a num inv, nm inv*
douzième *a, n*
douzièmement *av*
doxa *nf*
doxologie *nf*
doyen, enne *n*
doyenné *n*
doyenneté *nf*
dracéna *nm*
drache *nf*
dracher *vi* ***1***
drachme *nf*
draconien, enne *a*
dracunculose *nf*
dragage *nm*
dragée *nf*
dragéifier *vt* ***1***
drageoir *nm*
drageon *nm*
drageonnage *nm*
drageonnement *nm*
drageonner *vi* ***1***
dragline *nm*
dragon *nm*
dragonnade *nf*
dragonne *nf*
dragonnier *nm*
drag-queen *nf Des drag-queens.*
dragster *nm*
drague *nf*
draguer *vt* ***1***
dragueur, euse *nm*
draille *nf*
drain *nm*
drainage *nm*
drainant, ante *a, nm*
drainer *vt* ***1***
draineur *nm*
drainothérapie *nf*
draisienne *nf*
draisine *nf*
drakkar *nm*
dram *nm*
dramatique *a, nf*

dramatiquement *av*
dramatisation *nf*
dramatiser *vt* ***1***
dramaturge *n*
dramaturgie *nf*
dramaturgique *a*
drame *nm*
drap *nm*
drapé, ée *a, nm*
drapeau *nm*
draper *vt, vpr* ***1***
draperie *nf*
drap-housse *nm Des draps-housses.*
drapier, ère *n, a*
drastique *a, nm*
drastiquement *av*
drave *nf*
draver *vt* ***1***
draveur *nm*
dravidien, enne *a, nm*
drawback *nm*
drayage *nm*
drayer *vt* ***21***
drayoire *nf*
dreadlocks *nf pl*
drêche *nf*
drelin *interj*
drépanocytose *nf*
dressage *nm*
dresser *vt, vpr* ***1***
dresseur, euse *n*
dressoir *nm*
drève *nf*
dreyfusard, arde *n, a*
DRH *n*
dribble *nm*
dribbler *vi* ***1***
dribbleur, euse *n*
drift *nm*
drill *nm*
drille *nf (outil)*
drille *nm (joyeux drille)*
dringuelle *nf*
drink *nm*
drisse *nf*
drive *nm*
drive-in *nm inv*
driver *vt, vi* ***1***
driver ou **driveur** *nm*
drogman *nm*
drogue *nf*
drogué, ée *a, n*
droguer *vt, vpr* ***1***
droguerie *nf*
droguet *nm*
droguiste *n*
droïde *nm*
droit, droite *a, nm, av (justice)*
droit *nm (justice)*
droit-commun *n inv*
droite *nf*
droitement *av*
droit-fil *nm Des droits-fils.*
droitier, ère *a*
droitisation *nf*
droitiser *vt* ***1***
droitisme *nm*
droitiste *a, n*
droiture *nf*
drolatique *a*
drôle *nm, a*
drôlement *av*
drôlerie *nf*
drôlesse *nf*
dromadaire *nm*
drômois, oise *a, n*
drone *nm*
dronte *nm*
droper ou **dropper** *vt, vi* ***1***
drop-goal ou **drop** *nm Des drop-goals.*
droséra *nm*
droséracée *nf*
drosophile *nf*
drosse *nf*
drosser *vt* ***1***
drouille *nf*
dru, drue *a, av*
drugstore *nm*
druide *nm*
druidique *a*
druidisme *nm*
drumlin *nm*
drummer *n*
drums *nm pl*
drunch *nm*
drupe *nf*
druze *a, n*
dry *nm, a inv drys ou dry*
dryade *nf*
dryas *nm*
dry-farming ou **dryfarming** *nm Des dry-farmings.*
dryopteris *nf*
du *art*
dû, due *a, nm*
dual, ale, aux *a, nm*
dualisation *nf*
dualiser (se) *vpr* ***1***
dualisme *nm*
dualiste *a, n*
dualité *nf*
duathlète *n*
duathlon *nm*
dub *nm*
dubitatif, ive *a*
dubitativement *av*
dublinois, oise *a, n*
dubnium *nm*
duc *nm*
ducal, ale, aux *a*
ducasse *nf*
ducat *nm*
duché *nm*
duchesse *nf*
ducroire *nm*
ductile *a*
ductilité *nf*
duègne *nf*
duel *nm*
duelliste *nm*
duettiste *n*
duetto *nm*
duffel-coat ou **duffle-coat** *nm Des duffel-coats ou duffle-coats.*
dugon ou **dugong** *nm*
duit *nm*
duite *nf*
dukkha *nf*
dulçaquicole ou **dulcicole** *a*
dulcification *nf*
dulcifier *vt* ***1***
dulcinée *nf*
dulie *nf*
dulse *nf*
dum-dum *nf inv*
dûment ou **dument** *av*
dumper ou **dumpeur** *nm*
dumping *nm*
dundee *nm*
dune *nf*
dunette *nf*
duo *nm*
duodécimain, aine *a, n*
duodécimal, ale, aux *a*
duodénal, ale, aux *a*
duodénite *nf*
duodénum *nm*
duodi *nm*
duopole *nm*
dupe *nf, a*
duper *vt* ***1***
duperie *nf*
duplex *nm*
duplexage *nm*
duplexer *vt* ***1***
duplicable *a*
duplicata *nm Des duplicatas ou duplicata.*
duplicate *nm*
duplicateur *nm*
duplication *nf*
duplicité *nf*
dupliquer *vt* ***1***
dur, dure *a, av, n*
durabilité *nf*
durable *a*
durablement *av*
duraille *a*
duralumin *nm Nom déposé*
duramen *nm*
durant *prép*
duratif, ive *a, nm*
durcir *vt, vi, vpr* ***2***
durcissement *nm*
durcisseur *nm*
durée *nf*
durement *av*
dure-mère *nf Des dures-mères.*
durer *vi* ***1***
dureté *nf*

durham *n, a*
durillon *nm*
durion ou **durian** *nm*
durit ou **durite** *nf Nom déposé*
duse *nf*
dusseldorfois, oise *a, n*
DUT *nm*
duumvir *nm*
duumvirat *nm*
duvet *nm*
duveté, ée *a*
duveteux, euse *a*
duxelles *nf*
DVD *nm*
DVD-Rom *nm*
DVDthèque ou **dévédéthèque** *nf*
dyade *nf*
dyadique *a*
dyarchie *nf*
dyke *nm*
dynamique *a, nf*
dynamiquement *av*
dynamisant, ante *a*
dynamisation *nf*
dynamiser *vt 1*
dynamisme *nm*
dynamiste *a, n*
dynamitage *nm*
dynamite *nf*
dynamiter *vt 1*
dynamiteur, euse *n*
dynamo *nf*
dynamoélectrique *a*
dynamographe *nm*
dynamométamorphisme *nm*
dynamomètre *nm*
dynamométrique *a*
dynaste *nm*
dynastie *nf*
dynastique *a*
dyne *nf*
dynode *nf*
dysarthrie *nf*
dyscalculie *nf*
dyschondroplasie *nf*
dyschromatopsie *nf*
dyschromie *nf*
dyscrasie *nf*
dyscrasique *a*
dysembryoplasie *nf*
dysenterie *nf*
dysentérique *a, n*
dysérection *nf*
dysfonctionnel, elle *a*
dysfonctionnement ou **dysfonction** *nm*
dysfonctionner *vi 1*
dysglobulinémie *nf*
dysgraphie *nf*
dysharmonie ou **disharmonie** *nf*
dyshidrose ou **dysidrose** *nf*
dyskinésie ou **dyscinésie** *nf*
dyskinétique *a*
dyslexie *nf*
dyslexique *a, n*
dyslipidémie *nf*
dysménorrhée *nf*
dysmorphie ou **dysmorphose** *nf*
dysmorphique *a*
dysorthographie *nf*
dysorthographique *a, n*
dyspareunie *nf*
dyspepsie *nf*
dyspepsique *n*
dyspeptique *a, n*
dysphonie *nf*
dysphorie *nf*
dysphorique *a*
dysphotique *a*
dysplasie *nf*
dysplasique *a*
dyspnée *nf*
dyspraxie *nf*
dyspraxique *a, n*
dysprosium *nm*
dysthymie *nf*
dysthymique *a*
dystocie *nf*
dystocique *a*
dystonie *nf*
dystonique *a*
dystopie *nf*
dystopique *a*
dystrophie *nf*
dystrophine *nf*
dystrophique *a*
dysurie *nf*
dysurique *a, n*
dytique *nm*
dzo *nm*

e

e *nm*
EARL *nf*
eau *nf*
eau-de-vie *nf Des eaux-de-vie.*
eau-forte *nf Des eaux-fortes.*
eaux-vannes *nf pl*
ébahir *vt* ***2***
ébahissement *nm*
ébarbage *nm*
ébarbement *nm*
ébarber *vt* ***1***
ébarbeuse *nf*
ébarboir *nm*
ébarbure *nf*
ébats *nm pl*
ébattre (s') *vpr* ***77***
ébaubi, ie *a*
ébauchage *nm*
ébauchage *nm*
ébauche *nf*
ébaucher *vt* ***1***
ébauchoir *nm*
ébaudir (s') *vpr* ***2***
ébavurage *nm*
ébavurer *vt* ***1***
ébénacée *nf*
ébénale *nf*
ébène *nf*
ébénier *nm*
ébéniste *nm*
ébénisterie *nf*
éberluer *vt* ***1***
éblouir *vt* ***2***
éblouissant, ante *a*
éblouissement *nm*
Ebola (maladie d') *nf*
ébonite *nf*
e-book *nm Nom déposé*
éborgnage *nm*
éborgnement *nm*
éborgner *vt* ***1***
éboueur *nm*
ébouillantage *nm*
ébouillanter *vt, vpr* ***1***
éboulement *nm*
ébouler *vt, vpr* ***1***
éboulis *nm*
ébourgeonnage *nm*
ébourgeonnement *nm*
ébourgeonner *vt* ***1***
ébouriffant, ante *a*
ébouriffé, ée *a*
ébouriffer *vt* ***1***
ébourrer *vt* ***1***
ébouter *vt* ***1***
ébranchage *nm*
ébranchement *nm*
ébrancher *vt* ***1***
ébranchoir *nm*
ébranlement *nm*
ébranler *vt, vpr* ***1***
ébrasement ou **ébrasure** *nm*
ébraser *vt* ***1***
ébrèchement *nm*
ébrécher *vt* ***12***
ébréchure *nf*
ébriété *nf*
ébrieux, euse *a*
ébroïcien, enne *a, n*
ébrouement *nm*
ébrouer (s') *vpr* ***1***
ébruitement *nm*
ébruiter *vt* ***1***
ébulliomètre *nm*
ébulliométrie ou **ébullioscopie** *nf*
ébulliométrique *a*
ébullioscope *nm*
ébullioscopique *a*
ébullition *nf*
éburné, ée ou **éburnéen, enne** *a*
e-business *nm*
écaillage *nm*
écaille *nf*
écailler *vt, vpr* ***1***
écailler, ère *n*
écailleur *nm*
écailleux, euse *a*
écaillure *nf*
écale *nf*
écaler *vt* ***1***
écalure *nf*
écang *nm*
écanguer *vt* ***1***
écarlate *nf, a*
écarquiller *vt* ***1***
écart *nm*
écarté, ée *a*
écarté *nm*
écartelé *am*
écartèlement *nm*
écarteler *vt* ***16***
écartement *nm*
écarter *vt, vpr* ***1***
écarteur *nm*
ecballium *nm*
ecce homo *nm inv*
ecchymose *nf*
ecclésial, ale, aux *a*
ecclésiastique *a, nm*
ecclésiologie *nf*
ecclésiologique *a*
ecdysone *nf*
écervelé, ée *a, n*
échafaud *nm*
échafaudage *nm*
échafauder *vt, vi* ***1***
échalas *nm*
échalasser *vt* ***1***
échalier ou **échalis** *nm*
échalote *nf*
échancrer *vt* ***1***
échancrure *nf*
échange *nm*
échangeable *a*
échanger *vt* ***11***
échangeur, euse *nm, a*
échangisme *nm*
échangiste *n*
échanson *nm*
échantillon *nm*
échantillonnage *nm*
échantillonner *vt* ***1***
échantillonneur, euse *nm*
échappatoire *nf*
échappée *nf*
échappement *nm*
échapper *vt, vi, vpr* ***1***
écharde *nf*
échardonner *vt* ***1***
écharnage *nm*
écharner *vt* ***1***
écharpe *nf*
écharper *vt* ***1***
échasse *nf*
échassier *nm*
échauboulure *nf*
échaudage *nm*
échaudé, ée *a*
échauder *vt* ***1***
échaudoir *nm*
échauffement *nm*
échauffer *vt, vpr* ***1***
échauffourée *nf*
échauguette *nf*
échéance *nf*
échéancier *nm*
échéant, ante *a*
échec *nm*
échelier *nm*
échelle *nf*
échelon *nm*
échelonnement *nm*
échelonner *vt* ***1***
échenillage *nm*
écheniller *vt* ***1***
échenilloir *nm*
écheveau *nm*
échevelé, ée *a*
écheveler *vt* ***16***
échevette *nf*
échevin, ine *nm*
échevinage *nm*
échevinal, ale, aux *a*
échidné *nm*
échiffre ou **échiffe** *n*
échine *nf*
échiner (s') *vpr* ***1***
échinidé *nm*
échinocactus *nm*
échinococcose *nf*
échinocoque *nm*
échinoderme *nm*
échinorynque *nm*
échiquéen, enne *a*
échiquier *nm*
échiurien *nm*
écho *nm (répétition)*

échocardiographie *nf*
échocardiographique *a*
échographie *nf*
échographier *vt 2*
échographique *a*
échographiste *n*
échoir *vi, vti 50*
écholalie *nf*
écholocation ou **écholocalisation** *nf*
échoppe *nf*
échopper *vt 1*
échosondage *nm*
échosondeur *nm*
échotier *nm*
échouage *nm*
échouement *nm*
échouer *vt, vi 1*
écidie *nf*
écidiospore *nf*
écimage *nm*
écimer *vt 1*
éclaboussement *nm*
éclabousser *vt 1*
éclaboussure *nf*
éclair *nm*
éclairage *nm*
éclairagisme *nm*
éclairagiste *n*
éclairant, ante *a*
éclaircie *nf*
éclaircir *vt 2*
éclaircissage *nm*
éclaircissant, ante *a, nm*
éclaircissement *nm*
éclairé, ée *a*
éclairement *nm*
éclairer *vt, vpr 1*
éclaireur, euse *n*
éclampsie *nf*
éclamptique *a, nf*
éclat *nm*
éclatant, ante *a*
éclaté *nm*
éclatement *nm*
éclater *vt, vi, vpr 1*
éclateur *nm*
éclectique *a, n*
éclectisme *nm*
éclimètre *nm*
éclipse *nf*
éclipser *vt, vpr 1*
écliptique *a, nm*
éclissage *nm*
éclisse *nf*
éclisser *vt 1*
éclogite *nf*
éclopé, ée *a, n*
éclore *vi 53*
écloserie *nf*
éclosion *nf*
éclosoir *nm*
éclusage *nm*
écluse *nf*
éclusée *nf*
écluser *vt 1*
éclusier, ère *n*
écobilan *nm*
écobuage *nm*
écobuer *vt 1*
écocide *nm*
écocitoyen, enne *a, n*
écocompatible *a*
écoconception *nf*
écoconcevoir *vt 5*
écoconditionnalité *nf*
écoconduite *nf*
écodesign *nm*
écodéveloppement *nm*
écoemballage *nm*
écœurant, ante *a*
écœurement *nm*
écœurer *vt 1*
écogarde *n*
écogestion *nf*
écoinçon *nm*
éco-industrie *nf Des éco-industries.*
éco-industriel, elle *a*
écolabel *nm*
écolabellisation *nf*
écolabelliser *vt 1*
écolâtre *nm*
école *nf*
écolier, ère *n*
écolo *n, a*
écologie *nf*
écologique *a*
écologiquement *av*
écologisme *nm*
écologiste *n*
écologue *n*
écomatériau *nm*
e-commerce *nm*
écomusée *nm*
éconduire *vt 67*
économat *nm*
économe *n, a*
économètre *n*
économétrie *nf*
économétrique *a*
économie *nf*
économique *a*
économiquement *av*
économiser *vt 1*
économiseur *nm*
économisme *nm*
économiste *a, n*
écoorganisme *nm*
écoparticipation *nf*
écopastille *nf*
écope *nf*
écoper *vt, vi 1*
écophase *nf*
écophysiologie *nf*
écoproduit *nm*
écoquartier *nm*
écorçage *nm*
écorce *nf*
écorcer *vt 10*
écorché, ée *a, n*
écorchement *nm*
écorcher *vt 1*
écorcheur *nm*
écorchure *nf*
écoréfugié, ée *n*
écoresponsable *a*
écorner *vt 1*
écornifler *vt 1*
écornifleur, euse *n*
écornure *nf*
écosphère *nf*
écossais, aise *a, n*
écosser *vt 1*
écosubvention *nf*
écosystème *nm*
écosystémique *a*
écot *nm (quote-part)*
écotaxe *nf*
écotechnologie *nf*
écoterrorisme *nm*
écoterroriste *a, n*
écotourisme *nm*
écotoxicité *nf*
écotoxicologie *nf*
écotoxicologique *a*
écotoxicologue *n*
écotoxique *a*
écotype *nm*
écoulement *nm*
écouler *vt, vpr 1*
écoumène ou **œcoumène** ou **œkoumène** *nm*
écourgeon ou **escourgeon** *nm*
écourter *vt 1*
écoutant, ante *n*
écoute *nf*
écouter *vt 1*
écouteur *nm*
écoutille *nf*
écouvillon *nm*
écouvillonnage *nm*
écouvillonner *vt 1*
écovillage *nm*
écovolontariat *nm*
écrabouillage *nm*
écrabouillement *nm*
écrabouiller *vt 1*
écran *nm*
écrasant, ante *a*
écrasement *nm*
écraser *vt, vi, vpr 1*
écraseur, euse *n*
écrémage *nm*
écrémer *vt 12*
écrémeuse *nf*
écrêtement *nm*
écrêter *vt 1*
écrevisse *nf*
écrier (s') *vpr 1*
écrin *nm*
écrire *vt, vi 61*
écrit, ite *a, nm*

écriteau *nm*
écritoire *nf*
écriture *nf*
écrivailler ou **écrivasser** *vi* ***1***
écrivailleur, euse ou **écrivaillon** *n*
écrivain *n*
écrivaine *nf*
écrivassier, ère *n*
écrou *nm*
écrouelles *nf pl*
écrouer *vt* ***1***
écrouir *vt* ***3***
écrouissage *nm*
écroulement *nm*
écrouler (s') *vpr* ***1***
écroûter ou **écrouter** *vt* ***1***
écroûteuse ou **écrouteuse** *nf*
écru, ue *a*
ecstasy *nf*
ectasie *nf*
ecthyma *nm*
ectoblastique *a*
ectoderme ou **ectoblaste** *nm*
ectodermique *a*
ectoparasite *nm*
ectopie *nf*
ectopique *a*
ectoplasme *nm*
ectoprocte *nm*
ectropion *nm*
écu *nm*
écubier *nm*
écueil *nm*
écuelle *nf*
écuisser *vt* ***1***
éculé, ée *a*
écumage *nm*
écumant, ante *a*
écume *nf*
écumer *vt, vi* ***1***
écumeur *nm*
écumeux, euse *a*
écumoire *nf*
écureuil *nm*
écurie *nf*
écusson *nm*
écussonnage *nm*
écussonner *vt* ***1***
écuyer, ère *nm*
eczéma ou **exéma** *nm*
eczémateux, euse ou **exémateux, euse** *a, n*
edam *nm*
édaphique *a*
édaphologie *nf*
édaphologique *a*
edelweiss ou **édelweiss** *nm inv*
éden *nm*
édénique *a*
édenté, ée *a, nm*
édenter *vt* ***1***
édicter *vt* ***1***
édiction *nf*
édicule *nm*
édifiant, ante *a*
édification *nf*
édifice *nm*
édifier *vt* ***1***
édile *nm*
édilité *nf*
édimbourgeois, oise *a, n*
édit *nm*
éditer *vt* ***1***
éditeur, trice *nm*
édition *nf*
éditique *nf*
édito *nm*
éditorial, ale, aux *a*
éditorial *nm Des éditoriaux.*
éditorialement *av*
éditorialiste *n*
édredon *nm*
éducable *a*
éducateur, trice *n, a*
éducatif, ive *a*
éducation *nf*
éducationnel, elle *a*
édulcorant, ante *a, nm*
édulcorer *vt* ***1***
éduquer *vt* ***1***
éfaufiler *vt* ***1***
effaçable *a*
effaçage *nm*
effacé, ée *a*
effacement *nm*
effacer *vt, vpr* ***10***
effaceur *nm*
effaçure *nf*
effaner *vt* ***1***
effarant, ante *a*
effardocher *vt* ***1***
effaré, ée *a*
effarement *nm*
effarer *vt* ***1***
effarouchement *nm*
effaroucher *vt* ***1***
effaroucheur *nm*
effarvatte *nf*
effecteur, trice *nm, a*
effectif, ive *a*
effectif *nm*
effectivement *av*
effectivité *nf*
effectuer *vt* ***1***
efféminé, ée *a*
effendi ou **éfendi** *nm*
efférent, ente *a*
effervescence *nf*
effervescent, ente *a*
effet *nm*
effeuillage *nm*
effeuillaison ou **effeuillement** *nf*
effeuiller *vt* ***1***
effeuilleuse *nf*
efficace *a*
efficacement *av*
efficacité *nf*
efficience *nf*
efficient, ente *a*
effigie *nf*
effilage *nm*
effilé, ée *a, nm*
effilement *nm*
effiler *vt* ***1***
effilochage *nm*
effiloche *nf*
effilochée *nf*
effilochement *nm*
effilocher *vt, vpr* ***1***
effilocheuse *n*
efflanqué, ée *a*
effleurage *nm*
effleurement *nm*
effleurer *vt* ***1***
effleurir *vi* ***3***
effloraison *nf*
efflorescence *nf*
efflorescent, ente *a*
effluent, ente *a, nm*
effluve *nm*
effondrement *nm*
effondrer *vt, vpr* ***1***
efforcer (s') *vpr* ***10***
effort *nm*
effraction *nf*
effraie *nf*
effranger *vt* ***11***
effrayant, ante *a*
effrayer *vt* ***20***
effréné, ée *a*
effritement *nm*
effriter *vt, vpr* ***1***
effroi *nm*
effronté, ée *a, n*
effrontément *av*
effronterie *nf*
effroyable *a*
effroyablement *av*
effusif, ive *a*
effusion *nf*
égaiement *nm*
égailler (s') *vpr* ***1***
égal, ale, aux *a, n (identique)*
égalable *a*
également *av*
égaler *vt* ***1***
égalisateur, trice *a*
égalisation *nf*
égaliser *vt* ***1***
égaliseur *nm*
égalitaire *a*
égalitarisme *nm*
égalitariste *a, n*
égalité *nf*
égard *nm*
égaré, ée *a*
égarement *nm*
égarer *v* ***1***
égayant, ante *a*
égayement *nm*
égayer *vt* ***20*** *(réjouir)*
égéen, enne *a, n*

égérie *nf*
égide *nf*
églantier *nm*
églantine *nf*
églefin ou **aiglefin** ou **aigrefin** *nm*
église *nf*
églogue *nf*
églomisation *nf*
églomiser *vt* ***1***
ego ou **égo** *nm*
égocentrique *n*
égocentrisme *nm*
égocentriste *a, n*
égocratie *nf*
égoïne *nf*
égoïsme *nm*
égoïste *a, n*
égoïstement *av*
égopodium ou **ægopodium** *nm*
égorgement *nm*
égorger *vt* ***11***
égorgeur, euse *n*
égosiller (s') *vpr* ***1***
égosome ou **ægosome** *nm*
égotique *a*
égotisme *nm*
égotiste *a, n*
égout *nm*
égoutier *nm*
égouttage *nm*
égouttement *nm*
égoutter *vt* ***1***
égouttoir *nm*
égoutture *nf*
égrappage *nm*
égrapper *vt* ***1***
égrappoir *nm*
égratigner *vt* ***1***
égratignure *nf*
égrenage *nm*
égrènement *nm*
égrener *vt, vpr* ***15***
égreneuse *nf*
égrillard, arde *a*
égrisage *nm*
égrisée *nf*
égriser *vt* ***1***
égrotant, ante *a*
égrugeage *nm*
égruger *vt* ***13***
égueuler *vt* ***1***
égyptien, enne *a, n*
égyptologie *nf*
égyptologue *n*
égyrine ou **ægyrine** *nf*
eh ! *interj*
éhonté, ée *a*
eider *nm*
eidétique *a*
eighties *nf pl*
einsteinium *nm*
éjaculat *nm*
éjaculateur *nm*
éjaculation *nf*
éjaculatoire *a*
éjaculer *vt* ***1***
éjectable *a*
éjecter *vt* ***1***
éjecteur *nm*
éjection *nf*
ektachrome *nm Nom déposé*
élaboration *nf*
élaboré, ée *a*
élaborer *vt* ***1***
elæis ou **éléis** *nm*
élagage *nm*
élaguer *vt* ***1***
élagueur *nm*
élamite *a, n*
élan *nm (impulsion, cervidé)*
élancé, ée *a*
élancement *nm*
élancer *vi, vpr* ***10***
éland *nm (antilope)*
élaphe *nm*
élapidé *nm*
élargir *vt* ***2***
élargissement *nm*
élasmobranche *nm*
élastase *nf*
élasthane *nm Nom déposé*
élasticimétrie *nf*
élasticité *nf*
élastine *nf*
élastique *a, nm*
élastiqué, ée *a*
élastofibre *nf*
élastomère *nm*
élatéridé *nm*
élavé, ée *a*
elbois, oise *a, n*
eldorado *nm*
éléagnacée ou **elæagnacée** *nf*
éléagnus *nm*
électeur, trice *n*
électif, ive *a*
élection *nf*
électivement *av*
électivité *nf*
électoral, ale, aux *a*
électoralement *av*
électoralisme *nm*
électoraliste *a, n*
électorat *nm*
électret *nm*
électricien, enne *nm*
électricité *nf*
électrification *nf*
électrifier *vt* ***1***
électrique *a*
électriquement *av*
électrisable *a*
électrisant, ante *a*
électrisation *nf*
électriser *vt* ***1***
électro *nf inv*
électroacousticien, enne *n*
électroacoustique *nf, a*
électroaimant *nm*
électrobiogenèse *nf*
électrobiologie *nf*
électrocardiogramme *nm*
électrocardiographe *nm*
électrocardiographie *nf*
électrocautère *nm*
électrochimie *nf*
électrochimique *a*
électrochoc *nm*
électrocinétique *nf*
électrocoagulation *nf*
électrocuter *vt* ***1***
électrocution *nf*
électrode *nf*
électrodiagnostic *nm*
électrodialyse *nf*
électrodomestique *a*
électrodynamique *nf, a*
électrodynamomètre *nm*
électroencéphalogramme *nm*
électroencéphalographie *nf*
électroencéphalographique *a*
électroérosion *nf*
électrofaible *a*
électroformage *nm*
électrogène *a*
électrologie *nf*
électrologique *a*
électroluminescence *nf*
électroluminescent, ente *a*
électrolysable *a*
électrolyse *nf*
électrolyser *vt* ***1***
électrolyseur *nm*
électrolyte *nm*
électrolytique *a*
électrolytiquement *av*
électromagnétique *a*
électromagnétisme *nm*
électromécanicien, enne *n*
électromécanique *nf, a*
électroménager, ère *a, nm*
électroménagiste *n*
électrométallurgie *nf*
électromètre *nm*
électrométrie *nf*
électrométrique *a*
électromoteur, trice *a*
électromyogramme *nm*
électromyographie *nf*
électromyographique *a*
électron *nm*
électronégatif, ive *a*
électronégativité *nf*
électronicien, enne *n*
électronique *a, nf*
électroniquement *av*
électronisation *nf*
électroniser *vt* ***1***
électronucléaire *a, nm*
électronvolt *nm*
électro-optique *nf, a*
électro-osmose *nf*

électrophone *nm*
électrophorèse *nf*
électroportatif, ive *a*
électropositif, ive *a*
électropuncture ou **électroponcture** *nf*
électroradiologie *nf*
électroscope *nm*
électrosensibilité *nf*
électrosensible *a, n*
électrostatique *nf, a*
électrostimulation *nf*
électrostriction *nf*
électrotechnicien, enne *n*
électrotechnique *nf, a*
électrotélématique *a*
électrothérapie *nf*
électrothermie *nf*
électrovalence *nf*
électrovalve ou **électrovanne** *nf*
électrum *nm*
électuaire *nm*
élédone *nf*
élégamment *av*
élégance *nf*
élégant, ante *a, n*
élégiaque *a, n*
élégie *nf*
éléis ou **elæis** *nm*
élément *nm*
élémentaire *a*
éléotrague *nm*
éléphant *nm*
éléphante *nf*
éléphanteau *nm*
éléphantesque *a*
éléphantiasique *a*
éléphantiasis *nm*
éléphantin, ine *a*
éleusine *nf*
élevage *nm*
élévateur *a, nm*
élévation *nf*
élévatoire *a*
élève *n*
élevé, ée *a*
élever *vt, vpr* ***15***
éleveur, euse *n*
elfe *nm*
élicitation *nf*
éliciteur *nm*
élider *vt* ***1***
éligibilité *nf*
éligible *a*
élimer *vt* ***1***
éliminateur, trice *n*
élimination *nf*
éliminatoire *a, nf*
éliminer *vt* ***1***
élingue *nf*
élinguer *vt* ***1***
élinvar *nm*
élire *vt* ***63***
élision *nf*
élitaire *a*
élite *nf*
élitisme *nm*
élitiste *a*
élixir *nm*
elle *pr pers f*
ellébore ou **hellébore** *nm*
ellipse *nf*
ellipsoïdal, ale, aux *a*
ellipsoïde *nm, a*
elliptique *a*
elliptiquement *av*
élocution *nf*
élodée ou **hélodée** *nf*
éloge *nm*
élogieusement *av*
élogieux, euse *a*
éloigné, ée *a*
éloignement *nm*
éloigner *vt, vpr* ***1***
élongation *nf*
élonger *vt* ***13***
éloquemment *av*
éloquence *nf*
éloquent, ente *a*
elstar *nf*
élu, ue *n*
élucidation *nf*
élucider *vt* ***1***
élucubration *nf*
élucubrer *vt* ***1***
éluder *vt* ***1***
élusif *a*
éluvation *nf*
éluvial, ale, aux *a*
éluvion *nf*
élytre *nm*
élytrocèle *nf*
elzévir *nm*
émaciation *nf*
émacier *vt* ***1***
e-mail *nm*
émail *nm émaux*
émaillage *nm*
émailler *vt* ***1***
émaillerie *nf*
émailleur, euse *n*
émaillure *nf*
émanation *nf*
émancipateur, trice *a, n*
émancipation *nf*
émancipé, ée *a, n*
émanciper *vt, vpr* ***1***
émaner *vi* ***1***
émargement *nm*
émarger *vt* ***11***
émasculation *nf*
émasculer *vt* ***1***
embâcle *nf*
emballage *nm*
emballagiste *n*
emballant, ante *a*
emballement *nm*
emballer *vt, vpr* ***1***
emballeur, euse *n*
embarbouiller *vt, vpr* ***1***
embarcadère *nm*
embarcation *nf*
embardée *nf*
embargo *nm*
embarquement *nm*
embarquer *vt, vi, vpr* ***1***
embarras *nm*
embarrassant, ante *a*
embarrassé, ée *a*
embarrasser *vt, vpr* ***1***
embarrer *vt, vpr* ***1***
embase *nf*
embasement *nm*
embastiller *vt* ***1***
embauchable *a*
embauchage *nm*
embauche *nf*
embaucher *vt* ***1***
embaucheur, euse *n*
embauchoir *nm*
embaumement *nm*
embaumer *vt, vi* ***1***
embaumeur *nm*
embellie *nf*
embellir *vt, vi* ***2***
embellissement *nm*
embellisseur *am*
emberlificoter *vt* ***1***
emberlificoteur, euse *n*
embêtant, ante *a*
embêtement *nm*
embêter *vpr* ***1***
embeurrée *nf*
embiellage *nm*
emblavage *nm*
emblaver *vt* ***1***
emblavure *nf*
emblée (d') *av*
emblématique *a*
emblématiquement *av*
emblématiser *vt* ***1***
emblème *nm*
embobeliner *vt* ***1***
embobiner *vt* ***1***
emboitable *a*
emboîtable *a*
emboîtage ou **emboitage** *nm*
emboîtement ou **emboitement** *nm*
emboîter ou **emboiter** *vt* ***1***
emboîture ou **emboiture** *nf*
embole *nm*
embolie *nf*
embolisation *nf*
embolisme *nm*
embolismique *a*
embonpoint *nm*
embossage *nm*
embosser *vt* ***1***
embouche *nf*
embouché, ée *a*
emboucher *vt* ***1***
embouchoir *nm*

embouchure *nf*
embouquer *vt* ***1***
embourber *vt* ***1***
embourgeoisement *nm*
embourgeoiser *vt, vpr* ***1***
embourrer *vt* ***1***
embourrure *nm*
embout *nm*
embouteillage *nm*
embouteiller *vt* ***1***
embouteilleur *nm*
emboutir *vt* ***2***
emboutissage *nm*
emboutisseur, euse *n*
embranchement *nm*
embrancher *vt* ***1***
embrasement *nm*
embraser *vt* ***1***
embrassade *nf*
embrasse *nf*
embrassé, ée *a*
embrassement *nm*
embrasser *vt* ***1***
embrasure *nf*
embrayage *nm*
embrayer *vt, vi* ***20***
embrayeur *nm*
embrèvement *nm*
embrever *vt* ***16***
embrigadement *nm*
embrigader *vt* ***1***
embringuer *vt* ***1***
embrocation *nf*
embrochement *nm*
embrocher *vt* ***1***
embronchement *nm*
embroncher *vt* ***1***
embrouillage *nm*
embrouillamini *nm*
embrouille *nf*
embrouillé, ée *a*
embrouillement *nm*
embrouiller *vt* ***1***
embroussaillé, ée *a*
embrumer *vt* ***1***
embruns *nm pl*
embryogenèse ou **embryogénie** *nf*
embryogénique *a*
embryologie *nf*
embryologique *a*
embryologiste *n*
embryon *nm*
embryonnaire *a*
embryonné, ée *a*
embryopathie *nf*
embryoscopie *nf*
embryotomie *nf*
embu, ue *nm, a*
embûche ou **embuche** *nf*
embuer *vt* ***1***
embuscade *nf*
embusqué *nm*
embusquer *vt* ***1***
éméché, ée *a*

émeraude *nf, a inv*
émergence *nf*
émergent, ente *a*
émerger *vi* ***11***
émeri *nm*
émerillon *nm*
émeriser *vt* ***1***
éméritat *nm*
émérite *a*
émersion *nf*
émerveillement *nm*
émerveiller *vt* ***1***
émétique *a, nm*
émetteur, trice *a, nm*
émettre *vt* ***64***
émeu *nm*
émeute *nf*
émeutier, ère *n*
émiettée *nf*
émiettement *nm*
émietter *vt* ***1***
émietteur *nm*
émigrant, ante *n*
émigration *nf*
émigré, ée *a, n*
émigrer *vi* ***1***
émincé *nm*
émincer *vt* ***10***
éminemment *av*
éminence *nf*
éminent, ente *a*
éminentissime *a*
émir *nm*
émirat *nm*
émirati, ie ou **émirien, enne** *a, n*
émissaire *nm ; a*
émissif, ive *a*
émission *nf*
émissole *nf*
emmagasinage *nm*
emmagasinement *nm*
emmagasiner *vt* ***1***
emmailler (s') *vpr* ***1***
emmaillotement *nm*
emmailloter *vt* ***1***
emmancher *vt* ***1***
emmanchure *nf*
emmarchement *nm*
emmêlement *nm*
emmêler *vt* ***1***
emménagement *nm*
emménager *vi* ***11***
emménagogue *a, nm*
emmener *vt* ***15***
emmenthal ou **emmental** *nm*
emmerdant, ante *a*
emmerde *nf*
emmerdement *nm*
emmerder *vt, vpr* ***1***
emmerdeur, euse *n*
emmétrope *a, n*
emmétropie *nf*
emmieller *vt* ***1***
emmitoufler *vt* ***1***

emmotté, ée *a*
emmouscailler *vt* ***1***
emmurement *nm*
emmurer *vt* ***1***
émoi *nm*
émollient, ente *a, nm*
émolument *nm*
émonction *nf*
émonctoire *nm*
émondage *nm*
émonder *vt* ***1***
émondes *nf pl*
émondeur, euse *n*
émondoir *nm*
émorfilage *nm*
émorfiler *vt* ***1***
émoticône ou **émoticone** ou **émoticon** *nf*
émotif, ive *a, n*
émotion *nf*
émotionnel, elle *a*
émotionner *vt* ***1***
émotivité *nf*
émottage *nm*
émottement *nm*
émotter *vt* ***1***
émotteur *nm* ou **émotteuse** *nf*
émouchet *nm*
émoulu, ue *a*
émoussement *nm*
émousser *vt* ***1***
émoustillant, ante *a*
émoustiller *vt* ***1***
émouvant, ante *a*
émouvoir *vt* ***42***
empaillage *nm*
empaillé, ée *a, n*
empaillement *nm*
empailler *vt, vpr* ***1***
empailleur, euse *n*
empalement *nm*
empaler *vt, vpr* ***1***
empan *nm*
empanacher *vt* ***1***
empanada *nf*
empannage *nm*
empanner *vi* ***1***
empaquetage *nm*
empaqueter *vt* ***17***
emparer (s') *vpr* ***1***
empâtement *nm (gonflement)*
empâter *vt* ***1***
empathie *nf*
empathique *a*
empattement *nm (maçonnerie)*
empatter *vt* ***1***
empaumer *vt* ***1***
empaumure *nf*
empêchement *nm*
empêcher *vt, vpr* ***1***
empêcheur, euse *n*
empeigne *nf*
empennage *nm*
empenne *nf*

empennelage *nm*
empenneler *vi 16*
empenner *vt 1*
empereur *nm*
emperler *vt 1*
empesage *nm*
empesé, ée *a*
empeser *vt 15*
empester *vt, vi 1*
empêtrer *vt 1*
emphase *nf*
emphatique *a*
emphatiquement *av*
emphysémateux, euse *a, n*
emphysème *nm*
emphytéose *nf*
emphytéote *n*
emphytéotique *a*
empiècement *nm*
empierrement *nm*
empierrer *vt 1*
empiétement *nm*
empiètement *nm*
empiéter *vi 14*
empiffrer (s') *vpr 1*
empilable *a*
empilage *nm*
empile *nf*
empilement *nm*
empiler *vt 1*
empileur, euse *n*
empire *nm*
empirer *vi 1*
empiricité *nf*
empiriocriticisme *nm*
empirique *a*
empiriquement *av*
empirisme *nm*
empiriste *n*
emplacement *nm*
emplafonner *vt 1*
emplanture *nf*
emplâtre *nm*
emplette *nf*
emplir *vt 2*
emplissage *nm*
emploi *nm*
employabilité *nf*
employable *a*
employé, ée *n*
employer *vt, vpr 22*
employeur, euse *n*
emplumé, ée *a*
empocher *vt 1*
empoignade *nf*
empoigne *nf*
empoigner *vt, vpr 1*
empois *nm*
empoisonnant, ante *a*
empoisonnement *nm*
empoisonner *vt 1*
empoisonneur, euse *n*
empoisser *vt 1*
empoissonnement *nm*
empoissonner *vt 1*
emporium *nm*
emport *nm*
emportement *nm*
emporte-pièce *nm Des emporte-pièces.*
emporter *vt, vpr 1*
empotage *nm*
empoté, ée *a, n*
empoter *vt 1*
empourprer *vt 1*
empoussièrement *nm*
empoussiérer *vt 12*
empreindre *vt 69*
empreinte *nf*
empressé, ée *a*
empressement *nm*
empresser (s') *vpr 1*
emprésurage *nm*
emprésurer *vt 1*
emprise *nf*
emprisonnement *nm*
emprisonner *vt 1*
emprunt *nm*
emprunté, ée *a*
emprunter *vt 1*
emprunteur, euse *n*
empuantir *vt 2*
empuse *nf*
empyème *nm*
empyrée *nm*
empyreumatique *a*
empyreume *nm*
ému, ue *a*
émulateur *nm*
émulation *nf*
émule *n*
émuler *vt 1*
émulseur *nm*
émulsif, ive *a*
émulsifiant, ante *a, nm*
émulsifier ou **émulsionner** *vt 1*
émulsion *nf*
émyde *nf*
en *prép ; pr pers, av*
enamourer (s') ou **énamourer (s')** *vpr 1*
énanthème *nm*
énantiomère *nm*
énantiomorphe *a*
énantiose *nf*
énarchie *nf*
énarchique *a*
énarque *n*
énarthrose *nf*
en-avant *nm inv*
en-but *nm Des en-buts ou en-but.*
encabaner *vt 1*
encablure *nf*
encadrant, ante *a, n*
encadré *nm*
encadrement *nm*
encadrer *vt 1*
encadreur, euse *n*
encagement *nm*
encager *vt 11*
encagoulé, ée *a, n*
encaissable *a*
encaissage *nm*
encaissant, ante *a*
encaisse *nf*
encaissé, ée *a*
encaissement *nm*
encaisser *vt, vpr 1*
encaisseur *nm*
encalminé, ée *a*
encan *nm*
encanaillement *nm*
encanailler (s') *vpr 1*
encanteur, euse *n*
encapsulation *nf*
encapsuler *vt 1*
encapuchonner *vt 1*
encaquer *vt 1*
encart *nm*
encartage *nm*
encarté, ée *a, n*
encarter *vt 1*
encarteuse *nf*
en-cas ou **encas** *nm inv*
encaserner *vt 1*
encasteler (s') *vpr 16*
encastelure *nf*
encastrable *a, nm*
encastrement *nm*
encastrer *vt 1*
encaustique *nf*
encaustiquer *vt*
encavement *nm*
encaver *vt 1*
enceindre *vt 69*
enceinte *nf ; af*
enceinter *vt 1*
encens *nm*
encensement *nm*
encenser *vt, vi 1*
encenseur, euse *n*
encensoir *nm*
encépagement *nm*
encéphalalgie *nf*
encéphale *nm*
encéphalique *a*
encéphalisation *nf*
encéphalite *nf*
encéphalitique *a*
encéphalocèle *nf*
encéphalogramme *nm*
encéphalographie *nf*
encéphaloïde *a*
encéphalomyélite *nf*
encéphalopathie *nf*
encerclement *nm*
encercler *vt 1*
enchaînement ou **enchainement** *nm*
enchaîner ou **enchainer** *vt, vi, vpr 1*
enchanté, ée *a*
enchantement *nm*

enchanter *vt 1*
enchanteur, teresse *n, a*
enchâssement *nm*
enchâsser *vt 1*
enchâssure *nf*
enchausser *vt 1*
enchemisage *nm*
enchemiser *vt 1*
enchère *nf*
enchérir *vi 2*
enchérissement *nm*
enchérisseur, euse *n*
enchevaucher *vt 1*
enchevêtrement *nm*
enchevêtrer *vt 1*
enchevêtrure *nf*
enchifrené, ée *a*
enchilada *nf*
enclave *nf*
enclavement *nm*
enclaver *vt 1*
enclenche *nf*
enclenchement *nm*
enclencher *vt 1*
enclin, ine *a*
encliquetage *nm*
encliqueter *vt 17*
enclitique *nm*
enclore *vt 53*
enclos *nm*
enclosure *nf*
enclouage *nm*
enclouer *vt 1*
enclouure *nf*
enclume *nf*
encochage *nm*
encoche *nf*
encochement *nm*
encocher *vt 1*
encodage *nm*
encoder *vt 1*
encoignure *nf*
encollage *nm*
encoller *vt 1*
encolleur, euse *n*
encolure *nf*
encombrant, ante *a, nm*
encombré, ée *a*
encombre (sans) *av*
encombrement *nm*
encombrer *vt, vpr 1*
encontre de (à l') *prép*
encorbellement *nm*
encorder (s') *vpr 1*
encore ou **encor** *(poésie) av*
encorné, ée *a*
encorner *vt 1*
encornet *nm*
encornure *nf*
encourageant, ante *a*
encouragement *nm*
encourager *vt 11*
encourir *vt 25*
en-cours ou **encours** *nm inv*
encrage *nm (écriture)*
encrassement *nm*
encrasser *vt 1*
encratisme *nm*
encre *nf (liquide)*
encrer *vt 1 (écrire, colorer)*
encreur, euse *a*
encrier *nm*
encrine *nm*
encroué, ée *a*
encroutement *nm*
encroûtement *nm*
encroûter ou **encrouter** *vt, vpr 1*
encryptage *nm*
encrypter *vt 1*
enculage *nm*
enculé *nm*
enculer *vt 1*
enculeur, euse *n*
encuvage *nm*
encuvement *nm*
encuver *vt 1*
encyclique *nf*
encyclopédie *nf*
encyclopédique *a*
encyclopédisme *nm*
encyclopédiste *nm*
endartériectomie *nf*
endémicité *nf*
endémie *nf*
endémique *a*
endémisme *nm*
endenté, ée *a*
endenter *vt 1*
endetté, ée *a, n*
endettement *nm*
endetter *vt 1*
endeuiller *vt 1*
endêver *vi 1*
endiablé, ée *a*
endiguement *nm*
endiguer *vt 1*
endimancher (s') *vpr 1*
endive *nf*
endoblaste *nm*
endocarde *nm*
endocardite *nf*
endocarpe *nm*
endocrine *a*
endocrinien, enne *a*
endocrinologie *nf*
endocrinologiste *n*
endocrinologue *n*
endoctrinement *nm*
endoctriner *vt 1*
endocytose *nf*
endoderme *nm*
endodontie *nf*
endodontique *a*
endogame *a, n*
endogamie *nf*
endogé, ée *a*
endogène *a*
endolorir *vt 2*
endolorissement *nm*
endomètre *nm*
endométriome *nm*
endométriose *nf*
endométrite *nf*
endommagement *nm*
endommager *vt 11*
endomorphisme *nm*
endoparasite *nm*
endophylle *a*
endoplasme *nm*
endoplasmique *a*
endoprocte *nm*
endoprothèse *nf*
endoréique *a*
endoréisme *nm*
endormeur, euse *n, a*
endormi, ie *a, n*
endormir *vt, vpr 29*
endormissement *nm*
endorphine ou **endomorphine** *nf*
endos *nm*
endoscope *nm*
endoscopie *nf*
endoscopique *a*
endosmomètre *nm*
endosmose *nf*
endossable *a*
endossataire *n*
endossement *nm*
endosser *vt 1*
endosseur *nm*
endossure *nf*
endothélial, ale, aux *a*
endothélium *nm*
endothermique *a*
endotoxine *nf*
endovasculaire *a*
endoxylique *a*
endrailler *vt 1*
endroit *nm*
enduction *nf*
enduire *vt 67*
enduit *nm*
endurable *a*
endurance *nf*
endurant, ante *a*
endurci, ie *a*
endurcir *vt 2*
endurcissement *nm*
endurer *vt 1*
enduriste *n*
enduro *n*
endymion *nm*
en effet *av, conj*
énéolithique *a, nm*
énergéticien, enne *n*
énergétique *a, nf*
énergie *nf*
énergique *a*
énergiquement *av*
énergisant, ante *a, nm*
énergivore *a*
énergumène *n*

énervant, ante *a*
énervation *nf*
énervé, ée *a, n*
énervement *nm*
énerver *vt, vpr* ***1***
enfaîteau ou **enfaiteau** *nm*
enfaîtement ou **enfaitement** *nm*
enfaîter ou **enfaiter** *vt* ***1***
enfance *nf*
enfant *n, a*
enfantement *nm*
enfanter *vt* ***1***
enfantillage *nm*
enfantin, ine *a*
enfarger *vt*
enfariner *vt, vpr* ***1***
enfer *nm*
enfermement *nm*
enfermer *vt, vpr* ***1***
enferrer *vt, vpr* ***1***
enfeu *nm*
enfichable *a*
enfichage *nm*
enficher *vt* ***1***
enfieller *vt* ***1***
enfièvrement *nm*
enfiévrer *vt* ***12***
enfilade *nf*
enfilage ou **enfilement** *nm*
enfiler *vt* ***1***
enfileur, euse *n*
enfin *av*
enflammer *vt* ***1***
enflé, ée *a, n*
enfléchure *nf*
enfler *vt* ***1***
enfleurage *nm*
enfleurer *vt* ***1***
enflure *nf*
enfoiré, ée *n, a*
enfoncé, ée *a*
enfoncement *nm*
enfoncer *vt, vi, vpr* ***10***
enfonceur *nm*
enfonçure *nf*
enfouir *vt* ***2***
enfouissement *nm*
enfouisseur *nm*
enfourchement *nm*
enfourcher *vt* ***1***
enfourchure *nf*
enfournage *nm*
enfournement *nm*
enfourner *vt* ***1***
enfourneur, euse *n*
enfreindre *vt* ***69***
enfricher (s') *vpr* ***1***
enfuir (s') *vpr* ***28***
enfumage *nm*
enfumer *vt* ***1***
enfumoir *nm*
enfutage *nm*
enfûtage *nm*
enfûter ou **enfuter** ou **enfutailler** *vt* ***1***
engagé, ée *a, n*
engageant, ante *a*
engagement *nm*
engager *vt, vpr* ***11***
engainant, ante *a*
engainer *vt* ***1***
engamer *vi* ***1***
engazonnement *nm*
engazonner *vt* ***1***
engeance *nf*
engelure *nf*
engendrement *nm*
engendrer *vt* ***1***
engerbage *nm*
engerber *vt* ***1***
engin *nm*
engineering *nm*
englacé, ée *a*
englober *vt* ***1***
engloutir *vt* ***2***
engloutissement *nm*
engluage *nm*
engluement *nm*
engluer *vt* ***1***
engobage *nm*
engobe *nm*
engober *vt* ***1***
engommage *nm*
engommer *vt* ***1***
engoncement *nm*
engoncer *vt* ***10***
engorgement *nm*
engorger *vt* ***11***
engouement *nm*
engouer (s') *vpr* ***1***
engouffrement *nm*
engouffrer *vt, vpr* ***1***
engoulevent *nm*
engourdir *vt* ***2***
engourdissement *nm*
engrais *nm*
engraissage *nm*
engraissement *nm*
engraisser *vt, vi* ***1***
engraisseur *nm*
engramme *nm*
engrangement *nm*
engranger *vt* ***11***
engraver *vt* ***1***
engrenage *nm*
engrènement *nm*
engrener *vt* ***15***
engrenure *nf*
engrosser *vt* ***1***
engrumeler (s') *vpr* ***16***
engueulade *nf*
engueuler *vt, vpr* ***1***
enguichure *nf*
enguirlander *vt* ***1***
enhardir *vt* ***2***
enharmonie *nf*
enharmonique *a*
enharnacher *vt* ***1***
enhendée *af*
enherbement *nm*
enherber *vt* ***1***
énième *a num ord*
énigmatique *a*
énigmatiquement *av*
énigme *nf*
enivrant, ante *a*
enivrement *nm*
enivrer *vt* ***1***
enjambée *nf*
enjambement *nm*
enjamber *vt, vi* ***1***
enjambeur *nm*
enjaveler *vt* ***16***
enjeu *nm*
enjoindre *vt* ***62***
enjôler *vt* ***1***
enjôleur, euse *a, n*
enjolivement *nm*
enjoliver *vt* ***1***
enjoliveur, euse *nm*
enjolivure *nf*
enjoué, ée *a*
enjouement *nm*
enképhaline *nf*
enkystement *nm*
enkyster (s') *vpr* ***1***
enlacement *nm*
enlacer *vt* ***10***
enlaçure *nf*
enlaidir *vt, vi, vpr* ***2***
enlaidissement *nm*
enlevage *nm*
enlevé, ée *a*
enlèvement *nm*
enlever *vt* ***16***
enlevure *nf*
enliasser *vt* ***1***
enlier *vt* ***2***
enliser *vt, vpr* ***1***
enluminer *vt* ***1***
enlumineur, euse *n*
enluminure *nf*
ennéade *nf*
ennéagonal, ale, aux *a*
ennéagone *nm, a*
ennéasyllabe *nm*
enneigé, ée *a*
enneigement *nm*
enneigeur *nm*
ennemi, ie *n, a*
ennoblir *vt* ***2***
ennoblissement *nm*
ennoiement *nm*
ennoyage *nm*
ennuager *vt* ***11***
ennui *nm*
ennuyant, ante *a*
ennuyer *vt, vpr* ***21***
ennuyeusement *av*
ennuyeux, euse *a*
énoncé *nm*

énoncer *vt* ***10***
énonciatif, ive *a*
énonciation *nf*
enorgueillir *vt, vpr* ***2***
énorme *a*
énormément *av*
énormité *nf*
énouage *nm*
énouer *vt* ***1***
enquérir (s') *vpr* ***34***
enquerre (à) *a*
enquête *nf*
enquêter *vi* ***1***
enquêteur, teuse *a*
enquêteur, trice *n, a*
enquiller *vt* ***1***
enquiquinant, ante *a*
enquiquiner *vt* ***1***
enquiquineur, euse *n, a*
enracinement *nm*
enraciner *vt* ***1***
enragé, ée *a, n*
enrageant, ante *a*
enrager *vi* ***11***
enraiement ou **enrayement** *nm*
enrayage *nm*
enrayer *vt, vpr* ***20***
enrégimentement *nm*
enrégimenter *vt* ***1***
enregistrable *a*
enregistré, ée *a*
enregistrement *nm*
enregistrer *vt* ***1***
enregistreur, euse *a, nm*
enrênement *nm*
enrêner *vt* ***1***
enrésinement *nm*
enrhumer *vt* ***1***
enrichi, ie *a*
enrichir *vt* ***2***
enrichissant, ante *a*
enrichissement *nm*
enrobage ou **enrobement** *nm*
enrobé, ée *a*
enrobé *nm*
enrober *vt* ***1***
enrochement *nm*
enrocher *vt* ***1***
enrôlé, ée *a, n*
enrôlement *nm*
enrôler *vt* ***1***
enrouement *nm*
enrouer *vt* ***1***
enroulement *nm*
enrouler *vt, vpr* ***1***
enrouleur, euse *a, nm*
enrubannage *nm*
enrubanner *vt* ***1***
enrubanneuse *nf*
ensablement *nm*
ensabler *vt, vpr* ***1***
ensachage *nm*
ensacher *vt* ***1***
ensacheur, euse *n*
ensanglanter *vt* ***1***
enseignable *a*
enseignant, ante *a, n*
enseignant-chercheur *n Des enseignants-chercheurs.*
enseigne *nm (officier)*
enseigne *nf (pancarte)*
enseignement *nm*
enseigner *vt* ***1***
ensellé *a*
ensellement *nm*
ensellure *nf*
ensemble *av, nm*
ensemblier, ère *n*
ensembliste *a*
ensemencement *nm*
ensemencer *vt* ***10***
enserrer *vt* ***1***
enseuillement *nm*
ensevelir *vt, vpr* ***2***
ensevelissement *nm*
ensifère *nm*
ensiforme *a*
ensilage *nm*
ensiler *vt* ***1***
ensileuse *nf*
en-soi *nm inv*
ensoleillement *nm*
ensoleiller *vt* ***1***
ensommeillé, ée *a*
ensorcelant, ante *a*
ensorcèlement *nm*
ensorceler *vt* ***16***
ensorceleur, euse *n, a*
ensorcellement *nm*
ensoufrer *vt* ***1***
ensouple *nf*
ensoutaner *vt* ***1***
enstatite *nf*
ensuite *av*
ensuivre (s') *vpr* ***73***
ensuqué, ée *a*
entablement *nm*
entabler *vt* ***1***
entablure *nf*
entacher *vt* ***1***
entaillage *nm*
entaille *nf*
entailler *v* ***1***
entame *nf*
entamer *vt* ***1***
entartage *nm*
entarter *vt* ***1***
entarteur, euse *n*
entartrage *nm*
entartrement *nm*
entartrer *vt* ***1***
entassement *nm*
entasser *vt* ***1***
ente *nf*
enté, ée *a*
entéléchie *nf*
entelle *nm*
entendant, ante *a, n*
entendement *nm*
entendeur *nm*
entendre *vt, vpr* ***5***
entendu, ue *a*
enténébrer *vt* ***12***
entente *nf*
enter *vt* ***1*** *(greffer)*
entéralgie *nf*
entérinement *nm*
entériner *vt* ***1***
entérique *a*
entérite *nf*
entérobactérie *nf*
entérocolite *nf*
entérocoque *nm*
entérokinase *nf*
entéromorphe *nf* ou **enteromorpha** *nm*
entéropathie *nf*
entéropneuste *nm*
entérorénal, ale, aux *a*
entérostomie *nf*
entérovaccin *nm*
entérovirus *nm*
enterrement *nm*
enterrer *vt, vpr* ***1***
entêtant, ante *a*
en-tête *nm Des en-têtes.*
entêté, ée *a, n*
entêtement *nm*
entêter *vt, vpr* ***1***
enthalpie *nf*
enthéogène *a, nm*
enthousiasmant, ante *a*
enthousiasme *nm*
enthousiasmer *vt* ***1***
enthousiaste *a, n*
enthymème *nm*
entichement *nm*
enticher (s') *vpr* ***1***
entier, ère *a, nm*
entièrement *av*
entité *nf*
entoilage *nm*
entoiler *vt* ***1***
entôlage *nm*
entôler *vt* ***1***
entôleur, euse *n*
entolome *nm*
entomofaune *nf*
entomologie *nf*
entomologique *a*
entomologiste *n*
entomophage *a*
entomophile *a*
entomostracé *nm*
entonnage ou **entonnement** *nm*
entonnaison *nf*
entonner *vt* ***1***
entonnoir *nm*
entoptique *a*
entorse *nf*
entortillement ou **entortillage** *nm*
entortiller *vt, vpr* ***1***

entour *nm*
entourage *nm*
entouré, ée *a*
entourer *vt, vpr 1*
entourlouper *vt 1*
entourloupette ou **entourloupe** *nf*
entournure *nf*
entracte *nm*
entraide *nf*
entraider (s') *vpr 1*
entrailles *nf pl*
entrain *nm*
entraînant, ante ou **entrainant, ante** *a*
entraînement ou **entrainement** *nm*
entraîner ou **entrainer** *vt 1*
entraîneur, euse ou **entraineur, euse** *n*
entraîneuse ou **entraineuse** *nf*
entrait *nm*
entrant, ante *a, n*
entrapercevoir ou **entr'apercevoir** *vt 43*
entrave *nf*
entravé, ée *a*
entraver *vt 1*
entraxe *nf*
entre *prép*
entrebâillement *nm*
entrebâiller *vt 1*
entrebâilleur *nm*
entrebande *nf*
entrechat *nm*
entrechoquement *nm*
entrechoquer *vt 1*
entrecolonne ou **entrecolonnement** *nm*
entrecôte *nf*
entrecouper *vt 1*
entrecroisement *nm*
entrecroiser *vt 1*
entrecuisse *nm*
entredéchirer (s') *vpr 1*
entre-deux ou **entredeux** *nm inv*
entre-deux-guerres *nm inv*
entre-deux-mers *nm inv*
entre-deux-tours *nm inv*
entredévorer (s') *vpr 1*
entrée *nf*
entrefaites *nf pl*
entrefer *nm*
entrefilet *nm*
entregent *nm*
entrégorger (s') *vpr 11*
entrejambe ou **entre-jambes** *nm*
entre-jeu ou **entrejeu** *nm Des entre-jeux.*
entrelacement *nm*
entrelacer *vt 10*
entrelacs *nm*
entrelarder *vt 1*
entremêlement *nm*
entremêler *vt 1*
entremets *nm*
entremetteur, euse *n*
entremettre (s') *vpr 64*
entremise *nf*
entrenœud ou **entre-nœud** *nm*
entrepont *nm*
entreposage *nm*
entreposer *vt 1*
entreposeur *nm*
entrepositaire *nm*
entrepôt *nm*
entreprenant, ante *a*
entreprenaute *n*
entreprendre *vt 70*
entrepreneur, euse *n*
entrepreneure *nf*
entrepreneurial, ale, aux *a*
entrepreneuriat ou **entreprenariat** *nm*
entreprise *nf*
entrer *vt, vi 1*
entre-soi *nm inv*
entresol *nm*
entre-temps ou **entretemps** *av*
entretenir *vt, vpr 35*
entretenu, ue *a*
entretien *nm*
entretoise *nf*
entretoisement *nm*
entretoiser *vt 1*
entretuer (s') ou **entre-tuer (s')** *vpr 1*
entrevoie *nf*
entrevoir *vt 45*
entrevous *nm*
entrevoûter ou **entrevouter** *vt 1*
entrevue *nf*
entrisme *nm*
entriste *a, n*
entropie *nf*
entropion *nm*
entropique *a*
entroque *nm*
entrouvrir *vt 31*
entuber *vt 1*
enturbanné, ée *a*
enture *nf*
énucléation *nf*
énucléer *vt 8*
énumératif, ive *a*
énumération *nf*
énumérer *vt 12*
énurésie *nf*
énurétique *a, n*
envahir *vt 2*
envahissant, ante *a*
envahissement *nm*
envahisseur *nm*
envapé, ée *a*
envasement *nm*
envaser *vt 1*
enveloppant, ante *a*
enveloppe *nf*
enveloppé, ée *nm, a*
enveloppement *nm*
envelopper *vt 1*
envenimation *nf*
envenimement *nm*
envenimer *vt 1*
enverguer *vt 1*
envergure *nf*
envers *prép ; nm*
envi (à l') *av*
enviable *a*
envie *nf*
envier *vt 1*
envieusement *av*
envieux, euse *a*
environ *av*
environnant, ante *a*
environnement *nm*
environnementalisme *nm*
environnementaliste *a, n*
environner *vt 1*
environs *nm pl*
envisageable *a*
envisager *vt 11*
envoi *nm*
envoiler (s') *vpr 1*
envol *nm*
envolée *nf*
envoler (s') *vpr 1*
envoûtant, ante ou **envoutant, ante** *a*
envoûtement ou **envoutement** *nm*
envoûter ou **envouter** *vt 1*
envoûteur, euse ou **envouteur, euse** *n*
envoyé, ée *n*
envoyer *vt, vpr 23*
envoyeur, euse *n*
enzootie *nf*
enzymatique *a*
enzyme *nf*
enzymologie *nf*
enzymologique *a*
enzymopathie *nf*
éocène *nm, a*
éohippus *nm*
éolien, enne *a, n*
éolipile ou **éolipyle** *nm*
éolithe *nm*
éon *nm*
éosine *nf*
éosinophile *a, nm*
épacte *nf*
épagneul, eule *n*
épais, aisse *a, av*
épaisseur *nf*
épaissir *vt, vi, vpr 2*
épaississant, ante *a, nm*
épaississement *nm*
épaississeur *nm*
épamprer *vt 1*
épanchement *nm*
épancher *vt, vpr 1*
épandage *nm*
épandeur *nm*
épandeuse *nf*

épandre *vt* ***5***
épannelage *nm*
épanneler *vt* ***19***
épanouir *vt, vpr* ***2***
épanouissant, ante *a*
épanouissement *nm*
épar ou **épart** *nm*
éparchie *nf*
épargnant, ante *n*
épargne *nf*
épargner *vt* ***1***
éparpillement *nm*
éparpiller *vt, vpr* ***1***
éparpilleur *nm*
éparque *nm*
épars, arse *a*
éparvin ou **épervin** *nm*
épatamment *av*
épatant, ante *a*
épate *nf*
épaté, ée *a*
épatement *nm*
épater *vt* ***1***
épaufrer *vt* ***1***
épaufrure *nf*
épaulard *nm*
épaule *nf*
épaulé, ée *a, nm*
épaulé-jeté *nm Des épaulés-jetés.*
épaulement *nm*
épauler *vt* ***1***
épaulette *nf*
épaulière *nf*
épave *nf*
épaviste *nm*
épeautre *nm*
épectase *nf*
épée *nf*
épeiche *nf*
épeichette *nf*
épeire *nf*
épeirogénique ou **épirogénique** *a*
épéiste *n*
épeler *vt* ***16***
épellation *nf*
épendyme *nm*
épenthèse *nf*
épenthétique *a*
épépiner *vt* ***1***
éperdu, ue *a*
éperdument *av*
éperlan *nm*
éperon *nm*
éperonner *vt* ***1***
épervier *nm*
épervière *nf*
épeurer *vt* ***1***
éphèbe *nm*
éphébie *nf*
éphédra *nm*
éphédrine *nf*
éphélide *nf*
éphémère *a, nm*
éphéméride *nf*
éphémérophyte *nf*
éphéméroptère *nm*
éphippigère *nm*
éphod *nm*
éphorat *nm*
éphore *nm*
épi *nm*
épiage ou **épiaison** *nm*
épiaire *nm*
épibionte *nm*
épicanthus *nf*
épicarde *nm*
épicarpe *nm*
épice *nf*
épicéa *nm*
épicène *a*
épicentral, ale, aux *a*
épicentre *nm*
épicer *vt* ***10*** *(assaisonner)*
épicerie *nf*
épicier, ère *n*
épicondyle *nm*
épicondylien, enne *a*
épicondylite *nf*
épicontinental, ale, aux *a*
épicrâne *nm*
épicrânien, enne *a*
épicurien, enne *a, n*
épicurisme *nm*
épicycle *nm*
épicycloïdal, ale, aux *a*
épicycloïde *nf*
épidémicité *nf*
épidémie *nf*
épidémiologie *nf*
épidémiologique *a*
épidémiologiste *n*
épidémiosurveillance *nf*
épidémique *a*
épiderme *nm*
épidermique *a*
épididyme *nm*
épidote *nf*
épidural, ale, aux *a*
épier *vt* ***1***
épierrage *nm*
épierrement *nm*
épierrer *vt* ***1***
épierreuse *nf* ou **épierreur** *nm*
épieu *nm*
épigastre *nm*
épigastrique *a*
épigé, ée *a*
épigenèse *nf*
épigénétique *nf, a*
épigénie *nf*
épigénique *a*
épiglotte *nf*
épiglottique *a*
épiglottite *nf*
épigone *nm*
épigramme *nf (poème)*
épigramme *nm (cuisine)*
épigraphe *nf*
épigraphie *nf*
épigraphique *a*
épigraphiste *n*
épigyne *a*
épilateur *nm*
épilation *nf*
épilatoire *a, nm*
épilepsie *nf*
épileptiforme *a*
épileptique *a, n*
épileptogène *a*
épileptologie *nf*
épileptologique *a*
épileptologue *n*
épiler *vt* ***1***
épillet *nm*
épilobe *nm*
épilogue *nm*
épiloguer *vi* ***1***
épinard *nm*
épincer ou **épinceter** *vt* ***10***
épine *nf*
épiner *vt* ***1***
épinette *nf*
épineux, euse *a, nm*
épine-vinette *nf Des épines-vinettes.*
épinglage *nm*
épingle *nf*
épinglé, ée *a*
épingler *vt* ***1***
épinglerie *nf*
épinglette *nf*
épinglier, ère *n*
épinier *nm*
épinoche *nf*
épinochette *nf*
épipaléolithique *nm*
épipélagique *a*
épiphénomène *nm*
épiphénoménisme *nm*
épiphénoméniste *a, n*
épiphyllum *nm*
épiphysaire *a*
épiphyse *nf*
épiphyte *a, nm*
épiphytie *nf*
épiploon *nm*
épique *a*
épirogénique ou **épeirogénique** *a*
épiscopal, ale, aux *a*
épiscopalien, enne *a, n*
épiscopalisme *nm*
épiscopat *nm*
épiscope *nm*
épisiotomie *nf*
épisode *nm*
épisodique *a*
épisodiquement *av*
épisomal, ale, aux *a*
épisome *nm*
épisser *vt* ***1*** *(maritime)*
épissoir *nm*
épissure *nf*
épistasie *nf*

épistaxis *nf*
épistémè ou **épistémé** *nf*
épistémique *a*
épistémologie *nf*
épistémologique *a*
épistémologiste *n*
épistémologue *n*
épistolaire *a*
épistolier, ère *n*
épistyle *nm*
épitaphe *nf*
épitaxie *nf*
épite *nf*
épithalame *nm*
épithélial, ale, aux *a*
épithéliome ou **épithélioma** *nm*
épithélium *nm*
épithète *nf, a*
épitoge *nf*
épitomé *nm*
épitope *nm*
épître ou **épitre** *nf*
épizootie *nf*
épizootique *a*
éploré, ée *a*
éployer *vt* ***22***
épluchage *nm*
épluche-légume ou **épluche-légumes** *nm Des épluche-légumes.*
éplucher *vt* ***1***
épluchette *nf*
éplucheur, euse *nm*
épluchure *nf*
épode *nf*
épointage *nm*
épointement *nm*
épointer *vt* ***1***
époisses *nm*
éponge *nf*
épongeage *nm*
éponger *vt, vpr* ***11***
éponte *nf*
épontille *nf*
épontiller *vt* ***1***
éponyme *a*
éponymie *nf*
épopée *nf*
époque *nf*
épouillage *nm*
épouiller *vt* ***1***
époumoner (s') *vpr* ***1***
épousailles *nf pl*
épousée *nf*
épouser *vt* ***1***
épouseur *nm*
époussetage *nm*
épousseter *vt* ***17***
époustouflant, ante *a*
époustoufler *vt* ***1***
épouvantable *a*
épouvantablement *av*
épouvantail *nm*
épouvante *nf*
épouvanter *vt* ***1***
époux, épouse *n*
époxy *a inv, nf*
époxyde *nm*
EPR *nm*
épreintes *nf pl*
éprendre (s') *vpr* ***70***
épreuve *nf*
épris, ise *a*
éprouvant, ante *a*
éprouvé, ée *a*
éprouver *vt* ***1***
éprouvette *nf*
epsilon *nm*
epsomite *nf*
épucer *vt* ***10***
épuisable *a*
épuisant, ante *a*
épuisé, ée *a*
épuisement *nm*
épuiser *vt* ***1***
épuisette *nf*
épulon *nm*
épulpeur *nm*
épurateur *nm*
épuratif, ive ou **épuratoire** *a*
épuration *nf*
épure *nf*
épurement *nm*
épurer *vt* ***1***
épurge *nf*
épyornis ou **æpyornis** *nm*
équanimité *nf*
équarrir *vt* ***2***
équarrissage *nm*
équarrisseur *nm*
équarrissoir *nm*
équateur *nm*
équation *nf*
équato-guinéen, enne *a, n*
équatorial, ale, aux *a, nm*
équatorien, enne *a, n*
équerrage *nm*
équerre *nf*
équerrer *vt* ***1***
équestre *a*
équeutage *nm*
équeuter *vt* ***1***
équiangle *a*
équidé *nm*
équidistance *nf*
équidistant, ante *a*
équilatéral, ale, aux *a*
équilatère *a*
équilibrage *nm*
équilibrant, ante *a*
équilibration *nf*
équilibre *nm*
équilibré, ée *a*
équilibrer *vt, vpr* ***1***
équilibreur, euse *a*
équilibrisme *nm*
équilibriste *n*
équille *nf*
équimolaire *a*
équimoléculaire *a*
équimultiple *a, nm*
équin, ine *a*
équinoxe *nm*
équinoxial, ale, aux *a*
équipage *nm*
équipe *nf*
équipée *nf*
équipement *nm*
équipementier *nm*
équiper *vt, vpr* ***1***
équipier, ère *n*
équipollence *nf*
équipollent, ente *a*
équipotent *am*
équipotentiel, elle *a*
équiprobable *a*
équisétale *nf*
équitable *a*
équitablement *av*
équitant, ante *a*
équitation *nf*
équité *nf*
équithérapeute *n*
équithérapie *nf*
équivalence *nf*
équivalent, ente *a*
équivalent *nm*
équivaloir *vti* ***44***
équivoque *a, nf*
érable *nm*
érablière *nf*
éradicable *a*
éradicateur, trice *n*
éradication *nf*
éradiquer *vt* ***1***
éraflement *nm*
érafler *vt* ***1***
éraflure *nf*
éraillement *nm*
érailler *vt* ***1***
éraillure *nf*
érathème *nm*
erbium *nm*
erbue ou **herbue** *nf*
ère *nf (période)*
érecteur, trice *a, nm*
érectile *a*
érection *nf*
éreintage *nm*
éreintant, ante *a*
éreintement *nm*
éreinter *vt* ***1***
éreinteur, euse *a, n*
érémitique *a*
érémophyte *nf*
érémurus *nm*
érésipélateux, euse *a*
éréthisme *nm*
éreutophobie *nf*
érévanais, aise *a, n*
erg *nm*
ergastoplasme *nm*

ergastule *nm*
ergatif *nm*
ergographe *nm*
ergol *nm*
ergologie *nf*
ergomètre *nm*
ergométrie *nm*
ergométrique *a*
ergonome *n*
ergonomie *nf*
ergonomique *a*
ergonomiste *n*
ergostérol *nm*
ergot *nm*
ergotage *nm*
ergotamine *nf*
ergoté, ée *a*
ergoter *vi* ***1***
ergoteur, euse *n, a*
ergothérapeute *n*
ergothérapie *nf*
ergotine *nf*
ergotisme *nm*
éricacée *nf*
ériger *vt, vpr* ***11***
érigéron *nm*
érigne ou **érine** *nf*
érinose *nf*
éristale *nm*
éristique *a, n*
erlenmeyer *nm*
erminette ou **herminette** *nf*
ermitage *nm*
ermite *nm*
éroder *vt* ***1***
érogène *a*
éros *nm*
érosif, ive *a*
érosion *nf*
érotique *a*
érotiquement *av*
érotisation *nf*
érotiser *vt* ***1***
érotisme *nm*
érotologie *nf*
érotologique *a*
érotologue *n*
érotomane *n*
éroto-maniaque *a, n*
érotomanie *nf*
erpétologie ou **herpétologie** *nf*
erpétologique ou **herpétologique** *a*
erpétologiste ou **herpétologiste** *n*
errance *nf*
errant, ante *a ; n*
errata *nm*
erratique *a*
erratum *nm*
erre *nf*
errements *nm pl*
errer *vi* ***1***
erreur *nf*
erroné, ée *a*
ers *nm (lentille)*
ersatz *nm*
erse *nf (anneau)*
erse *nm (écossais)*
érubescence *nf*
érubescent, ente *a*
éruciforme *a*
éructation *nf*
éructer *vt, vi* ***1***
érudit, ite *a, n*
érudition *nf*
érugineux, euse *a*
éruptif, ive *a*
éruption *nf*
érysipélateux, euse *a*
érysipèle ou **érésipèle** *nm*
érythémateux, euse *a*
érythème *nm*
érythréen, enne *a, n*
érythrine *nf*
érythroblaste *nm*
érythroblastique *a*
érythroblastose *nf*
érythrocytaire *a*
érythrocyte *nm*
érythromycine *nf*
érythropoïèse *nf*
érythropoïétine *nf*
érythropoïétique *a*
érythrose *nf*
érythrosine *nf*
ès *prép*
ESB *nf*
esbigner (s') *vpr* ***1***
esbroufe *nf*
esbroufer *vt* ***1***
esbroufeur, euse *n*
escabeau *nm*
escabèche *nf*
escabelle *nf*
escadre *nf*
escadrille *nf*
escadron *nm*
escalade *nf*
escalader *vt* ***1***
escalator *nm Nom déposé*
escale *nf*
escaler *vi* ***1***
escalier *nm*
escalope *nf*
escaloper *vt* ***1***
escamotable *a*
escamotage *nm*
escamoter *vt* ***1***
escamoteur, euse *n*
escampette *nf*
escapade *nf*
escape *nf*
escarbille *nf*
escarbot *nm*
escarboucle *nf*
escarcelle *nf*
escargot *nm*
escargotière *nf*
escarmouche *nf*
escarpe *nf*
escarpé, ée *a*
escarpement *nm*
escarpin *nm*
escarpolette *nf*
escarre ou **eschare** ou **esquarre** *nf*
escarrifier *vt* ***2***
eschatologie *nf*
eschatologique *a*
esche ou **èche, aiche** *nf*
eschscholtzia *nm*
escient *nm*
esclaffer (s') *vpr* ***1***
esclandre *nm*
esclavage *nm*
esclavagiser *vt* ***1***
esclavagisme *nm*
esclavagiste *a, n*
esclave *n, a*
escogriffe *nm*
escomptable *a*
escompte *nm*
escompter *vt* ***1***
escompteur, euse *n, a*
escopette *nf*
escorte *nf*
escorter *vt* ***1***
escorteur *nm*
escouade *nf*
escourgeon ou **écourgeon** *nm*
escrime *nf*
escrimer (s') *vpr* ***1***
escrimeur, euse *n*
escroc *nm*
escroquer *vt* ***1***
escroquerie *nf*
escudo *nm*
ésérine *nf*
esgourde *nf*
ésotérique *a*
ésotérisme *nm*
espace *nm (étendue, temps, surface)*
espace *nf (en typographie)*
espacement *nm*
espacer *vt* ***10***
espace-temps *nm Des espaces-temps.*
espadon *nm*
espadrille *nf*
espagnol *nm*
espagnol, ole *a, n*
espagnolette *nf*
espalier *nm*
espar *nm*
espèce *nf*
espérance *nf*
espérantiste *n*
espéranto *nm*
espérantophone *a, n*
espérer *vt* ***12***
esperluette *nf*
espiègle *a, n*
espièglerie *nf*

espingole *nf*
espiogiciel *nm*
espion, onne *nm*
espionnage *nm*
espionner *vt* ***1***
espionnite *nf*
esplanade *nf*
espoir *nm*
esponton *nm*
espressivo *a inv, av*
esprit *nm*
esquare ou **escarre** ou **escharre** *nf*
esquiche *nf*
esquicher *vt* ***1***
esquif *nm*
esquille *nf*
esquimau *nm Des esquimaux. Nom déposé*
esquimautage *nm*
esquintant, ante *a*
esquinter *vt*
esquire *nm*
esquisse *nf*
esquisser *vt* ***1***
esquive *nf*
esquiver *vt, vpr* ***1***
essai *nm*
essaim *nm*
essaimage *nm*
essaimer *vi* ***1***
essart *nm*
essartage *nm*
essartement *nm*
essarter *vt* ***1***
essayage *nm*
essayer *vt, vi, vpr* ***20***
essayeur, euse *n*
essayiste *nm*
esse *nf*
essence *nf*
essencerie *nf*
essénien, enne *a, n*
essentialisme *nm*
essentialiste *a, n*
essentialité *nf*
essentiel, elle *a, nm*
essentiellement *av*
esseulé, ée *a*
essieu *nm*
essonnien, enne *a, n*
essor *nm*
essorage *nm*
essorer *vt* ***1***
essoreuse *nf*
essorillement *nm*
essoriller *vt* ***1***
essouchement *nm*
essoucher *vt* ***1***
essoufflement *nm*
essouffler *vt* ***1***
essuie-glace *nm Des essuie-glaces.*
essuie-main *nm Des essuie-mains.*
essuie-pied *nm Des essuie-pieds.*
essuie-tout *nm inv*
essuie-verre *nm Des essuie-verres.*
essuyage *nm*
essuyer *vt* ***21***
est *nm, a inv*
establishment *nm*
estacade *nf*
estafette *nf*
estafier *nm*
estafilade *nf*
estagnon *nm*
estaminet *nm*
estampage *nm*
estampe *nf*
estamper *vt* ***1***
estampeur, euse *n*
estampillage *nm*
estampille *nf*
estampiller *vt* ***1***
est-anglien, enne *a, n*
est-ce que *av*
este *nm*
ester *vi* ***1***
ester *nm*
estérase *nf*
estérification *nf*
estérifier *vt* ***1***
esterlin *nm*
esthète *n, a*
esthéticien, enne *n*
esthétique *a, nf*
esthétiquement *av*
esthétisant, ante *a*
esthétisation *nf*
esthétiser *vt, vi* ***1***
esthétisme *nm*
estimable *a*
estimatif, ive *a*
estimation *nf*
estimatoire *a*
estime *nf*
estimer *vt* ***1***
estivage *nm*
estival, ale, aux *a*
estivant, ante *n*
estivation *nf*
estiver *vt* ***1***
estoc *nm*
estocade *nf*
estomac *nm*
estomaquant, ante *a*
estomaquer *vt* ***1***
estompe *nf*
estomper *vt* ***1***
estonien *nm*
estonien, enne *a, n*
estoquer *vt* ***1***
estouffade ou **étouffade** *nf*
estourbir *vt* ***2***
estrade *nf*
estradiot ou **stradiot** *nm*
estragon *nm*
estramaçon *nm*
estran *nm*
estrapade *nf*
estrien, enne *a, n*
estrildidé *nm*
estropié, ée *n*
estropier *vt* ***1***
estuaire *nm*
estuarien, enne *a*
estudiantin, ine *a*
esturgeon *nm*
et *conj*
êta *nm (alphabet grec)*
étable *nf*
établi, ie *a*
établi *nm*
établir *vt, vpr* ***2***
établissement *nm*
étage *nm*
étagement *nm*
étager *vt* ***11***
étagère *nf*
étagiste *nm*
étai *nm*
étaiement *nm*
étain *nm*
étal *nm Des étals.*
étalage *nm*
étalagiste *n*
étale *a, nm (stationnaire)*
étalement *nm*
étaler *vt, vpr* ***1***
étaleuse *nf*
étalinguer *vt* ***1***
étalingure *nf*
étalon *nm*
étalonnage *nm*
étalonnement *nm*
étalonner *vt* ***1***
étalonneur, euse *n*
étamage *nm*
étambot *nm*
étambrai *nm*
étamer *vt* ***1***
étameur *nm*
étamine *nf*
étampe *nf*
étamper *vt* ***1***
étampure *nf*
étamure *nf*
étanche *a*
étanchéifier *vt* ***2***
étanchéité *nf*
étanchement *nm*
étancher *vt* ***1***
étançon *nm*
étançonnement *nm*
étançonner *vt* ***1***
étang *nm*
étant *nm*
étape *nf*
étarquer *vt* ***1***
état *nm (situation, nation)*
étatique *a*
étatisation *nf*
étatiser *vt* ***1***
étatisme *nm*

étatiste *a, n*
état-major *nm Des états-majors.*
État-nation *n Des États-nations.*
états-unien ou **étasunien, enne** *a, n*
État-voyou *nm Des États-voyous.*
étau *nm*
étau-limeur *nm Des étaux-limeurs.*
étayage ou **étayement** *nm*
étayer *vt* ***20***
et cetera ou **et cætera** *av*
été *nm*
éteignoir *nm*
éteindre *vt, vpr* ***69***
éteint, éteinte *a*
étendage *nm*
étendard *nm*
étendoir *nm*
étendre *vt, vpr* ***5***
étendu, ue *a*
étendue *nf*
éternel, elle *a, nm*
éternellement *av*
éterniser *vt, vpr* ***1***
éternité *nf*
éternuement *nm*
éternuer *vi* ***1***
étésien *am*
étêtage *nm*
étêtement *nm*
étêter *vt* ***1***
éteule *nf*
éthanal *nm*
éthane *nm*
éthanol *nm*
étheirologie *nf*
éther *nm*
éthéré, ée *a*
éthérifier *vt* ***1***
éthérisation *nf*
éthériser *vt* ***1***
éthéromane *n, a*
éthéromanie *nf*
éthicien, enne *n*
éthiopien *nm*
éthiopien, enne *a, n*
éthique *nf, a*
éthiquement *av*
ethmoïdal, ale, aux *a*
ethmoïde *nm*
ethnarchie *nf*
ethnarque *nm*
ethnicisation *nf*
ethniciser *vt* ***1***
ethnicisme ou **ethnisme** *nm*
ethniciste *a*
ethnicité *nf*
ethnie *nf*
ethnique *a*
ethniquement *av*
ethnobiologie *nf*
ethnobiologique *a*
ethnobiologiste *n*
ethnobotanique *nf, a*
ethnobotaniste *n*
ethnocentrique *a*
ethnocentrisme *nm*
ethnocentriste *a*
ethnocide *nm*
ethnographe *n*
ethnographie *nf*
ethnographique *a*
ethnolinguistique *nf, a*
ethnologie *nf*
ethnologique *a*
ethnologue *n*
ethnomusicologie *nf*
ethnomusicologique *a*
ethnomusicologue *n*
ethnonyme *nm*
ethnopharmacologie *nf*
ethnopharmacologique *a*
ethnopsychiatrie *nf*
ethnopsychiatrique *a*
ethnopsychologie *nf*
ethnopsychologique *a*
ethnoracial, ale, aux *a*
ethnosciences *nf pl*
ethnoscientifique *a*
ethnozoologie *nf*
ethnozoologique *a*
éthogramme *nm*
éthologie *nf*
éthologique *a*
éthologiste *n*
éthologue *n*
éthuse ou **æthuse** *nf*
éthyle *nm*
éthylène *nm*
éthylénique *a*
éthylique *a, n*
éthylisme *nm*
éthylomètre *nm*
éthylotest *nm*
étiage *nm*
étier *nm*
étincelant, ante *a*
étinceler *vi* ***16***
étincelle *nf*
étincellement ou **étincèlement** *nm*
étiolement *nm*
étioler *vt, vpr* ***1***
étiologie *nf*
étiologique *a*
étiopathe *n*
étiopathie *nf*
étiopathique *a*
étique *a (maigre)*
étiquetage *nm*
étiqueter *vt* ***17***
étiqueteur, euse *n*
étiquette *nf*
étirable *a*
étirage *nm*
étirement *nm*
étirer *vt, vpr* ***1***
étisie ou **hectisie** *nf*
étivaz *nm*
étoffe *nf*
étoffé, ée *a*
étoffer *vt, vpr* ***1***
étoile *nf*
étoilé, ée *a*
étoile-d'argent *nf Des étoiles-d'argent.*
étoile-de-Noël *nf Des étoiles-de-Noël.*
étoilement *nm*
étoiler *vt* ***1***
étole *nf*
étolien, enne *a, n*
étonnamment *av*
étonnant, ante *a*
étonnement *nm*
étonner *vt, vpr* ***1***
étouffade ou **estouffade** *nf*
étouffant, ante *a*
étouffé, ée *a*
étouffe-chrétien *nm Des étouffe-chrétiens.*
étouffement *nm*
étouffer *vt, vi, vpr* ***1***
étouffoir *nm*
étoupe *nf*
étouper *vt* ***1***
étoupille *nf*
étoupiller *vt* ***1***
étourderie *nf*
étourdi, ie *a, n*
étourdiment *av*
étourdir *vt, vpr* ***2***
étourdissant, ante *a*
étourdissement *nm*
étourneau *nm*
étrange *a, nm*
étrangement *av*
étranger, ère *a, nm*
étrangeté *nf*
étranglé, ée *a*
étranglement *nm*
étrangler *vt* ***1***
étrangleur, euse *nm*
étrave *nf*
être *vi* ***6***
être *nm*
étreindre *vt* ***69***
étreinte *nf*
étrenne *nf*
étrenner *vt* ***1***
êtres ou **aîtres** ou **aitres** *nm pl*
étrésillon *nm*
étrésillonnement *nm*
étrésillonner *vt* ***1***
étrier *nm*
étrille *nf*
étriller *vt* ***1***
étripage *nm*
étriper *vt* ***1***
étriqué, ée *a*
étriquer *vt* ***1***
étrive *nf*
étrivière *nf*

étroit, oite *a*
étroitement *av*
étroitesse *nf*
étron *nm*
étronçonner *vt* ***1***
étrusque *a, n*
étrusque *nm*
étude *nf*
étudiant, ante *n, a*
étudié, ée *a*
étudier *vt, vi, vpr* ***1***
étui *nm*
étuvage *nm*
étuve *nf*
étuvée *nf*
étuvement *nm*
étuver *vt* ***1***
étuveur *nm* ou **étuveuse** *nf*
étymologie *nf*
étymologique *a*
étymologiquement *av*
étymologiste *nm*
étymon *nm*
eubactérie *nf*
eubéen, enne *a, n*
eucalyptus *nm*
eucaride *nm*
eucaryote *a, nm*
eucharistie *nf*
eucharistique *a*
eudémis *nm*
eudémonisme *nm*
eudémoniste *a, n*
eudiomètre *nm*
eudiométrie *nm*
eudiométrique *a*
eudiste *nm, a*
eugénique *a*
eugénisme *nm* ou **eugénique** *nf*
eugéniste *n*
euglène *nf*
euh ! *interj*
eunecte *nm*
eunuque *nm*
eupatoire *nf*
euphausiacé *nm*
euphémique *a*
euphémisation *nf*
euphémiser *vt* ***1***
euphémisme *nm*
euphonie *nf*
euphonique *a*
euphorbe *nf*
euphorbiacée *nf*
euphorie *nf*
euphorique *a*
euphorisant, ante *a, nm*
euphoriser *vt* ***1***
euphotique *a*
euphraise *nf*
euphuisme *nm*
euploïde *a*
euploïdie *nf*
eurasien, enne *a, n*
eurêka *interj*
EURL *nf*
euro *nm*
eurobanque *nf*
eurocentrisme *nm*
eurocentriste *a, n*
eurocrate *n*
eurocrédit *nm*
eurodéputé, ée *n*
eurodevise *nf*
eurodollar *nm*
euromarché *nm*
euromonnaie *nf*
euro-obligation *nf*
europarlementaire *n*
européanisation *nf*
européaniser *vt* ***1***
européen, enne *a, n*
europium *nm*
euroscepticisme *nm*
eurosceptique *a, n*
eurostratégie *nf*
euryèce ou **euryécique** *a*
euryhalin, ine *a*
euryphote *a*
eurytherme *a*
eurythmie *nf*
eurythmique *a*
euskara *nm*
euskarien, enne ou **euscarien, enne** *a, n*
euskarophone *a, n*
eusocial, ale, aux *a*
eusociété *nf*
eustache *nm*
eustatique *a*
eustatisme *nm*
eutectique *a, nm*
eutexie *nf*
euthanasie *nf*
euthanasier *vt* ***2***
euthanasique *a*
euthérien *nm*
eutocie *nf*
eutocique *a*
eutrophie *nf*
eutrophique *a*
eutrophisation *nf*
eutrophiser (s') *vpr* ***1***
eutypiose *nf*
eux *pr pers*
évacuateur, trice *a, nm*
évacuation *nf*
évacuer *vt* ***1***
évadé, ée *a, n*
évader (s') *vpr* ***1***
évagination *nf*
évaluable *a*
évaluatif, ive *a*
évaluation *nf*
évaluer *vt* ***1***
évanescence *nf*
évanescent, ente *a*
évangéliaire *nm*
évangélique *a*
évangéliquement *av*
évangelisateur, trice *a, n*
évangelisation *nf*
évangéliser *vt* ***1***
évangélisme *nm*
évangéliste *nm*
évangile *nm*
évanouir (s') *vpr* ***2***
évanouissement *nm*
évaporable *a*
évaporateur *nm*
évaporation *nf*
évaporatoire *a*
évaporé, ée *a, n*
évaporer *vt, vpr* ***1***
évaporite *nf*
évapotranspiration *nf*
évasement *nm*
évaser *vt, vpr* ***1***
évasif, ive *a*
évasion *nf*
évasivement *av*
évasure *nf*
évêché *nm*
évection *nf*
éveil *nm*
éveillé, ée *a*
éveiller *vt, vpr* ***1***
éveilleur, euse *n*
éveinage *nm*
évènement ou **événement** *nm*
évènementiel, elle ou **événementiel, elle** *a, nm*
évent *nm*
éventail *nm Des éventails.*
éventaire *nm*
éventé, ée *a*
éventer *vt, vpr* ***1***
éventration *nf*
éventrer *vt* ***1***
éventreur *nm*
éventualité *nf*
éventuel, elle *a*
éventuellement *av*
évêque *nm*
évertuer (s') *vpr* ***1***
éviction *nf*
évidage *nm*
évidement *nm*
évidemment *av*
évidence *nf*
évident, ente *a*
évider *vt* ***1***
évier *nm*
évincement *nm*
évincer *vt* ***10***
éviscération *nf*
éviscérer *vt* ***14***
évitable *a*
évitage *nm*
évitement *nm*
éviter *vt, vi* ***1***
évocable *a*

évocateur, trice *a*
évocation *nf*
évocatoire *a*
évoé ! ou **évohé** *interj*
évolué, ée *a*
évoluer *vi* ***1***
évolutif, ive *a*
évolution *nf*
évolutionnisme *nm*
évolutionniste *a, n*
évolutivité *nf*
évoquer *vt* ***1***
evzone *nm*
éwé *nm*
ex *n*
ex abrupto *av*
exacerbation *nf*
exacerber *vt* ***1***
exact, acte *a*
exactement *av*
exaction *nf*
exactitude *nf*
ex æquo *av*
exagération *nf*
exagéré, ée *a*
exagérément *av*
exagérer *vt* ***12***
exalbuminée *af*
exaltant, ante *a*
exaltation *nf*
exalté, ée *a, n*
exalter *vt* ***1***
examen *nm*
examinateur, trice *n*
examiner *vt* ***1***
exanthémateux, euse *a*
exanthème *nm*
exarchat *nm*
exarque *nm*
exaspérant, ante *a*
exaspération *nf*
exaspérer *vt* ***12***
exaucement *nm (réalisation)*
exaucer *vt* ***10*** *(réaliser)*
ex cathedra *av*
excavateur *nm* ou **excavatrice** *nf*
excavation *nf*
excaver *vt* ***1***
excédent *nm*
excédentaire *a*
excéder *vt* ***12***
excellemment *av*
excellence *nf*
excellent, ente *a*
exceller *vi* ***1***
excentration *nf*
excentré, ée *a*
excentrer *vt* ***1***
excentricité *nf*
excentrique *a, n*
excentriquement *av*
excepté, ée *a*
excepté *prép*
excepter *vt* ***1***
exception *nf*
exceptionnalisme *nm*
exceptionnel, elle *a*
exceptionnellement *av*
excès *nm*
excessif, ive *a*
excessivement *av*
exciper *vti* ***1***
excipient *nm*
excipit *nm*
exciser *vt* ***1***
exciseur, euse *n*
excision *nf*
excitabilité *nf*
excitable *a*
excitant, ante *a, nm*
excitateur, trice *nm*
excitation *nf*
excité, ée *a, n*
exciter *vt* ***1***
exclamatif, ive *a*
exclamation *nf*
exclamer (s') *vpr* ***1***
exclu, ue *a, n*
exclure *vt* ***54***
exclusif, ive *a*
exclusion *nf*
exclusive *nf*
exclusivement *av*
exclusivisme *nm*
exclusiviste *a*
exclusivité *nf*
excommunication *nf*
excommunié, ée *a, n*
excommunier *vt* ***1***
excoriation *nf*
excorier *vt* ***1***
excrément *nm*
excrémentiel, elle *a*
excreta *nm pl*
excréter *vt* ***14***
excréteur, trice *a*
excrétion *nf*
excrétoire *a*
excroissance *nf*
excursion *nf*
excursionner *vt* ***1***
excursionniste *n*
excusable *a*
excuse *nf*
excuser *vt, vpr* ***1***
exéat *nm*
exécrable *a*
exécrablement *av*
exécration *nf*
exécrer *vt* ***12***
exécutable *a*
exécutant, ante *n*
exécuter *vt, vpr* ***1***
exécuteur, trice *n*
exécutif, ive *a, nm*
exécution *nf*
exécutoire *a*
exèdre *nf*
exégèse *nf*
exégète *nm*
exégétique *a*
exéma ou **eczéma** *nm*
exémateux, euse ou **eczémateux, euse** *a, n*
exemplaire *nm ; a*
exemplairement *av*
exemplariser *vt* ***1***
exemplarité *nf*
exemplatif, ive *a*
exemple *nm*
exemplification *nf*
exemplifier *vt* ***2***
exempt, empte *a*
exempté, ée *a, n*
exempter *vt* ***1***
exemption *nf*
exéquatur *nm*
exercer *vt, vpr* ***10***
exercice *nm*
exerciseur *nm*
exérèse *nf*
exergue *nm*
exfiltration *nf*
exfiltrer *vt* ***1***
exfoliant, ante *a, nm*
exfoliation *nf*
exfolier *vt* ***1***
exhalaison *nf*
exhalation *nf*
exhaler *vt* ***1***
exhaure *nf*
exhaussement *nm (élévation)*
exhausser *vt* ***1*** *(élever)*
exhausteur *nm*
exhaustif, ive *a*
exhaustivement *av*
exhaustivité *nf*
exhérédation *nf*
exhéréder *vt* ***14***
exhiber *vt, vpr* ***1***
exhibition *nf*
exhibitionnisme *nm*
exhibitionniste *n, a*
exhortation *nf*
exhorter *vt* ***1***
exhumation *nf*
exhumer *vt* ***1***
exigeant, ante *a*
exigence *nf*
exiger *vt* ***11***
exigibilité *nf*
exigible *a*
exigu, uë ou **exigu, üe** *a*
exiguïté ou **exigüité** *nf*
exil *nm*
exilé, ée *a, n*
exiler *vt, vpr* ***1***
exine *nf*
exinscrit, ite *a*
existant, ante *a, nm*
existence *nf*
existentialisme *nm*

existentialiste *a, n*
existentiel, elle *a*
exister *vt* ***1***
exitance *nf*
ex-libris ou **exlibris** *nm inv*
exobiologie *nf*
exobiologique *a*
exobiologiste *n*
exocet *nm (poisson)*
exocet *nm inv (missile)*
exocrine *a*
exocytose *nf*
exode *nm*
exogamie *nf*
exogène *a*
exon *nm*
exonération *nf*
exonérer *vt* ***12***
exophtalmie *nf*
exophtalmique *a*
exoplanète *nf*
exorbitant, ante *a*
exorbité, ée *a*
exorcisation *nf*
exorciser *vt* ***1***
exorcisme *nm*
exorciste *nm*
exorde *nm*
exoréique *a*
exoréisme *nm*
exosmose *nf*
exosphère *nf*
exosquelette *nm*
exostose *nf*
exotérique *a*
exothermique *a*
exotique *a*
exotisme *nm*
exotoxine *nf*
expansé, ée *a*
expansibilité *nf*
expansible *a*
expansif, ive *a, n*
expansion *nf*
expansionnisme *nm*
expansionniste *a, n*
expansivité *nf*
expatriation *nf*
expatrié, ée ou **expat** *a, n*
expatrier *vt, vpr* ***1***
expectant, ante *a*
expectative *nf*
expectorant, ante *a, nm*
expectoration *nf*
expectorer *vt* ***1***
expédient, iente *a*
expédient *nm*
expédier *vt* ***1***
expéditeur, trice *a, n*
expéditif, ive *a*
expédition *nf*
expéditionnaire *a, n*
expérience *nf*
expérimental, ale, aux *a*
expérimentalement *av*
expérimentaliste *a, n*
expérimentateur, trice *n*
expérimenté, ée *a*
expérimenter *vt* ***1***
expert, erte *a, n*
expert-comptable *n Des experts-comptables.*
expertement *av*
expertise *nf*
expertiser *vt* ***1***
expertocrate *n*
expertocratie *nf*
expiable *a*
expiateur, trice *a*
expiation *nf*
expiatoire *a*
expier *vt* ***1***
expirateur *nm, a*
expiration *nf*
expiratoire *a*
expirer *vt, vi* ***1***
explant *nm*
explétif, ive *a, nm*
explicatif, ive *a*
explication *nf*
explicitation *nf*
explicite *a*
explicitement *av*
expliciter *vt* ***1***
expliquer *vt, vpr* ***1***
exploit *nm*
exploitable *a*
exploitant, ante *n*
exploitation *nf*
exploité, ée *a, n*
exploiter *vt, vi* ***1***
exploiteur, euse *n*
explorateur, trice *n, a*
exploration *nf*
exploratoire *a*
explorer *vt* ***1***
exploser *vi* ***1***
exploseur *nm*
explosible *a*
explosif, ive *a, n*
explosion *nf*
explosivité *nf*
expo *nf*
expologie *nf*
exponentialiser *vt* ***1***
exponentiation *nf*
exponentiel, elle *a*
exponentiellement *av*
exportable *a*
exportateur, trice *a, n*
exportation *nf*
exporter *vt* ***1***
exposant, ante *n*
exposé, ée *a*
exposé *nm*
exposer *vt* ***1***
exposition *nf*
exprès, esse *a (formel)*
exprès *av (intentionnellement)*
express *a inv, nm*
expressément *av*
expressif, ive *a*
expression *nf*
expressionnisme *nm*
expressionniste *a, n*
expressivement *av*
expressivité *nf*
expresso *nm*
exprimable *a*
exprimer *vt, vpr* ***1***
expropriation *nf*
exproprié, ée *a, n*
exproprier *vt* ***1***
expulsable *a*
expulsé, ée *n*
expulser *vt* ***1***
expulsion *nf*
expurgation *nf*
expurger *vt* ***11***
exquis, ise *a*
exquisément *av*
exsangue *a*
exsanguinotransfusion *nf*
exsudat *nm*
exsudation *nf*
exsuder *vt, vi* ***1***
extase *nf*
extasier (s') *vpr* ***1***
extatique *a*
extemporané, ée *a*
extemporanément *av*
extenseur *am, nm*
extensibilité *nf*
extensible *a*
extensif, ive *a*
extensification *nf*
extensifier *vt* ***1***
extension *nf*
extensionnel, elle *a*
extensomètre *nm*
exténuant *a*
exténuation *nf*
exténuer *vt* ***1***
extérieur, eure *a, nm*
extérieurement *av*
extériorisation *nf*
extérioriser *vt* ***1***
extériorité *nf*
exterminateur, trice *a, n*
extermination *nf*
exterminer *vt* ***1***
externalisation *nf*
externaliser *vt* ***1***
externalités *nf pl*
externat *nm*
externe *a, n*
extéroceptif, ive *a*
exterritorialité *nf*
extincteur, trice *a, nm*
extinction *nf*
extirpable *a*
extirpateur *nm*

extirpation *nf*
extirper *vt* ***1***
extorquer *vt* ***1***
extorsion *nf*
extra *n inv, a inv*
extracommunautaire *a*
extraconjugal, ale, aux *a*
extracorporel, elle *a*
extracourant *nm*
extracteur *nm*
extractible *a*
extractif, ive *a*
extraction *nf*
extrader *vt* ***1***
extradition *nf*
extraditionnel, elle *a*
extrados *nm*
extra-dry *a inv*
extra-fin, fine ou **extrafin, fine** *a extra-fins*
extra-fort ou **extrafort** *nm Des extra-forts.*
extragalactique *a*
extrahospitalier *a*
extraire *vt* ***74***
extrait *nm*
extrajudiciaire *a*
extralégal, ale, aux *a*
extralinguistique *a*
extralucide *a*
extra-muros *av*
extranéité *nf*
extranet *nm*
extraordinaire *a, nm*
extraordinairement *av*
extraparlementaire *a*
extrapatrimonial, ale, aux *a*
extrapolable *a*
extrapolation *nf*
extrapoler *vt* ***1***
extrapyramidal, ale, aux *a*
extrascolaire *a*
extrasensible *a*
extrasensoriel, elle *a*
extrasolaire *a*
extrasystole *nf*
extra-terrestre ou **extraterrestre** *a, n*
extraterritorial, ale, aux *a*
extraterritorialité *nf*
extra-utérin, ine *a*
extravagance *nf*
extravagant, ante *a*
extravaguer *vi* ***1***
extravasation *nf*
extravaser (s') *vpr* ***1***
extravasion *nf*
extravéhiculaire *a*
extraversion *nf*
extraverti, ie *a, n*
extrême *a, nm*
extrêmement *av*
extrémisme *nm*
extrémiste *a, n*
extrémité *nf*
extrêmophile *a, nf*
extrêmophilie *nf*
extrémum ou **extremum** *nm*
extrinsèque *a*
extrorse *a*
extrudé *nm*
extruder *vt* ***1***
extrudeuse *nf*
extrusif, ive *a*
extrusion *nf*
extuber *vt* ***1***
exubérance *nf*
exubérant, ante *a*
exultation *nf*
exulter *vi* ***1***
exutoire *nm*
exuviation *nf*
exuvie *nf*
ex vivo *a inv*
ex-voto ou **exvoto** *nm inv*
eye-liner *nm Des eye-liners.*
eyra *nm*

f

f *n*
fa *nm inv*
fabale *nf*
fable *nf*
fabliau *nm*
fablier *nm*
fabophile *n*
fabricable *a*
fabricant, ante *n*
fabricateur, trice *n*
fabrication *nf*
fabrique *nf*
fabriquer *vt* ***1***
fabulateur, trice *a, n*
fabulation *nf*
fabuler *vt* ***1***
fabuleusement *av*
fabuleux, euse *a*
fabuliste *nm*
fac *nf*
façade *nf*
façadier *nm*
façadisme *nm*
face *nf*
face-à-face *nm inv*
face-à-main *nm Des faces-à-main.*
facétie *nf*
facétieusement *av*
facétieux, euse *a*
facette *nf*
facetter *vt* ***1***
fâché, ée *a*
fâcher *vt, vpr* ***1***
fâcherie *nf*
fâcheusement *av*
fâcheux, euse *a, n*
facho *a, n*
facial, ale, als ou **aux** *a*
faciès *nm*
facile *a*
facilement *av*
facilitant, ante *a*
facilitateur, trice *n*
facilitation *nf*
facilité *nf*
faciliter *vt* ***1***
façon *nf*
faconde *nf*
façonnage *nm*
façonnement *nm*
façonner *vt* ***1***
façonneur, euse *n*
façonnier, ère *n*
fac-similé ou **facsimilé** *nm Des fac-similés.*
factage *nm*
facteur, trice *nm*
factice *a, nm*
facticement *av*
facticité *nf*
factieux, euse *a, n*
faction *nf*
factionnaire *nm*
factionnel, elle *a*
factitif, ive *a*
factorerie *nf*
factoriel, elle *a, nf*
factoring *nm*
factorisation *nf*
factoriser *vt* ***1***
factotum *nm*
factuel, elle *a*
factuellement *av*
facturation *nf*
facture *nf*
facturer *vt* ***1***
facturette *nf*
facturier, ère *n*
facule *nf*
facultatif, ive *a*
facultativement *av*
faculté *nf*
fada *a, nm*
fadaise *nf pl*
fadasse *a*
fade *a*
fadement *av*
fadeur *nf*
fading *nm*
fado *nm*
faena *nf*
fafiot *nm*
fagacée *nf*
fagale *nf*
fagnard, arde *a, n*
fagne *nf*
fagot *nm*
fagotage *nm*
fagoter *vt* ***1***
fagotier *nm*
FAI *nm*
faiblard, arde *a*
faible *a, nm*
faiblement *av*
faiblesse *nf*
faiblir *vi* ***2***
faiblissant, ante *a*
faïence *nf*
faïencé, ée *a*
faïencerie *nf*
faïencier, ère *n*
faille *nf*
failler (se) *vpr* ***1***
failli, ie *a, n*
faillibilité *nf*
faillible *a*
faillir *vi* ***27***
faillite *nf*
faim *nf (appétit)*
faine ou **faîne** *nf*
fainéant, ante *a, n*
fainéanter *vi* ***1***
fainéantise *nf*
faire *vt, vpr* ***9***
faire *nm*
faire-part *nm inv*
faire-savoir *nm inv*
faire-valoir *nm inv*
fair-play ou **fairplay** *nm inv, a inv*
fairway *nm*
faisabilité *nf*
faisable *a*
faisan, ane *nm*
faisandage *nm*
faisandé, ée *a*
faisandeau *nm*
faisander *vt* ***1***
faisanderie *nf*
faisceau *nm*
faiseur, euse *nm*
faisselle *nf*
fait *nm (acte)*
fait, faite *a*
faîtage ou **faitage** *nm*
fait divers ou **fait-divers** *nm*
fait-diversier *nm Des faits-diversiers.*
faîte ou **faite** *nm (sommet)*
faîteau ou **faiteau** *nm*
faîtier, ère ou **faitier, ère** *a*
faîtière ou **faitière** *nf*
fait-tout ou **faitout** *nm inv*
faix *nm (fardeau)*
fajita *nm*
fakir *nm*
falafel *nm*
falaise *nf*
falbala *nm*
falciforme *a*
falconidé *nm*
falconiforme *nm*
falerne *nm*
fallacieusement *av*
fallacieux, euse *a*
falloir *v impers* ***49***
falot, ote *a*
falot *nm*
falsettiste ou **falsetto** *nm*
falsifiabilité *nf*
falsifiable *a*
falsificateur, trice *n*
falsification *nf*
falsifier *vt* ***1***
falun *nm*
falzar *nm*
fam alter *a, n*
famé, ée *a*
famélique *a*
fameusement *av*
fameux, euse *a*
familial, ale, aux *a, nf*
familialement *av*
familialisme *nm*
familialiste *a, n*
familiarisation *av*
familiariser *vt* ***1***
familiarité *nf*

familier, ère *a, n*
familièrement *av*
familistère *nm*
famille *nf*
famine *nf*
fan *n, a (admirateur)*
fana *a, n*
fanage *nm*
fanal *nm Des fanaux ou fanals.*
fanatique *a, n*
fanatiquement *av*
fanatisation *nf*
fanatiser *vt* ***1***
fanatisme *nm*
fan-club *nm Des fan-clubs.*
fandango *nm*
fane *nf (végétation)*
fané, ée *a*
faner *vt* ***1***
faneur, euse *n*
fanfare *nf*
fanfaron, onne *a, n*
fanfaronnade *nf*
fanfaronner *vi* ***1***
fanfreluche *nf*
fange *nf*
fangeux, euse *a*
fangothérapie *nf*
fanion *nm*
fanny *a inv*
fanon *nm*
fantaisie *nf*
fantaisiste *a, n*
fantasia *nf*
fantasmagorie *nf*
fantasmagorique *a*
fantasmatique *a*
fantasme ou **phantasme** *nm*
fantasmer *vi*
fantasque *a*
fantassin *nm*
fantastique *a, nm sing*
fantastiquement *av*
fantoche *nm*
fantomatique *a*
fantomatiquement *av*
fantôme *nm*
fanzine *n*
faon *nm*
FAQ *nf*
faquin *nm*
far *nm (pâtisserie)*
farad *nm*
faraday *nm*
faramineux, euse ou **pharamineux, euse** *a*
farandole *nf*
farani *a, n*
faraud, aude *a, n*
farce *nf*
farceur, euse *n, a*
farci, ie *a, nm*
farcin *nm*
farcir *vt, vpr* ***2***
fard *nm (cosmétique)*
fardage *nm*
farde *nf*
fardeau *nm*
fardelage *nm*
farder *vt* ***1***
fardier *nm*
fardoches *nf pl*
faré *nm*
farfadet *nm*
farfelu, ue *a, n*
farfouiller *vi* ***1***
fargues *nm pl*
fariboles *nf pl*
farigoule *nf*
farinacé, ée *a*
farine *nf*
fariner *vt, vi* ***1***
farineux, euse *a, nm*
fario *nf*
farlouche *nf*
farlouse *nf*
farniente *nm*
faro *nm*
farouche *a*
farouchement *av*
farsi *nm*
farsi, ie *a, n*
fart *nm*
fartage *nm*
farter *vt* ***1***
fasce *nf*
fascia *nm*
fasciathérapie *nf*
fasciation *nf*
fascicule *nm*
fasciculé, ée *a*
fascié, ée *a*
fasciite *nf*
fascinant, ante *a*
fascinateur, trice *a*
fascination *nf*
fascine *nf*
fasciner *vt* ***1***
fascisant, ante *a*
fascisation *nf*
fasciser *vt* ***1***
fascisme *nm*
fasciste *n, a*
faseyer *vi* ***1***
fashion victime *n Des fashion victimes.*
faste *nm sing ; a*
fast-food ou **fastfood** *nm Des fast-foods.*
fastidieusement *av*
fastidieux, euse *a*
fastigié, ée *a*
fastoche *a*
fastueusement *av*
fastueux, euse *a*
fat *am, nm (prétentieux)*
fatal, ale, als *a*
fatalement *av*
fatalisme *nm*
fataliste *a, n*
fatalité *nf*
fatidique *a*
fatigabilité *nf*
fatigable *a*
fatigant, ante *a*
fatigue *nf*
fatigué, ée *a*
fatiguer *vt, vi, vpr* ***1***
fatma *nf*
fatras *nm*
fatrasie *nf*
fatsia *nm*
fatuité *nf*
fatum *nm*
fatwa *nf*
fauber ou **faubert** *nm*
faubourg *nm*
faubourien, enne *a, n*
faucard *nm*
faucardage *nm*
faucarder *vt* ***1***
fauchage *nm*
fauchaison *nf*
fauchard *nm*
fauche *nf*
fauché, ée *a, n*
faucher *vt* ***1***
faucheur, euse *n (homme, machine)*
faucheux ou **faucheur** *nm*
faucille *nf*
faucillon *nm*
faucon *nm*
fauconneau *nm*
fauconnerie *nf*
fauconnier *nm*
faufil *nm*
faufilage *nm*
faufiler *vt, vpr* ***1***
faufilure *nf*
faune *nm (divinité)*
faune *nf (ensemble d'êtres)*
faunesque *a*
faunesse *nf*
faunique *a*
faunistique *nf, a*
faunule *nf*
faussaire *n*
fausse couche ou **fausse-couche** *nf Des fausses couches.*
faussement *av*
fausser *vt* ***1***
fausset *nm*
fausseté *nf*
faute *nf*
fauter *vi* ***1***
fauteuil *nm*
fauteur, trice *n*
fautif, ive *a*
fautivement *av*
fauve *a, nm*
fauverie *nf*

fauvette *nf*
fauvisme *nm*
fauviste *a, n*
faux *nf (outil)*
faux *nm (contrefaçon)*
faux, fausse *a, av*
faux-bourdon *nm Des faux-bourdons.*
faux-cul *nm Des faux-culs.*
faux-facturier, ère *n Des faux-facturiers.*
faux-filet *nm Des faux-filets.*
faux-fuyant *nm Des faux-fuyants.*
faux-monnayeur *nm Des faux-monnayeurs.*
faux-semblant *nm Des faux-semblants.*
faux-sens *nm*
faux-titre *nm Des faux-titres.*
favela *nf*
faverole ou **fèverole** ou **féverole** *nf*
favette *nf*
faveur *nf*
favorable *a*
favorablement *av*
favori, ite *a, n*
favorisant, ante *a*
favoriser *vt 1*
favoritisme *nm*
favus *nm*
fax *nm*
faxer *vt 1*
fayard ou **foyard** *nm*
fayot, ote ou **fayotte** *a, n*
fayotage *nm*
fayoter ou **fayotter** *vi 1*
fayottage *nm*
fazenda *nf*
féal, ale, aux *a*
fébrifuge *a, nm*
fébrile *a*
fébrilement *av*
fébrilité *nf*
fécal, ale, aux *a*
fécalome *nm*
fèces *nf pl*
fécond, onde *a*
fécondabilité *nf*
fécondable *a*
fécondant, ante *a*
fécondateur, trice *a, n*
fécondation *nf*
féconder *vt 1*
fécondité *nf*
fécule *nf*
féculence *nf*
féculent, ente *a, nm*
féculer *vt 1*
féculerie *nf*
féculier, ère *a, nm*
fedayin *nm*
fédéral, ale, aux *a, n*
fédéralisation *nf*
fédéraliser *vt 1*
fédéralisme *nm*
fédéraliste *a, n*
fédérateur, trice *a, n*
fédératif, ive *a*
fédération *nf*
fédéré, ée *a, nm*
fédérer *vt 12*
fée *nf*
feed-back ou **feedback** *nm inv*
feeder ou **feedeur** *nm*
feeling *nm*
féerie ou **féérie** *nf*
féerique ou **féérique** *a*
feignant, ante ou **feignasse** *a, n*
feijoa *nm*
feijoada *nf*
feindre *vt 69*
feinte *nf*
feinter *vt, vi 1*
feintise *nf*
feld-maréchal *nm Des feld-maréchaux.*
feldspath *nm*
feldwebel ou **feldwébel** *nm*
fêlé, ée *a, n*
fêler *vt, vpr 1*
félibre *nm*
félibrige *nm*
félicitations *nf pl*
félicité *nf*
féliciter *vt, vpr 1*
félidé *nm*
félin, ine *a, nm*
fellaga ou **fellagha** *nm*
fellah *nm*
fellation *nf*
félon, onne *a, n*
félonie *nf*
felouque *nf*
fêlure *nf*
femelle *nf, a*
féminin, ine *a, nm*
féminisant, ante *a*
féminisation *nf*
féminiser *vt 1*
féminisme *nm*
féministe *a*
féminité *nf*
femme *nf*
femmelette *nf*
fémoral, ale, aux *a*
fémur *nm*
fenaison *nf*
fendage *nm*
fendant, ante ou **fendard, arde** *a*
fendant *nm*
fendeur, euse *n*
fendillement *nm*
fendiller *vt 1*
fendre *vt, vpr 5*
fendu, ue *a*
fenêtrage ou **fenestrage** *nm*
fenêtre *nf*
fenêtrer *vt 1*
feng shui *nm inv*
fenian, ane *a, n*
fenil *nm*
fennec *nm*
fenouil *nm*
fentanyl *nm*
fente *nf*
féodal, ale, aux *a, nm*
féodalisme *nm*
féodalité *nf*
fer *nm*
féra *nf*
fer-à-cheval *nm Des fers-à-cheval.*
féral, ale, als ou **aux** *a*
fer-blanc *nm Des fers-blancs.*
ferblanterie *nf*
ferblantier *nm*
feria ou **féria** *nf*
férie *nf*
férié, ée *a*
féringien, enne ou **féroïen, enne** *a, n*
férir *vt*
ferlage *nm*
ferler *vt 1*
fermage *nm*
fermail *nm Des fermaux.*
fermant, ante *a*
ferme *a, av ; nf*
fermé, ée *a*
ferme-auberge *nf Des fermes-auberges.*
fermement *av*
ferment *nm*
fermentable *a*
fermentaire *a*
fermentation *nf*
fermenter *vi 1*
fermentescible *a*
fermenteur *nm*
fermer *vt, vi 1*
fermeté *nf*
fermette *nf*
fermeture *nf*
fermier, ère *n, a*
fermion *nm*
fermium *nm*
fermoir *nm*
féroce *a, nm*
férocement *av*
férocité *nf*
ferrade *nf*
ferrage *nm*
ferraillage ou **ferraillement** *nm*
ferraille *nf*
ferrailler *vt, vi 1*
ferrailleur *nm*
ferrallitique *a*
ferrallitisation *nf*
ferrate *nm*
ferratisme *nm*
ferratiste *a, n*
ferré, ée *a*
ferrement *nm*

ferrer *vt* ***1***
ferret *nm*
ferreux, euse *a*
ferricyanure *nm*
ferrimagnétique *a*
ferrimagnétisme *nm*
ferrique *a*
ferrite *n*
ferro *nm*
ferrocérium *nm*
ferrociment *nm*
ferrocyanure *nm*
ferromagnésien, enne *a*
ferromagnétique *a*
ferromagnétisme *nm*
ferronickel *nm*
ferronnerie *nf*
ferronnier, ère *n*
ferronnière *nf*
ferroutage *nm*
ferroviaire *a*
ferrugineux, euse *a*
ferrure *nf*
ferry *nm Des ferrys ou ferries.*
ferry-boat ou **ferryboat** *nm Des ferry-boats.*
ferté *nf*
fertile *a*
fertilisable *a*
fertilisant, ante *a*
fertilisateur, trice *a*
fertilisation *nf*
fertiliser *vt* ***1***
fertilité *nf*
féru, ue *a*
férule *nf*
fervent, ente *a, n*
ferveur *nf*
fesse *nf*
fessée *nf*
fesse-mathieu *nm Des fesse-mathieux.*
fesser *vt* ***1***
fessier, ère *a, nm*
fessu, ue *a*
festif, ive *a*
festin *nm*
festival *nm Des festivals.*
festivalier, ère *n, a*
festivalite *nf*
festivités *nf pl*
fest-noz *nm Des fest-noz ou festou-noz.*
festoiement *nm*
feston *nm*
festonner *vt* ***1***
festoyer *vi* ***22***
féta ou **feta** *nf*
fêtard, arde *n*
fête *nf (célébration)*
fêter *vt* ***1***
fétiche *nm*
féticheur *nm*
fétichique *a*
fétichisation *nf*
fétichiser *vt* ***1***
fétichisme *nm*
fétichiste *a, n*
fétide *a*
fétidité *nf*
fettucine *nf*
fétu *nm*
fétuque *nf*
feu, feue *a*
feu *nm, a inv*
feudataire *n*
feuillage *nm*
feuillaison *nf*
feuillant, antine *nm*
feuillantine *nf*
feuillard *nm*
feuille *nf*
feuillée *nf*
feuille-morte *a inv*
feuillet *nm (page)*
feuilletage *nm*
feuilleté, ée *a, nm*
feuillètement *nm*
feuilleter *vt* ***17***
feuilletis *nm*
feuilleton *nm*
feuilletonesque *a*
feuilletoniste *n*
feuillette *nf*
feuillettement *nm*
feuillu, ue *a, nm*
feuillure *nf*
feulement *nm*
feuler *vi* ***1***
feutrage *nm*
feutre *nm*
feutré, ée *a*
feutrer *vt, vi, vpr* ***1***
feutrine *nf*
fève *nf*
fèverole ou **féverole** ou **faverole** *nf*
févier *nm*
février *nm*
fez *nm*
fi *interj*
fiabiliser *vt* ***1***
fiabilité *nf*
fiable *a*
fiacre *nm*
fiançailles *nf pl*
fiancé, ée *n*
fiancer (se) *vt, vpr* ***10***
fiasco *nm*
fiasque *nf*
fibranne *nf Nom déposé*
fibrate *nm*
fibre *nf*
fibrer *vt* ***1***
fibreux, euse *a*
fibrillaire *a*
fibrillation *nf*
fibrille *nf*
fibrine *nf*
fibrineux, euse *a*
fibrinogène *nm*
fibrinolyse *nf*
fibrinolysine *nf*
fibrinolytique *a, nm*
fibroblaste *nm*
fibrociment *nm Nom déposé*
fibrocyte *nm*
fibroïne *nf*
fibromateux, euse *a*
fibromatose *nf*
fibrome *nm*
fibromyalgie *nf*
fibromyalgique *a, n*
fibromyome *nm*
fibroscope *nm*
fibroscopie *nf*
fibroscopique *a*
fibrose *nf*
fibule *nf*
fic *nm*
ficaire *nf*
ficelage *nm*
ficelé, ée *a*
ficeler *vt* ***16***
ficelle *nf*
fichage *nm*
fiche *nf*
ficher ou **fiche** *vt, vpr* ***1*** *(répertorier)*
fichier *nm*
fichtre ! *interj*
fichtrement *av*
fichu, ue *a*
fichu *nm*
fictif, ive *a*
fiction *nf*
fictionnaliser *vt* ***1***
fictionnel, elle *a*
fictionner *vi* ***1***
fictivement *av*
ficus *nm*
fidéicommis *nm*
fidéisme *nm*
fidéiste *a, n*
fidèle *a, n*
fidèlement *av*
fidélisation *nf*
fidéliser *vt* ***1***
fidélité *nf*
fidjien *nm*
fidjien, enne *a, n*
fiduciaire *a*
fiducie *nf*
fief *nm*
fieffé, ée *a*
fiel *nm*
fielleux, euse *a*
fiente *nf*
fienter *vi* ***1***
fier, fière *a, n*
fier (se) *vpr* ***1***
fier-à-bras *nm Des fier(s)-à-bras.*
fièrement *av*
fiérot, ote *a, n*

fierté *nf*
fiesta *nf*
fièvre *nf*
fiévreusement *av*
fiévreux, euse *a*
fifre *nm*
fifrelin *nm*
fifties *nf pl*
fifty-fifty ou **fiftyfifty** *av*
figaro *nm*
figatelli *nm*
figé, ée *a*
figement *nm*
figer *vt* ***11***
fignolage *nm*
fignoler *vt* ***1***
fignoleur, euse *a, n*
figue *nf*
figuier *nm*
figulin, ine *a*
figurant, ante *n*
figuratif, ive *a*
figuration *nf*
figure *nf*
figuré, ée *a*
figurément *av*
figurer *vt, vi, vpr* ***1***
figurine *nf*
fil *nm (fibre)*
filable *a*
fil-à-fil *nm inv*
filage *nm*
filaire *a ; nf*
filament *nm*
filamenteux, euse *a*
filandreux, euse *a*
filant, ante *a*
filanzane *nm*
filao *nm*
filariose *nf*
filasse *nf, a, a inv*
filateur, trice *n*
filature *nf*
fildeferiste ou **fil-de-fériste** *n*
file *nf (rangée)*
filé *nm (tissage)*
filer *vt, vi* ***1***
filet *nm*
filetage *nm*
fileté *nm*
fileter *vt* ***18***
fileur, euse *n*
fileyeur *nm*
filial, ale, aux *a, nf*
filialement *av*
filialisation *nf*
filialiser *vt* ***1***
filiation *nf*
filicinée *nf*
filière *nf*
filiforme *a*
filigrane *nm*
filigraner *vt* ***1***
filin *nm*
filioque *nm*
filipendule *nf*
fille *nf*
fillette *nf*
filleul, eule *n*
film *nm*
filmable *a*
filmage *nm*
filmer *vt* ***1***
filmeur, euse *n*
filmique *a*
filmographie *nf*
filmographique *a*
filmologie *nf*
filmologique *a*
filmothèque *nf*
filo *nm*
filoche *nf*
filocher *vt* ***1***
filoguidé, ée *a*
filon *nm*
filonien, enne *a*
filoselle *nf*
filou, filoute *n, a*
filoutage *nm*
filouter *vt, vi* ***1***
filouterie *nf*
filovirus *nm*
fils *nm*
filtrage *nm*
filtrant, ante *a*
filtrat *nm*
filtration *nf*
filtre *nm*
filtre-presse *nm Des filtres-presses.*
filtrer *vt, vi* ***1***
fin *nf (achèvement)*
fin, fine *a, nm, av (mince, délicat)*
finage *nm*
final, ale, aux *a, nf (terminaison)*
final ou **finale** *nm Des finals.*
final cut *nm*
finalement *av*
finalisable *a*
finalisation *nf*
finaliser *vt* ***1***
finalisme *nm*
finaliste *n, a*
finalité *nf*
finançable *a*
finance *nf*
financement *nm*
financer *vt* ***10***
financeur *nm*
financiarisation *nf*
financiariser *vt* ***1***
financier, ère *a, n*
financièrement *av*
finasser *vi* ***1***
finasserie *nf*
finaud, aude *a, n*
finauderie *nf*
fine *nf (alcool)*
finement *av*
fines *nf pl*
finesse *nf*
finette *nf*
fini, ie *a, nm*
finir *vt, vi* ***2***
finish *nm*
finissage *nm*
finissant, ante *a*
finisseur, euse *n*
finistérien, enne *a, n*
finition *nf*
finitisme *nm*
finitude *nf*
finlandais, aise *a, n*
finlandisation *nf*
finlandiser *vt* ***1***
finn *nm*
finnois, oise *a, nm*
finno-ougrien, enne *a, nm*
fino *nm*
fiole *nf*
fiord ou **fjord** *nm*
fioriture *nf*
fioul *nm*
fipronil *nm*
fiqh *nm*
firewall *nm*
firmament *nm*
firman *nm*
firme *nf*
firth *nm*
fisc *nm*
fiscal, ale, aux *a*
fiscalement *av*
fiscalisation *nf*
fiscaliser *vt* ***1***
fiscalisme *nm*
fiscaliste *n*
fiscalité *nf*
fish-eye *nm Des fish-eyes.*
fissa *av*
fissibilité *nf*
fissible *a*
fissile *a*
fission *nf*
fissionner *vt, vi* ***1***
fissipède *a, nm*
fissuration *nf*
fissure *nf*
fissurelle *nf*
fissurer *vt* ***1***
fissuromètre *nm*
fiston *nm*
fistulaire *a*
fistule *nf*
fistuleux, euse *a*
fistuline *nf*
fitna *nf*
fitness *nm*
fitou *nm*
FIV *nf*
fivete *nf*
fixable *a*
fixage *nm*

fixant, ante *a*
fixateur, trice *nm*
fixatif *nm*
fixation *nf*
fixe *a, nm, interj*
fixé *nm*
fixement *av*
fixer *vt, vpr* ***1***
fixette *nf*
fixeur *nm*
fixie *nm*
fixin *nm*
fixing *nm*
fixisme *nm*
fixiste *a, n*
fixité *nf*
fjeld *nm*
fjord ou **fiord** *nm*
flabelliforme *a*
flac ! *interj*
flaccidité *nf*
flache *nf*
flacherie *nf*
flacon *nm*
flaconnage *nm*
flag *nm*
flagada *a inv*
flagellaire *a*
flagellant *nm*
flagellation *nf*
flagelle *nm*
flagellé *nm*
flageller *vt* ***1***
flagellose *nf*
flageolant, ante *a*
flageoler *vi* ***1***
flageolet *nm*
flagorner *vt* ***1***
flagornerie *nf*
flagorneur, euse *n, a*
flagrance *nf*
flagrant, ante *a*
flair *nm*
flairer *vt* ***1***
flamand, ande *a, nm (de Flandre, langue)*
flamant *nm (oiseau)*
flambage *nm*
flambant, ante *a, nm*
flambard *nm*
flambeau *nm*
flambée *nf*
flambement *nm*
flamber *vt, vi* ***1***
flambeur, euse *n*
flamboiement *nm*
flamboyant, ante *a, nm*
flamboyer *vi* ***22***
flamenco *nm, a*
flamiche *nf*
flamine *nm*
flamingant, ante *a, n*
flamingantisme *nm*
flamme *nf*
flammé, ée *a*
flammèche *nf*
flammekueche *nf*
flan *nm (pâtisserie)*
flanc *nm (côté)*
flancher *vi* ***1***
flanchet *nm*
flandricisme *nm*
flandrien, enne *a, nm*
flandrin *nm*
flâne *nf*
flanelle *nf*
flanellette *nf*
flâner *vi* ***1***
flânerie *nf*
flâneur, euse *n, a*
flanker *n*
flanquement *nm*
flanquer *vt* ***1***
flapi, ie *a*
flaque *nf*
flash *nm*
flashage *nm*
flashant, ante *a*
flash-back ou **flashback** *nm inv*
flash-ball *nm Nom déposé*
flashcode *nm Nom déposé*
flasher *vt, vi* ***1***
flasheuse *nf*
flashmob *nf*
flashy *a*
flasque *nf (flacon)*
flasque *a (mou)*
flasque *nm (de canon, mécanique)*
flatter *vt, vpr* ***1***
flatterie *nf*
flatteur, euse *n, a*
flatteusement *av*
flatulence *nf*
flatulent, ente *a*
flavescent, ente *a*
flaveur *nf*
flavine *nf*
flavonoïde *nm*
flavoprotéine *nf*
fléau *nm*
fléchage *nm*
flèche *nf*
fléché, ée *a*
flécher *vt* ***12***
fléchette *nf*
fléchir *vt, vi* ***2***
fléchissement *nm*
fléchisseur *nm, am*
flegmatique *a*
flegmatiquement *av*
flegme *nm*
flein *nm*
flemmard, arde *a, n*
flemmarder *vi* ***1***
flemme *nf*
fléole ou **phléole** *nf*
flet *nm*
flétan *nm*
flétrir *vt* ***2***
flétrissement *nm*
flétrissure *nf*
fleur *nf*
fleurdelisé, ée *a, nm*
fleurer *vt, vi* ***1***
fleuret *nm*
fleurette *nf*
fleurettiste *n*
fleuri, ie *a*
fleurie *nm*
fleurine *nf*
fleurir *vt, vi* ***2***
fleurissement *nm*
fleuriste *n*
fleuristerie *nf*
fleuron *nm*
fleuronné, ée *a*
fleuve *nm*
flexfuel *nm*
flexibilisation *nf*
flexibiliser *vt* ***1***
flexibilité *nf*
flexible *a, nm*
flexion *nf*
flexionnel, elle *a*
flexisécurité ou **flexécurité** ou **flexicurité** *nf*
flexographie *nf*
flexure *nf*
flibuste *nf*
flibustier *nm*
flic *n*
flicage *nm*
flicaille *nf*
flic flac *interj*
flingage *nm*
flingue *nm*
flinguer *vt, vi, vpr* ***1***
flingueur, euse *n*
flint-glass ou **flint** *nm inv*
flip *nm*
flip-flap *nm inv*
flipot *nm*
flippant, ante *a*
flipper *vi* ***1***
flipper *nm*
fliquer *vt* ***1***
flirt *nm*
flirter *vi* ***1***
floc *interj ; nm*
flocage *nm*
floche *a*
flock-book ou **flockbook** *nm Des flock-books.*
flocon *nm*
floconner *vi* ***1***
floconneux, euse *a*
floculation *nf*
floculer *vi* ***1***
flognarde *nf*
flonflons *nm pl*
flood *a inv*
flop *interj, nm*

flopée *nf*
floquer *vt* ***1***
floraison *nf*
floral, ale, aux *a*
floralies *nf pl*
flore *nf*
floréal *nm*
florentin, ine *a, n*
florès *nm*
floribond, onde *a*
floribondité *nf*
floricole *a*
floriculteur, trice *n*
floriculture *nf*
floridée *nf*
floridien, enne *a, n*
florifère *a*
florigène *a*
florilège *nm*
florin *nm*
florissant, ante *a*
floristique *a*
flot *nm*
flottabilité *nf*
flottable *a*
flottage *nm*
flottaison *nf*
flottant, ante *a, nm*
flottation *nf*
flotte *nf*
flottement *nm*
flotter *vt, vi* ***1***
flotteur *nm*
flottille *nf*
flou, oue *a, nm*
flouer *vt* ***1***
flouse ou **flouze** *nm*
floutage *nm*
flouter *vi* ***1***
flouve *nf*
fluage *nm*
fluatation *nf*
fluate *nm*
fluctuant, ante *a*
fluctuation *nf*
fluctuer *vi* ***1***
fluent, ente *a*
fluer *vi* ***1***
fluet, ette *a*
fluide *a, nm*
fluidifiant, ante *a, nm*
fluidification *nf*
fluidifier *vt* ***1***
fluidique *a, nf*
fluidisation *nf*
fluidiser *vt* ***1***
fluidité *nf*
fluo *a*
fluocompact, acte *a, nf*
fluor *nm*
fluoration *nf*
fluoré, ée *a*
fluorescéine *nf*
fluorescence *nf*
fluorescent, ente *a*
fluorhydrique *a*
fluorine ou **fluorite** *nf*
fluorocarboné, ée *a, nm*
fluoroscopie *nf*
fluorose *nf*
fluoruration *nf*
fluorure *nm*
fluotournage *nm*
fluoxétine *nf*
flush *nm*
flustre *nf*
flûte ou **flute** *nf, interj*
flûté, ée ou **fluté** *a*
flûteau ou **fluteau** ou **flûtiau** ou **flutiau** *nm*
flûtiste ou **flutiste** *n*
flutter *nm*
fluvial, ale, aux *a*
fluviale *nf*
fluviatile *a*
fluvioglaciaire *a*
fluviomètre ou **fluviographe** *nm*
fluviométrique *a*
flux *nm*
fluxion *nf*
fluxmètre *nm*
flyer *nm*
fly-jacket ou **flyjacket** *nm*
flysch *nm*
flysurf *nm*
FM *nf*
fob *a inv*
foc *nm (maritime)*
focal, ale, aux *a, nf*
focalisation *nf*
focaliser *vt, vi, vpr* ***1***
focus *nm*
fœhn ou **föhn** *nm*
foëne ou **fouëne** ou **foine** ou **foène** *nf*
fœtal, ale, aux *a*
fœticide *nm*
fœtologie *nf*
fœtologique *a*
fœtopathie *nf*
fœtoscopie *nf*
fœtoscopique *a*
fœtus *nm*
foggara *nm*
foi *nf (croyance)*
foie *nm (organe)*
foie-de-bœuf *nm Des foies-de-bœuf.*
foil *nm*
foin *nm ; interj*
foirade *nf*
foirail ou **foiral, als** *nm Des foirails.*
foire *nf*
foirer *vi* ***1***
foireux, euse *a*
fois *nf (coup)*
foison *nf*
foisonnant, ante *a*
foisonnement *nm*
foisonner *vi* ***1***
folate *nm*
folâtre *a*
folâtrer *vi* ***1***
folâtrerie *nf*
foldingue *a, n*
foliacé, ée *a*
foliaire *a*
foliation *nf*
folichon, onne *a*
folie *nf*
folié, ée *a*
folio *nm*
foliole *nf*
foliolule *nf*
foliotage *nm*
foliotation *nf*
folioter *vt* ***1***
folioteur *nm*
folique *a*
folk ou **folksong** *nm, a*
folklo *a inv*
folklore *nm*
folklorique *a*
folklorisation *nf*
folkloriser *vt* ***1***
folklorisme *nm*
folkloriste *n*
folle *nf*
folle-avoine *nf Des folles-avoines.*
folle-blanche *nf Des folles-blanches.*
follement *av*
follet, ette *a*
folliculaire *nm ; a*
follicule *nm*
folliculine *nf*
folliculite *nf*
folliculostimuline *nf*
fomentateur, trice *n*
fomentation *nf*
fomenter *vt* ***1***
fomenteur, euse *n*
fonçage *nm*
foncé, ée *a*
foncer *vt, vi* ***10***
fonceur, euse *a, n*
foncier, ère *a, n*
foncièrement *av*
foncteur *nm*
fonction *nf*
fonctionnaire *n*
fonctionnalisable *a*
fonctionnalisation *nf*
fonctionnaliser *vt* ***1***
fonctionnalisme *nm*
fonctionnaliste *a, n*
fonctionnalité *nf*
fonctionnariat *nm*
fonctionnarisation *nf*
fonctionnariser *vt* ***1***
fonctionnarisme *nm*
fonctionnel, elle *a*
fonctionnellement *av*
fonctionnement *nm*

fonctionner *vi* ***1***
fond *nm (base)*
fondamental, ale, aux *a, n*
fondamentalement *av*
fondamentalisme *nm*
fondamentaliste *n, a*
fondant, ante *a, nm*
fondateur, trice *n, a*
fondation *nf*
fondé, ée *a ; n*
fondement *nm*
fonder *vt* ***1***
fonderie *nf*
fondeur, euse *n*
fondeuse *nf*
fondis ou **fontis** *nm*
fondoir *nm*
fondouk *nm*
fondre *vt, vi* ***5***
fondrière *nf*
fonds *nm (exploitation, argent)*
fondu, ue *a, n*
fondu *nm*
fondue *nf*
fongibilité *nf*
fongible *a*
fongicide *nm, a*
fongiforme *a*
fongique *a*
fongosité *nf*
fongueux, euse *a*
fongus *nm*
fonio *nm*
fontaine *nf*
fontainebleau *nm*
fontainier *nm*
fontanelle *nf*
fonte *nf*
fontine *nf*
fontis ou **fondis** *nm*
fonts *nm pl*
foot *nm*
football *nm*
footballeur, euse *n*
footballistique *a*
footeux, euse *n*
footing *nm*
for *nm (conscience)*
forage *nm*
forain, aine *a, n*
foraminifère *nm*
forban *nm*
forçage *nm*
forçat *nm*
force *nf, av*
forcé, ée *a*
forcement *nm*
forcément *av*
forcené, ée *a, n*
forceps *nm*
forcer *vt, vi, vpr* ***10***
forcerie *nf*
forces *nf pl*
forcing *nm*
forcir *vi* ***2***
forclore *vt* ***53***
forclusion *nf*
fordisme *nm*
fordiste *a*
forer *vt* ***1***
foresterie *nf*
forestier, ère *a, n*
foret *nm (outil)*
forêt *nf (bois)*
forêt-galerie *nf Des forêts-galeries.*
forêt-noire *nf Des forêts-noires.*
foreur *nm*
foreuse *nf*
forézien, enne *a, n*
forfaire *v* ***9***
forfait *nm*
forfaitaire *a*
forfaitairement *av*
forfaitisation *nf*
forfaitiser *vt* ***1***
forfaitiste *n*
forfaiture *nf*
forfanterie *nf*
forficule *nf*
forge *nf*
forgeage *nm*
forger *vt* ***11***
forgeron *nm*
forgeur, euse *n*
forint *nm (monnaie)*
forjeter *vt, vi* ***20***
formage *nm*
formaldéhyde *nm*
formalisable *a*
formalisation *nf*
formaliser *vpr* ***1***
formalisme *nm*
formaliste *a, n*
formalité *nf*
formant *nm*
formariage *nm*
format *nm*
formatage *nm*
formater *vt* ***1***
formateur, trice *a, n*
formatif, ive *a*
formation *nf*
forme *nf*
formé, ée *a*
formel, elle *a*
formellement *av*
former *vt, vpr* ***1***
formeret *nm*
formiate *nm*
formica *nm Nom déposé*
formidable *a*
formidablement *av*
formique *a*
formol *nm*
formoler *vt* ***1***
formulable *a*
formulaire *nm*
formulation *nf*
formule *nf*
formuler *vt* ***1***
fornicateur, trice *n*
fornication *nf*
forniquer *vi* ***1***
fors *prép*
forsythia *nm*
fort, forte *a*
fort *av ; nm*
forte ou **forté** *av, nm inv, nm*
fortement *av*
fortepiano ou **fortépiano** *av, nm*
forteresse *nf*
fortiche *a*
fortifiant, ante *a, nm*
fortification *nf*
fortifier *vt* ***1***
fortin *nm*
fortissimo *av, nm*
fortran *nm*
fortuit, uite *a*
fortuitement *av*
fortune *nf*
fortuné, ée *a*
fortunella *nf*
forum *nm*
forure *nf*
forwarder *vt* ***1***
fossa *nm*
fosse *nf*
fossé *nm*
fossette *nf*
fossile *a, nm*
fossilifère *a*
fossilisation *nf*
fossiliser *vt* ***1***
fossoyeur, euse *n*
fou, fol, folle *a, n*
fou *nm*
fouage *nm*
fouailler *vt* ***1***
foucade *nf*
foudre *n, nm (orage, tonneau)*
foudroiement *nm*
foudroyage *nm*
foudroyant, ante *a*
foudroyer *vt* ***22***
fouesnantais, aise *a, n*
fouet *nm*
fouettard *am*
fouetté, ée *a*
fouetté *nm*
fouettement *nm*
fouette-queue *nm Des fouette-queues.*
fouetter *vt, vi* ***1***
foufou, fofolle *a, n*
foufou ou **foutou** *nm*
fougasse ou **fouace** *nf*
fougère *nf*
fougue *nf*
fougueusement *av*
fougueux, euse *a*
fouille *nf*

fouillé, ée *a*
fouiller *vt, vi* ***1***
fouilleur, euse *n*
fouillis *nm*
fouinard, arde *a, n*
fouine *nf*
fouiner *vi* ***1***
fouineur, euse *a, nm*
fouir *vt* ***2***
fouissage *nm*
fouisseur, euse *a, nm*
foulage *nm*
foulani *nm*
foulant, ante *a*
foulard *nm*
foule *nf (multitude)*
foulée *nf*
fouler *vt, vpr* ***1***
fouloir *nm*
foulon *nm*
foulque *nf*
foultitude *nf*
foulure *nf*
four *nm*
fourbe *a, n*
fourberie *nf*
fourbi *nm*
fourbir *vt* ***2***
fourbissage *nm*
fourbu, ue *a*
fourbure *nf*
fourche *nf*
fourche-bêche *nf Des fourches-bêches.*
fourcher *vt, vi* ***1***
fourchet *nm*
fourchette *nf*
fourchu, ue *a*
fourgon *nm*
fourgonner *vi* ***1***
fourgonnette *nf*
fourgue *nm*
fourguer *vt* ***1***
fouriérisme *nm*
fouriériste *a, n*
fourme *nf*
fourmi *nf*
fourmilier *nm*
fourmilière *nf*
fourmi-lion ou **fourmilion** *nm Des fourmis-lions.*
fourmillant, ante *a*
fourmillement *nm*
fourmiller *vi* ***1***
fournaise *nf*
fourneau *nm*
fournée *nf*
fourni, ie *a*
fournil *nm*
fourniment *nm*
fournir *vt* ***2***
fournisseur, euse *n*
fourniture *nf*
fourrage *nm*
fourrager *vt, vi* ***11***
fourrager, ère *a, nf*
fourragère *nf*
fourré, ée *a*
fourré *nm*
fourreau *nm*
fourrer *vt, vpr* ***1***
fourre-tout ou **fourretout** *nm inv, a inv*
fourreur *nm*
fourrier *nm*
fourrière *nf*
fourrure *nf*
fourvoiement *nm*
fourvoyer *vt, vpr* ***22***
foutaise *nf*
fouteur, euse *n*
foutoir *nm*
foutraque *a, n*
foutre *vt, vpr* ***64***
foutre *nm*
foutrement *av*
foutriquet *nm*
foutu, ue *a*
fovéa *nf*
foxé, ée *a*
fox-hound *nm Des fox-hounds.*
fox-terrier ou **fox** *nm Des fox-terriers.*
fox-trot *nm inv*
foyard ou **fayard** *nm*
foyer *nm*
frac *nm*
fracas *nm*
fracassant, ante *a*
fracassement *nm*
fracasser *vt* ***1***
fractal, ale, aux *a, nf*
fraction *nf*
fractionnaire *a*
fractionnel, elle *a*
fractionnement *nm*
fractionner *vt* ***1***
fractionnisme *nm*
fractionniste *a, n*
fracturaire *a*
fracture *nf*
fracturer *vt* ***1***
fragile *a*
fragilement *av*
fragilisant, ante *a*
fragilisation *nf*
fragiliser *vt* ***1***
fragilité *nf*
fragment *nm*
fragmentable *a*
fragmentaire *a*
fragmentairement *av*
fragmentation *nf*
fragmenter *vt* ***1***
fragon *nm*
fragrance *nf*
fragrant, ante *a*
frai *nm (alevin)*
fraîchement ou **fraichement** *av*
fraîcheur ou **fraicheur** *nf*
fraîchir ou **fraichir** *vi* ***2***
frais, fraîche ou **frais, fraiche** *a, n, av*
frais *nm pl*
fraisage *nm*
fraise *nf*
fraiser *vt* ***1***
fraiseur, euse *n*
fraiseuse *nf*
fraisier *nm*
fraisure *nf*
framboise *nf*
framboiser *vt* ***1***
framboisier *nm*
framée *nf*
franc *nm (monnaie)*
franc, franche *a*
franc, franque *n, a*
français *nm*
français, aise *a, n*
franc-alleu *nm Des francs-alleux.*
francarabe *a, nm*
franc-bord *nm Des francs-bords.*
franc-bourgeois *nm Des francs-bourgeois.*
franc-canton *nm Des francs-cantons.*
franc-comtois, oise ou **comtois, oise** *a, n*
franc-fief *nm Des francs-fiefs.*
franchement *av*
franchir *vt* ***2***
franchisage *nm*
franchise *nf*
franchisé, ée *a, n*
franchiser *vt* ***1***
franchiseur *nm*
franchissable *a*
franchissement *nm*
franchouillard, arde ou **franchouille** *a, n*
franchouillardise *nf*
francien *nm*
francilien, enne *a, n*
francique *nm, a*
francisant, ante *n*
francisation *nf*
franciscain, aine *n, a*
franciser *vt* ***1***
francisme *nm*
francisque *nf*
francité *nf*
francium *nm*
franc-jeu *nm, a francs-jeux*
franc-maçon *n*
franc-maçonnerie *nf Des franc-maçonneries.*
franc-maçonnique *a*
franco *av*
franco-algérien, enne *a, n franco-algériens*

franco-américain, aine *a, n franco-américains*
franco-canadien, enne *a, nm*
franco-français, aise *a*
francolin *nm*
francophile *a, n*
francophilie *nf*
francophobe *a, n*
francophobie *nf*
francophone *a, n*
francophonie *nf*
franco-provençal, ale, aux *a, nm*
franc-parler *nm Des francs-parlers.*
franc-quartier *nm Des francs-quartiers.*
franc-tireur *nm Des francs-tireurs.*
frange *nf*
frangeant *am*
franger *vt* ***11***
frangin, ine *n*
frangipane *nf*
frangipanier *nm*
franglais *nm*
franquette *nf*
franquette (à la bonne) *av*
franquisme *nm*
franquiste *n, a*
fransquillon *nm*
frappage *nm*
frappant, ante *a*
frappe *nf*
frappé, ée *a*
frappement *nm*
frapper *vt, vi, vpr* ***1***
frappeur, euse *a, n*
frasques *nf pl*
fraternel, elle *a*
fraternellement *av*
fraternisation *nf*
fraterniser *vi* ***1***
fraternité *nf*
fratricide *n, a*
fratrie *nf (frères et sœurs)*
fraude *nf*
frauder *vt, vi* ***1***
fraudeur, euse *n*
frauduleusement *av*
frauduleux, euse *a*
fraxinelle *nf*
frayement *nm*
frayer *vt, vi* ***20***
frayère *nf*
frayeur *nf*
fredaines *nf pl*
fredonnement *nm*
fredonner *vt, vi* ***1***
freefly *nm*
freeflyer *n*
free-jazz ou **freejazz** *nm inv*
free-lance ou **freelance** *a, nm free-lances*
free-martin ou **freemartin** *nm Des free-martins.*
free-party ou **freeparty** *nf Des free-partys ou free-parties.*
freeride *nm*
freerider *n*
free-shop ou **freeshop** *nm Des free-shops.*
freesia *nm*
free-style ou **freestyle** *nm Des free-styles.*
freeware *nm*
freezer *nm*
freezing *nm*
frégate *nf*
frein *nm*
freinage *nm*
freiner *vt, vi, vpr* ***1***
freinte *nf*
frelatage *nm*
frelaté, ée *a*
frelater *vt* ***1***
frêle *a*
frêlement *av*
frelon *nm*
freluquet *nm*
frémir *vi* ***2***
frémissant, ante *a*
frémissement *nm*
frênaie *nf*
frêne *nm*
frénésie *nf*
frénétique *a*
frénétiquement *av*
fréon *nm Nom déposé*
fréquemment *av*
fréquence *nf*
fréquencemètre *nm*
fréquent, ente *a*
fréquentable *a*
fréquentatif, ive *a, nm*
fréquentation *nf*
fréquenté, ée *a*
fréquenter *vt* ***1***
fréquentiel, elle *a*
frère *nm*
frérèche *nf*
frérot *nm*
fresque *nf*
fresquiste *n*
fressure *nf*
fret *nm (chargement)*
fréter *vt* ***14***
fréteur *nm*
frétillant, ante *a*
frétillement *nm*
frétiller *vi* ***1***
fretin *nm*
frettage *nm*
frette *nf (cercle)*
fretter *vt* ***1***
freudien, enne *a, n*
freudisme *nm*
freux *nm, a*
friabilité *nf*
friable *a*
friand, ande *a, nm*
friandise *nf*
fribourg *nm*
fribourgeois, oise *a, n*
fric *nm*
fricadelle *nf*
fricandeau *nm*
fricassée *nf*
fricasser *vt* ***1***
fricatif, ive *a, nf*
fric-frac *nm inv*
friche *nf*
frichti *nm*
fricot *nm*
fricotage *nm*
fricoter *vt, vi* ***1***
fricoteur, euse *n*
friction *nf*
frictionnel, elle *a*
frictionner *vt* ***1***
fridolin *nm*
frigidaire *nm Nom déposé*
frigide *a*
frigidité *nf*
frigo *nm*
frigorie *nf*
frigorifier *vt* ***1***
frigorifique *a, nm*
frigorigène *a*
frigoriste *nm*
frileusement *av*
frileux, euse *a*
frilosité *nf*
frimaire *nm*
frimas *nm*
frime *nf*
frimer *vi* ***1***
frimeur, euse *a, n*
frimousse *nf*
fringale *nf*
fringant, ante *a*
fringillidé *nm*
fringuer (se) *vpr* ***1***
fringues *nf pl*
frioulan, ane *a, n*
fripe *nf*
friper *vt* ***1***
friperie *nf*
fripier, ère *n*
fripon, onne *n, a*
friponnerie *nf*
fripouille *nf*
fripouillerie *nf*
friqué, ée *a, n*
friquet *nm*
frire *vt, vi* ***79***
frisant, ante *a*
frisbee *nm Nom déposé*
frise *nf*
frisé, ée *a, n*
friselis *nm*
friser *vt, vi* ***1***
frisette *nf*
frisolée ou **friselée** *nf*

frison, onne *a, n*
frisotter ou **frisoter** *vti 1*
frisquet, ette *a*
frisson *nm*
frissonnant, ante *a*
frissonnement *nm*
frissonner *vi 1*
frisure *nf*
frite *nf (pomme de terre)*
friter (se) *vpr 1*
friterie *nf*
friteuse *nf*
fritillaire *nf*
fritons *nm pl*
frittage *nm*
fritte *nf (céramique)*
fritter *vt 1*
friture *nf*
fritz *nm inv*
frivole *a*
frivolement *av*
frivolité *nf*
froc *nm*
froid, froide *a, nm*
froidement *av*
froideur *nf*
froidure *nf*
froissable *a*
froissant, ante *a*
froissement *nm*
froisser *vt 1*
froissure *nf*
frôlement *nm*
frôler *vt 1*
frôleur, euse *a, n*
fromage *nm*
fromager, ère *n, a*
fromager *nm*
fromagerie *nf*
froment *nm, a*
fromental *nm*
fronce *nf*
froncement *nm*
froncer *vt 10*
froncis *nm*
frondaison *nf*
fronde *nf*
fronder *vt, vi 1*
frondeur, euse *n, a*
fronsac *nm*
front *nm*
frontal, ale, aux *nm, a, nf*
frontalement *av*
frontalier, ère *a, n*
frontalité *nf*
frontière *nf*
frontignan *nm*
frontispice *nm*
frontiste *a, n*
front-office *nm Des front-offices.*
fronton *nm*
frottage *nm*
frottement *nm*
frotter *vt, vi, vpr 1*
frotteur, euse *nm*
frottis *nm*
frottoir *nm*
froufrou ou **frou-frou** *nm*
froufroutant, ante *a*
froufroutement *nm*
froufrouter *vi 1*
froussard, arde *a, n*
frousse *nf*
fructidor *nm*
fructifère *a*
fructification *nf*
fructifier *vi 1*
fructose *nm*
fructueusement *av*
fructueux, euse *a*
frugal, ale, aux *a*
frugalement *av*
frugalité *nf*
frugivore *a, nm*
fruit *nm*
fruitages *nm pl*
fruité, ée *a, nm*
fruiterie *nf*
fruitier, ère *a, nm*
fruitière *nf*
frumentaire *a*
frusques *nf pl*
fruste *a*
frustrant, ante *a*
frustration *nf*
frustratoire *a*
frustré, ée *a, n*
frustrer *vt 1*
frustule *nm*
frutescent, ente *a*
fruticuleux, euse *a*
FSH *nf*
FTP *nm*
fucacée *nf*
fuchsia *nm, a inv*
fuchsine *nf*
fucus *nm*
fuégien, enne *a, n*
fuel ou **fuel-oil** *nm*
fuero *nm*
fugace *a*
fugacité *nf*
fugitif, ive *a, n*
fugitivement *av*
fugitivité *nf*
fugu *nm*
fugue *nf*
fugué, ée *a*
fuguer *vi 1*
fugueur, euse *a, n*
Führer *nm*
fuir *vt, vi 28*
fuite *nf*
fuiter *vi 1*
fulani *nm*
fulgore *nm*
fulgurance *nf*
fulgurant, ante *a*
fulguration *nf*
fulgurer *vi 1*
fuligineux, euse *a*
fuligo *nm*
fuligule *nm*
full *nm (cartes)*
full-contact *nm Des full-contacts.*
fullerène *nm*
fulmar *nm*
fulmicoton *nm*
fulminant, ante *a*
fulminate *nm*
fulmination *nf*
fulminer *vt, vi 1*
fulminique *a*
fumable *a*
fumage *nm*
fumage *nm*
fumagine *nf*
fumaison *nf*
fumant, ante *a*
fumariacée *nf*
fumarique *a*
fumé, ée *a, nm*
fume-cigare *nm Des fume-cigares.*
fume-cigarette *nm Des fume-cigarettes.*
fumée *nf (vapeur)*
fumer *vt, vi 1 (épandre du fumier, brûler)*
fumerie *nf*
fumerolien, enne *a*
fumerolle ou **fumerole** *nf*
fumerollien, enne ou **fumerolien, enne** *a*
fumeron *nm*
fumet *nm (arôme)*
fumeterre *nf*
fumette *nf*
fumeur, euse *nm*
fumeux, euse *a*
fumier *nm*
fumigant *nm*
fumigateur *nm*
fumigation *nf*
fumigatoire *a*
fumigène *a, nm*
fumiger *vt 13*
fumiste *n, a*
fumisterie *nf*
fumivore *a*
fumoir *nm*
fumure *nf*
fun *a, nm*
funaire *nf*
funambule *n*
funambulesque *a*
funboard *nm*
funboardeur, euse *n*
fundraising *nm*
fundus *nm*
funèbre *a*
funérailles *nf pl*
funéraire *a*

funérarium *nm*
funeste *a*
fungie *nf*
funiculaire *n, a*
funicule *nm*
funk *nm, a inv*
funky *nm, a inv*
funtumia *nm*
fur *nm*
furane ou **furanne** *nm*
furax *a inv*
furet *nm*
furetage *nm*
fureter *vi* ***17***
fureteur, euse *a, nm*
fureur *nf*
furfuracé, ée *a*
furfural *nm Des furfurals.*
furia *nf*
furibard, arde *a*
furibond, onde *a*
furie *nf*
furieusement *av*
furieux, euse *a*
furioso *a, av*
furoncle *nm*
furonculeux, euse *a*
furonculose *nf*
furtif, ive *a*
furtivement *av*
furtivité *nf*
fusain *nm*
fusaïole *nf*
fusant, ante *a*
fusariose *nf*
fuseau *nm*
fusée *nf*
fuselage *nm*
fuselé, ée *a*
fuseler *vt* ***16***
fuser *vi* ***1***
fusette *nf*
fusibilité *nf*
fusible *a, nm*
fusiforme *a*
fusil *nm*
fusilier *nm*
fusillade *nf*
fusiller *vt* ***1***
fusil-mitrailleur *nm Des fusils-mitrailleurs.*
fusion *nf*
fusion-acquisition *nf Des fusions-acquisitions.*
fusionnel, elle *a*
fusionnement *nm*
fusionner *vt* ***1***
fustanelle *nf*
fustet *nm*
fustibale *nm*
fustigation *nf*
fustiger *vt* ***11***
fusuline *nf*
fût ou **fut** *nm*
futaie *nf*
futaille *nf*
futaine *nf*
futal ou **fute** *nm*
futé, ée ou **fute-fute** *a, n*
futile *a*
futilement *av*
futilité *nf*
futon *nm*
futur, ure *a, nm*
futurisme *nm*
futuriste *a, n*
futurologie *nf*
futurologue *n*
fuxéen *a, n*
fuyant, ante *a*
fuyard, arde *a, n*
FVO *nf*

g

g *nm*
gaba *nm*
gabalitain, aine *a, n*
gabardine *nf*
gabare ou **gabarre** *nf*
gabariage *nm*
gabarier *vt* ***2***
gabarit *nm*
gabbro *nm*
gabegie *nf*
gabelle *nf*
gabelou *nm*
gabier *nm*
gabion *nm*
gabionnage *nm*
gable ou **gâble** *nm*
gabonais, aise *a, n*
gaboronais, aise *a, n*
gâchage *nm*
gâche *nf*
gâcher *vt* ***1***
gâchette *nf*
gâcheur, euse *nm*
gâchis *nm*
gadget *nm*
gadgétisation *nf*
gadgétiser *vt* ***1***
gadidé ou **gade** *nm*
gadiforme *nm*
gadin *nm*
gaditan, ane *a, n*
gadjo *a, n gadjos ou gadjé*
gadolinium *nm*
gadoue *nf*
gaélique *a*
gaélique *nm*
gaffe *nf*
gaffer *vt* ***1***
gaffeur, euse *n*
gag *nm*
gaga *a, n*
gagaku *nm*
gage *nm*
gager *vt* ***11***
gageure ou **gageüre** *nf*
gagiste *nm*
gagman *nm*
gagnable *a*
gagnant, ante *a, n*
gagnant-gagnant *a gagnants-gagnants*
gagne *nf*
gagne-pain *nm Des gagne-pains ou gagne-pain.*
gagne-petit *nm Des gagne-petits ou gagne-petit.*
gagner *vt, vi* ***1***
gagneur, euse *n*
gaguesque *a*
gai, gaie *a, nm (joyeux)*
gaïac *nm*
gaïacol *nm*
gaiement ou **gaîment** ou **gaiment** *av*
gaieté ou **gaîté** ou **gaité** *nf*
gaillac *nm*
gaillard, arde *a, n*
gaillard *nm*
gaillarde ou **gaillardie** *nf*
gaillardement *av*
gaillardise *nf*
gaillet *nm*
gaillette *nf*
gain *nm*
gainage *nm*
gainant, ante *a*
gaine *nf*
gaine-culotte *nf Des gaines-culottes.*
gainer *vt* ***1***
gainerie *nf*
gainier *nm*
gaize *nf*
gal *nm*
gala *nm*
galactique *a*
galactogène *a*
galactomètre *nm*
galactophore *a*
galactopoïèse *nf*
galactorrhée *nf*
galactose *nm*
galactosémie *nf*
galago *nm*
galalithe *nf Nom déposé*
galamment *av*
galandage *nm*
galanga *nm*
galant, ante *a, nm*
galanterie *nf*
galantine *nf*
galapiat *nm*
galate *a, n*
galathée ou **galatée** *nf*
galaxie *nf*
galbe *nm*
galbé, ée *a*
galber *vt* ***1***
gale *nf (maladie)*
galéasse ou **galéace** *nf*
galéjade *nf*
galéjer *vi* ***12***
galène *nf*
galénique *a*
galénisme *nm*
galéniste *n*
galéopithèque *nm*
galère *nf, a*
galérer *vi* ***12***
galerie *nf*
galérien *nm*
galeriste *n*
galerne *nf*
galéruque *nf*
galet *nm*
galetas *nm*
galette *nf*
galeux, euse *a, n*
galgal *nm Des galgals.*
galhauban *nm*
galibot *nm*
galicien *nm*
galicien, enne *a, n*
galidie *nf*
galiléen, enne *a, n*
galimatias *nm*
galion *nm*
galiote *nf*
galipette *nf*
galipot *nm*
galle *nf (botanique)*
gallérie *nf*
gallican, ane *a, n*
gallicanisme *nm*
gallicisme *nm*
gallicole *a*
galliforme *nm*
gallinacé *nm*
gallique *am*
gallium *nm*
gallo ou **gallot** ou **gallec** *nm (langue)*
gallodrome *nm*
gallois *nm*
gallois, oise *a, n*
galloisant, ante *a, n*
gallon *nm (unité)*
gallo-romain, aine *a, n*
gallo-roman, ane *a, nm*
galoche *nf*
galon *nm (ruban)*
galonné, ée *n*
galonner *vt* ***1***
galop *nm (allure)*
galopade *nf*
galopant, ante *a*
galoper *vi* ***1***
galopeur, euse *n*
galopin *nm*
galoubet *nm*
galuchat *nm*
galurin ou **galure** *nm*
galvanique *a*
galvanisation *nf*
galvaniser *vt* ***1***
galvanisme *nm*
galvanocautère *nm*
galvanomagnétique *a*
galvanomètre *nm*
galvanoplastie *nf*
galvanoplastique *a*
galvanotype *nm*
galvanotypie *nf*
galvaudage *nm*
galvauder *vt* ***1***
gamay *nm*

gamba *nf*
gambade *nf*
gambader *vi* ***1***
gambe *nf*
gamberge *nf*
gamberger *vi* ***11***
gambette *nm (oiseau)*
gambette *nf (jambe)*
gambien, enne *a, n*
gambiller *vi* ***1***
gambiste *n*
gambit *nm*
gambusie *nf*
gamelan *nm*
gamelle *nf*
gamétange *nm*
gamète *nm*
gamétique *a*
gamétocyte *nm*
gamétogenèse *nf*
gamétophyte *nm*
gameur, euse ou **gamer** *n*
gamin, ine *n, a*
gaminerie *nf*
gamma *nm*
gammaglobuline *nf*
gammagraphie *nf*
gammare *nm*
gammathérapie *nf*
gamme *nf*
gammée *af*
gamone *nf*
gamonte *nm*
gamopétale *a, nf*
gamosépale *a*
gan *nm*
ganache *nf*
ganaderia ou **ganadéria** *nf*
gandin *nm*
gandoura *nf*
gang *nm, nf au Canada*
ganga *nm*
ganglion *nm*
ganglionnaire *a*
gangrène *nf*
gangrener ou **gangréner** *vt* ***15***
gangreneux, euse ou **gangréneux, euse** *a*
gangster *nm*
gangstérisme *nm*
gangue *nf*
ganja *nf*
ganoïde *a*
ganse *nf*
ganser *vt* ***1***
gant *nm*
ganté, ée *a*
gantelet *nm*
ganter *vt, vi* ***1***
ganterie *nf*
gantier, ère *n*
gantois, oise *a, n*
gap *nm*
gapençais, aise *a, n*
gaperon *nm*
gâpette *nf*
garage *nm*
garage music *nf*
garagiste *n*
garamond *nm*
garance *nf, a inv*
garant, ante *nm*
garantie *nf*
garantir *vt* ***2***
garbure *nf*
garce *nf*
garcette *nf*
garçon *nm*
garçonne *nf*
garçonnet *nm*
garçonnier, ère *a*
garçonnière *nf*
garde *nf (surveillance, vigile)*
gardé, ée *n*
garde-à-vous *nm inv*
garde-barrière *n Des gardes-barrières.*
garde-bœuf *nm Des gardes-bœufs.*
garde-boue *nm Des garde-boues ou garde-boue.*
garde champêtre ou **garde-champêtre** *n Des gardes champêtres.*
garde-chasse *nm Des gardes-chasses.*
garde-chiourme *nm Des gardes-chiourmes ou gardes-chiourme.*
garde-corps *nm inv*
garde-côte *nm Des gardes-côtes ou garde-côtes.*
garde-feu *nm Des garde-feux ou garde-feu.*
garde-fou *nm Des gardes-fous ou garde-fous.*
garde-française *nm Des gardes-françaises.*
garde-frontière *n Des gardes-frontières.*
garde-magasin *nm Des gardes-magasins.*
garde-malade *n Des gardes-malades.*
garde-manger *nm Des garde-mangers ou garde-manger.*
garde-meuble *nm Des garde-meubles.*
gardénal *nm Nom déposé*
garden-center *nm Des garden-centers.*
gardénia *nm*
garden-party *nf Des garden-partys.*
garde-pêche *nm Des gardes-pêches, garde-pêches ou garde-pêche.*
garde-port *nm Des gardes-ports.*
garder *vt, vpr* ***1***
garde-rat *nm Des garde-rats.*
garderie *nf*
garde-rivière *nm Des gardes-rivières.*
garde-robe *nf Des garde-robes.*
garde-temps *nm inv*
gardeur, euse *n*
garde-voie *nm Des gardes-voies.*
gardian *nm*
gardien, enne *n, a*
gardiennage *nm*
gardienné, ée *a*
gardois, oise *a, n*
gardon *nm*
gare *nf*
gare ! *interj*
garenne *nf*
garer *vt* ***1***
gargariser (se) *vpr* ***1***
gargarisme *nm*
gargote *nf*
gargotier, ère *n*
gargouille *nf*
gargouillement *nm*
gargouiller *vi* ***1***
gargouillis *nm*
gargoulette *nf*
gargousse *nf*
gari *nm*
gariguette *nf*
garimpeiro *nm*
garnement *nm*
garni, ie *a, nm*
garniérite *nf*
garnir *vt* ***2***
garnison *nf*
garnissage *nm*
garniture *nf*
garou *nm*
garrigue *nf*
garrocher *vt, vpr* ***1***
garrot *nm*
garrotage *nm*
garrottage *nm*
garrotter ou **garroter** *vt* ***1***
gars *nm*
garum *nm*
garzette *nf*
gasba *nf*
gascon *nm*
gascon, onne *a, n*
gasconnade *nf*
gasoil ou **gas-oil** ou **gazole** *nm*
gaspacho *nm*
gaspard *nm*
gaspillage *nm*
gaspiller *vt* ***1***
gaspilleur, euse *a, n*
gastérale *nf*
gastéromycète ou **gastromycète** *nm*
gastéropode ou **gastropode** *nm*
gastralgie *nf*
gastralgique *a*
gastrectomie *nf*
gastrine *nf*

gastrique *a*
gastrite *nf*
gastroentérite *nf*
gastroentéritique *a*
gastroentérologie *nf*
gastroentérologique *a*
gastroentérologue *n*
gastrofibroscopie *nf*
gastro-intestinal, ale, aux *a*
gastronome *n*
gastronomie *nf*
gastronomique *a*
gastroplastie *nf*
gastrorésistant, ante *a*
gastroscope *nm*
gastroscopie *nf*
gastroscopique *a*
gastrosexuel *nm*
gastrula *nf*
gâteau *nm ; a inv*
gâte-bois *nm inv*
gâter *vt, vpr* ***1***
gâterie *nf*
gâte-sauce *nm Des gâte-sauces.*
gâteux, euse *a, n*
gâtifier *vi* ***1***
gâtinais, aise *a, n*
gâtine *nm*
gatinois, oise *a, n*
gâtion, onne *n*
gâtisme *nm*
gatte *nf*
gattilier *nm*
gauche *a, n*
gauchement *av*
gaucher, ère *a, n*
Gaucher (maladie de) *nf*
gaucherie *nf*
gauchir *vt, vi* ***2***
gauchisant, ante *a*
gauchisme *nm*
gauchissement *nm*
gauchiste *n, a*
gaucho *nm*
gaude *nf*
gaudriole *nf*
gaufrage *nm*
gaufre *nf*
gaufrer *vt* ***1***
gaufrerie *nf*
gaufrette *nf*
gaufrier *nm*
gaufrure *nf*
gaulage *nm*
gaule *nf (perche)*
gauleiter *nm*
gauler *vt* ***1***
gaulis *nm*
gaullisme *nm*
gaulliste *a, n*
gaulois, oise *a, n*
gauloisement *av*
gauloiserie *nf*
gaultheria ou **gaulthérie** *nm*
gaupe *nf*
gaur *nm*
gaura *nm*
gauss *nm (unité)*
gausser (se) *vpr* ***1***
GAV *nf*
gavage *nm*
gavant, ante *a*
gave *nm*
gaver *vt, vpr* ***1***
gavial *nm Des gavials.*
gaviiforme *nm*
gavotte *nf*
gavroche *nm, a inv*
gay *nm, a*
gayal *nm Des gayals.*
gaytitude *nf*
gaz *nm*
gazage *nm*
gazania *nm*
gaze *nf (étoffe)*
gazé, ée *a, n*
gazéification *nf*
gazéifier *vt* ***1***
gazelle *nf*
gazer *vt* ***1***
gazette *nf*
gazeux, euse *a*
gazier, ère *nm, a*
gazinière *nf*
gazoduc *nm*
gazogène *nm*
gazole ou **gas-oil** ou **gasoil** *nm*
gazoline *nf*
gazomètre *nm*
gazométrie *nf*
gazon *nm*
gazonnage *nm*
gazonnement *nm*
gazonner *vt, vi* ***1***
gazonnière *nf*
gazouillant, ante *a*
gazouillement *nm*
gazouiller *vi* ***1***
gazouillis *nm*
geai *nm (oiseau)*
géant, ante *n, a*
géantiste *n*
géaster *nm*
gecko *nm*
geek *n*
geekette *nf*
géhenne *nf*
geignard, arde *a*
geignement *nm*
geindre *vi* ***69***
geisha *nf*
gel *nm*
gélatine *nf*
gélatiné, ée *a*
gélatineux, euse *a*
gélatinobromure *nm*
gelée *nf*
geler *vt, vi* ***16***
gélif, ive *a*
gélifiant, ante *a, nm*
gélification *nf*
gélifié *nm*
gélifier *vt* ***1***
gélinotte ou **gelinotte** *nf*
gélivure *nf*
gélose *nf*
gélule *nf*
gelure *nf*
gémellaire *a*
gémellipare *a*
gémelliparité *nf*
gémellité *nf*
gémination *nf*
géminé, ée *a*
gémir *vi* ***2***
gémissant, ante *a*
gémissement *nm*
gemmage *nm*
gemmail *nm Des gemmaux.*
gemmation *nf*
gemme *nf*
gemmer *vt* ***1***
gemmeur, euse *n*
gemmifère *a*
gemmiparité *nf*
gemmologie *nf*
gemmologique *a*
gemmologue *n*
gemmothérapie *nf*
gemmule *nf*
gémonies *nf pl*
gênant, ante *a*
gencive *nf*
gendarme *nm*
gendarmer (se) *vpr* ***1***
gendarmerie *nf*
gendarmesque *a*
gendre *nm*
gène *nm (biologie)*
gêne *nf (embarras)*
gêné, ée *a*
généalogie *nf*
généalogique *a*
généalogiste *n*
genépi ou **génépi** *nm*
gêner *vt, vpr* ***1***
général, ale, aux *a (universel, global)*
général *nm (officier)*
généralat *nm*
générale *nf (femme d'un officier, répétition)*
généralement *av*
généralisable *a*
généralisant, ante *a*
généralisateur, trice *a*
généralisation *nf*
généraliser *vt, vpr* ***1***
généralissime *nm*
généraliste *a, n*
généralité *nf*
générateur, trice *a, n*

génératif, ive *a*
génération *nf*
générationnel, elle *a*
générer *vt 12*
généreusement *av*
généreux, euse *a*
génériquable *a*
générique *a, nm*
génériquer *vt 1*
génériqueur *nm*
générosité *nf*
genèse *nf*
génésiaque *a*
génésique *a*
genêt *nm*
généthliaque *a*
généticien, enne *n*
génétique *a, nf*
génétiquement *av*
génétisme *nf*
genette *nf*
gêneur, euse *n*
genevois, oise *a, n*
genévrier *nm*
génial, ale, aux *a*
génialement *av*
génialité *nf*
géniculé, ée *a*
génie *nm*
genièvre *nm*
génique *a*
génisse *nf*
génital, ale, aux *a*
géniteur, trice *nm*
génitif *nm*
génito-urinaire *a*
gennaker *nm*
génocidaire *a, n*
génocide *nm*
génocider *vt 1*
génocideur, euse *a, n*
génois, oise *a, n*
génome *nm*
génomique *nf, a, n*
génomiste *n*
génopathie *nf*
génopôle ou **génopole** *nm Nom déposé*
génothérapie *nf*
génotoxicité *nf*
génotoxique *a*
génotypage *nm*
génotype *nm*
génotypique *a*
genou *nm Des genoux.*
genouillé, ée *a*
genouillère *nf*
genre *nm*
gens *n pl Des gentes. (personnes)*
gens *nf Des gentes. (Antiquité romaine)*
gent, gente *a*
gent *nf*
gentiane *nf*
gentil, ille *a*
gentil *nm*
gentilé *nm*
gentilhomme *nm Des gentilshommes.*
gentilhommière *nf*
gentilité *nf*
gentillesse *nf*
gentillet, ette *a*
gentiment *av*
gentleman *nm Des gentlemans ou gentlemen.*
gentleman-farmer *nm Des gentlemans-farmers ou gentlemen-farmers.*
gentleman-rider *nm Des gentlemans-riders ou gentlemen-riders.*
gentleman's agreement *nm Des gentlemen's agreements.*
gentrification ou **gentryfication** *nf*
gentry *nf*
génuflexion *nf*
géobiologie *nf*
géobiologique *a*
géobiologue *n*
géobotanique *nf, a*
géocentrique *a*
géocentrisme *nm*
géochimie *nf*
géochimique *a*
géochimiste *n*
géochronologie *nf*
géochronologique *a*
géocroiseur *nm*
géode *nf*
géodésie *nf*
géodésien, enne *n*
géodésique *a, nf*
géodynamicien, enne *n*
géodynamique *nf, a*
géoéconomie *nf*
géographe *n*
géographie *nf*
géographique *a*
géographiquement *av*
géoïde *nm*
géo-ingénierie *nf*
géo-ingénieriste *n*
géo-ingénieur *n*
geôle *nf*
geôlier, ère *n*
géolocalisation *nf*
géolocaliser *vt 1*
géologie *nf*
géologique *a*
géologiquement *av*
géologue *n*
géomagnéticien, enne *n*
géomagnétique *a*
géomagnétisme *nm*
géomancie *nf*
géomancien, enne *n*
géomarketing *nm*
géomaticien, euse *n*
géomatique *nf, a*
géomembrane *nf*
géométral, ale, aux *a, nm*
géomètre *n*
géométridé *nm*
géométrie *nf*
géométrique *a*
géométriquement *av*
géométrisation *nf*
géométriser *vt 1*
géométrisme *nm*
géomicrobiologie *nf*
géomorphologie *nf*
géomorphologique *a*
géomorphologue *n*
géophage *a, n*
géophagie *nf*
géophile *nm*
géophone *nm*
géophysicien, enne *n*
géophysique *nf, a*
géophyte *nm*
géopoliticien, enne *n*
géopolitique *nf, a*
géopositionnement *nm*
géoréférencer *vt 12*
géorgien *nm*
géorgien, enne *a, n*
géorgique *a*
géosciences *nf pl*
géostationnaire *a*
géostatistique *nf, a*
géostratégie *nf*
géostratégique *a*
géostrophique *a*
géosynchrone *a*
géosynclinal *nm Des géosynclinaux.*
géotechnicien, enne *n*
géotechnique *nf, a*
géotectonique *nf, a*
géotextile *nm*
géothermal, ale, aux *a*
géothermie *nf*
géothermique *a*
géothermiste *n*
géotropisme *nm*
géotrupe *nm*
gérable *a*
gérance *nf*
géraniacée *nf*
géraniale *nf*
géranium *nm*
gérant, ante *n*
gerbage *nm*
gerbe *nf*
gerbée *nf*
gerber *vt 1*
gerbera *nm*
gerbeur, euse *a, nf*
gerbier *nm*
gerbille *nf*
gerboise *nf*
gerce *nf*

gercement *nm*
gercer *vt, vi, vpr* ***10***
gerçure *nf*
gérer *vt* ***12***
gerfaut *nm*
gériatre *n*
gériatrie *nf*
gériatrique *a*
germain, aine *a, n*
germandrée *nf*
germanique *a*
germanisant, ante *n*
germanisation *nf*
germaniser *vt* ***1***
germanisme *nm*
germaniste *n*
germanium *nm*
germanophile *a, n*
germanophilie *nf*
germanophobe *a, n*
germanophobie *nf*
germanophone *a, n*
germe *nm*
germen *nm*
germer *vi* ***1***
germicide *a, nm*
germinal, ale, aux *a*
germinal *nm*
germinatif, ive *a*
germination *nf*
germoir *nm*
germon *nm*
géromé *nm*
gérondif *nm*
géronte *nm*
gérontocratie *nf*
gérontocratique *a*
gérontogène *nm*
gérontologie *nf*
gérontologique *a*
gérontologue *n*
gérontoxon *nm*
gerris *nm*
gersois, oise *a, n*
GES *nm*
gésier *nm*
gésine *nf*
gésir *vi* ***36***
gesnériacée *nf*
gesse *nf*
gestalt *nf*
gestaltisme *nm*
gestaltiste *a, n*
gestapiste *a, n*
gestation *nf*
gestationnel, elle *a*
gestatrice *nf*
geste *nm (mouvement)*
geste *nf (épopée)*
gesticulant, ante *a*
gesticulation *nf*
gesticuler *vi* ***1***
gestion *nf*
gestionnaire *a, nm*
gestique *nf*
gestualité *nf*
gestuel, elle *a, nf*
getter *nm*
gevrey-chambertin *nm inv*
gewurztraminer *nm*
gex *nm*
geyser *nm*
geysérite *nf*
ghetto *nm*
ghettoïsation *nf*
ghettoïser *vt* ***1***
ghilde ou **gilde** ou **guilde** *nf*
GI *nm inv*
giaour *nm*
gibberella *nf*
gibbérilline *nf*
gibbeux, euse *a*
gibbon *nm*
gibbosité *nf*
gibbule *nf*
gibecière *nf*
gibelin, ine *n, a*
gibelotte *nf*
giberne *nf*
gibet *nm*
gibier *nm*
giboulée *nf*
giboyeux, euse *a*
gibus *nm*
giclée *nf*
giclement *nm*
gicler *vi* ***1***
gicleur *nm*
gifle *nf*
gifler *vt* ***1***
gigahertz *nm*
gigantesque *a*
gigantisme *nm*
gigantomachie *nf*
gigantostracé *nm*
gigaoctet *nm*
gigogne *a*
gigolo *nm*
gigondas *nm*
gigot *nm*
gigotement *nm*
gigoter *vi* ***1***
gigoteuse *nf*
gigue *nf*
gildasien, enne *a, n*
gilet *nm*
giletier, ère *n*
gimmick *nm*
gin *nm (alcool)*
gin-fizz *nm inv*
gingembre *nm*
gingival, ale, aux *a*
gingivite *nf*
ginguet *am, nm*
ginkgo ou **ginkyo** *nm*
ginseng *nm*
girafe *nf*
girafeau ou **girafon** *nm*
girandole *nf*
girasol *nm*
giration *nf*
giratoire *a, nm*
giraumon ou **giraumont** *nm*
giraumonade *nf*
giravion *nm*
girelle *nf*
girie *nf*
girl *nf*
girly *a*
girofle *nm*
giroflée *nf*
giroflier *nm*
girolle ou **girole** *nf*
giron *nm*
girond, onde *a*
girondin, ine *a, n*
gironné, ée *a*
girouette *nf*
gisant, ante *a, nm*
giselle *nf*
gisement *nm*
gitan, ane *n, a*
gîte ou **gite** *nm*
gîter ou **giter** *vi* ***1***
gîtologie *nf*
giton *nm*
givrage *nm*
givrant, ante *a*
givre *nm*
givré, ée *a*
givrer *vt* ***1***
givreux, euse *a*
givrure *nf*
glabellaire *a*
glabelle *nf*
glabre *a*
glaçage *nm*
glaçant, ante *a*
glace *nf*
glacé, ée *a*
glacer *vt* ***10***
glacerie *nf*
glaceuse *nf*
glaceux, euse *a*
glaciaire *a*
glacial, ale, als ou **aux** *a*
glacialement *av*
glaciation *nf*
glaciel, elle *a, nm*
glacier *nm*
glacière *nf*
glaciérisme *nm*
glaciériste ou **glaciairiste** *n*
glaciologie *nf*
glaciologique *a*
glaciologue *n*
glacis *nm*
glaçon *nm*
glaçure *nf*
gladiateur *nm*
glagolitique *a*
glaïeul *nm*

glaire *nf*
glairer *vt* ***1***
glaireux, euse *a*
glaise *nf, a*
glaiser *vt* ***1***
glaiseux, euse *a*
glaisière *nf*
glaive *nm*
glamour *nm, a*
glamoureusement *av*
glamoureux, euse *a*
glamourisation *nf*
glamouriser *vt* ***1***
glanage *nm*
gland *nm*
glandage *nm*
glande *nf*
glandée *nf*
glander ou **glandouiller** *vi* ***1***
glandeur *n*
glandouille *nf*
glandouilleur, euse *n*
glandulaire *a*
glandule *nf*
glanduleux, euse *a*
glane *nf (récolte)*
glane *nm (silure)*
glaner *vt* ***1***
glaneur, euse *n*
glanure *nf*
glapir *vi* ***2***
glapissant, ante *a*
glapissement *nm*
glaréole *nf*
glaronnais, aise *a, n*
glas *nm*
glasnost *nf*
glatir *vi* ***2***
glaucienne *nf*
glaucomateux, euse *a, n*
glaucome *nm*
glauconite *nf*
glaucophane *nm*
glauque *a*
glaviot *nm*
glèbe *nf*
gléchome ou **glécome** *nm*
gléditschia *nm*
glène *nf*
glénoïdal, ale, aux ou **glénoïde** *a*
gley *nm*
glial, ale, aux *a*
glie *nf*
glioblastome *nm*
gliome *nm*
glissade *nf*
glissage *nm*
glissance *nf*
glissando *nm*
glissant, ante *a*
glisse *nf*
glissement *nm*
glisser *vt, vi, vpr* ***1***
glisseur *nm*
glissière *nf*
glissoir *nm*
glissoire *nf*
global, ale, aux *a*
globalement *av*
globalisant, ante *a*
globalisateur, trice *a*
globalisation *nf*
globaliser *vt* ***1***
globalisme *nm*
globalité *nf*
globe *nm*
globe-trotteur, euse ou **globe-trotter** *n Des globe-trotteurs ou euses.*
globicéphale *nm*
globigérine *nf*
globine *nf*
globulaire *a*
globule *nm*
globuleux, euse *a*
globuline *nf*
globulinémie *nf*
glockenspiel *nm*
gloire *nf*
glome *nm*
glomérulaire *a*
glomérule *nm*
glomérulonéphrite *nf*
gloria *nm inv*
gloriette *nf*
glorieusement *av*
glorieux, euse *a*
glorifiant, ante *a*
glorificateur, trice *a, n*
glorification *nf*
glorifier *vt, vpr* ***1***
gloriole *nf*
gloriosa *nm*
glose *nf*
gloser *vt, vti* ***1***
gloss *nm*
glossaire *nm*
glossateur *nm*
glossématique *nf*
glossine *nf*
glossite *nf*
glossolalie *nf*
glossopharyngien, enne *a*
glossotomie *nf*
glottal, ale, aux *a*
glotte *nf*
glottique *a*
glouglou *nm*
glouglouter *vi* ***1***
gloussant, ante *a*
gloussement *nm*
glousser *vi* ***1***
glouton, onne *a, nm*
gloutonnement *av*
gloutonnerie *nf*
gloxinia *nm*
glu *nf*
gluant, ante *a*
gluau *nm*
glucagon *nm*
glucide *nm*
glucidique *a*
glucocorticoïde *nm*
glucomètre *nm*
glucose *nm*
glucosé, ée *a*
glucoserie *nf*
glucoside *nm*
gluer *vt* ***1***
glume *nf*
glumelle *nf*
gluon *nm*
glutamate *nm*
glutamique *a*
glutathion *nm*
gluten *nm*
glutineux, euse *a*
glycémie *nf*
glycémique *a*
glycéride *nm*
glycérie *nf*
glycérine *nf*
glycériner *vt* ***1***
glycérique *a*
glycérol *nm*
glycérophosphate *nm*
glycérophosphorique *a*
glycérophtalique *a*
glycine *nf*
glycocolle *nm*
glycogène *nm*
glycogenèse *nf*
glycogénique *a*
glycol *nm*
glycolyse *nf*
glycolytique *a*
glycoprotéine *nf*
glycosurie *nf*
glyphe *nm*
glyphosate *nm*
glyptique *nf*
glyptographie *nf*
glyptothèque *nf*
gnangnan *a inv*
gnaque ou **niaque** *nf*
gneiss *nm*
gneissique *a*
gnétophyte *nf*
gnocchi *nm*
gnognote ou **gnognotte** *nf*
gnôle ou **gniole, gnaule, niôle** *nf*
gnome *nm*
gnomique *a*
gnomon *nm*
gnon *nm*
gnose *nf*
gnoséologie *nf*
gnoséologique *a*
gnosticisme *nm*
gnostique *a, n*
gnou *nm*
go *nm*

go (tout de) *av*
goal *nm (gardien)*
goal-average *nm Des goal-averages.*
goan, ane *a, n*
gobelet *nm*
gobeleterie ou **gobelèterie** *nf*
gobeletier, ère *n*
gobelétier, ère *n*
gobe-mouche *nm Des gobe-mouches.*
gober *vt* ***1***
goberger (se) *vpr* ***11***
gobeur, euse *n*
gobie *nm*
godaille *nf*
godasse *nf*
godelureau *nm*
godemiché *nm*
godendart *nm*
goder ou **godailler** *vi* ***1***
godet *nm*
godétia *nm*
godiche *a, nf*
godille *nf*
godiller *vi* ***1***
godillot *nm*
godiveau *nm*
godron *nm*
godronner *vt* ***1***
goéland *nm*
goélette *nf*
goémon *nm*
goémonier, ère *a, n*
goétie *nf*
goglu *nm*
gogo *nm (dupe)*
gogo (à) *av (en abondance)*
goguenard, arde *a*
goguenardise *nf*
goguenots ou **gogues** *nm pl*
goguette *nf*
goï ou **goïm** ou **goy** *nm*
goinfre *n, a*
goinfrer (se) *vpr* ***1***
goinfrerie *nf*
goitre *nm*
goitreux, euse *a, n*
golden *nf*
goldenboy *nm*
golden hello *nm*
gold point *nm*
golem *nm*
golf *nm (sport)*
golfe *nm (baie)*
golfeur, euse *n*
golfique *a*
goliath *nm*
golmote ou **golmotte** *nf*
golpe *nm*
gomarisme *nm*
gomariste *a, n*
gombo *nm*
goménol *nm Nom déposé*
goménolé, ée *a*
gomina *nf Nom déposé*
gominé, ée *a*
gommage *nm*
gomme *nf*
gomme-cogne *nm Des gommes-cognes.*
gomme-gutte *nf Des gommes-guttes.*
gomme-laque *nf Des gommes-laques.*
gommer *vt* ***1***
gomme-résine *nf Des gommes-résines.*
gommette *nf*
gommeux, euse *a, nm*
gommier *nm*
gommose *nf*
gomphide *nm*
gonade *nf*
gonadique *a*
gonadostimuline *nf*
gonadotrope *a*
gonadotrophine ou **gonadotropine** *nf*
gonakié ou **gonakier** *nm*
gond *nm*
gondolage *nm*
gondolant, ante *a*
gondole *nf*
gondolement *nm*
gondoler *vi, vpr* ***1***
gondolier, ère *n*
gone *nm*
gonelle ou **gonnelle** *nf*
gonfanon ou **gonfalon** *nm*
gonfanonier ou **gonfalonier** *nm*
gonflable *a*
gonflage *nm*
gonflant, ante *a*
gonflé, ée *a*
gonflement *nm*
gonfler *vt, vi, vpr* ***1***
gonflette *nf*
gonfleur *nm*
gong *nm*
gongorisme *nm*
gongoriste *a, n*
gonie *nf*
goniomètre *nm*
goniométrie *nf*
goniométrique *a*
gonochorique *a*
gonochorisme *nm*
gonococcie *nf*
gonocoque *nm*
gonocyte *nm*
gonorrhée *nf*
gonze *nm*
gonzesse *nf*
gonzo *nm*
googleiser ou **googliser** ou **googler** *vt* ***1***
googol *nm*
gopura *nm*
gordien *am ; nm*
gore *a, nm*
goret *nm*
goretex ou **gore-tex** *nm Nom déposé*
gorfou *nm*
gorge *nf*
gorge-bleue *nf Des gorges-bleues.*
gorge-de-pigeon *a inv*
gorgée *nf*
gorgeon *nm*
gorger *vt, vpr* ***11***
gorgerette *nf*
gorgerin *nm*
gorget *nm*
gorgone *nf*
gorgonzola *nm*
gorille *nm*
goron *nm*
gosette *nf*
gosier *nm*
gospel *nm*
gosse *n (enfant)*
gossypol *nm*
gotha *nm*
gothique *a, n (architecture)*
gotique *nm (langue)*
goton *nf*
gouache *nf*
gouacher *vt* ***1***
gouaille *nf*
gouailler *vi* ***1***
gouaillerie *nf*
gouailleur, euse *a*
goualante *nf*
goualeuse *nf*
gouape *nf*
gouda *nm*
goudrelle *nf*
goudron *nm*
goudronnage *nm*
goudronner *vt* ***1***
goudronneur *nm*
goudronneux, euse *a, nf*
gouet *nm*
gouffre *nm*
gouge *nf*
gougère *nf*
gougnafier *nm*
gouine *a, nf*
goujat *nm*
goujatement *av*
goujaterie *nf*
goujon *nm*
goujonner *vt*
goujonnette *nf*
goujonnière *af*
goulag *nm*
goulasch ou **goulache** *n*
goule *nf*
goulée *nf*
goulet *nm*
gouleyant, ante *a*
goulot *nm*

goulotte *nf*
goulu, ue *a, n*
goulument *av*
goulûment *av*
goum *nm*
goumier *nm*
goupil *nm*
goupille *nf*
goupiller *vt* ***1***
goupillon *nm*
gour ou **gur** *nm*
goura *nm*
gouragué *nm*
gourami *nm*
gourance ou **gourante** *nf*
gourbi *nm*
gourd, gourde *a (ankylosé)*
gourde *nf ; a*
gourdin *nm*
gouren *nm*
gourer (se) *vpr* ***1***
gourgandine *nf*
gourgane *nf*
gourmand, ande *a, nm*
gourmander *vt* ***1***
gourmandise *nf*
gourme *nf*
gourmé, ée *a*
gourmet *nm*
gourmette *nf*
gourou ou **guru** *n Des gourous.*
gousse *nf*
gousset *nm*
goût ou **gout** *nm*
goûter ou **gouter** *vt, vi, vti* ***1*** *(déguster, essayer)*
goûter ou **gouter** *nm (en-cas)*
goûteur, euse ou **gouteux, euse** *n*
goûteux, euse ou **gouteur, euse** *a (savoureux)*
goutte *nf*
goutte-à-goutte *nm inv*
gouttelette *nf*
goutter *vi* ***1*** *(couler)*
gouttereau *am*
goutteur *nm*
goutteux, euse *a, n*
gouttière *nf*
goûtu, ue ou **goutu, ue** *a*
gouvernable *a*
gouvernail *nm*
gouvernance *nf*
gouvernant, ante *a, n*
gouverne *nf*
gouvernement *nm*
gouvernemental, ale, aux *a*
gouverner *vt* ***1***
gouvernés *nm pl*
gouverneur *n* ou **gouverneure** *nf*
gouvernorat *nm*
goy ou **goï, goïm** *nm Des goys ou goyim.*
goyave *nf*
goyavier *nm*
GPA *nf*
GPL *nm*
GPS *nm*
GR *nm*
grabat *nm*
grabataire *a, n*
grabatisation *nf*
grabatiser *vt* ***1***
graben *nm*
grabuge *nm*
grâce *nf, interj*
graciable *a*
gracier *vt* ***1***
gracieusement *av*
gracieuseté *nf*
gracieux, euse *a*
gracile *a*
gracilité *nf*
gracioso *av*
gradation *nf*
grade *nm*
gradé, ée *a, n*
grader *nm*
gradient *nm*
gradin *nm*
gradiné, ée *a*
gradualisme *nm*
gradualiste *a, n*
gradualité *nf*
graduat *nm*
graduation *nf*
gradué, ée *a*
graduel, elle *a*
graduel *nm*
graduellement *av*
graduer *vt* ***1***
graff ou **graf** *nm*
graffer *vt* ***1***
graffeur, euse *n*
graffiter *vt* ***1***
graffiteur, euse *n*
graffiti *nm*
graffitiste ou **graffiti-artiste** *n*
graille *nf*
graillement *nm*
grailler *vt, vi* ***1***
graillon *nm*
graillonner *vi* ***1***
grain *nm*
grainage ou **grenage** *nm*
graine *nf*
grainer ou **grener** *vi* ***1***
graineterie *nf*
grainetier, ère *n*
grainier, ère *nm*
graissage *nm*
graisse *nf*
graisser *vt, vi* ***1***
graisseur, euse *a, nm*
graisseux, euse *a*
gram *nm inv*
graminée ou **graminacée** *nf*
grammage *nm*
grammaire *nf*
grammairien, enne *n*
grammatical, ale, aux *a*
grammaticalement *av*
grammaticalisation *nf*
grammaticaliser *vt* ***1***
grammaticalité *nf*
gramme *nm*
gramophone *nm Nom déposé*
grana *nf*
grand, grande *a, n*
grand-angle ou **grand-angulaire** *nm Des grands-angles.*
grand-chose *pr indéf, n inv*
grand-croix *nf inv, nm grands-croix*
grand-duc *nm*
grand-ducal, ale, aux *a*
grand-duché *nm Des grands-duchés.*
grande-duchesse *nf Des grandes-duchesses.*
grandelet, ette *a*
grandement *av*
grandeur *nf*
grand-guignolesque *a grand-guignolesques*
grandiloquence *nf*
grandiloquent, ente *a*
grandiose *a*
grandir *vt, vi* ***2***
grandissant, ante *a*
grandissime *a*
grand-livre *nm Des grands-livres.*
grand-maman *nf Des grands-mamans.*
grand-mère *nf Des grands-mères.*
grand-messe *nf Des grands-messes.*
grand-oncle *nm Des grands-oncles.*
grand-papa *nm Des grands-papas.*
grand-peine (à) *av*
grand-père *nm Des grands-pères.*
grand-prêtre *nm Des grands-prêtres.*
grand-public *a grands-publics*
grand-rue *nf Des grands-rues.*
grands-parents *nm pl*
grand-tante *nf Des grands-tantes.*
grand-voile *nf Des grands-voiles.*
grange *nf*
granit ou **granite** *nm*
granité, ée *a, nm*
graniter *vt* ***1***
graniteux, euse *a*
granitique *a*
granitoïde *a, nm*
granivore *a, nm*
granny-smith *nf inv*
granole *n*
granulage *nm*
granulaire *a*
granulat *nm*
granulation *nf*
granule *nm*
granulé, ée *a, nm*
granuler *vt* ***1***

granuleux, euse *a*
granulite *nf*
granulocytaire *a*
granulocyte *nm*
granulome *nm*
granulométrie *nf*
granulométrique *a*
grape-fruit ou **grapefruit** *nm Des grape-fruits.*
graphe *nm*
graphème *nm*
graphène *nm*
grapheur *nm*
graphie *nf*
graphiose *nf*
graphique *a, n*
graphiquement *av*
graphisme *nm*
graphiste *n*
graphite *nm*
graphiter *vt* ***1***
graphiteux, euse *a*
graphitique *a*
graphologie *nf*
graphologique *a*
graphologue *n*
graphomane *n*
graphomanie *nf*
graphomètre *nm*
graphométrie *nf*
grappa *nf*
grappe *nf*
grappillage *nm*
grappiller *vt, vi* ***1***
grappilleur, euse *n*
grappillon *nm*
grappin *nm*
graptolite *nm*
gras, grasse *a, nm, av*
gras-double *nm Des gras-doubles.*
grassement *av*
grasset *nm*
grassette *nf*
grasseyant, ante *a*
grasseyement *nm*
grasseyer *vi* ***1***
grassouillet, ette *a*
gratelle *nf*
graticulation *nf*
graticuler *vt* ***1***
gratifiant, ante *a*
gratification *nf*
gratifier *vt* ***1***
gratin *nm*
gratiné, ée *a, nf*
gratiner *vt, vi* ***1***
gratiole *nf*
gratis ou **gratos** *av, a inv*
gratitude *nf*
gratouiller ou **grattouiller** *vt* ***1***
grattage *nm*
grattant, ante *a*
gratte *nf*
gratte-ciel *nm Des gratte-ciels ou gratte-ciel.*
gratte-cul *nm Des gratte-culs.*
gratte-dos *nm inv*
grattement *nm*
gratte-papier *nm Des gratte-papiers.*
gratter *vt, vi* ***1***
gratteron ou **grateron** *nm*
gratteur, euse *n*
gratteux, euse *a*
grattoir *nm*
grattons *nm pl*
gratture *nf*
gratuiciel ou **graticiel** *nm*
gratuit, uite *a, nm*
gratuité *nf*
gratuitement *av*
grau *nm (canal)*
gravage *nm*
gravats *nm pl*
grave *a, nm, av (sérieux)*
graveleux, euse *a*
gravelle *nf*
gravelot *nm*
gravement *av*
graver *vt* ***1***
graves *nm*
gravettien, enne *a, nm*
graveur, euse *nm*
gravide *a*
gravidique *a*
gravidité *nf*
gravier *nm*
gravière *nf*
gravillon *nm*
gravillonnage *nm*
gravillonner *vt* ***1***
gravimètre *nm*
gravimétrie *nf*
gravimétrique *a*
gravir *vt* ***2***
gravissime *a*
gravitaire *a*
gravitation *nf*
gravitationnel, elle *a*
gravité *nf*
graviter *vi* ***1***
graviton *nm*
gravlax *nm*
gravois *nm pl*
gravure *nf*
gray *nm*
gré *nm*
grèbe *nm*
grébiche ou **grébige** *nf*
grec, grecque *a, n*
gréciser *vt* ***1***
grécité *nf*
gréco-bouddhique *a*
gréco-catholique *a, n gréco-catholiques*
gréco-latin, ine *a*
gréco-romain, aine *a*
grecquage *nm*
grecquer *vt* ***1***
gredin, ine *n*
gredinerie *nf*
gréement *nm*
green *nm*
gréer *vt* ***8***
greffage *nm*
greffe *nm (tribunal)*
greffe *nf (transplantation)*
greffé, ée *n*
greffer *vt, vpr* ***1***
greffeur, euse *n*
greffier, ère *nm*
greffoir *nm*
greffon *nm*
grégaire *a*
grégarine *nf*
grégarisé, ée *a*
grégarisme *nm*
grège *a, nm*
grégeois *am*
grégorien, enne *a*
grègues *nf pl*
grêle *a ; nf*
grêlé, ée *a*
grêler *v impers* ***1***
grelin *nm*
grelinette *nf Nom déposé*
grêlon *nm*
grelot *nm*
grelottant, ante ou **grelotant, ante** *a*
grelottement ou **grelotement** *nm*
grelotter ou **greloter** *vi* ***1***
greluche *nf*
greluchon *nm*
grémil *nm*
grémille *nf*
grenache *nm*
grenade *nf*
grenadeur *nm*
grenadien, enne *a, n*
grenadier *nm*
grenadière *nf*
grenadille *nf*
grenadin *nm*
grenadin, ine *a, n*
grenadine *nf*
grenage ou **grainage** *nm*
grenaillage *nm*
grenaille *nf*
grenailler *vt*
grenaison *nf*
grenat *nm, a inv*
grené, ée *a, nm*
grèneler *vt* ***19***
grenelle *nm*
grener ou **grainer** *vi* ***1***
grènetis *nm*
grenier *nm*
grenoblois, oise *a, n*
grenouillage *nm*
grenouille *nf*
grenouiller *vi*

grenouillère *nf*
grenouillette *nf*
grenu, ue *a*
grenure *nf*
grès *nm*
gréseux, euse *a*
grésil *nm*
grésillement *nm*
grésiller *vi* ***1***
gressin *nm*
greubons *nm pl*
grève *nf*
grever *vt* ***15***
grévilléa *nm*
gréviste *n, a*
gribiche *a*
gribouillage *nm*
gribouiller *vt, vi* ***1***
gribouilleur, euse *n*
gribouillis *nm*
grief *nm*
grièvement *av*
griffage *nm*
griffe *nf*
griffer *vt* ***1***
griffeur, euse *a, n*
griffoir *nm*
griffon *nm*
griffonnage *nm*
griffonnement *nm*
griffonner *vt* ***1***
griffu, ue *a*
griffure *nf*
grigne *nf*
grigner *vi* ***1***
grignons *nm pl*
grignotage *nm*
grignotement *nm*
grignoter *vt* ***1***
grignoteur, euse *a, nf*
grignotines *nf pl*
grigou *nm*
gri-gri ou **grigri** *nm Des gris-gris.*
gril *nm (ustensile)*
grill *nm*
grillade *nf*
grilladerie *nf*
grillage *nm*
grillager *vt* ***11***
grille *nf (clôture)*
grille-écran *nf Des grilles-écrans.*
grille-pain *nm Des grille-pains.*
griller *vt, vi* ***1***
grillon *nm*
grimaçant, ante *a*
grimace *nf*
grimacer *vi* ***10***
grimacier, ère *a, n*
grimage *nm*
grimaud *nm*
grimer *vt* ***1***
grimoire *nm*
grimpant, ante *a, nf*
grimpe *nf*
grimpée *nf*
grimper *vt, vi* ***1***
grimper *nm*
grimpereau *nm*
grimpette *nf*
grimpeur, euse *a, n*
grimpion, onne *n*
grinçant, ante *a*
grincement *nm*
grincer *vi* ***10***
grincheux, euse *a, n*
gringalet *nm*
gringo *nm*
gringue *nm*
griot, ote *n*
griotique *a*
griotte *nf*
griottier *nm*
grip *nm*
grippage *nm*
grippal, ale, aux *a*
grippe *nf*
gripper *vi, vpr* ***1***
grippe-sou *nm Des grippe-sou ou grippe-sous.*
grippette *nf*
gris, grise *a, nm*
grisaille *nf*
grisant, ante *a*
grisard *nm*
grisâtre *a*
grisbi *nm*
gris-de-lille *nm inv*
grisé *nm*
griser *vt* ***1***
griserie *nf*
griset *nm*
grisette *nf*
grisoller *vi* ***1***
grison *nm*
grison, onne *a, n*
grisonnant, ante *a*
grisonnement *nm*
grisonner *vi* ***1***
Grisons (viande des) *nf*
grisou *nm*
grisoumètre *nm*
grisouteux, euse *a*
grive *nf*
grivelé, ée *a*
grivèlerie *nf*
grivet *nm*
griveton *nm*
grivois, oise *a*
grivoiserie *nf*
grizzly ou **grizzli** *nm*
grœnendael *nm*
groenlandais, aise *a, n*
grog *nm*
groggy *a inv*
grognard *nm*
grognasse *nf*
grogne *nf*
grognement *nm*
grogner *vi* ***1***
grognon, onne *a, n*
grognonner *vi* ***1***
groin *nm*
groisil *nm*
groisillon, onne *a, n*
grole ou **grolle** *nf*
grommeler *v* ***16***
grommellement ou **gromèlement** *nm*
grondant, ante *a*
grondement *nm*
gronder *vt, vi* ***1***
gronderie *nf*
grondeur, euse *a*
grondin *nm*
groom *nm*
groove *nm*
gros, grosse *a, av, n*
gros-bec *nm Des gros-becs.*
groschen *nm*
gros-cul *nm Des gros-culs.*
groseille *nf*
groseillier *nm*
gros-grain *nm Des gros-grains.*
Gros-Jean *nm*
gros-plant *nm Des gros-plants.*
gros-porteur *nm Des gros-porteurs.*
grosse *nf*
grossesse *nf*
grosseur *nf*
grossier, ère *a*
grossièrement *av*
grossièreté *nf*
grossir *vt, vi* ***2***
grossissant, ante *a*
grossissement *nm*
grossiste *n*
grosso modo *loc av*
grotesque *n, a*
grotesquement *av*
grotte *nf*
grouillant, ante *a*
grouillement *nm*
grouiller *vi, vpr* ***1***
grouillot *nm*
groupage *nm*
groupal, ale, aux *a*
groupe *nm*
groupement *nm*
grouper *vt, vpr* ***1***
groupie *n*
groupiste *n*
groupusculaire *a*
groupuscule *nm*
groupware *nm*
grouse *nf*
growler *nm*
GRS *nf*
gruau *nm*
grue *nf*
gruérien, enne *a, n*
gruge *nf*
gruger *vt, vi* ***11***

gruiforme *nm*
grume *nf*
grumeau *nm*
grumeler (se) *vpr* ***16***
grumeleux, euse *a*
grumier *nm*
grunge *nm, a*
gruppetto *nm Des gruppettos ou gruppetti.*
grutage *nm*
gruter *vt* ***1***
grutier, ère *n*
gruyère *nm*
gryphée *nf*
guacamole *nm*
guadeloupéen, enne *a, n*
guanaco *nm*
guanine *nf*
guano *nm*
guanosine *nf*
guarana *nm*
guarani *nm*
guatémalien, enne *a, n*
guatémaltèque *a, n*
gué *nm ; interj (passage)*
guéable *a*
guébiste *a, n*
guède *nf*
guédille *nf*
guéer *vt* ***11***
guègue *nm*
guéguerre *nf*
gueletonner *vi* ***1***
guelfe *nm*
guelte *nf*
guenilles *nf pl*
guenon *nf*
guépard *nm*
guêpe *nf*
guêpier *nm*
guêpière *nf*
guère *av*
guérénouk *nm*
guéret *nm*
guérétois, oise *a, n*
guéridon *nm*
guérilla *nf*
guérilléra *nf*
guérilléro *nm*
guérir *vt, vi, vpr* ***2***
guérison *nf*
guérissable *a*
guérisseur, euse *n*
guérite *nf*
guernesiais, aise *a, n*
guerre *nf*
guerrier, ère *n, a*
guerroyer *vi* ***22***
guest-star ou **gueststar** *nf Des guest-stars.*
guet *nm (surveillance)*
guet-apens *nm Des guets-apens.*
guêtre *nf*
guetter *vt* ***1***
guetteur, euse *nm*
gueulante *nf*
gueulard, arde *a, n*
gueulard *nm*
gueule *nf*
gueule-de-loup *nf Des gueules-de-loup.*
gueulement *nm*
gueuler *vt, vi* ***1***
gueules *nm*
gueuleton *nm*
gueuse ou **gueuze** *nf (métallurgie)*
gueuserie *nf*
gueux, gueuse *n (miséreux)*
guèze *nm*
gugusse *nm*
gui *nm*
guibole ou **guibolle** *nf*
guibre *nf*
guiche *nf*
guichet *nm*
guichetier, ère *n*
guidage *nm*
guidance *nf*
guide *nm, nf*
guide-âne *nm Des guide-ânes.*
guider *vt, vpr* ***1***
guiderope *nm*
guidon *nm*
guifette *nf*
guignard *nm*
guigne *nf*
guigner *vt* ***1***
guignier *nm*
guignol *nm*
guignolade *nf*
guignolée *nf*
guignolet *nm*
guignon *nm*
guilde ou **ghilde** ou **gilde** *nf*
guillaume *nm*
guilledou *nm*
guillemet *nm*
guillemeter *vt* ***17***
guillemot *nm*
guilleret, ette *a*
guillochage *nm*
guilloche *nf*
guillocher *vt* ***1***
guillocheur *nm*
guillochis *nm*
guillochure *nf*
guillotine *nf*
guillotiné, ée *n*
guillotiner *vt* ***1***
guillotineur, euse *n*
guimauve *nf*
guimbarde *nf*
guimpe *nf*
guincher *vi* ***1***
guindage *nm*
guindaille *nf*
guindailler *vi* ***1***
guindant *nm*
guindé, ée *a*
guindeau *nm*
guinder *v* ***1***
guinée *nf*
guinéen, enne *a, n*
guingois (de) *av*
guinguette *nf*
guipage *nm*
guiper *vt* ***1***
guipoir *nm*
guipure *nf*
guirlande *nf*
guisarme *nf*
guise *nf*
guitare *nf*
guitariste *n*
guitaristique *a*
guitoune *nf*
gujerati *nm*
gummifère *a*
gunite *nf*
gunnère ou **gunnera** *nf*
günz *nm*
guppy *nm*
gur ou **gour** *nm*
gurdwara *nm*
guru ou **gourou** *n*
gus *nm*
gustatif, ive *a*
gustation *nf*
gutta-percha *nf Des guttas-perchas.*
guttural, ale, aux *a, nf*
guyanais, aise *a, n*
guyanien, enne *a, n*
guyot *nm (volcan)*
guyot *nf (poire)*
guzla *nf*
gwerz *nm*
gwoka *nm*
gym *nf*
gymkhana *nm*
gymnase *nm*
gymnasial, ale, aux *a*
gymnasien, enne *a*
gymnaste *n*
gymnastique *nf*
gymnique *a, nf*
gymnosophiste *nm*
gymnosperme *nf*
gymnote *nm*
gynandrie *nf*
gynandromorphe *a*
gynécée *nm*
gynéco *n*
gynécologie *nf*
gynécologique *a*
gynécologue *n*
gynécomastie *nf*
gynérium *nm*
gynogamone *nf*
gynostème *nm*
gypaète *nm*
gypse *nm*
gypseux, euse *a*

gypsier, ère *n*
gypsophile *nf*
gyre *nm*
gyrin *nm*
gyrobroyeur *nm*
gyrocompas *nm*
gyromagnétique *a*
gyromètre *nm*
gyromitre *nm*
gyrophare *nm*
gyropilote *nm*
gyroporteur *nm*
gyroscope *nm*
gyroscopique *a*
gyrostat *nm*
gyrovague *nm*

h

h *nm*
ha ou **ah** *interj, nm inv*
habanéra ou **habanera** *nf*
habeas corpus *nm*
habile *a*
habilement *av*
habileté *nf*
habilitation *nf*
habilité *nf*
habiliter *vt* ***1***
habillable *a*
habillage *nm*
habillé, ée *a*
habillement *nm*
habiller *vt, vpr* ***1***
habilleur, euse *n*
habit *nm*
habitabilité *nf*
habitable *a*
habitacle *nm*
habitant, ante *n*
habitat *nm*
habitation *nf*
habité, ée *a*
habiter *vt, vi* ***1***
habituation *nf*
habitude *nf*
habitué, ée *n*
habituel, elle *a*
habituellement *av*
habituer *vt* ***1***
habitus *nm*
hablerie *nf*
hâbleur, euse *n, a*
hachage *nm*
hache *nf (outil)*
haché, ée *a, nm*
hache-légume *nm Des hache-légumes.*
hachement *nm*
hache-paille *nm Des hache-pailles ou hache-paille.*
hacher *vt* ***1***
hachereau *nm*
hachette *nf*
hacheur *nm*
hache-viande *nm Des hache-viandes ou hache-viande.*
hachis *nm*
hachoir *nm*
hachure *nf*
hachurer *vt* ***1***
hacienda *nf*
hacker *n*
hacker *vt* ***1***
hackeur, euse *n*
hackle *nm*
hadal, ale, aux *a*
haddock *nm*
hadéen, enne *a, nm*
hadith *nm*
hadj *nm Des hadjs ou hadjis.*
hadron *nm*
hadronique *a*
hadronthérapie *nf*
hadrosaure *nm*
hafnium *nm*
hagard, arde *a*
haggis *nm*
hagiographe *n*
hagiographie *nf*
hagiographique *a*
haguenais, aise *a, n*
hahnium *nm*
haïdouk *nm*
haie *nf*
haïk *nm*
haïku *nm*
haillon *nm (vêtement)*
haillonneux, euse *a*
haine *nf (aversion)*
haineusement *av*
haineux, euse *a*
hainuyer ou **hennuyer, ère** *n*
haïr *vt* ***24***
haire *nf*
haïssable *a*
haïtien, enne *a, n*
haka *nm (Polynésie)*
hakka *nm (dialecte chinois)*
halage *nm*
halal *a num inv, nm inv*
halbran *nm*
hâle *nm (bronzage)*
halecret *nm*
haleine *nf (souffle)*
halener *vt* ***16***
haler *vt* ***1*** *(tirer)*
hâler *vt* ***1*** *(bronzer)*
haletant, ante *a*
halètement *nm*
haleter *vi* ***17***
haleur, euse *n*
half-court ou **halfcourt** *nm Des half-courts.*
halfpipe *nm*
half-track ou **halftrack** *nm Des half-tracks.*
halicte *nm*
halieute *n*
halieutique *a, nf*
haliotide *nf*
haliple *nm*
halite *nf*
hall *nm*
hallali *nm*
halle *nf (marché)*
hallebarde *nf*
hallebardier *nm*
hallier *nm (végétation)*
hallucinant, ante *a*
hallucination *nf*
hallucinatoire *a*
halluciné, ée *a, n*
halluciner *vi* ***1***
hallucinogène *a, nm*
hallucinose *nf*
halo *nm*
halobios *nm*
halogénation *nf*
halogène *a, nm*
halogéné, ée *a*
halographie *nf*
hâloir *nm*
halomorphe *a*
halon *nm*
halopéridol *nm*
halophile *a*
halophyte *nf*
halte *nf, interj*
halte-garderie *nf Des haltes-garderies.*
haltère *nm*
haltérophile *n*
haltérophilie *nf*
halva *nm*
hamac *nm*
hamada *nf*
hamadryade *nf*
hamadryas *nm*
hamamélis *nm*
hambourgeois, oise *a, n*
hamburger *nm*
hameau *nm*
hameçon *nm*
hameçonnage *nm*
hameçonner *vt* ***1***
hammam *nm*
hammerless *nm*
hampe *nf*
hamster *nm*
han *interj*
hanafisme *nm*
hanap *nm*
hanbalisme *nm*
hanbalite *a*
hanbok *nm*
hanche *nf (anatomie)*
hanché, ée *a*
hanchement *nm*
hancher *vt, vi* ***1***
hand *nm*
handball *nm*
handballeur, euse *n*
handicap *nm*
handicapant, ante *a*
handicapé, ée *a, n*
handicaper *vt* ***1***
handiphobe *n, a*
handiphobie *nf*
handisport *a inv, nm*
hanéfisme *nm*
hanéfite ou **hanafite** *a*
hangar *nm*
hangul *nm*
hanneton *nm*
hannetonnage *nm*

hannetonner *vt, vi* ***1***
hanovrien, enne *a, nm*
hanse *nf (féodalité)*
hanséatique *a*
hantavirus *nm*
hanter *vt* ***1*** *(obséder)*
hantise *nf*
haoussa *nm*
hapax *nm*
haploïde *a, nm*
haplologie *nf*
haplonte *nm*
haplophase *nf*
happe *nf*
happement *nm*
happening *nm*
happer *vt* ***1***
happy end *n Des happy ends.*
happy few *n pl*
happy hour *nf*
haptique *a*
haptonomie *nf*
haptophyte *nm*
haquebute *nf*
haquenée *nf*
hara-kiri ou **harakiri** *nm Des hara-kiris.*
haram *nm*
harangue *nf*
haranguer *vt* ***1***
harangueur, euse *n*
hararéen, enne ou **hararais, aise** *a, n*
haras *nm (centre équestre)*
harassant, ante *a*
harasse *nf*
harassement *nm*
harasser *vt* ***1***
harcelant, ante *a*
harcèlement *nm*
harceler *vt* ***16***
harceleur, euse *n*
hard *a inv, nm*
hard discount *nm*
hard discounter *nm*
harde *nf (troupeau)*
hardes *nf pl*
hardeur, euse ou **hardeux, euse** *n*
hardi, ie *a, interj*
hardiesse *nf*
hardiment *av*
hard rock *nm inv*
hard-top *nm Des hard-tops.*
hardware *nm*
harem *nm*
hareng *nm*
harengaison *nf*
harengère *nf*
harenguet *nm*
harenguier *nm*
haret *am, nm (chat)*
harfang *nm*
hargne *nf*
hargneusement *av*
hargneux, euse *a, n*
haricot *nm*
haridelle *nf*
harijan *n*
harira *nf*
harissa *nf*
harki, ie *a, nm*
harle *nm*
harmattan *nm*
harmonica *nm*
harmoniciste *n*
harmonie *nf*
harmonieusement *av*
harmonieux, euse *a*
harmonique *a, nm*
harmoniquement *av*
harmonisation *nf*
harmoniser *vt* ***1***
harmoniste *n*
harmonium *nm*
harnachement *nm*
harnacher *vt* ***1***
harnais *nm*
haro *interj, nm*
harpagon *nm*
harpail ou **harpaille** *nm*
harpe *nf*
harpie *nf*
harpiste *n*
harpon *nm*
harponnage *nm*
harponnement *nm*
harponner *vt* ***1***
harponneur, euse *n*
haruspice ou **aruspice** *nm*
hasard *nm*
hasardé, ée *a*
hasarder *vt, vpr* ***1***
hasardeusement *av*
hasardeux, euse *a*
has been *n inv*
haschisch ou **hachisch** ou **hasch** *nm*
hase *nf*
hassid *nm Des hassidim.*
hassidique *a*
hassidisme *nm*
hassium *nm*
hast *nm*
hasté, ée *a*
hâte *nf*
hâtelet *nm*
hâter *vt, vpr* ***1***
hâtier *nm*
hâtif, ive *a*
hâtivement *av*
hattéria *nm*
hauban *nm*
haubanage *nm*
haubaner *vt* ***1***
haubert *nm*
hausse *nf (augmentation)*
hausse-col *nm Des hausse-cols.*
haussement *nm (élévation)*
hausser *vt* ***1***
haussier, ère *a, n*
haussière ou **aussière** *nf*
haut, haute *a, nm, av*
hautain, aine *a*
haut-alpin, ine *a, n*
hautbois *nm*
hautboïste *n*
haut-commissaire *n Des hauts-commissaires.*
haut-commissariat *nm*
haut-couturier *nm Des hauts-couturiers.*
haut-de-chausses *nm Des hauts-de-chausses.*
haut-de-forme *nm Des hauts-de-forme.*
haut-de-jardin *nm Des hauts-de-jardin.*
haute-contre ou **hautecontre** *n Des hautes-contre.*
haute-fidélité *nf*
hautement *av*
hautesse *nf*
haute-tige *nf Des hautes-tiges.*
hauteur *nf (altitude)*
haut-fonctionnaire *n Des hauts-fonctionnaires.*
haut-fond *nm Des hauts-fonds.*
haut-fourneau *nm Des hauts-fourneaux.*
haut-garonnais, aise *a, n*
hautin ou **hautain** *nm*
haut-le-cœur *nm inv*
haut-le-corps *nm inv*
haut-ligérien, enne *a, n*
haut-marnais, aise *a, n*
haut-normand, ande *a, n*
haut-parleur ou **hautparleur** *nm Des haut-parleurs.*
haut-pyrénéen, enne *a, n*
haut-relief *nm Des hauts-reliefs.*
haut-rhinois, oise *a, n*
haut-saônnois, oise *a, n*
haut-savoyard, arde *a, n*
hauturier, ère *a*
haut-viennois, oise *a, n*
havage *nm*
havanais *nm*
havanais, aise *a, n*
havane *nm, a inv*
hâve *a*
haveneau ou **havenet** *nm*
haver *vt* ***1***
haveur *nm*
haveuse *nf*
havrais, aise *a, n*
havre *nm*
havresac *nm*
hawaïen, enne ou **hawaiien, enne** *a, n*
hawala *nm*
hayon *nm (coffre)*
hazan *nm*

hé ! *interj*
heaume *nm (armure)*
heavy metal *nm*
hebdo *nm*
hebdomadaire *a, nm*
hebdomadairement *av*
hébé *nf*
hébélome *nm*
hébéphrénie *nf*
hébéphrénique *a, n*
héberge *nf*
hébergeant, ante *n*
hébergement *nm*
héberger *vt* ***11***
hébergeur *nm*
hébètement ou **hébétement** *nm*
hébéter *vt* ***14***
hébétude *nf*
hébraïque *a*
hébraïsant, ante ou **hébraïste** *n*
hébraïser *vt* ***1***
hébraïsme *nm*
hébreu *nm, am*
hécatombe *nf*
hectare *nm*
hectique *a*
hectisie ou **étisie** *nf*
hecto *nm*
hectogramme *nm*
hectolitre *nm*
hectomètre *nm*
hectométrique *a*
hectopascal *nm*
hectowatt *nm*
hédéracée *nf*
hedge fund *nm*
hédonique *a*
hédonisme *nm*
hédoniste *n, a*
hédonistique *a*
hédychium *nm*
hégélianisme *nm*
hégélien, enne *a, n*
hégémonie *nf*
hégémonique *a*
hégémonisme *nm*
hégire *nf*
hégirien, enne *a*
hein *interj*
hélas ! *interj*
hélénium ou **hélénie** *nm*
hélépole *nf*
héler *vt* ***12***
hélianthe *nm*
hélianthème *nm*
hélianthine *nf*
héliaque *a*
héliaste *nm*
hélicase *nf*
hélice *nf*
hélicicole *a*
héliciculteur, trice *n*
héliciculture *nf*
hélicidé *nm*
hélico *nm*
hélicoïdal, ale, aux *a*
hélicoïde *a, nm*
hélicon *nm*
hélicoptère *nm*
héligare *nf*
héliocentrique *a*
héliocentrisme *nm*
héliodore *nm*
héliographe *nm*
héliographie *nf*
héliographique *a*
héliograveur, euse *n*
héliogravure *nf*
héliomarin, ine *a*
héliomètre *nm*
hélion *nm*
héliopause *nf*
héliophysique *nf, a*
héliophyte *nf*
héliosismologie *nf*
héliosphère *nf*
héliostat *nm*
héliosynchrone *a*
héliothérapie *nf*
héliothermie *nf*
héliothermique *a*
héliotrope *nm*
héliotropine *nf*
héliotropique *a*
héliotropisme *nm*
héliport *nm*
héliportage *nm*
héliporté, ée *a*
héliski *nm*
hélitreuillage *nm*
hélitreuiller *vt* ***1***
hélium *nm*
hélix *nm*
hellébore ou **ellébore** *nf*
hellénique *a*
hellénisation *nf*
helléniser *vt* ***1***
hellénisme *nm*
helléniste ou **hellénisant, ante** *n*
hellénistique *a*
hello ! *interj*
helminthe *nm*
helminthiase *nf*
helminthique *a*
helminthologie *nf*
hélobiale ou **hélobiée** *nf*
hélodée ou **élodée** *nf*
héloderme *nm*
hélophyte *nf*
helsinkien, enne *a, n*
helvelle *nf*
helvète *a, n*
helvétique *a*
helvétisme *nm*
hem ! *interj*
hémagglutination *nf*
hémagglutinine *nf*
hémarthrose *nf*
hématémèse *nf*
hématie *nf*
hématimètre *nm*
hématine *nf*
hématique *a*
hématite *nf*
hématoblaste *nm*
hématocrite *nm*
hématoencéphalique ou **hématoméningée** *a*
hématogène *a*
hématologie *nf*
hématologique *a*
hématologiste *n*
hématologue *n*
hématome *nm*
hématophage *a*
hématopoïèse *nf*
hématopoïétique *a*
hématose *nf*
hématozoaire *nm*
hématurie *nf*
hème *nm*
hémélytre *nm*
héméralopie *nf*
hémérocalle *nf*
hémianopie ou **hémianopsie** ou **hémiopie** *nf*
hémiascomycète *nm*
hémicellulose *nf*
hémicordé *nm*
hémicrânie *nf*
hémicrânien, enne *a*
hémicryptophyte *nf*
hémicycle *nm*
hémicylindrique *a*
hémièdre *a*
hémiédrie *nf*
hémiédrique *a*
hémione *nm*
hémiparasite *nm*
hémiplégie *nf*
hémiplégique *a, n*
hémiptère *nm*
hémiptéroïde *nm*
hémisphère *nm*
hémisphérique *a*
hémistiche *nm*
hémisynthèse *nf*
hémisynthétique *a*
hémitropie *nf*
hémobiologie *nf*
hémobiologique *a*
hémochromatose *nf*
hémocompatibilité *nf*
hémocompatible *a*
hémoconcentration *nf*
hémoculte *nm Nom déposé*
hémoculture *nf*
hémocyanine *nf*
hémocytoblaste *nm*
hémodérivé *nm*
hémodialyse *nf*
hémodialysé, ée *n*

hémodilution *nf*
hémodynamique *nf, a*
hémoglobine *nf*
hémoglobinopathie *nf*
hémogramme *nm*
hémolymphe *nf*
hémolyse *nf*
hémolysine *nf*
hémolytique *a*
hémopathie *nf*
hémophile *a, n*
hémophilie *nf*
hémoptysie *nf*
hémoptysique *a, n*
hémorragie *nf*
hémorragique *a*
hémorroïdaire *a, n*
hémorroïdal, ale, aux *a*
hémorroïde *nf*
hémosidérose *nf*
hémostase *nf*
hémostatique *a, nm*
hémothorax *nm*
hémovigilance *nf*
hénaurme *a*
hendécagone *nm*
hendécasyllabe *nm*
hendiadys ou **hendiadyin** *nm*
henné *nm (végétation)*
hennin *nm*
hennir *vi* ***2***
hennissement *nm*
hennuyer, ère ou **hainuyer** *a, n*
henry *nm*
hep ! *interj*
héparine *nf*
hépatique *a, n*
hépatisation *nf*
hépatite *nf*
hépatocarcinome *nm*
hépatocytaire *a*
hépatocyte *nm*
hépatologie *nf*
hépatologique *a*
hépatologue *n*
hépatomégalie *nf*
hepcidine *nf*
heptacorde *a, nm*
heptaèdre *nm*
heptaédrique *a*
heptagonal, ale, aux *a*
heptagone *nm*
heptamètre *nm, a*
heptane *nm*
heptathlète *nf*
heptathlon *nm*
heptathlonienne *nf*
héraldique *nf, a*
héraldiste *n*
héraultais, aise *a, n*
héraut *nm (féodalité)*
herbacé, ée *a*
herbage *nm*
herbagement *nm*
herbager *vt* ***11***
herbager, ère *n, a*
herbe *nf*
herbeux, euse *a*
herbicide *a, nm*
herbier *nm*
herbivore *a, nm*
herborisation *nf*
herboriser *vi* ***1***
herboriste *n*
herboristerie *nf*
herbu, ue *a*
herbue ou **erbue** *nf*
herchage *nm*
hercher ou **herscher** *vi* ***1***
hercheur, euse *n*
hercule *nm*
hercynien, enne *a*
herd-book *nm Des herd-books.*
hère *nm (homme)*
héréditaire *a*
héréditairement *av*
hérédité *nf*
hérésiarque *nm*
hérésie *nf*
hérétique *a, n*
hérissement *nm*
hérisser *vt, vpr* ***1***
hérisson *nm*
hérissonne *nf*
héritabilité *nf*
héritable *a*
héritage *nm*
hériter *vt, vi, vti* ***1***
héritier, ère *n*
hermaphrodisme *nm*
hermaphrodite *nm, a*
herméneutique *nf, a*
hermès *nm*
herméticité *nf*
hermétique *a, nf*
hermétiquement *av*
hermétisme *nm*
hermétiste *n*
hermine *nf*
herminette ou **erminette** *nf*
hermitage *nm*
herniaire *a*
hernie *nf*
hernieux, euse *a, n*
héroïcomique *a*
héroïne *nf*
héroïnomane *n*
héroïnomanie *nf*
héroïque *a*
héroïquement *av*
héroïsation *nf*
héroïser *vt* ***1***
héroïsme *nm*
héron *nm*
héronnière *nf*
héros *nm (brave)*
herpès *nm*
herpestidé *nm*
herpèsvirus *nm*
herpétique *a, n*
herpétologie ou **erpétologie** *nf*
herpétologique ou **erpétologique** *a*
herpétologiste ou **erpétologiste** *n*
hersage *nm*
herschage *nm*
herscheur, euse *n*
herse *nf*
herser *vt* ***1***
hertz *nm*
hertzien, enne *a*
herve *nm*
hésitant, ante *a, n*
hésitation *nf*
hésiter *vi* ***1***
hessois, oise *a, n*
hésychasme *nm*
hétaïre *nf*
hétairie ou **hétérie** *nf*
hétéro *a, n*
hétérocerque *a*
hétérochromosome *nm*
hétéroclite *a*
hétérocyclique *a*
hétérodonte *a, nm*
hétérodontie *nf*
hétérodoxe *a*
hétérodoxie *nf*
hétérodyne *nf*
hétérogamétique *a*
hétérogamie *nf*
hétérogène *a*
hétérogénéité *nf*
hétérogenèse *nf*
hétérogreffe *nf*
hétérologue *a*
hétérométabole *a*
hétéromorphe *a*
hétéromorphie *nf*
hétéromorphisme *nm*
hétéronome *a*
hétéronomie *nf*
hétéronyme *nm*
hétérophorie *nf*
hétéroprotéine *nf*
hétéroptère *nm*
hétérosexualité *nf*
hétérosexuel, elle *a, n*
hétéroside *nm*
hétérosis *nf*
hétérothallisme *nm* ou **hétérothallie** *nf*
hétérotherme *a, nm*
hétérothermie *nf*
hétérotopie *nf*
hétérotopique *a*
hétérotrophe *a*
hétéroxène *nm*
hétérozygote *a, nm*
hétérozygotie *nf*
hetman *nm*
hêtraie *nf*
hêtre *nm (arbre)*

heu ! *interj*
heuchera ou **heuchère** *nm*
heur *nm (chance)*
heure *nf (temps)*
heureusement *av*
heureux, euse *a, n*
heuristique *a, nf*
heurt *nm (choc)*
heurté, ée *a*
heurter *vt, vti, vpr* ***1***
heurtoir *nm*
hévéa *nm*
hexachlorophène *nm*
hexachlorure *nm*
hexacoralliaire *nm*
hexacorde *nm*
hexadécimal, ale, aux *a*
hexaèdre *a, nm*
hexaédrique *a*
hexafluorure *nm*
hexagonal, ale, aux *a*
hexagone *nm*
hexagramme *nm*
hexamètre *nm*
hexapode *a*
hexose *nm*
hi ! *interj*
hiatal, ale, aux *a*
hiatus *nm*
hibernal, ale, aux *a*
hibernation *nf*
hiberner *vi* ***1***
hibernie *nf*
hibiscus *nm*
hibou *nm Des hiboux.*
hic *nm inv*
hic et nunc *av*
hickory *nm*
hidalgo *nm*
hideur *nf*
hideusement *av*
hideux, euse *a*
hidjab ou **hidjeb** *nm*
hidrosadénite *nf*
hie *nf*
hièble ou **yèble** *nf*
hiémal, ale, aux *a*
hier *av*
hiérarchie *nf*
hiérarchique *a*
hiérarchiquement *av*
hiérarchisation *nf*
hiérarchiser *vt* ***1***
hiérarque *nm*
hiératique *a, nf*
hiératiquement *av*
hiératisme *nm*
hiérogamie *nf*
hiéroglyphe *nm*
hiéroglyphique *a*
hiéronymite *nm*
hiérophante *nm*
hiérosolymitain, aine *a, n*
hi-fi ou **hifi** *nf inv*
high-tech *a num inv, nm inv*
higoumène *nm*
hi-han ou **hihan** *interj, nm hi-hans*
hilaire *a*
hilarant, ante *a*
hilare *a*
hilarité *nf*
hile *nm (anatomie)*
hiloire *nf*
hilote ou **ilote** *n*
hilotisme *nm*
himalayen, enne *a*
himalayisme *nm*
himalayiste *a, n*
hindi *nm*
hindou, oue *a, n*
hindouisme *nm*
hindouiste *a, n*
hindouité *nf*
hindoustani *nm*
hinoki *nm*
hinterland *nm*
hip-hop *nm, a inv*
hip-hopeur, euse *n*
hipparchie *nf*
hipparion *nm*
hipparque *nm*
hippiatre *n*
hippiatrie ou **hippiatrique** *nf*
hippie ou **hippy** *n, a*
hippique *a*
hippisme *nm*
hippocampe *nm*
hippocastanacée *nf*
hippodrome *nm*
hippogriffe *nm*
hippologie *nf*
hippologique *a*
hippologue *n*
hippomobile *a*
hippophaé *nm*
hippophagie *nf*
hippophagique *a*
hippopotame *nm*
hippopotamesque *a*
hippotechnie *nf*
hippurique *a*
hiragana *nm*
hirondeau *nm*
hirondelle *nf*
hirsute *a*
hirsutisme *nm*
hirudine *nm*
hirudinée *nf*
hirudiniculture *nf*
hispanique *a, n*
hispanisant, ante ou **hispaniste** *n*
hispanisme *nm*
hispanité *nf*
hispano-américain, aine *a, n hispano-américains*
hispano-moresque ou **hispano-mauresque** ou **hispano-arabe** *a*
hispanophone *a, n*
hispide *a*
hisser *vt, vpr* ***1***
histamine *nf*
histaminique *a*
histidine *nf*
histocompatibilité *nf*
histogenèse *nf*
histogramme *nm*
histoire *nf*
histologie *nf*
histologique *a*
histolyse *nf*
histone *nf*
historial *nm*
historicisme *nm*
historiciste *a*
historicité *nf*
historien, enne *n*
historier *vt* ***1***
historiette *nf*
historiographe *n*
historiographie *nf*
historique *a, nm*
historiquement *av*
histrion *nm*
hit *nm*
hitlérien, enne *a, n*
hitlérisme *nm*
hit-parade *nm Des hit-parades.*
hittiste *n*
hittite *nm*
HIV *nm*
hiver *nm*
hivernage *nm*
hivernal, ale, aux *a, nf*
hivernant, ante *a, n*
hiverner *vt, vi* ***1***
HLM *n*
ho ! *interj*
ho ! hisse ! *interj*
hoax *nm*
hoazin *nm*
hobby *nm Des hobbys ou hobbies. (loisir)*
hobereau *nm*
hobo *nm*
hocco *nm*
hochement *nm*
hochepot *nm*
hochequeue *nm*
hocher *vt* ***1***
hochet *nm*
hocheur *nm*
hockey *nm (sport)*
hockeyeur, euse *n*
hodjatoleslam *nm*
hoëdicais, aise *a, n*
hogan *nm*
hoir *nm*
hoirie *nf*
hoki *nm*
holà ! *interj*
holding *n*
hold-up ou **holdup** *nm inv*

holisme *nm*
holiste *a, n*
holistique *a*
hollandais, aise *a, n*
hollandaise *af, nf*
hollande *n*
hollywoodien, enne *a*
holmium *nm*
holocauste *nm*
holocène *nm, a*
holocéphale *nm*
holocrine *a*
holocristallin, ine *a*
holoenzyme *nf*
hologramme *nm*
holographie *nf*
holographique *a*
holométabole *a, nm*
holomorphe *a*
holoparasite *a*
holophonie *nf*
holophrastique *a*
holoprotéine *nf*
holoside *nm*
holothurie *nf*
holotriche *nm*
holotype *nm*
holstein *a, nf*
holster *nm*
holter *nm*
homard *nm*
homarderie *nf*
hombre *nm*
home *nm (maison)*
homecinéma *nm*
homejacking *nm*
homélie *nf*
homéogène *nm*
homéomorphe *a*
homéomorphisme *nm*
homéopathe *n*
homéopathie *nf*
homéopathique *a*
homéopathiquement *av*
homéostasie *nf*
homéostatique *a*
homéotherme *a, nm*
homéothermie *nf*
homéotique *a*
homepage *nf*
homérique *a*
homespun *nm*
home-studio ou **homestudio** *nm Des home-studios.*
home-trainer ou **hometrainer** *nm Des home-trainers.*
homicide *n, a*
hominidé *nm*
hominien *nm*
hominisation *nf*
hominisé, ée *a*
hominoïde *a, nm*
hommage *nm*
hommasse *a*
homme *nm (humain)*
homme-grenouille *nm Des hommes-grenouilles.*
homme-orchestre *nm Des hommes-orchestres.*
homme-sandwich *nm Des hommes-sandwichs.*
homo *n ; a*
homocentre *nm*
homocentrique *a*
homocerque *a*
homochromie *nf*
homocinétique *a*
homodonte *a, nm*
homodontie *nf*
homogène *a*
homogénéisation *nf*
homogénéiser ou **homogénéifier** *vt* ***1***
homogénéité *nf*
homographe *a, nm*
homographie *nf*
homographique *a*
homogreffe *nf*
homolatéral, ale, aux *a*
homologation *nf*
homologie *nf*
homologique *a*
homologue *a, n*
homologuer *vt* ***1***
homomorphie *nf*
homomorphique *a*
homoncule ou **homuncule** *nm*
homonyme *a, nm*
homonymie *nf*
homonymique *a*
homoparent *nm*
homoparental, ale, aux *a*
homoparentalité *nf*
homophile *a, n*
homophilie *nf*
homophobe *a, n*
homophobie *nf*
homophone *a, nm*
homophonie *nf*
homoptère *nm*
homosexualité *nf*
homosexuel, elle *a, n*
homosphère *nf*
homothétie *nf*
homothétique *a*
homozygote *a, nm*
homozygotie *nf*
hondurien, enne *a, n*
hongkongais, aise *a, n*
hongre *a, nm*
hongrois, oise *a, n*
honnête *a*
honnêtement *av*
honnêteté *nf*
honneur *nm*
honnir *vt* ***2***
honorabilité *nf*
honorable *a*
honorablement *av*
honoraire *a*
honoraires *nm pl*
honorariat *nm*
honorée *nf*
honorer *vt, vpr* ***1***
honorifique *a*
honoris causa *a, av*
honte *nf*
honteusement *av*
honteux, euse *a*
hop ! *interj*
hôpital *nm Des hôpitaux.*
hoplite *nm*
hoplostète *nm*
hoquet *nm (physiologie)*
hoqueter *vi* ***17***
hoqueton *nm*
horaire *a, nm*
horde *nf*
hordéacé, ée *a*
horion *nm*
horizon *nm*
horizontal, ale, aux *a, nf*
horizontalement *av*
horizontalité *nf*
horloge *nf*
horloger, ère *n, a*
horlogerie *nf*
hormis *prép*
hormonal, ale, aux *a*
hormone *nf*
hormoné, ée *a*
hormonodépendant, ante *a*
hormonothérapie *nf*
hornblende *nf*
horodatage *nm*
horodater *vt* ***1***
horodateur, trice *a, nm*
horokilométrique *a*
horoptère *nm*
horoscope *nm*
horreur *nf*
horrible *a*
horriblement *av*
horrifiant, ante *a*
horrifier *vt* ***1***
horrifique *a*
horripilant, ante *a*
horripilateur *am, nm*
horripilation *nf*
horripiler *vt* ***1***
hors *prép*
horsain ou **horsin** *nm*
hors-bilan *nm Des hors-bilans ou hors-bilan.*
hors-bord *nm Des hors-bords.*
hors-champ *a, nm hors-champs ou hors-champ*
hors-concours *nm*
hors-cote *nm Des hors-côtes ou hors-côte.*
hors-d'œuvre *nm inv*
horse-ball *nm Des horse-balls.*

horse-guard *nm Des horse-guards.*
horse power *nm inv*
hors-jeu *nm Des hors-jeux ou hors-jeu.*
hors-la-loi *nm inv*
hors-média *nm Des hors-médias ou hors média.*
hors-normes *a inv*
hors-piste *nm Des hors-pistes ou hors-piste.*
hors-série *a inv, nm hors-séries ou hors-série*
hors-service *a inv*
hors-sol *a, nm hors-sols ou hors sol*
hors-statut *n Des hors-statuts ou hors-statut.*
horst *nm*
hors-texte *nm Des hors-textes.*
hors-venu *n*
hortensia *nm*
horticole *a*
horticulteur, trice *n*
horticulture *nf*
hortillonnage *nm*
hosanna *nm*
hospice *nm (établissement)*
hospitalier, ère *a, nm*
hospitalisation *nf*
hospitalisé, ée *n*
hospitaliser *vt* ***1***
hospitalisme *nm*
hospitalité *nf*
hospitalocentrisme *nm*
hospitalo-universitaire *a*
hospodar *nm*
hosta *nm*
hostellerie *nf*
hostie *nf*
hostile *a*
hostilement *av*
hostilité *nf*
hosto *nm*
hot *a, nm inv*
hot-dog ou **hotdog** *nm Des hot-dogs.*
hôte, hôtesse *n (maître de maison)*
hôtel *nm (établissement)*
hôtel-club *nm Des hôtels-clubs.*
hôtel-Dieu *nm Des hôtels-Dieu.*
hôtelier, ère *a, n*
hôtellerie *nf*
hotline ou **hot line** *nf*
hotliner *n*
hotte *nf (panier)*
hottée *nf*
hottentot *nm*
hotu *nm*
hou ! *interj*
houatais, aise *a, n*
houblon *nm*
houblonnage *nm*
houblonner *vt* ***1***
houblonnier, ère *a, n*
houe *nf (instrument)*
houille *nf*
houiller, ère *a, n*
houka *nm*
houle *nf*
houlette *nf*
houleux, euse *a*
houligan ou **hooligan** *nm*
houliganisme ou **hooliganisme** *nm*
houlomoteur, trice *a*
houlque ou **houque** *nf*
houmous *nm*
houngan *nm*
houppe *nf*
houppelande *nf*
houppette *nf*
houppier *nm*
hourd *nm*
hourdage *nm*
hourder *vt* ***1***
hourdis *nm*
houri *nf*
hourra ! ou **hurrah** *interj, nm*
hourvari *nm*
houseau *nm Des houseaux.*
house-boat *nm Des house-boats.*
house-music ou **house** *nf*
houspiller *vt* ***1***
houssaie *nf*
housse *nf*
housser *vt* ***1***
houx *nm (végétation)*
hovercraft *nm*
howea *nm*
hoyau *nm*
HS *a*
html *nm*
huard ou **huart** *nm*
hub *nm*
hublot *nm*
huche *nf*
hue ! *interj*
huées *nf pl*
huer *vt, vi* ***1***
huerta *nf*
huguenot, ote *n, a*
huilage *nm*
huile *nf*
huiler *vt* ***1***
huilerie *nf*
huileux, euse *a*
huilier, ère *a, nm*
huis *nm*
huisserie *nf*
huissier, ère *n*
huit *a num inv, nm inv*
huitain *nm*
huitaine *nf*
huitante *a num*
huitième *a, n*
huitièmement *av*
huître ou **huitre** *nf*
huit-reflets *nm inv*
huîtrier, ère ou **huitrier, ère** *a, nf*
huîtrier ou **huitrier** *nm*
hulotte *nf*
hululement *nm*
hululer ou **ululer** *vi* ***1***
hum ! *interj*
humage *nm*
humain, aine *a, nm*
humainement *av*
humanisation *nf*
humaniser *vt* ***1***
humanisme *nm*
humaniste *a, nm*
humanitaire *a, n*
humanitarisme *nm*
humanité *nf*
humanoïde *a, n*
humble *a, nm pl*
humblement *av*
humectage *nm*
humecter *vt* ***1***
humecteur *nm*
humer *vt* ***1***
huméral, ale, aux *a*
humérus *nm*
humeur *nf*
humide *a, nm*
humidificateur *nm*
humidification *nf*
humidifier *vt* ***1***
humidifuge *a*
humidité *nf*
humifère *a*
humification *nf*
humiliant, ante *a*
humiliation *nf*
humilié, ée *n*
humilier *vt* ***1***
humilité *nf*
humique *a*
humoral, ale, aux *a*
humoriste *a, n*
humoristique *a*
humoristiquement *av*
humour *nm*
humus *nm*
hune *nf (maritime)*
hunier *nm*
huppe *nf*
huppé, ée *a*
hurdleur, euse ou **hurdler** *n*
hure *nf*
hurlant, ante *a*
hurlement *nm*
hurler *vt, vi* ***1***
hurleur, euse *a, nm*
hurluberlu, ue *n*
huron, onne *n, a*
huronien, enne *a*
hurricane *nm*
husky *nm Des huskies.*
hussard *nm*
hussarde *nf*
hussite *a, n*
hutte *nf (cabane)*
hyacinthe *nf*

hyalin, ine *a*
hyalite *nf*
hyaloclastite *nf*
hyaloïde *a*
hyaloplasme *nm*
hyaluronique *a*
hybridation *nf*
hybride *nm, a*
hybrider *vt* ***1***
hybrideur, euse *n*
hybridisme ou **hybridité** *nm*
hybridome *nm*
hydarthrose *nf*
hydatide *nf*
hydatique *a*
hydne *nm*
hydracarien *nm*
hydracide *nm*
hydraire *nm*
hydrangea *nm*
hydrant *nm*
hydrargyrisme *nm*
hydratable *a*
hydratant, ante *a, nm*
hydratation *nf*
hydrate *nm*
hydrater *vt* ***1***
hydraulicien, enne *n, a*
hydraulicité *nf*
hydraulique *a, n*
hydravion *nm*
hydrazine *nf*
hydre *nf*
hydrémie *nf*
hydrique *a*
hydroalcoolique *a*
hydrobase *nf*
hydrobiologie *nf*
hydrobiologique *a*
hydrobiologiste *n*
hydrocarbonate *nm*
hydrocarbure *nm*
hydrocèle *nf*
hydrocéphale *a, n*
hydrocéphalie *nf*
hydrocharis *nm*
hydroclasseur *nm*
hydrocoralliaire *nm*
hydrocortisone *nf*
hydrocraquage *nm*
hydrocution *nf*
hydrodynamique *nf, a*
hydroécologie *nf*
hydroécologique *a*
hydroécologue *n*
hydroélectricité *nf*
hydroélectrique *a*
hydrofoil *nm*
hydrofuge *a, nm*
hydrofuger *vt* ***11***
hydrogel *nm*
hydrogénation *nf*
hydrogène *nm*
hydrogéné, ée *a*
hydrogéner *vt* ***12***
hydrogéologie *nf*
hydrogéologique *a*
hydrogéologue *n*
hydroglisseur *nm*
hydrographe *n*
hydrographie *nf*
hydrographique *a*
hydrolase *nf*
hydrolien *nm*
hydrolienne *nf*
hydrolisable *a*
hydrolithe *nf*
hydrologie *nf*
hydrologique *a*
hydrologiste *n*
hydrologue *n*
hydrolyse *nf*
hydrolyser *vt* ***1***
hydromassage *nm*
hydromécanique *a*
hydromel *nm*
hydrométéore *nm*
hydrométéorologie *nf*
hydrométéorologique *a*
hydrométéorologue *n*
hydromètre *nm*
hydrométrie *nf*
hydrométrique *a*
hydrominéral, ale, aux *a*
hydronéphrose *nf*
hydrophile *a ; nm*
hydrophobe *a*
hydrophobie *nf*
hydrophore *a, n*
hydrophyte *nf*
hydropique *a, n*
hydropisie *nf*
hydropneumatique *a*
hydroponique *a*
hydropression *nf*
hydroptère *nm*
hydropulseur *nm*
hydroquinone *nf*
hydroraffinage *nm*
hydrosilicate *nm*
hydrosol *nm*
hydrosoluble *a*
hydrospeed *nm*
hydrosphère *nf*
hydrostatique *nf, a*
hydrothérapeute *n*
hydrothérapie *nf*
hydrothérapique *a*
hydrothermal, ale, aux *a*
hydrothermalisme *nm*
hydrotimètre *nm*
hydrotimétrie *nf*
hydrotimétrique *a*
hydroxyde *nm*
hydroxylamine *nf*
hydroxylase *nf*
hydroxylation *nf*
hydroxyle *nm*
hydrozoaire *nm*
hydrure *nm*
hyène *nf (animal)*
hyénidé *nm*
hygiaphone *nm Nom déposé*
hygiène *nf*
hygiénique *a*
hygiéniquement *av*
hygiénisme *nm*
hygiéniste *a, n*
hygroma *nm*
hygromètre *nm*
hygrométricité *nf*
hygrométrie *nf*
hygrométrique *a*
hygrophile *a*
hygrophobe *a*
hygrophore *nm*
hygroscope *nm*
hygroscopique *a*
hygrostat *nm*
hylochère *nm*
hymen ou **hyménée** *nm (anatomie)*
hyménium *nm*
hyménomycète *nm*
hyménoplastie *nf*
hyménoptère *nm*
hymne *nm, nf*
hyoïde *a, nm*
hyoïdien, enne *a*
hypallage *nf*
hype *a, nf*
hyper *nm*
hyperacidité *nf*
hyperacousie *nf*
hyperactif, ive *a, n*
hyperactivité *nf*
hyperalgie *nf*
hyperbare *a*
hyperbate *nf*
hyperbole *nf*
hyperbolique *a*
hyperboloïde *nm*
hyperboréen, enne *a*
hypercalcémie *nf*
hypercalciurie *nf*
hypercentre *nf*
hyperchlorhydrie *nf*
hypercholestérolémie *nf*
hypercoagulabilité *nf*
hypercorrection *nf*
hypercritique *a*
hyperdocument *nm*
hyperdulie *nf*
hyperémotif, ive *a, n*
hyperémotivité *nf*
hyperespace *nm*
hyperesthésie *nf*
hyperfocal, ale, aux *a, nf*
hyperfréquence *nf*
hyperglycémiant, ante *a*
hyperglycémie *nf*
hypergol *nm*
hypergonar *nm Nom déposé*

hyperhémie ou **hyperémie** *nf*
hypéricacée *nf*
hyperkaliémie *nf*
hyperleucocytose *nf*
hyperlien *nm*
hyperlipidémie *nf*
hypermarché *nm*
hypermédia *nm*
hypermédiatisation *nf*
hypermétrope *a, n*
hypermétropie *nf*
hypermnésie *nf*
hypéron *nm*
hyperonyme *nm*
hypéronymie *nf*
hyperostose *nf*
hyperparasite *a, nm*
hyperparathyroïdie *nf*
hyperplan *nm*
hyperplasie *nf*
hyperplasique *a*
hyperprésidence *nf*
hyperprésident, ente *n*
hyperprésidentialisme *nm*
hyperpuissance *nf*
hyperréalisme *nm*
hyperréaliste *a, n*
hypersécrétion *nf*
hypersensibilité *nf*
hypersensible *a, n*
hypersomnie *nf*
hypersonique *a*
hyperstatique *a*
hypersustentateur *a, nm*
hypersustentation *nf*
hypertélie *nf*
hypertendu, ue *a, n*
hypertenseur *am, nm*
hypertensif, ive *a, nm*
hypertension *nf*
hypertexte *nm*
hypertextualité *nf*
hypertextuel, elle *a*
hyperthermie *nf*
hyperthermophile *a*
hyperthyroïdie *nf*
hypertonie *nf*
hypertonique *a*
hypertrophie *nf*
hypertrophier *vt* ***1***
hypertrophique *a*
hyperuricémie *nf*
hypervitaminose *nf*
hyphe *nf*
hypholome *nm*
hypnagogique *a*
hypnogène *a*
hypnologie *nf*
hypnologue *n*
hypnose *nf*
hypnothérapeute *nf*
hypnotique *a, nm*
hypnotiser *vt* ***1***
hypnotiseur, euse *n*
hypnotisme *nm*
hypoacousie *nf*
hypoallergénique *a*
hypoallergique *a*
hypobare *a*
hypocagne ou **hypokhâgne** *nf*
hypocalcémie *nf*
hypocalorique *a*
hypocapnie *nf*
hypocauste *nm*
hypocentre *nm*
hypochloreux *am*
hypochlorhydrie *nf*
hypochlorite *nm*
hypocholestérolémiant, ante *a, nm*
hypocondre *nm*
hypocondriaque *a, n*
hypocondrie *nf*
hypocoristique *a, nm*
hypocotyle *nm*
hypocras *nm*
hypocrisie *nf*
hypocrite *a, n*
hypocritement *av*
hypocycloïde *nf*
hypoderme *nm*
hypodermique *a*
hypodermose *nf*
hypofertile *a*
hypofertilité *nf*
hypogastre *nm*
hypogastrique *a*
hypogé, ée *a*
hypogée *nm*
hypoglosse *a, n*
hypoglycémiant, ante *a, nm*
hypoglycémie *nf*
hypogyne *a*
hypoïde *a*
hypokaliémie *nf*
hypolipémiant, ante *a, nm*
hypolipidémiant *nm*
hypolipidémie *nf*
hypomaniaque *a*
hypomanie *nf*
hyponatrémie *nf*
hyponyme *nm*
hypophosphate *nm*
hypophosphite *nm*
hypophosphoreux *am*
hypophosphorique *am*
hypophysaire *a*
hypophyse *nf*
hypoplasie *nf*
hyposécrétion *nf*
hyposodé, ée *a*
hypospadias *nm*
hypostase *nf*
hypostatique *a*
hypostyle *a*
hyposulfite *nm*
hyposulfureux *am*
hypotendu, ue *a, n*
hypotenseur *a, nm*
hypotension *nf*
hypoténuse *nf*
hypothalamique *a*
hypothalamus *nm*
hypothécable *a*
hypothécaire *a*
hypothénar *a inv*
hypothèque *nf*
hypothéquer *vt* ***12***
hypothermie *nf*
hypothèse *nf*
hypothéticodéductif, ive *a*
hypothétique *a*
hypothétiquement *av*
hypothyroïdie *nf*
hypotonie *nf*
hypotonique *a*
hypotrème *nm*
hypotrophie *nf*
hypotrophique *a*
hypovigilance *nf*
hypovitaminose *nf*
hypoxie *nf*
hypoxique *a*
hypsodonte *a*
hypsomètre *nm*
hypsométrie *nf*
hypsométrique *a*
hyracoïde *nm*
hysope *nf*
hystérectomie *nf*
hystérésis *nm*
hystérie *nf*
hystériforme *a*
hystérique *a, n*
hystériser *vt* ***1***
hystérographie *nf*
hystérotomie *nf*
hystricomorphe *nm*

i

i *nm*
iambe *nm*
iambique *a*
iatrogène ou **iatrogénique** *a*
ibérique ou **ibère** *a, n*
ibérisme *nm*
ibidem *av*
ibijau *nm*
ibis *nm*
ibo *nm*
icarien, enne *a, n*
iceberg *nm*
ice-cream *nm Des ice-creams.*
icefield *nm*
icelui, icelle *pr dém iceux ou icelles*
ichneumon *nm*
ichtyocolle *nf*
ichtyologie *nf*
ichtyologique *a*
ichtyologiste *n*
ichtyologue *n*
ichtyornis *nm*
ichtyosaure *nm*
ichtyose *nf*
ici *av*
ici-bas *av*
icône ou **icone** *nf*
iconique *a*
iconoclasme *nm*
iconoclaste *n, a*
iconographe *n*
iconographie *nf*
iconographique *a*
iconolâtre *n*
iconolâtrie *nf*
iconologie *nf*
iconologique *a*
iconologiste *n*
iconologue *n*
iconoscope *nm*
iconostase *nf*
iconothèque *nf*
icosaèdre *nm*
ictère *nm*
ictérique *a, n*
ictus *nm*
idared *nf*
ide *nm*
idéal, ale, aux *a, nm*
idéalement *av*
idéalisateur, trice *a, n*
idéalisation *nf*
idéaliser *vt* ***1***
idéalisme *nm*
idéaliste *a, n*
idéalité *nf*
idéation *nf*
idée *nf*
idéel, elle *a*
idem *av*
idempotent, ente *a*
identifiable *a*
identifiant *nm*
identificateur *nm*
identification *nf*
identificatoire *a*
identifier *vt, vpr* ***1***
identique *a*
identiquement *av*
identitaire *a*
identitarisme *nm*
identité *nf*
idéogramme *nm*
idéographie *nf*
idéographique *a*
idéologie *nf*
idéologique *a*
idéologiquement *av*
idéologue *n*
idéomoteur, trice *a*
ides *nf pl*
id est *conj*
idiolectal, ale, aux *a*
idiolecte *nm*
idiomatique *a*
idiome *nm*
idiopathique *a*
idiosyncrasie *nf*
idiosyncrasique *a*
idiosyncratique *a*
idiot, idiote *a, n*
idiotement *av*
idiotie *nf*
idiotisme *nm*
idoine *a*
idolâtre *a, n*
idolâtrer *vt* ***1***
idolâtrie *nf*
idolâtrique *a*
idole *nf*
idothée *nf*
idylle *nf*
idyllique *a*
if *nm*
iftar *nm*
igloo ou **iglou** *nm*
igname *nf*
ignare *a, n*
igné, ée *a*
ignifugation *nf*
ignifuge *nm*
ignifugeant, ante *a, nm*
ignifuger *vt* ***11***
ignimbrite *nf*
ignition *nf*
ignitron *nm*
ignoble *a*
ignoblement *av*
ignominie *nf*
ignominieusement *av*
ignominieux, euse *a*
ignorance *nf*
ignorant, ante *a, n*
ignorantin *nm, am*
ignoré, ée *a*
ignorer *vt* ***1***
iguane *nm*
iguanodon *nm*
igue *nm*
ikastola *nf*
ikat *nm*
ikebana *nm*
il *pr pers ; nm ils, iller*
ilang-ilang ou **ylang-ylang** *nm Des ilangs-ilangs.*
île ou **ile** *nf (terre)*
iléocæcal, ale, aux *a*
iléon *nm*
îlet ou **ilet** *nm*
iléus *nm*
iliaque *a*
îlien, enne ou **ilien, enne** *a, n*
ilion ou **ilium** *nm*
illégal, ale, aux *a*
illégalement *av*
illégalité *nf*
illégitime *a*
illégitimement *av*
illégitimité *nf*
illettré, ée *a, n*
illettrisme *nm*
illicéité *nf*
illicite *a*
illicitement *av*
illico *av*
illimité, ée *a*
illipé *nm*
illiquidité *nf*
illisibilité *nf*
illisible *a*
illisiblement *av*
illite *nf*
illogique *a*
illogiquement *av*
illogisme *nm*
illumination *nf*
illuminé, ée *a, n*
illuminer *vt* ***1***
illuminisme *nm*
illusion *nf*
illusionner *vt, vpr* ***1***
illusionnisme *nm*
illusionniste *n*
illusoire *a*
illustrateur, trice *n*
illustratif, ive *a*
illustration *nf*
illustre *a*
illustré, ée *a, nm*
illustrer *vt* ***1***
illustrissime *a*
illyrisme *nm*
ilménite *nf*
îlot ou **ilot** *nm*
îlotage ou **ilotage** *nm*
ilote ou **hilote** *n*
îlotier, ère ou **ilotier, ère** *n*

ilotisme *nm*
image *nf*
imagé, ée *a*
imager *vt* ***13***
imagerie *nf*
imageur *nm*
imagier, ère *nm*
imaginable *a*
imaginaire *a, nm*
imaginaison *nf*
imaginal, ale, aux *a*
imaginatif, ive *a, n*
imagination *nf*
imaginer *vt, vpr* ***1***
imagisme *nm*
imagiste *a, n*
imago *nm (d'insecte)*
imago *nf (psychanalyse)*
imam *nm*
imamat *nm*
imbattable *a*
imbécile *a, n*
imbécilement *av*
imbécillité ou **imbécilité** *nf*
imberbe *a*
imbiber *vt, vpr* ***1***
imbibition *nf*
imbitable *a*
imbrication *nf*
imbriquer *vt, vpr* ***1***
imbroglio *nm*
imbrûlés ou **imbrulés** *nm pl*
imbu, ue *a*
imbuvable *a*
imidazole ou **imidazolé** *nm*
imide *nm*
imine *nm*
imitable *a*
imitateur, trice *a, n*
imitatif, ive *a*
imitation *nf*
imiter *vt* ***1***
immaculé, ée *a*
immaîtrisable ou **immaitrisable** *a*
immanence *nf*
immanent, ente *a*
immanentisme *nm*
immanentiste *a, n*
immangeable *a*
immanquable *a*
immanquablement *av*
immarcescible *a*
immatérialisme *nm*
immatérialiste *n*
immatérialité *nf*
immatériel, elle *a*
immatriculation *nf*
immatriculer *vt* ***1***
immature *a*
immaturité *nf*
immédiat, ate *a, nm*
immédiatement *av*
immédiateté *nf*
immémorial, ale, aux *a*
immense *a*
immensément *av*
immensité *nf*
immensurable *a*
immergé, ée *a*
immerger *vt, vpr* ***11***
immérité, ée *a*
immersion *nf*
immettable *a*
immeuble *a, nm*
immigrant, ante *a, n*
immigration *nf*
immigré, ée *a, n*
immigrer *vi* ***1***
imminence *nf*
imminent, ente *a*
immiscer (s') *vpr* ***10***
immixtion *nf*
immobile *a*
immobilier, ère *a, nm*
immobilisation *nf*
immobiliser *vt* ***1***
immobilisme *nm*
immobiliste *a, n*
immobilité *nf*
immodéré, ée *a*
immodérément *av*
immodeste *a*
immodestement *av*
immodestie *nf*
immolateur, trice *n*
immolation *nf*
immoler *vt, vpr* ***1***
immonde *a*
immondices *nf pl*
immontrable *a*
immoral, ale, aux *a*
immoralement *av*
immoralisme *nm*
immoraliste *a, n*
immoralité *nf*
immortaliser *vt* ***1***
immortalité *nf*
immortel, elle *a, n*
immortelle *nf*
immotivé, ée *a*
immuabilité *nf*
immuable *a*
immuablement *av*
immun, une *a, nm*
immunisant, ante *a, nm*
immunisation *nf*
immuniser *vt* ***1***
immunitaire *a*
immunité *nf*
immunocompétence *nf*
immunocompétent, ente *a*
immunodéficience *nf*
immunodéficitaire *a*
immunodépresseur ou **immunosuppresseur** *am, nm*
immunodépressif, ive *a*
immunodépression ou **immunodéficit** *nf*
immunodéprimé, ée *a, n*
immunogène *a*
immunogénétique *nf, a*
immunoglobuline *nf*
immunohématologie *nf*
immunologie *nf*
immunologique *a*
immunologiquement *av*
immunologiste *n*
immunomodulateur, trice *a, nm*
immunoscintigraphie *nf*
immunostimulant, ante *a, nm*
immunostimulation *nf*
immunosuppresseur *am, nm*
immunosuppressif, ive *a*
immunosuppression *nm*
immunotechnologie *nf*
immunotechnologique *a*
immunothérapie *nf*
immunotolérance *nf*
immunotolérant, ante *a*
immunotoxicité *nf*
immunotoxique *a*
immutabilité *nf*
i-mode *nm Nom déposé*
impact *nm*
impactant, ante *a*
impacter *vt* ***1***
impactite *nf*
impair, aire *a*
impair *nm*
impala *nm*
impalpable *a*
impaludation *nf*
impaludé, ée *a*
impanation *nf*
imparable *a*
impardonnable *a*
imparfait, aite *a, nm*
imparfaitement *av*
imparipenné, ée *a*
imparisyllabique *a, nm*
imparité *nf*
impartageable *a*
impartial, ale, aux *a*
impartialement *av*
impartialité *nf*
impartir *vt* ***2***
impasse *nf*
impassibilité *nf*
impassible *a*
impassiblement *av*
impatiemment *av*
impatience *nf*
impatiens ou **impatiente** *nf*
impatient, ente *a, n (pressé)*
impatienter *vt, vpr* ***1***
impatrié, ée *a, n*
impatronisation *nf*
impatroniser (s') *vpr* ***1***
impavide *a*
impayable *a*
impayé, ée *a, nm*
impeachment *nm*

impeccable *a*
impeccablement *av*
impécunieux, euse *a*
impécuniosité *nf*
impédance *nf*
impédimenta ou **impedimenta** *nm pl*
impénétrabilité *nf*
impénétrable *a*
impénitence *nf*
impénitent, ente *a*
impenne ou **impenné** *nm*
impensable *a*
impensé *nm*
impenses *nf pl*
imper *nm (imperméable)*
impératif, ive *a, nm*
impérativement *av*
impératrice *nf*
imperceptibilité *nf*
imperceptible *a*
imperceptiblement *av*
imperdable *a, nm*
imperfectible *a*
imperfectif, ive *a, nm*
imperfection *nf*
imperforation *nf*
impérial, ale, aux *a, n*
impérialement *av*
impérialisme *nm*
impérialiste *n, a*
impérieusement *av*
impérieux, euse *a*
impérissable *a*
impéritie *nf*
impérium ou **imperium** *nm*
impermanence *nf*
imperméabilisation *nf*
imperméabiliser *vt* ***1***
imperméabilité *nf*
imperméable *a, nm*
impersonnalité *nf*
impersonnel, elle *a*
impersonnellement *av*
impertinemment *av*
impertinence *nf*
impertinent, ente *a, n*
imperturbabilité *nf*
imperturbable *a*
imperturbablement *av*
impesanteur *nf*
impétigo *nm*
impétrant, ante *n*
impétrer *vt* ***12***
impétueusement *av*
impétueux, euse *a*
impétuosité *nf*
impie *a, n*
impiété *nf*
impitoyable *a*
impitoyablement *av*
implacabilité *nf*
implacable *a*
implacablement *av*
implant *nm*
implantable *a*
implantation *nf*
implanté *n*
implanter *vt* ***1***
implantologie *nf*
implantologique *a*
implantologue *n*
implémentation *nf*
implémenter *vt* ***1***
implication *nf*
implicite *a*
implicitement *av*
impliquant, ante *a*
impliquer *vt, vpr* ***1***
implorant, ante *a*
imploration *nf*
implorer *vt* ***1***
imploser *vt* ***1***
implosif, ive *a, nf*
implosion *nf*
impluvium *nm*
impoli, ie *a, n*
impoliment *av*
impolitesse *nf*
impondérabilité *nf*
impondérable *a, nm*
impopulaire *a*
impopularité *nf*
importable *a*
importance *nf*
important, ante *a, nm*
importateur, trice *n, a*
importation *nf*
importer *vti, vi* ***1*** *(compter, introduire)*
import-export *nm inv*
importun, une *a, n*
importunément *av*
importuner *vt* ***1***
importunité *nf*
imposable *a*
imposant, ante *a*
imposé, ée *a*
imposer *vt, vpr* ***1***
imposition *nf*
impossibilité *nf*
impossible *a, nm*
imposte *nf*
imposteur *nm*
imposture *nf*
impôt *nm*
impotence *nf*
impotent, ente *a, n*
impraticabilité *nf*
impraticable *a*
imprécateur, trice *a, n*
imprécation *nf*
imprécatoire *a*
imprécis, ise *a*
imprécision *nf*
imprédictibilité *nf*
imprédictible *a*
imprégnation *nf*
imprégner *vt* ***12***
imprenable *a*
impréparation *nf*
imprésario ou **impresario** *nm Des imprésarios ou impresarii.*
imprescriptibilité *nf*
imprescriptible *a*
impression *nf*
impressionnabilité *nf*
impressionnable *a*
impressionnant, ante *a*
impressionner *vt* ***1***
impressionnisme *nm*
impressionniste *n, a*
imprévisibilité *nf*
imprévisible *a*
imprévisiblement *av*
imprévision *nf*
imprévoyance *nf*
imprévoyant, ante *a*
imprévu, ue *a, nm*
imprimable *a*
imprimant, ante *a, nf*
imprimatur *nm*
imprimé, ée *a, nm*
imprimer *vt* ***1***
imprimerie *nf*
imprimeur *nm*
imprivatisable *a, nf*
improbabilité *nf*
improbable *a*
improbité *nf*
improductif, ive *a*
improductivité *nf*
impromptu, ue *av, a, nm*
imprononçable *a*
impropre *a*
improprement *av*
impropriété *nf*
improuvable *a*
improvisateur, trice *n*
improvisation *nf*
improviser *vt, vpr* ***1***
improviste (à l') *loc av*
imprudemment *av*
imprudence *nf*
imprudent, ente *a, n*
impubère *a, n*
impubliable *a*
impudemment *av*
impudence *nf*
impudent, ente *a, n*
impudeur *nf*
impudicité *nf*
impudique *a, n*
impudiquement *av*
impuissance *nf*
impuissant, ante *a, nm*
impulser *vt* ***1***
impulsif, ive *a, n*
impulsion *nf*
impulsivement *av*
impulsivité *nf*
impunément *av*

impuni, ie *a*
impunité *nf*
impur, ure *a*
impureté *nf*
imputabilité *nf*
imputable *a*
imputation *nf*
imputer *vt* ***1***
imputrescibilité *nf*
imputrescible *a*
in *a inv*
inabordable *a*
inabouti, ie *a*
inabrogeable *a*
in abstracto *av, a*
inaccentué, ée *a*
inacceptable *a*
inaccessibilité *nf*
inaccessible *a*
inaccompli, ie *a*
inaccomplissement *nm*
inaccordable *a*
inaccoutumé, ée *a*
inachevé, ée *a*
inachèvement *nm*
inactif, ive *a, n*
inactinique *a*
inaction *nf*
inactivation *nf*
inactivement *av*
inactiver *vt* ***1***
inactivité *nf*
inactualité *nf*
inactuel, elle *a*
inadaptable *a*
inadaptation *nf*
inadapté, ée *a, n*
inadéquat, ate *a*
inadéquation *nf*
inadmissibilité *nf*
inadmissible *a*
inadvertance *nf*
inaliénabilité *nf*
inaliénable *a*
inaliénation *nf*
inalliable *a*
inaltérabilité *nf*
inaltérable *a*
inaltéré, ée *a*
inamendable *a*
inamical, ale, aux *a*
inamissible *a*
inamovibilité *nf*
inamovible *a*
inanalysable *a*
inanimé, ée *a*
inanité *nf*
inanition *nf*
inapaisable *a*
inaperçu, ue *a*
inapparent, ente *a*
inappétence *nf*
inapplicable *a*
inapplication *nf*
inappliqué, ée *a*
inappréciable *a*
inapprivoisable *a*
inapprivoisé, ée *a*
inapprochable *a*
inapproprié, ée *a*
inapte *a*
inaptitude *nf*
inarticulé, ée *a*
inassimilable *a*
inassimilé, ée *a*
inassouvi, ie *a*
inassouvissement *nm*
inassumable *a*
inassurable *a*
inattaquable *a*
inatteignable *a*
inattendu, ue *a*
inattentif, ive *a*
inattention *nf*
inaudible *a*
inaugural, ale, aux *a*
inauguration *nf*
inaugurer *vt* ***1***
inauthenticité *nf*
inauthentique *a*
inavouable *a*
inavoué, ée *a*
incalculable *a*
incandescence *nf*
incandescent, ente *a*
incantation *nf*
incantatoire *a*
incapable *a, n*
incapacitant, ante *a, nm*
incapacité *nf*
incarcérable *a*
incarcération *nf*
incarcérer *vt* ***12***
incarnat, ate *a, nm*
incarnation *nf*
incarné, ée *a*
incarner *vt, vpr* ***1***
incartade *nf*
incasable *a*
incassable *a*
incendiaire *a, n*
incendie *nm*
incendier *vt* ***1***
incertain, aine *a, nm*
incertitude *nf*
incessamment *av*
incessant, ante *a*
incessibilité *nf*
incessible *a*
inceste *nm*
incestueusement *av*
incestueux, euse *a, n*
inch Allah ! *interj*
inchangé, ée *a*
inchauffable *a*
inchavirable *a*
inchiffrable *a*
inchoatif, ive *a*
incidemment *av*
incidence *nf*
incident, ente *a, nf*
incident *nm*
incinérable *a*
incinérateur *nm*
incinération *nf*
incinérer *vt* ***12***
incipit *nm*
incise *nf, af*
inciser *vt* ***1***
incisif, ive *a*
incision *nf*
incisive *nf*
incisivement *av*
incitateur, trice *n*
incitatif, tive *a*
incitation *nf*
inciter *vt* ***1***
incivil, ile *a*
incivilité *nf*
incivique *a, n*
incivisme *nm*
inclassable *a*
inclémence *nf*
inclément, ente *a*
inclinable *a*
inclinaison *nf*
inclination *nf*
incliner *vt, vti, vpr* ***1***
inclinomètre *nm*
inclure *vt* ***54***
inclus, use *a, n*
inclusif, ive *a*
inclusion *nf*
inclusivement *av*
incoercibilité *nf*
incoercible *a*
incognito *av, nm*
incohérence *nf*
incohérent, ente *a*
incollable *a*
incolore *a*
incomber *vti* ***1***
incombustibilité *nf*
incombustible *a*
incommensurabilité *nf*
incommensurable *a*
incommensurablement *av*
incommodant, ante *a*
incommode *a*
incommodément *av*
incommoder *vt* ***1***
incommodité *nf*
incommunicabilité *nf*
incommunicable *a*
incommunication *nf*
incommutabilité *nf*
incommutable *a*
incomparable *a*
incomparablement *av*
incompatibilité *nf*
incompatible *a*
incompétence *nf*

incompétent, ente *a*
incomplet, ète *a*
incomplètement *av*
incomplétude *nf*
incompréhensibilité *nf*
incompréhensible *a*
incompréhensif, ive *a*
incompréhension *nf*
incompressibilité *nf*
incompressible *a*
incompris, ise *a, n*
inconcevable *a*
inconcevablement *av*
inconciliable *a*
inconditionnalité *nf*
inconditionné, ée *a*
inconditionnel, elle *a, n*
inconditionnellement *av*
inconduite *nf*
inconfort *nm*
inconfortable *a*
inconfortablement *av*
incongelable *a*
incongru, ue *a*
incongruité *nf*
incongrûment ou **incongrument** *av*
inconnaissable *a, nm*
inconnu, ue *a, n*
inconsciemment *av*
inconscience *nf*
inconscient, ente *a, n*
inconséquence *nf*
inconséquent, ente *a*
inconsidéré, ée *a*
inconsidérément *av*
inconsistance *nf*
inconsistant, ante *a*
inconsolable *a*
inconsolé, ée *a*
inconsommable *a*
inconstance *nf*
inconstant, ante *a*
inconstitutionnalité *nf*
inconstitutionnel, elle *a*
inconstitutionnellement *av*
inconstructible *a*
incontestabilité *nf*
incontestable *a*
incontestablement *av*
incontesté, ée *a*
incontinence *nf*
incontinent, ente *a, n*
incontinent *av*
incontournable *a, nm*
incontrôlable *a*
incontrôlé, ée *a*
inconvenance *nf*
inconvenant, ante *a*
inconvénient *nm*
inconvertibilité *nf*
inconvertible *a*
incoordination *nf*
incorporable *a*
incorporalité *nf*
incorporation *nf*
incorporéité *nf*
incorporel, elle *a*
incorporer *vt* ***1***
incorrect, ecte *a*
incorrectement *av*
incorrection *nf*
incorrigible *a*
incorrigiblement *av*
incorruptibilité *nf*
incorruptible *a, n*
incrédibilité *nf*
incrédule *a, n*
incrédulité *nf*
incréé, ée *a*
incrément *nm*
incrémentation *nf*
incrémenter *vt* ***1***
incrémentiel, elle *a*
increvable *a*
incriminable *a*
incrimination *nf*
incriminer *vt* ***1***
incrochetable *a*
incroyable *a*
incroyablement *av*
incroyance *nf*
incroyant, ante *n, a*
incrustant, ante *a*
incrustation *nf*
incruster *vt, vpr* ***1***
incubateur, trice *a, nm*
incubation *nf*
incube *nm*
incuber *vt* ***1***
inculcation *nf*
inculpation *nf*
inculpée, ée *n*
inculper *vt* ***1***
inculquer *vt* ***1***
inculte *a*
incultivable *a*
inculture *nf*
incunable *a, nm*
incurabilité *nf*
incurable *a, n*
incurablement *av*
incurie *nf*
incurieux, euse *a*
incuriosité *nf*
incursion *nf*
incurvation *nf*
incurver *vt* ***1***
incuse *af, nf*
indatable *a*
indéboulonnable *a*
indécelable *a*
indécemment *av*
indécence *nf*
indécent, ente *a*
indéchiffrable *a*
indéchirable *a*
indécidable *a*
indécis, ise *a, n*
indécision *nf*
indéclinable *a*
indécodable *a*
indécollable *a*
indécomposable *a*
indécrottable *a*
indécrottablement *av*
indéfectibilité *nf*
indéfectible *a*
indéfectiblement *av*
indéfendable *a*
indéfini, ie *a, nm*
indéfiniment *av*
indéfinissable *a*
indéformable *a*
indéfrichable *a*
indéfrisable *nf*
indéhiscence *nf*
indéhiscent, ente *a*
indélébile *a*
indélébilité *nf*
indélibéré *a*
indélicat, ate *a*
indélicatement *av*
indélicatesse *nf*
indémaillable *a, nm*
indémêlable *a*
indemne *a*
indemnisable *a*
indemnisation *nf*
indemniser *vt* ***1***
indemnitaire *n, a*
indemnité *nf*
indémodable *a*
indémontable *a*
indémontrable *a*
indène *nm*
indéniable *a*
indéniablement *av*
indénombrable *a*
indentation *nf*
indépassable *a*
indépendamment *av, prép*
indépendance *nf*
indépendant, ante *a*
indépendantisme *nm*
indépendantiste *a, n*
indéracinable *a*
indéréglable *a*
indescriptible *a*
indésirable *a, n*
indestructibilité *nf*
indestructible *a*
indestructiblement *av*
indétectable *a*
indéterminable *a*
indétermination *nf*
indéterminé, ée *a*
indétrônable *a*
index *nm inv*
indexage *nm*
indexation *nf*
indexer *vt* ***1***
indexeur, euse *n*

indianisation *nf*
indianisme *nm*
indianiste *n*
indic *nm*
indicateur, trice *n, a*
indicatif, ive *a, nm*
indication *nf*
indice *nm*
indiciaire *a*
indicible *a*
indiciblement *av*
indiciel, elle *a*
indien, enne *a, n*
indienne *nf*
indifféremment *av*
indifférence *nf*
indifférenciation *nf*
indifférencié, ée *a*
indifférent, ente *a, n*
indifférentisme *nm*
indifférentiste *a, n*
indifférer *vt* ***12***
indigénat *nm*
indigence *nf*
indigène *a, n*
indigénisme *nm*
indigéniste *a, n*
indigent, ente *a, n*
indigeste *a*
indigestion *nf*
indignation *nf*
indigne *a*
indignement *av*
indigner *vt, vpr* ***1***
indignité *nf*
indigo *nm*
indigotier *nm*
indigotine *nf*
indiqué, ée *a*
indiquer *vt* ***1***
indirect, ecte *a*
indirectement *av*
indiscernabilité *nf*
indiscernable *a*
indisciplinable *a*
indiscipline *nf*
indiscipliné, ée *a*
indiscret, ète *a, n*
indiscrètement *av*
indiscrétion *nf*
indiscriminé, ée *a*
indiscutable *a*
indiscutablement *av*
indiscuté, ée *a*
indispensable *a, nm*
indisponibilité *nf*
indisponible *a*
indisposé, ée *a*
indisposer *vt* ***1***
indisposition *nf*
indissociable *a*
indissociablement *av*
indissolubilité *nf*
indissoluble *a*
indissolublement *av*
indistinct, incte *a*
indistinctement *av*
indium *nm*
individu *nm*
individualisation *nf*
individualiser *vt* ***1***
individualisme *nm*
individualiste *a, n*
individualité *nf*
individuation *nf*
individuel, elle *a*
individuellement *av*
indivis, ise *a*
indivisaire *n*
indivisément *av*
indivisibilité *nf*
indivisible *a*
indivisiblement *av*
indivision *nf*
indo-aryen, enne *a*
indocile *a*
indocilité *nf*
indo-européen, enne *nm, a*
indol ou **indole** *nm*
indolemment *av*
indolence *nf*
indolent, ente *a*
indolore *a*
indomptable *a*
indompté, ée *a*
indonésien *nm*
indonésien, enne *a, n*
indoor *a inv*
indophénol *nm*
in-douze *a num inv, nm inv*
indri *nm*
indrien, enne *a, n*
indu, ue *a, nm*
indubitable *a*
indubitablement *av*
inductance *nf*
inducteur, trice *a, nm*
inductif, ive *a*
induction *nf*
induire *vt* ***67***
induit, ite *a, nm*
indulgence *nf*
indulgencier *vt* ***2***
indulgent, ente *a*
induline *nf*
indult *nm*
indûment ou **indument** *av*
induration *nf*
indurer *vt* ***1***
industrialisation *nf*
industrialiser *vt* ***1***
industrialisme *nm*
industrialiste *a, n*
industrie *nf*
industriel, elle *a, n*
industriellement *av*
industrieux, euse *a*
inébranlable *a*
inébranlablement *av*
inéchangeable *a*
inécoutable *a*
inédit, ite *a, nm*
inéducable *a*
ineffable *a*
ineffablement *av*
ineffaçable *a*
ineffaçablement *av*
inefficace *a*
inefficacement *av*
inefficacité *nf*
inefficient, ente *a*
inégal, ale, aux *a*
inégalable *a*
inégalé, ée *a*
inégalement *av*
inégalitaire *a*
inégalité *nf*
inélastique *a*
inélégamment *av*
inélégance *nf*
inélégant, ante *a*
inéligibilité *nf*
inéligible *a*
inéluctabilité *nf*
inéluctable *a*
inéluctablement *av*
inemploi *nm*
inemployable *a*
inemployé, ée *a*
inénarrable *a*
inentamable *a*
inentamé, ée *a*
inenvisageable *a*
inéprouvé, ée *a*
inepte *a*
ineptie *nf*
inépuisable *a*
inépuisablement *av*
inépuisé, ée *a*
inéquation *nf*
inéquitable *a*
inéquité *nf*
inerme *a*
inertage *nm*
inerte *a*
inerter *vt* ***1***
inertie *nf*
inertiel, elle *a*
INES (échelle) *nf*
inespéré, ée *a*
inessentiel, elle *a*
inesthétique *a*
inestimable *a*
inétendu, ue *a*
inévitable *a*
inévitablement *av*
inexact, acte *a*
inexactement *av*
inexactitude *nf*
inexaucé, ée *a*
inexcitabilité *nf*
inexcitable *a*

inexcusable *a*
inexécutable *a*
inexécution *nf*
inexercé, ée *a*
inexigibilité *nf*
inexigible *a*
inexistant, ante *a*
inexistence *nf*
inexorabilité *nf*
inexorable *a*
inexorablement *av*
inexpérience *nf*
inexpérimenté, ée *a*
inexpert, erte *a*
inexpiable *a*
inexplicable *a*
inexplicablement *av*
inexpliqué, ée *a*
inexploitable *a*
inexploité, ée *a*
inexplorable *a*
inexploré, ée *a*
inexplosible *a*
inexportable *a*
inexpressif, ive *a*
inexprimable *a*
inexprimé, ée *a*
inexpugnable *a*
inexpulsabilité *nf*
inexpulsable *a*
inextensibilité *nf*
inextensible *a*
in extenso *a, av*
inextinguible *a*
inextirpable *a*
in extremis ou **in extrémis** *av*
inextricabilité *nf*
inextricable *a*
inextricablement *av*
infaillibilité *nf*
infaillible *a*
infailliblement *av*
infaisable *a*
infalsifiable *a*
infamant, ante *a*
infâme *a*
infamie *nf*
infant, ante *n*
infanterie *nf*
infanticide *a, nm*
infantile *a*
infantilisant, ante *a*
infantilisation *nf*
infantiliser *vt* ***1***
infantilisme *nm*
infarci, ie *a*
infarctus *nm*
infatigable *a*
infatigablement *av*
infatuation *nf*
infatuer (s') *vpr* ***1***
infécond, onde *a*
infécondité *nf*
infect, ecte *a*
infectant, ante *a*
infecter *vt* ***1***
infectieux, euse *a*
infectiologie *nf*
infectiologique *a*
infectiologue *n*
infection *nf*
infectiosité *nf*
infectivité *nf*
inféodation *nf*
inféoder *vt, vpr* ***1***
infère *a*
inférence *nf*
inférentiel, elle *a*
inférer *vt* ***12***
inférieur, eure *a, n*
inférieurement *av*
infériorisant, ante *a*
infériorisation *nf*
inférioriser *vt* ***1***
infériorité *nf*
infermentescible *a*
infernal, ale, aux *a*
inférovarié, ée *a*
infertile *a*
infertilité *nf*
infestation *nf*
infester *vt* ***1***
infeutrable *a*
infibulation *nf*
infibuler *vt* ***1***
infichu, ue ou **infoutu, ue** *a*
infidèle *a, n*
infidèlement *av*
infidélité *nf*
infiltration *nf*
infiltrer *vt, vpr* ***1***
infime *a*
infinançable *a*
in fine *av*
infini, ie *a, nm*
infiniment *av*
infinité *nf*
infinitésimal, ale, aux *a*
infinitif, ive *nm, a*
infinitude *nf*
infirmatif, ive *a*
infirmation *nf*
infirme *a, n*
infirmer *vt* ***1***
infirmerie *nf*
infirmier, ère *n, a*
infirmité *nf*
infixe *nm*
inflammabilité *nf*
inflammable *a*
inflammation *nf*
inflammatoire *a*
inflation *nf*
inflationniste *a*
infléchi, ie *a*
infléchir *vt, vpr* ***2***
infléchissable *a*
infléchissement *nm*
inflexibilité *nf*
inflexible *a*
inflexiblement *av*
inflexion *nf*
infliger *vt* ***11***
inflorescence *nf*
influençabilité *nf*
influençable *a*
influence *nf*
influencer *vt* ***10***
influent, ente *a*
influenza *nf*
influer *vi* ***1***
influx *nm*
info *nf*
infobulle *nf*
infogérance *nf*
infographie *nf Nom déposé*
infographique *a*
infographiste *n*
infoline *nf*
in-folio *a num inv, nm inv*
infomercial *nm Des infomerciaux.*
infondé, ée *a*
informateur, trice *n*
informaticien, enne *n*
informatif, ive *a*
information *nf*
informationnel, elle *a*
informatique *nf, a*
informatiquement *av*
informatisable *a*
informatisation *nf*
informatiser *vt* ***1***
informe *a*
informé, ée *a, nm*
informel, elle *a, nm*
informer *vt, vi, vpr* ***1***
informulable *a*
informulé, ée *a*
infortune *nf*
infortuné, ée *a, n*
infothèque *nf*
infra *av*
infraction *nf*
infractionnel, elle *a*
infractionniste *a, n*
infradien, enne *a*
infraliminal, ale, aux ou **infraliminaire** *a*
infralittoral, ale, aux *a*
inframonde *nm*
infranchissable *a*
infrangible *a*
infrarouge *a, nm*
infrason *nm*
infrasonore *a*
infrastructure *nf*
infrastructurel, elle *a*
infréquentable *a*
infroissable *a*
infructueusement *av*
infructueux, euse *a*
infrutescence *nf*

infumable *a*
infundibuliforme *nf*
infus, use *a*
infuser *vt* ***1***
infusette *nf Nom déposé*
infusibilité *nf*
infusible *a*
infusion *nf*
infusoire *nm*
ingagnable *a*
ingambe *a*
ingénier (s') *vpr* ***1***
ingénierie *nf*
ingénieriste *n*
ingénieur *n* ou **ingénieure** *nf*
ingénieur-conseil *n* ou **ingénieure-conseil** *nf Des ingénieurs-conseils.*
ingénieusement *av*
ingénieux, euse *a*
ingéniosité *nf*
ingénu, ue *a, n*
ingénuité *nf*
ingénument *av*
ingérable *a*
ingérence *nf*
ingérer *vt, vpr* ***12***
ingestion *nf*
ingouvernable *a*
ingrat, ate *a, n*
ingratitude *nf*
ingrédient *nm*
inguérissable *a*
inguinal, ale, aux *a*
ingurgitation *nf*
ingurgiter *vt* ***1***
inhabile *a*
inhabilement *av*
inhabileté *nf*
inhabilité *nf*
inhabitable *a*
inhabité, ée *a*
inhabituel, elle *a*
inhabituellement *av*
inhalable *a*
inhalateur *nm*
inhalation *nf*
inhaler *vt* ***1***
inharmonieux, euse *a*
inhérence *nf*
inhérent, ente *a*
inhibant, ante *a*
inhiber *vt* ***1***
inhibiteur, trice *a, nm*
inhibition *nf*
inhospitalier, ère *a*
inhumain, aine *a*
inhumainement *av*
inhumanité *nf*
inhumation *nf*
inhumer *vt* ***1***
inimaginable *a*
inimitable *a*
inimité, ée *a*
inimitié *nf*
ininflammabilité *nf*
ininflammable *a*
inintégrable *a*
inintelligemment *av*
inintelligence *nf*
inintelligent, ente *a*
inintelligibilité *nf*
inintelligible *a*
inintelligiblement *av*
inintéressant, ante *a*
inintérêt *nm*
ininterrompu, ue *a*
inique *a*
iniquement *av*
iniquité *nf*
initial, ale, aux *a, nf*
initialement *av*
initialer *vt* ***1***
initialisation *nf*
initialiser *vt* ***1***
initiateur, trice *n, a*
initiation *nf*
initiatique *a*
initiative *nf*
initié, ée *n*
initier *vt* ***1***
injectable *a*
injecter *vt* ***1***
injecteur, trice *nm, a*
injectif, ive *a*
injection *nf*
injoignable *a*
injonctif, ive *a*
injonction *nf*
injouable *a*
injure *nf*
injurier *vt* ***1***
injurieusement *av*
injurieux, euse *a*
injuste *a*
injustement *av*
injustice *nf*
injustifiable *a*
injustifié, ée *a*
inlandsis *nm*
inlassable *a*
inlassablement *av*
inlay *nm*
inlouable *a*
in memoriam *av*
inné, ée *a, nm*
innégociable *a*
innéisme *nm*
innéité *nf*
innervation *nf*
innerver *vt* ***1***
innocemment *av*
innocence *nf*
innocent, ente *a, n*
innocenter *vt* ***1***
innocuité *nf*
innombrable *a*
innommable *a*
innommé, ée ou **innomé, ée** *a*
innovant, ante *a*
innovateur, trice *n, a*
innovation *nf*
innover *vi* ***1***
inobservable *a*
inobservance *nf*
inobservation *nf*
inobservé, ée *a*
inoccupation *nf*
inoccupé, ée *a*
in-octavo *a inv, nm*
inoculable *a*
inoculation *nf*
inoculer *vt* ***1***
inocybe *nm*
inodore *a*
inoffensif, ive *a*
inondable *a*
inondation *nf*
inonder *vt* ***1***
inopéable *a*
inopérable *a*
inopérant, ante *a*
inopiné, ée *a*
inopinément *av*
inopportun, une *a*
inopportunément *av*
inopportunité *nf*
inopposabilité *av*
inopposable *a*
inorganique *a*
inorganisation *nf*
inorganisé, ée *a, n*
inoubliable *a*
inouï, ïe *a*
inox *nm*
inoxydable *a, nm*
in partibus *a*
in petto *av*
in-plano *a num inv, nm inv*
input *nm*
inqualifiable *a*
inquantifiable *a*
in-quarto *a inv, nm*
inquiet, ète *a*
inquiétant, ante *a*
inquiéter *vt* ***14***
inquiétude *nf*
inquisiteur, trice *nm, a*
inquisition *nf*
inquisitoire *a*
inquisitorial, ale, aux *a*
inracontable *a*
inratable *a*
inrayable *a*
inrésumable *a*
insaisissabilité *nf*
insaisissable *a*
insalivation *nf*
insalubre *a*
insalubrité *nf*
insane *a*
insanité *nf*
insatiabilité *nf*

insatiable *a*
insatiablement *av*
insatisfaction *nf*
insatisfaisant, ante *a*
insatisfait, aite *a*
insaturé, ée *a*
inscriptible *a*
inscription *nf*
inscrire *vt, vpr* ***61***
inscrit, ite *a, n*
inscrivant, ante *n*
insculper *vt* ***1***
insécabilité *nf*
insécable *a*
insectarium *nm*
insecte *nm*
insecticide *a, nm*
insectivore *a, nm*
insécurisant, ante *a*
insécuriser *vt* ***1***
insécurité *nf*
inselberg *nm*
inséminateur, trice *a, n*
insémination *nf*
inséminer *vt* ***1***
insensé, ée *a, n*
insensibilisation *nf*
insensibiliser *vt* ***1***
insensibilité *nf*
insensible *a*
insensiblement *av*
inséparable *a, n*
inséparablement *av*
insérable *a*
insérer *vt, vpr* ***12***
insermenté *am*
insert *nm*
insertion *nf*
insidieusement *av*
insidieux, euse *a*
insigne *a ; nm*
insignifiance *nf*
insignifiant, ante *a*
in silico *av*
insinuant, ante *a*
insinuation *nf*
insinuer *vt, vpr* ***1***
insipide *a*
insipidité *nf*
insistance *nf*
insistant, ante *a*
insister *vi* ***1***
in situ *av*
insituable *a*
insociabilité *nf*
insociable *a*
insolateur *nm*
insolation *nf*
insolemment *av*
insolence *nf*
insolent, ente *a, n*
insoler *vt* ***1***
insolite *a, nm*
insolubiliser *vt* ***1***
insolubilité *nf*
insoluble *a*
insolvabilité *nf*
insolvable *a, n*
insomniaque *a, n*
insomnie *nf*
insondable *a*
insonore *a*
insonorisation *nf*
insonoriser *vt* ***1***
insonorité *nf*
insortable *a*
insouciance *nf*
insouciant, ante *a, n*
insoucieux, euse *a*
insoulevable *a*
insoumis, ise *a, nm*
insoumission *nf*
insoupçonnable *a*
insoupçonné, ée *a*
insoutenable *a, nm*
inspecter *vt* ***1***
inspecteur, trice *n*
inspection *nf*
inspectorat *nm*
inspirant, ante *a*
inspirateur, trice *a, n*
inspiration *nf*
inspiratoire *a*
inspiré, ée *a*
inspirer *vt, vpr*
instabilité *nf*
instable *a, n*
installateur, trice *n*
installation *nf*
installer *vt, vpr* ***1***
instamment *av*
instance *nf*
instant, ante *a*
instant *nm*
instantané, ée *a, nm*
instantanéité *nf*
instantanément *av*
instar de (à l') *prép*
instaurateur, trice *n*
instauration *nf*
instaurer *vt* ***1***
instigateur, trice *n*
instigation *nf*
instiguer *vt* ***1***
instillation *nf*
instiller *vt* ***1***
instinct *nm*
instinctif, ive *a, n*
instinctivement *av*
instinctuel, elle *a*
instit ou **insti** *n*
instituer *vt, vpr* ***1***
institut *nm*
instituteur, trice *n*
institution *nf*
institutionnalisation *nf*
institutionnaliser *vt* ***1***
institutionnel, elle *a, nm*
instructeur, trice *n*
instructif, ive *a*
instruction *nf*
instruire *vt, vpr* ***67***
instruit, ite *a*
instrument *nm*
instrumentaire *a*
instrumental, ale, aux *a, nm*
instrumentalisation *nf*
instrumentaliser *vt* ***1***
instrumentalisme *nm*
instrumentaliste *a, n*
instrumentation *nf*
instrumenter *vt* ***1***
instrumentiste *n*
insu *prép*
insubmersibilité *nf*
insubmersible *a, nm*
insubordination *nf*
insubordonné, ée *a*
insuccès *nm*
insuffisamment *av*
insuffisance *nf*
insuffisant, ante *a, n*
insufflateur, trice *a, nm*
insufflation *nf*
insuffler *vt* ***1***
insulaire *a, n*
insularité *nf*
insuline *nf*
insulinique *a*
insulinodépendance *nf*
insulinodépendant, ante *a, n*
insulinorésistance *nf*
insulinorésistant, ante *a, n*
insulinothérapie *nf*
insultant, ante *a*
insulte *nf*
insulté, ée *n*
insulter *vt* ***1***
insulteur, euse *n*
insupportable *a*
insupportablement *av*
insupporter *vt* ***1***
insurgé, ée *a, n*
insurger (s') *vpr* ***11***
insurmontable *a*
insurpassable *a*
insurrection *nf*
insurrectionnel, elle *a*
intact, acte *a*
intaille *nf*
intangibilité *nf*
intangible *a*
intarissable *a*
intarissablement *av*
intégrable *a*
intégral, ale, aux *a, nf*
intégralement *av*
intégralité *nf*
intégrant, ante *a*
intégrase *nf*
intégrateur, trice *a, nm*
intégratif, ive *a*

intégration *nf*
intégrationniste *a, n*
intègre *a*
intégré, ée *a*
intègrement *av*
intégrer *vt, vpr* ***12***
intégrisme *nm*
intégriste *a, n*
intégrité *nf*
intellect *nm*
intellection *nf*
intellectualisation *nf*
intellectualiser *vt* ***1***
intellectualisme *nm*
intellectualiste *a, n*
intellectualité *nf*
intellectuel, elle *a, n*
intellectuellement *av*
intelligemment *av*
intelligence *nf*
intelligent, ente *a*
intelligentsia *nf*
intelligibilité *nf*
intelligible *a*
intelligiblement *av*
intello *a, n*
intellocrate *n*
intellocratie *nf*
intempérance *nf*
intempérant, ante *a*
intempéries *nf pl*
intempestif, ive *a*
intempestivement *av*
intemporalité *nf*
intemporel, elle *a, nm*
intenable *a*
intendance *nf*
intendant, ante *n*
intense *a*
intensément *av*
intensif, ive *a*
intensification *nf*
intensifier *vt* ***1***
intension *nf*
intensionnel, elle *a*
intensité *nf*
intensivement *av*
intenter *vt* ***1***
intention *nf*
intentionnalité *nf*
intentionné, ée *a*
intentionnel, elle *a*
intentionnellement *av*
inter *nm*
interactif, ive *a*
interaction *nf*
interactionnel, elle *a*
interactionnisme *nm*
interactionniste *a, n*
interactivement *av*
interactivité *nf*
interagir *vi* ***2***
interallié, ée *a*
interarmées *a inv*
interarmes *a inv*
interbancaire *a*
interbancarité *nf*
intercalaire *a, nm*
intercalation *nf*
intercaler *v* ***1***
intercéder *vi* ***12***
intercellulaire *a*
intercepter *vt* ***1***
intercepteur *nm*
interception *nf*
intercesseur *nm*
intercession *nf (intervention)*
interchangeabilité *nf*
interchangeable *a*
interclasse *nm*
interclassement *nm*
interclasser *vt* ***1***
interclassiste *a*
interclubs *a inv*
intercom *nm*
intercommunal, ale, aux *a*
intercommunalité *nf*
intercommunautaire *a*
intercommunion *nf*
intercompréhension *nf*
interconfessionnel, elle *a*
interconnectable *a*
interconnecter *vt* ***1***
interconnexion *nf*
intercontinental, ale, aux *a*
intercostal, ale, aux *a*
intercotidal, ale, aux *a*
intercourse *nf*
interculturalité *nf*
interculture *nf*
interculturel, elle *a*
intercurrent, ente *a*
interdentaire *a*
interdépartemental, ale, aux *a*
interdépendance *nf*
interdépendant, ante *a*
interdiction *nf*
interdigital, ale, aux *a*
interdire *vt* ***60***
interdisciplinaire *a*
interdisciplinarité *nf*
interdit, ite *a, n*
interentreprises *a inv*
intéressant, ante *a, n*
intéressé, ée *a, n*
intéressement *nm*
intéresser *vt, vpr* ***1***
intérêt *nm*
interethnique *a*
interfaçage *nm*
interface *nf*
interfacer *vt* ***10***
interfacial, ale, aux *a*
interfécond, onde *a*
interfécondité *nf*
interfédéral, ale, aux *a*
interférence *nf*
interférent, ente *a*
interférentiel, elle *a*
interférer *vi* ***12***
interférogramme *nm*
interféromètre *nm*
interférométrie *nf*
interférométrique *a*
interféron *nm*
interfluve *nm*
intergalactique *a*
intergénérationnel, elle *a*
interglaciaire *a, nm*
intergouvernemental, ale, aux *a*
intergouvernementalisme *nm*
intergroupe *a, nm*
interhumain, aine *a*
intérieur, eure *a, nm*
intérieurement *av*
intérim *nm*
intérimaire *a, n*
interindividuel, elle *a*
intériorisation *nf*
intérioriser *vt* ***1***
intériorité *nf*
interjectif, ive *a*
interjection *nf*
interjeter *vt* ***19***
interleukine *nf*
interlignage *nm*
interligne *nm*
interligner *vt* ***1***
interlinéaire *a*
interlock *nm*
interlocuteur, trice *n*
interlocutoire *a, nm*
interlope *a*
interloquer *vt* ***1***
interlude *nm*
intermède *nm*
intermédiaire *a, nm*
intermédiation *nf*
intermezzo *nm*
interminable *a*
interminablement *av*
interministériel, elle *a*
intermittence *nf*
intermittent, ente *a, n*
intermodal, ale, aux *a*
intermodalité *nf*
intermoléculaire *a*
intermusculaire *a*
internalisation *nf*
internaliser *vt* ***1***
internat *nm*
international, ale, aux *a, n*
internationalement *av*
internationalisation *nf*
internationaliser *vt* ***1***
internationalisme *nm*
internationaliste *a, n*
internationalité *nf*
internaute *n*
interne *a, n*
interné, ée *a, n*
internégatif *nm*

internement *nm*
interner *vt* ***1***
interniste *n*
internonce *nm*
interocéanique *a*
intéroceptif, ive *a*
interopérabilité *nf*
interopérable *a*
interpellateur, trice *n*
interpellatif, ive *a*
interpellation *nf*
interpeller ou **interpeler** *vt* ***1***
interpénétration *nf*
interpénétrer (s') *vpr* ***12***
interpersonnel, elle *a*
interphase *nf*
interphone *nm Nom déposé*
interplanétaire *a*
interpolation *nf*
interpoler *vt* ***1***
interposé, ée *a*
interposer *vt, vpr* ***1***
interpositif *nm*
interposition *nf*
interprétable *a*
interprétariat *nm*
interprétatif, ive *a*
interprétation *nf*
interprète *n*
interpréter *vt* ***14***
interpréteur *nm*
interprofession *nf*
interprofessionnel, elle *a*
interracial, ale, aux *a*
interréaction *nf*
interrégional, ale, aux *a*
interrègne *nm*
interrelation *nf*
interreligieux, euse *a*
interrogateur, trice *a, n*
interrogatif, ive *a, nf*
interrogation *nf*
interrogativement *av*
interrogatoire *nm*
interrogeable *a*
interroger *vt, vpr* ***11***
interrompre *vt, vpr* ***78***
interrupteur *nm*
interruptif, ive *a*
interruption *nf*
intersaison *nf*
intersaisonnier, ère *a*
interscolaire *a*
intersecté, ée *a*
intersection *nf*
intersession *nf (période)*
intersexué, ée ou **intersexuel, elle** *a, nm*
intersidéral, ale, aux *a*
intersigne *nm*
interspécifique *a*
interstellaire *a*
interstice *nm*
interstitiel, elle *a*
intersubjectif, ive *a*
intersubjectivité *nf*
intersyndical, ale, aux *a, nf*
intertextualité *nf*
intertextuel, elle *a*
intertidal, ale, aux *a*
intertitre *nm*
intertribal, ale, aux *a*
intertrigo *nm*
intertropical, ale, aux *a*
interurbain, aine *a, nm*
intervalle *nm*
intervenant, ante *a, n*
intervenir *vi* ***35***
intervention *nf*
interventionnel, elle *a*
interventionnisme *nm*
interventionniste *a, n*
interversion *nf*
intervertébral, ale, aux *a*
intervertir *vt* ***2***
interview *nf*
interviewé, ée *a, n*
interviewer *vt* ***1***
interviewer ou **intervieweur, euse** *n*
intervocalique *a*
interzone *a*
intestat *a inv, n*
intestin, ine *a*
intestin *nm*
intestinal, ale, aux *a*
intimation *nf*
intime *a, n*
intimé, ée *a, n*
intimement *av*
intimer *vt* ***1***
intimidable *a*
intimidant, ante *a*
intimidateur, trice *a*
intimidation *nf*
intimider *vt* ***1***
intimisme *nm*
intimiste *a, n*
intimité *nf*
intine *nf*
intitulé *nm*
intituler *vt, vpr* ***1***
intolérabilité *nf*
intolérable *a*
intolérablement *av*
intolérance *nf*
intolérant, ante *a, n*
intonatif, ive *a*
intonation *nf*
intouchable *a, n*
intox *nf*
intoxicant, ante *a*
intoxication *nf*
intoxiqué, ée *a, n*
intoxiquer *vt* ***1***
intra-atomique *a*
intra-auriculaire *a, nm*
intraçable *a*
intracardiaque *a*
intracellulaire *a*
intracérébral, ale, aux *a*
intracommunautaire *a*
intracrânien, enne *a*
intradermique *a*
intradermoréaction *nf*
intrados *nm*
intraduisible *a*
intraitable *a*
intramoléculaire *a*
intra-muros *av*
intramusculaire *a, nf*
intranet *nm*
intranquille *a*
intranquillité *nf*
intransigeance *nf*
intransigeant, ante *a*
intransitif, ive *a, nm*
intransitivement *av*
intransitivité *nf*
intransmissibilité *nf*
intransmissible *a*
intransportable *a*
intrant *nm*
intranucléaire *a*
intraoculaire *a*
intrapsychique *a*
intraspécifique *a*
intra-utérin, ine *a*
intraveineux, euse *a, nf*
intrépide *a, n*
intrépidement *av*
intrépidité *nf*
intrication *nf*
intrigant, ante *a, n*
intrigue *nf*
intriguer *vt, vi* ***1***
intrinsèque *a*
intrinsèquement *av*
intriquer *vt* ***1***
intro *nf*
introducteur, trice *n*
introductif, ive *a*
introduction *nf*
introduire *vt, vpr* ***67***
introït *nm*
introjecter *vt* ***1***
introjectif, ive *a*
introjection *nf*
intromission *nf*
intron *nm*
intronisation *nf*
introniser *v* ***1***
introrse *a*
introspectif, ive *a*
introspection *nf*
introuvable *a*
introversion *nf*
introverti, ie *a, n*
intrus, use *n*
intrusif, ive *a*
intrusion *nf*
intubation *nf*

intuber *vt* ***1***
intuitif, ive *a, n*
intuition *nf*
intuitionnisme *nm*
intuitivement *av*
intuitu personæ *av*
intumescence *nf*
intumescent, ente *a*
inuktitut *nm*
inule *nf*
inuline *nf*
inusable *a*
inusité, ée *a*
inusuel, elle *a*
in utero *loc av*
inutile *a, n*
inutilement *av*
inutilisable *a*
inutilisation *nf*
inutilisé, ée *a*
inutilité *nf*
invagination *nf*
invaincu, ue *a*
invalidant, ante *a*
invalidation *nf*
invalide *a, n*
invalider *vt* ***1***
invalidité *nf*
invar *nm Nom déposé*
invariabilité *nf*
invariable *a*
invariablement *av*
invariance *nf*
invariant, ante *a, nm*
invasif, ive *a*
invasion *nf*
invective *nf*
invectiver *vt, vi* ***1***
invendable *a*
invendu, ue *a, nm*
inventaire *nm*
inventer *vt* ***1***
inventeur, trice *n*
inventif, ive *a*
invention *nf*
inventivité *nf*
inventoriage *nm*
inventorier *vt* ***1***
invérifiable *a*
inversable *a*
inverse *a, nm*
inversement *av*
inverser *vt* ***1***
inverseur *nm*
inversible *a*
inversion *nf*
invertase *nf*
invertébré, ée *a, nm*
inverti, ie *n*
invertir *vt* ***2***
investigateur, trice *n, a*
investigatif, ive *a*
investigation *nf*
investiguer *vt* ***1***
investir *vt, vi, vpr* ***2***
investissement *nm*
investisseur, euse *n, a*
investiture *nf*
invétéré, ée *a*
invincibilité *nf*
invincible *a*
invinciblement *av*
inviolabilité *nf*
inviolable *a*
inviolé, ée *a*
invisibilité *nf*
invisible *a, nm*
invitant, ante *a*
invitation *nf*
invite *nf*
invité, ée *n*
inviter *vt* ***1***
in vitro *av*
invivable *a*
in vivo *av*
invocation *nf*
invocatoire *a*
involontaire *a*
involontairement *av*
involucelle *nm*
involucre *nm*
involucré, ée *a*
involuté, ée *a*
involutif, ive *a*
involution *nf*
invoquer *vt* ***1***
invraisemblable *a*
invraisemblablement *av*
invraisemblance *nf*
invulnérabilité *nf*
invulnérable *a*
iodate *nm*
iode *nm*
iodé, ée *a*
ioder *vt* ***1***
iodhydrique *a*
iodique *a*
iodisme *nm*
iodler ou **iouler** ou **jodler** ou **yodler** *vi* ***1***
iodoforme *nm*
iodure *nm*
ioduré, ée *a*
ion *nm*
ionien *nm*
ionique *a*
ionique *a, nm*
ionisant, ante *a*
ionisateur *nm*
ionisation *nf*
ioniser *vt* ***1***
ioniseur *nm*
ionogramme *nm*
ionosphère *nf*
ionosphérique *a*
iota *nm*
iotacisme *nm*
iourte ou **yourte** *nf*
ipé *nm*
ipéca *nm*
ipomée *nf*
ippon *nm*
ipséité *nf*
ipsilatéral, ale, aux *a*
ipso facto *loc av*
irakien, enne ou **iraquien, enne** *a, n*
iranien *nm*
iranien, enne *a, n*
irascibilité *nf*
irascible *a*
ire *nf*
irénique *a*
irénisme *nm*
irianais, aise *a, n*
iridacée *nf*
iridescent, ente *a*
iridié, ée *a*
iridium *nm*
iridologie *nf*
iridologique *a*
iridologue *n*
irien, enne *a*
iris *nm*
irisation *nf*
iriser *vt, vpr* ***1***
irish coffee *nm*
iritis *nf*
irlandais *nm*
irlandais, aise *a, n*
IRM *nf*
iroko *nm*
irone *nm*
ironie *nf*
ironique *a*
ironiquement *av*
ironiser *vi* ***1***
ironiste *n*
iroquoïen, enne *a, nm*
iroquois *nm*
irradiant, ante *a*
irradiateur *nm*
irradiation *nf*
irradié, ée *n*
irradier *vt, vi* ***1***
irraisonné, ée *a*
irrationalisme *nm*
irrationaliste *a, n*
irrationalité *nf*
irrationnel, elle *a, nm*
irrationnellement *av*
irrattrapable *a*
irréalisable *a*
irréalisé, ée *a*
irréalisme *nm*
irréaliste *a, n*
irréalité *nf*
irrecevabilité *nf*
irrecevable *a*
irréconciliable *a*
irrécouvrable *a*
irrécupérable *a*
irrécusable *a*

irrédentisme *nm*
irrédentiste *a, n*
irréductibilité *nf*
irréductible *a, n*
irréductiblement *av*
irréel, elle *a, nm*
irréfléchi, ie *a*
irréflexion *nf*
irréformable *a*
irréfragable *a*
irréfutabilité *nf*
irréfutable *a*
irréfutablement *av*
irréfuté, ée *a*
irrégularité *nf*
irrégulier, ère *a, n*
irrégulièrement *av*
irréligieux, euse *a*
irréligion *nf*
irrémédiable *a, nm*
irrémédiablement *av*
irrémissible *a*
irrémissiblement *av*
irremplaçable *a*
irréparable *a, nm*
irréparablement *av*
irrépréhensible *a*
irreprésentable *a*
irrépressible *a*
irréprochabilité *nf*
irréprochable *a*
irréprochablement *av*
irrésistibilité *nf*
irrésistible *a*
irrésistiblement *av*
irrésolu, ue *a, n*
irrésolution *nf*
irrespect *nm*
irrespectueusement *av*
irrespectueux, euse *a*
irrespirable *a*
irresponsabilité *nf*
irresponsable *a, n*
irrétrécissable *a*
irrévérence *nf*
irrévérencieusement *av*
irrévérencieux, euse *a*
irréversibilité *nf*
irréversible *a*
irréversiblement *av*
irrévocabilité *nf*
irrévocable *a*
irrévocablement *av*
irrigable *a*
irrigant *nm*
irrigateur *nm*
irrigation *nf*
irriguer *vt* ***1***
irritabilité *nf*
irritable *a*
irritant, ante *a*
irritatif, ive *a*
irritation *nf*
irriter *vt* ***1***
irruption *nf*
isabelle *a inv*
isallobare *a*
isard ou **izard** *nm*
isatis *nm*
isba *nf*
ISBN *nm*
ischémie *nf*
ischémique *a, n*
ischiatique *a*
ischiojambier *nm*
ischion *nm*
isérois, oise *a, n*
ISF *nm*
isidie *nf*
islam *nm*
islamique *a*
islamisant, ante *n*
islamisation *nf*
islamiser *vt* ***1***
islamisme *nm*
islamiste *a, n*
islamité *nf*
islamologie *nf*
islamologique *a*
islamologue *n*
islamophobe *a, n*
islamophobie *nf*
islandais *nm*
islandais, aise *a, n*
ismaélien, enne ou **ismaïlien, enne** *n, a*
ismaélisme *nm*
isoagglutination *nf*
isobare *a, n*
isobathe *a, nf*
isobutène *nm*
isocarde *nm*
isocèle *a*
isochore *a*
isochromatique *a*
isochrone ou **isochronique** *a*
isochronisme *nm*
isoclinal, ale, aux *a*
isocline *a, nf*
isodynamie *nf*
isodynamique *a isoclinaux*
isoélectrique *a*
isoète *nm*
isoflavone *nf*
isogame *a*
isogamie *nf*
isoglosse *a, nf*
isoglucose *nm*
isogone *a, nf*
isohyète *a, nf*
isohypse *a*
iso-immunisation *nf*
iso-ionique *a*
isolable *a*
isolant, ante *a, nm*
isolat *nm*
isolateur *nm*
isolation *nf*
isolationnisme *nm*
isolationniste *a, n*
isolé, ée *a, n*
isolement *nm*
isolément *av*
isoler *vt* ***1***
isoleucine *nf*
isoloir *nm*
isomérase *nf*
isomère *a, nm*
isomérie *nf*
isomérique *a*
isomérisation *nf*
isométrie *nf*
isométrique *nf*
isomorphe *a*
isomorphisme *nm*
isoniazide *nm*
isopet ou **ysopet** *nm*
isopièze *a, nf*
isopode *nm*
isoprène *nm*
isoptère *nm*
isoséiste *a, nf*
isostasie *nf*
isostatique *a*
isostémone *a*
isotherme *a, nf*
isotonie *nf*
isotonique *a*
isotope *a, nm*
isotopique *a*
isotrope *a*
isotropie *nf*
israélien, enne *a, n*
israélite *n, a*
issu, ue *a*
issue *nf*
IST *nf*
isthme *nm*
isthmique *a*
italia *nm*
italianisant, ante *n*
italianisation *nf*
italianiser *vt* ***1***
italianisme *nm*
italien *nm*
italien, enne *a, n*
italique *a, nm*
item *av ; nm*
itératif, ive *a, nm*
itération *nf*
itérativement *av*
ithyphallique *a*
itinéraire *nm, a*
itinérance *nf*
itinérant, ante *a, n*
itou *av*
ITT *nf*
IUFM *nm*
iule *nm*
IUT *nm*
ive ou **ivette** *nf*
ivermectine *nf*

IVG *nf*
ivoire *nm, a inv*
ivoirerie *nf*
ivoirien, enne *a, n*
ivoirier, ière *n*
ivoirin, ine *a*
ivoirité *nf*
ivraie *nf*
ivre *a*
ivresse *nf*
ivressomètre *nm*
ivrogne *a, n*
ivrognerie *nf*
ivrognesse *nf*
iwan *nm*
ixage *nm*
ixer *vt 1*
ixia *nf*
ixième ou **xième** *a*
ixode *nm*
izard ou **isard** *nm*
iznik *nm*

j

j *nm*
jab *nm*
jabiru *nm*
jable *nm*
jabloir ou **jabloire** ou **jablière** *nm*
jaborandi *nm*
jabot *nm*
jacana *nm*
jacaranda *nm*
jacassement *nm*
jacasser *vi* ***1***
jacasseur, euse *n, a*
jacée *nf*
jachère *nf*
jacinthe *nf*
jack *nm (électricité)*
jackpot *nm*
jaco ou **jacot** ou **jacko** ou **jacquot** *nm*
jacobée *nf*
jacobin, ine *n, a*
jacobinisme *nm*
jacobite *n ; a*
jacquard *nm*
jacquemart ou **jaquemart** *nm*
jacquerie *nf*
jacques *nm (niais)*
jacquet *nm*
jacquier ou **jaquier** *nm*
jactance *nf*
jacter *vi* ***1***
jaculatoire *a*
jacuzzi *nm Nom déposé*
jade *nm*
jadéite *nf*
jadis *av*
jaffa *nf*
jaguar *nm*
jaï alaï *nm*
jaillir *vi* ***2***
jaillissant, ante *a*
jaillissement *nm*
jaïn *a*
jaïna *a*
jaïnisme ou **djaïnisme** *nm*
jais *nm (charbon)*
jakartanais, aise ou **djakartanais, aise** *a, n*
jalap *nm*
jalon *nm*
jalonnement *nm*
jalonner *vt* ***1***
jalousement *av*
jalouser *vt* ***1***
jalousie *nf*
jaloux, ouse *a, n*
jamaïcain, aine *a, n*
jamais *av*
jambage *nm*
jambe *nf*
jambette *nf*
jambier, ère *a, nm*
jambière *nf*
jambon *nm*
jambon-beurre *nm Des jambons-beurres.*
jambonneau *nm*
jambonnette *nf*
jamboree ou **jamborée** *nm*
jambose *nf*
jambosier *nm*
jammer *vi* ***1***
jam-session ou **jam** *nf Des jam-sessions.*
jan *nf*
jangada *nf*
janissaire *nm*
janotisme ou **jeannotisme** *nm*
jansénisme *nm*
janséniste *a, n*
jante *nf*
janthine *nf*
janvier *nm*
japon *nm*
japonais *nm*
japonais, aise *a, n*
japonaiserie ou **japonerie** *nf*
japonisant, ante *n*
japonisme *nm*
jappement *nm*
japper *vi* ***1***
jaque *nm (fruit)*
jaquemart ou **jacquemart** *nm*
jaquette *nf*
jaquier ou **jacquier** *nm*
jard ou **jar** *nm*
jarde ou **jardon** *nf*
jardin *nm*
jardinage *nm*
jardiner *vt, vi* ***1***
jardinerie *nf*
jardinet *nm*
jardineux, euse *a*
jardinier, ère *n, a*
jargon *nm*
jargonaphasie *nf*
jargonaphasique *a, n*
jargonnant, ante *a*
jargonner *vi* ***1***
jargonneux, euse *a*
jarnicoton ! *interj*
jarosite *nf*
jarosse ou **jarousse** *nf*
jarovisation *nf*
jarre *nf (récipient)*
jarre *nm (poil)*
jarret *nm*
jarreté, ée *a*
jarretelle *nf*
jarretière *nf*
jars *nm (oiseau)*
jas *nm*
jaser *vi* ***1***
jaseran ou **jaseron** *nm*
jaseur, euse *a, nm*
jasione *nf*
jasmin *nm*
jaspe *nm*
jaspé, ée *a, nm*
jasper *vt* ***1***
jaspiner *vi* ***1***
jaspure *nf*
jass *nm*
jataka *nm*
jati *nm*
jatropha *nm*
jatte *nf*
jauge *nf*
jaugeage *nm*
jauger *vt, vi* ***11***
jaugeur *nm*
jaumière *nf*
jaunâtre *a*
jaune *a, nm*
jaunet, ette *a*
jaunir *vt, vi* ***2***
jaunissant, e *a*
jaunisse *nf*
jaunissement *nm*
java *nm (informatique, cotonnade)*
java *nf (danse, fête)*
javanais *nm*
javanais, aise *a, n*
javart *nm*
javascript *nm Nom déposé*
javeau *nm*
javel *nf*
javelage *nm*
javelé, ée *a*
javeler *vt* ***16***
javeleur, euse *n*
javeline *nf*
javelle *nf (céréales)*
javellisation *nf*
javelliser *vt* ***1***
javelot *nm*
jazz *nm*
jazz-band *nm Des jazz-bands.*
jazzique *a*
jazzistique *a*
jazzman *nm Des jazzmans ou jazzmen.*
jazz-rock *nm*
jazzwoman *nf*
jazzy *a inv*
je *pr pers*
jean ou **jeans** *nm Des jeans.*
jeanerie *nf*
jeaneur *nm*
jean-foutre ou **jeanfoutre** *nm inv*
jean-le-blanc *nm inv*
jeannette *nf*
jeannotisme ou **janotisme** *nm*
jeep *nf Nom déposé*
jéjunal, ale, aux *a*
jéjuno-iléon *nm Des jéjuno-iléons.*

jéjunum *nm*
je-m'en-fichisme ou **je-m'en-foutisme** *nm Des je-m'en-fichismes.*
je-m'en-fichiste *n*
je-m'en-foutiste *a, n*
je-ne-sais-quoi *nm inv*
jenny *nf*
jérémiade *nf*
jerez ou **xérès** *nm*
jerk *nm*
jéroboam *nm*
jerricane ou **jerrycan** *nm*
jersey *nm*
jersiais, aise *a, n*
jésuite *nm, a*
jésuitique *a*
jésuitiquement *av*
jésuitisme *nm*
jésus *nm*
jet *nm (projection, avion)*
jetable *a, nm*
jetage *a, nm*
jeté *nm (drap, saut)*
jeté, ée *a*
jetée *nf (digue)*
jeter *vt, vpr* ***19***
jeteur, euse *n*
jetlag *nm*
jeton *nm*
jet-set ou **jet-society** *nf*
jetsetteur, euse ou **jetsetter** *n*
jetski *nm Nom déposé*
jet-stream *nm Des jet-streams.*
jeu *nm*
jeudi *nm*
jeun (à) *av*
jeune *a, n*
jeûne *nm (diète)*
jeûner ou **jeuner** *vi* ***1***
jeunesse *nf*
jeunet, ette *a*
jeûneur, euse ou **jeuneur, euse** *n*
jeunisme *n*
jeuniste *a*
jeunot, otte *a, nm*
jiaozi *nm*
jihad ou **djihad** *nm*
jihadiste ou **djihadiste** *a, n*
jilbab *nm*
jingle *nm*
jitterburg *nm*
JO *nm*
joaillerie *nf*
joaillier, ère ou **joailler, ère** *n, a*
job *n*
jobard, arde *a, n*
jobarder *vt* ***1***
jobarderie ou **jobardise** *nf*
jobiste *n*
jociste *n*
jockey *nm*
jocrisse *nm*
jodhpurs *nm pl*
jodler ou **iodler** ou **iouler** ou **yodler** *vi* ***1***
jogger *nm*
joggeur, euse *n*
jogging *nm*
johannique *a*
joie *nf*
joignabilité *nf*
joignable *a*
joindre *vt, vi, vpr* ***62***
joint, jointe *a, nm*
joint *nm*
jointage *nm*
jointé *am*
jointer *vt* ***1***
jointif, ive *a*
jointoiement *nm*
jointoyer *vt* ***22***
jointure *nf*
joint-venture *nm Des joint-ventures.*
jojo *nm, a inv*
jojoba *nm*
joker *nm*
joli, ie *a, nm*
joliesse *nf*
joliment *av*
jomon *a, n*
jonagold *nf*
jonc *nm*
joncacée *nf*
jonchaie ou **jonchère** *nf*
joncher *vt* ***1***
jonchet *nm (jeu)*
jonction *nf*
jonglage *nm*
jongler *vi* ***1***
jonglerie *nf*
jongleur, euse *n*
jonque *nf*
jonquille *n, a inv*
jordanien, enne *a, n*
joseph *a inv*
joséphisme *nm*
joséphiste *a*
jota *nf*
jouabilité *nf*
jouable *a*
joual *nm*
jouasse *a*
joubarbe *nf*
joue *nf (visage)*
jouée *nf*
jouer *vpr* ***1***
jouet *nm*
joueur, euse *n, a*
joufflu, ue *a*
joug *nm (attelage, contrainte)*
jouir *vi, vti* ***2***
jouissance *nf*
jouisseur, euse *n, a*
jouissif, ive *a*
joujou *nm Des joujoux.*
joule *nm*
jour *nm*
journal *nm Des journaux.*
journalier, ère *a, n*
journalisme *nm*
journaliste *n*
journalistique *a*
journée *nf*
journellement *av*
joute *nf*
jouter *vi* ***1***
jouteur, euse *n*
jouvence *nf*
jouvenceau, elle *n*
jouxter *vt* ***1***
jovial, ale, aux *a*
jovialement *av*
jovialité *nf*
jovien, enne *a*
joyau *nm*
joyeusement *av*
joyeuseté *nf*
joyeux, euse *a*
joystick *nm*
JT *nm*
jubarte *nf*
jubé *nm*
jubilaire *a, n*
jubilant, ante *a*
jubilation *nf*
jubilatoire *a*
jubilé *nm*
jubiler *vi* ***1***
juchée *nf*
jucher *vt, vi* ***1***
juchoir *nm*
judaïque *a*
judaïsation *nf*
judaïser *vt, vi* ***1***
judaïsme *nm*
judaïté ou **judaïcité** *nf*
judas *nm*
Judée (arbre de) *nm*
judéité *nf*
judelle *nf*
judéo-allemand, ande *a, nm*
judéo-arabe *a, n*
judéo-chrétien, enne *a, n*
judéo-christianisme *nm*
judéo-espagnol, ole *a, nm*
judéophobe *a, n*
judéophobie *nf*
judicature *nf*
judiciaire *a*
judiciairement *av*
judiciarisation *nf*
judiciariser *vt* ***1***
judicieusement *av*
judicieux, euse *a*
judo *nm*
judogi *nm*
judoka *n* ou **judokate** *nf*
jugal, ale, aux *a*
juge *n*
jugé (au) ou **juger (au)** *av*
jugeable *a*

jugement *nm*
jugeote *nf*
juger *vt, vti, vpr* ***11***
jugeur, euse *n*
juglandacée *nf*
jugulaire *a, nf*
juguler *vt* ***1***
juif, juive *n, a*
juillet *nm*
juillettiste *n*
juin *nm*
juiverie *nf*
jujitsu ou **jiu-jitsu** *nm*
jujitsuka *n*
jujube *nm*
jujubier *nm*
juke-box ou **jukebox** *nm Des juke-boxes.*
julep *nm*
jules *nm*
julie *nf*
julien, enne *a*
juliénas *nm*
julienne *nf*
jumbo-jet *nm Des jumbo-jets.*
jumeau, elle *a, nm*
jumelage *nm*
jumelé, ée *a*
jumeler *vt* ***16***
jumelle *nf*
jument *nf*
jumping *nm*
jungle *nf (savane)*
jungle *nm (courant musical)*
junior *a, n*
junior-entreprise *nf Des junior-entreprises. Nom déposé*
junk-bond *nm Des junk-bonds.*
junker *nm*
junkie ou **junky** *n*
junte *nf*
jupe *nf*
jupe-culotte *nf Des jupes-culottes.*
jupette *nf*
jupière *nf*
jupitérien, enne *a, n*
jupon *nm*
juponner *vt* ***1***
jurançon *nm*
jurande *nf*
jurassien, enne *a, n*
jurassique *nm*
jurat *nm, a*
juratoire *a*
juré, ée *a, n*
jurement *nm*
jurer *vt, vi* ***1***
jureur *am*
juridiction *nf*
juridictionnel, elle *a*
juridique *a*
juridiquement *av*
juridisme *nm*
jurisconsulte *n*
jurisprudence *nf*
jurisprudentiel, elle *a*
juriste *n*
juron *nm*
jury *nm*
jus *nm*
jusant *nm*
jusqu'au-boutisme *nm*
jusqu'au-boutiste *a, n*
jusque *prép*
jusquiame *nf*
jussion *nf*
justaucorps *nm*
juste *a, n, av*
juste-à-temps *nm*
justement *av*
justesse *nf*
justice *nf*
justiciable *a, n*
justicier, ère *n, a*
justifiable *a*
justifiant, ante *a*
justificateur, trice *a*
justificatif, ive *a, nm*
justification *nf*
justifier *vt* ***1***
jute *nm*
juter *vi* ***1***
juteux, euse *a, nm*
juvénat *nm*
juvénile *a, nm*
juvénilité *nf*
juxtalinéaire *a*
juxtaposable *a*
juxtaposé, ée *a*
juxtaposer *vt* ***1***
juxtaposition *nf*

k

k *nm*
ka *nm*
kabbaliste ou **cabaliste** *n*
kabig ou **kabic** *nm*
kabouli, ie ou **kaboulien, enne** *a, n*
kabuki *nm*
kabukiste *n*
kabyle *a, n*
kabyle *nm*
kacha *nf*
kachina ou **katchina** *nm*
kadaïf *nm*
kaddish *nm*
kaéliste *n*
kafir *n*
kagou ou **cagou** *nm*
kagura *nm*
kaïnite *nf*
kaiser *nm*
kakapo *nm*
kakawi ou **cacaoui** *nm*
kakémono *nm*
kaki *nm ; a inv (fruit)*
kakuro *nm*
kala-azar *nm*
kalachnikov *n Nom déposé*
kalanchoe *nm*
kalarippayat *nm*
kaléidoscope *nm*
kaléidoscopique *a*
kali *nm*
kaliémie *nf*
kalmia *nm*
kalmouk *nm*
kamancheh *nm*
kami *nm*
kamichi *nm*
kamikaze *nm*
kamis *nm*
kampalais, aise *a, n*
kamptozoaire *nm*
kana *nm*
kanak, e ou **canaque** *a, n*
kandjar *nm*
kangourou *nm*
kanji *nm*
kannara *nm*
kantien, enne *a, n*
kantisme *nm*
kaoliang *nm*
kaolin *nm*
kaolinisation *nf*
kaolinite *nf*
kaon ou **ka** *nm*
kapo *nm*
kapok *nm*
kapokier *nm*
kappa *nm*
karakul ou **caracul** *nm*
karaoké *nm*
karaté *nm*
karatéka *n*
karbau ou **kérabau** *nm*
kärcher *nm Nom déposé*
karité *nm*
karkadé *nm*
karma ou **karman** *nm*
Karman (méthode) *nf*
karmapa *nm*
karmique *a*
karnatique *a*
karoshi *nm*
karpatique ou **carpatique** *a*
karst *nm*
karstification *nf*
karstique *a*
kart *nm*
karting *nm*
kasher ou **casher, ère** ou **cachère** *a*
kashmiri *nm*
kashmiri, ie ou **cachmirien, enne** *a, n*
kashrout ou **cashrout** ou **cacherout** *nf*
kata *nm*
katakana *nm*
kathakali *nm*
katioucha *nm*
kava ou **kawa** *nm*
kayak *nm*
kayakable *a*
kayakiste *n*
kazakh *nm*
kazakh, akhe *a, n*
kebab *nm*
kebbé *nm*
keepsake *nm*
keffieh ou **kéfié** *nm*
kéfir ou **képhir** ou **képhyr** *nm*
keikoku *nm*
keiretsu *nm*
keirin *nm*
kelvin *nm*
kémalisme *nm*
kémaliste *a, n*
kémia *nm*
ken *nm*
kendo *nm*
kénotron *nm*
kentia *nm*
kentuckyen, enne *a, n*
kényan, ane *a, n*
kenyapithèque *nm*
képi *nm*
kérabau ou **karbau** *nm*
kératine *nf*
kératinisation *nf*
kératiniser (se) *vpr* ***1***
kératinocyte *nm*
kératite *nf*
kératoplastie *nf*
kératose *nf*
kératotomie *nf*
kermès *nm*
kermesse *nf*
kérogène *nm*
kérosène *nm*
kerria ou **kerrie** *nm*
kesa *nm*
kétamine *nf*
ketch *nm*
ketchup *nm*
ketmie *nf*
keuf *nm*
keum *nm*
kevlar *nm Nom déposé*
keynésianisme *nm*
keynésien, enne *a, n*
khâgne ou **cagne** *nf*
khâgneux, euse ou **cagneux, euse** *n (élève)*
khalifat ou **califat** *nm*
khalife ou **calife** *nm*
khalkha *nm*
khamsin ou **chamsin** *nm*
khan *nm (titre)*
khanat *nm*
kharidjisme *nm*
kharidjite *n*
khartoumais, aise *a, n*
khat ou **kat** ou **qat** *nm*
khédival, ale, aux *a*
khédivat *nm*
khédive *nm*
khédivial, ale, aux *a*
khédiviat *nm*
khi *nm*
khmer *nm*
khmer, ère *a, n*
khoisan *nm inv*
khôl ou **kohol** *nm*
kibboutz *nm*
kick *nm*
kick-boxing *nm*
kid *nm*
kidnapper *vt* ***1***
kidnappeur, euse *n*
kidnapping *nm*
kieselguhr *nm*
kiesérite *nf*
kiévien, enne *a, n*
kif *nm*
kiffer ou **kifer** *vt, vi* ***1***
kif-kif ou **kifkif** *a inv*
kigalois, oise *a, n*
kiki *nm*
kikiwi *nm*
kilim *nm*
kilo *nm*
kilobase *nm*
kilocalorie *nf*
kilocycle *nm*
kiloeuro ou **kileuro** *nm*
kilofranc *nm*
kilogramme *nm*
kilohertz *nm*
kilométrage *nm*

kilomètre *nm*
kilométrer *vt 12*
kilométrique *a*
kilo-octet *nm Des kilo-octets.*
kilotonne *nm*
kilowatt *nm*
kilowattheure *nm*
kilt *nm*
kimbanguisme *nm*
kimbanguiste *a, n*
kimberlite *nf*
kimchi *nm*
kimono *nm*
kina *nm*
kinase *nf*
kiné *n*
kinésiologie *nf*
kinésique *a*
kinésiste *n*
kinésithérapeute *n*
kinésithérapie *nf*
kinesthésie *nf*
kinesthésique *a*
king-charles *nm inv*
kinine *nf*
kinkajou *nm*
kinois, oise *a, n*
kinyarwanda *nm*
kiosque *nm*
kiosquier, ère *n*
kip *nm*
kippa *nf*
kipper *nm*
kipungi *nm*
kir *nm Nom déposé*
kirghiz *nm*
kirghiz, ize *a, n*
kiribatien, enne *a, n*
kirsch *nm*
kirundi *nm*
kit *nm*
kitchenette *nf*
kite *nm*
kitesurf ou **kiteboard** ou **kite** *nm*
kitesurfeur, euse *n*
kitsch ou **kitch** *a inv, nm*
kittitien et névicien, enne *a, n*
kiva *nf*
kiwi, ie *a, n*
kiwi *nm*
kiwiculteur, trice *n*
klaxon *nm Nom déposé*
klaxonner *vi 1*
klebs ou **clebs** *nm*
klebsielle *nf*
kleenex *nm Nom déposé*
Klephte ou **clephte** *nf*
kleptocratie *nf*
kleptomane ou **cleptomane** *n*
kleptomanie ou **cleptomanie** *nf*
klezmer *nm*
Klinefelter (syndrome de) *nm*
klystron *nm*
knikers ou **kniker** *nm pl*
knock-down *nm inv*
knock-out ou **knockout** *nm inv, a inv*
knockouter *vt 1*
knödel *nm*
Knop (liquide de) *nm*
knout *nm*
know-how *nm inv*
K.-O. *nm inv, a*
koala *nm*
koan *nm*
kob ou **cobe** ou **cob** *nm*
kobold *nm*
kobza *nf*
kochia *nm*
Koctet *nm*
koinè *nf*
kola ou **cola** *nf*
kolatier *nm*
kolinski *nm*
kolkhoze *nm*
kolkhozien, enne *a, n*
kombu *nm*
kommandantur *nf*
komsomol ou **komsomole** *n*
kondo *nm*
konkani ou **konkanese** *nm*
konzern *nm*
kookaburra *nm*
kop *nm*
kopeck *nm*
kora *nf*
korê ou **coré** *nf Des korês ou korai.*
korrigan, ane *n*
korthals *nm*
koshu *nm*
kosovar, are *a, n*
kot *nm*
koto *nm (instrument de musique)*
koubba *nf*
koudou *nm*
kouglof ou **kugelhof** *nm*
kouign-amann *nm*
koulak *nm*
koulibiac *nm*
koumis ou **kumys** *nm*
kouprey *nm*
kourgane *nm*
kouros ou **couros** *nm Des kouros ou kouroi.*
kourtchatovium *nm*
kraal *nm*
krach *nm (faillite)*
kraft *nm*
krak ou **karak** *nm*
kraken *nm*
kremlin *nm*
kremlinologie *nf*
kremlinologue *n*
kreutzer *nm*
kriek *nf*
krill *nm*
kriss *nm*
kronprinz *nm*
kroumir *nm*
krugerrand *nm*
krypton *nm*
ksar *nm Des ksars ou ksour.*
kshatriya *nm*
ksi *nm*
kumité *nm*
kummel *nm*
kumquat *nm*
kuna *nf*
kundalini *nm*
kung-fu *nm*
kurde *a, n*
kuru *nm*
kwa *nm*
kwacha *nm*
kwakiutl *a, n*
kwanza *nm*
kwas ou **kvas** *nm*
kwashiorkor *nm*
k-way *nm inv Nom déposé*
kyat *nm*
kymrique ou **cymrique** *nm*
kyrie eleison ou **kyrie** *nm inv*
kyrielle *nf*
kyste *nm*
kystique *a*
kyudo *nm*

l

l *nm*
là *av, interj*
labanotation *nf*
labarum *nm*
là-bas *av*
labbe *nm*
label *nm*
labelle *nm*
labellisable *a*
labellisation *nf*
labelliser *vt* ***1***
labeur *nm*
labial, ale, aux *a, nf*
labialisation *nf*
labialiser *vt* ***1***
labié, ée *a*
labiée ou **labiacée** *nf*
labile *a*
labilité *nf*
labiodental, ale, aux *a, nf*
labiopalatal, ale, aux *a, nf*
labium *nm*
labo *nm*
laborantin, ine *n*
laboratoire *nm*
laborieusement *av*
laborieux, euse *a*
labour *nm*
labourable *a*
labourage *nm*
labourer *vt* ***1***
laboureur *nm*
labrador *nm*
labradorien, enne *a, n*
labradorite *nm*
labre *nm*
labret *nm*
labrit *nm*
labyrinthe *nm*
labyrinthien, enne *a*
labyrinthique *a*
labyrinthite *nf*
labyrinthodonte *nm*
lac *nm (eau)*
laçage *nm*
laccolite ou **laccolithe** *nm*
lacement *nm*
lacer *vt* ***10*** *(nouer)*
lacération *nf*
lacérer *vt* ***12***
lacerie *nf*
lacertilien ou **lacertien** *nm*
lacet *nm*
lâchage *nm*
lâche *a, n*
lâché, ée *a*
lâchement *av*
lâcher *vt, vi, vpr* ***1***
lâcher *nm*
lâcher-prise *nm inv*
lâcheté *nf*
lâcheur, euse *n*
lacinié, ée *a*
lacis *nm*
laconique *a*
laconiquement *av*
laconisme *nm*
lacrima-christi ou **lacryma-christi** *nm inv*
lacrymal, ale, aux *a*
lacrymogène *a*
lacs *nm (nœud)*
lactaire *nm*
lactalbumine *nf*
lactarium *nm*
lactase *nf*
lactate *nm*
lactatémie *nf*
lactation *nf*
lacté, ée *a*
lactescence *nf*
lactescent, ente *a*
lactifère *a*
lactique *a*
lactobacille *nm*
lactodensimètre *nm*
lactoflavine *nf*
lactomètre *nm*
lactoremplaceur *nm*
lactose *nm*
lactosérum *nm*
lacunaire *a*
lacune *nf*
lacuneux, euse *a*
lacustre *a*
lad *nm*
ladang *nm*
ladin *nm*
ladino *nm*
ladre *a, n*
ladrerie *nf*
lady *nf Des ladies ou ladys.*
lagerstrœmia *nm*
lagomorphe *nm*
lagon *nm*
lagopède *nm*
lagotriche ou **lagothrix** *nm*
laguiole *nm*
laguis *nm*
lagunage *nm*
lagunaire *a*
lagune *nf*
lahar *nm*
là-haut *av*
lai *nm (poème)*
lai, laie *a (religieux)*
laïcard, arde *a, n*
laïcat *nm*
laîche ou **laiche** *nf*
laïcisation *nf*
laïciser *vt* ***1***
laïcisme *nm*
laïciste *a, n*
laïcité *nf*
laid, laide *a (répugnant)*
laidement *av*
laideron *nm* ou **laideronne** *nf*
laideur *nf*
laie ou **laye** *nf (sanglier, chemin)*
lainage *nm*
laine *nf*
lainer *vt* ***1***
laineux, euse *a*
lainier, ère *a, n*
laïque *n, a*
laird *nm*
lais *nm*
laisse *nf*
laissées *nf pl*
laissé-pour-compte, laissée-pour-compte *nm Des laissés-pour-compte.*
laisser *vt, vpr* ***1***
laisser-aller *nm inv*
laisser-faire *nm inv*
laisser-fairiste *a, n*
laissez-passer *nm inv*
lait *nm (liquide)*
laitage *nm*
laitance ou **laite** *nf*
laité, ée *a*
laiterie *nf*
laiteron *nm*
laiteux, euse *a*
laitier, ère *a, nm*
laiton *nm*
laitonnage *nm*
laitonner *vt* ***1***
laitue *nf*
laïus *nm*
laïusser *vi* ***1***
laïusseur, euse *a, n*
laize *nf*
lakiste *n, a*
lallation *nf*
lama *nm*
lamaïque *a*
lamaïsme *nm*
lamaïste *n*
lamanage *nm*
lamaneur *nm*
lamantin *nm*
lamarckien, enne *a, n*
lamarckisme *nm*
lamaserie *nf*
lambada *nf*
lambda *nm, a inv*
lambdacisme *nm*
lambeau *nm*
lambi *nm*
lambic ou **lambick** *nm*
lambin, ine *n, a*
lambiner *vi* ***1***
lamblia *nm*
lambliase *nf*
lambourde *nf*
lambrequin *nm*

lambris *nm*
lambrissage *nm*
lambrisser *vt* ***1***
lambrusco *nm*
lambswool *nm*
lame *nf*
lamé, ée *a, nm*
lamellaire *a*
lamelle *nf*
lamellé, ée *a*
lamelleux, se *a*
lamellibranche *nm*
lamellicorne *nm*
lamelliforme *a*
lamellirostre *nm*
lamentable *a*
lamentablement *av*
lamentation *nf*
lamenter (se) *vpr* ***1***
lamento *nm*
lamiacée *nf*
lamie *nf*
lamier *nm*
lamifié *nm*
laminage *nm*
laminaire *nf ; a*
laminé *nm*
laminectomie *nf*
laminer *vt* ***1***
lamineur, euse *n, a*
laminoir *nm*
lampadaire *nm*
lampant, ante *a*
lamparo *nm*
lampas *nm*
lampe *nf*
lampée *nf*
lamper *vt* ***1***
lampe-tempête *nf Des lampes-tempête.*
lampion *nm*
lampiste *nm*
lampourde *nf*
lamproie *nf*
lamprophyre *nm*
lampsane *nf*
lampyre *nm*
län *nm inv*
lanaudois, oise *a, n*
lance *nf*
lancé, ée *a*
lance-amarre *nm Des lance-amarres.*
lancée *nf (élan)*
lance-engin *nm Des lance-engins.*
lance-flamme ou **lance-flammes** *nm Des lance-flammes.*
lance-fusée *nm Des lance-fusées.*
lance-grenade *nm Des lance-grenades.*
lancelet *nm*
lancement *nm*
lance-missile *nm Des lance-missiles.*
lancéolé, ée *a*
lance-pierre *nm Des lance-pierres.*
lancer *vt, vpr* ***10***
lancer *nm (jet)*
lance-roquette *nm Des lance-roquettes.*
lance-torpille *nm Des lance-torpilles.*
lancette *nf*
lanceur, euse *nm*
lancier *nm*
lancinant, ante *a*
lancination *nf*
lancinement *nm*
lanciner *vt, vi* ***1***
lançon *nm*
Land *nm Des Länder ou Lands. (province)*
landais, aise *a, n*
landammann *nm*
land art *nm*
landau *nm*
lande *nf (terre)*
landerneau *nm*
landgrave *nm*
landgraviat *nm*
landier *nm*
landolphia ou **landolphie** *nm*
landrace *nm*
laneret *nm*
langage *nm*
langagier, ère *a*
lange *nm*
langer *vt* ***11***
langoureusement *av*
langoureux, euse *a*
langouste *nf*
langoustier *nm*
langoustine *nf*
langoustinier *nm*
langres *nm*
langue *nf*
langue-de-bœuf *nf Des langues-de-bœuf.*
langue-de-chat *nf Des langues-de-chat.*
languedocien, enne *a, n*
languette *nf*
langueur *nf*
languide *a*
languir *vi* ***2***
languissamment *av*
languissant, ante *a*
langur *nm*
lanice *a*
lanier *nm*
lanière *nf*
lanifère ou **lanigère** *a*
laniste *nm*
lanoline *nf*
lansquenet *nm*
lantanier ou **lantana** *nm*
lanterne *nf, nm pl*
lanterner *vi* ***1***
lanternon ou **lanterneau** *nm*
lanthane *nm*
lanthanide *nm*
lao *nm*
laogai *nm*
laonnois, oise *a, n*
laotien, enne *a, n*
lapacho *nm*
lapalissade *nf*
laparoscopie *nf*
laparoscopique *a*
laparotomie *nf*
lapement *nm*
laper *vt* ***1***
lapereau *nm*
lapidaire *nm ; a*
lapidation *nf*
lapider *vt* ***1***
lapidicole *a*
lapidification *nf*
lapidifier *vt* ***1***
lapié ou **lapiez** ou **lapiaz** *nm*
lapilli *nm*
lapin, ine *n*
lapiner *vi* ***1***
lapinisme *n*
lapis-lazuli ou **lapis** *nm Des lapis-lazulis.*
laplacien *nm*
lapon *nm*
lapon, one *a, n*
laps *nm*
lapsus *nm*
laquage *nm*
laquais *nm*
laque *n (substance)*
laqué, ée *a*
laquer *vt* ***1***
laqueur *nm*
laraire *nm*
larbin *nm*
larcin *nm*
lard *nm (viande)*
larder *vt* ***1***
lardoire *nf*
lardon *nm*
lare *nm (divinité)*
largable *a*
largage *nm*
large *a, nm, av*
largement *av*
largesse *nf*
largeur *nf*
large-white *nm inv*
larghetto *av, nm*
largo *av, nm*
largonji *nm*
largue *nm*
larguer *vt* ***1***
lariforme *nm*
larigot *n*
larme *nf*
larme-de-Job *nf Des larmes-de-Job.*
larmier *nm*
larmille *nf*

larmoiement *nm*
larmoyant, ante *a*
larmoyer *vi 22*
larron *nm*
larsen *nm*
larvaire *a*
larve *nf*
larvé, ée *a*
larvicide *a, nm*
laryngal, ale, aux *a, nf*
laryngé, ée *a*
laryngectomie *nf*
laryngien, enne *a*
laryngite *nf*
laryngologie *nf*
laryngoscope *nm*
laryngoscopie *nf*
laryngotomie *nf*
larynx *nm*
las, lasse *a*
las ! *interj*
lasagne *nf*
lascar *nm*
lascif, ive *a*
lascivement *av*
lasciveté *nf*
lascivité *nf*
laser *nm*
lasériser *vt 1*
lassant, ante *a*
lasser *vt 1 (fatiguer)*
lassi *nm*
lassitude *nf*
lasso *nm*
lastex *nm Nom déposé*
lasurage *nm*
lasure *nf*
lasurer *vt 1*
latanier *nm*
latence *nf*
latent, ente *a*
latéral, ale, aux *a, nf*
latéralement *av*
latéralisation *nf*
latéralisé, ée *a*
latéralité *nf*
latérite *nf*
latéritique *a*
latéritisation *nf*
latex *nm inv*
laticifère *nm*
laticlave *nm*
latifolié, ée *a*
latifundiaire *a*
latifundiste *n*
latifundium *nm Des latifundiums ou latifundia.*
latin, ine *a, nm*
latinisant, ante *a, n*
latinisation *nf*
latiniser *vt 1*
latinisme *nm*
latiniste *n*
latinité *nf*
latino *a, n*
latitude *nf*
latitudinaire *a, n*
latomies *nf pl*
latrie *nf*
latrines *nf pl*
latrodecte *nm*
lats *nm*
lattage *nm*
latte *nf*
latté *nm*
latter *vt 1*
lattis *nm*
laudanum *nm*
laudateur, trice *n*
laudatif, ive *a*
laudes *nf pl*
lauracée *nf*
laure *nf*
lauréat, ate *a, n*
laurentien, enne *a, n*
laurier *nm*
lausannois, oise *a, n*
lauze ou **lause** *nf*
lavable *a*
lavabo *nm*
lavage *nm*
lavallière *nf, a*
lavallois, oise *a, n*
lavande *nf*
lavandière *nf*
lavandin *nm*
lavant, ante *a*
lavaret *nm*
lavasse *nf*
lavatère *nf*
lave *nf*
lavé, ée *a*
lave-auto *nm Des lave-autos.*
lave-glace *nm Des lave-glaces.*
lave-linge *nm Des lave-linges ou lave-linge.*
lave-main ou **lave-mains** *nm Des lave-mains.*
lavement *nm*
lave-pont *nm Des lave-ponts.*
laver *vt, vpr 1*
laverie *nf*
lavette *nf*
laveur, euse *n*
lave-vaisselle *nm Des lave-vaisselles ou lave-vaisselle.*
lavignon *nm*
lavis *nm*
lavoir *nm*
lavure *nf*
lawrencium *nm*
laxatif, ive *a, nm*
laxisme *nm*
laxiste *a, n*
laxité *nf*
layer *vt 20*
layette *nf*
layon *nm*
lazaret *nm*
lazariste *nm*
lazurite *nf*
lazzi *nm Des lazzis ou lazzi.*
le, la, les *art déf ; pr pers*
lé *nm (largeur)*
leader *nm* ou **leadeur, euse** *nf*
leadership ou **leadeurship** *nm*
lease-back *nm*
leasing *nm*
lebel *nm*
léchage *nm*
lèche *nf (flatterie)*
léché, ée *a*
lèche-botte *n Des lèche-bottes.*
lèche-cul *n Des lèche-culs ou lèche-cul.*
lèchefrite *nf*
lèchement *nm*
lécher *vt 12*
lécheur, euse *n*
lèche-vitrine ou **lèche-vitrines** *nm Des lèche-vitrines.*
lécithine *nf*
leçon *nf*
lecteur, trice *nm*
lectine *nf*
lectorat *nm*
lecture *nf*
lécythe *nm*
lédonien, enne *a, n*
légal, ale, aux *a*
légalement *av*
légalisation *nf*
légaliser *vt 1*
légalisme *nm*
légaliste *a, n*
légalité *nf*
légat *nm*
légataire *n*
légation *nf*
legato ou **légato** *av, nm*
lège *a*
légendaire *a*
légende *nf*
légender *vt 1*
léger, ère *a*
légèrement *av*
légèreté *nf*
leggings *nf pl*
leghorn *nf*
légiférer *vi 12*
légine *nm*
légion *nf*
légionelle *nf*
légionellose *nf*
légionnaire *nm*
législateur, trice *a, nm*
législatif, ive *a*
législation *nf*
législature *nf*
légiste *n*
légitimation *nf*
légitime *a, nf*

légitimement *av*
légitimer *vt* ***1***
légitimisme *nm*
légitimiste *n, a*
légitimité *nf*
lego *nm Nom déposé*
legs *nm*
léguer *vt* ***12***
légume *n*
légumier, ère *a, nm*
légumineuse *nf*
lei *nm pl*
léiomyome *nm*
leipoa *nm*
leipzigois, oise *a, n*
leishmanie *nf*
leishmaniose *nf*
leitmotiv *nm*
lek *nm*
lemmatisation *nf*
lemmatiser *vt* ***1***
lemme *nm*
lemming *nm*
lemniscate *nf*
lempira *nm*
lémure *nm*
lémurien *nm*
lendemain *nm*
lendit *nm*
lénifiant, ante *a*
lénifier *vt* ***1***
léninisme *nm*
léniniste *a, n*
lénitif, ive *a, nm*
lent, lente *a*
lente *nf*
lentement *av*
lenteur *nf*
lenticelle *nf*
lenticulaire *a*
lenticule *nf*
lentiforme *a*
lentigo *nm*
lentille *nf*
lentin *nm*
lentique *a*
lentisque *nm*
lentiviral, ale, aux *a*
lentivirus *nm*
lento *av*
léonard, arde *a, n*
léonin, ine *a*
léopard *nm*
léotard *nm*
lépidodendron *nm*
lépidoptère *nm*
lépiote *nf*
lépisme *nm*
léporidé *nm*
lèpre *nf*
lépreux, euse *a, n*
léprologie *nf*
léprologue *n*
léprome *nm*
léproserie *nf*
leptine *nf*
leptocéphale *nm*
lepton *nm*
leptonique *a*
leptospire *nm*
leptospirose *nf*
lepture *nm*
leptynite *nf*
lequel, laquelle *pr lesquels ou lesquelles*
lerche *av*
lérot *nm*
lesbianisme *nm*
lesbien, enne *a, n*
lesbophobie *nf*
lèse-majesté *nf inv*
léser *vt* ***12***
lésine *nf*
lésiner *vi* ***1***
lésinerie *nf*
lésion *nf*
lésionnel, elle *a*
lesothan, ane *a, n*
lessivable *a*
lessivage *nm*
lessive *nf*
lessiver *vt* ***1***
lessiveuse *nf*
lessiviel, elle *a*
lessivier *nm*
lest *nm*
lestage *nm*
leste *a*
lestement *av*
lester *vt* ***1***
let *a inv*
létal, ale, aux *a*
létalité *nf*
léthargie *nf*
léthargique *a*
letton ou **lette** *nm*
letton, one *a, n*
lettrage *nm*
lettre *nf*
lettré, ée *a, n*
lettrine *nf*
lettrisme *nm*
lettriste *a, n*
leu *nm Des lei.*
leucanie *nf*
leucanthème *nm*
leucémie *nf*
leucémique *a, n*
leucine *nf*
leucite *nf*
leucoagglutination *nf*
leucoblaste *nm*
leucocytaire *a*
leucocyte *nm*
leucocytose *nf*
leucocyturie *nf*
leucoderme *a, n*
leucoencéphalite *nf*
leucome *nm*
leucopénie *nf*
leucoplasie *nf*
leucoplaste *nm*
leucopoïèse *nf*
leucorrhée *nf*
leucose *nf*
leude *nm*
leur *pr pers inv*
leur, leurs *pr poss, a poss*
leurre *nm*
leurrer *vt, vpr* ***1***
lev *nm*
levage *nm*
levain *nm*
levalloisien, enne *nm, a*
levant *nm, am*
levantin, ine *a, n*
levé, ée *a*
levé ou **lever** *nm*
levée *nf*
lève-glace *nm Des lève-glaces.*
lever *vt, vi, vpr* ***15***
lever *nm (apparition)*
lève-tard *n inv*
lève-tôt *n inv*
lève-vitre *nm Des lève-vitres.*
levier *nm*
lévigation *nf*
léviger *vt* ***11***
lévirat *nm*
lévitation *nf*
lévite *nm*
léviter *vi* ***1***
lévogyre *a*
levraut ou **levreau** *nm*
lèvre *nf*
levrette *nf*
lévrier *nm*
levron, onne *n*
lévulose *nm*
levurage *nm*
levure *nf*
lexème *nm*
lexical, ale, aux *a*
lexicalisation *nf*
lexicaliser (se) *vpr* ***1***
lexicographe *n*
lexicographie *nf*
lexicographique *a*
lexicologie *nf*
lexicologique *a*
lexicologue *n*
lexie *nf*
lexique *nm*
lez ou **lès** *prép*
lézard *nm*
lézarde *nf*
lézarder *vt, vi* ***1*** *(paresser)*
LGV *nf*
li *nm*
liage *nm*
liais *nm*
liaison *nf*

liane *nf*
liant, liante *nm, a*
liard *nm*
lias *nm*
liasse *nf*
libage *nm*
libanais, aise *a, n*
libanisation *nf*
libation *nf*
libelle *nm*
libellé *nm*
libeller *vt* ***1***
libellule *nf*
liber *nm*
libérable *a*
libéral, ale, aux *a, n*
libéralement *av*
libéralisation *nf*
libéraliser *vt* ***1***
libéralisme *nm*
libéralité *nf*
libérateur, trice *n, a*
libération *nf*
libératoire *a*
libérer *vt* ***12***
libérien, enne *a, n*
libérine *nf*
libériste *n*
libéro ou **libero** *nm*
libéroligneux, euse *a*
libertaire *a, n*
liberté *nf*
liberticide *a, n*
libertin, ine *a, n*
libertinage *nm*
liberty *nm, a inv*
liberty-ship *nm Des liberty-ships.*
libidinal, ale, aux *a*
libidineux, euse *a*
libido *nf*
libouret *nm*
libraire *n*
librairie *nf*
libration *nf*
libre *a*
libre arbitre *nm*
libre-échange *nm*
libre-échangisme *nm*
libre-échangiste *a, n*
librement *av*
libre-pensée *nf*
libre-penseur, euse *n*
libre-service *nm Des libres-services.*
librettiste *n*
libretto *nm Des librettos ou libretti.*
librevillois, oise *a, n*
libyen, enne *a, n*
lice *nf (arènes, chienne)*
licéité *nf*
licence *nf*
licencié, ée *n, a*
licenciement *nm*
licencier *vt* ***1***
licencieux, euse *a*
liche *nf*
lichen *nm*
lichénification *nf*
lichénique *a*
lichénologie *nf*
lichette *nf*
licitation *nf*
licite *a*
licitement *av*
liciter *vt* ***1***
licorne *nf*
licou ou **licol** *nm*
licteur *nm*
lidar *nm*
lido *nm*
lie *nf (dépôt, vermine)*
liechtensteinois, oise *a, n*
lied *nm Des lieds ou lieder.*
lie-de-vin *a inv*
liège *nm*
liégeois, oise *a, n*
lien *nm*
lier *vt* ***1***
lierne *nf*
lierre *nm*
liesse *nf*
lieu *nm*
lieu commun *nm Des lieux communs.*
lieu-dit ou **lieudit** *nm Des lieux-dits.*
lieue *nf (mesure)*
lieur, lieuse *n*
lieutenant *nm*
lieutenant-colonel *n* ou **lieutenante-colonelle** *nf Des lieutenants-colonels.*
lieutenante *nf*
lieutenant-gouverneur *n* ou **lieutenante-gouverneure** *nf Des lieutenants-gouverneurs ou lieutenantes-gouverneures.*
lieuvinois, oise *a, n*
lièvre *nm*
lift *nm*
lifter *vt* ***1***
liftier, ère *n*
lifting *nm*
ligament *nm*
ligamentaire *a*
ligamenteux, euse *a*
ligand *nm*
ligase *nf*
ligature *nf*
ligaturer *vt* ***1***
lige *a*
ligérien, enne *a, n*
light *a inv*
ligie *nf*
lignage *nm*
ligne *nf*
lignée *nf*
ligner *vt* ***1***
ligneul *nm*
ligneur *nm*
ligneux, euse *a*
lignicole *a*
lignification *nf*
lignifier (se) *vpr* ***1***
lignine *nf*
lignite *nm*
lignomètre *nm*
ligotage *nm*
ligoter *vt* ***1***
ligue *nf*
liguer *vt* ***1***
ligueur, euse *n, a*
ligule *nf*
ligulé, ée *a*
liguliflore *nf*
ligurien, enne *a, n*
lilas *nm, a inv*
liliacée *nf*
lilial, ale, aux *a*
lilium *nm*
lilliputien, enne *a, n*
lillois, oise *a, n*
lilongwais, aise *a, n*
limace *nf*
limaçon *nm*
limage *nm*
limagne *nf*
limaille *nf*
liman *nm*
limande *nf*
limbe *nm*
limbique *a*
limbourgeois, oise *a, n*
lime ou **limette** *nf (instrument)*
liménien, enne *a, n*
limer *vt* ***1***
limerick *nm*
limès ou **limes** *nm inv*
limettier *nm*
limeur, euse *n, a*
limicole *a*
limier *nm*
liminaire *a*
liminal, ale, aux *a*
limitable *a*
limitant, ante *a*
limitatif, ive *a*
limitation *nf*
limitativement *av*
limite *nf, a, av*
limité, ée *a*
limiter *vt* ***1***
limiteur *nm*
limitrophe *a*
limnée ou **lymnée** *nf*
limnicole *a*
limnimètre *nm*
limnimétrie *nf*
limnique *a*
limnologie *nf*
limnologique *a*
limogeage *nm*
limoger *vt* ***11***
limon *nm*

limonade *nf*
limonadier, ère *n*
limonage *nm*
limonaire *nm*
limoneux, euse *a*
limonite *nf*
limougeaud, aude *a, n*
limousin, ine *a, n*
limousine *nf (automobile)*
limpide *a*
limpidité *nf*
limule *n*
lin *nm*
linaigrette *nf*
linaire *nf*
linceul *nm*
lindane *nm*
linéaire *a, nm*
linéairement *av*
linéament *nm*
linéarité *nf*
linéique *a*
liner *nm*
linette *nf*
linéus ou **lineus** *nm*
lingala *nm*
lingam ou **linga** *nm*
linge *nm*
lingère *nf*
lingerie *nf*
lingette *nf*
lingot *nm*
lingotière *nf*
lingua franca *nf*
lingual, ale, aux *a*
linguatule *nf*
lingue *nf*
linguiforme *a*
linguine *nm*
linguiste *n*
linguistique *nf, a*
linguistiquement *av*
lingule *nf*
linier, ère *a, n*
liniment *nm*
linkage *nm*
links *nm pl*
lino *nm*
linogravure *nf*
linoléine *nf*
linoléique *a*
linoléum *nm*
linon *nm*
linotte *nf*
linotype *nf Nom déposé*
linotypie *nf*
linotypiste *n*
linteau *nm*
lion, lionne *n*
lionceau *nm*
lipase *nf*
lipémie ou **lipidémie** *nf*
lipide *nm*
lipidique *a*
lipizzan *nm, a*
lipodystrophie *nf*
lipogenèse *nf*
lipogrammatique *a*
lipogramme *nm*
lipoïde *a, nm*
lipolyse *nf*
lipome *nm*
lipophile *a*
lipoprotéine *nf*
liposoluble *a*
liposome *nm*
lipostructure *nf*
liposuccion ou **lipoaspiration** *nf*
liposucer *vt* ***12***
lipothymie *nf*
lippe *nf*
lippée *nf*
lippu, ue *a*
liquéfaction *nf*
liquéfiable *a*
liquéfiant, ante *a*
liquéfier *vt* ***1***
liquette *nf*
liqueur *nf*
liquidambar *nm*
liquidateur, trice *n*
liquidatif, ive *a*
liquidation *nf*
liquide *a, n*
liquider *vt* ***1***
liquidien, enne *a*
liquidité *nf*
liquoreux, euse *a, nm*
liquoriste *n*
lire *vt* ***63***
lire *nf (monnaie)*
lirette *nf*
liriodendron *nm*
lis ou **lys** *nm*
lisage *nm*
lisboète ou **lisbonnin, ine** ou **lisbonnais, aise** *a, n*
lise *nf*
liseré ou **liséré** *nm*
liserer ou **lisérer** *vt* ***14***
liseron *nm*
lisette *nf*
liseur, euse *n*
liseuse *nf*
lisibilité *nf*
lisible *a*
lisiblement *av*
lisier *nm*
lisière *nf*
lissage *nm*
lissant, ante *a*
lisse ou **lice** *a ; nf (régulier)*
lissé *nm*
lisser *vt* ***1***
lisseuse *nf*
lissier, ère ou **licier, ère** *n*
lissoir *nm*
listage *nm*
liste *nf*
listel ou **listeau** *nm*
lister *vt* ***1***
listeria *nf*
listériose *nf*
listing *nm*
liston *nm*
lit *nm (meuble)*
litage *nm*
litanie *nf*
litanique *a*
litas *nm*
lit-cage *nm Des lits-cages.*
litchi ou **letchi, lychee** *nm*
liteau *nm*
litée *nf*
liter *vt* ***1***
literie *nf*
litham *nm*
lithiase *nf*
lithiasique *a, n*
lithine *nf*
lithiné, ée *a, nm*
lithinifère *a*
lithique *a*
lithium *nm*
litho *nf*
lithobie *nm*
lithodome *nm*
lithographe *n*
lithographie *nf*
lithographier *vt* ***2***
lithographique *a*
lithologie *nf*
lithologique *a*
lithophage *a, nm*
lithophanie *nf*
lithophyte *nm*
lithopone *nm*
lithops *nm*
lithosphère *nf*
lithosphérique *a*
lithothamnion ou **lithothamnium** *nm*
lithothèque *nf*
lithotriteur *nm*
lithotritie ou **lithotripsie** *nf*
litière *nf*
litige *nm*
litigieux, euse *a*
litorne *nf*
litote *nf*
litre *nm*
litron *nm*
littéraire *a, n*
littérairement *av*
littéral, ale, aux *a*
littéralement *av*
littéralité *nf*
littérarité *nf*
littérateur *nm*
littérature *nf*
littoral, ale, aux *a, nm*
littorine *nf*

lituanien ou **lithuanien** *nm*
lituanien, enne ou **lithuanien, enne** *a, n*
liturgie *nf*
liturgique *a*
liturgiste *n*
liure *nf*
livarot *nm*
live *a inv, nm inv*
livèche *nf*
livet *nm*
livide *a*
lividité *nf*
living-room ou **living** *nm Des living-rooms.*
livonien, enne *a, n*
livrable *a*
livraison *nf*
livre *nm (littérature)*
livre *nf (masse, monnaie)*
livre-cassette *nm Des livres-cassettes.*
livrée *nf (tenue, pelage)*
livrer *vt, vpr* ***1***
livresque *a*
livret *nm (petit livre)*
livreur, euse *n*
ixiviat *nm*
ixiviation *nf*
jubljanais, aise *a, n*
lanos ou **llanos** *nm pl*
LMD *nm*
oa-loa *nf*
oase *nf*
ob *nm (sport)*
obaire *a*
obby *nm Des lobbys ou lobbies.*
obbyiste *a, n*
obbysme ou **lobbying** *nm*
obbyste *n*
obe *nm (anatomie, découpure)*
obé, ée *a*
obectomie *nf*
obélie ou **lobelia** *nf*
ober *vt, vi* ***1***
obotomie *nf*
obotomiser *vt* ***1***
obulaire *a*
obule *nm*
obulé, ée *a*
obuleux, euse *a*
ocal, ale, aux *a, nm*
ocalement *av*
ocalier *nm*
ocalisable *a*
ocalisation *nf*
ocaliser *vt* ***1***
ocalisme *nm*
ocaliste *a*
ocalité *nf*
ocataire *n*
ocatif, ive *a*
ocatif *nm*
ocation *nf*

location-vente *nf Des locations-ventes.*
locavore *a, n*
loch *nm (lac, appareil)*
loche *nf*
locked-in syndrome *nm*
lock-out ou **lockout** *nm inv*
lockouter *vt* ***1***
locomobile *nf*
locomoteur, trice *a, nf*
locomotif, ive *a*
locomotion *nf*
locomotive *nf*
locorégional, ale, aux *a*
locotracteur *nm*
loculaire ou **loculé, ée** ou **loculeux, euse** *a*
locus *nm*
locuste *nf*
locustelle *nf*
locuteur, trice *n*
locution *nf*
loden *nm*
lodge *nm*
lœss *nm*
lœssique *a*
lof *nm*
lofer *vi* ***1***
loft *nm*
log *nm*
logarithme *nm*
logarithmique *a*
loge *nf*
logeable *a*
logement *nm*
loger *vt, vi* ***11***
logeur, euse *n*
loggia *nf*
logging *nm*
logiciel, elle *a*
logiciel *nm*
logicien, enne *n*
logicisme *nm*
logique *nf ; a*
logiquement *av*
logis *nm*
logisticien, enne *n*
logistique *nf, a*
logithèque *nf*
logo ou **logotype** *nm*
logogramme *nm*
logographe *nm*
logographique *a*
logogriphe *nm*
logomachie *nf*
logomachique *a*
logopédie *nf*
logopédique *a*
logopédiste *n*
logorrhée *nf*
logorrhéique *a*
logos *nm*
loguer (se) *vpr* ***1***
loi *nf*

loi-cadre *nf Des lois-cadres.*
loin *av*
lointain, aine *a, nm*
lointainement *av*
loi-programme *nf Des lois-programmes.*
loir *nm*
loir-et-chérien, enne *a, n*
loisible *a*
loisir *nm*
lolita *nf*
lollard *nm*
lombago ou **lumbago** *nm*
lombaire *a, nf*
lombalgie *nf*
lombalgique *a, n*
lombard, arde *a, n*
lombarthrose *nf*
lombes *nf pl*
lombosacré, ée *a*
lombostat *nm*
lombric *nm*
lombricole *a*
lombricompost *nm*
lombricompostage *nm*
lombricomposteur *nm*
lombriculteur, trice *n*
lombriculture *nf*
loméen, enne *a, n*
lomp ou **lompe** ou **lump** *nm*
londonien, enne *a, n*
londrès *nm*
long, longue *a, n, av*
longane *nm*
longanimité *nf*
long-courrier *nm Des long-courriers.*
long-drink *nm Des long-drinks.*
longe *nf*
longer *vt* ***11***
longère *nf*
longeron *nm*
longévité *nf*
longicorne *a, nm*
longiligne *a, n*
longitude *nf*
longitudinal, ale, aux *a*
longitudinalement *av*
long-jointé, ée *a long-jointés*
long-métrage *nf Des longs-métrages.*
long-seller ou **longseller** *nm Des long-sellers.*
longtemps *av*
longuement *av*
longuet, ette *a, nm*
longueur *nf*
longue-vue *nf Des longues-vues.*
look *nm*
looké, ée *a*
looping *nm*
lopette ou **lope** *nf*
lophobranche *nm*
lophophore *nm*
lophophorien *nm*

lopin *nm*
loquace *a*
loquacement *av*
loquacité *nf*
loque *nf (haillons)*
loquet *nm*
loqueteau *nm*
loqueteux, euse *a, n*
loran *nm*
loranthacée *nf*
lord *nm*
lord-maire *nm Des lords-maires.*
lordose *nf*
lorgner *vt* ***1***
lorgnette *nf*
lorgnon *nm*
lori *nm*
loricaire *nm*
loriot *nm*
loriquet *nm*
loris *nm*
lorisidé *nm*
lorrain *nm*
lorrain, aine *a, n*
lorry *nm Des lorries.*
lors *av*
lorsque *conj*
losange *nm*
losangé, ée *a*
losangique *a*
loser *nm*
lot *nm*
lotar *nm*
loterie *nf*
lot-et-garonnais, aise *a, n*
loti, ie *a*
loti *nm*
lotier *nm*
lotion *nf*
lotionner *vt* ***1***
lotique *a*
lotir *vt* ***2***
lotissement *nm*
lotisseur, euse *n*
loto *nm Nom déposé*
lotois, oise *a, n*
lotte ou **lote** *nf*
lotus *nm*
louable *a*
louable *a*
louage *nm*
louange *nf*
louanger *vt* ***11***
louangeur, euse *a*
loubard *nm*
loubavitch *a, n*
loucedé (en) *av*
louche *a, nm (suspect)*
louche *nf (cuiller)*
louchébem ou **loucherbem** *nm*
louchement *nm*
loucher *vi* ***1***
loucherie *nf*
louchet *nm*
loucheur, euse *n*
louchon *nm*
louer *vt, vpr* ***1*** *(réserver, exalter)*
loueur, euse *n*
loufa ou **loofa** ou **lufa** ou **luffa** *nf*
loufiat *nm*
loufoque ou **louf** ou **louftingue** *a*
loufoquerie *nf*
lougre *nm*
louis *nm*
louise-bonne *nf Des louises-bonnes.*
louisianais, aise *a, n*
loukoum ou **lokoum** ou **rahat-loukoum** *nm*
loulou, louloute *nm*
loup *nm*
loupage *nm*
loup-cervier *nm Des loups-cerviers.*
loupe *nf*
loupé *nm*
louper *vt* ***1***
loup-garou *nm Des loups-garous.*
loupiot, otte *n (enfant)*
loupiote *nf (lampe)*
loup-marin *nm Des loups-marins.*
lourd, lourde *a, av*
lourdaud, aude *a, n*
lourde *nf*
lourdement *av*
lourder *vt* ***1***
lourdeur *nf*
lourdingue *a*
loure *nf*
lourer *vt* ***1***
lousse *a*
loustic *nm*
loutre *nf*
louve *nf*
louvet, ette *a*
louveteau *nm*
louveter *vi* ***20***
louvèterie ou **louveterie** *nf*
louvette *nf*
louvoiement *nm*
louvoyage *nm*
louvoyer *vi* ***22***
lovelace *nm*
lover *vt, vpr* ***1***
low cost *a, nm*
loxodromie *nf*
loxodromique *a*
loyal, ale, aux *a*
loyalement *av*
loyalisme *nm*
loyaliste *a, n*
loyauté *nf*
loyer *nm*
lozérien, enne *a, n*
LSD *nm*
luandais, aise *a, n*
lubie *nf*
lubricité *nf*
lubrifiant, ante *a, nm*
lubrification *nf*
lubrifier *vt* ***1***
lubrique *a*
lubriquement *av*
lucane *nm*
lucarne *nf*
lucernaire *nm (office)*
lucernaire *nf (méduse)*
lucernois, oise *a, n*
lucicole *a*
lucide *a*
lucidement *av*
lucidité *nf*
luciférase *nf*
luciférien, enne *a, n*
luciférine *nf*
lucifuge *a*
lucilie *nf*
luciole *nf*
lucite *nf*
lucratif, ive *a*
lucrativement *av*
lucrativité *nf*
lucre *nm*
luddisme *nm*
luddite *nm*
ludiciel *nm*
ludion *nm*
ludique *a*
ludisme *nm*
ludoéducatif, ive *a*
ludographe ou **ludologue** *n*
ludopathe *n*
ludopathie *nf*
ludospace *nm*
ludothécaire *n*
ludothèque *nf*
luette *nf*
lueur *nf*
luge *nf*
luger *vi* ***13***
lugeur, euse *n*
lugubre *a*
lugubrement *av*
lui *pr pers leur ou eux*
luire *vi* ***67***
luisant, ante *a, nm*
lumachelle *nf*
lumbago ou **lombago** *nm*
lumen *nm*
lumière *nf*
lumignon *nm*
luminaire *nm*
luminance *nf*
luminescence *nf*
luminescent, ente *a*
lumineusement *av*
lumineux, euse *a, nm*
luminisme *nm*
luministe *a, n*
luminosité *nf*
luminothérapie *nf*
lumitype *nf Nom déposé*
lump ou **lomp** ou **lompe** *nm*
lumpenprolétariat *nm*

lunaire *a ; nf*
lunaison *nf*
lunatique *a, n*
lunch *nm Des lunchs ou lunches.*
lundi *nm*
lune *nf*
luné, ée *a*
lunetier, ère *n, a*
lunette *nf*
lunetté, ée *a*
lunetterie *nf*
lunisolaire ou **luni-solaire** *a*
lunule *nf*
lunure *nf*
lupanar *nm*
lupercales *nf pl*
lupin *nm*
lupique *a, n*
lupome *nm*
lupulin *nm*
lupuline *nf*
lupus *nm*
lurette *nf*
lurex *nm Nom déposé*
luron, onne *n*
lusakois, oise *a, n*
lusin ou **luzin** *nm*
lusitanien, enne ou **lusitain, aine** *a, n*
lusophone *a, n*
lustrage *nm*
lustral, ale, aux *a*
lustration *nf*
lustre *nm*
lustrer *vt* ***1***
lustrerie *nf*
lustrine *nf*
lut *nm*
lutage *nm*
lutécien, enne *a, n*
lutécium *nm*
lutéine *nf*
lutéinique *a*
lutéinisant, ante *a*
lutéinisation *nf*
lutéostimuline *nf*
luter *vt* ***1***
luth *nm (instrument de musique)*
luthéranisme *nm*
lutherie *nf*
luthier *nm*
luthiste *n*
lutin *nm*
lutiner *vt* ***1***
lutrin *nm*
lutte *nf (sport)*
lutter *vi* ***1***
lutteur, euse *n*
lutz *nm*
lux *nm (unité physique)*
luxation *nf*
luxe *nm (richesse)*
luxembourgeois *nm*
luxembourgeois, oise *a, n*
luxer *vt* ***1***
luxmètre *nm*
luxthérapie *nf*
luxueusement *av*
luxueux, euse *a*
luxure *nf*
luxuriance *nf*
luxuriant, ante *a*
luxurieux, euse *a*
luzerne *nf*
luzernière *nf*
luzule *nf*
lycanthrope *n*
lycanthropie *nf*
lycaon *nm*
lycée *nm*
lycéen, enne *n, a*
lycène *nf*
lychee ou **litchi** ou **letchi** *nm*
lychnis *nm*
lycien, enne *a, n*
lycope *nm*
lycopène *nm*
lycoperdon *nm*
lycopode *nm*
lycopodiale *nf*
lycose *nf*
lycra *nm inv, a inv Nom déposé*
lyctus ou **lycte** *nm*
lyddite *nf*
lydien, enne *a, n*
lydienne *nf*
Lyme (maladie de) *nf*
lymnée ou **limnée** *nf*
lymphangiome *nm*
lymphangite *nf*
lymphatique *a, n*
lymphatisme *nm*
lymphe *nf*
lymphoblaste *nm*
lymphoblastique *a*
lymphocytaire *a*
lymphocyte *nm*
lymphocytose *nf*
lymphogranulomatose *nf*
lymphographie *nf*
lymphoïde *a*
lymphokine *nf*
lymphome *nm*
lymphopathie *nf*
lymphopénie *nf*
lymphopoïèse *nf*
lymphoréticulose *nf*
lymphosarcome *nm*
lynchage *nm*
lyncher *vt* ***1***
lyncheur, euse *n*
lynx *nm*
lyodessiccation *nf*
lyonnais, aise *a, n*
lyophile *a*
lyophilie *nf*
lyophilisat *nm*
lyophilisateur *nm*
lyophilisation *nf*
lyophiliser *vt* ***1***
lyophobe *a*
lyre *nf (instrument de musique)*
lyricomane *n*
lyrics *nm pl*
lyrique *a, n*
lyriquement *av*
lyrisme *nm*
lys ou **lis** *nm*
lyse *nf*
lyser *vt* ***1***
lysergique *a*
lysimaque *nf*
lysine *nf*
lysosomal, ale, aux *a*
lysosome *nm*
lysozyme *nm*
lytique *a*

m

m *nm*
maboul, oule *a, n*
mac *nm*
macabo *nm*
macabre *a*
macache *av*
macadam *nm*
macadamia *nm*
macadamiser *vt* ***1***
macaque *nm*
macareux *nm*
macaron *nm*
macaronade *nf*
macaroni *nm*
macaronique *a*
macassar *nm*
maccarthysme *nm*
maccarthyste *a, n*
macchabée *nm*
macchiaioli *nm pl*
macédoine *nf*
macédonien *nm*
macédonien, enne *a, n*
macérateur *a, n*
macération *nf*
macérer *vt, vi* ***12***
maceron *nm*
macfarlane *nm*
mach *nm*
machaon *nm*
mâche *nf*
mâchefer *nm*
mâchement *nm*
mâcher *vt* ***1***
machette *nf*
mâcheur, euse *n*
machiavel *nm*
machiavélique *a*
machiavélisme *nm*
mâchicoulis *nm*
machin, ine *n*
machinal, ale, aux *a*
machinalement *av*
machination *nf*
machine *nf*
machine-outil *nf Des machines-outils.*
machiner *vt* ***1***
machinerie *nf*
machine-transfert *nf*
machinima *nm*
machinisme *nm*
machiniste *n*
machino *nm*
machisme *nm*
machiste *a, n*
machmètre *nm*
macho *nm, a inv*
mâchoire *nf*
mâchon *nm*
mâchonnement *nm*
mâchonner *vt* ***1***
mâchouiller *vt* ***1***
mâchure *nf*
mâchurer *vt* ***1***
macis *nm*
macle *nf*
maclé, ée *a*
mâcon *nm*
maçon, onne *n, a*
maçonnage *nm*
mâconnais *nm*
mâconnais, aise *a, n*
maçonner *vt* ***1***
maçonnerie *nf*
maçonnique *a*
macramé *nm*
macre ou **macle** *nf*
macreuse *nf*
macro *nf*
macrobiotique *a, nf*
macrocéphale *a, n*
macrocéphalie *nf*
macrocosme *nm*
macrocosmique *a*
macrocystis *nm*
macrocyte *nm*
macrocytose *nf*
macroéconomie *nf*
macroéconomique *a*
macroéconomiste *n*
macroélément *nm*
macrofaune *nf*
macroglossie *nf*
macrographie *nf*
macrographique *a*
macro-instruction *nf Des macro-instructions.*
macrolide *nm*
macromoléculaire *a*
macromolécule *nf*
macronucléus *nm*
macronutriment *nm*
macro-ordinateur *nm*
macrophage *nm*
macrophotographie *nf*
macropode *nm*
macropodidé *nm*
macroscélide *nm*
macroscopique *a*
macrospore *nf*
macrostructure *nf*
macroure *nm*
mactre *nm*
macula *nf*
maculage *nm*
maculaire *a*
maculature *nf*
macule *nf*
maculer *vt* ***1***
maculeux, euse *a*
macumba *nf*
macvin *nm*
madame *nf mesdames*
madapolam *nm*
madécasse *a, n*
madeleine *nf*
madelonnette *nf*
mademoiselle *nf mesdemoiselles*
madère *nm*
madérien, enne *a, n*
madérisation *nf*
madériser (se) *vpr* ***1***
madiran *nm*
madone *nf*
madourais, aise *a, n*
madrague *nf*
madras *nm*
madrasa ou **medersa** *nf*
madré, ée *a, n*
madréporaire *nm*
madrépore *nm*
madréporique *a*
madrier *nm*
madrigal *nm Des madrigaux.*
madrilène *a, n*
madurais ou **madourais, aise** *a, n*
madurais ou **madourais** *nm*
maelström ou **malstrom** *nm*
maërl ou **merl** *nm*
maestria *nf*
maestro *nm*
mafé *nm*
maffieux, euse *a, n*
mafflu, ue *a*
mafia ou **maffia** *nf*
mafieux *n*
mafioso ou **maffioso** *nm Des mafiosos ou mafiosi.*
maganer *vt* ***1***
magasin *nm*
magasinage *nm*
magasiner *vi* ***1***
magasinier, ère *n*
magazine *nm*
magdalénien, enne *a, nm*
mage *nm*
magenta *nm, a inv*
maghrébin, ine *a, n*
magicien, enne *n*
magie *nf*
magique *a*
magiquement *av*
magistère *nm*
magistral, ale, aux *a*
magistralement *av*
magistrat, ate *n*
magistrature *nf*
magma *nm*
magmatique *a*
magmatisme *nm*
magnan *n*
magnanarelle *nf*
magnanerie *nf*
magnanier, ère *n*
magnanime *a*
magnanimement *av*

magnanimité *nf*
magnat *nm*
magner (se) ou **manier (se)** *vpr **1***
magnésie *nf*
magnésien, enne *a*
magnésite *nf*
magnésium *nm*
magnet *nm*
magnétar *nm*
magnétique *a*
magnétiquement *av*
magnétisable *a*
magnétisant, ante *a*
magnétisation *nf*
magnétiser *vt **1***
magnétiseur, euse *n*
magnétisme *nm*
magnétite *nf*
magnéto *nf (de courant)*
magnéto *nm (magnétophone)*
magnétocassette *nm*
magnétoélectrique *a*
magnétohydrodynamique *nf, a*
magnétomètre *nm*
magnétométrie *nf*
magnétométrique *a*
magnéton *nm*
magnétopause *nf*
magnétophone *nm*
magnétorésistance *nf*
magnétoscope *nm*
magnétoscoper *vt **1***
magnétoscopie *nm*
magnétosphère *nf*
magnétostatique *nf, a*
magnétostratigraphie *nf*
magnétostriction *nf*
magnétothérapie *nf*
magnétron *nm*
magnicide *nm*
magnificat *nm inv*
magnificence *nf*
magnifier *vt **1***
magnifique *a*
magnifiquement *av*
magnitude *nf*
magnolia *nm*
magnoliacée *nf*
magnum *nm*
magot *nm*
magouille *nf* ou **magouillage** *nm*
magouiller *vi*
magouilleur, euse *n, a*
magret *nm*
maharajah ou **maharaja** *nm*
maharani ou **maharané** *nf*
mahatma *nm*
mahayana *nm*
mahdi *nm*
mah-jong ou **majong** *nm Des mah-jongs.*
mahométan, ane *n, a*
mahonia *nm*
mahorais, aise *a, n*
mahous, ousse ou **maous, ousse** *a*
mahratte ou **marathe** *nm*
mai *nm (mois)*
maia *nm*
maiche *nm*
maie *nf*
maïeuticien, enne *n*
maïeutique *nf*
maigre *a, nm*
maigrelet, ette ou **maigrichon, onne** ou **maigriot, otte** *a, n*
maigrement *av*
maigreur *nf*
maigrir *vt, vi **2***
maiko *nf*
mail *nm (promenade)*
mail-coach ou **mailcoach** *nm Des mail-coachs ou mail-coaches.*
mailer *vt **1***
mailing *nm*
maillage *nm*
maille *nf (point)*
maillechort *nm*
mailler *vt, vi **1***
maillet *nm*
mailloche *nf*
maillon *nm*
maillot *nm*
maillotin *nm*
main *nf*
mainate *nm*
main-d'œuvre *nf*
main-forte ou **mainforte** *nf*
mainframe *nm*
mainlevée *nf*
mainmise *nf*
mainmortable *a*
mainmorte *nf*
maint, mainte *a indéf, pr indéf*
maintenance *nf*
maintenant *av*
mainteneur *nm*
maintenir *vt **35***
maintien *nm*
maïoral, ale, aux *a*
maïorat *nm*
maire *n*
mairesse *nf*
mairie *nf*
mais *conj*
maïs *nm*
maïserie *nf*
maïsicole *a*
maïsiculteur, trice *n*
maïsiculture *nf*
maison *nf*
maisonnée *nf*
maisonnette *nf*
maistrance *nf*
maître, maîtresse ou **maitre, maitresse** *n, a (propriétaire, supérieur)*
maître-à-danser ou **maitre-à-danser** *nm Des maîtres-à-danser.*
maître-autel ou **maitre-autel** *nm Des maîtres-autels.*
maître-chien ou **maitre-chien** *nm Des maîtres-chiens.*
maître-mot ou **maitre-mot** *nm Des maîtres-mots.*
maître-penseur ou **maitre-penseur** *nm Des maîtres-penseurs.*
maîtresse ou **maitresse** *nf*
maitrisable *a*
maîtrisable *a*
maîtrise ou **maitrise** *nf*
maîtriser ou **maitriser** *vt **1***
maïzena *nf Nom déposé*
majesté *nf*
majestueusement *av*
majestueux, euse *a*
majeur, eure *a, n*
majolique ou **maïolique** *nf*
major *n*
majorant *nm*
majorat *nf*
majoration *nf*
majordome *nm*
majorer *vt **1***
majorette *nf*
majoritaire *a*
majoritairement *av*
majorité *nf*
majorquin, ine *a, n*
majuscule *a, nf*
makhroud *nm*
makhzen ou **maghzen** *nm*
maki *nm (animal)*
makimono ou **makémono** *nm*
making of *nm inv*
makiwara *nm*
mal, male *a*
mal *nm ; av Des maux.*
malabar *nm, a*
malabéen, enne *a, n*
malabsorption *nf*
malachite *nf*
malacologie *nf*
malacologique *a*
malacoptérygien *nm*
malacostracé *nm*
malade *a, n*
maladie *nf*
maladif, ive *a*
maladivement *av*
maladrerie *nf*
maladresse *nf*
maladroit, oite *a, n*
maladroitement *av*
malaga *nm*
mal-aimé, ée *a, n mal-aimé(e)s*
malaire *a*
malais *nm*
malaisant, ante *a*
malaise *nm (trouble)*
malaisé, ée *a*
malaisément *av*
malaisien, enne *a, n*

malandrin *nm*
malanga *nm*
malappris, ise *a, n*
malard ou **malart** *nm*
malaria *nf*
malavisé, ée *a*
malawite ou **malawien** *a, n*
malaxage *nm*
malaxer *vt* ***1***
malaxeur *nm*
malayalam *nm*
malayo-polynésien, enne *a*
malbar *n*
malbec *nm*
malbouffe *nm*
malchance *nf*
malchanceux, euse *a, n*
malcommode *a*
malcommodément *av*
maldéveloppement *nm*
maldivien, enne *a, n*
maldonne *nf*
mâle *nm, a (masculin)*
malédiction *nf, interj*
maléfice *nm*
maléfique *a*
maléique *a*
malékisme *nm*
malékite ou **malikite** *a*
malencontreusement *av*
malencontreux, euse *a*
mal-en-point ou **mal en point** *a inv*
malentendant, ante *a, n*
malentendu *nm*
mal-être *nm inv*
malfaçon *nf*
malfaisance *nf*
malfaisant, ante *a*
malfaiteur *nm*
malformatif, ive *a*
malformation *nf*
malfrat *nm*
malgache *a, n*
malgache *a, nm*
malgracieux, euse *a*
malgré *prép*
malhabile *a*
malhabilement *av*
malherbologie *nf*
malherbologique *a*
malheur *nm*
malheureusement *av*
malheureux, euse *a, n*
malhonnête *a*
malhonnêtement *av*
malhonnêteté *nf*
mali *nm*
malice *nf*
malicieusement *av*
malicieux, euse *a*
malien, enne *a, n*
malignement *av*
malignité *nf*
malikisme *nm*
malin, maligne *a, nm*
malingre *a, n*
malinké *nm*
malinois *nm*
malintentionné, ée *a*
malique *a*
malle *nf (coffre)*
malléabilité *nf*
malléable *a*
malléolaire *a*
malléole *nf*
malle-poste *nf Des malles-postes.*
malletier *nm*
mallette *nf*
mal-logé, ée *n Des mal-logé(e)s.*
mal-logement *nm*
mallophage *nm*
malm *nm*
malmenage *nm*
malmener *vt* ***15***
malmignatte *nf*
malnutri, ie *a, n*
malnutrition *nf*
malodorant, ante *a*
malolactique *a*
malonique *a*
malope *nf*
malophone *a, n*
malossol *nm*
malotru, ue *n*
malouf *nm*
malouin, ine *a, n*
maloya *nf*
mal-pensant, ante *a, n*
malpighie *nf*
malpoli, ie *a, n*
malposition *nf*
malpropre *a, n*
malproprement *av*
malpropreté *nf*
malsain, aine *a*
malséant, ante *a*
malsonnant, ante *a*
malt *nm*
maltage *nm*
maltais, aise *a, n*
maltase *nf*
malté, ée *a (céréalier)*
Malte (fièvre de) *nf*
malter *vt* ***1***
malterie *nf*
malteur *nm*
malthusianisme *nm*
malthusien, enne *a, n*
malti *nm*
maltose *nm*
maltôte *nf*
maltraitance *nf*
maltraitant, ante *a, n*
maltraiter *vt* ***1***
malus *nm*
malvacée *nf*
malveillance *nf*
malveillant, ante *a, n*
malvenu, ue *a*
malversation *nf*
mal-vivre ou **mal-vie** *nm inv*
malvoisie *nm*
malvoyant, ante *n*
maman *nf*
mamba *nm*
mambo *nm*
mamelle *nf*
mamelon *nm*
mamelonné, ée *a*
mamelouk ou **mameluk** *nm*
mamelu, ue *a*
mamie ou **mammy** ou **mamy** *nf*
mamillaire *a, nf*
mammaire *a*
mammalien, enne *a*
mammalogie *nf*
mammalogique *a*
mammalogiste *n*
mammectomie ou **mastectomie** *nf*
mammifère *nm*
mammisi *nm*
mammite *nf*
mammobile *nm*
mammographie *nf*
mammoplastie *nf*
mammouth *nm*
mamours *nm pl*
mam'selle ou **mam'zelle** *nf*
mana *nm*
manade *nf*
manadier *nm*
management *nm*
manager *vt* ***11***
manager *nm* ou **manageur, euse** *n*
managérial, ale, aux *a*
managuayen, enne *a, n*
manaméen, enne *a, n*
manant *nm*
manat *nm*
manceau, elle *a, n*
mancelle *nf*
mancenille *nf*
mancenillier ou **manceniller** *nm*
manche *nm (ustensile)*
manche *nf (vêtement, jeu, mendicité)*
manchego ou **manchégo** *nm*
mancheron *nm*
manchette *nf*
manchiste *n*
manchois, oise *a, n*
manchon *nm*
manchot, ote *a, n*
manchot *nm*
manchotière *nf*
mancie *nf*
mandala *nm*
mandale *nf*
mandant, ante *n*
mandarin, ine *nm, a*
mandarinal, ale, aux *a*
mandarinat *nm*

mandarine *nf, a inv*
mandarinier *nm*
mandat *nm*
mandataire *n*
mandatement *nm*
mandater *vt* ***1***
mandature *nf*
mandé *nm*
mandéen, enne *a, n*
mandéisme *nm*
mandement *nm*
mander *vt* ***1***
mandibulaire *a*
mandibule *nf*
mandingue *nm*
mandoline *nf*
mandoliniste *n*
mandore *nf*
mandorle *nf*
mandragore *nf*
mandréen, enne *a, n*
mandrill *nm*
mandrin *nm*
manducation *nf*
manécanterie *nf*
manège *nm*
mânes *nm pl*
maneton *nm*
manette *nf*
manga *nm*
mangabey *nm*
mangaka *n*
manganèse *nm*
manganeux, euse *a*
manganin *nm Nom déposé*
manganique *a*
manganite *nm*
mangeable *a*
mangeaille *nf*
mange-mil *nm Des mange-mils ou mange-mil.*
mangeoire *nf*
manger *vt, vi* ***11***
manger *nm*
mange-tout ou **mangetout** *nm inv*
mangeur, euse *n*
mangle *nf*
manglier *nm*
mangoustan ou **mangoustanier** *nm*
mangouste ou **mangoustan** *nf*
mangrove *nf*
mangue *nf*
manguier *nm*
maniabilité *nf*
maniable *a*
maniacodépressif, ive *a, n*
maniaque *a, n*
maniaquerie *nf*
manichéen, enne *a, n*
manichéisme *nm*
manie *nf*
maniement *nm*
manier *vt, vpr* ***1***
manier (se) ou **magner (se)** *vpr* ***1***
manière *nf*
maniéré, ée *a*
maniérisme *nm*
maniériste *a, n*
manieur, euse *n*
manif *nf*
manifestant, ante *n*
manifestation *nf*
manifeste *a, nm*
manifestement *av*
manifester *vt, vi, vpr* ***1***
manifold *nm*
manigancer *vt* ***12***
manigances *nf pl*
maniguette *nf*
manillais, aise *a, n*
manille *nf (cartes)*
manille *nm (pièce métallique, cigare, chapeau)*
manioc *nm*
maniote ou **maïnote** *a, n*
manip ou **manipe** *nf*
manipulable *a*
manipulateur, trice *n, a*
manipulation *nf*
manipule *nm*
manipuler *vt* ***1***
manipuri *nm*
manique ou **manicle** *nf*
manitobain, aine *a, n*
manitou *nm*
manivelle *nf*
manne *nf (miracle)*
mannequin *nm*
mannequinat *nm*
mannitol ou **mannite** *nm*
mannois, oise *a, n*
mannose *nm*
mano a mano *nm*
manodétendeur *nm*
manœuvrabilité *nf*
manœuvrable *a*
manœuvre *nm (ouvrier)*
manœuvre *nf (mouvement)*
manœuvrer *vt, vi* ***1***
manœuvrier, ère *n, a*
manographe *nm*
manoir *nm*
manomètre *nm*
manométrie *nf*
manométrique *a*
manoque *nf*
manostat *nm*
manouche *n*
manquant, ante *a, n*
manque *nm*
manqué, ée *a*
manqué *nm*
manquement *nm*
manquer *v* ***1***
mansarde *nf*
mansardé, ée *a*
manse *n*
mansi *a, n*
mansion *nf*
mansuétude *nf*
mante *nf (insecte)*
manteau *nm*
mantelé, ée *a*
mantelet *nm*
mantellique *a*
mantille *nf*
mantique *nf*
mantisse *nf*
mantra *nm*
manualité *nf*
manucure *n*
manucurer *vt*
manucurie *nf*
manuel, elle *a, n*
manuel *nm*
manuélin, ine *a*
manuellement *av*
manufacturable *a*
manufacture *nf*
manufacturer *vt* ***1***
manufacturier, ère *a, nm*
manu militari *av*
manuscrit, ite *a, nm*
manutention *nf*
manutentionnaire *n*
manutentionner *vt* ***1***
manzanilla *nm*
maoïsme *nm*
maoïste *a, n*
maori *nm*
maous, ousse ou **mahous, ousse** *a*
mappemonde *nf*
maputais, aise *a, n*
maqam ou **maquam** *nm*
maquée *nf*
maquer (se) *vpr* ***1***
maquereau, elle *n*
maquereau *nm*
maquette *nf*
maquetter *vt* ***1***
maquettiste *n*
maquignon *nm*
maquignonnage *nm*
maquignonner *vt* ***1***
maquillage *nm*
maquiller *vt* ***1***
maquilleur, euse *n*
maquis *nm (végétation)*
maquisard *nm*
mara *nf*
marabout *nm*
maraboutage *nm*
marabouter *vt* ***1***
maraboutique *a*
maraboutisme *nm*
maracas *nm pl*
maracudja *nm*
marae *nm*
maraîchage ou **maraichage** *nm*
maraîcher, ère ou **maraicher, ère** *n, a*

maraîchin, ine ou **maraichin, ine** *a, n*
marais *nm*
maranta ou **marante** *nf*
marasme *nm*
marasque *nf*
marasquin *nm*
marathi *nm*
marathon *nm*
marathonien, enne *n*
marâtre *nf*
maraud, aude *n*
maraudage *nm*
maraude *nf*
marauder *vi* ***1***
maraudeur, euse *n, a*
maravédis *nm*
marbot *nf*
marbre *nm*
marbré, ée *a, nm*
marbrer *vt* ***1***
marbrerie *nf*
marbrier, ère *nm, a*
marbrière *nf*
marbrure *nf*
marc *nm (substance)*
marcassin *nm*
marcassite *nf*
marcel *nm*
marcescence *nf*
marcescent, ente *a*
marchand, ande *n, a*
marchandage *nm*
marchander *vt* ***1***
marchandeur, euse *n*
marchandisage *nm*
marchandisation *nf*
marchandise *nf*
marchandiser *vt* ***1***
marchant, ante *a*
marchantia *nf*
marche *nf*
marché *nm*
marchepied *nm*
marcher *vi* ***1***
marchette *nf*
marcheur, euse *n*
marconi *a inv*
marcottage *nm*
marcotte *nf*
marcotter *vt* ***1***
mardi *nm*
mare *nf (flaque)*
marécage *nm*
marécageux, euse *a*
maréchal *nm Des maréchaux. (officier)*
maréchalat *nm*
maréchale *nf (femme du maréchal)*
maréchalerie *nf*
maréchal-ferrant *nm Des maréchaux-ferrants.*
maréchaussée *nf*
marée *nf*
marégraphe *nm*
marelle *nf*
marémoteur, trice *a*
marengo *nm, a inv*
marennes *nf*
mareyage *nm*
mareyeur, euse *n*
margaille *nf*
margarine *nf*
margarinier, ère *a, nm*
margarita *nm*
margaux *nm*
margay *nm*
marge *nf*
margelle *nf*
marger *vt, vi* ***11***
margeur *nm*
marginal, ale, aux *a, n*
marginalement *av*
marginalisation *nf*
marginaliser *vt* ***1***
marginalisme *nm*
marginaliste *a, n*
marginalité *nf*
margoter ou **margotter** ou **margauder** *vi* ***1***
margouillat *nm*
margouillis *nm*
margoulette *nf*
margoulin, ine *n*
margrave *nm*
margraviat *nm*
marguerite *nf*
marguillier ou **marguiller** *nm*
mari *nm*
mariable *a*
mariachi *nm*
mariage *nm*
marial, ale, aux *a*
marianiste *nm*
marié, ée *n*
marie-jeanne *nf inv*
marie-louise *nf Des maries-louises.*
marier *vt* ***1***
marie-salope *nf Des maries-salopes.*
marieur, euse *n*
marigot *nm*
marijuana ou **marihuana** *nf*
marimba *nm*
marin, ine *a*
marin *nm*
marina *nf*
marinade *nf*
marine *n, a, a inv, nm (navigation, militaire)*
mariner *vt, vi* ***1***
maringouin *nm*
marinier, ère *a, n*
marinière *nf*
mariniser *vt* ***1***
marinisme *nm*
marin-pêcheur *nm Des marins-pêcheurs.*
mariol ou **mariolle** ou **mariole** *a, n*
mariologie *nf*
marionnette *nf*
marionnettiste *n*
mariophanie *nf*
marisque *nf*
mariste *n*
marital, ale, aux *a*
maritalement *av*
maritime *a*
maritorne *nf*
marivaudage *nm*
marivauder *vi* ***1***
marja *nm*
marjolaine *nf*
mark *nm (monnaie)*
marketer *vt* ***18***
marketeur, euse *n*
marketing ou **markéting** *nm*
markhor *nm*
markka *nm*
marli *nm*
marlin *nm*
marlou *nm*
marmaille *nf*
marmelade *nf*
marmenteau *am, nm*
marmite *nf*
marmitée *nf*
marmiton *nm*
marmonnement *nm*
marmonner *vt* ***1***
marmoréen, enne *a*
marmot *nm*
marmotte *nf*
marmottement *nm*
marmotter *vt* ***1***
marmouset *nm*
marnage *nm*
marnais, aise *a, n*
marne *nf*
marner *vi* ***1***
marneux, euse *a*
marnière *nf*
marocain, aine *a, n*
maroilles *nm*
marollien *nm*
maronite *n, a*
maronner *vi* ***1***
maroquin *nm*
maroquinage *nm*
maroquiner *vt* ***1***
maroquinerie *nf*
maroquinier *nm*
marotte *nf*
marouette *nf*
marouflage *nm*
maroufle *nf*
maroufler *vt* ***1***
marquage *nm*
marquant, ante *a*
marque *nf (repère)*
marqué, ée *a*
marque-page *nm Des marque-pages.*

marquer *vt, vi* ***1***
marqueter *vt* ***20***
marqueterie ou **marquèterie** *nf*
marqueteur, euse ou **marquéteur, euse** *n*
marqueur, euse *n*
marquis *nm*
marquisat *nm*
marquise *nf*
marquoir *nm*
marrade *nf*
marraine *nf*
marrane *n*
marrant, ante *a, n*
marre *av*
marrer (se) *vpr* ***1***
marri, ie *a*
marron *nm, a inv (fruit, coup, couleur)*
marron, onne *a (malhonnête)*
marronnage *nm*
marronnier *nm*
marrube *nm*
mars *nm*
marsala *nm*
marsannay *nm*
marsanne *nf*
marsault *nm*
marseillais, aise *a, n*
marselan *nm*
marshallais, aise *a, n*
marshmallow *nm*
marsilia *nf*
marsouin *nm*
marsupial, ale, aux *a, nm*
marsupium *nm*
martagon *nm*
marte ou **martre** *nf*
marteau *nm*
marteau-pilon *nm Des marteaux-pilons.*
marteau-piolet *nm Des marteaux-piolets.*
martel *nm*
martelage *nm*
martèlement *nm*
marteler *vt* ***16***
marteleur *nm*
martensite *nf*
martial, ale, aux *a*
martien, enne *a, n*
martin *nm*
martin-chasseur *nm Des martins-chasseurs.*
martinet *nm*
martingale *nf*
martini *nm*
martiniquais, aise *a, n*
martin-pêcheur *nm Des martins-pêcheurs.*
martre ou **marte** *nf*
martyr, e *n, a (victime)*
martyre *nm (supplice)*
martyriser *vt* ***1***
martyrium *nm*
martyrologe *nm*
marxisant, ante *a*
marxisme *nm*
marxisme-léninisme *nm*
marxiste *a, n*
marxiste-léniniste *a, n*
maryland *nm*
mas *nm inv*
masala *nm*
mascara *nm*
mascarade *nf*
mascaret *nm*
mascaron *nm*
mascarpone *nm*
mascatais, aise *a, n*
mascotte *nf*
masculin, ine *a, nm*
masculinisation *nf*
masculiniser *vt* ***1***
masculinité *nf*
maser *nm*
masérois, oise *a, n*
mash up *nm*
maskinongé *nm*
maso *a inv, n*
masochisme *nm*
masochiste *a, n*
masquage *nm*
masquant, ante *a*
masque *nm*
masqué, ée *a*
masquer *vt* ***1***
massacrant, ante *a*
massacre *nm*
massacrer *vt* ***1***
massacreur, euse *n*
massage *nm*
masse *nf*
massé *nm*
masselotte *nf*
massepain *nm*
masser *vt, vpr* ***1***
masséter *nm*
massette *nf*
masseur, euse *nm*
massicot *nm*
massicoter *vt* ***1***
massier, ère *n*
massier *nm*
massif, ive *a, nm*
massification *nf*
massifier *vt* ***1***
massique *a*
massivement *av*
massivité *nf*
mass média *nm pl*
massore ou **massorah** *nf*
massorète *nm*
massorétique *a*
massothérapie *nf*
massue *nf*
mastaba *nm*
mastard *nm*
master ou **mastère** *nm*
masterclasse ou **master class** *nf*
mastère *nm*
mastérisation *nf*
mastic *nm, a inv*
masticage *nm*
masticateur, trice *a*
mastication *nf*
masticatoire *nm, a*
mastiff *nm*
mastiquer *vt* ***1***
mastite *nf*
mastoc *a inv*
mastocyte *nm*
mastodonte *nm*
mastoïde *a, nf*
mastoïdien, enne *a*
mastoïdite *nf*
mastopathie *nf*
mastroquet *nm*
masturbation *nf*
masturbatoire *a*
masturber *vt, vpr* ***1***
m'as-tu-vu *n inv, a inv*
masure *nf*
mat, mate *a (dépoli, assourdi)*
mat *nm, a inv*
mât *nm (navire)*
matabiche *nm*
matador *nm*
mataf *nm*
matage *nm*
mât-aile *nm Des mâts-ailes.*
matamata *nf*
matamore *nm*
match *nm Des matchs ou matches.*
match-play ou **matchplay** *nm*
maté *nm*
matefaim *nm*
matelas *nm*
matelassé, ée *a, nm*
matelasser *vt* ***1***
matelassier, ère *n*
matelassure *nf*
matelot *nm*
matelotage *nm*
matelote *nf*
mater *vt* ***1*** *(soumettre)*
mâter *vt* ***1*** *(maritime)*
mâtereau *nm*
matérialisation *nf*
matérialiser *vt, vpr* ***1***
matérialisme *nm*
matérialiste *a, n*
matérialité *nf*
matériau *nm*
matériel, elle *a, n*
matériellement *av*
maternage *nm*
maternel, elle *a, nf*
maternellement *av*
materner *vt* ***1***
maternisé, ée *a*
maternité *nf*

math ou **maths** *nf pl*
mathématicien, enne *n*
mathématique *a, nf pl*
mathématiquement *av*
mathématisable *a*
mathématisation *nf*
mathématiser *vt* ***1***
matheux, euse *n*
mathusalem *nm*
matière *nf*
matiérisme *nm*
matiériste *a, n*
matifiant, ante *a*
matifier *vt* ***1***
matin *nm, av (aube)*
mâtin *nm (chien)*
mâtin, ine *n (coquin)*
matinal, ale, aux *a, nf*
matinalement *av*
mâtiné, ée *a*
matinée *nf*
matines *nf pl*
matir *vt* ***3***
matité *nf*
matois, oise *a, n*
maton, onne *n*
matos *nm*
matou *nm*
matraquage *nm*
matraque *nf*
matraquer *vt* ***1***
matraqueur, euse *a, n*
matriarcal, ale, aux *a*
matriarcat *nm*
matriarche *nf*
matriçage *nm*
matricaire *nf*
matrice *nf*
matricer *vt* ***10***
matricide *nm*
matriciel, elle *a*
matricule *n*
matrilinéaire *a*
matrilocal, ale, aux *a*
matrimonial, ale, aux *a*
matrimonialement *av*
matriochka *nf*
matrone *nf*
matronymat *nm*
matronyme *nm*
matronymique *a*
matte *nf*
matthiole *nf*
maturation *nf*
mature *a*
mâture *nf*
maturer *vi* ***1***
maturité *nf*
matutinal, ale, aux *a*
maubèche *nf*
maudire *vt* ***80***
maudit, ite *a, n*
maugréer *vi* ***8***
maul *nm*
maurandie *nf*
maure ou **more** *a*
mauresque ou **moresque** *nf, a*
mauricien, enne *a, n*
mauriennais, aise *a, n*
mauritanien, enne *a, n*
mauser *nm*
mausolée *nm*
maussade *a*
maussadement *av*
maussaderie *nf*
mauvais, aise *a, n, av*
mauve *n, a*
mauvéine *nf*
mauviette *nf*
mauvis *nm*
maxi *a inv, av, nm*
maxidiscompte *nm*
maxidiscompteur *nm*
maxillaire *nm, a*
maxille *nm*
maxillipède *nm*
maximal, ale, aux *a*
maximalisation *nf*
maximaliser ou **maximiser** *vt* ***1***
maximalisme *nm*
maximaliste *a, n*
maxime *nf*
maximisation *nf*
maximum *nm, a maximums ou maxima*
maxwell *nm*
maya *a, nm*
mayen *nm*
mayennais, aise *a, n*
mayeur ou **maïeur** *nm*
mayonnaise *nf*
mayoral, aux *a*
mayorat *nm*
mazagran *nm*
mazamétain, aine *a, n*
mazarinade *nf*
mazdéen, enne *a, n*
mazdéisme *nm*
mazette ! *interj*
mazout *nm*
mazoutage *nm*
mazouter *vt, vi* ***1***
mazurka *nf*
MBA *nm*
mbabanais, aise *a, n*
mbalax *nm*
me *pr pers*
mea-culpa *nm inv*
méandre *nm*
méandreux, euse *a*
méat *nm*
mec *nm*
mécanicien, enne *n*
mécanique *a, nf*
mécaniquement *av*
mécanisation *nf*
mécaniser *vt* ***1***
mécanisme *nm*
mécaniste *a, n*
mécano *nm (mécanicien)*
mécanographe *n*
mécanographie *nf*
mécanographique *a*
mécanothérapie *nf*
mécatronicien, enne *n*
mécatronique *nf, a*
meccano *nm (jeu) Nom déposé*
mécénat *nm*
mécène *nm*
méchamment *av*
méchanceté *nf*
méchant, ante *a, n*
mèche *nf*
méchoui *nm*
mechta *nf*
mécompte *nm*
méconduire (se) *vpr* ***67***
méconduite *nf*
méconial, ale, aux *a*
méconium *nm*
méconnaissable *a*
méconnaissance *nf*
méconnaître ou **méconnaitre** *vt* ***55***
méconnu, ue *a*
méconopsis *nf*
mécontent, ente *a, n*
mécontentement *nm*
mécontenter *vt* ***1***
mécoptère *nm*
Mecque *nf*
mécréance *nf*
mécréant, ante *a, n*
médaillable *a*
médaille *nf*
médaillé, ée *a, n*
médailler *vt* ***1***
médailleur *nm*
médaillier ou **médailler** *nm*
médailliste *n*
médaillon *nm*
médecin *n*
médecin-conseil *nm Des médecins-conseils.*
médecine *nf*
médecine-ball *nm Des médecine-balls.*
medersa ou **madrasa** *nf*
média *nm*
médiacratie *nf*
médial, ale, aux *a, nf*
médiamat *nm Nom déposé*
médian, ane *a, nf*
médiaplanneur, euse *n*
médiaplanning *nm*
médiascopie *nf*
médiastin *nm*
médiastinite *nf*
médiat, ate *a*
médiateur, trice *n, a*
médiathécaire *n*
médiathèque *nf*
médiation *nf*

médiatique *a*
médiatiquement *av*
médiatisation *nf*
médiatisation *nf*
médiatiser *vt* ***1***
médiator *nm*
médiatrice *nf*
médiature *nf*
médical, ale, aux *a*
médicalement *av*
médicalisation *nf*
médicaliser *vt* ***1***
médicament *nm*
médicamenteux, euse *a*
médicastre *nm*
médication *nf*
médicinal, ale, aux *a*
médicinier *nm*
médicolégal, ale, aux *a*
médicopédagogique *a*
médicosocial, ale, aux *a*
médicosportif, ive *a*
médiéval, ale, aux *a*
médiéviste *n*
médina *nf*
médiocratie *nf*
médiocratique *a*
médiocre *a, n*
médiocrement *av*
médiocrité *nf*
médiopalatal, ale, aux *a, nf*
médire *vti* ***60***
médisance *nf*
médisant, ante *a*
méditatif, ive *a, n*
méditation *nf*
méditer *vt, vi, vti* ***1***
méditerranéen, enne *a, n*
médium *n (personne)*
médium *nm (musique, matériau)*
médiumnique *a*
médiumnité *nf*
médius *nm*
médoc *nm*
médocain, aine *a, n*
médulla *nf*
médullaire *a, nf*
médullosurrénale *nf*
méduse *nf*
méduser *vt* ***1***
meeting *nm*
méfait *nm*
méfiance *nf*
méfiant, ante *a, n*
méfier (se) *vpr* ***1***
méforme *nf*
méga *nm*
mégabase *nf*
mégabit *nm*
mégacalorie *nf*
mégacaryocyte *nm*
mégacéros *nm*
mégachile *nf*
mégacôlon *nm*
mégaélectronvolt *nm*
mégaeuro *nm*
mégafaune *nf*
mégaflops *nm*
mégafusion *nf*
mégahertz *nm*
mégalithe *nm*
mégalithique *a*
mégalithisme *nm*
mégalo *a, n*
mégaloblaste *nm*
mégaloblastique *a*
mégalocytaire *a*
mégalocyte *nm*
mégalomane *a, n*
mégalomaniaque *a*
mégalomanie *nf*
mégalopole ou **mégalopolis** ou **mégapole** *nf*
mégaoctet *nm*
mégaphone *nm*
mégaplexe *nm*
mégapodiidé ou **mégapode** *nm*
mégaptère *nm*
mégarde *nf*
mégastore *nm*
mégathérium *nm*
mégatonne *nf*
mégère *nf*
mégir ou **mégisser** *vt* ***2***
mégis *nm*
mégisserie *nf*
mégissier *nm*
mégohm *nm*
mégohmmètre *nm*
mégot *nm*
mégotage *nm*
mégoter *vi* ***1***
mégoteur, euse *n*
méharée *nf*
méhari *nm*
méhariste *n*
meilleur, eure *a, nm*
méiose *nf*
méiospore *nf*
méiotique *a*
meitnerium *nm*
méjanage *nm*
méjuger *vt, vpr* ***11***
mél *nm*
mélamine *nf*
mélaminé, ée *a*
mélampyre *nm*
mélancolie *nf*
mélancolique *a, n*
mélancoliquement *av*
mélanésien *nm*
mélanésien, enne *a, n*
mélange *nm*
mélangé, ée *a*
mélanger *vt* ***11***
mélangeur *nm*
mélanine *nf*
mélanique *a*
mélanisme *nm*
mélanocyte *nm*
mélanoderme *a, n*
mélanodermie *nf*
mélanome *nm*
mélanose *nf*
mélasse *nf*
mélatonine *nf*
Melba *a inv*
melchior *nm*
mêlé, ée *a*
méléagrine *nf*
mêlécasse ou **mêlé-casse** ou **mêlé-cassis** *nm*
mêlée *nf*
méléna ou **melæna** *nm*
mêler *vt, vpr* ***1***
mêle-tout ou **mêletout** *n inv*
mélèze *nm*
mélia *nm*
méliacée *nf*
mélilot *nm*
méli-mélo ou **mélimélo** *nm Des mélis-mélos.*
mélinite *nf*
mélioïdose *nf*
mélioratif, ive *a, nm*
mélique *a*
mélismatique *a*
mélisme *nm*
mélisse *nf*
mélitte *nf*
melkite ou **melchite** *n*
mellah *nm*
mellifère *a*
mellification *nf*
mellifique *a*
melliflue *a*
mellite *nm*
mélo *nm, a*
mélodica *nm*
mélodie *nf*
mélodieusement *av*
mélodieux, euse *a*
mélodique *a*
mélodiste *n*
mélodramatique *a*
mélodrame *nm*
méloé *nm*
mélomane *n*
melon *nm*
melonnière *nf*
mélopée *nf*
mélophage *nm*
melrose *nf*
meltem *nm*
melting-pot *nm Des melting-pots.*
melunais, aise *a, n*
membranaire *a*
membrane *nf*
membraneux, euse *a*
membranule *nf*
membre *nm*
membré, ée *a*

membron *nm*
membru, ue *a*
membrure *nf*
même *pr indéf, a, av*
mémé *nf*
mêmement *av*
mémento *nm*
mémère *nf*
mémérer *vi* ***14***
mémo *nm*
mémoire *nf (souvenir)*
mémoire *nm (texte)*
mémorable *a*
mémorandum *nm*
mémorial *nm Des mémoriaux.*
mémorialiste *n*
mémoriel, elle *a*
mémorisable *a*
mémorisation *nf*
mémoriser *vt* ***1***
menaçant, ante *a*
menace *nf*
menacé, ée *a*
menacer *vt* ***10***
ménade *nf*
ménage *nm*
ménagement *nm*
ménager *vt, vpr* ***11***
ménager, ère *a, nf*
ménagerie *nf*
ménarche *nf*
menchevik ou **menchévik** *nm*
mendélévium *nm*
mendélien, enne *a*
mendélisme *nm*
mendiant, ante *n, a*
mendicité *nf*
mendier *vt, vi* ***1***
mendigot, ote *n*
mendois, oise *a, n*
meneau *nm*
menée *nf*
mener *vt, vi* ***15***
ménestrel *nm*
ménétrier *nm*
meneur, euse *n*
menhir *nm*
ménin, ine ou **menin, ine** *n*
méninge *nf*
méningé, ée *a*
méningiome *nm*
méningite *nf*
méningitique *a*
méningoccocie *nf*
méningocoque *nm*
méniscal, ale, aux *a*
ménisque *nm*
mennonite *n, a*
ménologe *nm*
ménopause *nf*
ménopausée *af*
ménopausique *a*
ménora ou **menora** *nf*
ménorragie *nf*
ménorragique *a*
ménorrhée *nf*
menottage *nm*
menotte *nf*
menotter *vt* ***1***
mense *nf*
mensonge *nm*
mensonger, ère *a*
mensongèrement *av*
menstruation *nf*
menstruel, elle *a*
menstrues *nf pl*
mensualisation *nf*
mensualiser *vt* ***1***
mensualité *nf*
mensuel, elle *a, nm*
mensuellement *av*
mensuration *nf*
mental, ale, aux *a, nm*
mentalement *av*
mentalisation *nf*
mentalité *nf*
menterie *nf*
menteur, euse *n, a*
menthe *nf (plante, sirop)*
menthol *nm*
mentholé, ée *a*
menthyle *nm*
mention *nf*
mentionner *vt* ***1***
mentir *vi* ***29***
mentisme *nm*
menton *nm*
mentonnet *nm*
mentonnier, ère *a*
mentonnière *nf*
mentor *nm*
mentorat *nm*
menu, ue *a, av*
menu *nm*
menu-carte *nm Des menus-cartes.*
menuet *nm*
menuise *nf*
menuiser *vt* ***1***
menuiserie *nf*
menuisier, ère *n*
ménure *nm*
ményanthe *nf*
méphistophélique *a*
méphitique *a*
méphitisme *nm*
méplat, ate *a, nm*
méprendre (se) *vpr* ***70***
mépris *nm*
méprisable *a*
méprisablement *av*
méprisant, ante *a*
méprise *nf*
mépriser *vt* ***1***
mer *nf (eau)*
merbau *nm*
mercanti *nm*
mercantile *a*
mercantilisation *nf*
mercantilisme *nm*
mercantiliste *n, a*
mercaptan *nm*
mercaticien, enne *n*
mercatique *nf*
mercato *nm*
mercenaire *a, nm*
mercenariat *nm*
mercerie *nf*
mercerisage *nm*
merceriser *vt* ***1***
merchandising *nm*
merci *n*
mercier, ère *n*
mercredi *nm*
mercure *nm*
mercureux *am*
mercurey *nm*
mercuriale *nf*
mercuriel, elle *a*
mercurien, enne *a*
mercurique *a*
mercurochrome *nm Nom déposé*
merde *nf, interj*
merder *vi* ***1***
merdeux, euse *a, n*
merdier *nm*
merdique *a*
merdoyer ou **merdouiller** *vi* ***22***
mère *nf (génitrice)*
mère-grand *nf Des mères-grands.*
mérengué *nm*
merguez *nf*
mergule *nm*
méridien, enne *a, n*
méridional, ale, aux *a, n*
meringue *nf*
meringuer *vt* ***1***
mérinos *nm*
merise *nf*
merisier *nm*
mérismatique *a*
mérisme *nm*
méristématique *a*
méristème *nm*
méritant, ante *a*
mérite *nm*
mériter *vt* ***1***
méritocrate *n*
méritocratie *nf*
méritocratique *a*
méritoire *a*
merlan *nm*
merle *nm*
merlette *nf*
merlin *nm*
merlon *nm*
merlot *nm*
merlu *nm*
merluche *nf*
mérostome *nm*
mérou *nm*
merrain *nm*
merroutage *nm*

mérule *n*
merveille *nf*
merveilleusement *av*
merveilleux, euse *a, n*
mérycisme *nm*
merzlota *nf*
mésa ou **mesa** *nf*
mésalliance *nf*
mésallier (se) *vpr* ***1***
mésange *nf*
mésangeai *nm*
mésaventure *nf*
mescaline *nf*
mesclun *nm*
mésencéphale *nm*
mésenchyme *nm*
mésentente *nf*
mésentère *nm*
mésentérique *a*
mésestimation *nf*
mésestime *nf*
mésestimer *vt* ***1***
mésintelligence *nf*
mesmérien, enne *a*
mesmérisme *nm*
mésoaméricain, aine *a*
mésoblastique *a*
mésocarpe *nm*
mésoderme ou **mésoblaste** *nm*
mésodermique *a*
mésoéconomie *nf*
mésoéconomique *a*
mésofaune *nf*
mésolithique *a, nm*
mésologie *nf*
mésomère *a*
mésomérie *nf*
mésomorphe *a, n*
méson *nm (sciences)*
mésonique *a*
mésopause *nf*
mésophyte *a, nf*
mésopotamien, enne *a, n*
mésosphère *nf*
mésosphérique *a*
mésothéliome *nm*
mésothérapie *nf*
mésothorax *nm*
mésothorium *nm*
mésozoïque *a, nm*
mesquin, ine *a*
mesquinement *av*
mesquinerie *nf*
mess *nm (cantine)*
message *nm*
messager, ère *n*
messagerie *nf*
messe *nf (cérémonie)*
messénien, enne *a, n*
messeoir ou **messoir** *vi* ***40***
messianique *a*
messianisme *nm*
messicole *a*
messidor *nm*
messie *nm*
messin, ine *a, n*
messire *nm*
mesurable *a*
mesurage *nm*
mesure *nf*
mesuré, ée *a*
mesurément *av*
mesurer *vt, vi* ***1***
mesurette *nf*
mesureur *nm*
mésusage *nm*
mésuser *vti* ***1***
méta *nm Nom déposé*
métabole *a*
métabolique *a*
métabolisable *a*
métabolisation *nf*
métaboliser *vt* ***1***
métabolisme *nm*
métabolite *nm*
métacarpe *nm*
métacarpien, enne *a, nm*
métacentre *nm*
métacentrique *a*
métagénome *nm*
métagénomique *nf*
métagramme *nm*
métairie *nf*
métal *nm métaux*
métalangage ou **métalangue** *nm*
métaldéhyde *nm*
métalinguistique *a*
métallerie *nf*
métallescent, ente *a*
métallier, ère *n*
métallifère *a*
métallique *a*
métallisation *nf*
métallisé, ée *a*
métalliser *vt* ***1***
métallo *nm*
métallocène *nm*
métallogénie *nf*
métallogénique *a*
métallographe *n*
métallographie *nf*
métallographique *a*
métalloïde *nm*
métalloplastique *a*
métalloprotéine *nf*
métallothionéine *nf*
métallurgie *nf*
métallurgique *a*
métallurgiste *nm*
métalogique *nf, a*
métamatériau *nm*
métamathématique *nf, a*
métamère *nm*
métamérie *nf*
métamérique *a*
métamérisation *nf*
métamérisé, ée *a*
métamorphique *a*
métamorphiser *vt* ***1***
métamorphisme *nm*
métamorphosable *a*
métamorphose *nf*
métamorphoser *vt* ***1***
métaphase *nf*
métaphore *nf*
métaphorique *a*
métaphoriquement *av*
métaphorisation *nf*
métaphoriser *vt* ***1***
métaphosphorique *a*
métaphyse *nf*
métaphysicien, enne *n*
métaphysique *nf, a*
métaphysiquement *av*
métaplasie *nf*
métapsychique *nf, a*
métastable *a*
métastase *nf*
métastaser *vt, vi* ***1***
métastatique *a*
métatarse *nm*
métatarsien, enne *a, nm*
métathérien *nm*
métathèse *nf*
métathorax *nm*
métayage *nm*
métayer, ère *n*
métazoaire *nm*
méteil *nm*
métempsycose ou **métempsychose** *nf*
métencéphale *nm*
métencéphalique *a*
météo *nf, a*
météopole *nf*
météore *nm*
météorique *a*
météorisation *nf*
météoriser *vt* ***1***
météorisme *nm*
météorite *nf*
météoritique *a*
météorologie *nf*
météorologique *a*
météorologiste *n*
météorologue *n*
métèque *nm*
méthacrylate *nm*
méthacrylique ou **méthylacrylique** *a*
méthadone *nf*
méthamphétamine *nf*
méthanal *nm*
méthane *nm*
méthanier, ère *a, nm*
méthanique *a*
méthanisation *nf*
méthaniser *vt* ***1***
méthanol *nm*
méthémoglobine *nf*
méthémoglobinémie *nf*
méthionine *nf*

méthode *nf*
méthodique *a*
méthodiquement *av*
méthodisme *nm*
méthodiste *a, n*
méthodologie *nf*
méthodologique *a*
méthyle *nm*
méthylène *nm*
méthylique *a*
méthylorange *nm*
metical *nm Des meticals.*
méticuleusement *av*
méticuleux, euse *a*
méticulosité *nf*
métier *nm*
métis, isse *a, n*
métissage *nm*
métisser *vt* ***1***
métonymie *nf*
métonymique *a*
métope *nf*
métrage *nm*
mètre *nm (mesure, versification)*
métré *nm*
métrer *vt* ***12***
métreur, euse *n*
métricien, enne *n*
métrique *a (mesure)*
métrique *nf, a (mesure, versification)*
métrite *nf*
métro *nm*
métrologie *nf*
métrologique *a*
métrologiste *n*
métrologue *n*
métronome *nm*
métropole *nf*
métropolitain, aine *a, nm*
métropolite *nm*
métrorragie ou **métrorrhagie** *nf*
métrosexuel *nm*
mets *nm (alimentation)*
mettable *a*
metteur, euse *n* ou **metteure en scène** *nf*
mettre *vt, vpr* ***64***
meublant, ante *a*
meuble *a, nm*
meublé, ée *a, nm*
meubler *vt* ***1***
meuf *nf*
meuglement *nm*
meugler *vi* ***1***
meulage *nm*
meule *nf*
meuler *vt* ***1***
meulette *nf*
meuleuse *nf*
meulier, ère *a, nm*
meulon *nm*
meunerie *nf*
meunier, ère *n, a*
meurette *nf*
meursault *nm*
meurtre *nm*
meurtrier, ère *n, a (assassin)*
meurtrière *nf (architecture)*
meurtrir *vt* ***2***
meurtrissure *nf*
meusien, enne *a, n*
meute *nf*
mévente *nf*
mexicain, aine *a, n*
mezcal *nm*
mézé ou **mezze** *nm*
mézigue *pr pers*
mézouza ou **mezouza** *nf*
mezzanine *nf*
mezza voce *av*
mezzo-soprano *n Des mezzo-sopranos.*
mezzotinto *nm Des mezzo-tintos ou mezzo-tinto.*
mi *nm (musique)*
miam-miam *interj*
miaou *nm*
miasmatique *a*
miasme *nm*
miaulement *nm*
miauler *vi* ***1***
miauleur, euse *a*
mi-bas *nm inv*
mi-bois (à) *av*
mica *nm*
micacé, ée *a*
mi-carême *nf Des mi-carêmes.*
micaschiste *nm*
micellaire *a*
micelle *nf*
miche *nf*
micheline *nf*
mi-chemin (à) *av*
micheton *nm*
mi-clos, -close *a*
micmac *nm*
micocoulier *nm*
miconia *nm*
mi-corps (à) *av*
mi-côte (à) *av*
mi-course *nf*
micro *nm*
microalgue *nf*
microalvéole *nf*
microanalyse *nf*
microbalance *nf*
microbe *nm*
microbien, enne *a*
microbiologie *nf*
microbiologique *a*
microbiologiquement *av*
microbiologiste *n*
microblog *nm*
microblogging *nm*
microbrasserie *nf*
microcassette *nf*
microcèbe *nm*
microcentrale *nf*
microcéphale *a, n*
microchimie *nf*
microchirurgie *nf*
microcircuit *nm*
microcirculation *nf*
microclimat *nm*
microclimatique *a*
microcline *nm*
microcomposant *nm*
microcosme *nm*
microcosmique *a*
micro-cravate *nm Des micros-cravates.*
microcrédit *nm*
microcuvée *nf*
microcytose *nf*
microéconomie *nf*
microéconomique *a*
microédition *nf*
microélectronique *nf, a*
microélément *nm*
microencapsulation *nm*
microencapsulé, ée *a*
microentreprise *nf*
microfaune *nf (zoologie)*
microfibre *nf*
microfiche *nf*
microfilaire *nf*
microfilm *nm*
microfilmer *vt* ***1***
microfinance *nf*
microfissure *nf*
microflore *nf*
microfluidique *nf*
microforme *nf*
microfossile *nm*
microglie *nm*
micrographie *nf*
micrographique *a*
microgravité *nf*
microhistoire *nf*
microhistorique *a*
micro-informatique *nf, a*
micro-injection *nf Des micro-injections.*
microlite ou **microlithe** *nm*
microlithique *a*
microlitique *a*
micromanipulation *nf*
micromécanique *nf*
micromètre *nm*
micrométrie *nf*
micrométrique *a*
microminiaturisation *nf*
microminiaturiser *vt* ***1***
micromodule *nm*
micromoteur *nm*
micron *nm*
micronésien, enne *a, n*
micronique *a*
micronisation *nf*
microniser *vt* ***1***
micronucléus *nm*

micronutriment *nm*
micro-ondable ou **microondable** *a*
micro-onde ou **microonde** *nf Des micro-ondes.*
micro-ondes ou **microondes** *nm inv*
micro-ordinateur ou **microordinateur** *nm Des micro-ordinateurs.*
micro-organisme ou **microorganisme** *nm*
microparticule *nf*
microphage *a, nm*
microphone *nm (appareil)*
microphonique *a*
microphotographie *nf*
microphotographique *a*
microphysique *nf, a*
micropipette *nf*
micropore *nm*
microporeux, euse *a*
microprocesseur *nm*
microprogrammation *nf*
microprogramme *nm*
micropsie *nf*
micropyle *nm*
microsatellite *nm*
microscope *nm*
microscopie *nf*
microscopique *a*
microseconde *nf*
microséisme *nm*
microserveur *nm*
microsillon *nm*
microsocial, ale, aux *a*
microsociété *nf*
microsociologie *nf*
microsociologique *a*
microsonde *nf*
microsporange *nm*
microspore *nf*
microsporidie *nf*
microsporidiose *nf*
microstructure *nf*
microtechnique *nf, a*
microtome *nm*
microtraumatisme *nm*
micro-trottoir *nm Des micros-trottoirs.*
microtubule *nm*
microtunnelier *nm*
miction *nf (physiologie)*
mictionnel, elle *a*
middle-office *nm Des middle-offices.*
midi *nm ; a inv*
midinette *nf*
midi-pyrénéen, enne *a, n*
midship ou **midshipman** *nm*
mie *nf (pain)*
miel *nm*
miellat *nm*
miellé, ée *a*
miellée *nf*
mielleusement *av*
mielleux, euse *a*
mien, mienne *a poss, pr poss, nm*
miette *nf*
mieux *av, nm, a*
mieux-disant *nm inv*
mieux-être *nm inv*
mieux-offrant *nm Des mieux-offrants.*
mieux-vivre *nm inv*
mièvre *a*
mièvrement *av*
mièvrerie *nf*
migmatite *nf*
mignard, arde *a*
mignardise *nf*
mignon, onne *a, nm*
mignonnet, ette *a, n*
mignonnette *nf*
mignoter *vt* ***1***
migraine *nf*
migraineux, euse *a, n*
migrant, ante *a, n*
migrateur, trice *a, nm*
migration *nf*
migratoire *a*
migrer *vi* ***1***
mihrab *nm*
mi-jambe (à) *av*
mijaurée *nf*
mijotée ou **mijoté** *nf*
mijoter *vt, vi* ***1***
mijoteuse *nf Nom déposé*
mikado *nm*
mil *nm (céréale)*
milan *nm*
milanais, aise *a, n*
mildiou *nm*
mildiousé, ée *a*
mile *nm*
miliaire *a, nf*
milice *nf*
milicien, enne *n*
milieu *nm*
militaire *a, nm*
militairement *av*
militance *nf*
militant, ante *a, n*
militantisme *nm*
militantiste *a*
militarisation *nf*
militariser *vt* ***1***
militarisme *nm*
militariste *a, n*
militaro-industriel, elle *a*
militer *vi* ***1***
milk-shake ou **milkshake** *nm Des milk-shakes.*
millade *nf*
millage *nm*
millas ou **millasse** ou **milliasse** *nm*
mille *a num, nm inv (mesure)*
millefeuille *nf (plante)*
millefeuille *nm (pâtisserie)*
millénaire *a, nm*
millénarisme *nm*
millénariste *a, n*
millénium *nm*
mille-pattes ou **millepatte** *nm inv*
mille-pertuis ou **millepertuis** *nm inv*
millépore *nm*
mille-raies ou **milleraie** *nm inv*
millerandage *nm*
millerandé, ée *a*
millésime *nm*
millésimer *vt* ***1***
millet *nm*
milliaire *a*
milliampère *nm*
milliard *nm*
milliardaire *a, n*
milliardième *a num, n*
millibar *nm*
millième *a num, n*
milliéquivalent *nm*
millier *nm*
milligrade *nm*
milligramme *nm*
millilitre *nm*
millimètre *nm*
millimétré, ée *a*
millimétrique *a*
million *nm*
millionième *a num, nm*
millionnaire *a, n*
millithermie *nf*
millivolt *nm*
millivoltmètre *nm*
milonga *nf*
milord *nm*
milouin *nm*
mi-lourd *a, nm mi-lourds*
mime *nm*
mimer *vt* ***1***
mimétique *a*
mimétisme *nm*
mimi *nm*
mimique *nf, a*
mimodrame *nm*
mimolette *nf*
mimologie *nf*
mimosa *nm*
mimosacée *nf*
mi-moyen *a, nm*
min *nm (dialecte)*
minable *a, n*
minablement *av*
minage *nm*
minaret *nm*
minauder *vi* ***1***
minauderie *nf*
minaudier, ère *a*
minaudière *nf Nom déposé*
minbar *nm*
mince *a, interj*
minceur *nf*
mincir *vi* ***2***

mindel *nm*
mine *nf*
minéola *nm*
miner *vt* ***1***
minerai *nm*
minéral, ale, aux *nm, a*
minéralier *nm*
minéralier-pétrolier *nm Des minéraliers-pétroliers.*
minéralisateur, trice *a, n*
minéralisation *nf*
minéraliser *vt* ***1***
minéraliste *n*
minéralocorticoïde *nm*
minéralogie *nf*
minéralogique *a*
minéralogiste *n*
minéralurgie *nf*
minéralurgique *a*
minerval *nm Des minervals.*
minerve *nf*
minervois *nm*
minervois, oise *a, n*
minestrone *nm*
minet, ette *n*
mineur *nm (ouvrier)*
mineur, eure *a, n (petit)*
mingong *n*
minhote *a, n*
miniature *nf, a*
miniaturisation *nf*
miniaturiser *vt* ***1***
miniaturiste *n*
minibar *nm*
minibus ou **minicar** *nm*
minicassette *n Nom déposé*
minichaîne ou **minichaine** *nf*
minidisque *nm Nom déposé*
minier, ère *a, n*
minigolf *nm*
miniinvasif, ive ou **mini-invasif, ive** *a*
minijupe *nf*
minimal, ale, aux *a*
minimalisme *nm*
minimaliste *a, n*
minime *a, n*
minimessage *nm*
minimex *nm*
minimexé, ée *a, n*
minimisation *nf*
minimiser *vt* ***1***
minimoto *nf*
minimum *nm, a*
miniordinateur ou **mini-ordinateur** *nm*
minisatellite *nm*
minispace *nf*
ministère *nm*
ministériel, elle *a*
ministrable *a, n*
ministre *n*
minitel *nm Nom déposé*
minitéliste *n*
minitennis *nm*
minium *nm*
minivague *nf*
minivélo *nm*
minnesang *nm*
minnesänger *nm pl*
minoen, enne *a, nm*
minois *nm*
minorant *nm*
minoration *nf*
minorer *vt* ***1***
minoritaire *a, n*
minorité *nf*
minorquin, ine *a, n*
minot *nm*
minoterie *nf*
minotier, ère *a, nm*
minou *nm*
minskois, oise *a, n*
minuit *nm*
minus ou **minus habens** *nm*
minuscule *a, nf*
minutage *nm*
minutaire *a*
minute *nf*
minuter *vt* ***1***
minuterie *nf*
minuteur *nm*
minutie *nf*
minutier *nm*
minutieusement *av*
minutieux, euse *a*
minyan *nm*
miocène *nm, a*
mioche *n*
mi-parti, ie *a*
mips *nm*
miquelonais, aise *a, n*
mir *nm*
mirabelle *nf*
mirabellier *nm*
mirabilis *nm*
miracle *nm*
miraculé, ée *a, n*
miraculeusement *av*
miraculeux, euse *a*
mirador *nm*
mirage *nm*
mirbane *nf*
mire *nf (topographie, but)*
mire-œuf *nm Des mire-œufs.*
mirepoix *nf*
mirer *vt* ***1***
mirettes *nf pl*
mirifique *a*
mirliflore *nm*
mirliton *nm*
mirmidon ou **myrmidon** *nm*
mirmillon *nm*
miro ou **miraud, aude** *a, n*
mirobolant, ante *a*
mirodrome *nm*
miroir *nm*
miroitant, ante *a*
miroité, ée *a*
miroitement *nm*
miroiter *vi* ***1***
miroiterie *nf*
miroitier, ère *n*
miroton ou **mironton** *nm*
mis, mise *n*
misaine *nf*
misandre *a, n*
misandrie *nf*
misanthrope *n, a*
misanthropie *nf*
miscanthus *nm*
miscellanées *nf pl*
miscibilité *nf*
miscible *a*
mise *nf (pose, enjeu)*
miser *vt* ***1***
misérabilisme *nm*
misérabiliste *a, n*
misérable *a, n*
misérablement *av*
misère *nf*
miserere ou **miséréré** *nm inv*
miséreux, euse *a, n*
miséricorde *nf*
miséricordieux, euse *a, n*
miso *nm*
misogyne *a, n*
misogynie *nf*
misonéisme *nm*
misonéiste *a, n*
mispickel *nm*
miss *nf*
missel *nm*
missi dominici *nm pl*
missile *nm*
missilier *nm*
mission *nf*
missionnaire *n, a*
missionner *vt* ***1***
missive *nf, a*
mistelle *nf*
mistigri *nm*
mistoufle *nf*
mistral *nm Des mistrals.*
mitage *nm*
mitaine *nf*
mitan *nm (milieu, mafia)*
mitard *nm*
mite *nf (insecte)*
mité, ée *a*
mi-temps *nf inv ; nm inv*
miter (se) *vpr* ***1***
miteusement *av*
miteux, euse *a, n*
mithriacisme ou **mithracisme** *nm*
mithriaque *a*
mithridatisation *nf*
mithridatiser *vt* ***1***
mithridatisme *nm*
mitigé, ée *a*
mitiger *vt* ***11***
mitigeur *nm*

mitochondrial, ale, aux *a*
mitochondrie *nf*
mitogène *a*
miton *nm*
mitonner *vt, vi* ***1***
mitose *nf*
mitotique *a*
mitoyen, enne *a*
mitoyenneté *nf*
mitraillade *nf*
mitraillage *nm*
mitraille *nf*
mitrailler *vt* ***1***
mitraillette *nf*
mitrailleur *nm*
mitrailleuse *nf*
mitral, ale, aux *a*
mitre *nf*
mitré, ée *a*
mitron *nm*
mitsva *nf Des mitsvas ou mitsvot.*
mi-voix (à) *av*
mix *nm*
mixage *nm*
mixed-border *nf Des mixed-borders.*
mixer *vt* ***1***
mixeur ou **mixer** *nm*
mixité *nf*
mixotrophe *a*
mixte *a, nm*
mixtion *nf (mélange)*
mixtionner *vt* ***1***
mixture *nf*
MJC *nf*
mnémonique *a*
mnémotechnique *a*
mnésique *a*
moa *nm*
moabite *nm*
moai *nm*
mob *nf*
mobile *a, nm*
mobile-home *nm Des mobile-homes.*
mobilier, ère *a, nm*
mobilisable *a*
mobilisateur, trice *a*
mobilisation *nf*
mobiliser *vt* ***1***
mobilité *nf*
mobinaute *n*
mobylette *nf Nom déposé*
mocassin *nm*
mochard, arde *a*
moche *a*
mocheté *nf*
mochi *nm*
modal, ale, aux *a, nm*
modalité *nf*
mode *nf (coutume, couture)*
mode *nm (procédé)*
modelage *nm*
modèle *nm*
modelé *nm*
modeler *v* ***16***
modeleur, euse *n, a*
modélisateur, trice *n*
modélisation *nf*
modéliser *vt* ***1***
modélisme *nm*
modéliste *n*
modem *nm*
modénature *nf*
modérantisme *nm*
modérantiste *n, a*
modérateur, trice *n, a*
modération *nf*
modérato ou **moderato** *av*
modéré, ée *a, n*
modérément *av*
modérer *vt, vpr* ***12***
modern dance *nf*
moderne *a, nm*
modernisateur, trice *a, n*
modernisation *nf*
moderniser *vt* ***1***
modernisme *nm*
moderniste *a, n*
modernité *nf*
modern style *nm inv, a inv*
modeste *a*
modestement *av*
modestie *nf*
modicité *nf*
modifiable *a*
modificateur, trice *a*
modificatif, ive *a*
modification *nf*
modifier *vt* ***1***
modillon *nm*
modique *a*
modiquement *av*
modiste *nf*
modulable *a*
modulaire *a*
modulant, ante *a*
modularité *nf*
modulateur, trice *a, nm*
modulation *nf*
module *nm*
moduler *vt* ***1***
modulor *nm Nom déposé*
modus vivendi *nm inv*
moelle *nf*
moelleusement *av*
moelleux, euse *a*
moellon *nm*
moère ou **moere** *nf*
mœurs *nf pl*
mofette *nf (gaz, animal)*
mogette ou **mojette** *nf*
mohair *nm*
mohajir *n*
moho *nm*
moi *pr pers ; nm inv*
moignon *nm*
moindre *a*
moindrement *av*
moine *nm*
moineau *nm*
moine-soldat *nm Des moines-soldats.*
moinillon *nm*
moins *av, prép, nm*
moins-disant, ante *a, nm moins-disants*
moins-perçu *nm Des moins-perçus.*
moins-value *nf Des moins-values.*
moirage *nm*
moire *nf*
moiré, ée *a, nm*
moirer *vt* ***1***
moirure *nf*
mois *nm (jours)*
moïse *nm*
moisi *nm*
moisir *vt, vi* ***2***
moisissure *nf*
moissac *nm*
moissine *nf*
moisson *nf*
moissonnage *nm*
moissonner *vt* ***1***
moissonneur, euse *n*
moissonneuse-batteuse *nf Des moissonneuses-batteuses.*
moissonneuse-lieuse *nf Des moissonneuses-lieuses.*
moite *a*
moiteur *nf*
moitié *nf*
mojito *nm*
moka *nm*
mola *nf*
molaire *nf ; a*
môlaire *a*
molard ou **mollard** *nm*
molarder ou **mollarder** *vi* ***1***
molarité *nf*
molasse *nf*
molassique *a*
moldave *a, n*
moldave *nm*
mole *nf (chimie)*
môle *nf (poisson, médecine)*
môle *nm (digue)*
moléculaire *a*
moléculaire *a*
molécule *nf*
molène *nf*
moleskine *nf*
molester *vt* ***1***
moletage *nm*
moleter *vt* ***17***
molette *nf*
molière *nm*
molinisme *nm*
moliniste *n, a*
mollah ou **mulla** ou **mullah** *nm*
mollard ou **molard** *nm*
mollarder ou **molarder** *vi* ***1***
mollasse *a, n*

mollasserie *nf*
mollasson, onne *n, a*
mollement *av*
mollesse *nf*
mollet *nm (partie de la jambe)*
mollet, ette *a*
molletière *nf, af*
molleton *nm*
molletonner *vt* ***1***
molletonneux, euse *a*
mollir *vi* ***2***
mollisol *nm*
mollo *av*
molluscicide *a, nm*
molluscum *nm*
mollusque *nm*
moloch *nm*
molosse *nm*
molossoïde *nm*
molothre *nm*
molto *av*
moluquois, oise *a, n*
molure *nm*
molybdate *nm*
molybdène *nm*
molybdique *a*
molysmologie *nf*
môme *n*
moment *nm*
momentané, ée *a*
momentanément *av*
momerie *nf*
mômerie *nf*
momie *nf*
momification *nf*
momifier *vt* ***1***
mon, ma, mes *a poss*
monacal, ale, aux *a*
monachisme *nm*
monade *nf*
monadelphe *a*
monadisme *nm*
monadologie *nf*
monarchie *nf*
monarchique *a*
monarchisme *nm*
monarchiste *a, n*
monarde *nf*
monarque *nm*
monastère *nm*
monastique *a*
monaural, ale, aux *a*
monazite *nf*
monbazillac *nm*
monceau *nm*
mondain, aine *a, n*
mondanité *nf*
monde *nm*
monder *vt* ***1***
mondeuse *nf*
mondial, ale, aux *a, nm*
mondialement *av*
mondialisation *nf*
mondialiser *vt* ***1***
mondialisme *nm*
mondialiste *a, n*
mondialité *nf*
mondovision *nf*
monégasque *a, n*
monel *nm Nom déposé*
monème *nm*
monergol *nm*
monétaire *a*
monétarisme *nm*
monétariste *a, n*
monétique *nf, a*
monétisation *nf*
monétiser *vt* ***1***
mongol *nm*
mongol, ole *a, n*
mongolien, enne *a, n*
mongolisme *nm*
mongoloïde *a*
moniale *nf*
monilia *nm*
moniliase *nf*
moniliforme *a*
moniliose *nf*
monisme *nm*
moniste *a, n*
moniteur, trice *nm*
monition *nf*
monitoire *nm*
monitor *nm*
monitorage ou **monitoring** *nm*
monitorat *nm*
monitorer *vt* ***1***
môn-khmer, ère ou **môn** *a*
monnaie *nf*
monnaie-du-pape *nf Des monnaies-du-pape.*
monnayable *a*
monnayage *nm*
monnayer *vt* ***20***
monnayeur *nm*
mono *n*
monoacide *a*
monoamine-oxydase *nf Des monoamines-oxydases.*
monoatomique *a*
monoblaste *nm*
monobloc *a inv, nm*
monocaméral, ale, aux *a*
monocamérisme ou **monocaméralisme** *nm*
monocarpique *a*
monocépage *a, nm*
monochromateur *nm*
monochromatique *a*
monochrome *a, nm*
monochromie *nf*
monocle *nm*
monoclinal, ale, aux *a*
monoclinique *a*
monoclonal, ale, aux *a*
monocolore *a*
monocoque *a, nm*
monocorde *nm, a*
monocorps *a, nm*
monocotylédone *a, nf*
monocratie *nf*
monocratique *a*
monocristal *nm Des monocristaux.*
monocristallin, ine *a*
monoculaire *a*
monoculture *nf*
monocycle *nm*
monocyclique *a*
monocylindre *a, nm*
monocylindrique *a*
monocyte *nm*
monodie *nf*
monodique *a*
monodose *nf, a*
monœcie *nf*
monofonctionnel, elle *a*
monogame *a, n*
monogamie *nf*
monogamique *a*
monogatari *nm*
monogène *nm*
monogénique *a*
monogénisme *nm*
monogramme *nm*
monographie *nf*
monographique *a*
monoï *nm*
monoïdéisme *nm*
monoïque *a*
monokini *nm*
monolâtrie *nf*
monolingue *a, n*
monolinguisme *nm*
monolithe *a, nm*
monolithique *a*
monolithisme *nm*
monologue *nm*
monologuer *vi* ***1***
monomane *n*
monomaniaque *a, n*
monomanie *nf*
monôme *nm*
monomère *a, nm*
monométallisme *nm*
monométalliste *a, n*
monomètre *a, nm*
monomoteur *am, nm*
mononucléaire *a, nm*
mononucléose *nf*
monoparent *nm*
monoparental, ale, aux *a*
monoparentalité *nf*
monopartisme *nm*
monophasé, ée *a*
monophonie *nf*
monophonique *a*
monophylétique *a*
monophysisme *nm*
monophysite *a, n*
monoplace *a, n*
monoplan *nm*
monoplégie *nf*

monopole *nm*
monopoleur, euse *n*
monopolisateur, trice *n, a*
monopolisation *nf*
monopoliser *vt* ***1***
monopoliste *a, n*
monopolistique *a*
monopoly *nm Nom déposé*
monoproduit *a*
monopsone *nm*
monoptère *a, nm*
monorail *nm, a inv*
monorime *a, nm*
monosaccharide ou **monosaccaride** *nm*
monosémie *nf*
monosémique *a*
monoski *nm*
monospace *nm Nom déposé*
monosperme *a*
monostyle *a, nm*
monosubstitué, ée *a*
monosyllabe *a, nm*
monosyllabique *a*
monosyllabisme *nm*
monothéique *a*
monothéisme *nm*
monothéiste *a, n*
monothélisme *nm*
monothéliste *a, n*
monothérapie *nf*
monotone *a*
monotonie *nf*
monotrème *nm*
monotype *nm (yacht, dessin)*
monotype *nf (machine)*
monovalent, ente *a*
monoxène *a, nm*
monoxyde *nm*
monoxyle *a*
monozygote *a*
monseigneur *nm messeigneurs ou nosseigneurs*
monsieur *nm messieurs*
monsignor ou **monsignore** *nm Des monsignors ou monsignori.*
monstera *nm*
monstre *nm, a, nm pl*
monstrueusement *av*
monstrueux, euse *a*
monstruosité *nf*
mont *nm*
montage *nm*
montagnard, arde *a, n*
montagne *nf*
montagneux, euse *a*
montaison *nf*
montalbanais, aise *a, n*
montanisme *nm*
montaniste *n, a*
montant, ante *a*
montant *nm*
montbéliarde *nf*
mont-blanc *nm Des monts-blancs.*
montbrétia *nm*
mont-de-piété *nm Des monts-de-piété.*
mont-d'or *nm Des monts-d'or.*
monte *nf*
monté, ée *a*
monte-charge *nm Des monte-charges.*
montée *nf*
monte-en-l'air *nm inv*
monte-escalier *nm Des monte-escaliers.*
monte-meuble *nm Des monte-meubles.*
monténégrin, ine *a, n*
monte-plat *nm Des monte-plats.*
monter *vt, vi, vpr* ***1***
montérégien, enne *a, n*
monte-sac *nm Des monte-sacs.*
monteur, euse *n*
montévidéen, enne *a, n*
montgolfière *nf*
monticole *nm*
monticule *nm*
montjoie *nf*
montmorency *nf inv*
montmorillonite *nf*
montoir *nm*
montois, oise *a, n*
montpelliérain, aine *a, n*
montrable *a*
montrachet *nm*
montre *nf*
montréalais, aise *a, n*
montre-bracelet *nf Des montres-bracelets.*
montrer *vt, vpr* ***1***
montreur, euse *n*
montueux, euse *a*
monture *nf*
monument *nm*
monumental, ale, aux *a*
monumentalité *nf*
Moore (loi de) *nf*
moque *nf*
moquer *vpr* ***1***
moquerie *nf*
moquette *nf*
moquetter *vt* ***1***
moquettiste *n*
moqueur, euse *a, nm*
mor *nm*
moracée *nf*
morailles *nf pl*
moraillon *nm*
moraine *nf*
morainique *a*
moral, ale, aux *a, nm*
morale *nf*
moralement *av*
moralisant, ante *a*
moralisateur, trice *a, n*
moralisation *nf*
moraliser *vt, vi* ***1***
moralisme *nm*
moraliste *n, a*
moralité *nf*
morasse *nf*
moratoire *a, nm*
morbide *a*
morbidesse *nf*
morbidité *nf*
morbier *nm*
morbihannais, aise *a, n*
morbilleux, euse *a*
morbleu ! *interj*
morceau *nm*
morcelable *a*
morceler *vt* ***16***
morcellement ou **morcèlement** *nm*
mordache *nf*
mordacité *nf*
mordançage *nm*
mordancer *vt* ***12***
mordant, ante *a, nm*
mordeur, euse *a*
mordicus *av*
mordillage *nm*
mordillement *nm*
mordiller *vt, vi* ***1***
mordoré, ée *a, nm*
mordorer *vt* ***1***
mordorure *nf*
mordre *vt, vi, vti* ***5***
mordu, ue *a, n*
more ou **maure** *a*
moreau, elle *a*
morelle *nf*
moresque ou **mauresque** *a*
morfal, ale, aux *a, n*
morfil *nm*
morfler *vi* ***1***
morfondre (se) *vpr* ***5***
morganatique *a*
morganatiquement *av*
morganite *nf*
morgeline *nf*
morgon *nm*
morgue *nf*
moribond, onde *a, n*
moricaud, aude *a, n*
morigéner *vt* ***12***
morille *nf*
morillon *nm*
morio *nm*
morisque *n*
mormon, one *n, a*
mormonisme *nm*
morna *nf*
morne *a ; nm (triste, colline)*
mornifle *nf*
moronais, aise *a, n*
morose *a*
morosité *nf*
morphématique *a*
morphème *nm*
morphine *nf*
morphing *nm*

morphinique *a, nm*
morphinisme *nm*
morphinomane *a, n*
morphinomanie *nf*
morphisme *nm*
morpho *nm*
morphogène *a*
morphogenèse *nf*
morphologie *nf*
morphologique *a*
morphologiquement *av*
morphométrie *nf*
morphométrique *a*
morphophonologie ou **morphonologie** *nf*
morphophonologique *a*
morphopsychologie *nf*
morphopsychologique *a*
morphosyntaxe *nf*
morphosyntaxique *a*
morphotype *nm*
morpion *nm*
mors *nm (équitation)*
morse *nm*
morsure *nf*
mort, morte *a, n (décédé)*
mort *nf (décès)*
mortadelle *nf*
mortaisage *nm*
mortaise *nf*
mortaiser *vt* ***1***
mortaiseuse *nf*
mortalité *nf*
mort-aux-rats *nf inv*
mort-bois *nm Des morts-bois.*
morte-eau *nf*
mortel, elle *a, n*
mortellement *av*
morte-saison *nf Des mortes-saisons.*
mortier *nm*
mortifère *a*
mortifiant, ante *a*
mortification *nf*
mortifier *vt* ***1***
mortinatalité *nf*
mort-né, -née *a, n mort-nés ou mort-nées*
mortuaire *a*
mort-vivant *nm Des morts-vivants.*
morue *nf*
morula *nf*
morutier, ère *a, nm*
morvandeau, elle *a, n*
morvandiau ou **morvandeau, elle** *a, n*
morvandiau *nm*
morve *nf*
morveux, euse *a, n*
mosaïculture *nf*
mosaïquage *nm*
mosaïque *a (de Moïse)*
mosaïque *nf (décor)*
mosaïqué, ée *a*
mosaïquer *vt* ***1***
mosaïsme *nm*
mosaïste *n*
mosan, ane *a*
moscovite *a, n*
mosellan, ane *a, n*
mosquée *nf*
mot *nm (linguistique)*
motard, arde *nm*
mot-clé *nm Des mots-clés.*
motel *nm*
motelle *nf*
motet *nm*
moteur, trice *nm, a*
moteur-fusée *nm Des moteurs-fusées.*
motif *nm*
motilité *nf*
motion *nf*
motivant, ante *a*
motivation *nf*
motivationnel, elle *a*
motiver *vt* ***1***
moto *nf*
motoball *nm*
motobineuse *nf*
motociste *nm*
motocross *nm*
motocrotte ou **moto-crottes** *nf*
motoculteur *nm*
motoculture *nf*
motocycle *nm*
motocyclette *nf*
motocyclisme *nm*
motocycliste *a, n*
motomarine *nf*
motonautique *a*
motonautisme *nm*
motoneige *nf*
motoneigisme *nm*
motoneigiste *n*
motoneurone *nm*
motopompe *nf*
motopropulseur *am*
motor-home ou **motorhome** *nm Des motor-homes.*
motorisation *nf*
motoriser *vt* ***1***
motoriste *nm*
motorship *nm*
motoski *nf*
mototaxi *nm*
motrice *nf*
motricité *nf*
mots-croisés ou **mots croisés** *nm pl*
mots-croisiste *n*
motte *nf*
motter (se) *vpr* ***1***
motteux *nm*
motus ! *interj*
mot-valise *nm Des mots-valises.*
mou, mol, molle *a, n, av*
mou *nm*
mouais *interj*
mouchage *nm*
moucharabieh *nm*
mouchard, arde *nm*
mouchardage *nm*
moucharder *vt, vi* ***1***
mouche *nf*
mouche-bébé *nm Des mouche-bébés.*
moucher *vt* ***1***
moucherolle ou **moucherole** *nf*
moucheron *nm*
moucheronner *vi* ***1***
mouche-scorpion *nf Des mouches-scorpions.*
moucheter *vt* ***17***
mouchetis *nm*
mouchette *nf*
moucheture *nf*
moucheur, euse *n*
mouchoir *nm*
mouchure *nf*
mouclade *nf*
moudjahid *nm Des moudjahids ou moudjahidin.*
moudre *vt* ***65***
moue *nf (grimace)*
mouette *nf*
moufette ou **mouffette** *nf*
moufle *nf (gant)*
moufle *nm (vase, four, poulies)*
mouflet, ette *n*
mouflon *nm*
moufter ou **moufeter** *vi* ***1***
mouillabilité *nf*
mouillable *a*
mouillage *nm*
mouillance *nf*
mouillant, ante *a, nm*
mouillé, ée *a*
mouillement *nm*
mouiller *vt, vi, vpr* ***1***
mouillère *nf*
mouillette *nf*
mouilleur *nm*
mouilloir *nm*
mouillure *nf*
mouise *nf*
moujik *nm*
moujingue *n*
moukère ou **mouquère** *nf*
moulage *nm*
moulant, ante *a*
moule *nm (empreinte, récipient)*
moule *nf (mollusque)*
moulé, ée *a*
mouler *vt* ***1***
mouleur, euse *n*
moulière *nf*
moulin *nm*
moulinage *nm*
moulin-à-vent *nm inv*
mouliner *vt* ***1***
moulinet *nm*

moulinette *nf Nom déposé*
moulineur, euse *n*
moulinier, ère *n*
moulinois, oise *a, n*
mouliste *nm*
moult *a inv* ou **moult, moulte** *a*
moulu, ue *a*
moulure *nf*
moulurer *vt* ***1***
moumoute *nf*
mourant, ante *a, n*
mouride *a, n*
mouridisme *nm*
mourir *vi* ***33***
mouroir *nm*
mouron *nm*
mourre *nf*
mourvèdre *nm*
mouscaille *nf*
mousmé *nf*
mousquet *nm*
mousquetaire *nm*
mousqueterie ou **mouquèterie** *nf*
mousqueton *nm*
moussaillon *nm*
moussaka *nf*
moussant, ante *a*
mousse *nm (marin)*
mousse *nf (plante, écume)*
mousse *a (émoussé)*
mousseline *nf, a inv*
mousser *vi* ***1***
mousseron *nm*
mousseux, euse *a, nm*
moussoir *nm*
mousson *nf*
moussu, ue *a*
moustac *nm*
moustache *nf*
moustachu, ue *a, nm*
moustérien, enne *a, nm*
moustiquaire *nf*
moustique *nm*
moût ou **mout** *nm (jus)*
moutard *nm*
moutarde *nf, a inv*
moutardé, ée *a*
moutardier *nm*
moutazilite ou **mutazilite** *nm*
moutier *nm*
mouton *nm*
moutonné, ée *a*
moutonnement *nm*
moutonner *vi* ***1***
moutonnerie *nf*
moutonneux, euse *a*
moutonnier, ère *a*
mouture *nf*
mouvance *nf*
mouvant, ante *a*
mouvement *nm*
mouvementé, ée *a*
mouvementer *vt* ***1***
mouvoir *vt, vpr* ***42***
moviola *nf Nom déposé*
mox *nm*
moxa *nm*
moyen, enne *a, nm*
moyen *nm*
moyenâgeux, euse *a*
moyen-courrier *nm, a moyen-courriers*
moyen-métrage *nm Des moyens-métrages.*
moyennant *prép*
moyenne *nf*
moyennement *av*
moyenner *vi*
moyette *nf*
moyeu *nm*
mozambicain, aine *a, n*
mozarabe *n, a*
mozzarella ou **mozzarelle** *nf*
MP3 *nm*
mu *nm (alphabet grec)*
mucilage *nm*
mucilagineux, euse *a*
mucolytique *a, nm*
mucosité *nf*
mucoviscidose *nf*
mucron *nm*
mucroné, ée *a*
mucus *nm*
mudang *nf*
mudéjar *n, a*
mue *nf (transformation)*
muer *vi* ***1***
muesli ou **musli** *nm*
muet, ette *a, n*
muette *nf*
muezzin *nm*
muffin *nm*
mufle *nm, a*
muflerie *nf*
muflier *nm*
mufti ou **muphti** *nm*
mug *nm*
muge *nm*
mugir *vi* ***2***
mugissant, ante *a*
mugissement *nm*
muguet *nm*
muid *nm*
mulard, arde *n*
mulassier, ère *a*
mulâtre, mulâtresse *n, a*
mulch *nm*
mulching *nm*
mule *nf*
mule-jenny *nf Des mule-jennys.*
mulet *nm*
muléta ou **muleta** *nf*
muletier, ère *n, a*
mulette *nf*
mulhousien, enne *a, n*
mull *nm*
mulla ou **mullah** ou **mollah** *nm*
mulon *nm*
mulot *nm*
mulsion *nf*
multicarte *a*
multicaule *a*
multicausal, ale, aux *a*
multicellulaire *a*
multicentrique *a*
multicolore *a*
multiconfessionnel, elle *a*
multicoque *nm*
multicouche *a*
multicourse *nf*
multicritère *a*
multiculturalisme *nm*
multiculturaliste *a, n*
multiculturalité *nf*
multiculturel, elle *a*
multidiffusé, ée *a*
multidiffusion *nf*
multidimensionnel, elle *a*
multidisciplinaire *a*
multidisciplinarité *nf*
multiethnicité *nf*
multiethnique *a*
multifactoriel, elle *a*
multifenêtre *a*
multifilaire *a*
multifilière *a*
multiflore *a*
multifonction ou **multifonctionnel, elle** *a*
multifonctionnalité *nf*
multiforme *a*
multigénérationnel, elle *a*
multigestion *nf*
multigrade *a*
multi-instrumentiste *n*
multijoueur *a*
multilatéral, ale, aux *a*
multilatéralement *av*
multilatéralisme *nm*
multilatéraliste *a*
multilingue *a*
multilinguisme *nm*
multimédia *nm, a*
multimédiatique *a*
multimédiatisation *nf*
multimédiatiser *vt* ***1***
multimètre *nm*
multimilliardaire *a, n*
multimillionnaire *a, n*
multimodal, ale, aux *a*
multimodalité *nf*
multinational, ale, aux *a, nf*
multinorme *a*
multipare *a, n*
multiparité *nf*
multipartisan, ane *a*
multipartisme *nm*
multipartite *a*
multiple *a, nm*
multiplet *nm*
multiplex *a, nm*
multiplexage *nm*

multiplexe *nm (cinémas)*
multiplexer *vt* ***1***
multipliable *a*
multiplicande *nm*
multiplicateur, trice *a, nm*
multiplicatif, ive *a*
multiplication *nf*
multiplicativement *av*
multiplicité *nf*
multiplier *vt, vpr* ***1***
multipoche *a*
multipolaire *a*
multipolarité *nf*
multiprise *nf*
multiprocesseur *nm*
multiprogrammation *nf*
multipropriété *nf*
multiracial, ale, aux *a*
multirécidiviste *a, n*
multirésistance *nf*
multirésistant, ante *a*
multirisque *a, nf*
multisalariat *nm*
multisalles ou **multisalle** *a, nm*
multiservice *a*
multisoupapes *a*
multispécialiste *n*
multisport *a*
multistandard *a inv, nm*
multisupport *a*
multitâches *a*
multithérapie *nf*
multitube *a*
multitubulaire *a*
multitude *nf*
multiusage *a*
multivarié, ée *a*
munda ou **mounda** *nm*
mungo *nm*
munichois, oise *a, n*
municipal, ale, aux *a, nf pl*
municipalisation *nf*
municipaliser *vt* ***1***
municipalité *nf*
municipe *nm*
munificence *nf*
munificent, ente *a*
munir *vt* ***2***
munitions *nf pl*
munster *nm*
muntjac *nm*
muon *nm*
muqueux, euse *a, nf*
mur *nm (paroi, rempart)*
mûr, mûre ou **mûr, mure** *a*
murage *nm*
muraille *nf*
mural, ale, aux *a*
mural *nm Des murals.*
muralisme *nm*
muraliste *a, n*
mûre ou **mure** *nf (fruit)*
mûrement ou **murement** *av*
murène *nf*
murer *vt* ***1***
muret ou **murette** *nm*
murex *nm*
murge *nf*
murger (se) *vpr* ***11***
muridé *nm*
mûrier ou **murier** *nm*
murin *nm*
mûrir ou **murir** *vt, vi* ***2***
mûrissage, murissage *nm*
mûrissant, ante ou **murissant, ante** *a*
mûrissement, murissement *nm*
mûrisserie ou **murisserie** *nf*
murmel *nm*
murmure *nm*
murmurer *vt, vi* ***1***
muroise *nf Nom déposé*
mûron ou **muron** *nm*
murrhin *am*
mur-rideau *nm Des murs-rideaux.*
musacée *nf*
musagète *am*
musaraigne *nf*
musard, arde *a, n*
musarder *vi* ***1***
musardise *nf*
musc *nm*
muscade *nf*
muscadelle *nf*
muscadet *nm*
muscadier *nm*
muscadin *nm*
muscardin *nm*
muscardine *nf*
muscari *nm*
muscarine *nf*
muscat *nm*
muscaté, ée *a*
muscidé *nm*
muscinée *nf*
muscle *nm*
musclé, ée *a*
muscler *vt* ***1***
muscovite *nf*
musculaire *a*
musculation *nf*
musculature *nf*
musculeux, euse *a*
musculosquelettique *a*
muse *nf*
muséal, ale, aux *a*
museau *nm*
musée *nm*
muséification *nf*
muséifier *vt* ***1***
museler *vt* ***16***
muselet *nm*
muselière *nf*
musellement ou **musèlement** *nm*
muséographe *n*
muséographie *nf*
muséographique *a*
muséologie *nf*
muséologique *a*
muséologue *n*
muser *vi* ***1***
muserolle ou **muserole** *nf*
musette *nf*
muséum *nm*
musher *nm*
musical, ale, aux *a*
musicalement *av*
musicalité *nf*
music-hall *nm Des music-halls.*
musicien, enne *n, a*
musicographe *n*
musicographie *nf*
musicographique *a*
musicologie *nf*
musicologique *a*
musicologue *n*
musicothérapie *nf*
musicothérapique *a*
musique *nf*
musiquette *nf*
musli ou **muesli** *nm*
musoir *nm*
musophage *nm*
musqué, ée *a*
mussif *am*
mussitation *nf*
must *nm*
mustang *nm*
mustélidé *nm*
must-have *nm inv*
musulman, ane *a, n*
mutabilité *nf*
mutable *a*
mutage *nm*
mutagène *a*
mutagenèse *nf*
mutant, ante *n, a*
mutarotation *nf*
mutation *nf*
mutationnel, elle *a*
mutationnisme *nm*
mutationniste *a, n*
mutatis mutandis *av*
mutazilite ou **moutazilite** *nm*
muter *v* ***1***
mutilant, ante *a*
mutilateur, trice *a, n*
mutilation *nf*
mutilé, ée *n*
mutiler *vt* ***1***
mutin, ine *n, a*
mutiner (se) *vpr* ***1***
mutinerie *nf*
mutique *a*
mutisme *nm*
mutité *nf*
mutualisation *nf*
mutualiser *vt* ***1***
mutualisme *nm*
mutualiste *a, n*
mutualité *nf*
mutuel, elle *a, nf*

mutuellement *av*
mutule *nf*
myalgie *nf*
myalgique *a, n*
myasthénie *nf*
myasthénique *a, n*
myatonie *nf*
mycélien, enne *a*
mycélium *nm*
mycène *nm*
mycénien *nm*
mycicole *a*
myciculteur, trice *n*
myciculture *nf*
mycobactérie *nf*
mycoderme *nm*
mycologie *nf*
mycologique *a*
mycologue *n*
mycophage *a, n*
mycophagie *nf*
mycoplasme *nm*
mycorhization *nm*
mycorhize *nm*
mycorhizer *vt* ***1***
mycorhizien, enne *a*
mycose *nf*
mycosique *a*
mycosis *nm*
mycotoxine *nf*
mydriase *nf*
mydriatique *a*
mye *nf (mollusque)*
myélencéphale *nm*
myélencéphalique *a*
myéline *nf*
myélinique *a*
myélite *nf*
myéloblaste *nm*
myélocyte *nm*
myélogramme *nm*
myélographie *nf*
myéloïde *a*
myélome *nm*
myélopathie *nf*
myélosarcome *nm*
mygale *nf*
myiase *nf*
mylar *nm Nom déposé*
mylonite *nf*
myoblaste *nm*
myocarde *nm*
myocardie *nf*
myocardiopathie *nf*
myocardique *a*
myocardite *nf*
myocastor ou **myopotame** *nm*
myoclonie *nf*
myofibrille *nf*
myoglobine *nf*
myogramme *nm*
myographe *nm*
myographie *nf*
myologie *nf*
myome *nm*
myopathe *a, n*
myopathie *nf*
myope *a, n*
myopie *nf*
myorelaxant, ante *a, nm*
myosine *nf*
myosis *nm*
myosite *nf*
myosotis *nm*
myostatine *nf*
myotique *a, nm*
myotonie *nf*
myriade *nf*
myriapode *nm*
myriophylle *nm*
myrmécologie *nf*
myrmécologue *n*
myrmécophage *a, nm*
myrmécophile *a*
myrmidon ou **mirmidon** *nm*
myrobolan *nm*
myroxylon *nm*
myrrhe *nf (substance)*
myrtacée *nf*
myrte *nm*
myrtiforme *a*
myrtille *nf*
mystagogie *nf*
mystagogue *nm*
mystère *nm*
mystérieusement *av*
mystérieux, euse *a*
mysticète *nm*
mysticisme *nm*
mysticité *nf*
mystifiable *a*
mystifiant, ante *a*
mystificateur, trice *n, a*
mystification *nf*
mystifier *vt* ***1***
mystique *a, n*
mystiquement *av*
mythe *nm (légende)*
mythification *nf*
mythifier *vt* ***1***
mythique *a*
mythologie *nf*
mythologique *a*
mythologiquement *av*
mythologue *n*
mythomane *n*
mythomaniaque *a*
mythomanie *nf*
mytilicole *a*
mytiliculteur, trice *n*
mytiliculture *nf*
mytilotoxine *nf*
myxine *nf*
myxœdémateux, euse *a, n*
myxœdème *nm*
myxomatose *nf*
myxomycète *nm*
myxovirus *nm*
mzabite ou **mozabite** *a, n*

n

n *nm*
na ! *interj*
nabab *nm*
nabi *nm*
nabla *nm*
nabot, ote *n, a*
nabuchodonosor *nm*
nacelle *nf*
nacre *nf*
nacrer *vt* ***1***
na-déné *nm inv*
nadir *nm*
nævocarcinome *nm*
nævus ou **névus** *nm Des nævus ou nævi.*
nage *nf*
nageoire *nf*
nager *vt, vi* ***11***
nageur, euse *nm*
naguère *av*
nahuatl *nm*
naïade ou **naias** *nf*
naïf, naïve *a, n*
nain, naine *n, a*
naira *nm*
nairobien, enne *a, n*
naissage *nm*
naissain *nm*
naissance *nf*
naissant, ante *a*
naisseur *nm*
naître ou **naitre** *vi* ***66***
naïvement *av*
naïveté *nf*
naja *nm*
nakfa *nm*
namibien, enne *a, n*
namurois, oise *a, n*
nan *nm*
nana *nf*
nanan *nm*
nanar *nm*
nancéien, enne *a, n*
nandinie *nf*
nandou *nm*
nandrolone *nf*
nanifiant *nm*
nanification *nf*
nanisation *nf*
naniser ou **nanifier** *vt* ***1***
nanisme *nm*
nano *nf*
nanoélectronique *nf, a*
nanofossile *nm*
nanomatériau *nm*
nanomètre *nm*
nanométrique *a*
nanomonde *nm*
nanoparticule *nf*
nanoproduit *nm*
nanoréseau *nm*
nanoscience *nf*
nanoscopique *a*
nanotechnologie *nf*
nanotechnologique *a*
nanotube *nm*
nansouk ou **nanzouk** *nm*
nantais, aise *a, n*
nanterrien, enne *a, n*
nanti, ie *a, n*
nantir *vt* ***2***
nantissement *nm*
naos *nm*
napalm *nm*
napel *nm*
naphta *nm*
naphtalène *nm*
naphtaline *nf*
naphte *nm*
naphtol *nm*
napoléon *nm*
napoléonien, enne *a*
napolitain, aine *a, n*
nappage *nm*
nappe *nf*
napper *vt* ***1***
napperon *nm*
narangille *nf*
narcéine *nf*
narcisse *nm*
narcissique *a*
narcissiquement *av*
narcissisme *nm*
narcoanalyse *nf*
narcodollars *nm pl*
narcolepsie *nf*
narcose *nf*
narcotine *nf*
narcotique *a, nm*
narcotrafic *nm*
narcotrafiquant *nm*
nard *nm*
narguer *vt* ***1***
narguilé ou **narghilé** *nm*
narine *nf*
narquois, oise *a*
narquoisement *av*
narrateur, trice *n*
narratif, ive *a*
narration *nf*
narrativité *nf*
narratologie *nf*
narratologique *a*
narrer *vt* ***1***
narse *nf*
narthex *nm*
narval *nm Des narvals.*
nasal, ale, aux *a, nf*
nasalisation *nf*
nasaliser *vt* ***1***
nasalité *nf*
nasard *nm*
nasarde *nf*
nase ou **naze** *nm ; a*
naseau *nm*
nashi *nf*
nasillard, arde *a*
nasillement *nm*
nasiller *vi* ***1***
nasique *nm*
nasitort *nm*
nasogénien, enne *a*
nasonnement *nm*
nasse *nf*
nastie *nf*
natal, ale, als *a*
nataliste *a, n*
natalité *nf*
natation *nf*
natatoire *a*
natice *nf*
natif, ive *a, n*
nation *nf*
national, ale, aux *a, n, af, nf, nm pl*
nationalement *av*
nationalisable *a*
nationalisateur, trice *a, n*
nationalisation *nf*
nationaliser *vt* ***1***
nationalisme *nm*
nationaliste *a, n*
nationalité *nf*
national-socialisme *nm sing*
national-socialiste *a, n*
nativement *av*
nativisme *nm*
nativiste *a, n*
nativité *nf*
natrémie *nf*
natron ou **natrum** *nm*
nattage *nm*
natte *nf*
natter *vt* ***1***
naturalisation *nf*
naturalisé, ée *a, n*
naturaliser *vt* ***1***
naturalisme *nm*
naturaliste *n, a*
naturalité *nf*
nature *nf, a inv*
naturel, elle *a, nm*
naturellement *av*
nature-morte *nf*
naturisme *nm*
naturiste *n, a*
naturopathe *n*
naturopathie *nf*
naturopathique *a*
naucore *nf*
naufrage *nm*
naufragé, ée *a, n*
naufrager *vi* ***11***
naufrageur, euse *n*
naumachie *nf*
naupathie *nf*
nauplius *nm*
nauruan, ane *a, n*

nauséabond, onde *a*
nausée *nf*
nauséeux, euse *a*
nautile *nm*
nautique *a*
nautisme *nm*
nautonier, ère *n*
navaja *nf*
naval, ale, als *a*
navarin *nm*
navarque *nm*
navel *nf*
navet *nm*
navette *nf*
navetteur, euse *n*
navicert *nf*
naviculaire *a*
navicule *nf*
navigabilité *nf*
navigable *a*
navigant, ante *a, n*
navigateur, trice *nm*
navigation *nf*
naviguer *vi* ***1***
naviplane *nm Nom déposé*
navire *nm*
navrant, ante *a*
navrement *nm*
navrer *vt* ***1***
nazaréen, enne *a, n*
naze ou **nase** *nm, a*
nazi, ie *a, n*
nazification *nf*
nazifier *vt* ***2***
nazillon, onne *n*
nazisme *nm*
ndébélé *nm*
ndjaménais, aise *a, n*
ne *av*
né, née *a*
néanmoins *av*
néant *nm*
néantisation *nf*
néantiser *vt* ***1***
nebka ou **nebkha** *nf*
nébulaire *a*
nébuleuse *nf*
nébuleusement *av*
nébuleux, euse *a*
nébulisation *nf*
nébuliser *vt* ***1***
nébuliseur *nm*
nébulosité *nf*
nécessaire *a, nm*
nécessairement *av*
nécessité *nf*
nécessiter *vt* ***1***
nécessiteux, euse *a, n*
neck *nm*
nec plus ultra *nm inv*
nécro *nf*
nécrobie *a, n*
nécrologe *nm*
nécrologie *nf*
nécrologique *a*
nécrologue *nm*
nécromancie *nf*
nécromancien, enne *n*
nécromant *nm*
nécrophage *a, n*
nécrophile *a, n*
nécrophilie *nf*
nécrophilique *a*
nécrophore *nm*
nécropole *nf*
nécropsie *nf*
nécrose *nf*
nécroser *vt* ***1***
nécrosique *a*
nécrotique *a*
nectaire *nm*
nectar *nm*
nectarine *nf*
nectarivore *a*
necton *nm*
nectria *nm*
neem *nm*
néerlandais *nm*
néerlandais, aise *a, n*
néerlandophone *a, n*
nef *nf*
néfaste *a*
nèfle *nf*
néflier *nm*
négateur, trice *a, n*
négatif, ive *a, nm*
négation *nf*
négationnisme *nm*
négationniste *a, n*
négativement *av*
négativer *vi* ***1***
négativisme *nm*
négativité *nf*
négaton *nm*
négatoscope *nm*
négligé *nm*
négligeable *a*
négligemment *av*
négligence *nf*
négligent, ente *a*
négliger *vt, vpr* ***11***
négo *nf*
négoce *nm*
négociabilité *nf*
négociable *a*
négociant, ante *n*
négociateur, trice *n*
négociation *nf*
négocier *vt, vi* ***1***
négondo ou **negundo** *nm*
nègre, négresse *n, a*
négrier, ère *a, nm*
négrillon, onne *n*
négritude *nf*
négro-africain, aine *a, n*
négro-américain, aine *a, n*
négroïde *a, n*
négropolitain, aine *a, n*
negro-spiritual *nm Des negro-spirituals.*
néguentropie *nf*
négus *nm*
neige *nf*
neiger *v impers* ***11***
neigeux, euse *a*
neinsager *n*
nélombo ou **nelumbo** *nm*
nem *nm*
némaliale *nm*
némathelminthe *nm*
nématicide ou **nématocide** *a, nm*
nématique *a*
nématoblaste *nm*
nématocère *nm*
nématocyste *nm*
nématode *nm*
nématorhynque *nm*
némertien *nm*
néné *nm*
nénette *nf*
nénies *nf pl*
nenni *av*
nénuphar ou **nénufar** *nm*
néoblaste *nm*
néo-brunswickois, oise *a, n*
néo-calédonien, enne ou **calédonien, enne** *n*
néo-canadien, enne *a, n*
néocapitalisme *nm*
néocapitaliste *a*
néoceltique *a*
néoclassicisme *nm*
néoclassique *a, n*
néocolonialisme *nm*
néocolonialiste *a, n*
néocomien *nm*
néoconservateur, trice *a, n*
néoconservatisme *nm*
néocortex *nm*
néocriticisme *nm*
néodarwinisme *nm*
néodyme *nm*
néo-écossais, aise *a, n*
néofascisme *nm*
néofasciste *a, n*
néoformation *nf*
néoformé, ée *a*
néogaulliste *a, n*
néogène *nm, a*
néoglucogenèse *nf*
néognathe *nm*
néogothique *a, nm*
néogrec, -grecque *a*
néo-guinéen, enne *a, n*
néo-impressionnisme *nm*
néo-impressionniste *a, n*
néo-indien, enne *a néo-indiens ou ennes*
néokantien, enne *a, n*
néokantisme *nm*
néolibéral, ale, aux *a, n*
néolibéralisme *nm*

néolithique *nm, a*
néolithisation *nf*
néologie *nf*
néologique *a*
néologiser *vi* ***1***
néologisme *nm*
néoménie *nf*
néomortalité *nf*
néomycine *nf*
néon *nm*
néonatal, ale, als *a*
néonatalogie *nf*
néonatalogique *a*
néonaticide *nm*
néonazi, ie *a, n*
néonazisme *nm*
néophobie *nf*
néophyte *n*
néoplasie *nf*
néoplasique *a*
néoplasme *nf*
néoplasticisme *nm*
néoplatonicien, enne *a, n*
néoplatonisme *nm*
néopositivisme *nm*
néopositiviste *a, n*
néoprène *nm Nom déposé*
néoptère *nm*
néoquébécois, oise *a, n*
néoréalisme *nm*
néoréaliste *a, n*
néorural, ale, aux *a, n*
néotectonique *nf, a*
néoténie *nf*
néoténine *nf*
néoténique *a*
néothomisme *nm*
néotrague *nm*
néotropical, ale, aux *a*
néottie *nf*
néovaisseau *nm*
néovasculaire *a*
néo-zélandais, aise *a, n*
néozoïque *a, nm*
népalais ou **népali** *nm*
népalais, aise *a, n*
nèpe *nf*
népenthès *nm*
néper *nm*
népérien, enne *a*
népeta ou **népète** *nm*
néphélémétrie *nf*
néphéline *nf*
néphélinique *a*
néphélion *nm*
néphrectomie *nf*
néphrétique *a, n*
néphridie *nf*
néphrite *nf*
néphrolepis *nm*
néphrologie *nf*
néphrologique *a*
néphrologue *n*
néphron *nm*
néphropathie *nf*
néphrostomie *nf*
néphrotique *a*
néphrotoxique *a*
népotisme *nm*
neptunien, enne *a*
neptunium *nm*
nerd *n*
néré *nm*
néréide *nf*
nerf *nm*
néritique *a*
néroli *nm*
nerprun *nm*
nervation *nf*
nerveusement *av*
nerveux, euse *a, n*
nervi *nm*
nervin, ine *a*
nervosité *nf*
nervure *nf*
nervurer *vt* ***1***
nescafé *nm Nom déposé*
n'est-ce pas *av*
nestorianisme *nm*
nestorien, enne *n, a*
net, nette *a, av*
Net *nm*
netbook *nm*
netcam *nf*
netcampagne *nf*
netéconomie *nf*
nétiquette *nf*
netsuké *nm inv*
netsurfeur, euse *n*
nette *nf*
nettement *av*
netteté *nf*
nettoiement *nm*
nettoyable *a*
nettoyage *nm*
nettoyant, ante *a, nm*
nettoyer *vt* ***22***
nettoyeur, euse *n, a*
neuchâtelois, oise *a, n*
neuf, neuve *a, nm (récent)*
neuf *a num inv, nm inv*
neufchâtel *nm*
neu-neu ou **neuneu** *a inv*
neural, ale, aux *a*
neuraminidase *af*
neurasthénie *nf*
neurasthénique *a, n*
neurinome *nf*
neurobiochimique *a*
neurobiologie *nf*
neurobiologique *a*
neurobiologiste *n*
neuroblaste *nm*
neuroblastome *nm*
neurochimie ou **neurobiochimie** *nf*
neurochimique *a*
neurochirurgical, ale, aux *a*
neurochirurgie *nf*
neurochirurgien, enne *n*
neurocognitif, ive *a*
neurocognition *nf*
neurodégénératif, ive *a*
neurodégénérescence *nf*
neurodépresseur *a, nm*
neuroéconomie *nf*
neuroendocrinien, enne *a*
neuroendocrinologie *nf*
neurofibrillaire *a*
neurofibrille *nf*
neurofibromatose *nf*
neurogène *a*
neurogenèse *nf*
neurogénéticien, enne *n*
neurogénétique *nf, a*
neurohormone *nf*
neuro-imagerie *nf*
neuroleptanalgésie *nf*
neuroleptique *a, nm*
neurolinguistique *nf, a*
neurologie *nf*
neurologique *a*
neurologue *n*
neuromarketing *nm*
neuromédiateur *nm*
neuromodulateur *nm*
neuromoteur, trice *a*
neuromusculaire *a*
neuronal, ale, aux *a*
neurone *nm*
neuroparalysant, ante *a, nm*
neuropathie *nf*
neuropathique *a*
neuropathologie *nf*
neuropathologique *a*
neuropeptide *nm*
neuropharmacologie *nf*
neuropharmacologique *a*
neuropharmacologue *n*
neurophysiologie *nf*
neurophysiologique *a*
neuroplégique *a, nm*
neuroprotecteur, trice *a*
neuroprothèse *nf*
neuropsychiatre *n*
neuropsychiatrie *nf*
neuropsychiatrique *a*
neuropsychologie *nf*
neuropsychologique *a*
neuroradiologie *nf*
neurosciences *nf pl*
neuroscientifique *a, n*
neurosécrétion *nf*
neurostimulant, ante *a, nm*
neurotoxicité *nf*
neurotoxicologie *nf*
neurotoxicologique *a*
neurotoxine *nf*
neurotoxique *a, nm*
neurotransmetteur *nm*
neurotransmission *nf*
neurotraumatologie *nf*
neurotrope *a, nm*

neurovasculaire *a*
neurovégétatif, ive *a*
neurula *nf*
neuston *nm*
neutralino *nm*
neutralisable *a*
neutralisant, ante *a*
neutralisation *nf*
neutraliser *vt, vpr* ***1***
neutralisme *nm*
neutraliste *a, n*
neutralité *nf*
neutre *a, nm*
neutrino *nm*
neutron *nm*
neutronique *a, nf*
neutronographie *nf*
neutropénie *nf*
neutrophile *a*
neuvaine *nf*
neuvième *a, n*
neuvièmement *av*
ne varietur *a, av*
névé *nm*
neveu *nm*
névralgie *nf*
névralgique *a*
névraxe *nm*
névrite *nf*
névritique *a*
névroglie *nf*
névropathe *a, n*
névropathie *nf*
névroptère *nm*
névroptéroïde *nm*
névrose *nf*
névrosé, ée *a, n*
névrotique *a*
névus ou **nævus** *nm*
new-look ou **newlook** *nm inv, a inv*
newsgroup *nm*
newsletter *nf*
newsmagazine ou **news** *nm*
newton *nm*
newton-mètre *nm*
new-yorkais, aise *a, n*
ney *nm*
nez *nm*
ni *conj*
nia *nm*
niable *a*
niais, niaise *a, n*
niaisement *av*
niaiser *vt, vi* ***1***
niaiserie *nf*
niaiseux, euse *a, n*
niaméyen, enne *a, n*
niaouli *nm*
niaque ou **gnaque** *nf*
nib *av*
nicaraguayen, enne *a, n*
niche *nf*
nichée *nf*
nicher *vi, vpr* ***1***
nichet *nm*
nicheur, euse *a*
nichoir *nm*
nichon ou **nibard** *nm*
nickel *nm, a inv*
nickelage *nm*
nickeler *vt* ***16***
nickélifère *a*
nicobarais, aise *a, n*
niçois, oise *a, n*
nicol *nm*
nicola *nf*
nicolaïsme *n*
nicolaïte *n*
Nicolas-Favre (maladie de) *nf*
nicosien, enne *a, n*
nicotinamide *nf*
nicotine *nf*
nicotiné, ée *a*
nicotinémie *nf*
nicotinique *a*
nicotinisme *nm*
nictation *nf*
nictitant, ante *a*
nid *nm*
nidation *nf*
nid-d'abeilles *nm Des nids-d'abeilles.*
nid-de-pie *nm Des nids-de-pie.*
nid-de-poule *nm Des nids-de-poule.*
nid-d'oiseau *nm Des nids-d'oiseau.*
nidicole *a*
nidification *nf*
nidifier *vi* ***1***
nidifuge *a*
nidulaire *nf*
nidwaldien, enne *a, n*
niébé *nm*
nièce *nf*
niellage *nm*
nielle *nf (maladie)*
nielle *nm (orfèvrerie)*
nieller *vt* ***1***
nielleur *nm*
nier *vt* ***1***
niet *nm*
nifé ou **nife** *nm*
nigaud, aude *a, n*
nigauderie *nf*
nigelle *nf*
nigérian, ane *a, n*
nigérien, enne *a, n*
nigéro-congolais, aise *a, nm*
night-club ou **nightclub** *nm Des night-clubs.*
night-clubber ou **nightclubber** *n*
night-clubbing ou **nightclubbing** *nm*
nihilisme *nm*
nihiliste *a, n*
nilgaut *nm*
nille *nf*
nilo-saharien, enne *a, nm*
nilotique *a, nm*
nimbe *nm*
nimber *vt* ***1***
nimbostratus *nm inv*
nîmois, oise *a, n*
n'importe *av*
ninas *nm inv*
nineties *nf pl*
ni-ni *nm inv*
ninja *nm*
niobium *nm*
niôle ou **gnôle** *nf*
niolo *nm*
niortais, aise *a, n*
nipper *vt* ***1***
nippes *nf pl*
nippon, one ou **nippon, onne** *a, n*
niqab *nm*
nique *nf*
niquedouille *n, a*
niquer *vt* ***1***
nirvana *nm*
nit *nm*
nitratation *nf*
nitrate *nm*
nitrater *vt* ***1***
nitration *nf*
nitrer *vt* ***1***
nitreux, euse *a*
nitrière *nf*
nitrifiant, ante *a*
nitrification *nf*
nitrifier *vt* ***1***
nitrile *nm*
nitrique *a*
nitrite *nm*
nitrobacter ou **nitrobactérie** *nm*
nitrobenzène *nm*
nitrocellulose *nf*
nitrogène *nm*
nitroglycérine *nf*
nitrophile *a*
nitrosamine *nf*
nitrosation *nf*
nitroser *vt* ***1***
nitrosomonas *nm*
nitrosyle *nm*
nitrotoluène *nm*
nitruration *nf*
nitrure *nm*
nitrurer *vt* ***1***
nitryle *nm*
nival, ale, aux *a*
nive *nf*
nivéal, ale, aux *a*
niveau *nm*
nivelage *nm*
niveler *vt* ***16***
niveleur, euse *n*
niveleuse *nf*
nivellement ou **nivèlement** *nm*
nivéole *nf*
nivernais, aise ou **neversois, oise** *a, n*
niverolle ou **niverole** *nf*

nivicole *a*
nivoglaciaire *a*
nivologie *nf*
nivologique *a*
nivologiste *n*
nivologue *n*
nivopluvial, ale, aux *a*
nivôse *nm*
nixe *nf*
nô *nm inv*
nobélisable *a, n*
nobélisation *nf*
nobélisé, ée *n*
nobéliser *vt* ***1***
nobélium *nm*
nobiliaire *a, nm*
noble *a, n*
noblement *av*
noblesse *nf*
nobliau *nm*
noce *nf*
nocébo ou **nocebo** *nm*
noceur, euse *n*
nocher *nm*
nocicepteur *nm*
nociceptif, ive *a*
nociception *nf*
nocif, ive *a*
nocivité *nf*
no-comment *nm inv*
noctambule *n, a*
noctambulisme *nm*
noctiluque *nf*
noctuelle *nf*
noctule *nf*
nocturne *a, n*
nocuité *nf*
nodal, ale, aux *a*
nodosité *nf*
nodulaire *a*
nodule *nm*
noduleux, euse *a*
noël *nm*
noème *nm*
noèse *nf*
noétique *a*
noétique *a*
nœud *nm*
noir, noire *a, nm*
noirâtre *a*
noiraud, aude *a, n*
noirceur *nf*
noircir *vt, vi, vpr* ***2***
noircissement *nm*
noircissure *nf*
noire *nf*
noirmoutrin, ine *a, n*
noise *nf*
noiseraie *nf*
noisetier *nm*
noisette *nf, a inv*
noix *nf*
noli-me-tangere *nm inv*
nolis *nm*
nolisement *nm*
noliser *vt* ***1***
nom *nm, interj (dénomination)*
noma *nf*
nomade *a, n*
nomadiser *vi* ***1***
nomadisme *nm*
no man's land *nm*
nombrable *a*
nombre *nm*
nombrer *vt* ***1***
nombreux, euse *a*
nombril *nm*
nombrilique *a*
nombrilisme *nm*
nombriliste *a*
nome *nm*
nomenclature *nf*
nomenklatura *nf*
nomenklaturiste *n*
nominal, ale, aux *a*
nominalement *av*
nominalisation *nf*
nominaliser *vt* ***1***
nominalisme *nm*
nominaliste *a, n*
nominatif, ive *a*
nominatif *nm*
nomination *nf*
nominativement *av*
nominer *vt* ***1***
nommage *nm*
nommé, ée *a, n*
nommément *av*
nommer *vt* ***1***
nomogramme *nm*
nomographie *nf*
nomothète *nm*
non *av, nm inv*
non-accompli, ie *a, nm*
non-activité *nf*
nonagénaire *a, n*
non-agression *nf*
non-aligné, ée *a, n*
non-alignement *nm*
nonantaine *nf*
nonante *a num*
nonantième *a ord*
non-assistance *nf Des non-assistances.*
non-belligérance *nf*
non-belligérant, ante *n, a*
nonce *nm*
nonchalamment *av*
nonchalance *nf*
nonchalant, ante *a, n*
nonchaloir *nm*
non-choix *nm inv*
nonciature *nf*
non-combattant, ante *n, a non-combattants*
non-comparant, ante *n, a*
non-comparution *nf Des non-comparutions.*
non-conciliation *nf Des non-conciliations.*
non-conducteur *nm Des non-conducteurs.*
non-conformisme *nm*
non-conformiste *n, a non-conformistes*
non-conformité *nf Des non-conformités.*
non-contradiction *nf*
non-croyant, ante *n, a non-croyants*
non-cumul *nm Des non-cumuls.*
non-dénonciation *nf Des non-dénonciations.*
non-directif, ive *a non-directifs ou ives*
non-directivité *nf*
non-discrimination *nf Des non-discriminations.*
non-dissémination *nf*
non-dit *nm Des non-dits.*
non-droit *nm*
none *nf*
nones *nf pl*
non-être *nm inv*
non-euclidien, enne *a non-euclidiens*
non-évènement ou **non-événement** *nm Des non-évènements.*
non-exécution *nf Des non-exécutions.*
non-existence *nf Des non-existences.*
non-figuratif, ive *a, n non-figuratifs*
non-figuration *nf*
non-fumeur, euse *n Des non-fumeurs.*
nonidi *nm*
non-ingérence *nf*
non-initié, ée *n Des non-initiés.*
non-inscrit, ite *n, a non-inscrits*
non-intervention *nf Des non-interventions.*
non-interventionniste *a, n*
noniste *a, n*
non-jouissance *nf Des non-jouissances.*
non-lieu *nm Des non-lieux.*
non-métal *nm Des non-métaux.*
non-moi *nm inv*
nonne *nf*
nonnette *nf*
nonobstant *prép, av*
non-paiement *nm Des non-paiements.*
non-prolifération *nf Des non-proliférations.*
non-recevoir *nm*
non-représentation *nf*
non-résident, ente *n, a non-résidents*
non-respect *nm Des non-respects.*
non-retour *nm*

non-salarié, ée *a, n non-salariés*
non-sens *nm inv*
nonsense *nm*
nonsensique *a*
non-spécialiste *n Des non-spécialistes.*
non-stop *a, nm non-stops ou non-stop*
non-tissé *nm Des non-tissés.*
non-usage *nm Des non-usages.*
non-valeur *nf Des non-valeurs.*
non-violence *nf Des non-violences.*
non-violent, ente *n, a*
non-voyant, ante *n Des non-voyants.*
noosphère *nf*
nopal *nm*
noradrénaline *nf*
noradrénergique *a*
nord *nm, a inv*
nord-africain, aine *a, n*
nord-coréen, enne *a, n*
nord-côtier, ère *a, n*
nord-est *nm, a inv*
nordet ou **nordé** *nm*
nordicité *nf*
nordique *a, n*
nordir *vi* ***3***
nordiste *a, n*
nord-ouest *nm, a inv*
nori *nm*
noria *nf*
normal, ale, aux *a, nf*
normalement *av*
normalien, enne *n, a*
normalisable *a*
normalisateur, trice *a*
normalisation *nf*
normaliser *vt* ***1***
normalité *nf*
normand, ande *a, n*
normatif, ive *a*
normativisme *nm*
normativiste *a, n*
normativité *nf*
norme *nf*
normé, ée *a*
normer *vt* ***1***
normographe *nm*
normothymique *a, nm*
norois ou **noroît** *nm (vent)*
norois, oise ou **norrois, oise** *nm, a (langue)*
norvégien *nm*
norvégien, enne *a, n*
nosocomial, ale, aux *a*
nosoconiose *nf*
nosographie *nf*
nosographique *a*
nosologie *nf*
nosologique *a*
nosophobie *nf*
nostalgie *nf*
nostalgique *a, n*
nostalgiquement *av*
nostoc *nm*
nota bene ou **nota** *nm inv*
notabiliaire *a*
notabilisation *nf*
notabiliser (se) *vpr* ***1***
notabilité *nf*
notable *a, nm*
notablement *av*
notaire *nm*
notamment *av*
notarial, ale, aux *a*
notariat *nm*
notarié, ée *a*
notateur, trice *n*
notation *nf*
note *nf*
noter *vt* ***1***
nothofagus *nm*
notice *nf*
notificatif, ive *a*
notification *nf*
notifier *vt* ***1***
notion *nf*
notionnel, elle *a*
notoire *a*
notoirement *av*
notonecte *n*
notoriété *nf*
notre, nos *a poss*
nôtre *a, pr, n, nm pl*
notule *nf*
nouage *nm*
nouaison *nf*
nouakchottois, oise *a, n*
nouba *nf*
nouchi *nm*
noue *nf*
noué, ée *a*
nouer *vt, vpr* ***1***
noueux, euse *a*
nougat *nm*
nougatine *nf*
nouille *nf, a*
noulet *nm*
nouménal, ale, aux *a*
noumène *nm*
nounou *nf*
nounours *nm*
nourrain *nm*
nourri, ie *a*
nourrice *nf*
nourricier, ère *a*
nourrir *vt, vpr* ***2***
nourrissage *nm*
nourrissant, ante *a*
nourrisseur *nm*
nourrisson *nm*
nourriture *nf*
nous *pr pers*
nouure *nf*
nouveau, nouvelle ou **nouvel** *a, nm*
nouveau-né, -née *a, n nouveau-nés*
nouveauté *nf*
nouvelle *nf (information)*
nouvellement *av*
nouvelliste *n*
nova *nf Des novas ou novae.*
novateur, trice *n, a*
novation *nf*
novatoire *a*
novélisation *nf*
novéliser *vt* ***1***
novembre *nm*
nover *vt* ***1***
novice *n*
noviciat *nm*
novillada *nf*
novilléro ou **novillero** *nm*
novillo *nm*
novlangue *nf*
novocaïne *nf Nom déposé*
noyade *nf*
noyau *nm*
noyautage *nm*
noyauter *vt* ***1***
noyé, ée *a, n (immergé)*
noyer *vt, vpr* ***22***
noyer *nm (arbre)*
NPI *nm*
NTIC ou **TIC** *nf pl*
nu *nm (alphabet grec)*
nu, nue *a, nm*
nuage *nm*
nuageux, euse *a*
nuance *nf*
nuancer *vt* ***10***
nuancier *nm*
nubien, enne *a, n*
nubile *a*
nubilité *nf*
nubuck *nm*
nucal, ale, aux *a*
nucelle *nm*
nucléaire *a, nm*
nucléarisation *nf*
nucléariser *vt* ***1***
nucléariste *n*
nucléase *nf*
nucléé, ée *a*
nucléide *nm*
nucléique *a*
nucléocrate *n*
nucléole *nm*
nucléon *nm*
nucléonique *a*
nucléophile *a*
nucléoprotéine *nf*
nucléoside *nm*
nucléosidique *a, nm*
nucléosynthèse *nf*
nucléotide *nm*
nucléotidique *a*
nucléus ou **nucleus** *nm*
nucule *nf*
nudisme *nm*
nudiste *a, n*
nudité *nf*

nue *nf*
nuée *nf*
nue-propriété *nf Des nues-propriétés.*
nugget *nm*
nuire *vti* ***67***
nuisance *nf*
nuisette *nf*
nuisibilité *nf*
nuisible *a, nm*
nuisiblement *av*
nuit *nf*
nuitamment *av*
nuitée *nf*
nuiteux, euse *n*
nuits-saint-georges *nm inv*
nul, nulle *n, a indéf, pr indéf*
nullard, arde *a, n*
nullement *av*
nullipare *a, nf*
nullité *nf*
nûment ou **nument** ou **nuement** *av*
numéraire *nm*
numéral, ale, aux *a, nm*
numérateur *nm*
numération *nf*
numérique *a, nm*
numériquement *av*
numérisable *a*
numérisation *nf*
numériser *vt* ***1***
numériseur *nm*
numéro *nm*
numérologie *nf*
numérologique *a*
numérologue *n*
numérotage *nm*
numérotation *nf*
numéroter *vt, vi* ***1***
numéroteur *nm, am*
numérus-clausus ou **numerus clausus** *nm*
numismate *n*
numismatique *nf, a*
nummulite *nf*
nummulitique *a, nm*
nunatak *nm*
nunavutais, aise *a, n*
nunchaku *nm*
nunuche *a*
nuocmam ou **nuoc-mâm** *nm inv*
nu-pieds *nm inv*
nu-propriétaire, nue-propriétaire *n Des nu(e)s-propriétaires.*
nuptial, ale, aux *a*
nuptialité *nf*
nuque *nf*
nuraghe *nm Des nuraghes ou nuraghi.*
nuristani, ie *a, n*
nurse *nf*
nursery ou **nurserie** *nf Des nurserys ou nurseries.*
nursing ou **nursage** *nm*
nutation *nf*
nutraceutique *nf, a*
nutrigénétique *nf, a*
nutriment *nm*
nutrithérapeute *n*
nutrithérapie *nf*
nutritif, ive *a*
nutrition *nf*
nutritionnel, elle *a*
nutritionnellement *av*
nutritionniste *n*
nutritique *nf, a*
nyala *nm*
nyatoh *nm*
nyctaginacée *nf*
nyctalope *a, n*
nyctalopie *nf*
nycthéméral, ale, aux *a*
nycthémère *nm*
nylon *nm Nom déposé*
nymphal, ale, aux *a*
nymphe *nf*
nymphéa *nm*
nymphéacée *nf*
nymphée *nm*
nymphette *nf*
nymphomane *a, nf*
nymphomanie *nf*
nymphose *nf*
nymphoser (se) *vpr* ***1***
nystagmus *nm*

O

o *nm*
ô *interj*
oaristys *nf*
oasien, enne *a, n*
oasis *nf*
oba *nm*
obduction *nf*
obéché *nm*
obédience *nf*
obéir *vti* ***2***
obéissance *nf*
obéissant, ante *a*
obel ou **obèle** *nm*
obélisque *nm*
obérer *vt* ***12***
obèse *a, n*
obésité *nf*
obésogène *a*
obi *nf (ceinture)*
obier *nm*
obit *nm*
obituaire *a, nm*
objectal, ale, aux *a*
objecter *vt* ***1***
objecteur *nm*
objectif, ive *a, nm*
objection *nf*
objectivable *a*
objectivation *nf*
objectivement *av*
objectiver *vt* ***1***
objectivisme *nm*
objectiviste *a, n*
objectivité *nf*
objet *nm*
objurgations *nf pl*
oblat, ate *n, nm pl*
oblatif, ive *a*
oblation *nf*
oblativité *nf*
obligataire *n, a*
obligation *nf*
obligatoire *a*
obligatoirement *av*
obligé, ée *a, n*
obligeamment *av*
obligeance *nf*
obligeant, ante *a*
obliger *vt* ***11***
oblique *a, n*
obliquement *av*
obliquer *vi* ***1***
obliquité *nf*
oblitérateur, trice *a, nm*
oblitération *nf*
oblitérer *vt* ***12***
oblong, ongue *a*
obnubilation *nf*
obnubiler *vt* ***1***
obole *nf*
obombrer *vt* ***1***
obscène *a*
obscénité *nf*
obscur, ure *a*
obscurantisme *nm*
obscurantiste *a, n*
obscurcir *vt* ***2***
obscurcissement *nm*
obscurément *av*
obscurité *nf*
obsédant, ante *a*
obsédé, ée *n, a*
obséder *vt* ***12***
obsèques *nf pl*
obséquieusement *nf*
obséquieux, euse *a*
obséquiosité *av*
observabilité *nf*
observable *a*
observance *nf*
observant, ante *a*
observateur, trice *n, a*
observation *nf*
observationnel, elle *a*
observatoire *nm*
observer *vt, vpr* ***1***
obsessif, ive *a, n*
obsession *nf*
obsessionnel, elle *a, n*
obsessionnellement *av*
obsidienne *nf*
obsidional, ale, aux *a*
obsolescence *nf*
obsolescent, ente *a*
obsolète *a*
obstacle *nm*
obstétrical, ale, aux *a*
obstétricien, enne *n*
obstétrique *nf*
obstination *nf*
obstiné, ée *a, n*
obstinément *av*
obstiner (s') *vpr* ***1***
obstructif, ive *a*
obstruction *nf*
obstructionnisme *nm*
obstructionniste *a, n*
obstruer *vt* ***1***
obtempérer *vti* ***12***
obtenir *vt* ***35***
obtenteur, trice *n*
obtention *nf*
obturateur, trice *a, nm*
obturation *nf*
obturer *vt* ***1***
obtus, use *a*
obtusangle *a*
obus *nm*
obusier *nm*
obvenir *vi* ***35***
obvie *a*
obvier *vti* ***1***
obwaldien, enne *a, n*
oc *av*
ocarina *nm*
occase *nf*
occasion *nf*
occasionnalisme *nm*
occasionnel, elle *a*
occasionnellement *av*
occasionner *vt* ***1***
occident *nm (ouest)*
occidental, ale, aux *a, n*
occidentalisation *nf*
occidentaliser *vt* ***1***
occidentaliste *a, n*
occipital, ale, aux *a, nm*
occiput *nm*
occire *vt*
occitan *nm*
occitan, ane *a, n*
occitanisme *nm*
occitaniste *a, n*
occlure *vt* ***54***
occlus, use *a*
occlusif, ive *a, nf*
occlusion *nf*
occultation *nf*
occulte *a*
occulter *vt* ***1***
occultisme *nm*
occultiste *n, a*
occupant, ante *n, a*
occupation *nf*
occupationnel, elle *a*
occupé, ée *a*
occuper *vt, vpr* ***1***
occurent, ente *a*
occurrence *nf*
océan *nm*
océane *af*
océanide *nf*
océanien, enne *a, n*
océanique *a*
océanographe *n*
océanographie *nf*
océanographique *a*
océanologie *nf*
océanologique *a*
océanologue *n*
ocelle *nm*
ocellé, ée *a*
ocelot *nm*
ochronose *nf*
ocre *n, a inv*
ocrer *vt* ***1***
octaèdre *nm, a*
octaédrique *a*
octal, ale, aux *a*
octane *nm*
octant *nm*
octante *a num card*
octave *nf*
octavier *vt, vi* ***2***
octavon, onne *a, n*
octet *nm*
octette *nm*

octobre *nm*
octocoralliaire *nm*
octogénaire *a, n*
octogonal, ale, aux *a*
octogone *nm*
octopode *a, nm*
octosyllabe *a, nm*
octosyllabique *a*
octroi *nm*
octroyer *vt, vpr* ***22***
octuor *nm*
octuple *a*
octupler *vt, vi* ***1***
oculaire *a, nm*
ocularistе *n*
oculiste *n*
oculomoteur, trice *a*
oculus *nm Des oculus ou oculi.*
ocytocine *nf*
ocytocique *a*
odalisque *nf*
ode *nf*
odelette *nf*
odéon *nm*
odeur *nf*
odieusement *av*
odieux, euse *a*
odologie *nf*
odologique *a*
odologue *n*
odomètre ou **hodomètre** *nm*
odonate *nm*
odontalgie *nf*
odontocète *nm*
odontoglossum *nm*
odontoïde *a*
odontologie *nf*
odontologique *a*
odontologiste *nf*
odontostomatologie *nf*
odontostomatologiste *n*
odorant, ante *a*
odorat *nm*
odoriférant, ante *a*
odoriser *vt* ***1***
odyssée *nf*
œcoumène ou **œkoumène** ou **écoumène** *nm*
œcuménique *a*
œcuméniquement *av*
œcuménisme *nm*
œcuméniste *a, n*
œdémateux, euse *a, n*
œdème *nm*
œdicnème *nm*
œdipe *nm*
œdipien, enne *a*
œil *nm Des œils ou yeux.*
œil-de-bœuf *nm Des œils-de-bœuf.*
œil-de-chat *nm Des œils-de-chat.*
œil-de-perdrix *nm Des œils-de-perdrix.*
œil-de-tigre *nm Des œils-de-tigre.*
œillade *nf*
œillère *nf*
œillet *nm*
œilleton *nm*
œilletonnage *nm*
œilletonner *vt* ***1***
œillette *nf*
œnanthe *nf*
œnanthique *a*
œnolique *a*
œnolisme *nm*
œnologie *nf*
œnologique *a*
œnologue *n*
œnométrie *nf*
œnométrique *a*
œnothéracée *nf*
œnothère ou **œnothera** *nm*
œnotourisme *nm*
œrsted *nm*
œsophage *nm*
œsophagien, enne *a*
œsophagique *a*
œsophagite *nf*
œsophagoscope *nm*
œstradiol *nm*
œstral, ale, aux *a*
œstre *nm*
œstrogène ou **estrogène** *a, nm*
œstrogénique *a*
œstrone *nf*
œstroprogestatif, ive *a*
œstrus *nm*
œuf *nm Des œufs.*
œuvé, ée *a*
œuvre *n*
œuvrer *vi* ***1***
œuvrette *nf*
off *a inv*
offensant, ante *a*
offense *nf*
offensé, ée *a, n*
offenser *vt, vpr* ***1***
offenseur *nm*
offensif, ive *a, nf*
offensivement *a*
offertoire *nm*
office *nm*
official *nm Des officiaux.*
officialisation *nf*
officialiser *vt* ***1***
officiant *nm*
officiel, elle *a, nm*
officiellement *av*
officier *vi* ***1***
officier *nm*
officière *nf*
officieusement *av*
officieux, euse *a*
officinal, ale, aux *a*
officine *nf*
offrande *nf*
offrant *nm*
offre *nf*
offreur, euse *n, a*
offrir *vt, vpr* ***3***
offset *nm inv*
offsettiste *n*
offshore ou **off shore** *a inv, nm offshores*
offusquer *vt, vpr* ***1***
oflag *nm*
ogadini, ie *a, n*
oghamique *a*
ogien, enne *a, n*
ogival, ale, aux *a*
ogive *nf*
OGM *nm*
ogre, ogresse *n*
oh ! *interj*
ohé ! *interj*
ohm *nm (électricité)*
ohmique *a*
ohmmètre *nm*
oïdium *nm*
oie *nf*
oignon ou **ognon** *nm*
oignonade ou **ognonade** *nf*
oignonière ou **ognonière** *nf*
oïl *av*
oindre *vt* ***62***
oint, ointe *n*
oiseau *nm*
oiseau-lyre *nm Des oiseaux-lyres.*
oiseau-mouche *nm Des oiseaux-mouches.*
oiseau-trompette *nm Des oiseaux-trompettes.*
oiseler *vt* ***16***
oiselet *nm*
oiseleur *nm*
oiselier, ère *n*
oiselle *nf*
oisellerie *nf*
oiseux, euse *a*
oisien, enne *a, n*
oisif, ive *a, n*
oisillon *nm*
oisivement *av*
oisiveté *nf*
oison *nm*
OK *av, a inv*
oka *nm*
okapi *nm*
okoumé *nm*
okra *nm*
ola *nf*
olé ! ou **ollé** *interj*
oléacée *nf*
oléagineux, euse *a, nm*
oléate *nm*
olécrane *nm*
oléfiant, ante *a*
oléfine *nf*
oléicole *a*
oléiculteur, trice *n*
oléiculture *nf*
oléifère *a*
oléine *nf*

oléique *a*
oléoduc *nm*
oléolat *nm*
olé-olé *a inv*
oléomètre *nm*
oléopneumatique *a*
oléoprotéagineux *nm*
oléronais, aise *a, n*
oléum *nm*
olfactif, ive *a*
olfaction *nf*
olfactomètre *nm*
olfactométrie *nf*
olfactométrique *a*
olibrius *nm*
olifant *nm*
oligarchie *nf*
oligarchique *a*
oligarque *n*
oligiste *nm*
oligocène *nm, a*
oligochète *nm*
oligoclase *nf*
oligodendrocyte *nm*
oligoélément *nm*
oligophrène *a, n*
oligophrénie *nf*
oligopole *nm*
oligopolistique *a*
oligopsone *nm*
oligospermie *nf*
oligothérapie *nf*
oligotrophe *a*
oligurie *nf*
olivaison *nf*
olivâtre *a*
olive *nf*
oliveraie ou **olivaie** *nf*
olivet *nm (fromage)*
olivétain, aine *n*
olivette *nf*
oliveur, euse *n*
olivier *nm*
olivine *nf*
olographe *a*
olympiade *nf*
olympien, enne *a*
olympique *a*
olympisme *nm*
omanais, aise *a, n*
ombelle *nf*
ombellifère *nf*
ombelliforme *a*
ombellule *nf*
ombilic *nm*
ombilical, ale, aux *a*
ombiliqué, ée *a*
omble *nm*
ombrage *nm*
ombragé, ée *a*
ombrager *vt* ***11***
ombrageux, euse *a*
ombre *nf (obscurité)*
ombre *nm (poisson)*
ombrelle *nf*
ombrer *vt* ***1***
ombrette *nf*
ombreux, euse *a*
ombrien, enne *a, n*
ombrine *nf*
ombrophile *a*
ombudsman *nm*
oméga *nm*
omelette *nf*
omerta *nf*
omettre *vt* ***64***
omicron *nm*
omission *nf*
omnibus *nm*
omnidirectionnel, elle *a*
omnipotence *nf*
omnipotent, ente *a*
omnipraticien, enne *n*
omniprésence *nf*
omniprésent, ente *a*
omniscience *nf*
omniscient, ente *a*
omnisports *a inv*
omnium *nm*
omnivore *a, nm*
omoplate *nf*
omphacite *nf*
on *pr pers indéf*
onagata *nm*
onagracée ou **onagrariée** *nf*
onagre *nm (âne)*
onagre *nf (plante)*
onanisme *nm*
onaniste *a*
onc ou **oncques** ou **onques** *av*
once *nf*
onchocercose *nf*
oncial, ale, aux *a, nf*
oncidium *nm*
oncle *nm*
oncogène *a, nm*
oncogenèse *nf*
oncogénéticien, enne *n*
oncogénétique *nf, a*
oncogériatrie *nf*
oncologie *nf*
oncologique *a*
oncologiste *n*
oncologue *n*
oncotique *a*
onction *nf*
onctueusement *av*
onctueux, euse *a*
onctuosité *nf*
ondatra *nm*
onde *nf*
ondée *nf*
ondelette *nf*
ondemètre *nm*
ondin, ine *n*
ondinisme *nm*
on-dit *nm inv*
ondoiement *nm*
ondoyant, ante *a*
ondoyer *vi* ***22***
ondulant, ante *a*
ondulation *nf*
ondulatoire *a*
ondulé, ée *a*
onduler *vt, vi* ***1***
onduleur *nm*
onduleux, euse *a*
one-man-show *nm Des one-man-shows.*
onéreux, euse *a*
one-step ou **onestep** *nm inv*
one-woman-show *nf Des one-woman-shows.*
ONG *nf*
ongle *nm*
onglée *nf (ankylose)*
onglerie *nf*
onglet *nm (marque)*
onglon *nm*
onguent *nm*
onguiculé, ée *a, nm*
ongulé, ée *a, nm*
onguligrade *a*
onirique *a*
onirisme *nm*
onirologie *nf*
onirologue *n*
oniromancie *nf*
oniromancien, enne *n*
onlay *nm*
on line ou **online** *a*
onomasiologie *nf*
onomastique *a, nf*
onomatopée *nf*
onomatopéique *a*
onopordon *nm*
ontarien, enne ou **ontarois, oise** *a, n*
ontogenèse ou **ontogénie** *nf*
ontogénétique *a*
ontologie *nf*
ontologique *a*
ontologiquement *av*
onychomycose *nf*
onychophagie *nf*
onyx *nm*
onyxis *nm*
onzain *nm*
onze *a num inv, nm inv*
onzième *a, n*
onzièmement *av*
oocyte ou **ovocyte** *nm*
oogone *nf*
oolithe ou **oolite** *nf*
oolithique *a*
oolitique *a*
oosphère *nf*
oospore *nf*
oothèque *nf*
OPA *nf*
opacifiant, ante *a*
opacification *nf*

opacifier *vt, vpr* ***1***
opacimètre *nm*
opacimétrie *nf*
opacité *nf*
opale *nf*
opalescence *nf*
opalescent, ente *a*
opalin, ine *a, nf*
opalisation *nf*
opaliser *vt* ***1***
opaque *a*
op'art *nm*
ope *n*
OPE *nf*
opéable *a*
open *a inv, nm*
openfield *nm*
openspace *nm*
opéra *nm*
opéra-ballet *nm Des opéras-ballets.*
opérable *a*
opéra-comique *nm Des opéras-comiques.*
opérande *nm*
opérant, ante *a*
opérateur, trice *nm*
opération *nf*
opérationnel, elle *a, n*
opératique *a*
opératoire *a*
operculaire *a*
opercule *nm*
operculé, ée *a*
opéré, ée *a, n*
opérer *vt, vi, vpr* ***12***
opérette *nf*
opéron *nm*
opex *nf*
ophidien *nm*
ophioglosse *nm*
ophiolâtrie *nf*
ophiolite *nf*
ophiolitique *a*
ophiologie *nf*
ophiopogon *nm*
ophite *nm*
ophiure *nf*
ophiuride *nm*
ophrys *n*
ophtalmie *nf*
ophtalmique *a*
ophtalmologie *nf*
ophtalmologique *a*
ophtalmologiste *n*
ophtalmologue *n*
ophtalmomètre *nm*
ophtalmométrie *nf*
ophtalmométrique *a*
ophtalmoscope *nm*
ophtalmoscopie *nf*
opiacé, ée *a, nm*
opilion *nm*
opimes *af pl*
opine *nf*
opinel *nm Nom déposé*
opiner *vi, vti* ***1***
opiniâtre *a, n*
opiniâtrement *av*
opiniâtreté *nf*
opinion *nf*
opioïde *nm*
opiomane *n, a*
opiomanie *nf*
opisthobranche *nm*
opisthodome *nm*
opisthoglyphe *a*
opium *nm*
oponce ou **opuntia** *nm*
opopanax ou **opoponax** *nm*
opossum *nm*
opothérapie *nf*
opothérapique *a*
oppidum *nm Des oppidums ou oppida.*
opportun, une *a*
opportunément *av*
opportunisme *nm*
opportuniste *a, n*
opportunité *nf*
opposabilité *nf*
opposable *a*
opposant, ante *a, nm*
opposé, ée *a, nm*
opposer *vt, vpr* ***1***
opposite (à l') *av*
opposition *nf*
oppositionnel, elle *a, n*
oppressant, ante *a*
oppresser *vt* ***1***
oppresseur *nm*
oppressif, ive *a*
oppression *nf*
opprimant, ante *a*
opprimé, ée *a, n*
opprimer *vt* ***1***
opprobre *nm*
opsonine *nf*
opsonisation *nf*
optatif, ive *a, nm*
opter *vi* ***1***
opticien, enne *n*
optimal, ale, aux *a*
optimalisation *nf*
optimisation *nf*
optimiser ou **optimaliser** *vt* ***1***
optimisme *nm*
optimiste *a, n*
optimum *nm, a optimums ou optima*
option *nf*
optionnel, elle *a*
optique *a, nf*
optoélectronique *nf, a*
optomètre *nm*
optométrie *nf*
optométrique *a*
optronique *nf, a*
opulence *nf*
opulent, ente *a*
opuntia ou **oponce** *nm*
opus *nm*
opuscule *nm*
opus incertum *nm inv*
or *nm ; conj*
oracle *nm*
orage *nm*
orageusement *av*
orageux, euse *a*
oraison *nf*
oral, ale, aux *a, nm*
oralement *av*
oraliser *vt* ***1***
oralité *nf*
orange *n, a inv*
orangé, ée *a, nm (couleur)*
orangeade *nf*
oranger *nm (arbre)*
orangeraie *nf*
orangerie *nf*
orangette *nf*
orangiste *nm, a*
orang-outan ou **orang-outang** *nm*
orant, ante *n*
orateur, trice *n*
oratoire *a ; nm*
oratorien *nm*
oratorio *nm*
orbe *a ; nm*
orbiculaire *a, nm*
orbitaire *a*
orbital, ale, aux *a, nf*
orbite *nf*
orbiter *vi* ***1***
orbiteur *nm*
orcanète ou **orcanette** *nf*
orcéine *nf*
orchestral, ale, aux *a*
orchestrateur, trice *n*
orchestration *nf*
orchestre *nm*
orchestrer *vt* ***1***
orchidacée *nf*
orchidée *nf*
orchidophile *n*
orchidophilie *nf*
orchis *nm*
orchite *nf*
ordalie *nf*
ordinaire *a, nm*
ordinairement *av*
ordinal, ale, aux *a, nm*
ordinand *nm*
ordinant *nm*
ordinateur *nm*
ordination *nf*
ordinogramme *nm*
ordo *nm*
ordonnance *n*
ordonnancement *nm*
ordonnancer *vt* ***10***
ordonnancier *nm*
ordonnateur, trice *n*
ordonné, ée *a*

ordonnée *nf*
ordonner *vt* ***1***
ordovicien, enne *a, nm*
ordre *nm*
ordré, ée *a*
ordure *nf*
ordurier, ère *a*
öre ou **øre** *nm*
oréade *nf*
orée *nf*
oreillard *nm*
oreille *nf*
oreille-de-Judas *nf Des oreilles-de-Judas.*
oreille-de-lièvre *nf Des oreilles-de-lièvre.*
oreille-de-mer *nf Des oreilles-de-mer.*
oreille-de-souris *nf Des oreilles-de-souris.*
oreille-d'ours *nf Des oreilles-d'ours.*
oreiller *nm*
oreillette *nf*
oreillon *nm*
orémus *nm*
oréopithèque *nm*
ores *av*
orfèvre *n*
orfèvrerie *nf*
orfraie *nf*
organdi *nm*
organe *nm*
organeau *nm*
organelle *nf*
organicien, enne *a, n*
organicisme *nm*
organiciste *a, n*
organigramme *nm*
organique *a*
organiquement *av*
organisable *a*
organisateur, trice *a, n*
organisation *nf*
organisationnel, elle *a*
organisé, ée *a*
organiser *vt, vpr* ***1***
organiseur *nm*
organisme *nm*
organiste *n*
organite *nm*
organochloré, ée *a, nm*
organogenèse *nf*
organogénétique *a*
organoleptique *a*
organologie *nf*
organologique *a*
organologue *n*
organomagnésien *nm*
organométallique *a, nm*
organophosphoré, ée *a, nm*
organsin *nm*
orgasme *nm*
orgasmique *a*
orgastique *a*
orge *n*
orgeat *nm*
orgelet *nm*
orgiaque *a*
orgie *nf*
orgue *nm*
orgueil *nm*
orgueilleusement *av*
orgueilleux, euse *a, n*
oriel *nm*
orient *nm*
orientable *a*
oriental, ale, aux *a, n*
orientalisme *nm*
orientaliste *n, a*
orientation *nf*
orienté, ée *a*
orienter *vt, vpr* ***1***
orienteur, euse *n*
orifice *nm*
oriflamme *nf*
origami *nm*
origan *nm*
originaire *a*
originairement *av*
original, ale, aux *a, nm*
originalement *av*
originalité *nf*
origine *nf*
originel, elle *a*
originellement *av*
originer (s') *vpr* ***1***
orignal *nm Des orignaux.*
orin *nm*
oriole ou **oriol** *nm*
oripeaux *nm pl*
oriya *nm*
ORL *n*
orle *nm*
orléanais, aise *a, n*
orléanisme *nm*
orléaniste *a, n*
orlon *nm Nom déposé*
ormaie ou **ormoie** *nf*
orme *nm*
ormeau ou **ormet** ou **ormier** *nm*
ornais, aise *a, n*
orne *nm*
ornemaniste *n*
ornement *nm*
ornemental, ale, aux *a*
ornementation *nf*
ornementer *vt* ***1***
orner *vt* ***1***
ornière *nf*
ornithischien *nm*
ornithochorie *nf*
ornithogale *nm*
ornithologie *nf*
ornithologique *a*
ornithologiste *n*
ornithologue *n*
ornithomancie *nf*
ornithopode *nm*
ornithorynque *nm*
ornithose *nf*
orobanche *nf*
orogenèse ou **orogénie** *nf*
orogénique *a*
orographie *nf*
orographique *a*
oronge *nf*
oropharynx *nm*
orophile *a*
orpaillage *nm*
orpailleur *nm*
orphelin, ine *n, a*
orphelinat *nm*
orphéon *nm*
orphéoniste *n*
orphie *nf*
orphique *a*
orphisme *nm*
orpiment *nm*
orpin *nm*
orque *nf*
orseille *nf*
orteil *nm*
orthèse *nf*
orthocentre *nm*
orthochromatique *a*
orthodontie *nf*
orthodontique *a*
orthodontiste *n*
orthodoxe *a, n*
orthodoxie *nf*
orthodromie *nf*
orthodromique *a*
orthoépie *nf*
orthogenèse *nf*
orthogénie *nf*
orthogénique *a*
orthogonal, ale, aux *a*
orthogonalement *av*
orthogonalité *nf*
orthographe *nf*
orthographier *vt* ***1***
orthographique *a*
orthonormé, ée *a*
orthopédie *nf*
orthopédique *a*
orthopédiste *n, a*
orthophonie *nf*
orthophonique *a*
orthophoniste *n*
orthophotographie *nf*
orthophotographique *a*
orthopnée *nf*
orthoptère *nm*
orthoptique ou **orthoptie** *nf, a*
orthoptiste *n*
orthorhombique *a*
orthoscopique *a*
orthose *nf*
orthostatique *a*
orthosympathique *a*
ortie *nf*
ortolan *nm*

orvet *nm*
orviétan *nm*
orycte *nm*
oryctérope *nm*
oryx *nm*
os *nm (squelette)*
OS *n*
oscar *nm*
oscariser *vt* ***1***
oscillaire *nf*
oscillant, ante *a*
oscillateur *nm*
oscillation *nf*
oscillatoire *a*
osciller *vi* ***1***
oscillogramme *nm*
oscillographe *nm*
oscillomètre *nm*
oscilloscope *nm*
osculateur, trice *a*
oscule *nm*
ose *nm*
osé, ée *a*
oseille *nf*
oser *vt* ***1***
oseraie *nf*
oside *nm*
osier *nm*
osiériculture *nf*
osmanli *nm*
osmanthe ou **osmanthus** *nm*
osmie *nf*
osmium *nm*
osmomètre *nm*
osmonde *nf*
osmorégulation *nf*
osmose *nf*
osmotique *a*
ossature *nf*
ossau-iraty *nm*
osséine *nf*
osselet *nm*
ossements *nm pl*
ossète *nm*
osseux, euse *a*
ossification *nf*
ossifier (s') *vpr* ***1***
osso-buco ou **ossobuco** *nm inv*
ossuaire *nm*
ost *nm*
ostalgie *nf*
ostéalgie *nf*
ostéichtyen *nm*
ostéite *nf*
osténécrose *nf*
ostensible *a*
ostensiblement *av*
ostension *nf*
ostensoir *nm*
ostentation *nf*
ostentatoire *a*
ostéoarthrite *nf*
ostéoblaste *nm*
ostéochondrite ou **ostéochondrose** *nf*
ostéoclaste *nm*
ostéocyte *nm*
ostéodensitométrie *nf*
ostéodensitométrique *a*
ostéogenèse *nf*
ostéologie *nf*
ostéologique *a*
ostéologue *n*
ostéolyse *nf*
ostéomalacie *nf*
ostéomyélite *nf*
ostéopathe *n*
ostéopathie *nf*
ostéopénie *nf*
ostéophyte *nm*
ostéoplastie *nf*
ostéoporose *nf*
ostéosarcome *nm*
ostéospermum *nm*
ostéosynthèse *nf*
ostéotomie *nf*
ostinato *av*
ostiole *nm*
ostraciser *vt* ***1***
ostracisme *nm*
ostracode *nm*
ostracon ou **ostrakon** *nm Des ostracons ou ostraca.*
ostréicole *a*
ostréiculteur, trice *n*
ostréiculture *nf*
ostrogoth *nm* ou **ostrogot, gote** *n*
ostryer ou **ostrya** *nm*
ostyak ou **ostiak** *nm*
otage *nm*
otalgie *nf*
otalgique *a*
otarie *nf*
ôter *vt, vpr* ***1***
otiorhynque *nm*
otique *a*
otite *nf*
otocyon *nm*
otolithe *nf*
otologie *nf*
otorhinolaryngologie ou **oto-rhinolaryngologie** *nf*
otorhinolaryngologique *a*
otorhinolaryngologiste *n*
otorragie *nf*
otorrhée *nf*
otosclérose *nf*
otoscope *nm*
otoscopie *nf*
otoscopique *a*
otospongiose *nf*
ottoman, ane *a, n*
ou *conj (marque l'alternative)*
où *pr rel, av*
ouagalais, aise *a, n*
ouailles *nf pl*
ouais *av*
ouananiche *nf*
ouaouaron *nm*
ouataouais, aise *a, n*
ouate *nf (coton)*
ouaté, ée *a*
ouater *vt* ***1***
ouatine *nf*
ouatiner *vt* ***1***
oubli *nm*
oubliable *a*
oublie *nf*
oublié, ée *n*
oublier *vt, vpr* ***1***
oubliette *nf*
oublieux, euse *a*
oubykh *nm*
ouche *nf*
ouchebti *nm*
oud ou **ud** *nm*
oudler *nm*
oued *nm*
ouessantin, ine *a, n*
ouest *nm, a inv*
ouest-allemand, ande *a*
ouf *interj, nm ; a*
ougandais, aise *a, n*
ougrien, enne *a, nm*
ouguiya *nm*
oui *av, nm inv*
ouï-dire *nm inv*
ouïe *nf (oreille)*
ouïgour *nm*
ouille ! ou **ouïe** *interj*
ouiller *vt* ***1***
ouïr *vt* ***37***
ouiste ou **ouitiste** *a, n*
ouistiti *nm*
oukase ou **ukase** *nm*
ouléma ou **uléma** *nm*
oumma *nf*
ouolof ou **wolof** *nm*
ouragan *nm*
ouralien, enne *a, nm*
ouralien, enne *a, n*
ouralo-altaïque *a, nm*
ourartéen ou **urartéen, enne** *a, n*
ourdir *vt* ***2***
ourdissage *nm*
ourdissoir *nm*
ourdou ou **urdu** *nm*
ourébi *nm*
ourler *vt* ***1***
ourlet *nm*
ourlien, enne *a*
ours *nm, a inv*
ourse *nf*
oursin *nm*
oursinade *nf*
ourson *nm*
oust ! ou **ouste** *interj*
out *av, a inv*
outarde *nf*
outdoor *nm*
outer *vt* ***1***

outil *nm*
outillage *nm*
outiller *vt 1*
outilleur *nm*
outing *nm*
outlaw *nm*
outplacement *nm*
output *nm*
outrage *nm*
outrageant, ante *a*
outrager *vt 11*
outrageusement *av*
outrance *nf*
outrancier, ère *a*
outre *nf ; av, prép*
outré, ée *a*
outre-Atlantique *av*
outrecuidance *nf*
outrecuidant, ante *a*
outre-Manche *av*
outremer *nm, a inv*
outre-mer *av*
outrepassé, ée *a*
outrepasser *vt 1*
outre-Quiévrain *av*
outrer *vt 1*
outre-Rhin *av*
outre-tombe *av*
outrigger *nm*
outsider *nm*
ouvala *nf*
ouvert, erte *a*
ouvertement *av*
ouverture *nf*
ouvrable *a*
ouvrage *nm*
ouvragé, ée *a*
ouvrager *vt 11*
ouvrant, ante *a, nm*
ouvré, ée *a*
ouvreau *nm*
ouvre-boîte ou **ouvre-boite** *nm Des ouvre-boîtes.*
ouvre-bouteille *nm Des ouvre-bouteilles.*
ouvre-huître ou **ouvre-huitre** *nm Des ouvre-huîtres.*
ouvrer *vt 1*
ouvreur, euse *n*
ouvrier, ère *n, a*
ouvriérisme *nm*
ouvriériste *a, n*
ouvrir *vt, vi, vpr 31*
ouvroir *nm*
ouzbek *nm*
ouzbek, èke *a, n*
ouzo *nm*
ovaire *nm*
ovalaire *a*
ovalbumine *nf*
ovale *a, nm*
ovalisation *nf*
ovaliser *vt 1*
ovariectomie *nf*
ovarien, enne *a*
ovarite *nf*
ovation *nf*
ovationner *vt 1*
ove *nm*
overdose *nf*
overdrive *nm*
ovibos *nm*
oviducte *nm*
ovin, ine *a, nm*
oviné *nm*
ovipare *a, n*
oviparité *nf*
ovipositeur ou **oviscapte** *nm*
ovni *nm*
ovocytaire *a*
ovocyte ou **oocyte** *nm*
ovogenèse *nf*
ovogonie *nf*
ovoïde ou **ovoïdal, ale, aux** *a*
ovoproduit *nm*
ovovivipare *a*
ovoviviparité *nf*
ovulaire *a*
ovulation *nf*
ovulatoire *a*
ovule *nm*
ovuler *vi 1*
oxacide *nm*
oxalate *nm*
oxalique *a*
oxalis ou **oxalide** *nm*
oxer *nm*
oxford *nm*
oxhydrique *a*
oxonium *nm*
oxyacétylénique *a*
oxycarboné, ée *a*
oxychlorure *nm*
oxycoupage *nm*
oxydable *a*
oxydant, ante *a, n*
oxydase *nf*
oxydatif, ive *a*
oxydation *nf*
oxyde *nm*
oxyder *vt 1*
oxydoréduction *nf*
oxygénation *nf*
oxygène *nm*
oxygéné, ée *a*
oxygéner *vt, vpr 12*
oxygénothérapie *nf*
oxyhémoglobine *nf*
oxylithe *n*
oxymore ou **oxymoron** *nm*
oxysulfure *nm*
oxyton *nm*
oxyure *nm*
oxyurose *nf*
oyat *nm*
ozalid *nm Nom déposé*
ozène *nm*
ozocérite ou **ozokérite** *nf*
ozonation *nf*
ozone *nm*
ozoneur *nm*
ozonisation *nf*
ozoniser ou **ozoner** *vt 1*
ozoniseur *nm*
ozonosphère *nf*

p

p *nm*
PAC *nf*
paca *nm*
pacage *nm*
pacager *vt, vi* ***11***
pacane *nf*
pacanier *nm*
pacemaker ou **pacemakeur** *nm*
pacfung ou **packfung** *nm*
pacha *nm*
pachalik *nm*
pachinko *nm*
pachtou *nm*
pachyderme *nm*
pachydermie *nf*
pachydermique *a, n*
pachypodium *nm*
pachyure *nf*
pacifiant, ante *a*
pacificateur, trice *a, n*
pacification *nf*
pacifier *vt* ***1***
pacifique *a*
pacifiquement *av*
pacifisme *nm*
pacifiste *n, a*
pack *nm (rugby, emballage)*
package *nm*
packageur ou **packager** *nm*
packaging *nm*
packam *nf*
pacotille *nf*
pacquage *nm*
pacquer ou **paquer** *vt* ***1***
PACS *nm*
pacsage *nm*
pacsé, ée *n*
pacser *vt, vi, vpr* ***1***
pacson *nm*
pacte *nm*
pactiser *vi* ***1***
pactole *nm*
padan, ane *a*
padding *nm*
paddock *nm*
paddy *nm*
padine *nf*
paella *nf*
paf *a inv*
PAF *nm*
paf ! *interj*
pagaie *nf*
pagaille ou **pagaïe** *nf*
pagailleux, euse *a*
paganiser *vt* ***1***
paganisme *nm*
pagayer *vi* ***20***
pagayeur, euse *n*
page *nf (feuille)*
page *nm (serviteur)*
page-écran *nf Des pages-écrans.*
pagel ou **pagelle** ou **pageot** *nm*
pageot ou **page** *nm (lit)*
pager *nm*
Paget (maladie de) *nf*
paghjella *nm*
pagination *nf*
paginer *vt* ***1***
pagne *nm*
pagode *nf*
pagre *nm*
pagure *nm*
pagus *nm Des pagus ou pagi.*
pahoehoe *nm*
paiche *nm*
paie ou **paye** *nf*
paiement ou **payement** *nm*
païen, enne *a, n*
paierie *nf*
paillage *nm*
paillage *nm*
paillard, arde *a, n*
paillardise *nf*
paillasse *nf*
paillasson *nm*
paillassonnage *nm*
paillassonner *vt* ***1***
paille *nf, a inv*
paillé, ée *a*
paillé *nm*
paille-en-queue *nm Des pailles-en-queue.*
pailler *vt* ***1***
pailler *nm*
pailletage *nm*
pailleter *vt* ***17***
pailleteur *nm*
paillette *nf*
pailleux, euse *a*
paillis *nm*
paillon *nm*
paillote *nf*
pain *nm (aliment, coup)*
paintball *nm*
paintballeur, euse *n*
pair, paire *a*
pair *nm*
paire *nf*
pairesse *nf*
pairie *nf*
pairle *nm*
paisibilité *nf*
paisible *a*
paisiblement *av*
paissance *nf*
paître ou **paitre** *vt, vi* ***66***
paix *nf (tranquillité)*
pakistanais, aise *a, n*
pakol *nm*
pal *nm (pieu, blason)*
pala *nf*
palabre *nf*
palabrer *vi* ***1***
palace *nm*
paladin *nm*
palafitte *nm*
palais *nm (résidence, bouche)*
palan *nm*
palanche *nf*
palangre *nf*
palangrier *nm*
palangrotte *nf*
palanquée *nf*
palanquer *vt* ***1***
palanquin *nm*
palastre ou **palâtre** *nm*
palatal, ale, aux *a, nf*
palatalisation *nf*
palataliser *vt* ***1***
palatial, ale, aux *a*
palatin, ine *a, n*
palatinat *nm*
palauan, ane *a, n*
pale ou **palle** *nf (maritime)*
pâle *a*
pale-ale *nf Des pale-ales.*
paléarctique *a*
palefrenier, ère *n*
palefroi *nm*
palémon *nm*
paléoanthropologie *nf*
paléoanthropologique *a*
paléoanthropologue *n*
paléobotanique *nf, a*
paléocène *a, nm*
paléochrétien, enne *a*
paléoclimat *nm*
paléoclimatique *a*
paléoclimatologie *nf*
paléoclimatologique *a*
paléodémographie *nf*
paléodémographique *a*
paléoécologie *nf*
paléoécologique *a*
paléoenvironnement *nm*
paléoenvironnemental, ale, aux *a*
paléogène *nm*
paléogénéticien, enne *n*
paléogénétique *nf, a*
paléogéographe *n*
paléogéographie *nf*
paléogéographique *a*
paléographe *n*
paléographie *nf*
paléographique *a*
paléolithique *a, nm*
paléomagnéticien, enne *n*
paléomagnétique *a*
paléomagnétisme *nm*
paléontologie *nf*
paléontologique *a*
paléontologiste *n*
paléontologue *n*
paléopathologie *nf*
paléopathologique *a*
paléosibérien, enne *a, n*

paléosol *nm*
paléothérium *nm*
paléozoïque *a, nm*
palermitain, aine *a, n*
paleron *nm*
palestinien, enne *a, n*
palestre *nf*
palet *nm (disque)*
palethnologie *nf*
palethnologique *a*
paletot *nm*
palette *nf*
palettisation *nf*
palettiser *vt* ***1***
palettiste *n*
palétuvier *nm*
pâleur *nf*
pali *nm (langage)*
pâlichon, onne *a*
palier *nm*
palière *af*
palilalie *nf*
palimpseste *nm*
palindrome *a, nm*
palingénésie *nf*
palingénésique *a*
palinodie *nf*
pâlir *vi* ***2***
palis *nm (pieu)*
palissade *nf*
palissader *vt* ***1***
palissadique *a*
palissage *nm*
palissandre *nm*
pâlissant, ante *a*
palisser *vt* ***1***
palisson *nm*
palissonner *vt* ***1***
paliure *nm*
palladianisme *nm*
palladien, enne *a, n*
palladium *nm*
palléal, ale, aux *a*
palliatif, ive *a, nm*
pallidum *nm*
pallier *vt* ***1***
pallikare *nm*
pallium *nm*
palmaire *a*
palmarès *nm*
palmature *nf*
palme *nf*
palmé, ée *a*
palmer *nm*
palmeraie *nf*
palmette *nf*
palmier *nm*
palmipède *a, nm*
palmiste *nm*
palmitate *nm*
palmite *nm*
palmitine *nf*
palmitique *a*
palmure *nf*
palois, oise *a, n*
palombe *nf*
palomet *nm*
palonnier *nm*
palot *nm*
pâlot, otte *a*
palourde *nf*
palpable *a*
palpateur *nm*
palpation *nf*
palpatoire *a*
palpe *nm*
palpébral, ale, aux *a*
palper *vt* ***1***
palpeur *nm*
palpitant, ante *a, nm*
palpitation *nf*
palpiter *vi* ***1***
palplanche *nf*
palsambleu ! *interj*
paltoquet *nm*
palu *nm*
paluche *nf*
palud ou **palude** *nm*
paludéen, enne *a, n*
paludicole *a*
paludier, ère *n*
paludine *nf*
paludisme *nm*
palustre *a*
palynologie *nf*
palynologique *a*
palynologue *n*
pâmer (se) *vpr* ***1***
pâmoison *nf*
pampa *nf*
pampero *nm*
pamphlet *nm*
pamphlétaire *n, a*
pampille *nf*
pamplemousse *nm*
pamplemoussier *nm*
pampre *nm*
pan *nm*
pan ! *interj*
panacée *nf*
panachage *nm*
panache *nm*
panaché, ée *a, nm*
panacher *vt* ***1***
panachure *nf*
panade *nf*
panafricain, aine *a*
panafricanisme *nm*
panaire *a*
panais *nm*
panama *nm*
panaméen, enne *a, n*
panaméricain, aine *a*
panaméricanisme *nm*
panarabe *a*
panarabisme *nm*
panard *nm*
panaris *nm*
panatella ou **panatela** *nm*
panathénées *nf pl*
panax *nm*
pan-bagnat *nm Des pans-bagnats.*
pancake *nm*
pancarte *nf*
pancetta *nf*
panchen-lama *nm Des panchen-lamas.*
panchromatique *a*
panclastite *nf*
pancrace *nm*
pancréas *nm*
pancréatique *a*
pancréatite *nf*
panda *nm*
pandanus *nm*
pandectes *nf pl*
pandémie *nf*
pandémique *a*
pandémonium *nm*
pandiculation *nf*
pandit *nm*
pané, ée *a*
panégyrique *nm*
panégyriste *n*
panel *nm*
panéliste *n*
paner *vt* ***1***
paneterie ou **panèterie** *nf*
panetier *nm*
panetière *nf*
paneton *nm*
panettone *nm*
paneuropéanisme *nm*
paneuropéen, enne *a*
panga *nm*
pangermanisme *nm*
pangermaniste *a, n*
pangolin *nm*
panhellénique *a*
panicaut *nm*
panicule *nf*
paniculé, ée *a*
panicum *nm*
panier *nm*
panière *nf*
panier-repas *nm Des paniers-repas.*
panifiable *a*
panification *nf*
panifier *vt* ***1***
panini *nm*
paniquant, ante *a*
paniquard, arde *a, n*
panique *nf, a*
paniquer *v* ***1***
panislamique *a*
panislamisme *nm*
panjabi *nm*
panne *nf*
panneau *nm*
panneautage *nm*
panneauter *vi* ***1***
pannequet *nm*

panneresse *nf*
panneton *nm*
pannicule *nm*
panonceau *nm*
panophtalmie *nf*
panoplie *nf*
panoptique *a*
panorama *nm*
panoramique *a, nm*
panoramiquer *vi* ***1***
panorpe *nf*
panouille *nf*
pansage *nm*
panse *nf*
pansement *nm*
panser *vt* ***1*** *(soigner)*
panseuse *nf*
panslavisme *nm*
pansori *nm*
panspermie *nf*
pansu, ue *a*
pantacourt *nm*
pantagruélique *a*
pantalon *nm*
pantalonnade *nf*
pantelant, ante *a*
panteler *vi* ***16***
pantenne *nf*
panthéisme *nm*
panthéiste *a, n*
panthéon *nm*
panthéonisation *nf*
panthéoniser *vt* ***1***
panthère *nf*
pantière *nf*
pantin *nm*
pantographe *nm*
pantoire *nf*
pantois, oise *a*
pantomètre *nm*
pantomime *nf*
pantone *a Nom déposé*
pantopode *nm*
pantothénique *a*
pantouflage *nm*
pantouflard, arde *a, n*
pantoufle *nf*
pantoufler *vi* ***1***
pantoum *nm*
panty *nm*
panure *nf*
panurgique *a*
panurgisme *nm*
panzer *nm*
panzootie *nf*
PAO *nf*
paon *nm*
paonne *nf*
papa *nm*
papable *a*
papaïne *nf*
papal, ale, aux *a*
paparazzi *nm*
papauté *nf*
papaver *nm*
papavéracée *nf*
papavérine *nf*
papaye *nf*
papayer *nm*
pape *nm*
papegai ou **papegeai** *nm*
papelard, arde *a*
papelard *nm*
papelardise *nf*
paperasse *nf*
paperasserie *nf*
paperassier, ère *n*
paperboard *nm*
papesse *nf*
papet *nm*
papeterie ou **papèterie** *nf*
papetier, ère *n, a*
papi ou **papy** *nm*
papier *nm*
papilionacée *nf*
papillaire *a*
papille *nf*
papillomavirus *nm*
papillome *nm*
papillon *nm*
papillonnage *nm*
papillonnement *nm*
papillonner *vi* ***1***
papillotage *nm*
papillotant, ante *a*
papillote *nf*
papillotement *nm*
papilloter *vi* ***1***
papion *nm*
papisme *nm*
papiste *n, a*
papivore *n, a*
papotage *nm*
papoter *vi* ***1***
papou, oue *a, n*
papouille *nf*
paprika *nm*
papule *nf*
papuleux, euse *a*
papy-boom ou **papyboom** *nm Des papy-booms.*
papyrologie *nf*
papyrologique *a*
papyrologue *n*
papyrus *nm*
paquage *nm*
pâque *nf (fête juive)*
paquebot *nm*
pâquerette *nf*
Pâques *nm, nf pl*
paquet *nm*
paquetage *nm*
paqueter *vt, vpr* ***20***
par *prép ; nm (golf)*
para *nm*
parabancaire *a*
parabase *nf*
parabellum *nm*
paraben ou **parabène** *nm*
parabole *nf*
parabolique *a*
parabolique *a*
paraboliquement *av*
paraboloïde *nm*
paracentèse *nf*
paracétamol *nm*
parachèvement *nm*
parachever *vt* ***15***
parachimie *nf*
parachimique *a*
parachutage *nm*
parachute *nm*
parachuter *vt* ***1***
parachutisme *nm*
parachutiste *n*
paraclinique *a*
paracommercial, ale, aux *a*
paracommercialisme *nm*
paracristallin, ine *a*
parade *nf*
parader *vi* ***1***
paradichlorobenzène *nm*
paradigmatique *a*
paradigme *nm*
paradis *nm*
paradisiaque *a*
paradisier *nm*
parador *nm*
parados *nm*
paradoxal, ale, aux *a*
paradoxalement *av*
paradoxe *nm*
parafe ou **paraphe** *nm*
parafer ou **parapher** *vt* ***1***
paraffinage *nm*
paraffine *nf*
paraffiner *vt* ***1***
parafiscal, ale, aux *a*
parafiscalité *nf*
parafoudre *nm*
parage *nm*
parages *nm pl*
paragraphe *nm*
paragrêle *nm, a inv*
paraguayen, enne *a, n*
paraître ou **paraitre** *vi* ***55***
paraître ou **paraitre** *nm*
paralittéraire *a*
paralittérature *nf*
parallactique *a*
parallaxe *nf*
parallèle *a, n*
parallèlement *av*
parallélépipède *nm*
parallélépipédique *a*
parallélisme *nm*
parallélogramme *nm*
paralogisme *nm*
paralympique *a*
paralysant, ante *a*
paralysé, ée *a, n*
paralyser *vt* ***1***

paralysie *nf*
paralytique *a, n*
paramagnétique *a*
paramagnétisme *nm*
paramécie *nf*
paramédical, ale, aux *a, n*
paramétrable *a*
paramétrage *nm*
paramètre *nm*
paramétrer *vt* ***12***
paramétrique *a*
paramétrisation *nf*
paramilitaire *a*
paramnésie *nf*
paramo *nm*
paramunicipal, ale, aux *a*
paramyxovirus *nm*
parangon *nm*
parangonnage *nm*
parangonner *vt* ***1***
parano *a, nf*
paranoïa *nf*
paranoïaque *a, n*
paranoïde *a*
paranormal, ale, aux *a*
paranthrope *nm*
parapente *nm*
parapentiste *n*
parapet *nm*
parapétrolier, ère *a, nm*
parapharmaceutique *a*
parapharmacie *nf*
paraphasie *nf*
paraphe ou **parafe** *nm*
parapher ou **parafer** *vt* ***1***
paraphernal, ale, aux *a*
parapheur ou **parafeur** *nm*
paraphrase *nf*
paraphraser *vt* ***1***
paraphrastique *a*
paraphrénie *nf*
paraphyse *nf*
paraplégie *nf*
paraplégique *a, n*
parapluie *nm*
parapolicier, ère *a*
parapsychique *a*
parapsychologie *nf*
parapsychologique *a*
parapsychologue *n*
parapublic, ique *a*
paraquat *nm*
pararthropode *nm*
parascève *nf*
parascience *nf*
parascientifique *a*
parascolaire *a*
parasismique *a*
parasitage *nm*
parasitaire *a*
parasite *nm, a, n*
parasiter *vt* ***1***
parasiticide *a, nm*
parasitisme *nm*
parasitoïde *a, nm*
parasitologie *nf*
parasitologique *a*
parasitologue *n*
parasitose *nf*
parasol *nm*
parasolier *nm*
parasportif, ive *a*
parastatal, ale, aux *a*
parasympathique *a, nm*
parasympathomimétique *a*
parasynthétique *a, nm*
parataxe *nf*
paratexte *nm*
parathion *nm*
parathormone *nf*
parathyroïde *nf*
parathyroïdien, enne *a*
paratonnerre *nm*
parâtre *nm*
paratuberculose *nf*
paratyphique *a, n*
paratyphoïde *nf*
paravalanche *nm*
paravent *nm*
paravertébral, ale, aux *a*
paravivipare *a*
paraviviparité *nf*
parbleu ! *interj*
parc *nm*
parcage *nm*
parc-autos *nm Des parcs-autos.*
parcellaire *a, nm*
parcellarisation *nf*
parcelle *nf*
parcellisation *nf*
parcelliser ou **parcellariser** *vt* ***1***
parce que *loc conj*
parchemin *nm*
parcheminé, ée *a*
parcimonie *nf*
parcimonieusement *av*
parcimonieux, euse *a*
parclose *nf*
parcmètre *nm*
parcotrain *nm*
parcourir *vt* ***25***
parcours *nm*
parc-relais ou **parc-relai** *nm Des parcs-relais.*
pardessus *nm*
pardi ! ou **pardieu** *interj*
pardon *nm*
pardonnable *a*
pardonner *vt, vti* ***1***
PARE *nm*
pare-balle ou **pare-balles** *nm Des pare-balles.*
pare-boue *nm Des pare-boues ou pare-boue.*
pare-brise *nm Des pare-brises ou pare-brise.*
pare-buffle *nm Des pare-buffles.*
pare-choc ou **pare-chocs** *nm Des pare-chocs.*
pare-douche ou **pare-baignoire** *nm Des pare-douches.*
parèdre *n*
pare-éclat ou **pare-éclats** *nm Des pare-éclats.*
pare-étincelle ou **pare-étincelles** *nm Des pare-étincelles.*
pare-feu *nm Des pare-feux.*
pare-flamme *nm Des pare-flammes.*
parégorique *a*
pareil, eille *a, n, av*
pareillement *av*
parement *nm*
parementer *vt* ***1***
parenchymateux, euse *a*
parenchyme *nm*
parent, ente *n, a, nm pl*
parental, ale, aux *a*
parentalité *nf*
parenté *nf*
parentèle *nf*
parentéral, ale, aux *a*
parenthèse *nf*
paréo *nm*
parer *vt, vti, vpr* ***1***
parésie *nf*
pare-soleil *nm Des pare-soleils ou pare-soleil.*
paresse *nf*
paresser *vi* ***1***
paresseusement *av*
paresseux, euse *a, nm*
paresthésie *nf*
parétique *a, n*
parfaire *vt* ***9***
parfait, aite *a, nm*
parfaitement *av*
parfois *av*
parfum *nm*
parfumé, ée *a*
parfumer *vt* ***1***
parfumerie *nf*
parfumeur, euse *n*
parhélie *nm*
pari *nm*
paria *nm*
pariade *nf*
pariage ou **paréage** *nm*
parian *nm*
paridé *nm*
paridigité *nm*
parier *vt* ***1***
pariétaire *nf*
pariétal, ale, aux *a, n*
parieur, euse *n*
parigot, ote *n, a*
paripenné, ée *a*
paris-brest *nm inv*
parisette *nf*
parisianisme *nm*
parisianiste *a*
parisien, enne *a, n*

parisis *a inv*
parisyllabique *a, nm*
paritaire *a*
paritarisme *nm*
paritariste *a*
parité *nf*
parjure *nm*
parjurer (se) *vpr* ***1***
parka *n*
parkérisation *nf Nom déposé*
parking *nm*
parkinsonien, enne *a, n*
parlando *nm*
parlant, ante *a*
parlé, ée *a*
parlement *nm*
parlementaire *a, n*
parlementarisation *nf*
parlementarisme *nm*
parlementer *vi* ***1***
parler *v* ***1***
parler *nm*
parler-vrai *nm inv*
parleur, euse *n*
parloir *nm*
parlote ou **parlotte** *nf*
parlure *nf*
parme *a inv, nm*
parmélie *nf*
parmentier *nm*
parmesan *nm*
parmi *prép*
parnassien, enne *n, a*
parodie *nf*
parodier *vt* ***1***
parodique *a*
parodiste *n*
parodontal, ale, aux *a*
parodonte *nm*
parodontite *nf*
parodontologie *nf*
parodontologique *a*
parodontologiste *n*
parodontose *nf*
paroi *nf*
paroisse *nf*
paroissial, ale, aux *a*
paroissien, enne *nm*
parole *nf*
parolier, ère *n*
paronomase *nf*
paronyme *nm*
paronymie *nf*
paronymique *a*
parotide *nf*
parotidien, enne *a*
parotidite *nf*
parousie *nf*
paroxysmal, ale, aux *a*
paroxysme *nm*
paroxysmique *a*
paroxystique *a*
paroxyton *am*
parpaillot, ote *n*
parpaing *nm*
parquer *vt* ***1***
parquet *nm*
parquetage *nm*
parqueter *vt* ***17***
parqueterie ou **parquèterie** *nf*
parqueteur *nm*
parquetier, ère *n*
parqueur, euse *n*
parrain *nm*
parrainage *nm*
parrainer *vt* ***1***
parricide *nm*
parrotia *nm*
parsec *nm*
parsemer *vt* ***15***
parsi, ie *n, a*
parsisme *nm*
part *nm (substitution)*
part *nf (fraction)*
partage *nm*
partagé, ée *a*
partageable *a*
partageant, ante *n*
partager *vt* ***11***
partageur, euse *a*
partageux, euse *n, a*
partance *nf*
partant *conj*
partant, ante *n, a*
partenaire *n*
partenarial, ale, aux *a*
partenariat *nm*
parterre *nm*
parthénocarpie *nf*
parthénogenèse *nf*
parthénogénétique *a*
parthénote *a, nm*
parti *nm (association)*
parti, ie *a*
partiaire *a*
partial, ale, aux *a*
partialement *av*
partialité *nf*
participant, ante *n, a*
participatif, ive *a*
participation *nf*
participe *nm*
participer *vti* ***1***
participial, ale, aux *a*
particulaire *a*
particularisation *nf*
particulariser *vt, vpr* ***1***
particularisme *nm*
particulariste *n, a*
particularité *nf*
particule *nf*
particulier, ère *a, nm*
particulièrement *av*
partie *nf (élément, match)*
partiel, elle *a, nm*
partiellement *av*
parti pris ou **parti-pris** *nm Des partis pris.*
partir *vi* ***29***
partisan, ane *n, a*
partita *nf*
partiteur *nm*
partitif, ive *a*
partition *nf*
partitocratie *nf*
partitocratique *a*
partouse ou **partouze** *nf*
partout *av*
parturiente *nf*
parturition *nf*
parulie *nf*
paruline *nf*
parure *nf*
parurerie *nf*
parurier, ère *n*
parution *nf*
parvenir *vti* ***35***
parvenu, ue *n*
parvis *nm*
pas *nm ; av*
pascal, ale, aux *a (de Pâques)*
pascal *nm Des pascals.*
pascuan, ane *a, n*
pas-d'âne *nm inv*
pas-de-calaisien, enne *a, n*
pas-de-géant *nm inv*
pas-de-porte *nm inv*
pas-de-tir ou **pas de tir** *nm inv*
paseo *nm*
pashmina *nm*
pasionaria *nf*
paso doble ou **pasodoble** *nm inv*
pass *nm*
passable *a*
passablement *av*
passacaille *nf*
passade *nf*
passage *nm*
passager, ère *a, n*
passagèrement *av*
passant, ante *a, nm*
passation *nf*
passavant *nm*
passe *nf (lieu, sport)*
passe *nm (passe-partout)*
passé, ée *a*
passé *nm ; prép*
passe-boule *nm Des passe-boules.*
passe-crassane *nf Des passe-crassanes.*
passe-droit *nm Des passe-droits.*
passée *nf*
passéisme *nm*
passéiste *a, n*
passe-lacet *nm Des passe-lacets.*
passement *nm*
passementer *vt* ***1***
passementerie *nf*
passementier, ère *n, a*
passe-montagne *nm Des passe-montagnes.*

passe-partout ou **passepartout** *nm inv, a inv*
passe-passe ou **passepasse** *nm inv*
passe-pied *nm Des passe-pieds.*
passe-plat *nm Des passe-plats.*
passepoil *nm*
passepoiler *vt* ***1***
passeport *nm*
passer *vt, vi, vpr* ***1***
passerage *nm*
passereau ou **passériforme** *nm*
passerelle *nf*
passerillage *nm*
passerillé, ée *a*
passerine *nf*
passerinette *nf*
passerose *nf*
passet *nm*
passe-temps *nm inv*
passe-tout-grain ou **passe-tous-grains** *nm inv*
passeur, euse *n*
passe-velours *nm inv*
passe-vue *nm Des passe-vues.*
passible *a*
passif, ive *a, nm*
passiflore *nf*
passim *av*
passing-shot ou **passing** *nm Des passing-shots.*
passion *nf*
passionnaire *nm*
passionnaliser *vt* ***1***
passionnant, ante *a*
passionné, ée *a, n*
passionnel, elle *a*
passionnellement *av*
passionnément *av*
passionner *vt, vpr* ***1***
passivation *nf*
passivé, ée *a*
passivement *av*
passivité *nf*
passoire *nf*
pastel *nm ; a inv*
pastelliste *n*
pastenague *nf*
pastèque *nf*
pasteur *nm*
pasteure *nf*
pasteurella *nf*
pasteurellose *nf*
pasteurien, enne ou **pastorien, enne** *a, n*
pasteurisateur *nm*
pasteurisation *nf*
pasteuriser *vt* ***1***
pastiche *nm*
pasticher *vt* ***1***
pasticheur, euse *n*
pastilla *nf*
pastillage *nm*
pastille *nf*
pastilleur, euse *n*
pastis *nm*
pastoral, ale, aux *a, nf*
pastoralisme *nm*
pastorat *nm*
pastoureau, elle *n*
pastrami *nm*
pat *nm inv, a inv*
patache *nf*
patachon *nm*
patagium *nm*
pataouète *a, nm*
pataphysique *nf, a*
patapouf *interj, nm*
pataquès *nm inv*
pataras *nm*
patarin *nm*
patas *nm*
patate *nf*
patati, patata *av*
patatras ! *interj*
pataud, aude *nm, a*
pataugas *nm Nom déposé*
pataugeoire *nf*
patauger *vi* ***11***
patch *nm*
patchouli *nm*
patchwork *nm*
pâte *nf (alimentation)*
pâté *nm (aliment, tache)*
pâtée *nf (nourriture pour animaux)*
patelin, ine *a*
patelin *nm*
patelle *nf*
patène *nf*
patenôtre *nf*
patent, ente *a*
patente *nf*
patenté, ée *a*
patenter *vt* ***1***
patenteux, euse *n*
Pater *nm inv*
patère *nf (portemanteau)*
paterfamilias *nm inv*
paternalisme *nm*
paternaliste *a, n*
paterne *a*
paternel, elle *a, nm*
paternellement *av*
paternité *nf*
pâteux, euse *a*
pathétique *a, nm*
pathétiquement *av*
pathétisme *nm*
pathogène *a, nm*
pathogenèse ou **pathogénie** *nf*
pathogénicité *nf*
pathogénique *a*
pathognomonique *a*
pathologie *nf*
pathologique *a*
pathologiquement *av*
pathologiste *n*
pathos *nm inv*
patibulaire *a*
patiemment *av*
patience *nf, interj*
patient, ente *a, n*
patienter *vi* ***1***
patin *nm*
patinage *nm*
patine *nf*
patiner *vt, vi* ***1***
patinette *nf*
patineur, euse *n*
patinoire *nf*
patio *nm*
pâtir *vi* ***2***
pâtis *nm*
pâtisser *vi* ***1***
pâtisserie *nf*
pâtissier, ère *n, a*
pâtisson *nm*
patoche *nf*
patois, oise *nm, a*
patoisant, ante *a, n*
patoiser *vi* ***1***
pâton *nm*
patou *nm*
patouillage *nm*
patouiller *vt* ***1***
patraque *a*
pâtre *nm*
patriarcal, ale, aux *a*
patriarcat *nm*
patriarche *nm*
patrice *nm*
patriciat *nm*
patricien, enne *n, a*
patrie *nf*
patrilinéaire *a*
patrilocal, ale, aux *a*
patrimoine *nm*
patrimonial, ale, aux *a*
patrimonialisation *nf*
patrimonio *nm*
patriotard, arde *a, n*
patriote *n, a*
patriotique *a*
patriotiquement *av*
patriotisme *nm*
patristique *nf, a*
patrocline *a*
patrologie *nf*
patron, onne *n*
patron *nm*
patronage *nm*
patronal, ale, aux *a*
patronat *nm*
patronnage *nm*
patronner *vt* ***1***
patronnesse *af*
patronnier, ère *n*
patronyme *nm*
patronymique *a*
patrouille *nf*
patrouiller *vi* ***1***
patrouilleur *nm*

patte *nf (organe)*
patté, ée *a*
patte-d'oie *nf Des pattes-d'oie.*
patte-mâchoire *nf Des pattes-mâchoires.*
pattemouille *nf*
pattern *nm*
pattinsonage *nm*
pattu, ue *a*
pâturable *a*
pâturage *nm*
pâture *nf*
pâturer *v* ***1***
pâturin *nm*
paturon ou **pâturon** *nm*
pauchouse ou **pochouse** *nf*
pauillac *nm*
paulette *nf*
paulien, enne *a*
paulinien, enne *a*
paulinisme *nm*
pauliste *a, n*
pauliste *nm*
paulownia *nm*
paume *nf*
paumé, ée *a, n*
paumelle *nf*
paumer *vt* ***1***
paupérisation *nf*
paupériser *vt* ***1***
paupérisme *nm*
paupière *nf*
paupiette *nf*
paurométabole *a, nm*
pause *nf (interruption)*
pause-café *nf Des pauses-café.*
pauser *vt* ***1***
pauvre *a, n*
pauvrement *av*
pauvresse *nf*
pauvret, ette *n, a*
pauvreté *nf*
pavage *nm*
pavane *nf*
pavaner (se) *vpr* ***1***
pavé *nm*
pavement *nm*
paver *vt* ***1***
paveur *nm*
pavie *nf*
pavier ou **pavia** *nm*
pavillon *nm*
pavillonnaire *a, n*
pavillonneur *nm*
pavimenteux, euse *a*
pavois *nm*
pavoisement *nm*
pavoiser *vt* ***1***
pavot *nm*
paxille *nm*
payable *a*
payant, ante *a*
paye ou **paie** *nf*
payement ou **paiement** *nm*
payer *vt, vi, vpr* ***20***
payeur, euse *n*
pay per view ou **payperview** *nm*
pays, payse *n (compatriote)*
pays *nm (territoire)*
paysage *nm*
paysager, ère ou **paysagé, ée** *a*
paysagisme *nm*
paysagiste *n*
paysan, anne *n, a*
paysannat *nm*
paysannerie *nf*
PC *nm*
PDA *nm*
PDG *n*
péage *nm*
péagiste *n*
péan *nm*
peanuts *a*
peau *nf (épiderme, enveloppe)*
peaucier *am, nm*
peaufinage *nm*
peaufiner *vt* ***1***
peausserie *nf*
peaussier *nm*
pébrine *nf*
pébroc ou **pébroque** *nm*
pécan *nm*
pécari *nm*
peccable *a*
peccadille *nf*
peccamineux, euse *a*
pêchable *a*
pechblende *nf*
pêche *nf*
péché *nm (faute)*
pécher *vi* ***12*** *(religion)*
pêcher *vt* ***1*** *(prendre du poisson)*
pêcher *nm (arbre)*
pêcherie *nf*
pêchette *nf*
pécheur, pècheresse ou **pécheresse** *n, a (fautif)*
pêcheur, euse *n (de poissons)*
pechstein *nm*
pêchu, ue *a*
pécoptéris *nm*
pécore *nf*
pécorino *nm*
pecten *nm*
pectine *nf*
pectinidé *nm*
pectique *a*
pectoral, ale, aux *nm, a, nm pl*
pectose *nm*
péculat *nm*
pécule *nm*
pécuniaire *a*
pécuniairement *av*
pédagogie *nf*
pédagogique *a*
pédagogiquement *av*
pédagogisme *nm*
pédagogue *n, a*
pédagothèque *nf*
pédalage *nm*
pédale *nf*
pédalée *nf*
pédaler *vi* ***1***
pédaleur, euse *n*
pédalier *nm*
pédalo *nm Nom déposé*
pédant, ante *n, a*
pédanterie *nf*
pédantesque *a*
pédantisme *nm*
pédé *nm*
pédégé ou **PDG** *nm*
pédégère ou **PDgère** *nf*
pédéraste *nm*
pédérastie *nf*
pédérastique *a*
pédestre *a*
pédestrement *av*
pédiatre *n*
pédiatrie *nf*
pédiatrique *a*
pédibus ou **pedibus** *av ; nm*
pédicellaire *nm*
pédicelle *nm*
pédiculaire *nf, a*
pédicule *nm*
pédiculé, ée *a*
pédiculose *nf*
pédicure *n*
pédicurie *nf*
pédieux, euse *a*
pedigree ou **pédigrée** *nm*
pédiluve *nm*
pédiment *nm*
pédodontie *nf*
pédofaune *nf*
pédogenèse *nf*
pédologie *nf*
pédologique *a*
pédologue *n*
pédonculaire *a*
pédoncule *nm*
pédonculé, ée *a*
pédophile *a, n*
pédophilie *nf*
pédophilique *a*
pédopornographie *nf*
pédopsychiatre *n*
pédopsychiatrie *nf*
pédopsychiatrique *a*
pedum *nm*
pedzouille ou **petzouille** *nm*
peeling *nm*
peepshow *nm*
peer-to-peer *nm inv*
pégase *nm*
PEGC *n*
pegmatite *nf*
pègre *nf*
pehlevi ou **pehlvi, pahlavi** *nm*
peignage *nm*
peigne *nm*

peigné, ée *a, nm (étoffe)*
peigne-cul ou **peigne-zizi** *nm inv*
peigner *vt* ***1***
peigneur, euse *n*
peignier *nm*
peignoir *nm*
peilles *nf pl*
peinard, arde ou **pénard, arde** *a*
peinardement *av*
peindre *vt, vpr* ***69***
peine *nf (tristesse, châtiment)*
peiner *vt, vi* ***1***
peintre *n*
peinture *nf*
peinturer *vt* ***1***
peinturlurer *vt* ***1***
péjoratif, ive *a, nm*
péjoration *nf*
péjorativement *av*
pékan *nm*
péket ou **péquet** *nm*
pékin ou **péquin** *nm*
pékiné, ée *a, nm*
pékinois *nm*
pékinois, oise *a, n*
pelade *nf*
pelage *nm*
pélagianisme *nm*
pélagie *nf*
pélagien, enne *a, n*
pélagique *a*
pélamide ou **pélamyde** *nf*
pelard *am, nm*
pélardon ou **péraldon** *nm*
pélargonium *nm*
pelé, ée *a, n*
pélécaniforme *nm*
péléen, éenne *a*
pêle-mêle ou **pêlemêle** *av, nm inv*
peler *vt, vi* ***16***
pèlerin *n*
pèlerinage *nm*
pèlerine *nf*
péliade *nf*
pélican *nm*
pelisse *nf*
pellagre *nf*
pellagreux, euse *a, n*
pelle *nf*
pelle-bêche *nf Des pelles-bêches.*
pelle-pioche *nf Des pelles-pioches.*
peller *vt* ***1***
pellet *nm*
pelletage *nm*
pelletée *nf*
pelleter *vt* ***17***
pelleterie *nf*
pelleteur, euse *n*
pelletier, ère *n*
pelliculage *nm*
pelliculaire *a*
pellicule *nf*
pelliculé, ée *a*
pelliculer *vt* ***1***
pelliculeux, euse *a*
pellucide *a*
pélobate *nm*
pélodyte *nm*
péloponnésien, enne *a, n*
pelotage *nm*
pelotari *nm*
pelote *nf*
peloter *vt* ***1***
peloteur, euse *n*
peloton *nm*
pelotonnement *nm*
pelotonner *vt, vpr* ***1***
pelouse *nf*
pelta ou **pelte** *nf*
peltaste *nm*
pelté, ée *a*
peluche *nf*
pelucher ou **plucher** *vi* ***1***
pelucherie *nf*
pelucheux, euse ou **plucheux, euse** *a*
pelure *nf*
pelvien, enne *a*
pelvis *nm*
pemmican *nm*
pemphigus *nm*
pénal, ale, aux *a, nm*
pénalement *av*
pénalisant, ante *a*
pénalisation *nf*
pénaliser *vt* ***1***
pénaliste *n*
pénalité *nf*
penalty ou **pénalty** *nm Des penaltys ou penalties.*
pénard, arde ou **peinard, arde** *a*
pénardement *av*
pénates *nm pl*
penaud, aude *a*
penchant *nm*
pencher *vt, vi, vpr* ***1***
pendable *a*
pendage *nm*
pendaison *nf*
pendant, ante *a, nm*
pendant *prép*
pendard, arde *n*
pendeloque *nf*
pendentif *nm*
penderie *nf*
pendiller *vi* ***1***
pendjabi ou **penjabi, ie** *a, n*
pendouiller *vi* ***1***
pendre *vt, vi, vpr* ***5***
pendu, ue *a, n*
pendulaire *a, n*
pendule *nf (horloge)*
pendule *nm (oscillant)*
penduler *vi* ***1***
pendulette *nf*
pêne *nm (serrure)*
pénéplaine *nf*
pénétrabilité *nf*
pénétrable *a*
pénétrant, ante *a, nf*
pénétration *nf*
pénétré, ée *a*
pénétrer *vt, vi, vpr* ***12***
pénétromètre *nm*
pénibilité *nf*
pénible *a*
péniblement *av*
péniche *nf*
pénichette *nf Nom déposé*
pénicille ou **pénicillium** *nm*
pénicillinase *nf*
pénicilline *nf*
pénicillinorésistant, ante *a*
pénien, enne *a*
pénil *nm*
péninsulaire *a*
péninsule *nf*
pénis *nm*
pénitence *nf*
pénitencerie *nf*
pénitencier *nm*
pénitent, ente *a, n*
pénitentiaire *a, nf*
pénitentiaux *am pl*
pénitentiel, elle *a, nm*
pennage *nm*
penne *nf (plume)*
penné, ée *a*
pennisetum *nm*
pennon ou **penon** *nm*
pennsylvanien, enne *a, n*
penny *nm Des pence ou pennies peniz.*
pénologie *nf*
pénologique *a*
pénombre *nf*
pensable *a*
pensant, ante *a*
pense-bête *nm Des pense-bêtes.*
pensée *nf*
penser *vt, vi, vti* ***1***
penseur *nm*
pensif, ive *a*
pension *nf*
pensionnaire *n*
pensionnat *nm*
pensionné, ée *n, a*
pensionner *vt* ***1***
pensivement *av*
penstemon ou **penstémon** *nm*
pensum *nm*
pentacorde *nm*
pentacrine *nm*
pentadactyle *a*
pentadécagone ou **pentédécagone** *nm, a*
pentaèdre *nm, a*
pentagonal, ale, aux *a*
pentagone *nm*
pentamère *a, nm*
pentamètre *nm*
pentane *nm*

pentapole *nf*
pentathlon *nm*
pentatome *nm*
pentatonique *a*
pente *nf*
pentecôtisme *nm*
pentecôtiste *n*
penthiobarbital *nm Des penthiobarbitals.*
penthotal *nm Nom déposé*
penthouse *nm*
pentode ou **penthode** *nf*
pentose *nm*
pentrite *nf*
pentryl *nm*
pentu, ue *a*
penture *nf*
penty *nm*
pénultième *a, nf*
pénurie *nf*
péon *nm*
people ou **pipole** ou **pipeule** *a inv, n inv*
pépé *nm (vieillard)*
pépée *nf (femme)*
pépère *nm, a*
pépérin *nm*
pépètes *nf pl*
pépie *nf*
pépiement *nm*
pépier *vi* ***1***
pépin *nm*
pépinière *nf*
pépiniériste *n, a*
pépite *nf*
péplum *nm*
peppermint *nm*
peps ou **pep** ou **pep's** *nm*
pepsine *nf*
peptidase *nf*
peptide *nm*
peptidique *a*
peptique *a*
peptisation *nf*
peptone *nf*
peptonisation *nf*
péquenot, otte ou **pèquenot, otte** ou **pèquenaud, aude** ou **péquenaud, aude** *n*
péquiste *a, n*
per *nm*
pérail *nm Des pérails.*
péramèle *nm*
perborate *nm*
perçage *nm*
percale *nf*
percaline *nf*
perçant, ante *a (pénétrant, aigu)*
perce *nf (trou)*
percée *nf*
percement *nm*
perce-muraille *nf Des perce-murailles.*
perce-neige *n Des perce-neiges ou perce-neige.*
perce-oreille *nm Des perce-oreilles.*
perce-pierre *nf Des perce-pierres.*
percept *nm*
percepteur, trice *a, nm*
perceptibilité *nf*
perceptible *a*
perceptiblement *av*
perceptif, ive *a*
perception *nf*
perceptionnisme *nm*
perceptuel, elle *a*
percer *vt, vi* ***10***
perceur, euse *n*
perceuse *nf*
percevable *a*
percevoir *vt* ***43***
perche *nf*
percher *vt, vi, vpr* ***1***
percheron *nm*
percheron, onne *a, n*
percheur, euse *a*
perchiste *n*
perchlorate *nm*
perchlorique *a*
perchman *nm*
perchoir *nm*
perciforme *nm*
perclus, use *a*
percnoptère *nm*
perçoir *nm*
percolateur *nm*
percolation *nf*
perçu, ue *a*
percussif, ive *a*
percussion *nf*
percussionniste *n*
percutané, ée *a*
percutant, ante *a*
percuter *vt, vi* ***1***
percuteur *nm*
perdant, ante *a, n*
perdant-perdant *a perdants-perdants*
perdition *nf*
perdre *vt, vpr* ***5***
perdreau *nm*
perdrigon *nm*
perdrix *nf*
perdu, ue *a*
perdurer *vi* ***1***
père *nm (géniteur, titre)*
pérégrination *nf*
péremption *nf*
péremptoire *a*
péremptoirement *av*
pérennant, ante *a*
pérenne *a*
pérennisation *nf*
pérenniser *vt* ***1***
pérennité *nf*
péréquation *nf*
pérestroïka ou **perestroïka** *nf*
perfectibilité *nf*
perfectible *a*
perfectif *a, nm*
perfection *nf*
perfectionnement *nm*
perfectionner *vt* ***1***
perfectionnisme *nm*
perfectionniste *n, a*
perfecto *nm Nom déposé*
perfide *a, n*
perfidement *av*
perfidie *nf*
perforage *nm*
perforant, ante *a*
perforateur, trice *a, nf*
perforation *nf*
perforer *vt* ***1***
perforeuse *nf*
performance *nf*
performant, ante *a*
performatif, ive *a, nm*
performeur, euse ou **performer** *n*
perfuser *vt* ***1***
perfusion *nf*
pergélisol *nm*
pergola *nf*
périanthe *nm*
périartérite *nf*
périarthrite *nf*
périarticulaire *a*
périastre *nm*
péribole *nm*
péricarde *nm*
péricardique *a*
péricardite *nf*
péricarpe *nm*
péricliter *vi* ***1***
péricycle *nm*
péridinien *nm*
péridot *nm*
péridotite *nf*
péridural, ale, aux *a, nf*
périéducatif, ive *a*
périf ou **périph** *nm*
périgée *nm*
périglaciaire *a*
périgordien, enne *a, nm*
périgourdin, ine *a, n*
périhélie *nm*
péri-informatique *nf, a péri-informatiques*
péril *nm*
périlleusement *av*
périlleux, euse *a*
périmé, ée *a*
périmer (se) *vpr* ***1***
périmètre *nm*
périmétrique *a*
périnatal, ale, aux *a*
périnatalité *nf*
périnatalogie *nf*
périnéal, ale, aux *a*
périnée *nm*
période *nf*

périodicité *nf*
périodiodiquement *av*
périodique *a, nm*
périoste *nm*
périostique *a*
périostite *nf*
péripatéticien, enne *a, n*
péripatéticienne *nf*
péripétie *nf*
périphérie *nf*
périphérique *a, nm*
périphlébite *nf*
périphrase *nf*
périphrastique *a*
périple *nm*
périptère *nm, a*
périr *vi 2*
périscolaire *a*
périscope *nm*
périscopique *a*
périsperme *nm*
périssabilité *nf*
périssable *a*
périssodactyle *nm*
périssoire *nf*
périssologie *nf*
péristaltique *a*
péristaltisme *nm*
péristome *nm*
péristyle *nm*
péritel *a inv Nom déposé*
péritéléphonie *nf*
péritélévision *nf*
périthèce *nm*
péritoine *nm*
péritonéal, ale, aux *a*
péritonite *nf*
périurbain, aine *a*
perle *nf*
perlé, ée *a*
perlèche ou **pourlèche** *nf*
perler *vi 1*
perliculteur, trice *n*
perliculture *nf*
perlier, ère *a*
perlimpinpin *nm*
perlingual, ale, aux *a*
perlite *nf*
perlouse ou **perlouze** *nf*
permaculture *nf*
permafrost ou **permagel** *nm*
permalloy *nm Nom déposé*
permanence *nf*
permanencier, ère *n*
permanent, ente *a, n*
permanenter *vt 1*
permanganate *nm*
perme *nf*
perméabilité *nf*
perméable *a*
perméance *nf*
permettre *vt, vpr* ***64***
permien, enne *a, nm*
permis *nm*
permissif, ive *a*
permission *nf*
permissionnaire *nm*
permissivité *nf*
permittivité *nf*
permutabilité *nf*
permutable *a*
permutation *nf*
permuter *vt, vi 1*
pernicieusement *av*
pernicieux, euse *a*
péroné *nm*
péronier, ère *a*
péronisme *nm*
péroniste *a, n*
péronnelle *nf*
péronosporale *nf*
péroraison *nf*
pérorer *vi 1*
péroreur, euse *n, a*
per os *av*
pérot *nm*
pérovskite *nf*
peroxydase *nf*
peroxyde *nm*
peroxyder *vt 1*
peroxysome *nm*
perpendiculaire *a, nf*
perpendiculairement *av*
perpendicularité *nf*
perpète (à) ou **perpette (à)** *av*
perpétration *nf*
perpétrer *vt 12*
perpétuation *nf*
perpétuel, elle *a*
perpétuellement *av*
perpétuer *vt, vpr 1*
perpétuité *nf*
perpignanais, aise *a, n*
perplexe *a*
perplexité *nf*
perquisition *nf*
perquisitionner *vt, vi 1*
perré *nm*
perron *nm*
perroquet *nm*
perruche *nf*
perruque *nf*
perruquer *vi 1*
perruquier *nm*
pers, perse *a (couleur)*
persan, ane *nm*
persan, ane *a, n*
persanophone *a, n*
perse *a, n (d'ancienne Perse, tissu)*
persécuté, ée *a, n*
persécuter *vt 1*
persécuteur, trice *a, n*
persécution *nf*
persécutoire *a*
persévérance *nf*
persévérant, ante *a*
persévération *nf*
persévérer *vi 12*
persicaire *nf*
persienne *nf*
persiflage ou **persifflage** *nm*
persifler ou **persiffler** *vt 1*
persifleur, euse ou **persiffleur, euse** *a, n*
persil *nm*
persillade *nf*
persillé, ée *a, nm*
persillère *nf*
persique *a*
persistance *nf*
persistant, ante *a*
persister *vi 1*
perso *a inv, av*
persona grata *a inv*
personnage *nm*
personnalisable *a*
personnalisation *nf*
personnaliser *vt 1*
personnalisme *nm*
personnaliste *a, n*
personnalité *nf*
personne *nf ; pr indéf m*
personnel, elle *a, nm*
personnellement *av*
personne-ressource *nf Des personnes-ressources.*
personnification *nf*
personnifié, ée *a*
personnifier *vt 1*
perspectif, ive *a*
perspective *nf*
perspicace *a*
perspicacité *nf*
perspiration *nf*
persuader *vt 1*
persuasif, ive *a*
persuasion *nf*
persuasivement *av*
persulfure *nm*
perte *nf*
pertinemment *av*
pertinence *nf*
pertinent, ente *a*
pertuis *nm*
pertuisane *nf*
perturbant, ante *a*
perturbateur, trice *a, n*
perturbation *nf*
perturber *vt 1*
pérugin, ine *a, n*
péruvien, enne *a, n*
pervenche *nf, a inv*
pervers, erse *a, n*
perversement *av*
perversion *nf*
perversité *nf*
pervertir *vt 2*
pervertissement *nm*
pesage *nm*
pesamment *av*
pesant, ante *a*
pesanteur *nf*

pèse-acide *nm Des pèse-acides.*
pèse-alcool *nm Des pèse-alcools.*
pèse-bébé *nm Des pèse-bébés.*
pesée *nf*
pèse-lait *nm Des pèse-laits ou pèse-lait.*
pèse-lettre *nm Des pèse-lettres.*
pèse-personne *nm Des pèse-personnes.*
peser *vt, vi, vti* ***15***
pèse-sirop *nm Des pèse-sirops.*
péséta ou **peseta** *nf*
pesette *nf*
péso ou **peso** *nm*
peson *nm*
pessaire *nm*
pessimisme *nm*
pessimiste *a, n*
peste *nf*
pester *vi* ***1***
pesteux, euse *a*
pesticide *nm*
pestiféré, ée *a, n*
pestilence *nf*
pestilentiel, elle *a*
pesto *nm*
pet *nm (gaz)*
pétage *nm*
pétainisme *nm*
pétainiste *a, n*
pétale *nm*
pétaloïde *a*
pétanque *nf*
pétanqueur, euse *n*
pétant, ante *a*
pétaoctet *nm*
pétaradant, ante *a*
pétarade *nf*
pétarader *vi* ***1***
pétard *nm ; am*
pétase *nm*
pétasite *nm*
pétasse *nf*
pétaudière *nf*
pétauriste *nm*
pétauroïde *nm*
pet-de-nonne *nm Des pets-de-nonne.*
pété, ée *a*
pétéchie *nf*
péter *vt, vi* ***14***
pète-sec ou **pètesec** *n, a pète-secs ou pète-sec*
péteux, euse *n*
pétillance *nf*
pétillant, ante *a*
pétillement *nm*
pétiller *vi* ***1***
pétiole *nm*
petiot, ote *a, n*
petit, ite *a, n*
petit-beurre *nm Des petits-beurres.*
petit-bois *nm Des petits-bois.*
petit-bourgeois, petite-bourgeoise *n, a petit(e)s-bourgeois(e)s*
petit-chef *nm Des petits-chefs.*
petit-déjeuner ou **petit déjeuner** *nm Des petits-déjeuners.*
petit-déjeuner *vi* ***1***
petitement *av*
petitesse *nf*
petit-fils, petite-fille *n Des petits-fils ou petites-filles.*
petit-four ou **petit four** *nm Des petits-fours.*
petit-gris *nm Des petits-gris.*
pétition *nf*
pétitionnaire *n*
pétitionner *vi* ***1***
petit-lait *nm Des petits-laits.*
petit-maître, petite-maîtresse ou **petit-maitre, petite-maitresse** *n Des petits-maîtres ou petites-maîtresses.*
petit-nègre *nm*
petit-neveu, petite-nièce *n Des petits-neveux ou petites-nièces.*
pétitoire *a, nm*
petit-pois ou **petit pois** *nm Des petits-pois.*
petit-salé ou **petit salé** *nm Des petits-salés.*
petits-enfants *nm pl*
petit-suisse *nm Des petits-suisses.*
pétochard, arde *n*
pétoche *nf*
pétocher *vi* ***1***
pétoire *nf*
pétole *nf*
peton *nm*
pétoncle *nm*
pétouiller *vi* ***1***
pétrarquisme *nm*
pétrarquiste *a, n*
pétré, ée *a*
pétrel *nm*
pétreux, euse *a*
Petri (boîte de) *nf*
pétrifiant, ante *a*
pétrification *nf*
pétrifier *vt* ***1***
pétrin *nm*
pétrir *vt* ***2***
pétrissable *a*
pétrissage *nm*
pétrisseur, euse *n*
pétrochimie *nf*
pétrochimique *a*
pétrochimiste *n*
pétrodollar *nm*
pétrogale *nm*
pétrogenèse *nf*
pétroglyphe *nm*
pétrographe *n*
pétrographie *nf*
pétrographique *a*
pétrole *nm*
pétrolette *nf*
pétroleuse *nf*
pétrolier, ère *a, nm*
pétrolifère *a*
pétrologie *nf*
pétrologique *a*
pétrologiste *n*
pétromonarchie *nf*
pétsaï ou **pe-tsai** *nm*
pétulance *nf*
pétulant, ante *a*
pétuner *vi* ***1***
pétunia *nm*
peu *av*
peucédan *nm*
peuh ! *interj*
peul *nm*
peuplade *nf*
peuple *nm*
peuplé, ée *a*
peuplement *nm*
peupler *vt* ***1***
peupleraie *nf*
peuplier *nm*
peur *nf*
peureusement *av*
peureux, euse *a, n*
peut-être *av*
peyotl *nm*
pèze ou **pèse** *nm*
pézize *nf*
pfennig *nm*
pgcd *nm*
pH *nm*
phacélie *nf*
phacochère *nm*
phacomatose *nf*
phaéton *nm*
phage *nm*
phagédénique *a*
phagocytage *nm*
phagocytaire *a*
phagocyte *nm*
phagocyter *vt* ***1***
phagocytose *nf*
phagothérapie *nf*
phalænopsis *nm*
phalange *nf*
phalanger *nm*
phalangette *nf*
phalangien, enne *a*
phalangine *nf*
phalangiste *n, a*
phalanstère *nm*
phalanstérien, enne *a, n*
phalarope *nm*
phalène *nf*
phalère *nf*
phalline *nf*
phallique *a*
phallocentrique *a*
phallocentrisme *nm*
phallocrate *nm, a*

phallocratie *nf*
phallocratique *a*
phalloïde *a*
phallus *nm*
phanère *nm*
phanérogame *nf*
phanérophyte *nm*
phanérozoïque *nf, a*
phantasme ou **fantasme** *nm*
pharamineux, euse ou **faramineux, euse** *a*
pharaon *nm*
pharaonique ou **pharaonien, enne** *a*
phare *nm (lumière)*
pharillon *nm*
pharisaïque *a*
pharisaïsme *nm*
pharisien, enne *n, a*
pharmaceutique *a*
pharmacie *nf*
pharmacien, enne *n*
pharmacochimie *nf*
pharmacochimique *a*
pharmacochimiste *n*
pharmacocinétique *nf, a*
pharmacodépendance *nf*
pharmacodépendant, ante *a, n*
pharmacodynamie *nf*
pharmacodynamique *a*
pharmacogénomique ou **pharmacogénétique** *nf, a*
pharmacognosie *nf*
pharmacologie *nf*
pharmacologique *a*
pharmacologiste *n*
pharmacologue *n*
pharmacomane *n*
pharmacomanie *nf*
pharmacopée *nf*
pharmacorésistance *nf*
pharmacorésistant, ante *a*
pharmacothèque *nf*
pharmacovigilance *nf*
pharyngal, ale, aux *a, nf*
pharyngé, ée *a*
pharyngien, enne *a*
pharyngite *nf*
pharyngolaryngite *nf*
pharynx *nm*
phasage *nm*
phase *nf*
phasé, ée *a*
phasemètre *nm*
phasianidé *nm*
phasme *nm*
phatique *a*
phelloderme *nm*
phellogène *a*
phénakistiscope *nm*
phénanthrène *nm*
phénicien *nm*
phénique *a*
phéniqué, ée *a*
phénix ou **phœnix** *nm*
phénobarbital *nm Des phénobarbitals.*
phénocristal *nm Des phénocristaux.*
phénol *nm*
phénolate ou **phénate** *nm*
phénolique *a*
phénologie *nf*
phénologique *a*
phénoménal, ale, aux *a*
phénoménalement *av*
phénoménalisme *nm*
phénoménaliste *a, n*
phénoménalité *nf*
phénomène *nm*
phénoménisme *nm*
phénoméniste *a, n*
phénoménologie *nf*
phénoménologique *a*
phénoménologue *n*
phénoplaste *nm*
phénothiazine *nf*
phénotype *nm*
phénotypique *a*
phénylalanine *nf*
phénylbutazone *nf*
phénylcétonurie *nf*
phényle *nm*
phéochromocytome *nm*
phéophycée *nf*
phéromonal, ale, aux *a*
phéromone *nf*
phi *nm*
philante ou **philanthe** *nm*
philanthrope *n*
philanthropie *nf*
philanthropique *a*
philatélie *nf*
philatélique *a*
philatéliste *n*
philharmonie *nf*
philharmonique *a*
philhellène *a, n*
philhellénisme *nm*
philippin, ine *a, n*
philippine *nf*
philippique *nf*
philistin *nm*
philistinisme *nm*
philo *nf*
philodendron *nm*
philologie *nf*
philologique *a*
philologue *n*
philosophale *af*
philosophe *n, a*
philosopher *vi 1*
philosophie *nf*
philosophique *a*
philosophiquement *av*
philtre *nm (potion)*
phimosis *nm*
phishing *nm*
phlébite *nf*
phlébographie *nf*
phlébologie *nf*
phlébologique *a*
phlébologue *n*
phlébotome *nm*
phlébotomie *nf*
phlébotonique *a, nm*
phlegmon *nm*
phlegmoneux, euse *a*
phléole ou **fléole** *nf*
phloème *nm*
phlogistique *nm*
phlomis *nm*
phlox *nm inv*
phlyctène *nf*
pH-mètre *nm Des pH-mètres.*
phô *nm*
phobie *nf*
phobique *a, n*
phocéen, enne *a, n*
phocidien, enne *a, n*
phocomèle *a, n*
phœnicoptériforme ou **phénicoptériforme** *nm*
phœnix ou **phénix** *nm*
pholade *nf*
pholidote *nm*
pholiote *nf*
pholque *nm*
phonateur, trice *a*
phonation *nf*
phonatoire *a*
phone *nm*
phonématique *nf, a*
phonème *nm*
phonémique *a*
phonéticien, enne *n*
phonétique *a, nf*
phonétiquement *av*
phonétisation *nf*
phonétiser *vt 1*
phonétisme *nm*
phoniatre *n*
phoniatrie *nf*
phoniatrique *a*
phonie *nf*
phonique *a*
phono *nm*
phonocardiographie *nf*
phonogénie *nf*
phonogénique *a*
phonogramme *nm*
phonographe *nm*
phonographique *a*
phonolite *nf*
phonolitique *a*
phonologie *nf*
phonologique *a*
phonologue *n*
phonométrie *nf*
phonométrique *a*
phonon *nm*
phonothèque *nf*
phoque *nm (animal)*

phorésie *nf*
phorétique *a*
phormium *nm*
phoronidien *nm*
phosgène *nm*
phosphatage *nm*
phosphatase *nf*
phosphate *nm*
phosphaté, ée *a*
phosphater *vt* ***1***
phosphatier, ère *a*
phosphaturie *nf*
phosphène *nm*
phosphite *nm*
phosphocalcique *a*
phospholipide *nm*
phospholipidique *a*
phosphore *nm*
phosphoré, ée *a*
phosphorer *vi* ***1***
phosphorescence *nf*
phosphorescent, ente *a*
phosphoreux, euse *a*
phosphorique *a*
phosphorisme *nm*
phosphorite *nf*
phosphorylation *nf*
phosphoryle *nf*
phosphoryler *vt* ***1***
phosphure *nm*
phot *nm*
photo *nf*
photobactérie *nf*
photobiologie *nf*
photochimie *nf*
photochimique *a*
photochrome *nm*
photochromique ou **photochrome** *a*
photochromisme *nm*
photocomposer *vt* ***1***
photocomposeuse *nf*
photocompositeur *nm*
photocomposition *nf*
photoconducteur, trice *a*
photoconduction *nf*
photocopie *nf*
photocopier *vt* ***1***
photocopieuse ou **photocopieur** *nf*
photocopillage *nm*
photodégradable *a*
photodégradation *nf*
photodiode *nf*
photoélasticimétrie *nf*
photoélasticité *nf*
photoélectricité *nf*
photoélectrique *a*
photoémetteur, trice *a*
photoémissif, ive *a*
photoémission *nf*
photoémissivité *nf*
photo-finish ou **photofinish** *nf Des photos-finish.*
photofission *nf*
photogénie *nf*
photogénique *a*
photogrammétrie *nf*
photogrammétrique *a*
photographe *n*
photographie *nf*
photographier *vt* ***1***
photographique *a*
photographiquement *av*
photograveur *nm*
photogravure *nf*
photo-interprétation *nf*
photojournalisme *nm*
photojournaliste *n*
photolithographie *nf*
photolithographique *a*
photoluminescence *nf*
photolyse *nf*
photomacrographie *nf*
photomaton *nm Nom déposé*
photomécanique *a*
photomètre *nm*
photométrie *nf*
photométrique *a*
photomicrographie *nf*
photomontage *nm*
photomultiplicateur *nm*
photon *nm*
photonique *nf, a*
photopériode *nf*
photopériodique *a*
photopériodisme *nm*
photophobie *nf*
photophone *nm*
photophore *nm*
photopile *nf*
photoprotection *nf*
photorécepteur, trice *a, nm*
photoreportage *nm*
photoreporter *n*
photorésistance *nf*
photorésistant, ante *a*
photosensibilisant, ante *a, nm*
photosensibilisation *nf*
photosensibiliser *vt* ***1***
photosensibilité *nf*
photosensible *a*
photosphère *nf*
photostoppeur, euse *n*
photostyle *nm*
photosynthèse *nf*
photosynthétique *a*
phototactisme *nm*
photothèque *nf*
photothérapie *nf*
phototropisme *nm*
phototype *nm*
phototypie *nf*
photovoltaïque *a, nm*
phragmite *nm*
phrase *nf*
phrasé *nm*
phraséologie *nf*
phraséologique *a*
phraser *vi* ***1***
phraseur, euse *n*
phrastique *a*
phratrie *nf (clans)*
phréatique *a*
phrénique *a*
phrénologie *nf*
phrénologique *a*
phrygane *nf*
phtalate *nm*
phtaléine *nf*
phtalique *a*
phtiriasis ou **phtiriase** *nm*
phtisie *nf*
phtisiologie *nf*
phtisiologique *a*
phtisiologue *n*
phtisique *a, n*
phycologie *nf*
phycologique *a*
phycologiste *n*
phycomycète *nm*
phycotoxine *nf*
phylactère *nm*
phylarque *nm*
phylétique *a*
phyllade *nm*
phyllie *nf*
phyllite *nf*
phyllode *nm*
phyllophage *a, nm*
phyllotaxie *nf*
phylloxéra *nm*
phylloxéré, ée *a*
phylloxérien, enne *a*
phylloxérique *a*
phylogenèse ou **phylogénie** *nf*
phylogénétique *a*
phylogénique *a*
phylum *nm*
physalie *nf*
physalis *nm*
physiatre *n*
physiatrie *nf*
physicalisme *nm*
physicalité *nf*
physicien, enne *n*
physicochimie *nf*
physicochimique *a*
physicochimiste *n*
physicomathématique *a, nf*
physiocrate *nm*
physiocratie *nf*
physiocratique *a*
physiognomonie *nf*
physiognomonique *a*
physiognonomiste *n*
physiologie *nf*
physiologique *a*
physiologiquement *av*
physiologiste *n*
physionomie *nf*
physionomique *a*
physionomiste *a, n*

physiopathologie *nf*
physiopathologique *a*
physiothérapeute *n*
physiothérapie *nf*
physiothérapique *a*
physique *nf (science)*
physique *a, nm (apparence)*
physiquement *av*
physocarpus *nm*
phytéléphas *nm*
phytobiologie *nf*
phytobiologique *a*
phytochimie *nf*
phytochimique *a*
phytochrome *nm*
phytocide *a, nm*
phytocosmétique *nm*
phytoépuration *nf*
phytogénétique *a*
phytogéographe *n*
phytogéographie *nf*
phytogéographique *a*
phytohormone ou **phythormone** *nf*
phytolaque ou **phytolacca** *nm*
phytoparasite *nm*
phytopathologie *nf*
phytopathologique *a*
phytopathologiste *n*
phytophage *a*
phytopharmaceutique *a*
phytopharmacie *nf*
phytophthora ou **phytophtora** *nm*
phytoplancton *nm*
phytoplanctonique *a*
phytoproduction *nf*
phytoremédiation *nf*
phytosanitaire *a*
phytosociologie *nf*
phytosociologique *a*
phytosociologue *n*
phytostérol *nm*
phytothérapeute *n*
phytothérapie *nf*
phytotoxicité *nf*
phytotoxique *a*
phytotron *nm*
phytozoaire *nm*
pi *nm (alphabet grec, nombre)*
piaf *nm*
piaffement *nm*
piaffer *vi* ***1***
piaffeur, euse *a*
piaillement *nm*
piailler *vi* ***1***
piaillerie *nf*
piailleur, euse ou **piaillard, arde** *a, n*
pian *nm*
pianissimo *av, nm*
pianiste *n*
pianistique *a*
piano *nm ; av*
piano-bar *nm Des pianos-bars.*
piano-forte ou **pianoforte** *nm inv*
pianotage *nm*
pianoter *vt, vi* ***1***
piastre *nf*
piaule *nf*
piaulement *nm*
piauler *vi* ***1***
piazza *nf*
PIB *nm*
pibale *nf*
pible (à) *a*
pic *nm (oiseau, montagne)*
pic (à) *av*
pica *nm*
picador *nm*
picage *nm*
picaillons *nm pl*
picard *nm*
picard, arde *a, n*
picardan ou **picardant** *nm*
picaresque *a*
picaro *nm*
piccolo ou **picolo** *nm*
pichenette *nf*
pichet *nm*
picholine *nf*
piciforme *nm*
pickles *nm pl*
pickpocket *nm*
pick-up ou **pickup** *nm inv*
picocentrale *nf*
picodon *nm*
picoler *vi* ***1***
picorer *vt, vi* ***1***
picot *nm*
picotage *nm*
picoté, ée *a*
picotement *nm*
picoter *vt* ***1***
picotin *nm*
picpoul ou **piquepoul** *nm*
picrate *nm*
picrique *a*
picris *nm*
picrocholine *a f*
picto-charentais, aise *a, n*
pictogramme *nm*
pictographie *nf*
pictographique *a*
pictographique *a*
pictorialisme *nm*
pictorialiste *a, n*
pictural, ale, aux *a*
pic-vert ou **pivert** *nm Des pics-verts.*
pidgin *nm*
pie *nf, a inv (oiseau, robe)*
pie *af (pieuse)*
pièce *nf*
piécette *nf*
pied *nm*
pied-à-terre *nm inv*
pied-bleu *nm Des pieds-bleus.*
pied-bot *nm Des pieds-bots.*
pied-d'alouette *nm Des pieds-d'alouette.*
pied-de-biche *nm Des pieds-de-biche.*
pied-de-cheval *nm Des pieds-de-cheval.*
pied-de-loup *nm Des pieds-de-loup.*
pied-de-mouton *nm Des pieds-de-mouton.*
pied-de-nez ou **pied de nez** *nm Des pieds-de-nez.*
pied-de-poule *nm, a inv pieds-de-poule*
pied-de-roi *nm Des pieds-de-roi.*
pied-de-veau *nm Des pieds-de-veau.*
pied-droit ou **piédroit** *nm Des pieds-droits.*
piédestal *nm Des piédestaux.*
pied-fort *nm Des pieds-forts.*
pied-noir *a, n pieds-noirs*
piédouche *nm*
pied-plat *nm Des pieds-plats.*
pieds-paquets ou **pieds-et-paquets** *nm pl*
piège *nm*
piégeage *nm*
piéger *vt* ***13***
piégeur, euse *n*
piégeux, euse *a*
pie-grièche *nf Des pies-grièches.*
pie-mère *nf Des pies-mères.*
piémont ou **piedmont** *nm*
piémontais, aise *a, n*
piercé, ée *a, n*
pierceur, euse *n*
piercing *nm*
piéride *nf*
piéris *nm*
pierraille *nf*
pierre *nf*
pierrée *nf*
pierreries *nf pl*
pierreux, euse *a*
pierrier *nm*
pierrot *nm*
pierrotin, ine *a, n*
pieta ou **pietà** *nf, a*
piétaille *nf*
piété *nf*
piétement *nm*
piéter *vi* ***14***
piétin *nm*
piétinement *nm*
piétiner *vt, vi* ***1***
piétisme *nm*
piétiste *n, a*
piéton, onne *n, a*
piétonnier, ère *a*
piétonnisation *nf*
piétonniser *vt* ***1***
piétrain *nm*
piètre *a*
piètrement *av*
pieu *nm*
pieusement *av*

pieuter (se) *vpr* ***1***
pieuvre *nf*
pieux, pieuse *a*
pièze *nf*
piézoélectricité *nf*
piézoélectrique *a*
piézographe *nm*
piézomètre *nm*
piézométrie *nf*
piézométrique *a*
pif *nm*
pif ! *interj*
pifer ou **piffer** *vt* ***1***
pifomètre *nm*
pifométrique *a*
pige *nf*
pigeon *nm*
pigeonnage *nm*
pigeonnant, ante *a*
pigeonne *nf*
pigeonneau *nm*
pigeonner *vt* ***1***
pigeonnier *nm*
piger *vt, vi* ***11***
pigiste *n*
pigment *nm*
pigmentaire *a*
pigmentation *nf*
pigmenter *vt* ***1***
pigne *nf*
pignocher *vi* ***1***
pignon *nm*
pignoratif, ive *a*
pignouf *nm*
pilaf *nm*
pilage *nm*
pilaire *a*
pilarisation *nf*
pilastre *nm*
pilates *nm Nom déposé*
pilchard *nm*
pile *nf ; av*
pile-poil *av*
piler *vt, vi* ***1***
pilet *nm*
pileur, euse *a, n*
pileux, euse *a*
pilier *nm*
pilifère *a*
pili-pili *nm inv*
pilipino *nm*
pillage *nm*
pillard, arde *a, n*
piller *vt* ***1***
pilleur, euse *n*
pillow-lava *nm Des pillow-lavas.*
pilocarpe *nm*
pilocarpine *nf*
pilomoteur, trice *a*
pilon *nm*
pilonnage *nm*
pilonner *vt* ***1***
pilori *nm*
pilosébacé, ée *a*
piloselle *nf*
pilosisme *nm*
pilosité *nf*
pilot *nm*
pilotage *nm*
pilote *n*
piloter *vt* ***1***
pilotin *nm*
pilotis *nm*
pilou *nm*
pilpil *nm*
pilpoul *nm*
pilulaire *a, nm*
pilule *nf*
pilulier *nm*
pilum *nm*
pimbêche *nf*
pimbina *nm*
piment *nm*
pimenter *vt* ***1***
pimpant, ante *a*
pimpin *nm*
pimprenelle *nf*
pin *nm (arbre)*
pinacée *nf*
pinacle *nm*
pinacothèque *nf*
pinaillage *nm*
pinailler *vi* ***1***
pinailleur, euse *n, a*
pinard *nm*
pinardier *nm*
pinasse *nf*
pinastre *nm*
pinçage *nm*
pinçard, arde *a*
pince *nf*
pincé, ée *a*
pinceau *nm*
pinceautage *nm*
pinceauter *vt* ***1***
pincée *nf*
pince-fesse ou **pince-fesses** *nm Des pince-fesses.*
pincelier *nm*
pincement *nm*
pince-monseigneur *nf Des pinces-monseigneur.*
pince-nez *nm inv*
pincer *vt* ***10***
pince-sans-rire *n inv*
pincette *nf*
pinçon *nm (pincement)*
pinéal, ale, aux *a*
pineau *nm (vin)*
pinède *nf*
pingouin *nm*
ping-pong ou **pingpong** *nm inv*
pingre *n, a*
pingrerie *nf*
pinne *nf*
pinnipède *nm*
pinnothère *nm*
pinnule *nf*
pinocytose *nf*
pinot *nm (vigne)*
pinotage *nm*
pinoter *vi* ***1***
pin's *nm inv*
pinscher *nm*
pinson *nm (oiseau)*
pinsut *n*
pintade *nf*
pintadeau *nm*
pintadine *nf*
pinte *nf*
pinter *vpr* ***1***
pin-up ou **pinup** *nf inv*
pinyin *nm*
piochage *nm*
pioche *nf*
piocher *vt* ***1***
piocheur, euse *a*
piolet *nm*
pion *nm (pièce)*
pion, pionne *n*
pioncer *vi* ***10***
pionnier, ère *n, a*
pioupiou *nm*
pipa *nm*
pipe *nf*
pipeau *nm*
pipeauter *vt* ***1***
pipée *nf*
pipelet, ette *n*
pipeline *nm*
piper *vt* ***1***
pipéracée *nf*
piperade *nf*
piper-cub ou **pipercub** *nm Des piper-cubs.*
piperie *nf*
pipéronal *nm Des pipéronals.*
pipette *nf*
pipi *nm*
pipier, ère *n, a*
pipistrelle *nf*
pipit *nm*
pipo *n*
pipole ou **people** ou **pipeule** *a inv,n inv*
pipolisation ou **peopolisation** *nf*
piquage *nm*
piquant, ante *a, nm*
pique *n (arme, moquerie)*
piqué, ée *a, nm*
pique-assiette *n Des pique-assiettes.*
pique-bœuf *nm Des pique-bœufs.*
pique-feu *nm Des pique-feux.*
pique-fleur *nm Des pique-fleurs.*
pique-nique ou **piquenique** *nm Des pique-niques.*
pique-niquer ou **piqueniquer** *vi* ***1***
piqueniqueur, euse *n*
pique-niqueur, euse *n*
pique-note *nm Des pique-notes.*
piquer *vt, vi, vpr* ***1***

piquet *nm (pieu, punition)*
piquetage *nm*
piqueter *vt, vi* ***17***
piqueteur, euse *n*
piquette *nf*
piqueur, euse *n, a*
piquier *nm*
piquillo *nm*
piqûre ou **piqure** *nf*
piranha ou **piraya** *nm*
piratage *nm*
pirate *nm, a*
pirater *vt, vi* ***1***
piraterie *nf*
pire *a, nm*
piriforme *a*
pirogue *nf*
piroguier *nm*
pirojki *nm*
pirole ou **pyrole** *nf*
pironeau *nm Des pironeaux.*
piroplasmose *nf*
pirouettant, ante *a*
pirouette *nf*
pirouetter *vi* ***1***
pis *nm ; av, a (mamelle)*
pis-aller *nm inv*
piscicole *a*
pisciculteur, trice *n*
pisciculture *nf*
pisciforme *a*
piscine *nf*
pisciniste *n*
piscivore *a, nm*
pisco *nm*
pisé *nm*
pisidie *nf*
pisiforme *a, n*
pisolithe ou **pisolite** *nf*
pisolithique ou **pisolitique** *a*
pissaladière *nf*
pissat *nm*
pisse *nf*
pisse-copie *n Des pisse-copies.*
pisse-froid *nm Des pisse-froids.*
pissement *nm*
pissenlit *nm*
pisser *vt* ***1***
pissette *nf*
pisseur, euse *n*
pisseux, euse *a*
pisse-vinaigre *nm Des pisse-vinaigres.*
pissoir *nm*
pissotière *nf*
pistache *nf, a inv*
pistachier *nm*
pistage *nm*
pistard, arde *n*
piste *nf*
pister *vt* ***1***
pisteur, euse *n*
pistil *nm*
pistillaire *a*
pistole *nf*
pistoléro ou **pistolero** *nm*
pistolet *nm*
pistolet-mitrailleur *nm Des pistolets-mitrailleurs.*
pistoleur, euse *n*
pistolier, ère *n*
piston *nm*
pistonner *vt* ***1***
pistou *nm*
pita *nm*
pitance *nf*
pitbull *nm*
pitch *nm*
pitchoun, e ou **pitchounet, ette** *n*
pitchpin *nm*
pite *nf*
piteusement *av*
piteux, euse *a*
pithécanthrope *nm*
pithiatique *a*
pithiatisme *nm*
pithiviers *nm*
pitié *nf*
piton *nm (pointe)*
pitonnage *nm*
pitonner *vt, vi* ***1***
pitoyable *a*
pitoyablement *av*
pitre *nm*
pitrerie *nf*
pittoresque *a, nm*
pittoresquement *av*
pittosporum *nm*
pituitaire *a*
pituite *nf*
pityriasis *nm*
più *av*
pive *nf*
pivert ou **pic-vert** *nm*
pivoine *nf*
pivot *nm*
pivotant, ante *a*
pivotement *nm*
pivoter *vi* ***1***
pixel *nm*
pixélisé, ée ou **pixellisé, ée** *a*
pizza *nf*
pizzaiolo *nm*
pizzeria ou **pizzéria** *nf*
pizzicato *nm Des pizzicatos ou pizzicati.*
PJ *nf*
placage *nm*
placard *nm*
placardage *nm*
placarder *vt* ***1***
placardisation *nf*
placardiser *vt* ***1***
place *nf*
placé, ée *a*
placébo ou **placebo** *nm*
placébothérapie *nf*
placement *nm*
placenta *nm*
placentaire *a, nm*
placentation *nf*
placer *vt, vpr* ***10***
placet *nm*
placette *nf*
placeur, euse *nm*
placide *a*
placidement *av*
placidité *nf*
placier, ère *n*
placoderme *nm*
placoplâtre *nm Nom déposé*
placotage *nm*
placoter *vi*
plafond *nm*
plafonnage *nm*
plafonnant, ante *a*
plafonné, ée *a*
plafonnement *nm*
plafonner *vt, vi* ***1***
plafonneur *nm*
plafonnier *nm*
plagal, ale, aux *a*
plage *nf*
plagiaire *n*
plagiat *nm*
plagier *vt* ***1***
plagioclase *nm*
plagiste *n*
plaid *nm*
plaidable *a*
plaidant, ante *a*
plaider *vt, vi* ***1***
plaider-coupable *nm Des plaider-coupables.*
plaideur, euse *n*
plaidoirie *nf*
plaidoyer *nm*
plaie *nf*
plaignant, ante *n, a*
plain *nm*
plain-chant *nm Des plains-chants.*
plaindre *vt, vpr* ***57***
plaine *nf*
plain-pied (de) *av*
plainte *nf (lamentation)*
plaintif, ive *a*
plaintivement *av*
plaire *vi, vti, vpr* ***68***
plaisamment *av*
plaisance *nf*
plaisancier, ère *n*
plaisant, ante *a, nm*
plaisanter *vt, vi* ***1***
plaisanterie *nf*
plaisantin *nm*
plaisir *nm*
plan *nm (surface, schéma)*
plan, ane *a*
planage *nm*
planaire *nf*
planant, ante *a*
plancha *nf*

planche *nf*
planche-contact *nf Des planches-contacts.*
planchéiage *nm*
planchéier *vt* ***1***
plancher *vi* ***1***
plancher *nm*
planchette *nf*
planchiste *n*
plançon *nm*
plan-concave *a plan-concaves*
plan-convexe *a plan-convexes*
plancton *nm*
planctonique *a*
plane *nf*
plané *am*
planéité *nf*
planémo *nm*
planer *vt, vi* ***1***
planétaire *a, nm*
planétairement *av*
planétarisation *nf*
planétariser *vt* ***1***
planétarium *nm*
planète *nf*
planétésimal *nm Des planétésimaux.*
planétoïde *nm*
planétologie *nf*
planétologique *a*
planétologue *n*
planeur, euse *n*
planeur *nm*
planèze *nf*
planifiable *a*
planificateur, trice *a, n*
planification *nf*
planifier *vt* ***1***
planimètre *nm*
planimétrie *nf*
planimétrique *a*
planisme *nm*
planisphère *nm*
planiste *a, n*
plan-masse *nm Des plans-masses.*
plan-média *nm Des plans-médias.*
planneur, euse *n*
planning *nm*
planoir *nm*
planorbe *nf*
plan-plan *av, a inv*
planque *nf*
planqué, ée *n*
planquer *vt, vi* ***1***
plan-relief *nm Des plans-reliefs.*
plan-séquence *nm Des plans-séquences.*
plansichter *nm*
plant *nm (jeune plante)*
plantage *nm*
plantaginacée *nf*
plantain *nm*
plantaire *a*
plantation *nf*
plante *nf*
planter *vt, vpr* ***1***
planteur *nm*
planteuse *nf*
plantigrade *a, nm*
plantoir *nm*
planton *nm*
plantule *nf*
plantureusement *av*
plantureux, euse *a*
plaquage *nm*
plaque *nf*
plaqué *nm*
plaquemine *nf*
plaqueminier *nm*
plaquer *vt* ***1***
plaquettaire *a*
plaquette *nf*
plaqueur, euse *n*
plaquiste *n*
plasma *nm*
plasmagène *a*
plasmalemme *nm*
plasmaphérèse *nf*
plasmatique *a*
plasmide *nf*
plasmifier *vt* ***2***
plasmine *nf*
plasminogène *nm*
plasmique *a*
plasmochimie *a*
plasmocytaire *a*
plasmocyte *nm*
plasmocytose *nf*
plasmode *nm*
plasmodium *nm*
plasmolyse *nf*
plasmopara *nm*
plaste *nm*
plastic *nm (explosif)*
plasticage *nm*
plasticien, enne *n*
plasticité *nf*
plasticulture *nf*
plastie *nf*
plastifiant, ante *a, nm*
plastification *nf*
plastifier *vt* ***1***
plastiline *nf*
plastination *nf*
plastiner *vt*
plastiquage *nm*
plastique *a, n (matière, art)*
plastiquement *av*
plastiquer *vt* ***1***
plastiqueur, euse *n*
plastron *nm*
plastronner *v* ***1***
plasturgie *nf*
plasturgique *a*
plasturgiste *n*
plat, plate *a, nm (uniforme, vaisselle, repas)*
plat *nm (vaisselle, repas)*
platane *nm*
plataniste *nm*
plat-bord *nm Des plats-bords.*
plate *nf*
plateau *nm*
plateau-repas *nm Des plateaux-repas.*
plate-bande ou **platebande** *nf Des plates-bandes.*
platée *nf*
plate-forme ou **plateforme** *nf Des plates-formes.*
platement *av*
plathelminthe *nm*
platier *nm*
platinage *nm*
platine *nf (horlogerie, microscope)*
platine *nm, a inv (métal)*
platiné, ée *a*
platiner *vt* ***1***
platinifère *a*
platinite *nm*
platinoïde *nm*
platitude *nf*
platonicien, enne *a, n*
platonique *a*
platoniquement *av*
platonisme *nm*
plâtrage *nm*
plâtras *nm*
plâtre *nm*
plâtrer *vt* ***1***
plâtrerie *nf*
plâtreux, euse *a*
plâtrier *nm*
plâtrière *nf*
platycerium *nm*
platyrhinien *nm*
plausibilité *nf*
plausible *a*
plausiblement *av*
play-back ou **playback** *nm inv*
play-boy ou **playboy** *nm Des play-boys.*
playlist *nf*
playmate *nf*
playoff *nm inv*
plèbe *nf*
plébéien, enne *a, n*
plébiscitaire *a*
plébiscite *nm*
plébisciter *vt* ***1***
plectre *nm*
pléiade *nf*
plein, pleine *a, prép, nm*
plein-air *nm inv*
pleinement *av*
plein-emploi ou **plein emploi** *nm sing*
plein-jeu *nm Des pleins-jeux.*
plein-temps *nm Des pleins-temps.*
plein-vent *nm Des pleins-vents.*
pléistocène *nm, a*
plénier, ère *a*
plénipotentiaire *nm*

plénitude *nf*
plénum *nm*
pléonasme *nm*
pléonastique *a*
plésiosaure *nm*
pléthore *nf*
pléthorique *a*
pleurage *nm*
pleural, ale, aux *a*
pleurant *nm*
pleurard, arde *a, n*
pleurer *vt, vi* ***1***
pleurésie *nf*
pleurétique *a, n*
pleureur, euse *a*
pleureuse *nf*
pleurite *nf*
pleurnichage *nm*
pleurnichard, arde *a, n*
pleurnichement *n*
pleurnicher *vi* ***1***
pleurnicherie *nf*
pleurnicheur, euse *n*
pleurodèle *nm*
pleuronectiforme *nm*
pleuropneumonie *nf*
pleurote *nm*
pleurs *nm pl*
pleutre *nm, a*
pleutrerie *nf*
pleuvasser ou **pleuvoter** ou **pleuvioter** ou **pleuviner** ou **pluviner** *v impers* ***1***
pleuvoir *vi* ***38***
plèvre *nf*
plexiglas *nm Nom déposé*
plexus *nm*
pleyon ou **plion** *nm*
pli *nm (ondulation, lettre)*
pliable *a*
pliage *nm*
pliant, ante *a, nm*
plie *nf (poisson)*
plié *nm*
plier *vt, vi, vpr* ***1***
plieur, euse *n*
plinthe *nf (décoration)*
pliocène *nm, a*
plioir *nm*
plissage *nm*
plissé, ée *a, nm*
plissement *nm*
plisser *vt, vi* ***1***
plisseur, euse *n*
plissure *nf*
pliure *nf*
ploc ! *interj*
plocéidé *nm*
ploiement *nm*
plomb *nm*
plombage *nm*
plombaginacée *nf*
plombagine *nf*
plombe *nf*
plombé, ée *a*
plombée *nf*
plombémie *nf*
plomber *vt, vpr* ***1***
plomberie *nf*
plombeur *nm*
plombier, ère *n*
plombières *nf*
plombifère *a*
plombure *nf*
plonge *nf*
plongeant, ante *a*
plongée *nf*
plongement *nm*
plongeoir *nm*
plongeon *nm*
plonger *vt, vi, vpr* ***11***
plongeur, euse *nm*
plot *nm*
plouc *n, a*
plouf *interj, nm*
ploutocrate *n*
ploutocratie *nf*
ploutocratique *a*
ployable *a*
ployer *vt, vi* ***22***
PLU *nm*
plucher ou **pelucher** *vi* ***22***
pluches *nf pl*
plucheux, euse ou **pelucheux, euse** *a*
plug-in *nm inv*
pluie *nf*
plumage *nm*
plumaison *nf*
plumard *nm*
plumasserie *nf*
plumassier, ère *n, a*
plumbago *nm*
plume *nf*
plumeau *nm*
plumer *vt* ***1***
plumet *nm*
plumetis *nm*
plumette *nf*
plumeux, euse *a*
plumier *nm*
plumitif *nm*
plum-pudding ou **plumpudding** *nm Des plum-puddings.*
plumule *nf*
plupart (la) *nf*
plural, ale, aux *a*
pluralisation *nf*
pluraliser *vt* ***1***
pluralisme *nm*
pluraliste *a*
pluralité *nf*
pluriactif, ive *a*
pluriactivité *nf*
pluriannualité *nf*
pluriannuel, elle *a*
pluricausal, ale, aux *a*
pluricellulaire *a, nm*
pluricentrique *a*
pluricentrisme *nm*
pluricitoyenneté *nf*
pluriculturel, elle *a*
pluridimensionnel, elle *a*
pluridisciplinaire *a*
pluridisciplinarité *nf*
pluriel, elle *nm, a*
pluriethnicité *nf*
pluriethnique *a*
plurifonctionnel, elle *a*
plurilatéral, ale, aux *a*
plurilingue *a, n*
plurilinguisme *nm*
plurimédia *a, nm*
plurinational, ale, aux *a*
plurinationalité *nf*
plurinominal, ale, aux *a*
plurinucléé, éee *a*
pluripartisme *nm*
pluripotent, ente *a*
plurivalence *nf*
plurivalent, ente *a*
plurivoque *a*
plus *av, nm, conj (addition, négation)*
plusieurs *a, pr*
plus-produit *nm Des plus-produits.*
plus-que-parfait *nm*
plus-value *nf Des plus-values.*
pluton *nm*
plutonien, enne *a*
plutonigène *a*
plutonique *a*
plutonisme *nm*
plutoniste *a, n*
plutonium *nm*
plutôt *av*
pluvial, ale, aux *a, nm*
pluvian *nm*
pluvier *nm*
pluvieux, euse *a*
pluviomètre *nm*
pluviométrie *nf*
pluviométrique *a*
pluviôse *nm*
pluviosité *nf*
PLV *nf*
PME *nf*
PMI *nf*
PMU *nm Nom déposé*
PNB *nm*
pneu *nm*
pneumallergène *nm*
pneumatique *a, nm*
pneumatophore *nm*
pneumectomie ou **pneumonectomie** *nf*
pneumoconiose *nf*
pneumocoque *nm*
pneumocystose *nf*
pneumogastrique *a, nm*
pneumographie *nf*
pneumologie *nf*

pneumologique *a*
pneumologue *n*
pneumonie *nf*
pneumonique *a, n*
pneumopathie *nf*
pneumopéritoine *nm*
pneumothorax *nm*
pochade *nf*
pochage *nm*
pochard, arde *n*
pocharder (se) *vpr* ***1***
poche *n*
pocher *vt, vi* ***1***
pochetée *nf*
pochetron, onne *n*
pochette *nf*
pochette-surprise *nf Des pochettes-surprises.*
pocheuse *nf*
pochoir *nm*
pochoiriste *n*
pochon *nm*
pochothèque *nf*
podagre *a, n*
podaire *nf*
podcast *nm*
podcastable *a*
podcaster *vt* ***1***
podcasteur, euse *n*
podcasting *nm*
podestat *nm*
podgoricien, enne *a, n*
podiatre *n*
podiatrie *nf*
podiatrique *a*
podium *nm*
podologie *nf*
podologique *a*
podologue *n*
podomètre *nm*
podotactile *a*
podzol *nm*
podzolique *a*
podzolisation *nf*
pœcile *nm*
poêle *nm (chauffage, drap)*
poêle *nf (ustensile de cuisine)*
poêlée *nf*
poêler *vt* ***1*** *(cuire)*
poêlon *nm*
poème *nm*
poésie *nf*
poète *n*
poétesse *nf*
poétique *a, nf*
poétiquement *av*
poétisation *nf*
poétiser *vt* ***1***
pogne *nf*
pognon *nm*
pogo *nm*
pogonophore *nm*
pogrom ou **pogrome** *nm*
pogromiste *n*
poids *nm (masse)*
poids lourd *nm*
poignant, ante *a*
poignard *nm*
poignarder *vt* ***1***
poigne *nf*
poignée *nf (quantité)*
poignet *nm (anatomie)*
poignet-éponge *nm Des poignets-éponges.*
poïkilotherme ou **pœcilotherme** *a, nm*
poil *nm (pilosité)*
poilade *nf*
poilant, ante *a*
poiler (se) *vpr* ***1*** *(rire)*
poilu, ue *a, nm*
poinçon *nm*
poinçonnage *nm*
poinçonnement *nm*
poinçonner *vt* ***1***
poinçonneur, euse *n*
poindre *vt, vi* ***62***
poing *nm (main)*
poinsettia *nm*
point *nm ; av (signe, sujet, lieu)*
pointage *nm*
point de vue *nm Des points de vue.*
point d'orgue *nm Des points d'orgue.*
pointe *nf*
pointeau *nm*
pointer *v* ***1***
pointer *nm*
pointeur, euse *n*
pointillage *nm*
pointillé *nm*
pointiller *vt* ***1***
pointilleux, euse *a*
pointillisme *nm*
pointilliste *n, a*
point-presse *nm Des points-presses.*
pointu, ue *a, nm*
pointure *nf*
point-virgule *nm Des points-virgules.*
poire *nf, a*
poiré *nm*
poireau *nm*
poireauter *vi* ***1***
poirée *nf*
poirier *nm*
pois *nm (plante, rond)*
poiscaille *nf*
poise *nf*
poiseuille *nm*
poison *nm*
poissard, arde *nf, a*
poisse *nf*
poisser *vt* ***1***
poisseux, euse *a*
poisson *nm*
poissonnerie *nf*
poissonneux, euse *a*
poissonnier, ère *n*
poitevin *nm*
poitevin, ine *a, n*
poitrail *nm*
poitrinaire *a, n*
poitrine *nf*
poivrade *nf*
poivre *nm*
poivrer *vt* ***1***
poivrier *nm*
poivrière *nf*
poivron *nm*
poivrot, ote *n*
poix *nf (matière visqueuse)*
poker *nm*
polacre *nf*
polaire *a, nf*
polaque *nm*
polar *nm (policier)*
polard, arde *a, n (obnubilé)*
polarimètre *nm*
polarimétrie *nf*
polarisable *a*
polarisant, ante *a*
polarisateur, trice *a*
polarisation *nf*
polariscope *nm*
polariser *vt, vpr* ***1***
polariseur *nm*
polarité *nf*
polarographie *nm*
polaroid *nm Nom déposé*
polatouche *nm*
polder *nm*
poldérisation *nf*
poldériser *vt* ***1***
pôle *nm*
polémarque *nm*
polémique *a, nf*
polémiquer *vi* ***1***
polémiste *n*
polémologie *nf*
polémologique *a*
polenta *nf*
poléophile *a*
pole position *nf Des pole positions.*
poli, ie *a ; nm*
police *nf*
policé, ée *a*
policeman *nm Des policemans ou policemen.*
policer *vt* ***10***
polichinelle *nm*
policier, ère *a, n*
policlinique *nf*
poliment *av*
polio *n*
poliomyélite *nf*
poliomyélitique *a, n*
poliorcétique *a, nf*
polir *vt* ***2***
polissable *a*
polissage *nm*

polissoir *nm*
polissoire *nf*
polisson, onne *n, a*
polissonner *vi*
polissonnerie *nf*
poliste *n*
politesse *nf*
politicaillerie *nf*
politicard, arde *n, a*
politicien, enne *n, a*
politique *a, n*
politique-fiction *nf*
politiquement *av*
politisation *nf*
politiser *vt* ***1***
politiste *n*
politologie *nf*
politologique *a*
politologue *n*
poljé *nm*
polka *nf*
pollakiurie *nf*
pollen *nm*
pollicitation *nf*
pollinie *nf*
pollinifère *a*
pollinique *a*
pollinisateur, trice *a*
pollinisation *nf*
pollinose *nf*
polluant, ante *a, nm*
polluer *vt* ***1***
pollueur, euse *a, n*
pollupostage *nm*
polluposteur *nm*
pollution *nf*
polo *nm*
polochon *nm*
polonais *nm*
polonais, aise *a, n*
polonaise *nf*
polonium *nm*
poltron, onne *a, n*
poltronnerie *nf*
poly *nm*
polyacétal *nm*
polyacide *nm*
polyacrylique *a, nm*
polyaddition *nf*
polyalcool *nm*
polyamide *nm*
polyamine *nf*
polyandre *a, n*
polyandrie *nf*
polyarthrite *nf*
polyarthritique *a, n*
polyatomique *a*
polybutadiène *nm*
polycarbonate *nm*
polycarpique *a*
polycentrique *a*
polycentrisme *nm*
polycéphale *a*
polychète *nm*
polychimiothérapie *nf*
polychlorure *nm*
polychroïsme *nm*
polychrome *a*
polychromie *nf*
polyclinique *nf*
polycondensat *nm*
polycondensation *nf*
polyconsommateur, trice *n*
polyconsommation *nf*
polycopie *nf*
polycopié, ée *a, nm*
polycopier *vt* ***1***
polycristal *nm*
polycristallin, ine *a*
polyculture *nf*
polycyclique *a*
polydactyle *a*
polydactylie *nf*
polydipsie *nf*
polyèdre *nm, a*
polyédrique *a*
polyembryonie *nf*
polyester *nm*
polyéthylène *nm*
polyfonctionnel, elle *a*
polygala ou **polygale** *nm*
polygame *a, n*
polygamie *nf*
polygamique *a*
polygénique *a*
polygénisme *nm*
polygéniste *n*
polyglobulie *nf*
polyglotte *a, n*
polygonacée *nf*
polygonal, ale, aux *a*
polygonation *nf*
polygone *nm*
polygraphe *n*
polygyne *a, n*
polygynie *nf*
polyhandicapé, ée *a, n*
polyholoside *nm*
polyinsaturé, ée *a*
polyinstrumentiste *n*
polymédication *nf*
polymérase *nf*
polymère *a, nm*
polymérie *nf*
polymérique *a*
polymérisable *a*
polymérisation *nf*
polymériser *vt, vi* ***1***
polymétallique *a*
polymorphe *a*
polymorphisme *nm*
polynésien *nm*
polynésien, enne *a, n*
polynévrite *nf*
polynôme *nm*
polynomial, ale, aux *a*
polynucléaire *a, nm*
polynucléotide *nm*
polyol *nm*
polyoléfine *nf*
polyoside *nm*
polypathologie *nf*
polypathologique *a*
polype *nm*
polypensionné, ée *a, n*
polypeptide *nm*
polypeptidique *a*
polypétale *a*
polypeux, euse *a*
polyphasé, ée *a*
polyphénol *nm*
polyphonie *nf*
polyphonique *a*
polyphoniste *n*
polyphosphate *nm*
polypier *nm*
polyplacophore *nm*
polyploïde *a*
polyploïdie *nf*
polypnée *nf*
polypode *nm*
polypodiacée *nf*
polypore *nm*
polypose *nf*
polyprène *nm*
polypropylène *nm*
polyptère *nm*
polyptyque *nm*
polyradiculonévrite *nf*
polysaccharide ou **polysaccaride** *nm*
polysémie *nf*
polysémique *a*
polysensorialité *nf*
polysensoriel, elle *a*
polystyle *a*
polystyrène *nm*
polysulfure *nm*
polysyllabe ou **polysyllabique** *a, nm*
polysynodie *nf*
polysynthétique *a*
polytechnicien, enne *n*
polytechnique *a, nf*
polythéisme *nm*
polythéiste *a, n*
polythérapie *nf*
polytonal, ale, als *a*
polytonalité *nf*
polytoxicomane *n*
polytoxicomanie *nm*
polytransfusé, ée *a, n*
polytraumatisé, ée *a, n*
polytraumatisme *nm*
polytric *nm*
polyuréthane ou **polyuréthanne** *nm*
polyurie *nf*
polyurique *a*
polyvalence *nf*
polyvalent, ente *a, nf*
polyvinyle *nm*

polyvinylique *a*
pomélo ou **pomelo** *nm*
poméranien, enne *a, n*
pomerium *nm*
pomerol *nm*
pomiculteur, trice *n*
pomiculture *nf*
pommade *nf*
pommader *vt* ***1***
pommard *nm*
pomme *nf*
pommé, ée *a*
pommeau *nm*
pomme de terre *nf*
pommelé, ée *a*
pommeler (se) *vpr* ***16***
pommelle *nf*
pommer *vi* ***1***
pommeraie *nf*
pommette *nf*
pommier *nm*
pomologie *nf*
pomologique *a*
pomologue *n*
pompadour *a inv, nm*
pompage *nm*
pompe *nf*
pomper *vt* ***1***
pompette *a*
pompeusement *av*
pompeux, euse *a*
pompier, ère *a, nm*
pompier *nm*
pompiérisme *nm*
pompile *nm*
pompiste *n*
pom-pom girl *nf*
pompon *nm*
pomponner *vt* ***1***
ponant *nm*
ponçage *nm*
ponce *nf*
ponceau *nm, a inv*
poncer *vt* ***10***
ponceur, euse *n (ouvrier, outil)*
ponceux, euse *a (de la ponce)*
ponch ou **punch** *nm (boisson)*
poncho *nm*
poncif *nm*
ponction *nf*
ponctionner *vt* ***1***
ponctualité *nf*
ponctuation *nf*
ponctuel, elle *a*
ponctuellement *av*
ponctuer *vt* ***1***
pondaison *nf*
pondérable *a*
pondéral, ale, aux *a*
pondérateur, trice *a*
pondération *nf*
pondéré, ée *a*
pondérer *vt* ***12***
pondéreux, euse *a*
pondeur, euse *a, nf*
pondichérien, enne *a, n*
pondoir *nm*
pondre *vt* ***5***
ponette *nf*
poney *nm*
poney-club *nm Des poneys-clubs.*
pongé ou **pongée** *nm*
pongidé *nm*
pongiste *n*
ponot, ote *a, n*
pont *nm*
pontage *nm*
pont-canal *nm Des ponts-canaux.*
ponte *nm (hiérarque)*
ponte *nf (œufs)*
ponté, ée *a*
pontée *nf*
ponter *vt, vi* ***1***
pontet *nm*
pontier *nm*
pontife *nm*
pontifiant, ante *a*
pontifical, ale, aux *a, nm*
pontificat *nm*
pontifier *vi* ***1***
pontil *nm*
pont-l'évêque *nm inv*
pont-levis *nm Des ponts-levis.*
pontoisien, enne *a, n*
ponton *nm*
pontonnier *nm*
pool *nm (groupe)*
poolage *nm*
pop *nf, a inv*
pop'art *nm*
pop-corn ou **popcorn** *nm inv*
pope *nm (prêtre)*
popeline *nf*
popinée *nf*
poplité, ée *a*
pop music *nf*
popote *nf, a inv*
popotin *nm*
poppers *nf pl*
populace *nf*
populacier, ère *a*
populage *nm*
populaire *a*
populairement *av*
popularisation *nf*
populariser *vt* ***1***
popularité *nf*
population *nf*
populationnisme *nm*
populationniste *a, n*
populéum *nm*
populeux, euse *a*
populisme *nm*
populiste *a, n*
populo *nm*
pop-up *nm inv*
poquer *vi* ***1***
poquet *nm*
porc *nm (cochon)*
porcelaine *nf*
porcelainerie *nf*
porcelainier, ère *a, n*
porcelet *nm*
porc-épic *nm Des porcs-épics.*
porchaison *nf*
porche *nm*
porcher, ère *n*
porcherie *nf*
porcin, ine *a, nm*
pore *nm (trou)*
poreux, euse *a*
porion *nm*
porno *a, nm*
pornographe *n*
pornographie *nf*
pornographique *a*
porosité *nf*
porphyra *nf*
porphyre *nm*
porphyrie *nf*
porphyrine *nf*
porphyrique *a*
porphyrogénète *a*
porphyroïde *a*
porrection *nf*
porridge *nm*
port *nm (maritime, allure, taxe)*
portabilité *nf*
portable *a, nm*
portage *nm*
portail *nm*
portal, ale, aux *a*
portance *nf*
portant, ante *a, nm*
portatif, ive *a*
porte *nf ; a (ouverture, veine)*
porté, ée *a*
porté *nm*
porte-aéronef *nm Des porte-aéronefs.*
porte-à-faux *nm inv*
porte-affiche *nm Des porte-affiches.*
porte-aiguille *nm Des porte-aiguilles.*
porte-aiguillon *nm Des porte-aiguillons.*
porte-amarre *nm Des porte-amarres.*
porte-à-porte *nm inv*
porte-avion *nm Des porte-avions.*
porte-bagage *nm Des porte-bagages.*
porte-balai *nm Des porte-balais.*
porte-bannière *n Des porte-bannières.*
porte-barge *nm Des porte-barges.*
porte-bébé *nm Des porte-bébés.*
porte-billet *nm Des porte-billets.*
porte-bonheur *nm Des porte-bonheurs ou porte-bonheur.*
porte-bouquet *nm Des porte-bouquets.*

porte-bouteille *nm Des porte-bouteilles.*
porte-carte *nm Des porte-cartes.*
porte-char *nm Des porte-chars.*
porte-chéquier *nm Des porte-chéquiers.*
porte-cigare *nm Des porte-cigares.*
porte-cigarette *nm Des porte-cigarettes.*
porte-clé ou **porte-clef** *nm* ou **porte-clés** ou **porte-clefs** *nm inv Des porte-clés.*
porte-conteneur *nm Des porte-conteneurs.*
porte-couteau *nm Des porte-couteaux.*
porte-cravate *nm Des porte-cravates.*
porte-crayon *nm Des porte-crayons.*
porte-croix *nm inv*
porte-document *nm Des porte-documents.*
porte-drapeau *nm Des porte-drapeaux.*
portée *nf*
porte-étendard *nm Des porte-étendards.*
portefaix *nm*
porte-fanion *nm Des porte-fanions.*
porte-fenêtre *nf Des portes-fenêtres.*
portefeuille *nm*
porte-flingue *nm Des porte-flingues.*
porte-gobelet *nm Des porte-gobelets.*
porte-graine *nm Des porte-graines.*
porte-greffe *nm Des porte-greffes.*
porte-hélicoptère *nm Des porte-hélicoptères.*
porte-jarretelle *nm Des porte-jarretelles.*
porte-lame *nm Des porte-lames.*
porte-lunette *nm Des porte-lunettes ou porte-malheur.*
porte-malheur *nm Des porte-malheurs ou porte-malheur.*
portemanteau *nm*
portement *nm*
porte-menu *nm Des porte-menus.*
portemine *nm*
porte-monnaie ou **portemonnaie** *nm Des porte-monnaies ou porte-monnaie.*
porte-mors *nm inv*
porte-musc *nm Des porte-muscs.*
porteño *a, n*
porte-objet *nm Des porte-objets.*
porte-ordinateur *nm Des porte-ordinateurs.*
porte-outil *nm Des porte-outils.*
porte-paquet *nm Des porte-paquets.*
porte-parapluie *nm Des porte-parapluies.*
porte-parolat *nm*
porte-parole *n Des porte-paroles ou porte-parole.*
porteplume ou **porteplume** *nm*
porte-poussière *nm Des porte-poussières.*
porte-queue *nm Des porte-queues.*
porter *vt, vi, vti, vpr* ***1***
porter *nm*
porte-revue *nm Des porte-revues.*
porte-savon *nm Des porte-savons.*
porte-serviette *nm Des porte-serviettes.*
porteur, euse *n, a*
porte-vélo *nm Des porte-vélos.*
porte-vent *nm Des porte-vents.*
porte-voix ou **portevoix** *nm inv*
portfolio *nm*
portier, ère *n (gardien)*
portière *af ; nf (porte)*
portillon *nm*
portion *nf*
portionnable *a*
portionnaire *n*
portionner *vt* ***1***
portique *nm*
portland *nm*
port-louisien, enne *a, n*
porto *nm*
porto-novien, enne *a, n*
portrait *nm*
portraitiste *n*
portrait-robot *nm Des portraits-robots.*
portraiturer *vt* ***1***
port-salut *nm inv Nom déposé*
portuaire *a*
portuan, ane *a, n*
portugais, aise *n*
portugais, aise *a, n*
portulan *nm*
port-vilais, aise *a, n*
POS *nm*
posada *nf*
pose *nf (attitude, mise en place)*
posé, ée *a*
posément *av*
posemètre *nm*
poser *vt, vi, vpr* ***1***
poseur, euse *n, a*
posidonie *nf*
positif, ive *a, nm*
position *nf*
positionnel, elle *a*
positionnement *nm*
positionner *vt* ***1***
positionneur *nm*
positivant, ante *a*
positivement *av*
positiver *vt, vi* ***1***
positivisme *nm*
positiviste *a, n*
positivité *nf*
positon ou **positron** *nm*
positonium ou **positronium** *nm*
posologie *nf*
possédants *nm pl, a*
possédé, ée *a, n*
posséder *vt* ***12***
possesseur *nm*
possessif, ive *a, nm*
possession *nf*
possessionnel, elle *a*
possessivité *nf*
possessoire *a*
possibilité *nf*
possible *a, nm*
possiblement *av*
post *nm*
postadolescent, ente *a, n*
postage *nm*
postal, ale, aux *a*
postclassicisme *nm*
postclassique *a, n*
postcombustion *nf*
postcommunisme *nm*
postcommuniste *a*
postcure *nf*
postdater *vt* ***1***
postdoc *n*
postdoctoral, ale, aux *a*
postdoctorant, ante *n*
postdoctorat *nm*
poste *nf (courrier)*
poste *nm (fonction, local, appareil)*
posté, ée *a, n*
poster *vt, vpr* ***1***
poster *nm*
postérieur, eure *a, nm*
postérieurement *av*
postériorité *nf*
postérité *nf*
postface *nf*
postfacer *vt* ***12***
postglaciaire *a, nm*
posthite *nf*
posthume *a*
posthypophyse *nf*
postiche *a, nm*
postier, ère *n*
postillon *nm*
postillonner *vi* ***1***
postimpressionnisme *nm*
postimpressionniste *a, n*
postindustriel, elle *a*
post-it *nm inv Nom déposé*
postlude *nm*
postmarché *nm*
postménopausique *a*
postmoderne *n*
postmodernisme *nm*
postmoderniste *a, n*
postmodernité *nf*
post mortem *a inv, av*
postnatal, ale, als *a*
postopératoire *a*
post-partum *nm inv*
postpénal, ale, aux *a*
postposer *vt* ***1***

postposition *nf*
postprandial, ale, aux *a*
postproduction *nf*
postracial, ale, aux *a*
postromantique *a, n*
postromantisme *nm*
postscriptum ou **post-scriptum** *nm*
postsonorisation *nf*
postsonoriser *vt 1*
postsynchronisation *nf*
postsynchroniser *vt 1*
posttransfusionnel, elle *a*
posttraumatique *a*
postulant, ante *n*
postulat *nm*
postuler *vt, vi 1*
postural, ale, aux *a*
posture *nf*
pot *nm (récipient, chance, boisson)*
potabilisation *nf*
potabiliser *vt 1*
potabilité *nf*
potable *a*
potache *nm*
potacherie *nf*
potage *nm*
potager, ère *a, nm*
potamochère *nm*
potamologie *nf*
potamologique *a*
potamot *nm*
potamotoque *a*
potasse *nf*
potasser *vt 1*
potassique *a*
potassium *nm*
pot-au-feu *nm inv, a inv*
pot-de-vin *nm Des pots-de-vin.*
pote *nm*
poteau *nm*
potée *nf*
potelé, ée *a*
potelet *nm*
potence *nf*
potencé, ée *a*
potentat *nm*
potentialisateur, trice *a*
potentialisation *nf*
potentialiser *vt 1*
potentialité *nf*
potentiel, elle *a, nm*
potentiellement *av*
potentille *nf*
potentiomètre *nm*
poterie *nf*
poterne *nf*
potestatif, ive *a*
potiche *nf*
potier, ère *n*
potimarron *nm*
potin *nm*
potiner *vi 1*
potinier, ère *a, n*
potion *nf*
potiquet *nm*
potiron *nm*
potlatch *nm*
potomanie *nf*
potomètre *nm*
poto-poto *nm inv*
potorou *nm*
pot-pourri ou **potpourri** *nm Des pots-pourris.*
potron-jaquet ou **potron-minet** *nm*
pottock ou **pottok** *nm*
pou *nm Des poux. (insecte)*
pouah ! *interj*
poubelle *nf*
pouce *nm, interj (doigt, mesure)*
pouce-pied ou **poucepied** *nm inv*
poucer *vi 12*
pouceux, euse *n*
poucier *nm*
pou-de-soie ou **poult-de-soie** *nm Des poux-de-soie.*
pouding ou **pudding** *nm*
poudingue *nm*
poudrage *nm*
poudre *nf*
poudrer *vt, vi 1*
poudrerie *nf*
poudrette *nf*
poudreuse *nf*
poudreux, euse *a*
poudrier *nm*
poudrière *nf*
poudroiement *nm*
poudroyer *vi 22*
pouf *nm*
pouf ! *interj*
pouffer *vi 1*
pouffiasse *nf*
pouillard *nm*
pouillé *nm*
pouillerie *nf*
pouilles *nf pl*
pouilleux, euse *a, n*
pouillot *nm*
pouilly *nm*
poujadisme *nm*
poujadiste *a, n*
poulailler *nm*
poulain *nm*
poulaine *nf*
poulamon *nm*
poularde *nf*
poulbot *nm*
poule *nf (volaille, femme, épreuve)*
poulet, ette *nm*
pouliche *nf*
poulie *nf*
pouliethérapie *nf*
pouligny-saint-pierre *nm inv*
pouliner *vi 1*
poulinière *af, nf*
poulot, otte *n*
poulpe *nm*
pouls *nm (pulsation)*
poulsard *nm*
poumon *nm*
poupard *nm*
poupe *nf*
poupée *nf*
poupin, ine *a*
poupon *nm*
pouponner *vt, vi 1*
pouponnière *nf*
pour *prép, nm*
pourboire *nm*
pourceau *nm*
pour-cent *nm inv*
pourcentage *nm*
pourchasser *vt 1*
pourfendeur, euse *n*
pourfendre *vt 5*
pourghère *nf*
pourlécher (se) *vpr 12*
pourparlers *nm pl*
pourpier *nm*
pourpoint *nm*
pourpre *n, a*
pourpré, ée *a*
pourquoi *av, conj, nm inv*
pourri, ie *a, nm*
pourridié *nm*
pourriel *nm*
pourrir *vt, vi 2*
pourrissage *nm*
pourrissant, ante *a*
pourrissement *nm*
pourrissoir *nm*
pourriture *nf*
pour-soi *nm inv*
poursuite *nf*
poursuiteur, euse *n*
poursuivable *a*
poursuivant, ante *n, a*
poursuivre *vt 73*
pourtant *av*
pourtour *nm*
pourvoi *nm*
pourvoir *vt, vti, vpr 39*
pourvoirie *nf*
pourvoyeur, euse *nm*
pourvu que *conj*
poussage *nm*
poussah *nm*
pousse *nf (accroissement)*
pousse-au-crime *a inv, nm inv*
pousse-café *nm Des pousse-cafés.*
poussée *nf*
pousse-pousse ou **poussepousse** *nm inv*
pousser *vt, vi 1*
poussette *nf*
pousseur *nm*
poussier *nm*
poussière *nf*
poussiéreux, euse *a*
poussif, ive *a*
poussin, ine *n*

poussin *nm*
poussinière *nf*
poussivement *av*
poussoir *nm*
poutargue ou **boutargue** *nf*
poutine *nf*
poutrage ou **poutraison** *nm*
poutre *nf*
poutrelle *nf*
poutser *vt* ***1***
pouture *nf*
pouvoir *vt* ***48***
pouvoir *nm*
pouzzolane *nf*
powerpoint *nm Nom déposé*
poyaudin, ine *a, n*
pq ou **PQ** *nm*
practice *nm*
præsidium ou **présidium** *nm*
pragmatique *a, nf*
pragmatiquement *av*
pragmatisme *nm*
pragmatiste *a, n*
pragois ou **praguois** *a, n*
praïen, enne *a, n*
praire *nf*
prairial *nm*
prairie *nf*
prâkrit *nm*
pralin *nm*
pralinage *nm*
praline *nf*
praliné, ée *a, nm*
praliner *vt* ***1***
prame *nf*
prandial, ale, aux *a*
prao *nm*
prase *nm*
praséodyme *nm*
praticabilité *nf*
praticable *a, nm*
praticien, enne *n*
praticité *nf*
pratiquant, ante *a, n*
pratique *nf ; a*
pratiquement *av*
pratiquer *vt, vpr* ***1***
praxie *nf*
praxique *a*
praxis *nf*
pré *nm (terrain)*
préaccord *nm*
préadamisme *nm*
préadamite *a, n*
préadhésion *nf*
préado *n*
préadolescence *nf*
préadolescent, ente *n*
préaffranchi, ie *a*
préalable *a, nm*
préalablement *av*
préalpin, ine *a*
préambule *nm*
préamplificateur *nm*
préanesthésie *nf*
préanesthésique *a*
préapprenti, ie *n*
préapprentissage *nm*
préau *nm*
préavis *nm*
prébende *nf*
prébendier, ère *n*
prébiotique *a*
précaire *a, n*
précairement *av*
précambrien, enne *a, nm*
précampagne *nf*
précancer *nm*
précancéreux, euse *a*
précariat *nm*
précarisation *nf*
précariser *vt* ***1***
précarité *nf*
précatif, ive *a*
précaution *nf*
précautionner (se) *vpr* ***1***
précautionneusement *av*
précautionneux, euse *a*
précédemment *av*
précédent, ente *a, nm*
précéder *vt* ***12***
préceinte *nf*
précellence *nf*
précepte *nm*
précepteur, trice *n*
préceptoral, ale, aux *a*
préceptorat *nm*
précéramique *a*
précession *nf*
préchambre *nf*
préchauffage *nm*
préchauffer *vt* ***1***
prêche *nm*
prêcher *vt, vi* ***1***
prêcheur, euse *n, a*
prêchi-prêcha ou **prêchiprêcha** *nm inv*
précieusement *av*
précieux, euse *a, nf*
préciosité *nf*
précipice *nm*
précipitamment *av*
précipitation *nf*
précipité, ée *a, nm*
précipiter *vt* ***1***
préciput *nm*
préciputaire *a*
précis, ise *a, nm*
précisément *av*
préciser *vt, vpr* ***1***
précision *nf*
précité, ée *a*
préclassique *a*
préclinique *a*
précoce *a*
précocement *av*
précocité *nf*
précolombien, enne *a*
précombustion *nf*
précommande *nf*
précommander *vt* ***1***
précompte *nm*
précompter *vt* ***1***
préconception *nf*
préconçu, ue *a*
précondition *nf*
préconisateur, trice *n*
préconisation *nf*
préconiser *vt* ***1***
préconscient, ente *a, nm*
précontraint, ainte *a, nm*
précontrainte *nf*
précordial, ale, aux *a*
précordialgie *nf*
précordialgique *a*
précrise *nf*
précuire *vt* ***69***
précuisson *nf*
précuit, ite *a*
précurseur *n, am* ou **précurseure** *nf*
prédaté, ée *a*
prédateur, trice *a, nm*
prédation *nf*
prédatoire *a*
prédécéder *vi* ***12***
prédécesseur *n* ou **prédécesseure** *nf*
prédécoupé, ée *a*
prédélinquance *nf*
prédélinquant, ante *a, n*
prédelle *nf*
prédestination *nf*
prédestiné, ée *a, n*
prédestiner *vt* ***1***
prédéterminant, ante *a*
prédétermination *nf*
prédéterminer *vt* ***1***
prédéterminisme *nm*
prédéterministe *a, n*
prédicable *a*
prédicant *nm*
prédicat *nm*
prédicateur, trice *n*
prédicatif, ive *a*
prédication *nf*
prédictibilité *nf*
prédictible *a*
prédictif, ive *a*
prédiction *nf*
prédictivité *nf*
prédigéré, ée *a*
prédilection *nf*
prédiquer *vt* ***1***
prédire *vt* ***60***
prédisposant, ante *a*
prédisposer *vti* ***1***
prédisposition *nf*
prédominance *nf*
prédominant, ante *a*
prédominer *vi* ***1***
préélectoral, ale, aux *a*

préélémentaire *a*
préemballé, ée *a*
prééminence *nf*
prééminent, ente *a*
préempter *vt 1*
préemptif, ive *a*
préemption *nf*
préencollé, ée *a*
préenregistré, ée *a*
préétablir *vt 2*
préexcellence *nf*
préexistant, ante *a*
préexistence *nf*
préexister *vti 1*
préfabrication *nf*
préfabriqué, ée *a, nm*
préfabriquer *vt 1*
préface *nf*
préfacer *vt 10*
préfacier, ère *n*
préfectoral, ale, aux *a*
préfecture *nf*
préférable *a*
préférablement *av*
préféré, ée *a, nm*
préférence *nf*
préférentiel, elle *a*
préférentiellement *av*
préférer *vt 12*
préfet *nm*
préfète *nf*
préfiguration *nf*
préfigurer *vt 1*
préfinancement *nm*
préfinancer *vt 1*
préfix, ixe *a*
préfixal, ale, aux *a*
préfixation *nf*
préfixe *nm*
préfixer *vt 1*
préfixion *nf*
préfloraison *nf*
préfoliation *nf*
préformage *nm*
préformater *vt 1*
préformer *vt 1*
préfourrière *nf*
prégénérique *nm*
prégénital, ale, aux *a*
préglaciaire *a*
prégnance *nf*
prégnant, ante *a*
préhellénique *a*
préhenseur *am*
préhensile *a*
préhension *nf*
préhistoire *nf*
préhistorien, enne *n*
préhistorique *a*
préhominien *nm*
préhospitalier, ère *a*
préhumain *nm*
préhumanité *nf*
préimplantatoire *a*
préindustriel, elle *a*
préinscription *nf*
préislamique *a*
préjudice *nm*
préjudiciable *a*
préjudiciaux *am pl*
préjudiciel, elle *a*
préjugé *nm*
préjuger *vt, vti 11*
prélart *nm*
prélasser (se) *vpr 1*
prélat *nm*
prélatin, ine *a*
prélature *nf*
prélavage *nm*
prèle ou **prêle** *nf*
prélegs *nm*
prélèvement *nm*
prélever *vt 15*
préliminaire *a, nm*
préliminairement *av*
prélogique *a*
prélude *nm*
préluder *v, vti 1*
prémâché, ée *a*
prématuré, ée *a, n*
prématurément *av*
prématurité *nf*
prémédication *nf*
prémédiquer *vt 1*
préméditation *nf*
préméditer *vt 1*
préménopause *nf*
prémenstruel, elle *a*
prémessager *an*
prémices *nf pl*
premier, ère *a, n*
premièrement *av*
premier-ministrable *a, n premiers-ministrables*
Premier ministre ou **Premier-ministre** *n Des Premiers ministres.*
premier-né, première-née *a, n premiers-nés ou premières-nées*
prémisse *nf (philosophie)*
premium ou **prémium** *a*
prémix *nm*
prémolaire *nf*
prémonition *nf*
prémonitoire *a*
prémontré, ée *n*
prémunir *vt 2*
prémunition *nf*
prenable *a*
prenant, ante *a*
prénatal, ale, als ou **aux** *a*
prendre *vt, vi, vpr 70*
preneur, euse *n, a*
prénom *nm*
prénommer *vt, vpr 1*
prénotion *nf*
prénuptial, ale, aux *a*
préoccupant, ante *a*
préoccupation *nf*
préoccuper *vt 1*
préœdipien, enne *a*
préolympique *a*
préopératoire *a*
prépa *nf*
prépaiement *nm*
prépalatal, ale, aux *a*
préparateur, trice *n*
préparatifs *nm pl*
préparation *nf*
préparationnaire *n*
préparatoire *a*
préparer *vt, vpr 1*
prépayer *vt 20*
prépension *nf*
prépensionné, ée *n*
préphanérogame *nf*
prépondérance *nf*
prépondérant, ante *a*
préposé, ée *n*
préposer *vt 1*
prépositif, ive *a*
préposition *nf*
prépositionnel, elle *a*
prépositionnement *nm*
prépositionner *vt 1*
prépositivement *av*
prépotence *nf*
prépresse *nm*
préproduction *nf*
préprofessionnel, elle *a*
préprogrammé, ée *a*
prépsychose *nf*
prépsychotique *a, n*
prépubère *a, n*
prépublication *nf*
prépuce *nm*
préraphaélique *a*
préraphaélisme *nm*
préraphaélite *a, n*
prérapport *nm*
prérasage *nm*
prérecrutement *nm*
prérecruter *vt 1*
préréglage *nm*
préréglé, ée *a*
prérempli, ie *a*
prérentrée *nf*
prérequis *nm*
préretraitable *a*
préretraite *nf*
préretraité, ée *n*
prérévolutionnaire *a*
prérogative *nf*
préroman, ane *a*
préromantique *a*
préromantisme *nm*
près *av, prép*
présage *nm*
présager *vt 11*
présalaire *nm*
pré-salé *nm Des prés-salés.*
presbyacousie *nf*
presbyacousique *a, n*

presbyte *a, n*
presbytéral, ale, aux *a*
presbytère *nm*
presbytérianisme *nm*
presbytérien, enne *a, n*
presbytie *nf*
prescience *nf*
prescient, ente *a*
préscolaire *a*
prescripteur, trice *n*
prescriptible *a*
prescriptif, ive *a*
prescription *nf*
prescrire *vt* ***61***
préséance *nf*
présélecteur *nm*
présélection *nf*
présélectionner *vt* ***1***
présence *nf*
présent *nm (cadeau)*
présent, ente *a, nm (temps, qui est là, cadeau)*
présentable *a*
présentateur, trice *n*
présentatif *nm*
présentation *nf*
présentéisme *nm*
présentement *av*
présenter *vt, vpr* ***1***
présentisme *nm*
présentiste *a*
présentoir *nm*
présérie *nf*
préservateur, trice *a, nm*
préservatif, ive *a, nm*
préservation *nf*
préserver *vt* ***1***
préside *nm*
présidence *nf*
président, ente *n*
présidentiable *a, n*
présidentialisation *nf*
présidentialiser *vt* ***1***
présidentialisme *nm*
présidentialiste *a, n*
présidentiel, elle *a, nf pl*
présider *vt, vti* ***1***
présidial *nm Des présidiaux.*
présidialité *nf*
présidium ou **præsidium** *nm*
présignalisation *nf*
présocratique *a, nm*
présomptif, ive *a*
présomption *nf*
présomptueusement *av*
présomptueux, euse *a, n*
présonorisation *nf*
présonoriser *vt* ***1***
préspermatophyte ou **préspermaphyte** *nf*
presque *av*
presqu'île ou **presqu'ile** *nf*
pressage *nm*
pressant, ante *a*
press-book ou **pressbook** ou **book** *nm Des press-books.*
presse *nf*
pressé, ée *a, nm*
presse-agrume ou **presse-agrumes** *nm Des presse-agrumes.*
presse-bouton *a inv*
presse-citron ou **presse-citrons** *nm Des presse-citrons.*
pressée *nf*
presse-étoupe *nm inv*
presse-fruit ou **presse-fruits** *nm Des presse-fruits.*
pressentiment *nm*
pressentir *vt* ***29***
presse-papier ou **presse-papiers** *nm Des presse-papiers.*
presse-purée *nm Des presse-purées.*
presser *vt, vi* ***1***
presse-raquette *nm Des presse-raquettes.*
presseur, euse *a, n*
pressing *nm*
pression *nf*
pressionné, ée *a*
pressoir *nm*
pressothérapeute *n*
pressothérapie *nf*
pressurage *nm*
pressurer *vt* ***1***
pressurisation *nf*
pressuriser *vt* ***1***
prestance *nf*
prestant *nm*
prestataire *n*
prestation *nf*
preste *a*
prestement *av*
prester *vt* ***1***
prestesse *nf*
prestidigitateur, trice *n*
prestidigitation *nf*
prestige *nm*
prestigieux, euse *a*
prestissimo *av, nm*
presto *av, nm*
préstratégique *a*
présumable *a*
présumer *vt, vti* ***1***
présupposé *nm*
présupposer *vt* ***1***
présupposition *nf*
présure *nf*
présurer *vt* ***1***
présymptomatique *a*
prêt *nm (avance)*
prêt, prête *a*
prêtable *a*
prêt-à-manger *nm Des prêts-à-manger.*
prêt-à-monter *nm Des prêts-à-monter.*
prêt-à-penser *nm Des prêts-à-penser.*
prêt-à-planter *nm Des prêts-à-planter.*
prêt-à-porter *nm Des prêts-à-porter. Nom déposé*
prêt-à-poser *nm Des prêts-à-poser.*
prêt-à-poster *nm Des prêts-à-poster. Nom déposé*
prêté *nm*
prétendant, ante *nm*
prétendre *vt, vti* ***5***
prétendu, ue *a*
prétendument *av*
prête-nom *nm Des prête-noms.*
prétensionneur *nm*
prétentaine ou **pretantaine** *nf*
prétentiard, arde *a, n*
prétentieusement *av*
prétentieux, euse *a, n*
prétention *nf*
prêter *vt, vi, vti, vpr* ***1***
prétérit *nm*
prétériter *vt* ***1***
prétérition *nf*
préteur *nm (magistrat)*
prêteur, euse *n, a (qui prête)*
prétexte *nm (raison)*
prétexte *a, nf (toge)*
prétexter *vt* ***1***
prétimbré, ée *a*
pretintaille *nf*
pretium doloris *nm*
prétoire *nm*
prétorial, e, aux *a*
prétorien, enne *a, nm*
prétraité, ée *a*
prétranché, ée *a*
prêtre *nm*
prêtresse *nf*
prêtrise *nf*
préture *nf*
preuve *nf*
preux, euse *nm, a*
prévalence *nf*
prévalent, ente *a*
prévaloir *vi, vpr* ***44***
prévaricateur, trice *a, n*
prévarication *nf*
prévariquer *vi* ***1***
prévenance *nf*
prévenant *a*
prévenir *vt* ***35***
prévente *nf*
préventif, ive *a*
prévention *nf*
préventivement *av*
préventologie *nf*
préventologique *a*
préventorium *nm*
prévenu, ue *n*
prévisibilité *nf*
prévisible *a*
prévision *nf*

prévisionnel, elle *a*
prévisionniste *n*
prévoir *vt* ***41***
prévôt *nm*
prévôté *nf*
prévoyance *nf*
prévoyant, ante *a*
priant *nm*
priapée *nf*
priapique *a*
priapisme *nm*
priapulien *nm*
prie-Dieu *nm inv*
prier *vt, vi* ***1***
prière *nf*
prieur, eure *n*
prieuré *nm*
prima-donna *nf Des primas-donnas.*
primage *nm*
primaire *a, n*
primal, ale, aux *a*
primarité *nf*
primat *nm*
primate *nm*
primatie *nf*
primatologie *nf*
primatologique *a*
primatologue *n*
primature *nf*
primauté *nf*
prime *a, nf*
primer *vt, vti* ***1*** *(prévaloir, récompenser)*
prime rate ou **primerate** *nm Des prime rates.*
primerose *nf*
primesautier, ère *a*
prime time ou **primetime** *nm Des prime times.*
primeur *nf*
primeuriste *n*
primevère *nf*
primidi *nm*
primipare *a, nf*
primitif, ive *a, n*
primitivement *av*
primitivisme *nm*
primo *av*
primoaccédant, ante *n*
primoarrivant, ante *a, n*
primodélinquant, ante *n*
primodemandeur, euse *n*
primogéniture *nf*
primo-infection *nf Des primo-infections.*
primoministérialisme *nm*
primoministériel, elle *a*
primoministériel, elle *a*
primoprescription *nf*
primordial, ale, aux *a*
primoromancier, ère *n*
primovotant, ante *n*
primulacée *nf*
prince *nm*
prince-de-galles *nm inv*
prince-édouartien, enne *a, n*
princeps *a*
princesse *nf*
princier, ère *a*
princièrement *av*
principal, ale, aux *a, n*
principalement *av*
principat *nm*
principauté *nf*
principe *nm*
principiel, elle *a*
printanier, ère *a, nf*
printanisation *nf*
printemps *nm*
prion *nf*
prioritaire *a, n*
prioritairement *av*
priorité *nf*
pris, prise *a*
prise *nf*
prisée *nf*
priser *vt* ***1***
priseur, euse *n*
prismatique *a*
prisme *nm*
prison *nf*
prisonnier, ère *n, a*
pristinien, enne *a, n*
privadois, oise *a, n*
privat-docent *nm Des privat-docents.*
privatif, ive *a*
privation *nf*
privatisable *a*
privatisation *nf*
privatiser *vt* ***1***
privatiste *n*
privauté *nf*
privé, ée *a, nm*
priver *vt, vpr* ***1***
privilège *nm*
privilégiature *nf*
privilégié, ée *a*
privilégier *vt* ***1***
prix *nm*
pro *n, a pros*
proactif, ive *a*
proactivement *av*
proarthropode *nm*
probabilisme *nm*
probabiliste *n, a*
probabilité *nf*
probable *a, nm, av*
probablement *av*
probant, ante *a*
probation *nf*
probatoire *a*
probe *a*
probiotique *a, nm*
probité *nf*
problématique *a, nf*
problématiquement *av*
problématisation *nf*
problématiser *vt* ***1***
problème *nm*
proboscidien *nm*
procaryote *a, nm*
procédé *nm*
procéder *vi, vti* ***12***
procédural, ale, aux *a*
procédure *nf*
procédurier, ère *a, n*
procellariiforme *nm*
procès *nm*
process *nm*
processeur *nm*
processif, ive *a*
procession *nf*
processionnaire *a, nf*
processionnel, elle *a*
processionnellement *av*
processus *nm*
procès-verbal *nm Des procès-verbaux.*
prochain, e *a, nm*
prochainement *av*
proche *a, n*
prochinois, oise *a, n*
proclamateur, trice *n*
proclamation *nf*
proclamatoire *a*
proclamer *vt* ***1***
proclitique *nm*
proconsul *nm*
proconsulaire *a*
proconsulat *nm*
procordé *nm*
procrastination *nf*
procréateur, trice *a, n*
procréatif, ive *a*
procréation *nf*
procréatique *nf, a*
procréer *vt* ***8***
proctologie *nf*
proctologue *n*
procurateur *nm*
procuratie *nf*
procuration *nf*
procuratoire *a*
procure *nf*
procurer *vt* ***1***
procureur, atrice *n*
procureur *n* ou **procureure** *nf*
procyonidé *nm*
prodigalité *nf*
prodige *nm*
prodigieusement *av*
prodigieux, euse *a*
prodigue *a, n*
prodiguer *vt* ***1***
pro domo *av, a inv*
prodrome *nm*
prodromique *a*
producteur, trice *n, a*
productibilité *nf*
productible *a*
producticien, enne *a*

productif, ive *a*
production *nf*
productique *nf, a*
productivisme *nm*
productiviste *a, n*
productivité *nf*
produire *vt, vpr* ***67***
produit *nm*
proéminence *nf*
proéminent, ente *a*
prof *n*
profanateur, trice *n, a*
profanation *nf*
profane *a, n*
profaner *vt* ***1***
proférer *vt* ***12***
profès, esse *a, n*
professer *vt* ***1***
professeur *n* ou **professeure** *nf*
profession *nf*
professionnalisation *nf*
professionnaliser *vt, vpr* ***1***
professionnalisme *nm*
professionnel, elle *a, n*
professionnellement *av*
professoral, ale, aux *a*
professorat *nm*
profil *nm*
profilage *nm*
profilé, ée *a, nm*
profiler *vt, vpr* ***1***
profileur, euse *n*
profit *nm*
profitabilité *nf*
profitable *a*
profitablement *av*
profitation *nf*
profiter *vi, vti* ***1***
profiterole *nf*
profiteur, euse *n*
profond, onde *a, av*
profondément *av*
profondeur *nf*
pro forma *a inv*
profus, use *a*
profusion *nf*
progéniture *nf*
progénote *nm*
progéria *nf*
progestatif, ive *a, nm*
progestérone *nf*
progiciel *nm*
proglottis *nm*
prognathe *a, n*
prognathisme *nm*
programmable *a*
programmateur, trice *n*
programmation *nf*
programmatique *a*
programme *nm*
programmé, ée *a*
programmer *vt* ***1***
programmeur, euse *n*
programmiste *n*
progrès *nm*
progresser *vi* ***1***
progressif, ive *a*
progression *nf*
progressisme *nm*
progressiste *a, n*
progressivement *av*
progressivité *nf*
prohibé, ée *a*
prohiber *vt* ***1***
prohibitif, ive *a*
prohibition *nf*
prohibitionnisme *nm*
prohibitionniste *a, n*
proie *nf*
projecteur *nm*
projectif, ive *a*
projectile *nm*
projection *nf*
projectionniste *n*
projet *nm*
projetable *a*
projeter *vt* ***19***
projeteur *nm*
prolabé, ée *a*
prolactine *nf*
prolamine *nf*
prolapsus *nm*
prolégomènes *nm pl*
prolepse *nf*
prolétaire *n, a*
prolétariat *nm*
prolétarien, enne *a*
prolétarisation *nf*
prolétariser *vt, vpr* ***1***
proliférant, ante *a*
proliférateur *nm*
prolifératif, ive *a*
prolifération *nf*
proliférer *vi* ***12***
prolificité *nf*
prolifique *a*
proline *nf*
prolixe *a*
prolixement *av*
prolixité *nf*
prolo *n*
prologue *nm*
prolongateur *nm*
prolongation *nf*
prolongement *nm*
prolonger *vt* ***11***
promégaloblaste *nm*
promenade *nf*
promener *vt, vpr* ***15***
promeneur, euse *n*
promenoir *nm*
promesse *nf*
prométhéum *nm*
prometteur, euse *a*
promettre *vt, vi, vpr* ***64***
promis, ise *a, n*
promiscuité *nf*
promo *nf*
promontoire *nm*
promoteur, trice *nm*
promotion *nf*
promotionnel, elle *a*
promouvoir *vt* ***42***
prompt, prompte *a*
promptement *av*
prompteur *nm*
promptitude *nf*
promu, ue *a, n*
promulgateur, trice *a, n*
promulgation *nf*
promulguer *vt* ***1***
pronaos *nm*
pronateur, trice *a, nm*
pronation *nf*
prône *nm*
prôner *vt* ***1***
prôneur, euse *n*
pronom *nm*
pronominal, ale, aux *a*
pronominalement *av*
pronominalisation *nf*
pronominaliser *vt* ***1***
prononçable *a*
prononcé, ée *a, nm*
prononcer *vt, vpr* ***10***
prononciation *nf*
pronostic *nm*
pronostique *a*
pronostiquer *vt* ***1***
pronostiqueur, euse *n*
pronucléus *nm*
pronunciamiento *nm*
propadiène *nm*
propagande *nf*
propagandiste *n, a*
propagateur, trice *n*
propagation *nf*
propager *vt, vpr* ***11***
propagule *nf*
propane *nm*
propané, ée *a*
propanier *nm*
propanol *nm*
proparoxyton *am, nm*
propédeutique *nf*
propène *nm*
propension *nf*
propergol *nm*
prophase *nf*
prophète, étesse *n*
prophétie *nf*
prophétique *a*
prophétiquement *av*
prophétiser *vt* ***1***
prophétisme *nm*
prophylactique *a*
prophylaxie *nf*
propice *a*
propitiation *nf*
propitiatoire *a*
propolis *nf*
proportion *nf*

proportionnaliste *a, n*
proportionnalité *nf*
proportionné, ée *a*
proportionnel, elle *a, nf*
proportionnellement *av*
proportionner *vt* ***1***
propos *nm*
proposable *a*
proposer *vt, vpr* ***1***
proposition *nf*
propositionnel, elle *a*
propre *a, nm*
propre-à-rien *n Des propres-à-rien.*
proprement *av*
propret, ette *a*
propreté *nf*
propréteur *nm*
propréture *nf*
propriétaire *n, a*
propriété *nf*
proprio *n*
propriocepteur *nm*
proprioceptif, ive *a*
proprioception *nf*
propulser *vt* ***1***
propulseur *nm*
propulsif, ive *a*
propulsion *nf*
propyle *nm*
propylée *nm*
propylène *nm*
propylique *a*
prorata *nm*
prorogatif, ive *a*
prorogation *nf*
proroger *vt* ***11***
prosaïque *a*
prosaïquement *av*
prosaïsme *nm*
prosateur *nm*
proscénium ou **proscenium** *nm*
proscripteur *nm*
proscription *nf*
proscrire *vt* ***61***
proscrit, ite *a, n*
prose *nf*
prosélyte *nm*
prosélytisme *nm*
prosimien *nm*
prosobranche *nm*
prosodie *nf*
prosodique *a*
prosopagnosie *nf*
prosopopée *nf*
prospect *nm*
prospecter *vt* ***1***
prospecteur, trice *n*
prospecteur-placier *nm Des prospecteurs-placiers.*
prospectif, ive *a*
prospection *nf*
prospective *nf*
prospectus *nm*
prospère *a*
prospérer *vi* ***12***
prospérité *nf*
prostaglandine *nf*
prostate *nf*
prostatectomie *nf*
prostatique *a, nm*
prostatisme *nm*
prostatite *nf*
prosternation *nf*
prosternement *nm*
prosterner (se) *vpr* ***1***
prosthèse *nf*
prosthétique *a*
prostitué, ée *n*
prostituer *vt, vpr* ***1***
prostitution *nf*
prostitutionnel, elle *a*
prostomium *nm*
prostration *nf*
prostré, ée *a*
prostyle *a, nm*
protactinium *nm*
protagoniste *nm*
protamine *nf*
protandre ou **protérandre** *a*
protandrie ou **protérandrie** *nf*
protase *nf*
prote *nm*
protéagineux, euse *a, nm*
protéase *nf*
protéasome *nm*
protecteur, trice *n, a*
protection *nf*
protectionnisme *nm*
protectionniste *a, n*
protectorat *nm*
protée *nm*
protégé, ée *a, n*
protégeable *a*
protège-cahier *nm Des protège-cahiers.*
protège-coude *nm Des protège-coudes.*
protège-coude *nm Des protège-coudes.*
protège-dent *nm Des protège-dents.*
protège-document *nm Des protège-documents.*
protège-genou *nm Des protège-genoux.*
protège-poignet *nm Des protège-poignets.*
protéger *vt* ***13***
protège-slip *nm Des protège-slips.*
protège-tibia *nm Des protège-tibias.*
protéide *nf*
protéiforme *a*
protéine *nf*
protéiné, ée *a*
protéinémie *nf*
protéinique *a*
protéinurie *nf*
protéique *a*
protèle *nm*
protéolyse *nf*
protéolytique *a*
protéome *nm*
protéomique *nf, a*
protéosynthèse *nf*
protéroglyphe *a*
protérogynie *nf*
protérozoïque *nm*
protestable *a*
protestant, ante *n, a*
protestantisme *nm*
protestataire *a, n*
protestation *nf*
protester *vt, vi, vti* ***1***
protêt *nm*
proteus *nm*
prothalle *nm*
prothèse *nf*
prothésiste *n*
prothétique *a*
prothoracique *a*
prothorax *nm*
prothrombine *nf*
protide *nm*
protidique *a*
protiste *nm*
protistologie *nf*
protistologique *a*
protistologue *n*
protium *nm*
protococcale *nf*
protocolaire *a*
protocole *nm*
protoétoile *nf*
protogine *nf*
protogyne ou **protérogyne** *a*
protogynie *nf*
protohistoire *nf*
protohistorique *a*
protolangue *nf*
protologique *a*
protolyse *nf*
protomé *nm*
proton *nm*
protonéma *nm*
protonique *a*
protonotaire *nm*
protonthérapie *nf*
protophyte *nm*
protoplanète *nf*
protoplasme ou **protoplasma** *nm*
protoplasmique *a*
protoptère *nm*
protothérien *nm*
prototypage *nm*
prototype *nm*
prototypique *a*
prototypiste *n*
protoxyde *nm*
protozoaire *nm*
protozoologie *nf*
protozoologique *a*
protractile *a*
protubérance *nf*

protubérant, ante *a*
protuteur, trice *n*
prou *av*
proue *nf*
prouesse *nf*
prouvable *a*
prouver *vt* ***1***
provenance *nf*
provençal *nm*
provençal, ale, aux *a, n*
provende *nf*
provenir *vi* ***35***
proverbe *nm*
proverbial, ale, aux *a*
proverbialement *av*
providence *nf*
providentialisme *nm*
providentiel, elle *a*
providentiellement *av*
provignage *nm*
provigner *vt* ***1***
provin *nm*
province *nf*
provincial, ale, aux *a, nm*
provincialisme *nm*
proviral, ale, aux *a*
provirus *nm*
proviseur *n* ou **proviseure** *nf*
provision *nf*
provisionnel, elle *a*
provisionnement *nm*
provisionner *vt* ***1***
provisoire *a, nm*
provisoirement *av*
provisorat *nm*
provitamine *nf*
provoc *nf*
provocant, ante *a*
provocateur, trice *a, n*
provocation *nf*
provolone *nm*
provoquer *vt* ***1***
proxémique *nf, a*
proxène *nf, a*
proxénète *n*
proxénétisme *nm*
proximal, ale, aux *a*
proximité *nf*
proyer *nm*
pruche *nf*
prude *a, nf*
prudemment *av*
prudence *nf*
prudent, ente *a, n*
prudentiel, elle *a*
pruderie *nf*
prud'homal, aux *a*
prud'homie ou **prudhommie** *nf*
prudhommal, ale, aux *a*
prud'homme ou **prudhomme** *nm*
prudhommesque *a*
pruine *nf*
pruineux, euse *a*
prune *nf, a inv*
pruneau *nm*
prunelaie *nf*
prunelle *nf*
prunellier ou **prunelier** *nm*
prunier *nm*
prunus *nm*
prurigineux, euse *a*
prurigo *nm*
prurit *nm*
prussiate *nm*
prussien, enne *a, n*
prussique *am*
prytane *nm*
prytanée *nm*
psallette *nf*
psalliote *n*
psalmiste *nm*
psalmodie *nf*
psalmodier *vt, vi* ***1***
psaltérion *nm*
psammique *a*
psammophyte *a, nm*
psaume *nm*
psautier *nm*
pschent *nm*
pschitt *interj*
pseudarthrose *nf*
pseudo *nm*
pseudobulbe *nm*
pseudocœlomate *nm*
pseudogène *nm*
pseudogrippal, ale, aux *a*
pseudomembrane *nf*
pseudomembraneux, euse *a*
pseudonyme *nm*
pseudopode *nm*
pseudoscience *nf*
pseudoscientifique *a*
pseudosuchien *nm*
psi *nm*
psilocybe *nm*
psilocybine *nf*
psilophytale *nf*
psitt ! ou **pst** *interj*
psittacidé *nm*
psittacisme *nm*
psittacose *nf*
psoas *nm*
psoque *nm*
psoralène *nm*
psoriasis *nm*
psy *n*
psychanalyse *nf*
psychanalyser *vt* ***1***
psychanalyste *n*
psychanalytique *a*
psychasthénie *nf*
psychasthénique *a, n*
psyché *nf*
psychédélique *a*
psychiatre *n*
psychiatrie *nf*
psychiatrique *a*
psychiatrisation *nf*
psychiatriser *vt* ***1***
psychide *nf*
psychique *a*
psychiquement *av*
psychisme *nm*
psychoactif, ive *a, nm*
psychoaffectif, ive *a*
psychoanaleptique *a, nm*
psychobiologie *nf*
psychobiologique *a*
psychochirurgical, ale, aux *a*
psychochirurgie *nf*
psychochirurgien, enne *n*
psychoclinicien, enne *n*
psychocorporel, elle *a*
psychocritique *nf, a*
psychodramatique *a*
psychodrame *nm*
psychodynamique *a*
psychodysleptique *a, nm*
psychogène *a*
psychogenèse *nf*
psychogénéticien, enne *n*
psychogénétique *nf, a*
psycholeptique *a, nm*
psycholinguiste *n*
psycholinguistique *nf, a*
psychologie *nf*
psychologique *a*
psychologiquement *av*
psychologisant, ante *a*
psychologisme *nm*
psychologue *n, a*
psychomachie *nf*
psychométricien, enne *n*
psychométrie *nf*
psychométrique *a*
psychomoteur, trice *a*
psychomotricien, enne *n*
psychomotricité *nf*
psychopathe *n*
psychopathie *nf*
psychopathique *a*
psychopathologie *nf*
psychopathologique *a*
psychopédagogie *nf*
psychopédagogique *a*
psychopédagogue *n*
psychopharmacologie *nf*
psychopharmacologique *a*
psychopharmacologue *n*
psychophysiologie *nf*
psychophysiologique *a*
psychophysiologiste *n*
psychopompe *a*
psychoprophylactique *a*
psychoprophylaxie *nf*
psychorigide *a*
psychorigidité *nf*
psychose *nf*
psychosensoriel, elle *a*
psychosexuel, elle *a*
psychosocial, ale, aux *a*
psychosociologie *nf*

psychosociologique *a*
psychosociologue *n*
psychosomaticien, enne *n*
psychosomatique *a, nf*
psychostasie *nf*
psychostimulant, ante *a, nm*
psychotechnicien, enne *n*
psychotechnique *nf, a*
psychothérapeute *n*
psychothérapeutique *a*
psychothérapie *nf*
psychothérapique *a*
psychotique *a*
psychotonique *a, nm*
psychotoxique *a, nm*
psychotrope *a, nm*
psychromètre *nm*
psychrométrie *nf*
psylle *nm (serpents)*
psylle *nf (insecte)*
ptéranodon *nm*
ptéridophyte *nm*
ptéridospermale *nf*
ptérodactyle *a, n*
ptéropode *nm*
ptérosaurien *nm*
ptérygoïde *a*
ptérygoïdien, enne *a*
ptérygote *nm*
ptomaïne *nf*
ptôse *nf*
ptosis *nm*
ptyaline *nm*
ptyalisme *nm*
puant, ante *a*
puanteur *nf*
pub *nm (débit de boissons)*
pub *nf (publicité)*
pubalgie *nf*
pubalgique *a*
pubère *a, n*
pubertaire *a*
puberté *nf*
pubescence *nf*
pubescent, ente *a*
pubien, enne *a*
pubis *nm*
publiable *a*
public, ique *a, nm*
publicain *nm*
publication *nf*
publiciste *n*
publicitaire *a, n*
publicitairement *av*
publicité *nf*
publier *vt* ***1***
publiphone *nm Nom déposé*
publipostage *nm*
publipromotionnel, elle *a*
publiquement *av*
publirédactionnel *nm*
publireportage *nm*
puçage *nm*
puccinia ou **puccinie** *nm*
puce *nf, a inv*
puceau *nm, am*
pucelage *nm*
pucelle *nf, af*
pucer *vt* ***12***
puceron *nm*
pucier, ère *a, n*
pucier *nm*
pudding ou **pouding** *nm*
puddlage *nm*
puddler *vt* ***1***
puddleur *nm*
pudeur *nf*
pudibond, onde *a*
pudibonderie *nf*
pudicité *nf*
pudique *a*
pudiquement *av*
puer *vt, vi* ***1***
puériculteur, trice *n*
puériculture *nf*
puéril, ile *a*
puérilement *av*
puérilisme *nm*
puérilité *nf*
puerpéral, ale, aux *a*
puffin *nm*
pugilat *nm*
pugiliste *n*
pugilistique *a*
pugnace *a*
pugnacité *nf*
puîné, ée ou **puiné, ée** *a, n*
puis *av*
puisage *nm*
puisard *nm*
puisatier *nm*
puiser *vt* ***1***
puisette *nf*
puisque *conj*
puissamment *av*
puissance *nf*
puissant, ante *a, nm*
puits *nm*
puja *nf*
pula *nm*
pulicaire *nf*
pullman *nm*
pullorose *nf*
pull-over ou **pullover** ou **pull** *nm Des pull-overs.*
pullulation *nf*
pullulement *nm*
pulluler *vi* ***1***
pulmonaire *a ; nf*
pulmoné *nm*
pulpaire *a*
pulpe *nf*
pulpeux, euse *a*
pulpite *nf*
pulqué ou **pulque** *nm*
pulsar *nm*
pulsatif, ive *a*
pulsatile *a*
pulsatille *nf*
pulsation *nf*
pulser *vt, vi* ***1***
pulsion *nf*
pulsionnel, elle *a*
pulsoréacteur *nm*
pultacé, ée *a*
pulvérin *nm*
pulvérisable *a*
pulvérisateur *nm*
pulvérisation *nf*
pulvériser *vt* ***1***
pulvériseur *nm*
pulvérulence *nf*
pulvérulent, ente *a*
puma *nm*
puna *nf*
punaise *nf*
punaiser *vt* ***1***
punch *nm (boxe)*
punch ou **ponch** *nm (boisson)*
puncheur *nm*
punching-ball *nm Des punching-balls.*
punchy *a*
punique *a, nm*
punir *vt* ***2***
punissable *a*
punitif, ive *a*
punition *nf*
punk *a, n*
punkette *nf*
puntillero ou **puntilléro** *nm*
pupazzo *nm Des pupazzos ou pupazzi.*
pupe *nf*
pupillaire *a*
pupillaire *a*
pupillarité *nf*
pupille *nf (œil)*
pupille *n (orphelin)*
pupinisation *nf*
pupipare *a*
pupitre *nm*
pupitreur, euse *n*
pur, pure *a, n*
pureau *nm*
purée *nf*
purement *av*
pureté *nf*
purgatif, ive *a, nm*
purgation *nf*
purgatoire *nm*
purge *nf*
purger *vt* ***11***
purgeur *nm*
purifiant, ante *a*
purificateur, trice *a, nm*
purification *nf*
purificatoire *nm, a*
purifier *vt* ***1***
purin *nm*
purine *nf*
purique *a*

urisme *nm*
uriste *a*
uritain, aine *n, a*
uritanisme *nm*
uro *nm*
urotin *nm*
urpura *nm*
urpurin, ine *a*
urpurine *nf*
ur-sang *nm Des purs-sangs ou pur-sang.*
urulence *nf*
urulent, ente *a*
us *nm*
useyisme *nm*
useyiste *n, a*
ush-pull ou **pushpull** *nm inv*
ush up *nm inv*
usillanime *a*
usillanimité *nf*
ustule *nf*
ustuleux, euse *a*
ustulose *nf*
utain *nf, a*
utasser *vi* ***1***
utassier, ère *a*
utatif, ive *a*
utativement *av*
ute *nf*
utier ou **putiet** *nm*
utois *nm*
utréfaction *nf*
utréfiable *a*
utréfier *vt, vpr* ***1***
utrescence *nf*
utrescent, ente *a*
utrescibilité *nf*
utrescible *a*
utrescine *nf*
utride *a*
utridité *nf*
utsch *nm*
utschiste *a, n*
utt *nm*
utter *nm*
utter *vt* ***1***
putto *nm Des puttos ou putti.*
puvathérapie *nf*
puy *nm*
puzzle *nm*
p-v *nm*
PVC *nm*
pycnogonide *nm*
pycnomètre *nm*
pycnose *nf*
pyélite *nf*
pyélonéphrite *nf*
pygargue *nm*
pyjama *nm*
pylône *nm*
pylore *nm*
pylorique *a*
pyocyanique *a*
pyodermite *nf*
pyogène *a*
pyorrhée *nf*
pyracantha *nm*
pyrale *nf*
pyralène *nm*
pyramidal, ale, aux *a*
pyramide *nf*
pyramidion *nm*
pyranne *nm*
pyrène *nm*
pyrénéen, enne *a*
pyrénéisme *nm*
pyrénéiste *n*
pyrénomycète *nm*
pyrèthre *nm*
pyréthrine *nf*
pyréthrinoïde *nm*
pyrétique *a*
pyrex *nm Nom déposé*
pyridine *nf*
pyridoxine *nf*
pyrimidine *nf*
pyrimidique *a*
pyrite *nf*
pyroclastique *a*
pyroclastite *nf*
pyroélectricité *nf*
pyroélectrique *a*
pyrogallique *a*
pyrogallol *nm*
pyrogénation *nf*
pyrogène *a*
pyrographe *nm*
pyrograver *vt* ***1***
pyrograveur, euse *n*
pyrogravure *nf*
pyroligneux, euse *a, nm*
pyrolyse *nf*
pyrolyser *vt* ***1***
pyromancie *nf*
pyromane *n*
pyromanie *nf*
pyromètre *nm*
pyrométrie *nf*
pyrométrique *a*
pyrophyte *a, nf*
pyrosis *nm*
pyrotechnicien, enne *n*
pyrotechnie *nf*
pyrotechnique *a*
pyroxène *nm*
pyroxénique *a*
pyroxénite *nf*
pyroxylé, ée *a*
pyrrhique *nf*
pyrrhocoris ou **pyrrhocore** *nm*
pyrrhonien, enne *a*
pyrrhonisme *nm*
pyrrole *nm*
pyrrolique *a*
pyruvique *a*
pythagoricien, enne *a, n*
pythagorique *a*
pythagorisme *nm*
pythie *nf*
pythien, enne *a*
pythique *a*
python *nm (serpent)*
pythonisse *nf*
pyurie *nf*
pyxide *nf*

q

q *nm*
qanun *nm*
qat ou **khat** ou **kat** *nm*
qatari, ie ou **qatarien, enne** *a, n*
qawwali *nm*
QCM *nm*
QG *nm*
QI *nm*
qibla *nf*
qi gong *nm*
qin *nm*
quad *nm*
quadeur, euse *n*
quadra *n*
quadragénaire *a, n*
quadragésimal, ale, aux *a*
Quadragésime *nf*
quadrangle *nm*
quadrangulaire *a*
quadrant *nm*
quadrat *nm*
quadratique *a*
quadrature *nf*
quadrette *nf*
quadriceps *nm*
quadrichromie *nf*
quadricycle *nm*
quadriennal, ale, aux *a*
quadrifide *a*
quadrifolié, ée *a*
quadrige *nm*
quadrijumeaux *am pl*
quadrilatéral, ale, aux *a*
quadrilatère *nm*
quadrillage *nm*
quadrille *n*
quadriller *vt* ***1***
quadrimestre *nm*
quadrimestriel, elle *a*
quadrimoteur *nm*
quadripartite *a*
quadriphonie *nf*
quadriphonique *a*
quadripolaire *a*
quadripôle *nm*
quadrique *a, nf*
quadriréacteur *nm*
quadrirème *nf*
quadrisyllabe *nm*
quadrisyllabique *a*
quadrithérapie *nf*
quadrivium *nm*
quadrumane *a, nm*
quadrupède *a, nm*
quadruple *a, nm*
quadruplé, ée *n, a*
quadrupler *vt, vi* ***1***
quadruplet *nm (mathématiques)*
quadruplex *nm*
quadrupôle *nm*
quagga ou **couagga** *nm*
quai *nm*
quaker, quakeresse *n*
quakerisme *nm*
qualifiable *a*
qualifiant, ante *a*
qualificatif, ive *a, nm*
qualification *nf*
qualifié, ée *a*
qualifier *vt, vpr* ***1***
qualitatif, ive *a, nm*
qualitativement *av*
qualité *nf*
qualiticien, enne *n*
quand *conj, av*
quand même *av*
quant *n*
quant à *prép*
quant-à-soi *nm inv*
quantième *nm*
quantifiable *a*
quantificateur *nm*
quantification *nf*
quantifié, ée *a*
quantifier *vt* ***1***
quantile *nm*
quantique *a*
quantitatif, ive *a, nm*
quantitativement *av*
quantité *nf*
quanton *nm*
quantum *nm Des quantums ou quanta.*
quarantaine *nf*
quarante *a num inv, nm inv*
quarante-huitard, arde *a, n quarante-huitards*
quarantenaire *a*
quarantième *a, n*
quarderonner *vt* ***1***
quark *nm*
quart *nm (divisé en quatre, garde)*
quart, quarte *a*
quartaut *nm*
quart-de-rond *nm Des quarts-de-rond.*
quarte *nf*
quarté *nm Nom déposé*
quarteron *nm (groupe, monnaie)*
quarteron, onne *n (métis)*
quartette ou **quartet** *nm*
quartidi *nm*
quartier *nm*
quartier-maître ou **quartier-maitre** *nm Des quartiers-maîtres.*
quartile *nm*
quartique *nf*
quart-monde *nm*
quarto *av*
quart-temps *nm Des quarts-temps.*
quartz *nm*
quartzeux, euse *a*
quartzifère *a*
quartzique *a*
quartzite *nm*
quasar *nm*
quasi *nm ; av quasi-certitudes*
quasi-contrat *nm Des quasi-contrats.*
quasi-cristal *nm Des quasi-cristaux.*
quasi-délit *nm Des quasi-délits.*
quasi-frère *nm Des quasi-frères.*
quasiment *av*
Quasimodo *nf*
quasi-monnaie *nf Des quasi-monnaies.*
quasi-particule *nf Des quasi-particules.*
quasi-sœur *nf Des quasi-sœurs.*
quassia ou **quassier** *nm*
quater *av*
quaternaire *a, nm*
quaterne *nm*
quaternion *nm*
quatorze *a num inv, nm inv*
quatorzième *a, n*
quatorzièmement *av*
quatrain *nm*
quatre *a num inv, nm inv*
quatre-cent-vingt-et-un ou **quatre-vingt-et-un** *nm inv*
quatre-épices *nm inv*
quatre-feuilles *nm inv*
quatre-heures *nm inv*
quatre-huit *nm inv*
quatre-mâts *nm inv*
quatre-quarts *nm inv*
quatre-quatre *nm inv ; a inv*
quatre-saisons *nf inv*
quatre-vingt *a num, nm*
quatre-vingt-dix *a num inv, nm inv*
quatre-vingt-dixième *a, n*
quatre-vingtième *a, n*
quatrième *a, n*
quatrièmement *av*
quatrillion ou **quadrillion** *nm*
quattrocento *nm*
quatuor *nm*
que, qu' *pr ; conj ; av*
québécisme *nm*
québécois *nm*
québécois, oise *a, n*
québracho ou **quebracho** *nm*
quechua ou **quichua** *nm*
que dalle *av*
quel, quelle *a*
quelconque *a*
quelque *a, av*
quelque chose *pr indéf m*
quelquefois *av*
quelque part *av*
quelques-uns, -unes *pr indéf pl*
quelqu'un *pr indéf*
quémander *vt* ***1***
quémandeur, euse *a, n*
qu'en-dira-t-on *nm inv*

quenelle *nf*
quenotte *nf*
quenouille *nf*
quéquette *nf*
quérable *a*
quercitrin ou **quercitrine** *nm*
quercitron *nm*
quercynois, oise ou **quercinois, oise** *a, n*
querelle *nf*
quereller *vt, vpr* ***1***
querelleur, euse *a, n*
quérir *vt* ***34***
quérulence *nf*
quérulent, ente *a*
questeur *nm*
question *nf*
questionnaire *nm*
questionnement *nm*
questionner *vt* ***1***
questionneur, euse *n, a*
questure *nf*
quétaine *a, n*
quête *nf*
quêter *vt* ***1***
quêteur, euse *n, a*
quetsche *nf*
quetzal *nm Des quetzals.*
queue *nf (extrémité, file, tige)*
queue-d'aronde *nf Des queues-d'aronde.*
queue-de-cheval *nf Des queues-de-cheval.*
queue-de-cochon *nf Des queues-de-cochon.*
queue-de-morue *nf Des queues-de-morue.*
queue-de-pie *nf Des queues-de-pie.*
queue-de-poisson *nf Des queues-de-poisson.*
queue-de-rat *nf Des queues-de-rat.*
queue-de-renard *nf Des queues-de-renard.*
queusot *nm*
queuter *vi* ***1***
queux *nm (cuisinier)*
qui *pr*
quia (à) *av*
quiberonnais, aise *a, n*
quiche *nf*
quichenotte ou **kichenotte** *nf*
quiconque *pr*
quid *av*
quidam *nm*
quiddité *nf*
quiescence *nf*
quiescent, ente *a*
quiet, quiète *a*
quiétisme *nm*
quiétiste *a, n*
quiétude *nf*
quignon *nm*
quillard *nm*
quille *nf*
quilleur, euse *n*
quillon *nm*
quilt *nm*
quimboiseur, euse *n*
quimpérois, oise *a, n*
quinaire *nm*
quincaillerie *nf*
quincaillier, ère ou **quincailler, ère** *n*
quinconce *nm*
quinconcial, ale, aux *a*
quincy *nm*
quindécemvir *nm*
quine *nm*
quinine *nf*
quinoa *nm*
quinoléine *nf*
quinoléique *a*
quinolone *nf*
quinone *nf*
quinqua *n*
quinquagénaire *a, n*
Quinquagésime *nf*
quinquennal, ale, aux *a*
quinquennat *nm*
quinquet *nm*
quinquina *nm*
quintaine *nf*
quintal *nm Des quintaux.*
quinte *nf*
quinté *nm Nom déposé*
quintefeuille *n*
quintessence *nf*
quintessencié, ée *a*
quintet *nm*
quintette *nm*
quinteux, euse *a*
quintidi *nm*
quintillion *nm*
quinto *av*
quintolet *nm*
quintoyer *vi* ***23***
quintuple *a, nm*
quintuplé, ée *n, a*
quintupler *vt, vi* ***1***
quinzaine *nf*
quinze *a num inv, nm inv*
quinzième *a, nm*
quinzièmement *av*
quinziste *nm*
quinzomadaire *a, nm*
quipo ou **quipu** *nm*
quiproquo *nm*
quirat *nm*
quirataire *a, n*
quirite *nm*
quiscale *nm*
quiténien, enne *a, n*
quittance *nf*
quittancer *vt* ***10***
quitte *a*
quitter *vt* ***1***
quitus *nm*
qui-vive *nm inv*
quiz *nm*
quôc-ngu *nm*
quoi *pr, interj*
quoique *conj*
quolibet *nm*
quorum *nm*
quota *nm*
quote-part ou **quotepart** *nf Des quotes-parts.*
quotidien, enne *a, nm*
quotidiennement *av*
quotidienneté *nf*
quotient *nm*
quotité *nf*

r

r *nm*
rab *nm*
rabâchage *nm*
rabâcher *vt* ***1***
rabâcheur, euse *n, a*
rabais *nm*
rabaisser *vt, vpr* ***1***
raban *nm*
rabane *nf*
rabasse *nf*
rabat *nm*
rabati, ie *a, n*
rabat-joie *n, a rabat-joies ou rabat-joie*
rabattable *a*
rabattage *nm*
rabattement *nm*
rabatteur, euse *nm*
rabattre *vt, vpr* ***77***
rabbin ou **rabbi** *nm*
rabbinat *nm*
rabbinique *a*
rabbinisme *nm*
rabibochage *nm*
rabibocher *vt* ***1***
rabiot *nm*
rabioter *vt, vi* ***1***
rabique *a*
râble *nm*
râblé, ée *a*
râblure *nf*
rabonnir *vt, vi* ***2***
rabot *nm*
rabotage *nm*
raboter *vt* ***1***
raboteur *nm*
raboteuse *nf*
raboteux, euse *a*
rabougri, ie *a*
rabougrir *vt, vpr* ***2***
rabougrissement *nm*
rabouillère *nf*
rabouilleur, euse *n*
raboutage *nm*
rabouter *vt* ***1***
rabrouer *vt* ***1***
racage *nm*
racahout *nm*
racaille *nf*
raccard ou **rascart** *nm*
raccommodable *a*
raccommodage *nm*
raccommodement *nm*
raccommoder *vt* ***1***
raccommodeur, euse *n*
raccompagner *vt* ***1***
raccord *nm ; a*
raccordement *nm*
raccorder *vt* ***1***
raccourci *nm*
raccourcir *vt, vi* ***2***
raccourcissement *nm*
raccroc *nm*
raccrochage *nm*
raccrochement *nm*
raccrocher *vt, vi, vpr* ***1***
raccrocheur, euse *a*
race *nf (espèce, lignée)*
racé, ée *a*
racème *nm*
racémeux, euse *a*
racémique *a*
racémisation *nf*
racer *nm*
rachat *nm*
rachetable *a*
racheter *vt, vpr* ***17***
rachialgie *nf*
rachialgique *a*
rachianesthésie *nf*
rachidien, enne *a*
rachis *nm*
rachitique *a, n*
rachitisme *nm*
racial, ale, aux *a*
racialement *av*
racialisation *nf*
racialiser *vt* ***1***
racinage *nm*
racinaire *a*
racinal *nm Des racinaux.*
racine *nf*
raciné, ée *a*
raciner *vt* ***1***
racinette *nf*
racisme *nm*
raciste *a, n*
rack *nm*
racket *nm (extorsion)*
racketter *vt* ***1***
racketteur, euse *n*
raclage *nm*
raclée *nf*
raclement *nm*
racler *vt* ***1***
raclette *nf*
racleur, euse *n*
racloir *nm*
raclure *nf*
racolage *nm*
racoler *vt* ***1***
racoleur, euse *a, n*
racontable *a*
racontar *nm*
raconter *vt* ***1***
raconteur, euse *n*
racornir *vt* ***2***
racornissement *nm*
racquetball *nm*
rad *nm*
radar *nm*
radarastronomie *nf*
radariste *n*
rade *nf (anse)*
rade *nm (bistrot)*
radeau *nm*
rader *vt* ***1***
radeuse *nf*
radiaire *a*
radial, ale, aux *a ; nf*
radian *nm*
radiant, ante *a, nm*
radiateur *nm*
radiatif, ive *a*
radiation *nf*
radical, ale, aux *a, n*
radicalaire *a*
radicalement *av*
radicalisant, ante *a*
radicalisation *nf*
radicaliser *vt* ***1***
radicalisme *nm*
radicalité *nf*
radical-socialisme *nm Des radicaux-socialismes.*
radical-socialiste *a, n*
radicant, ante *a*
radicelle *nf*
radicivore *a*
radiculaire *a*
radiculalgie *nf*
radicule *nf*
radiculite *nf*
radié, ée *a, nf*
radier *vt* ***1***
radier *nm*
radiesthésie *nf*
radiesthésique *a*
radiesthésiste *n*
radieusement *av*
radieux, euse *a*
radifère *a*
radin, ine *n, a*
radiner ou **se radiner** *vi* ***1***
radinerie *nf*
radinisme *nm*
radio *n*
radioactif, ive *a*
radioactivité *nf*
radioalignement *nm*
radioaltimètre *nm*
radioamateur *nm*
radioastronome *n*
radioastronomie *nf*
radioastronomique *a*
radiobalisage *nm*
radiobalise *nf*
radiobaliser *vt* ***1***
radiobiologie *nf*
radiobiologique *a*
radiocarbone *nm*
radiocassette *n*
radiochimie *nf*
radiochimique *a*
radiochronologie *nf*
radiochronologique *a*
radiocommande *nf*

radiocommunication *nf*
radiocompas *nm*
radioconducteur *nm*
radioconductivité *nf*
radiocontraste *nm*
radiocristallographie *nf*
radiocrochet *nm*
radiodermite *nf*
radiodiagnostic *nm*
radiodiffuser *vt* ***1***
radiodiffuseur *nm*
radiodiffusion *nf*
radiodistribution *nf*
radioécologie *nf*
radioécologique *a*
radioélectricien, enne *n*
radioélectricité *nf*
radioélectrique *a*
radioélément *nm*
radioétiquette *nf*
radiofréquence *nf*
radiogalaxie *nf*
radiogoniomètre *nm*
radiogoniométrie *nf*
radiogoniométrique *a*
radiogramme *nm*
radiographie *nf*
radiographier *vt* ***1***
radioguidage *nm*
radioguider *vt* ***1***
radio-immunologie *nf*
radio-indicateur *nm Des radio-indicateurs.*
radio-induit, ite *a*
radio-isotope *nm Des radio-isotopes.*
radio-isotopique *a*
radiolaire *nm*
radiolarite *nf*
radiolésion *nf*
radiolocalisation *nf*
radiologie *nf*
radiologique *a*
radiologiste *n*
radiologue *n*
radiolyse *nf*
radiomessagerie *nf*
radiométallographie *nf*
radiomètre *nm*
radiométrie *nf*
radiométrique *a*
radiomoquette *nf*
radionavigant ou **radionavigateur** *nm*
radionavigation *nf*
radionécrose *nf*
radionucléide ou **radionuclide** *nm*
radiopathologie *nf*
radiophare *nm*
radiopharmaceutique *a*
radiophonie *nf*
radiophonique *a*
radiophotographie *nf*
radiophysicien, enne *a, n*
radiophysique *nf, a*
radioprotection *nf*
radiorécepteur *nm*
radioreportage *nm*
radioreporter *n*
radioreporteur, euse *n*
radiorésistance *nf*
radiorésistant, ante *n*
radioréveil *nm*
radioscopie *nf*
radioscopique *a*
radiosensibilisateur, trice *a, nm*
radiosensibilité *nf*
radiosondage *nm*
radiosonde *nf*
radiosource *nf*
radiotaxi *nm Des radiostaxis.*
radiotechnicien, enne *n*
radiotechnique *nf, a*
radiotélégramme *nm*
radiotélégraphie *nf*
radiotélégraphique *a*
radiotélégraphiste *n*
radiotéléphone *nm*
radiotéléphonie *nf*
radiotéléphonique *a*
radiotéléphoniste *n*
radiotélescope *nm*
radiotélévisé, ée *a*
radiotélévision *nf*
radiothérapeute *n*
radiothérapie *nf*
radiothérapique *a*
radiotoxicité *nf*
radiotoxique *a, nm*
radiotrottoir *nm*
radis *nm*
radium *nm*
radiumthérapie *nf*
radius *nm*
radjah ou **rajah** ou **raja** *nm*
radôme *nm*
radon *nm*
radotage *nm*
radoter *vt, vi* ***1***
radoteur, euse *a, n*
radoub *nm*
radouber *vt* ***1***
radoucir *vt* ***2***
radoucissement *nm*
radsoc *n, a*
radula *nf*
rafale *nf*
rafaler *vt* ***1***
raffermir *vt* ***2***
raffermissement *nm*
raffinage *nm*
raffiné, ée *a*
raffinement *nm*
raffiner *vt, vi* ***1***
raffinerie *nf*
raffineur *nm*
rafflésiacée *nf*
rafflésie ou **rafflesia** *nf*
raffoler *vti* ***1***
raffut *nm*
raffût ou **raffut** *nm*
raffûter ou **raffuter** *vt* ***1***
rafiot *nm*
rafistolage *nm*
rafistoler *vt* ***1***
rafle ou **raffle** *nf*
rafler *vt* ***1***
rafraîchir ou **rafraichir** *vt, vi* ***2***
rafraîchissant, ante ou **rafraichissant** *a*
rafraîchissement ou **rafraichissement** *nm*
raft *nm*
rafting *nm*
raga *nm inv*
ragaillardir *vt* ***2***
rage *nf*
rageant, ante *a*
rager *vi* ***11***
rageur, euse *a*
rageusement *av*
raggamuffin ou **ragga** *nm*
raglan *nm, a inv*
ragondin *nm*
ragot *nm*
ragougnasse *nf*
ragoût ou **ragout** *nm*
ragoûtant, ante ou **ragoutant, ante** *a*
ragréer *vt* ***8***
ragtime *nm*
raguer *vi* ***1***
rai *nm (lumière)*
raï *nm (musique)*
raid *nm*
raide *a, av*
raider *nm*
raideur *nf*
raidillon *nm*
raidir *vt, vi, vpr* ***2***
raidissement *nm*
raidisseur *nm*
raie *nf (ligne, poisson)*
raifort *nm*
rail *nm (chemin de fer)*
railler *vt, vi, vpr* ***1***
raillerie *nf*
railleur, euse *a*
rail-route *nm*
rainer *vt* ***1***
rainette *nf (grenouille)*
rainurage *nm*
rainure *nf*
rainurer *vt* ***1***
raiponce *nf*
raire ou **réer** *vi* ***74***
raïs *nm*
raisin *nm*
raisiné *nm (confiture, sang)*
raisinet *nm*
raison *nf*
raisonnable *a*

raisonnablement *av*
raisonné, ée *a*
raisonnement *nm*
raisonner *vt, vi **1** (argumenter)*
raisonneur, euse *n, a*
rajah ou **radjah** ou **raja** *nm*
rajasthani, ie *a, n*
rajeunir *vt, vi **2***
rajeunissant, ante *a*
rajeunissement *nm*
rajiforme *nm*
rajout *nm*
rajouter *vt **1***
rajustement ou **réajustement** *nm*
rajuster ou **réajuster** *vt, vpr **1***
raki *nm*
raku *nm*
râlant, ante *a*
râle *nm*
ralenti *nm*
ralentir *vt, vi **2***
ralentissement *nm*
ralentisseur *nm*
râler *vi **1***
râleur, euse *n, a*
ralingue *nf*
ralinguer *vi **1***
rallidé *nm*
ralliement *nm*
rallier *vt, vpr **1***
ralliforme *nm*
rallonge *nf*
rallongement *nm*
rallonger *vt, vi **11***
rallumer *vt **1***
rallye *nm*
ramadan *nm*
ramage *nm*
ramager *vt, vi **11***
ramapithèque *nm*
ramassage *nm*
ramasse *nf*
ramassé, ée *a*
ramassement *nm*
ramasse-miette *nm Des ramasse-miettes.*
ramasse-poussière *nm Des ramasse-poussières.*
ramasser *vt, vpr **1***
ramassette *nf*
ramasseur, euse *n*
ramasseuse-presse *nf Des ramasseuses-presses.*
ramassis *nm*
ramassoire *nf*
rambarde *nf*
ramboutan *nm*
ramdam *nm*
rame *nf*
ramé *am*
rameau *nm*
ramée *nf*
ramen *nm*
ramenard, arde *a, n*
ramender *vt **1***
ramener *vt, vpr **15***
ramequin *nm*
ramer *vt, vi **1***
ramette *nf*
rameur, euse *nm*
rameuter *vt **1***
rameux, euse *a*
rami *nm*
ramie *nf*
ramier *nm*
ramification *nf*
ramifié, ée *a*
ramifier (se) *vpr **1***
ramille *nf*
ramin *nm*
ramingue *a*
ramolli, ie *a, n*
ramollir *vt **2***
ramollissant, ante *a*
ramollissement *nm*
ramollo *a*
ramonage *nm*
ramonda ou **ramondie** *nm*
ramoner *vt **1***
ramoneur *nm*
rampant, ante *a, nm*
rampe *nf*
rampeau *nm*
ramper *vi **1***
rampon *nm*
ramponneau *nm*
ramure *nf*
ranale *nf*
ranatre *nf*
rancard ou **rencard** *nm (rendez-vous)*
rancarder ou **rencarder** *v **1***
rancart ou **rencart** *nm (rebut)*
rance *a*
ranch *nm Des ranchs ou ranches.*
rancher *nm*
ranching *nm*
rancio *nm*
rancir *vi **2***
rancissement *nm*
rancissure *nf*
rancœur *nf*
rançon *nf*
rançonnement *nm*
rançonner *vt **1***
rançonneur, euse *n*
rancune *nf*
rancuneux, euse *a, n*
rancunier, ère *n*
rand *nm*
randomisation *nf*
randomiser *vt **1***
randonnée ou **rando** *nf*
randonner *vi **1***
randonneur, euse *n*
rang *nm*
rangé, ée *a*
rangée *nf*
rangement *nm*
ranger *vt, vpr **11***
ranger *nm*
rani *nf*
ranidé *nm*
ranimation *nf*
ranimer *vt **1***
ranz *nm*
raout *nm*
rap *nm (musique)*
rapace *a, nm*
rapacité *nf*
râpage *nm*
rapailler *vt **1***
rapatriable *a*
rapatrié, ée *a, n*
rapatriement *nm*
rapatrier *vt **1***
râpe *nf (ustensile)*
râpé, ée *a, nm*
râper *vt **1***
rapercher ou **rappercher** *vt **1***
râperie *nf*
rapetassage *nm*
rapetasser *vt **1***
rapetissement *nm*
rapetisser *vt, vi **1***
râpeux, euse *a*
raphé *nm*
raphia *nm*
raphiolepis *nm*
rapiat, ate *a, n*
rapide *a, nm*
rapidement *av*
rapidité *nf*
rapido ou **rapidos** *av*
rapiéçage *nm*
rapiècement *nm*
rapiécer *vt **12***
rapière *nf*
rapin *nm*
rapine *nf*
rapiner *vt, vi **1***
rapinerie *nf*
raplapla *a inv*
raplatir *vt **2***
rappareiller *vt **1***
rapparier *vt **1***
rappel *nm*
rappelé, ée *a, n*
rappeler *vt, vpr **18***
rapper *n*
rapper *vi **1***
rappeur, euse *n*
rappliquer *vt **1***
rappointis *nm*
rapport *nm*
rapportable *a*
rapportage *nm*
rapporté, ée *a*
rapporter *vt, vpr **1***
rapporteur, euse *n, a* ou **rapporteure** *nf*
rapporteur *nm*

rapprendre ou **réapprendre** *vt* ***70***
rapprêter *vt* ***1***
rapproché, ée *a*
rapprochement *nm*
rapprocher *vt* ***1***
rapprovisionnement *nm*
rapprovisionner ou **réapprovisionner** *vt* ***1***
rapsode ou **rhapsode** *nm*
rapsodie ou **rhapsodie** *nf*
rapsodique ou **rhapsodique** *a*
rapt *nm*
raptus *nm*
râpure *nf*
raquer *vt, vi* ***1***
raquette *nf (matériel, semelle)*
raquetteur, euse *n*
rare *a*
raréfaction *nf*
raréfiable *a*
raréfier *vt* ***1***
rarement *av*
rarescent, ente *a*
rareté *nf*
rarissime *a*
ras *nm (chef)*
ras, rase *a*
rasade *nf*
rasage *nm*
rascart ou **raccard** *nm*
rasant, ante *a*
rascasse *nf*
ras-de-cou *nm inv*
ras-du-cou *nm inv*
ras-el-hanout *nm inv*
rase-motte *nm Des rase-mottes.*
raser *vt* ***1***
rasette *nf*
raseur, euse *nm*
rash *nm*
rasibus *av*
raskol *nm*
ras-le-bol *nm inv*
rasoir *nm, a inv*
raspoutitsa *nf*
rassasiement *nm*
rassasier *vt* ***1***
rassemblement *nm*
rassembler *vt* ***1***
rassembleur, euse *a, n*
rasseoir ou **rassoir** *vt* ***40***
rasséréner *vt* ***12***
rassir *vi* ***2***
rassis, ise *a*
rassortiment ou **réassortiment** *nm*
rassortir ou **réassortir** *vt* ***2***
rassoul *nm*
rassurant, ante *a*
rassurer *vt* ***1***
rasta ou **rastafari** *a, n*
rastaquouère *nm*
rat *nm*
rata *nm*
ratafia *nm*
ratage *nm*
ratatiné, ée *a*
ratatiner *vt* ***1***
ratatouille *nf*
rate *nf*
raté, ée *nm*
râteau *nm*
ratel *nm*
râtelage *nm*
râtelée *nf*
râteler *vt* ***16***
râteleur, euse *n*
râtelier *nm*
rater *vt, vi* ***1***
ratiboiser *vt* ***1***
ratiche *nf*
ratichon *nm*
raticide *a, nm*
ratier *nm*
ratière *nf*
ratification *nf*
ratifier *vt* ***1***
ratinage *nm*
ratine *nf*
ratiner *vt* ***1***
rating *nm*
ratio *nm*
ratiocination *nf*
ratiociner *vi* ***1***
ratiocineur, euse *n, a*
ration *nf*
rationalisation *nf*
rationaliser *vt* ***1***
rationalisme *nm*
rationaliste *a, n*
rationalité *nf*
rationnaire *n*
rationnel, elle *a*
rationnellement *av*
rationnement *nm*
rationner *vt* ***1***
ratissage *nm*
ratisser *vt* ***1***
ratite *nm*
raton *nm*
ratonnade *nf*
rattachement *nm*
rattacher *vt* ***1***
rattachisme *nm*
rattachiste *a, n*
rat-taupe *nm Des rats-taupes.*
ratte *nf*
rattrapage *nm*
rattraper *vt, vpr* ***1***
raturage *nm*
rature *nf*
raturer *vt* ***1***
raucité *nf*
rauque *a*
rauwolfia *nm*
ravage *nm*
ravagé, ée *a*
ravager *vt* ***11***
ravageur, euse *a, nm*
ravalement *nm*
ravaler *vt* ***1***
ravaleur *nm*
ravaudage *nm*
ravauder *vt* ***1***
ravaudeur, euse *n*
rave ou **rave-party** *nf*
ravenala *nm*
ravenelle *nf*
raver ou **raveur, euse** *n*
ravi, ie *a, nm*
ravier *nm*
ravière *nf*
ravigotant, ante *a*
ravigote *nf*
ravigoter *vt* ***1***
ravin *nm*
ravine *nf*
ravinement *nm*
raviner *vt* ***1***
raviole *nf*
ravioli *nm*
ravir *vt* ***2***
raviser (se) *vpr* ***1***
ravissant, ante *a*
ravissement *nm*
ravisseur, euse *n*
ravitaillement *nm*
ravitailler *vt* ***1***
ravitailleur, euse *nm*
ravivage *nm*
raviver *vt* ***1***
ravoir *vt*
rayage *nm*
rayé, ée *a*
rayer *vt* ***20***
rayère *nf*
ray-grass ou **raygrass** *nm inv*
Raynaud (maladie de) *nf*
rayon *nm*
rayonnage *nm*
rayonnant, ante *a*
rayonne *nf Nom déposé*
rayonné, ée *a*
rayonnement *nm*
rayonner *vi* ***1***
rayonnisme *nm*
rayonniste *a, n*
rayure *nf*
raz *nm*
razzia *nf*
razzier *vt* ***1***
RD ou **R&D** *nf*
ré *nm*
réa *nm*
réabonnement *nm*
réabonner *vt* ***1***
réabsorber *vt* ***1***
réac *a, n*
réaccoutumer *vt* ***1***
réactance *nf*
réactant *nm*
réacteur *nm*
réactif, ive *a, nm*

réaction *nf*
réactionnaire *a, n*
réactionnel, elle *a*
réactivation *nf*
réactiver *vt 1*
réactivité *nf*
réactualisation *nf*
réactualiser *vt 1*
réadaptation *nf*
réadapter *vt 1*
réadmettre *vt 64*
réadmission *nf*
ready-made ou **readymade** *nm inv*
réaffirmation *nf*
réaffirmer *vt 1*
réagir *vi 2*
réajuster ou **rajuster** *vt, vpr 1*
réajustement ou **rajustement** *nm*
real *nm*
réal, ale, aux *a, nf*
réal *nm Des réaux.*
réalcoolisation *nf*
réalésage *nm*
réaléser *vt 14*
réalgar *nm*
réalignement *nm*
réaligner *vt 1*
réalisable *a*
réalisateur, trice *n*
réalisation *nf*
réaliser *vt, vpr 1*
réalisme *nm*
réaliste *a, n*
réalistement *av*
réalité *nf*
reality-show ou **réality-show** *nm Des reality-shows.*
realpolitik ou **réalpolotik** *nf*
réaménagement *nm*
réaménager *vt 11*
réamorcer *vt 12*
réanimateur, trice *n*
réanimation *nf*
réanimer *vt 1*
réapparaître ou **réapparaitre** *vi 55*
réapparition *nf*
réapprendre ou **rapprendre** *vt 70*
réappropriation *nf*
réapproprier (se) *vpr 2*
réapprovisionner ou **rapprovisionner** *vt 1*
réapprovisionnement ou **rapprovisionnement** *nm*
réargenter *vt 1*
réarmement *nm*
réarmer *v 1*
réarrangement *nm*
réarranger *vt 13*
réassignation *nf*
réassigner *vt 1*
réassort *nm*
réassortiment ou **rassortiment** *nm*
réassortir ou **rassortir** *vt 2*
réassurance *nf*
réassurer *vt 1*
réassureur *nm*
rebab ou **rabab** ou **rebeb** *nm*
rebaptiser *vt 1*
rébarbatif, ive *a*
rebâtir *vt 2*
rebattement *nm*
rebattre *vt 77*
rebattu, ue *a*
rebec *nm*
rebelle *a, n*
rebeller (se) *vpr 1*
rébellion *nf*
rebelote *interj*
rébétiko *nm*
rebeu *a, n*
rebibes *nf pl*
rebiffer (se) *vpr 1*
rebiquer *vi 1*
reblochon *nm*
reboire *vt 52*
reboisement *nm*
reboiser *vt 1*
rebond *nm*
rebondeur, euse *n*
rebondi, ie *a*
rebondir *vi 2*
rebondissement *nm*
rebord *nm*
reborder *vt 1*
rebot *nm*
rebouchage *nm*
reboucher *vt 1*
rebours (à) *av*
rebouter ou **rebooter** *vt 1*
rebouteux, euse *n*
reboutonner *vt 1*
rebroder *vt 1*
rebroussement *nm*
rebrousse-poil (à) *av*
rebrousser *vt 1*
rebuffade *nf*
rébus *nm*
rebut *nm*
rebutant, ante *a*
rebuter *vt 1*
recacheter *vt 17*
recadrage *nm*
recadrer *vt 1*
recalage *nm*
recalcification *nf*
recalcifier *vt 1*
récalcitrant, ante *a, n*
recalculer *vt 1*
recalé, ée *a, n*
recaler *vt 1*
recapitalisation *nf*
recapitaliser *vt 1*
récapitulatif, ive *a, nm*
récapitulation *nf*
récapituler *vt 1*
recasement *nm*
recaser *vt 1*
recauser *vi 1*
recéder *vt 12*
recel *nm*
receler ou **recéler** *vt 16*
receleur, euse *n*
récemment *av*
recensement *nm*
recenser *vt 1*
recenseur, euse *n*
recension *nf*
récent, ente *a*
recentrage *nm*
recentralisation *nf*
recentrer *vt 1*
recépage ou **recepage** *nm*
recéper ou **receper** *vt 12*
récépissé *nm*
réceptacle *nm*
récepteur, trice *nm, a*
réceptif, ive *a*
réception *nf*
réceptionnaire *n*
réceptionner *vt 1*
réceptionniste *n*
réceptivité *nf*
récessif, ive *a*
récession *nf*
récessionniste *a*
récessivité *nf*
recette *nf*
recevabilité *nf*
recevable *a*
receveur, euse *n*
recevoir *vt, vpr 43*
réchampir ou **rechampir** *vt 2*
réchampissage ou **rechampissage** *nm*
rechange *nm*
rechanger *vt 13*
rechanter *vt 1*
rechapage *nm*
rechaper *vt 1*
réchapper *vi 1*
recharge *nf*
rechargeable *a*
rechargement *nm*
recharger *vt 11*
réchaud *nm*
réchauffage *nm*
réchauffé, ée *a, nm*
réchauffement *nm*
réchauffer *vt 1*
réchauffeur *nm*
réchauffiste *a, n*
rechaussement *nm*
rechausser *vt 1*
rêche *a*
recherche *nf*
recherché, ée *a*
recherche-développement *nf Des recherches-développements.*
rechercher *vt 1*
recherchiste *n*
rechigner *vti 1*
rechristianisation *nf*

rechristianiser *vt* ***1***
rechute *nf*
rechuter *vi* ***1***
récidivant, ante *a*
récidive *nf*
récidiver *vi* ***1***
récidivisme *nm*
récidiviste *n*
récidivité *nf*
récif *nm*
récifal, ale, aux *a*
récipiendaire *n*
récipient *nm*
réciprocité *nf*
réciproque *a, nf*
réciproquement *av*
réciproquer *vt* ***1***
récit *nm*
récital *nm Des récitals.*
récitant, ante *a, n*
récitatif *nm*
récitation *nf*
réciter *vt* ***1***
Recklinghausen (maladie de) *nf*
réclamant, ante *n*
réclamation *nf*
réclame *nf (publicité)*
réclame *nm (fauconnerie)*
réclamer *vt, vpr* ***1***
reclassement *nm*
reclasser *vt* ***1***
reclus, use *a, n*
réclusion *nf*
réclusionnaire *n*
récognitif *am*
récognition ou **recognition** *nf*
recoiffer *vt* ***1***
recoin *nm*
récolement *nm*
récoler *vt* ***1***
recollage *nm*
récollection *nf*
recollement *nm*
recoller *vt, vi* ***1***
récollet *nm*
récoltable *a*
récoltant, ante *a, n*
récolte *nf*
récolter *vt* ***1***
récolteur, euse *n*
recombinaison *nf*
recombinant, ante *a*
recombiner *vt* ***1***
recommandable *a*
recommandation *nf*
recommandé, ée *a, n*
recommander *vt, vpr* ***1***
recommencement *nm*
recommencer *vt* ***10***
récompense *nf*
récompenser *vt* ***1***
recomposé, ée *a*
recomposer *vt* ***1***
recomposition *nf*

recompte *nm*
recompter *vt* ***1***
réconciliateur, trice *n, a*
réconciliation *nf*
réconcilier *vt* ***1***
recondamner *vt* ***1***
reconductible *a*
reconduction *nf*
reconduire *vt* ***67***
reconduite *nf*
reconfiguration *nf*
reconfigurer *vt* ***1***
réconfort *nm*
réconfortant, ante *a*
réconforter *vt* ***1***
reconnaissance *nf*
reconnaissant, ante *a*
reconnaître ou **reconnaitre** *vt* ***55***
reconnu, ue *a*
reconquérir *vt* ***34***
reconquête *nf*
reconsidération *nf*
reconsidérer *vt* ***12***
reconstituant, ante *a, nm*
reconstituer *vt* ***1***
reconstitution *nf*
reconstructeur, trice *a, n*
reconstruction *nf*
reconstruire *vt* ***67***
reconvention *nf*
reconventionnel, elle *a*
reconventionnellement *av*
reconversion *nf*
reconvertir *vt, vpr* ***2***
recopiage *nm*
recopie *nf*
recopier *vt* ***1***
record *nm*
recordage *nm*
recorder *vt* ***1***
recordman *nm Des recordmans ou recordmen.*
recordwoman *nf Des recordwomans ou recordwomen.*
recorriger *vt* ***13***
recors *nm*
recoucher *vt, vpr* ***1***
recoudre *vt* ***56***
recoupage *nm*
recoupe *nf*
recoupement *nm*
recouper *vt* ***1***
recourbement *nm*
recourber *vt* ***1***
recourbure *nf*
recourir *vi, vti* ***25***
recours *nm*
recouvrable *a*
recouvrage *nm*
recouvrement *nm*
recouvrer *vt* ***1***
recouvrir *vt* ***31***
recracher *vt, vi* ***1***
récré *nf*

récréance *nf*
récréatif, ive *a*
recréation *nf (nouvelle création)*
récréation *nf (pause)*
recréer *vt* ***8***
récréer *vt* ***8***
recrépir *vt* ***2***
recrépissage *nm*
recreuser *vt* ***1***
récrier (se) *vpr* ***1***
récriminateur, trice *a, n*
récrimination *nf*
récriminatoire *a*
récriminer *vi* ***1***
récrire ou **réécrire** *vt* ***61***
recristallisation *nf*
recristalliser *v* ***1***
récriture ou **réécriture** *nf*
recroqueviller *vt, vpr* ***1***
recru, ue *a*
recrû ou **recru** *nm*
recrudescence *nf*
recrudescent, ente *a*
recrue *nf*
recrutement *nm*
recruter *vt, vpr* ***1***
recruteur, euse *n*
recta *av*
rectal, ale, aux *a*
rectangle *a, nm*
rectangulaire *a*
recteur, trice *nm*
rectifiable *a*
rectificateur, trice *n, a*
rectificatif, ive *a, nm*
rectification *nf*
rectifier *vt* ***1***
rectifieur, euse *n*
rectiligne *a*
rectilinéaire *a*
rection *nf*
rectite *nf*
rectitude *nf*
recto *nm*
rectocolite *nf*
rectoral, ale, aux *a*
rectorat *nm*
rectoscope *nm*
rectoscopie *nf*
rectoscopique *a*
rectrice *a, nf*
rectum *nm*
reçu, ue *nm*
recueil *nm*
recueillement *nm*
recueilli, ie *a*
recueillir *vt, vpr* ***26***
recuire *vt* ***67***
recuit *nm*
recul *nm*
reculade *nf*
reculé, ée *a*
reculée *nf*
reculer *vt, vi* ***1***

reculoir *nm*
reculons (à) *av*
reculotter *vt* ***1***
récup *nf*
récupérable *a*
récupérateur, trice *a, nm*
récupération *nf*
récupérer *vt, vi* ***12***
récurage *nm*
récurer *vt* ***1***
récurrence *nf*
récurrent, ente *a, nm*
récursif, ive *a*
récursivité *nf*
récusable *a*
récusation *nf*
récuser *vt, vpr* ***1***
recyclabilité *nf*
recyclable *a, nm*
recyclage *nm*
recycler *vt* ***1***
recyclerie *nf*
recycleur, euse *a, n*
rédacteur, trice *n*
rédaction *nf*
rédactionnel, elle *a, nm*
redan ou **redent** *nm*
reddition *nf*
redécoupage *nm*
redécouper *vt* ***1***
redécouverte *nf*
redécouvrir *vt* ***31***
redéfaire *vt* ***10***
redéfinir *vt* ***2***
redéfinition *nf*
redemander *vt* ***1***
redémarrage *nm*
redémarrer *vt, vi* ***1***
rédempteur, trice *a*
rédemption *nf*
rédemptoriste, istine *n*
redéploiement *nm*
redéployer *vt* ***23***
redescendre *vt, vi* ***5***
redevable *a, n*
redevance *nf*
redevenir *vi* ***35***
rédhibition *nf*
rédhibitoire *a*
rédie *nf*
rediff ou **redif** *nf*
rediffuser *vt* ***1***
rediffusion *nf*
rédiger *vt* ***11***
redimensionnement *nm*
redimensionner *vt* ***1***
rédimer *vt* ***1***
redingote *nf*
rédintégration *nf*
redire *vt* ***60***
rediscuter *vt* ***1***
redistribuer *vt* ***1***
redistributif, ive ou **redistributeur, trice** *a*
redistribution *nf*
redistributivité *nf*
redite *nf*
redondance *nf*
redondant, ante *a*
redonder *vi* ***1***
redonner *vt* ***1***
redorer *vt* ***1***
redoublant, ante *n*
redoublé, ée *a*
redoublement *nm*
redoubler *vt, vi, vti* ***1***
redoutable *a*
redoutablement *av*
redoute *nf*
redouter *vt* ***1***
redoux *nm*
redox *a inv*
redresse (à la) *a*
redressement *nm*
redresser *vt, vi, vpr* ***1***
redresseur, euse *a, nm*
réductase *nf*
réducteur, trice *a, nm*
réductibilité *nf*
réductible *a*
réduction *nf*
réductionnisme *nm*
réductionniste *a, n*
réduire *vt, vpr* ***67***
réduit, ite *a, nm*
réduit *nm*
réduplicatif, ive *a*
réduplication *nf*
réduve *nm*
redynamisation *nf*
redynamiser *vt* ***1***
rééchelonnable *a*
rééchelonnement *nm*
rééchelonner *vt* ***1***
réécouter *vt* ***1***
réécrire ou **récrire** *vt* ***61***
réécriture ou **récriture** *nf*
réédification *nf*
réédifier *vt* ***1***
rééditer *vt* ***1***
réédition *nf*
rééducation *nf*
rééduquer *vt* ***1***
réel, elle *a, nm*
réélection *nf*
rééligibilité *nf*
rééligible *a*
réélire *vt* ***63***
réellement *av*
réembaucher ou **rembaucher** *vt* ***1***
réémetteur *nm*
réemploi ou **remploi** *nm*
réemployer ou **remployer** *vt* ***22***
réemprunter ou **remprunter** *vt* ***1***
réengagé *n*
réengagement *nm*
réengager ou **rengager** *vt* ***1***
réensemencement *nm*
réensemencer *vt* ***10***
rééquilibrage *nm*
rééquilibrer *vt* ***1***
réer ou **raire** *vi* ***74***
réescompte *nm*
réescompter *vt* ***1***
réessayer ou **ressayer** *vt* ***20***
réétudier *vt* ***1***
réévaluation *nf*
réévaluer *vt* ***1***
réexamen *nm*
réexaminer *vt* ***1***
réexpédier *vt* ***1***
réexpédition *nf*
réexportation *nf*
réexporter *vt* ***1***
refaçonner *vt* ***1***
réfaction *nf*
refaire *vt, vpr* ***9***
réfection *nf*
réfectoire *nm*
refend (de) *a*
refendre *vt* ***5***
référé *nm*
référé-liberté *nm Des référés-libertés.*
référence *nf*
référencement *nm*
référencer *vt* ***10***
référendaire *a, nm*
référendum *nm*
référent, ente *nm, a, n*
référentiel, elle *a, nm*
référer *v, vti, vpr* ***12***
refermable *a*
refermer *vt* ***1***
refiler *vt* ***1***
refinancement *nm*
refinancer (se) *vpr* ***10***
réfiom *nm*
reflation *nf*
réfléchi, ie *a*
réfléchir *vt, vi* ***2***
réfléchissant, ante *a*
réflecteur *nm*
réflectif, ive *a*
réflectivité *nf*
réflectorisé, ée *a*
reflet *nm*
refléter *vt* ***14***
refleurir *vt, vi* ***2***
réflex *a, nm (photo)*
réflexe *a, nm*
réflexibilité *nf*
réflexible *a*
réflexif, ive *a*
réflexion *nf*
réflexivement *av*
réflexivité *nf*
réflexologie *nf*
réflexothérapie *nf*
refluer *vi* ***1***
reflux *nm*
refondateur, trice *a, n*

refondation *nf*
refonder *vt* ***1***
refondre *vt* ***5***
refonte *nf*
reforestation *nf*
réformable *a*
reformage *nm*
reformater *vt* ***1***
réformateur, trice *n, a*
réformation *nf*
réforme *nf*
réformé, ée *a, n*
reformer *vt* ***1*** *(former de nouveau)*
réformer *vt* ***1*** *(modifier)*
réformette *nf*
réformisme *nm*
réformiste *n, a*
réformite *nf*
refouillement *nm*
refouiller *vt* ***1***
refoulé, ée *a, n*
refoulement *nm*
refouler *vt* ***1***
réfractaire *a, nm*
réfracter *vt* ***1***
réfracteur, trice *a*
réfractif, ive *a*
réfraction *nf*
réfractomètre *nm*
réfractométrie *nf*
réfractométrique *a*
refrain *nm*
réfrangibilité *nf*
réfrangible *a*
refrènement *nm*
réfrènement *nm*
réfréner ou **refréner** *vt* ***12***
réfrigérant, ante *a*
réfrigérateur *nm*
réfrigération *nf*
réfrigérer *vt* ***12***
réfringence *nf*
réfringent, ente *a*
refroidir *vt, vi, vpr* ***2***
refroidissement *nm*
refroidisseur *nm*
refuge *nm*
réfugié, ée *a, n*
réfugier (se) *vpr* ***1***
refus *nm*
refusable *a*
refusé, ée *a, n*
refuser *vt, vpr* ***1***
réfutabilité *nf*
réfutable *a*
réfutation *nf*
réfuter *vt* ***1***
refuznik *n*
reg *nm*
regagner *vt* ***1***
regain *nm*
régal *nm Des régals.*
régalade *nf*
régalage *nm*
régale *nf (orgue)*
régale *nm (droit)*
régale *af (eau)*
régalec *nm*
régalement *nm*
régaler *vt, vi, vpr* ***1***
régalien, enne *a*
regard *nm*
regardable *a*
regardant, ante *a*
regarder *vt, vti* ***1***
regardeur, euse *n*
regarnir *vt* ***2***
régate *nf*
régater *vi* ***1***
régatier, ère *n*
regel *nm*
régence *nf*
régénérant, ante *a*
régénérateur, trice *a, nm*
régénératif, ive *a*
régénération *nf*
régénérer *vt* ***12***
régent, ente *n*
régenter *vt* ***1***
reggae *nm, a*
régicide *n, a*
régie *nf*
regimbement *nm*
regimber *vi* ***1***
regimbeur, euse *n, a*
régime *nm*
régiment *nm*
régimentaire *a*
région *nf*
régional, ale, aux *a, nf pl*
régionalisation *nf*
régionaliser *vt* ***1***
régionalisme *nm*
régionaliste *a, n*
régir *vt* ***2***
régisseur, euse *n*
registraire *n*
registre *nm*
réglable *a*
réglage *nm*
règle *nf*
réglé, ée *a*
règlement *nm*
règlementaire ou **réglementaire** *a*
règlementairement ou **réglementairement** *av*
règlementarisme ou **réglementarisme** *nm*
règlementariste ou **réglementariste** *n*
règlementation ou **réglementation** *nf*
règlementer ou **réglementer** *vt* ***1***
régler *vt* ***12***
réglette *nf*
régleur, euse *n*
réglisse *nf*
réglo *a inv*
réglure *nf*
régnant, ante *a*
règne *nm*
régner *vi* ***12***
régnicole *a, n*
régnié *nm*
régolite *nf*
regonflage *nm*
regonflement *nm*
regonfler *vt, vi* ***1***
regorgement *nm*
regorger *vi, vti* ***11***
regrattage *nm*
regratter *vt* ***1***
regreffer *vt* ***1***
régresser *vi* ***1***
régressif, ive *a*
régression *nf*
regret *nm*
regrettable *a*
regrettablement *av*
regretter *vt* ***1***
regrimper *vi* ***1***
regrossir *vi* ***2***
regroupement *nm*
regrouper *vt* ***1***
régularisable *a*
régularisation *nf*
régulariser *vt* ***1***
régularité *nf*
régulateur, trice *a, nm*
régulation *nf*
régule *nm*
réguler *vt* ***1***
régulier, ère *a, nm*
régulièrement *av*
régurgitation *nf*
régurgiter *vt* ***1***
réhabilitable *a*
réhabilitation *nf*
réhabilité, ée *a, n*
réhabiliter *vt* ***1***
réhabituer *vt* ***1***
rehaussement *nm*
rehausser *vt* ***1***
rehausseur *nm*
rehaut *nm*
réhoboam *nm*
réhydratation *nf*
réhydrater *vt* ***1***
réification *nf*
réifier *vt* ***1***
réimperméabilisation *nf*
réimperméabiliser *vt* ***1***
réimplantation *nf*
réimplanter *vt* ***1***
réimportation *nf*
réimporter *vt* ***1***
réimpression *nf*
réimprimer *vt* ***1***
rein *nm*
réincarcération *nf*
réincarcérer *vt* ***12***
réincarnation *nf*

réincarner (se) *vpr* ***1***
réincorporer *vt* ***1***
reine *nf (roi)*
reine-claude *nf Des reines-claudes.*
reine-des-prés *nf Des reines-des-prés.*
reine-marguerite *nf Des reines-marguerites.*
reinette *nf (pomme)*
réinscriptible *a*
réinscription *nf*
réinscrire *vt* ***61***
réinsérer *vt* ***12***
réinsertion *nf*
réinstallation *nf*
réinstaller *vt* ***1***
réintégration *nf*
réintégrer *vt* ***12***
réintroduction *nf*
réintroduire *vt* ***67***
réinventer *vt* ***1***
réinvention *nf*
réinvestir *vt* ***2***
réinvestissement *nm*
réinvitation *nf*
réinviter *vt* ***1***
réislamisation *nf*
réislamiser *vt* ***1***
réitératif, ive *a*
réitération *nf*
réitérer *vt* ***12***
reître ou **reitre** *nm*
rejaillir *vi* ***2***
rejaillissement *nm*
rejet *nm*
rejetable *a*
rejeter *vt, vi* ***19***
rejeton *nm*
rejoindre *vt* ***62***
rejointoiement *nm*
rejointoyer *vt* ***23***
rejouer *vt, vi* ***1***
réjoui, ie *a*
réjouir *vt, vpr* ***2***
réjouissance *nf*
réjouissant, ante *a*
rejuger *vt* ***13***
relâche *nf*
relâché, ée *a*
relâchement *nm*
relâcher *vt, vi, vpr* ***1***
relais ou **relai** *nm*
relance *nf*
relancer *vt* ***10***
relanceur, euse *n*
relaps, apse *a, n*
relargage *nm*
relarguer *vt* ***1***
relater *vt* ***1***
relatif, ive *a*
relation *nf*
relationnel, elle *a, nm*
relationniste *n*
relativement *av*
relativisation *nf*
relativiser *vt* ***1***
relativisme *nm*
relativiste *a, n*
relativité *nf*
relaver *vt* ***1***
relax ou **relaxe** *a, av, nm*
relaxant, ante *a, nm*
relaxation *nf*
relaxe *nf*
relaxer *vt* ***1***
relaxine *nf*
relaxologie *nf*
relaxologique *a*
relaxologue *n*
relayer *vt* ***20***
relayeur, euse *n*
releasing factor *nm Des releasing factors.*
relecture *nf*
relégable *a, n*
relégation *nf*
reléguer *vt* ***12***
relent *nm*
relevable *a*
relevage *nm*
relevailles *nf pl*
relève *nf*
relevé, ée *a, nm*
relèvement *nm*
relever *vt, vti, vpr* ***15***
releveur, euse *a, nm*
relief *nm*
relier *vt* ***1***
relieur, euse *n*
relifter *vt* ***1***
religieusement *av*
religieux, euse *a, n*
religion *nf*
religiosité *nf*
reliquaire *nm*
reliquat *nm*
relique *nf*
relire *vt* ***63***
reliure *nf*
relocalisation *nf*
relocaliser *vt* ***1***
relogement *nm*
reloger *vt* ***11***
relookage *nm*
relooker *vt* ***1***
relookeur, euse *n*
relooking *nm*
relouer *vt* ***1***
réluctance *nf*
reluire *vi* ***67***
reluisant, ante *a*
reluquer *vt* ***1***
relutif, ive *a*
rem *nm*
remâcher *vt* ***1***
remaillage *nm*
remake *nm*
rémanence *nf*
rémanent, ente *a*
remanger *vt* ***13***
remaniable *a*
remaniement *nm*
remanier *vt* ***1***
remaquetter *vt* ***1***
remaquiller *vt* ***1***
remarcher *vi* ***1***
remariage *nm*
remarier *vt* ***1***
remarquable *a*
remarquablement *av*
remarque *nf*
remarqué, ée *a*
remarquer *vt* ***1***
remastérisation *nf*
remastériser *vt* ***1***
remballage *nm*
remballer *vt* ***1***
rembarquement *nm*
rembarquer *vt, vi, vpr* ***1***
rembarrer *vt* ***1***
remblai *nm*
remblaiement *nm*
rembaucher ou **réembaucher** *vt* ***1***
remblaver *vt* ***1***
remblayage *nm*
remblayer *vt* ***20***
remblayeuse *nf*
rembobiner *vt* ***1***
remboitage *nm*
remboîtage *nm*
remboitement *nm*
remboîtement *nm*
remboîter ou **remboiter** *vt* ***1***
rembourrage *nm*
rembourrer *vt* ***1***
rembourrure *nf*
remboursable *a*
remboursement *nm*
rembourser *vt* ***1***
rembrunir (se) *vpr* ***2***
rembrunissement *nm*
rembuchement *nm*
rembucher *vt* ***1***
remède *nm*
remédiable *a*
remédiation *nf*
remédier *vti* ***1***
remembrement *nm*
remembrer *vt* ***1***
remémoration *nf*
remémorer *vt* ***1***
remerciement *nm*
remercier *vt* ***1***
réméré *nm*
remettre *vt, vpr* ***64***
remeubler *vt* ***1***
rémige *nf*
remilitarisation *nf*
remilitariser *vt* ***1***
réminiscence *nf*
remisage *nm*
remise *nf*

remiser *vt 1*
rémission *nf*
rémittence *nf*
rémittent, ente *a*
remix *nm*
remixer *vt 1*
rémiz *nm*
remmaillage *nm*
remmailler ou **remailler** *vt 1*
remmancher *vt 1*
remmener *vt 15*
remnographie *nf*
remodelage *nm*
remodeler *vt 16*
rémois, oise *a, n*
remontage *nm*
remontant, ante *a, nm*
remonte *nf*
remontée *nf*
remonte-pente *nm Des remonte-pentes.*
remonter *vt, vi, vpr 1*
remonteur *nm*
remontoir *nm*
remontrance *nf*
remontrant *nm*
remontrer *vt 1*
rémora *nm*
remords *nm*
remorquable *a*
remorquage *nm*
remorque *nf*
remorquer *vt 1*
remorqueur *nm*
rémoulade *nf*
rémouleur *nm*
remous *nm*
rempaillage *nm*
rempailler *vt 1*
rempailleur, euse *n*
rempaqueter *vt 17*
rempart *nm*
rempiétement *nm*
rempiètement *nm*
rempiéter *vt 14*
rempiler *vi 1*
remplaçable *a*
remplaçant, ante *n*
remplacement *nm*
remplacer *vt 10*
remplage *nm*
rempli *nm*
remplir *vt 2*
remplissage *nm*
remploi ou **réemploi** *nm*
remployer ou **réemployer** *vt 22*
remplumer (se) *vpr 1*
rempocher *vt 1*
rempoissonnement *nm*
rempoissonner *vt 1*
remporter *vt 1*
rempotage *nm*
rempoter *vt 1*
remprunter ou **réemprunter** *vt 1*
remuage *nm*
remuant, ante *a*
remue-ménage *nm Des remue-ménages ou remue-ménage.*
remue-méninge ou **remue-méninges** *nm Des remue-méninges.*
remuement *nm*
remuer *vt, vi, vpr 1*
remueur, euse *n*
remugle *nm*
rémunérateur, trice *a*
rémunération *nf*
rémunératoire *a*
rémunérer *vt 12*
renâcler *vi 1*
renaissance *nf, a*
renaissant, ante *a*
renaître ou **renaitre** *vi, vti 66*
rénal, ale, aux *a*
renard *nm*
renarde *nf*
renardeau *nm*
renardière *nf*
renauder *vi 1*
rencaissage *nm*
rencaissement *nm*
rencaisser *vt 1*
rencard ou **rancard** *nm (rendez-vous)*
rencart ou **rancart** *nm (rebut)*
renchérir *vt, vi 2*
renchérissement *nm*
renchérisseur, euse *n*
rencogner *vt, vpr 1*
rencontre *nf (entrevue, compétition)*
rencontre *nm (tête d'animal)*
rencontrer *vt, vpr 1*
rendement *nm*
rendez-vous *nm inv*
rendormir *vt 29*
rendosser *vt 1*
rendre *vt, vi, vpr 5*
rendu, ue *a, nm*
rendzine *nf*
rêne *nf (équitation)*
renégat, ate *n*
renégociable *a*
renégociation *nf*
renégocier *vt 1*
rénette ou **rainette** *nf*
renfermé, ée *a, nm*
renfermement *nm*
renfermer *vt, vpr 1*
renfiler *vt 1*
renflé, ée *a*
renflement *nm*
renfler *vt 1*
renflouage *nm*
renflouement *nm*
renflouer *vt 1*
renfoncé, ée *a*
renfoncement *nm*
renfoncer *vt 10*
renforçateur *nm*
renforcement *nm*
renforcer *vt 10*
renfort *nm*
renfrogner (se) *vpr 1*
rengagé, ée *n*
rengagement *nm*
rengager ou **réengager** *vt, vi, vpr 11*
rengaine *nf*
rengainer *vt 1*
rengorger (se) *vpr 11*
rengraisser *vi 1*
rengrènement *nm*
rengréner *vt 14*
reniement *nm*
renier *vt 1*
reniflard *nm*
reniflement *nm*
renifler *vt, vi 1*
renifleur, euse *a, nm*
réniforme *a*
rénine *nf*
rénitence *nf*
rénitent, ente *a*
rennais, aise *a, n*
renne *nm (cervidé)*
renom *nm*
renommé, ée *a*
renommée *nf*
renommer *vt 1*
renon *nm*
renonçant, ante *n*
renonce *nf*
renoncement *nm*
renoncer *vt, vi, vti 10*
renonciataire *n*
renonciateur, trice *n*
renonciation *nf*
renonculacée *nf*
renoncule *nf*
renouée *nf*
renouer *vt, vti 1*
renouveau *nm*
renouvelable *a, nf*
renouvelant, ante *n*
renouveler *vt, vpr 16*
renouvellement ou **renouvèlement** *nm*
rénovateur, trice *a, n*
rénovation *nf*
rénover *vt 1*
renseignement *nm*
renseigner *vt, vpr 1*
rentabilisable *a*
rentabilisation *nf*
rentabiliser *vt 1*
rentabilité *nf*
rentable *a*
rente *nf*
rentier, ère *n*
rentoilage *nm*
rentoiler *vt 1*
rentoileur, euse *n*

rentraiture *nf*
rentrant, ante *a*
rentré, ée *a, nm (repli)*
rentre-dedans *nm inv, a inv*
rentrée *nf (arrivée)*
rentrer *vt, vi* ***1***
renversant, ante *a*
renverse *nf*
renversé, ée *a*
renversement *nm*
renverser *vt* ***1***
renvoi *nm*
renvoyer *vt* ***23***
renvoyeur, euse *n*
réoccupation *nf*
réoccuper *vt* ***1***
réopérer *vt* ***12***
réorchestration *nf*
réorchestrer *vt* ***1***
réorganisateur, trice *n, a*
réorganisation *nf*
réorganiser *vt* ***1***
réorientation *nf*
réorienter *vt* ***1***
réouverture *nf*
repaire *nm (tanière)*
repairer *vi* ***1***
repaître ou **repaitre** *vt* ***66***
répandre *vt, vpr* ***5***
répandu, ue *a*
réparable *a*
reparaître ou **reparaitre** *vi* ***55***
réparateur, trice *n, a*
réparation *nf*
réparer *vt* ***1***
reparler *vi, vti* ***1***
repartager *vt* ***1***
repartement *nm*
repartie ou **répartie** *nf*
repartir ou **répartir** *vt, vi* ***29***
répartir *vt* ***2*** *(distribuer)*
répartiteur, trice *nm*
répartition *nf*
reparution *nf*
repas *nm*
repassage *nm*
repasser *vt, vi* ***1***
repasseur *nm*
repasseuse *nf*
repavage *nm*
repaver *vt* ***1***
repayer *vt* ***20***
repêchage *nm*
repêcher *vt* ***1***
repeindre *vt* ***69***
repeint *nm*
repenser *vt, vti* ***1***
repentance *nf*
repentant, ante *a*
repenti, ie *a, n*
repentir *nm*
repentir (se) *vpr* ***29***
repérable *a*
repérage *nm*
répercussion *nf*
répercutable *a*
répercuter *vt, vpr* ***1***
reperdre *vt* ***5***
repère *nm (marque)*
repérer *vt* ***12***
répertoire *nm*
répertorier *vt* ***1***
répéter *vt, vpr* ***14***
répéteur *nm*
répétiteur, trice *n*
répétitif, ive *a*
répétition *nf*
répétitivement *av*
répétitivité *nf*
repeuplement *nm*
repeupler *vt* ***1***
repiquage *nm*
repiquer *vt* ***1***
répit *nm*
replacement *nm*
replacer *vt* ***10***
replantation *nf*
replanter *vt* ***1***
replat *nm*
replâtrage *nm*
replâtrer *vt* ***1***
replet, ète *a*
réplétif, ive *a*
réplétion *nf*
repleuvoir *v impers* ***38***
repli *nm*
repliable *a*
réplication *nf*
repliement *nm*
replier *vt, vpr* ***1***
répliquant *nm*
réplique *nf*
répliquer *vt* ***1***
reploiement *nm*
replonger *vt, vi, vpr* ***11***
reployer *vt* ***23***
repolir *vt* ***2***
repolissage *nm*
répondant, ante *n*
répondeur, euse *a, nm*
répondeur-enregistreur *nm Des répondeurs-enregistreurs.*
répondre *vt, vi, vti* ***5***
répons *nm*
réponse *nf*
repopulation *nf*
report *nm*
reportage *nm*
reporter *vt, vpr* ***1***
reporter *n*
reporter-caméraman *nm Des reporters-caméramans.*
reporter-photographe *n Des reporters-photographes.*
reporteur, trice *n*
reporting *nm*
repos *nm*
reposant, ante *a*
repose *nf*
reposé, ée *a*
repose-pied *nm Des repose-pieds.*
repose-poignet *nm Des repose-poignets.*
reposer *vt, vi, vti, vpr* ***1***
repose-tête *nm Des repose-têtes.*
repositionnable *a*
repositionnement *nm*
repositionner *vt* ***1***
reposoir *nm*
repoudrer *vt, vpr* ***1***
repoussage *nm*
repoussant, ante *a*
repousse *nf*
repoussé, ée *a, nm*
repousser *vt, vi* ***1***
repoussoir *nm*
répréhensible *a*
reprendre *vt, vi, vpr* ***70***
repreneur, euse *n*
représailles *nf pl*
représentable *a*
représentant, ante *n*
représentatif, ive *a*
représentation *nf*
représentationnel, elle *a*
représentativité *nf*
représenter *vt, vpr* ***1***
représidentialisation *nf*
répresseur *nm*
répressif, ive *a*
répression *nf*
réprimande *nf*
réprimander *vt* ***1***
réprimer *vt* ***1***
reprint *nm*
reprisage *nm*
repris de justice *nm inv*
reprise *nf*
repriser *vt* ***1***
réprobateur, trice *a*
réprobation *nf*
reprochable *a*
reproche *nm*
reprocher *vt, vpr* ***1***
reproducteur, trice *a, nm*
reproductibilité *nf*
reproductible *a*
reproductif, ive *a*
reproduction *nf*
reproduire *vt, vpr* ***67***
reprofilage *nm*
reprofiler *vt* ***1***
reprogrammation *nf*
reprogrammer *vt* ***1***
reprographie *nf*
reprographier *vt* ***2***
reprographique *a*
reprotoxique *a*
réprouvé, ée *n*
réprouver *vt* ***1***
reps *nm*
reptation *nf*

reptile *nm*
reptilien, enne *a*
repu, ue *a*
républicain, aine *a, nm*
républicanisme *nm*
république *nf*
répudiation *nf*
répudier *vt* ***1***
répugnance *nf*
répugnant, ante *a*
répugner *vti* ***1***
répulsif, ive *a, nm*
répulsion *nf*
réputation *nf*
réputé, ée *a*
requalification *nf*
requalifier *vt* ***2***
requérable *a*
requérant, ante *a, n*
requérir *vt* ***34***
requête *nf*
requiem *nm inv*
requin *nm*
requinquer *vt, vpr* ***1***
requis, ise *a, nm*
réquisition *nf*
réquisitionner *vt* ***1***
réquisitoire *nm*
réquisitorial, ale, aux *a*
RER *nm*
reroutage *nm*
rerouter *vt* ***1***
resaler *vt* ***1***
resalir *vt* ***2***
rescapé, ée *a, n*
rescindable *a*
rescindant, ante *a, n*
rescinder *vt* ***1***
rescision *nf*
rescisoire *a*
rescousse *nf*
rescrit *nm*
réseau *nm*
réseautage *nm*
réseauter *vi* ***1***
réseauteur, euse *a*
résécable *a*
résection *nf*
réséda *nm*
réséquer *vt* ***12***
réserpine *nf*
réservataire *a, nm*
réservation *nf*
réserve *nf*
réservé, ée *a*
réserver *vt, vpr* ***1***
réserviste *n*
réservoir *nm*
résidanat *nm*
résidant, ante *a, n (habitant)*
résidence *nf*
résident, ente *n, a (ressortissant)*
résidentiel, elle *a*
résider *vi* ***1***
résidu *nm*
résiduaire *a*
résiduel, elle *a*
résignataire *nm*
résignation *nf*
résigné, ée *a, n*
résigner *vpr* ***1***
résiliable *a*
résiliation *nf*
résilience *nf*
résilient, ente *a*
résilier *vt* ***1***
résille *nf*
résine *nf*
résiné *am, nm (vin)*
résiner *vt* ***1***
résineux, euse *a, nm*
résinier, ère *n, a*
résinifère *a*
résinique *a*
résipiscence *nf*
résistance *nf*
résistant, ante *a, n*
résister *vti* ***1***
résistible *a*
résistivité *nf*
résistor *nm*
resituer *vt* ***1***
resocialisation *nf*
resocialiser *vt* ***1***
résolu, ue *a*
résoluble *a*
résolument *av*
résolutif, ive *a, nm*
résolution *nf*
résolutoire *a*
résonance *nf*
résonateur *nm, a*
résonnant, ante ou **résonant, ante** *a*
résonner *vi* ***1*** *(retentir)*
résorbable *a*
résorber *vt, vpr* ***1***
résorcine ou **résorcinol** *nf*
résorption *nf*
résoudre *vt, vpr* ***51***
respect *nm*
respectabiliser *vt* ***1***
respectabilité *nf*
respectable *a*
respecter *vt, vpr* ***1***
respectif, ive *a*
respectivement *av*
respectueusement *av*
respectueux, euse *a*
respirabilité *nf*
respirable *a*
respirant, ante *a*
respirateur *nm*
respiration *nf*
respiratoire *a*
respirer *vt, vi* ***1***
resplendir *vi* ***2***
resplendissant, ante *a*
resplendissement *nm*
responsabilisation *nf*
responsabiliser *vt* ***1***
responsabilité *nf*
responsable *a, n*
resquillage *nm*
resquille *nf*
resquiller *vt, vi* ***1***
resquilleur, euse *n, a*
ressac *nm*
ressaigner *vi* ***1***
ressaisir *vt, vpr* ***2***
ressasser *vt* ***1***
ressasseur, euse *n*
ressaut *nm*
ressauter *v* ***1***
ressayer ou **réessayer** *vt* ***20***
ressemblance *nf*
ressemblant, ante *a*
ressembler *vti* ***1***
ressemelage *nm*
ressemeler *vt* ***16***
ressemer *vt* ***15***
ressenti *nm*
ressentiment *nm*
ressentir *vt, vpr* ***29***
resserre *nf*
resserrement *nm*
resserrer *vt* ***1***
resservir *vt, vi* ***29***
ressort *nm*
ressortir *vt, vi ; vti* ***29***
ressortissant, ante *a, n*
ressouder *vt* ***1***
ressource *nf*
ressourcement *nm*
ressourcer (se) *vpr* ***10***
ressourcerie *nf*
ressouvenir (se) *vpr* ***35***
ressuage *nm*
ressuer *vi* ***1***
ressui *nm*
ressusciter *vt, vi* ***1***
ressuyage *nm*
ressuyer *vt, vi, vpr* ***21***
restanque *nf*
restant, ante *a, nm*
restaurant *nm*
restaurateur, trice *n, a*
restauration *nf*
restaurer *vt* ***1***
restaurer (se) *vpr* ***1***
reste *nm*
resténose *nf*
rester *vi* ***1***
restituable *a*
restituer *vt* ***1***
restitution *nf*
resto ou **restau** *nm*
restoroute *nm Nom déposé*
restreindre *vt, vpr* ***69***
restrictif, ive *a*
restriction *nf*
restructurable *a*

restructuration *nf*
restructurer *vt* ***1***
restylage *nm*
restyler *vt* ***1***
restyling *nm*
resucée *nf*
résultant, ante *a, nf*
résultat *nm*
résulter *vi* ***1***
résumé *nm*
résumer *vt, vpr* ***1***
résurgence *nf*
résurgent, ente *a*
resurgir ou **ressurgir** *vi* ***2***
résurrection *nf*
retable *nm*
rétablir *vt, vpr* ***2***
rétablissement *nm*
retaille *nf*
retailler *vt* ***1***
rétais, aise *a, n*
rétamage *nm*
rétamer *vt, vpr* ***1***
rétameur *nm*
retapage *nm*
retape *nf*
retaper *vt* ***1***
retard *nm*
retardant, ante *a, nm*
retardataire *a, n*
retardateur, trice *a, nm*
retardé, ée *a, n*
retardement *nm*
retarder *vt, vi* ***1***
reteindre *vt* ***69***
retendoir *nm*
retendre *vt* ***5***
retenir *vt, vpr* ***35***
retenter *vt* ***1***
rétention *nf*
retentir *vi* ***2***
retentissant, ante *a*
retentissement *nm*
retenue *nf*
reterçage *nm*
retercer *vt* ***12***
rétiaire *nm*
réticence *nf*
réticent, ente *a*
réticulaire *a*
réticulation *nf*
réticule *nm*
réticulé, ée *a*
réticuline *nf*
réticulocyte *nm*
réticuloendothélial, ale, aux *a*
réticulosarcome *nm*
réticulose ou **réticuloendothéliose** *nf*
réticulum *nm*
rétif, ive *a*
rétine *nf*
rétinien, enne *a*
rétinite *nf*
rétinoïde *nm*
rétinoïque *a*
rétinol *nm*
rétinopathie *nf*
rétique ou **rhétique** *nm*
retirage *nm*
retiration *nf*
retiré, ée *a*
retirer *vt, vpr* ***1***
retissage *nm*
retisser *vt* ***1***
rétiveté *nf*
rétivité *nf*
retombant, ante *a*
retombe *nf*
retombée *nf*
retomber *vi* ***1***
retondre *vt* ***6***
retoquage *nm*
retoquer *vt* ***1***
retordage *nm*
retordement *nm*
retordeur, euse *n*
retordre *vt* ***5***
rétorquer *vt* ***1***
retors, orse *a, nm*
rétorsion *nf*
retouche *nf*
retoucher *vt* ***1***
retoucheur, euse *n*
retour *nm*
retournage *nm*
retourne *nf*
retourné *nm*
retournement *nm*
retourner *vt, vi, vpr* ***1***
retracer *vt* ***10***
rétractable *a*
rétractation *nf*
rétracter *vt, vpr* ***1***
rétractif, ive *a*
rétractile *a*
rétractilité *nf*
rétraction *nf*
retraduire *vt* ***69***
retrait, aite *a*
retrait *nm*
retraitable *a*
retraitable *a, n*
retraitant, ante *n*
retraite *nf*
retraité, ée *a, n*
retraite-chapeau *nf Des retraites-chapeaux.*
retraitement *nm*
retraiter *vt* ***1***
retraiteur *nm*
retraitologie *nf*
retranchement *nm*
retrancher *vt, vpr* ***1***
retranscription *nf*
retranscrire *vt* ***61***
retransmettre *vt* ***64***
retransmission *nf*
retravailler *v* ***1***
retraverser *vt* ***1***
rétrécir *vt, vi* ***2***
rétrécissement *nm*
rétreindre *vt* ***55***
rétreint *nm*
rétreinte *nf*
retrempe *nf*
retremper *vt* ***1***
rétribuer *vt* ***1***
rétribution *nf*
retriever ou **rétrieveur** *nm*
rétro *nm, a inv*
rétroactes *nm pl*
rétroactif, ive *a*
rétroaction *nf*
rétroactivement *av*
rétroactivité *nf*
rétroagir *vi* ***2***
rétrocéder *vt* ***12***
rétrocession *nf*
rétrocommission *nf*
rétroéclairage *nm*
rétroéclairé, ée *a*
rétrofléchi, ie *a*
rétroflexe *a*
rétroflexion *nf*
rétrofusée *nf*
rétrogradation *nf*
rétrograde *a*
rétrograder *vt, vi* ***1***
rétrogression *nf*
rétro-innovation *nf Des rétro-innovations.*
rétropédalage *nm*
rétropédaler *vi* ***1***
rétroplanning *nm*
rétroprojecteur *nm*
rétroprojection *nf*
rétropropulsion *nf*
rétroréfléchissant, ante *a*
rétrospectif, ive *a, nf*
rétrospection *nf*
rétrospectivement *av*
retroussé, ée *a*
retroussement *nm*
retrousser *vt* ***1***
retroussis *nm*
retrouvailles *nf pl*
retrouver *v* ***1***
rétroversion *nf*
rétroviral, ale, aux *a*
rétrovirologie *nf*
rétrovirologique *a*
rétrovirologiste *n*
rétrovirologue *n*
rétrovirus *nm*
rétroviseur *nm*
rets *nm (piège)*
retsina *nm*
reuilly *nm*
réunification *nf*
réunifier *vt* ***1***
réunion *nf*

réunionnais, aise *a, n*
réunionner *vi* ***1***
réunionnite *nf*
réunir *vt* ***2***
réunissage *nm*
réussi, ie *a*
réussir *vt, vi* ***2***
réussite *nf*
réutilisable *a*
réutilisation *nf*
réutiliser *vt* ***1***
revaccination *nf*
revacciner *vt* ***1***
revaloir *vt* ***44***
revalorisation *nf*
revaloriser *vt* ***1***
revanchard, arde *a, n*
revanche *nf*
revanchisme *nm*
revascularisation *nf*
revasculariser *vt* ***1***
rêvasser *vi* ***1***
rêvasserie *nf*
rêvasseur, euse *a, n*
rêve *nm*
rêvé, ée *a*
revêche *a*
revégétalisation *nf*
revégétaliser *vt* ***1***
réveil *nm*
réveille-matin *nm Des réveille-matins ou réveille-matin.*
réveiller *vt* ***1***
réveillon *nm*
réveillonner *vi* ***1***
révélateur, trice *a, nm*
révélation *nf*
révéler *v* ***12***
revenant, ante *nm*
revendeur, euse *n*
revendicateur, trice *a, n*
revendicatif, ive *a*
revendication *nf*
revendiquer *vt* ***1***
revendre *vt* ***5***
revenez-y *nm inv*
revenir *vi* ***35***
revente *nf*
revenu *nm*
revenue *nf*
rêver *v* ***1***
réverbérant, ante *a*
réverbération *nf*
réverbère *nm*
réverbérer *vt* ***12***
reverchon *nf*
reverdir *vt, vi* ***2***
reverdissement *nm*
révérence *nf*
révérenciel, elle *a*
révérencieusement *av*
révérencieux, euse *a*
révérend, ende *a, n*
révérendissime *a*

révérer *vt* ***12***
rêverie *nf*
revernir *vt* ***2***
revers *nm*
reversal, ale, aux *a*
reversement *nm*
reverser *vt* ***1***
reversi ou **reversis** *nm*
réversibilité *nf*
réversible *a*
réversion *nf*
reversoir *nm*
revêtement *nm*
revêtir *vt* ***32***
rêveur, euse *a, n*
rêveusement *av*
revient *nm*
revif *nm*
revigorant, ante *a*
revigorer *vt* ***1***
revirement *nm*
révisable *a*
réviser *vt* ***1***
réviseur, euse *n*
révision *nf*
révisionnel, elle *a*
révisionnisme *nm*
révisionniste *a, n*
revisiter *vt* ***1***
revisser *vt* ***1***
revitalisant, ante *a*
revitalisation *nf*
revitaliser *vt* ***1***
revival *nm Des revivals.*
revivification *nf*
revivifier *vt* ***1***
reviviscence *nf*
reviviscent, ente *a*
revivre *vt, vi* ***76***
révocabilité *nf*
révocable *a*
révocation *nf*
révocatoire *a*
revoici *prép*
revoilà *prép*
revoir *vt* ***45***
revoler *v* ***1***
révoltant, ante *a*
révolte *nf*
révolté, ée *a, n*
révolter *vt, vpr* ***1***
révolu, ue *a*
révolution *nf*
révolutionnaire *a, n*
révolutionnairement *av*
révolutionnarisme *nm*
révolutionnariste *a, n*
révolutionner *vt* ***1***
révolver ou **revolver** *nm*
révolvériser *vt* ***1***
revolving *a inv*
révoquer *vt* ***1***
revoter *v* ***1***
revoyure (à la) *av*

revue *nf*
revuiste *n*
révulser *vt* ***1***
révulsif, ive *a, nm*
révulsion *nf*
rewriter *vt* ***1***
rewriter *n*
rewriteur, euse *n*
rewriting *nm*
rexisme *nm*
rexiste *a, n*
rez-de-chaussée *nm inv*
rez-de-jardin *nm inv*
rH *nm*
rhabdomancie *nf*
rhabdomancien, enne *n*
rhabdomyolyse *nf*
rhabillage *nm*
rhabiller *vt* ***1***
rhamnacée *nf*
rhapsode ou **rapsode** *nm*
rhapsodie ou **rapsodie** *nf*
rhapsodique ou **rapsodique** *a*
rhème *nm*
rhénan, ane *a*
rhénium *nm*
rhéobase *nf*
rhéologie *nf*
rhéologique *a*
rhéomètre *nm*
rhéophile *a*
rhéostat *nm*
rhéostatique *a*
rhésus *nm*
rhéteur *nm*
rhétique ou **rétique** *nm*
rhétoricien, enne *n*
rhétorique *nf*
rhétoriqueur *nm*
rhéto-roman, ane *a, nm*
rhexistasie *nf*
rhinanthe *nm*
rhinencéphale *nm*
rhingrave *nm*
rhinite *nf*
rhinocéros *nm*
rhinoderme *nm*
rhinolophe *nm*
rhinopharyngien, enne *a*
rhinopharyngite *nf*
rhinopharynx *nm*
rhinoplastie *nf*
rhinorrhée *nf*
rhinoscopie *nf*
rhinoscopique *a*
rhinovirus *nm*
rhipidistien *nm*
rhizobium *nm*
rhizocéphale *nm*
rhizoctone *nm*
rhizoflagellé *nm*
rhizoïde *nm*
rhizome *nm*
rhizophage *a*

rhizopode *nm*
rhizosphère *nf*
rhizostome *nm*
rhô *nm (alphabet grec)*
rhodamine *nf*
rhodanien, enne *a*
rhodien, enne *a, n*
rhodite *nm*
rhodium *nm*
rhododendron *nm*
rhodoïd *nm Nom déposé*
rhodonite *nf*
rhodophycée *nf*
rhodopsine *nf*
rhombe *nm*
rhombencéphale *nm*
rhombique *a*
rhomboèdre *nm*
rhomboédrique *a*
rhomboïdal, ale, aux *a*
rhomboïde *nm, a*
rhônalpin, ine *a, n*
rhopalocère *nm*
rhotacisme *nm*
rhovyl *nm Nom déposé*
rhubarbe *nf*
rhum *nm*
rhumatisant, ante *a, n*
rhumatismal, ale, aux *a*
rhumatisme *nm*
rhumatoïde *a*
rhumatologie *nf*
rhumatologique *a*
rhumatologue *n*
rhumb ou **rumb** *nm*
rhume *nm*
rhumer *vt* ***1***
rhumerie *nf*
rhynchite *nm*
rhynchocéphale *nm*
rhynchonelle *nf*
rhynchotes *nm pl*
rhyolite *nf*
rhyolitique *a*
rhythm and blues *nm*
rhytidome *nm*
rhytine *nf*
rhyton *nm*
ria *nf*
riad *nm*
rial *nm Des rials.*
riant, riante *a*
RIB *nm*
ribambelle *nf*
ribaud, aude *a, n*
ribaudequin *nm*
riblon *nm*
riboflavine *nf*
ribonucléase *nf*
ribonucléique *a*
ribose *nm*
ribosomal, ale, aux *a*
ribosome *nm*
ribosomique *a*
ribote *nf*
ribouis *nm*
ribouldingue *nf*
ribozyme *nf*
ricain, aine *a, n*
ricanant, ante *a*
ricanement *nm*
ricaner *vi* ***1***
ricaneur, euse *a, n*
riccie *nf*
ricercare *nm Des ricercares ou ricercari.*
richard, arde *n*
riche *a, n*
richelieu *nm*
richement *av*
richesse *nf*
richissime *a*
ricin *nm*
ricine *nf*
rickettsie *nf*
rickettsiose *nf*
rickshaw *nm*
ricocher *vi* ***1***
ricochet *nm*
ricotta *nf*
ric-rac *av*
rictus *nm*
ride *nf*
rideau *nm, interj*
ridée *nf*
ridelle *nf*
rider *vt* ***1***
rider *n*
ridicule *a, nm*
ridiculement *av*
ridiculiser *vt* ***1***
ridoir *nm*
ridule *nf*
riel *nm*
rien *pr indéf, nm, av, pr indéf*
riesling *nm*
rieur, rieuse *n, a*
rif ou **riffe** *nm*
riff *nm*
rififi *nm*
riflard *nm*
rifle *nm*
rifler *vt* ***1***
rifloir *nm*
rift *nm*
rifting *nm*
rigaudon ou **rigodon** *nm*
rigide *a*
rigidement *av*
rigidifier *vt* ***1***
rigidité *nf*
rigois, oise *a, n*
rigolade *nf*
rigolage *nm*
rigolard, arde *a*
rigole *nf*
rigoler *vi* ***1***
rigolo, ote *a, n*
rigorisme *nm*
rigoriste *n, a*
rigotte *nf*
rigoureusement *av*
rigoureux, euse *a*
rigueur *nf*
rillettes *nf pl*
rillons *nm pl*
rilsan *nm Nom déposé*
rimailler *vi* ***1***
rimailleur, euse *n*
rimaye *nf*
rime *nf*
rimer *vt, vi* ***1***
rimeur, euse *n*
rimier *nm*
rimmel *nm Nom déposé*
rinçable *a*
rinçage *nm*
rinceau *nm*
rince-bouche *nm Des rince-bouches.*
rince-bouteille *nm Des rince-bouteilles.*
rince-doigt *nm Des rince-doigts.*
rincée *nf*
rincer *vt* ***10***
rincette *nf*
rinceur, euse *n*
rinçure *nf*
rinforzando *adv*
ring *nm*
ringard, arde *n, a*
ringard *nm*
ringarder *vt* ***1***
ringardisation *nf*
ringardise *nf*
ringardiser *vt* ***1***
ringardisme *nm*
ringgit *nm*
ringuette *nf*
rink-hockey ou **rinkhockey** *nm*
rio *nm*
rioja *nm*
ripage *nm*
ripaille *nf*
ripailler *vi* ***1***
ripailleur, euse *n, a*
ripaton *nm*
ripe *nf*
riper *vt, vi* ***1***
ripeur *nm*
ripicole *a*
ripiéno ou **ripieno** *nm*
ripolin *nm Nom déposé*
ripoliner *vt* ***1***
riposte *nf*
riposter *vi* ***1***
ripou *am, nm ripoux*
ripper ou **rippeur** *nm*
ripple-mark ou **ripplemark** *nf Des ripple-marks.*
ripuaire *a*
riquette *nf*

riquiqui ou **rikiki** *a inv*
rire *vi, vti, vpr* ***72***
rire *nm*
ris *nm (maritime)*
ris *nm pl (veau, agneau)*
risberme *nf*
risc *a inv*
risée *nf*
risette *nf*
rishi *nm inv*
risible *a*
risiblement *av*
risk manager *n*
risorius *nm*
risotto *nm Des risottos.*
risque *nm*
risqué, ée *a*
risquer *vt, vpr* ***1***
risque-tout ou **risquetout** *n, a inv*
riss *nm*
rissole *nf*
rissoler *v* ***1***
riste *nf*
ristourne *nf*
ristourner *vt* ***1***
ristourneur, euse *n*
ristrette *nm*
rital, ale, als *n*
ritardando *av*
rite *nm*
ritournelle *nf*
ritualisation *nf*
ritualiser *vt* ***1***
ritualisme *nm*
ritualiste *a, n*
rituel, elle *a, nm*
rituellement *av*
rivage *nm*
rival, ale, aux *n, a*
rivaliser *vi* ***1***
rivalité *nf*
rive *nf*
rivelaine *nf*
river *vt* ***1***
riverain, aine *n, a*
riveraineté *nf*
rivesaltes *nm*
rivet *nm*
rivetage *nm*
riveter *vt* ***17***
riveteuse *nf*
riveur, euse *n*
rivière *nf*
rivoir *nm*
rivure *nf*
rixdale *nf*
rixe *nf*
riyadien, enne *a, n*
riyal *nm Des riyals.*
riz *nm (aliment)*
rizerie *nf*
rizicole *a*
riziculteur, trice *n*
riziculture *nf*
rizière *nf*
riz-pain-sel *nm inv*
RMA *nm*
RMI *nm*
RMiste *n*
rnb ou **r'n'b** ou **R&B** *nm*
roadie *n*
road-movie *nm Des road-movies.*
roadster *nm*
robage *nm*
robe *nf*
robelage *nm*
rober *vt* ***1***
roberts *nm pl*
robin *nm*
robinet *nm*
robinetier *nm*
robinetterie *nf*
robinier *nm*
robinson *nm*
robinsonnade *nf*
roboratif, ive *a*
robot *nm*
roboticien, enne *n*
robotique *nf, a*
robotisation *nf*
robotiser *vt* ***1***
robusta *nm*
robuste *a*
robustement *av*
robustesse *nf*
roc *nm (pierre)*
rocade *nf*
rocaillage *nm*
rocaille *n, a inv, nf, nm*
rocailleux, euse *a*
rocamadour *nm*
rocambole *nf*
rocambolesque *a*
rochage *nm*
rochassier *nm*
roche *nf*
rochelais, aise *a, n*
roche-magasin *nf Des roches-magasins.*
roche-mère *nf Des roches-mères.*
rocher *nm*
rocher *vi* ***1***
roche-réservoir *nf Des roches-réservoirs.*
rochet *nm*
rocheux, euse *a*
rochier *nm*
rock ou **roc** *nm*
rockabilly *nm*
rock and roll ou **rock'n'roll** *nm, a*
rockeur, euse ou **rocker** *n*
rocking-chair ou **rockingchair** *nm Des rocking-chairs.*
rococo *a inv, nm*
rocou *nm*
rocouer *vt* ***1***
rocouyer *nm*
rodage *nm*
rôdailler *vi* ***1***
rodéo *nm*
roder *vt* ***1*** *(ajuster)*
rôder *vi* ***1*** *(errer)*
rôdeur, euse *n, a*
rodoir *nm*
rodomont *nm, a*
rodomontades *nf pl*
rodrigais, aise *a, n*
roentgen ou **röntgen** *nm*
roentgenium ou **röntgenium** *nm*
roentgenthérapie ou **röntgenthérapie** *nf*
rogations *nf pl*
rogatoire *a*
rogatoirement *av*
rogatons *nm pl*
rognage *nm*
rogne *nf*
rogner *vt, vi* ***1***
rogneur, euse *n*
rognon *nm*
rognonnade *nf*
rognonner *vi* ***1***
rognure *nf*
rogomme *nm*
rogue *a ; nf*
rogué, ée *a*
rohart *nm*
roi *nm*
roide *a*
roideur *nf*
roidir *vt* ***3***
roiller *vi* ***1***
roitelet *nm*
rôle *nm*
rôle-titre *nm Des rôles-titres.*
roller *nm*
rolleur, euse *n*
rollier *nm*
rollmops *nm inv*
roll on-roll off *nm inv*
rollot *nm*
rolls *nf*
romagnol, ole *a, n*
romain, aine *a, n*
romaine *nf*
roman *nm (récit)*
roman, ane *nm, a (récit)*
romance *n*
romancer *vt* ***10***
romancéro ou **romancero** *nm*
romanche *nm*
romancier, ère *n*
romand, ande *a, n (Suisse)*
romanée *nm*
romanesco *nm*
romanesque *a, nm*
romani *nm*
romanichel, elle *n*
romanisant, ante *a, n*
romanisation *nf*
romaniser *vt, vi* ***1***
romaniste *n*

romanité *nf*
romano *n*
roman-photo *nm Des romans-photos.*
romantique *a, nm*
romantisme *nm*
romarin *nm*
rombière *nf*
rompre *vt, vi* ***78***
rompu, ue *a, nm*
romsteck ou **rumsteck** *nm*
ronce *nf*
ronceraie *nf*
ronceux, euse *a*
ronchon, onne *n*
ronchonnement *nm*
ronchonner *vi* ***1***
ronchonneur, euse *a, n*
ronchopathie *nf*
roncier ou **roncière** *nm*
rond, ronde *a, n*
rondache *nf*
rondade *nf*
rond-de-cuir *nm Des ronds-de-cuir.*
ronde *nf*
rondeau *nm*
ronde-bosse *nf Des rondes-bosses.*
rondel *nm*
rondelet, ette *a*
rondelle *nf*
rondement *av*
rondeur *nf*
rondier *nm*
rondin *nm*
rondo ou **rondeau** *nm*
rondouillard, arde *a*
rond-point ou **rondpoint** *nm Des ronds-points.*
ronéo *nf Nom déposé*
ronéoter ou **ronéotyper** *vt* ***1***
rôneraie *nf*
ronflant, ante *a*
ronflement *nm*
ronfler *vi* ***1***
ronfleur, euse *nm*
rongement *nm*
ronger *vt* ***11***
rongeur, euse *a, nm*
rônier ou **rondier** *nm*
rônin *nm*
ronron *nm*
ronronnement *nm*
ronronner *vi* ***1***
röntgen ou **roentgen** *nm*
röntgenium ou **roentgenium** *nm*
röntgenthérapie ou **roentgenthérapie** *nf*
roque ou **roquage** *nm (échecs)*
roquefort *nm*
roquer *v* ***1***
roquerie ou **rookerie** *nf*
roquet *nm*
roquette *nf*
rorqual *nm Des rorquals.*
rosace *nf*
rosacé, ée *a, nf*
rosaire *nm*
rosalbin *nm*
rosale *nf*
rosaniline *nf*
rosat *a inv*
rosâtre *a*
rosbif *nm*
rose *a, nm (couleur)*
rose *nf (plante)*
rosé, ée *a, nm (coloré, vin)*
roseau *nm*
rose-croix *nm inv*
rosé-des-prés *nm Des rosés-des-prés.*
rosée *nf (gouttelettes)*
roselet *nm*
roselier, ère *a, nf*
roselin *nm*
roséole *nf*
roser *vt* ***1***
roseraie *nf*
rosette *nf*
roseur *nf*
roseval *nf Des rosevals.*
rosier *nm*
rosière *nf*
rosiériste *n*
rosir *vt, vi* ***2***
rossard, arde *n, a*
rosse *nf, a*
rossée *nf*
rosser *vt* ***1***
rosserie *nf*
rossignol *nm*
rossinante *nf*
rossolis *nm*
rösti *nm pl*
rostral, ale, aux *a*
rostre *nm*
rot *nm (digestion)*
rotacé, ée *a*
rotang *nm*
rotary *nm*
rotateur, trice *a, nm*
rotatif, ive *a*
rotation *nf*
rotationnel *nm*
rotative *nf*
rotativiste *nm*
rotatoire *a*
rotavirus *nm*
rote *nf*
rotengle *nm*
roténone *nf*
roter *vi* ***1***
rôti, ie *a, n*
rotifère *nm*
rotin *nm*
rôtir *vt, vi* ***2***
rôtissage *nm*
rôtisserie *nf*
rôtisseur, euse *n*
rôtissoire *nf*
rotonde *nf*
rotondité *nf*
rotor *nm*
rotrouenge *nf*
rottweiler *nm*
rotule *nf*
rotulien, enne *a*
roture *nf*
roturier, ère *a, n*
rouage *nm*
rouan, anne *a, n*
roubignoles *nf pl*
roublard, arde *a, n*
roublardise *nf*
rouble *nm*
rouchi *nm*
roucoulade *nf*
roucoulant, ante *a*
roucoulement *nm*
roucouler *vt, vi* ***1***
roudoudou *nm Des roudoudous.*
roue *nf (pièce circulaire)*
roué, ée *a, n (futé, historique)*
rouelle *nf*
rouennais, aise *a, n*
rouer *vt* ***1***
rouergat, ate *a, n*
rouerie *nf*
rouet *nm (filage)*
rouf ou **roof** *nm*
rouflaquette *nf*
rougaille ou **rougail** *nm*
rouge *a, nm*
rougeâtre *a*
rougeaud, aude *a, n*
rouge-gorge *nm Des rouges-gorges.*
rougeoiement *nm*
rougeole *nf*
rougeoleux, euse *a, n*
rougeot *nm*
rougeoyant, ante *a*
rougeoyer *vi* ***22***
rouge-queue *nm Des rouges-queues.*
rouget *nm*
rougeur *nf*
rough *nm*
rougir *vt, vi* ***2***
rougissant, ante *a*
rougissement *nm*
rouille *nf, a inv*
rouillé, ée *a*
rouiller *vt, vi* ***1***
rouillure *nf*
rouir *vt* ***2***
rouissage *nm*
rouissoir *nm*
roulade *nf*
roulage *nm*
roulant, ante *a, nf*
roulé, ée *a, nm*
rouleau *nm*
roulé-boulé *nm Des roulés-boulés.*

roulement *nm*
rouler *vt, vi, vpr* ***1***
roulette *nf*
rouleur, euse *n*
roulier *nm*
roulis *nm*
rouloté *nm*
roulottage *nm*
roulotte *nf*
roulotté *nm*
roulotter ou **rouloter** *vt* ***1***
roulottier, ère *n*
roulure *nf*
roumain *nm*
roumain, aine *a, n*
roumanophone *a, n*
roumi *n*
round *nm*
roupie *nf*
roupiller *vi* ***1***
roupillon *nm*
rouquette *nf*
rouquin, ine *a, n*
rouscailler *vi* ***1***
rouspétance *nf*
rouspéter *vi* ***14***
rouspéteur, euse *n, a*
roussane *nf*
roussâtre *a*
rousse *nf*
rousserolle ou **rousserole** *nf*
roussette *nf*
rousseur *nf*
roussi *nm*
roussillonnais, aise *a, n*
roussin *nm*
roussir *vt, vi* ***2***
roussissement *nm*
roussissure *nf*
rouste *nf*
routage *nm*
routard, arde *n*
route *nf*
router *vt* ***1***
routeur *nm*
routier, ère *a, n*
routier *nm*
routine *nf*
routinier, ère *a, n*
routinièrement *av*
routinisation *nf*
routiniser *vt* ***10***
rouverin ou **rouverain** *am*
rouvre *nm*
rouvrir *v* ***31***
roux, rousse *a, n, am, nm (couleur, cuisine)*
rover *nm*
royal, ale, aux *a, nf*
royalement *av*
royal gala *nf inv*
royalisme *nm*
royaliste *a, n*
royalties *nf pl*
royaume *nm*
royauté *nf*
RSA *nm*
RSAiste *n*
RTT *nf*
ru *nm (ruisseau)*
ruade *nf*
ruandais, aise ou **rwandais, aise** *a, n*
ruban *nm*
rubanerie *nf*
rubanier, ère *n, a*
rubato *a, av*
rubéfaction *nf*
rubéfiant, ante *a*
rubéfier *vt* ***1***
rubellite *nf*
rubéole *nf*
rubescent, ente *a*
rubiacée *nf*
rubican *am*
rubicond, onde *a*
rubidium *nm*
rubigineux, euse *a*
rubis *nm*
rubricard ou **rubriquard** *nm*
rubriquage *nm*
rubrique *nf*
rubriquer *vt* ***1***
ruche *nf*
ruché *nm*
ruchée *nf*
rucher *vt* ***1***
rucher *nm*
rudbeckie ou **rudbeckia** *nf*
rude *a*
rudement *av*
rudenté, ée *a*
rudenture *nf*
rudéral, ale, aux *a*
rudération *nf*
rudesse *nf*
rudiment *nm*
rudimentaire *a*
rudiste *nm*
rudoiement *nm*
rudologie *nf*
rudologique *a*
rudologue *n*
rudoyer *vt* ***22***
rue *nf (chaussée)*
ruée *nf*
ruelle *nf*
ruer *vi, vpr* ***1***
rufian ou **ruffian** *nm*
ruflette *nf Nom déposé*
rugby *nm*
rugbyman *nm Des rugbymans ou rugbymen.*
rugbystique *a*
rugbywoman *nf*
rugine *nf*
ruginer *vt* ***1***
rugir *vt, vi* ***2***
rugissant, ante *a*
rugissement *nm*
rugosité *nf*
rugueux, euse *a*
ruiler *vt* ***1***
ruine *nf*
ruine-de-Rome *nf Des ruines-de-Rome.*
ruiner *vt, vpr* ***1***
ruineusement *av*
ruineux, euse *a*
ruiniforme *a*
ruiniste *n*
ruinure *nf*
ruisseau *nm*
ruisselant, ante *a*
ruisseler *vi* ***16***
ruisselet *nm*
ruissellement ou **ruissèlement** *nm*
rumb ou **rhumb** *nm*
rumba *nf*
rumen *nm*
rumeur *nf*
ruminant, ante *a, nm*
rumination *nf*
ruminer *vt* ***1***
rumsteck ou **romsteck** *nm*
runabout *nm*
rune *nf*
runique *a*
ruolz *nm*
rupestre *a*
rupiah *nf*
rupicole *nm, a*
rupin, ine *a, n*
rupiner *vi* ***1***
rupteur *nm*
rupture *nf*
rural, ale, aux *a, n*
ruralisme *nm*
ruraliste *a, n*
ruralité *nf*
rurbain, aine *a, n*
rurbanisation *nf*
ruse *nf*
rusé, ée *a, n*
ruser *vi* ***1***
rush *nm rushs ou rushes*
russe *a, n*
russe *nm*
russification *nf*
russifier *vt* ***1***
russkof *a, n*
russophile *a, n*
russophone *a, n*
russule *nf*
rustaud, aude *a, n*
rustauderie *nf*
rusticage *nm*
rusticité *nf*
rustine *nf Nom déposé*
rustique *a, nm*
rustiquer *vt* ***1***
rustre *a, n*

rut *nm*
rutabaga *nm*
rutacée *nf*
ruthénium *nm*
ruthénois, oise *a, n*
rutherfordium *nm*
rutilance *nf*
rutilant, ante *a*
rutile *nm*
rutilement *nm*
rutiler *vi* ***1***
ruz *nm*
rwandais, aise ou **ruandais, aise** *a, n*
rye *nm*
ryokan *nm*
rythme *nm*
rythmer *vt* ***1***
rythmicien, enne *n*
rythmicité *nf*
rythmique *a, nf*
rythmiquement *av*

S

s *nm*
SA *nf*
sabayon *nm*
sabbat *nm*
sabbatique *a*
sabéen, enne *n, a*
sabéisme *nm*
sabelle *nf*
sabellianisme *nm*
sabellien, enne *a, n*
sabine *nf*
sabir *nm*
sablage *nm*
sable *nm, a inv*
sablé, ée *nm, a*
sabler *vt* ***1***
sablerie *nf*
sableur *nm*
sableuse *nf*
sableux, euse *a*
sablier, ère *a*
sablier *nm*
sablière *nf*
sablon *nm*
sablonner *vt* ***1***
sablonneux, euse *a*
sablonnière *nf*
sabodet *nm*
sabord *nm*
sabordage *nm*
sabordement *nm*
saborder *vt, vpr* ***1***
sabot *nm*
sabotage *nm*
sabot-de-Vénus *nm Des sabots-de-Vénus.*
saboter *vt* ***1***
saboterie *nf*
saboteur, euse *n*
sabotier, ère *n*
sabra *n*
sabrage *nm*
sabre *nm*
sabrer *vt* ***1***
sabretache *nf*
sabreur, euse *n*
sabulicole *a*
saburral, ale, aux *a*
sac *nm*
saccade *nf*
saccadé, ée *a*
saccader *vt* ***1***
saccage *nm*
saccager *vt* ***11***
saccageur, euse *a, n*
saccarification *nf*
saccarimètre *nm*
saccariné, ée *a*
saccharase ou **saccarase** *nf*
saccharate ou **saccarate** *nm*
saccharifère ou **saccarifère** *a*
saccharification *nf*
saccharifier ou **saccarifier** *vt* ***1***
saccharimètre *nm*
saccharimétrie ou **saccarimétrie** *nf*
saccharin, ine ou **saccarin, ine** *a*
saccharine ou **saccarine** *nf*
sacchariné *a*
saccharique ou **saccarique** *a*
saccharoïde ou **saccaroïde** *a*
saccharolé ou **saccarolé** *nm*
saccharomyces ou **saccaromyces** *nm*
saccharomycétale ou **saccaromycétale** *nm*
saccharose ou **saccarose** *nm*
saccharure ou **saccarure** *nm*
saccule *nm*
sacculine *nf*
sacerdoce *nm*
sacerdotal, ale, aux *a*
sachant *nm*
sachée *nf*
sachem *nm*
sacherie *nf*
sachet *nm*
sachet-cuisson *nm Des sachets-cuissons.*
sacoche *nf*
sacolève *nm*
sacome *nm*
sac-poubelle *nm Des sacs-poubelle.*
sacquer ou **saquer** *vt* ***1***
sacral, ale, aux *a*
sacralisation *nf*
sacraliser *vt* ***1***
sacralité *nf*
sacramentaire *nm, a*
sacramental *nm Des sacramentaux.*
sacramentel, elle *a*
sacre *nm*
sacré, ée *a, nm (religion, anatomie)*
sacrebleu ! ou **sacredieu** *interj*
Sacré-Cœur *nm*
sacrement *nm*
sacrément *av*
sacrer *vt, vi* ***1***
sacret *nm*
sacrificateur, trice *n*
sacrificatoire *a*
sacrifice *nm*
sacrificiel, elle *a*
sacrifié, ée *a, n*
sacrifier *vt, vti, vpr* ***1***
sacrilège *nm, a, n*
sacripant *nm*
sacristain *nm*
sacristaine ou **sacristine** *nf*
sacristi ! *interj*
sacristie *nf*
sacro-iliaque *a*
sacro-saint, sacro-sainte ou **sacrosaint, sacrosainte** *a*
sacrum *nm*
sadducéen, enne ou **saducéen, enne** *n*
sadhu *n*
sadique *a, n*
sadique-anal, ale, aux *a*
sadiquement *av*
sadisme *nm*
sadomaso *a, n*
sadomasochisme *nm*
sadomasochiste *n*
safari *nm*
safari-photo *nm Des safaris-photos.*
safer *nf*
safou *nm*
safoutier *nm*
safran *nm, a inv (gouvernail)*
safrané, ée *a*
safranière *nf*
safre *nm*
saga *nf*
sagace *a*
sagacité *nf*
sagaie *nf*
sagard *nm*
sage *a, nm*
sage-femme ou **sagefemme** *n Des sages-femmes.*
sagement *av*
sagesse *nf*
sagine *nf*
sagittaire ou **sagette** *nf*
sagittal, ale, aux *a*
sagitté, ée *a*
sagou *nm*
sagouin, ouine *nm*
sagoutier *nm*
saguenayen, enne *a, n*
saharien, enne *a*
saharienne *nf*
sahélien, enne *a, n*
sahib *nm*
saï *nm*
saie *nf*
saïga *nm*
saignant, ante *a*
saignée *nf*
saignement *nm*
saigner *vt, vi* ***1***
saigneur, euse *n*
saignoir *nm*
saillant, ante *a, nm*
saillie *nf*
saillir *vt, vi* ***27***
saïmiri *nm*
sain, saine *a (salubre)*
sainbois *nm*
saindoux *nm*
sainement *av*
sainfoin *nm*
saint, sainte *a, n (religion)*
saint-amour *nm inv*

saint-bernard *nm inv*
saint-cyrien, enne *n Des saints-cyriens.*
sainte-barbe *nf Des saintes-barbes.*
sainte-maure *nm inv*
saintement *av*
saint-émilion *nm inv*
sainte-nitouche *nf Des saintes-nitouches.*
sainteté *nf*
saint-félicien *nm inv*
saint-florentin *nm inv*
saint-frusquin *nm inv*
saint-gallois, oise *a, n*
saint-glinglin (à la) *loc av*
saint-honoré *nm inv*
saint-jacques *nm inv*
saint-jean *nm inv*
saint-joseph *nm inv*
saint-lois, oise *a, n*
saint-lucien, enne *a, n*
saint-marcellin *nm inv*
saint-nectaire *nm inv*
saintongeais, aise *a, n*
saintpaulia *nm*
saint-paulin *nm inv*
saint-péray *nm inv*
saint-père *nm Des saints-pères.*
saint-pierrais, aise *a, n*
saint-pierre *nm inv*
saint-quentinois, oise *a, n*
saint-simonien, enne *n, a*
saint-simonisme *nm*
saint-véran *nm inv*
saint-vincentais, aise *a, n*
saisi, ie *a, n*
saisie *nf*
saisie-arrêt *nf Des saisies-arrêts.*
saisine *nf*
saisir *vt, vpr **2***
saisissable *a*
saisissant, ante *a, nm*
saisissement *nm*
saison *nf*
saisonnalité *nf*
saisonnier, ère *a, n*
sajou *nm*
saké *nm*
saki *nm*
sakieh *nf*
sal *nm Des sals.*
salace *a*
salacité *nf*
salade *nf*
saladelle *nf*
saladerie *nf*
saladier *nm*
salafi, ite *a, n*
salafisme ou **Salafiya** *nm*
salafiste *a, n*
salage *nm*
salaire *nm*
salaison *nf*
salaisonnerie *nf*
salaisonnier *nm*
salamalecs *nm pl*
salamandre *nf*
salami *nm*
salangane *nf*
salant *am, nm*
salarial, ale, aux *a*
salariat *nm*
salarié, ée *a, n*
salarier *vt **1***
salaud ou **salop** *nm, am*
salchow *nm*
sale *a*
salé, ée *a*
salé *nm*
salement *av*
saler *vt **1***
saleron *nm*
salers *nm*
salésien, enne *n*
saleté *nf*
saleur, euse *n*
salicacée *nf*
salicaire *nf*
salicole *a*
salicorne *nf*
saliculteur, trice *n*
saliculture *nf*
salicylate *nm*
salicylé *nm*
salicylique *a*
salière *nf*
salifère *a*
salifiable *a*
salification *nf*
salifier *vt **2***
saligaud *nm*
salin, ine *a, nm*
saline *nf*
salingue *a*
salinier, ère *a, n*
salinisation *nf*
saliniser (se) *vpr **1***
salinité *nf*
salique *a*
salir *vt **2***
salissant, ante *a*
salissure *nf*
salivaire *a*
salivant, ante *a*
salivation *nf*
salive *nf*
saliver *vi **1***
salle *nf*
salmanazar *nm*
salmigondis *nm*
salmis *nm*
salmonelle *nf*
salmonellose *nf*
salmonicole *a*
salmoniculteur, trice *n*
salmoniculture *nf*
salmonidé *nm*
saloir *nm*
salol *nm*
salomé *nf*
salomonais, aise *a, n*
salon *nm*
salonnard, arde *n*
salonnier, ère *a*
saloon *nm*
salopard *nm*
salope *nf*
saloper *vt **1***
saloperie *nf*
salopette *nf*
salpe *nf*
salpêtrage *nm*
salpêtre *nm*
salpêtrer *vt **1***
salpicon *nm*
salpingite *nf*
salsa *nf*
salsepareille *nf*
salsero *n*
salsifis *nm*
saltation *nf*
saltatoire *a*
saltimbanque *nm*
saltique *nf*
salto *nm*
salubre *a*
salubrité *nf*
saluer *vt **1***
salure *nf*
salut *nm, interj*
salutaire *a*
salutairement *av*
salutation *nf*
salutiste *n, a*
salvadorien, enne *a, n*
salvateur, trice *a*
salve *nf*
samara *nf*
samare *nf*
samaritain, aine *a, n*
samarium *nm*
samba *nf (danse)*
samba *nm (arbre)*
sambo *nm*
samedi *nm*
samiote *a, n*
samizdat *nm*
samoan *nm*
samoan, ane *a, n*
samossa ou **samoussa** *nm*
samouraï *nm*
samovar *nm*
samoyède *a, nm*
sampan ou **sampang** *nm*
sampi *nm*
sample *nm*
sampler *vt **1***
sampleur ou **sampler** *nm*
sampling *nm*
sampot *nm*
samsara *nm*
SAMU *nm*

san *nm*
sana *nm*
sanatorial, ale, aux *a*
sanatorium *nm*
san-bénito ou **sanbenito** *nm inv*
sancerre *nm*
sanctifiant, ante *a*
sanctificateur, trice *n, a*
sanctification *nf*
sanctifier *vt* ***1***
sanction *nf*
sanctionnable *a*
sanctionné, ée *a, n*
sanctionner *vt* ***1***
sanctuaire *nm*
sanctuarisation *nf*
sanctuariser *vt* ***1***
sanctus *nm*
sandale *nf*
sandalette *nf*
sandaraque *nf*
sanderling *nm*
sandinisme *nm*
sandiniste *a, n*
sandjak *nm*
sandow *nm Nom déposé*
sandre *n (poisson)*
sandwich *nm Des sandwichs ou sandwiches.*
sandwicherie *nf*
sang *nm*
sang-de-dragon ou **sang-dragon** *nm inv*
sang-froid *nm inv*
sanglant, ante *a*
sangle *nf*
sangler *vt* ***1***
sanglier *nm*
sanglot *nm*
sanglotement *nm*
sangloter *vi* ***1***
sang-mêlé *n inv*
sango *nm*
sangria *nf*
sangsue *nf*
sanguin, ine *a, n*
sanguinaire *a ; nf*
sanguine *nf*
sanguinolent, ente *a*
sanguisorbe *nf*
sanhédrin *nm*
sanicle ou **sanicule** *nf*
sanie *nf*
sanieux, euse *a*
sanisette *nf Nom déposé*
sanitaire *a, nm pl*
sanitairement *av*
sans *prép*
sans-abri *n Des sans-abris ou sans-abri.*
sans-cœur *a, n sans-cœurs ou sans-cœur*
sanscritiste *n*
sans-culotte *nm Des sans-culottes.*
sans-emploi *n Des sans-emplois ou sans-emploi.*
sansevière ou **sansevieria** *nf*
sans-façon *nm Des sans-façons ou sans-façon.*
sans-faute *nm Des sans-fautes ou sans-faute.*
sans-fil *nm Des sans-fils ou sans-fil.*
sans-filiste *nm Des sans-filistes.*
sans-gêne *n, a sans-gênes ou sans-gêne*
sans-grade *n Des sans-grades ou sans-grade.*
sanskrit, ite ou **sanscrit** *nm, a*
sanskritisme ou **sanscritisme** *nm*
sanskritiste ou **sanscritiste** *n*
sans-le-sou *n inv*
sans-logis *n*
sansonnet *nm*
sans-papier ou **sans-papiers** *n Des sans-papiers.*
sans-parti *n Des sans-partis ou sans-parti.*
sans-plomb *nm inv*
sans-souci *a, n sans-soucis ou sans-souci*
sans-terre *n Des sans-terres ou sans-terre.*
sans-voix *n inv*
santal *nm*
santaline *nf*
santé *nf*
santiag *nf*
santoline *nf*
santoméen, enne *a, n*
santon *nm*
santonine *nf*
santour ou **santur** *nm*
sanve *nf*
sanza *nf*
saône-et-loirien, enne *a, n*
saoudien, enne *a, n*
saoul, saoule ou **soûl, soule** ou **soul, soule** *a*
saouler ou **soûler** ou **souler** *vt* ***1***
sapajou *nm*
sape *nf*
sapelli *nm*
sapement *nm*
sapèque *nf*
saper *vt* ***1***
saper (se) *vpr* ***1***
saperde *nf*
saperlipopette ! ou **saperlotte** *interj*
sapeur *nm*
sapeur-pompier *nm Des sapeurs-pompiers.*
saphène *nf, a*
saphique *a*
saphir *nm*
saphisme *nm*
sapide *a*
sapidité *nf*
sapience *nf*
sapientiaux *am pl*
sapin *nm*
sapindacée *nf*
sapine *nf*
sapinette *nf*
sapinière *nf*
saponacé, ée *a*
saponaire *nf*
saponifiable *a*
saponification *nf*
saponifier *vt* ***1***
saponine *nf*
sapotacée *nf*
sapotille ou **sapote** *nf*
sapotillier ou **sapotiller** ou **sapotier** *nm*
sapristi ! *interj*
saprogène *a*
sapropèle *nm*
sapropélique *a*
saprophage *a, nm*
saprophyte *a, nm*
saquer ou **sacquer** *vt* ***1***
sar *nm*
sarabande *nf*
sarajévien, enne *a, n*
sarbacane *nf*
sarcasme *nm*
sarcastique *a*
sarcastiquement *av*
sarcelle *nf*
sarcine *nf*
sarclage *nm*
sarcler *vt* ***1***
sarclette *nf*
sarcloir *nm*
sarcoïde *nf*
sarcoïdose *nf*
sarcomateux, euse *a*
sarcome *nm*
sarcopénie *nf*
sarcophage *n*
sarcophile *nm*
sarcoplasme *nm*
sarcoplasmique *a*
sarcopte *nm*
sardanapale *nm*
sardane *nf*
sarde *a, n*
sarde *nm*
sardine *nf*
sardinelle *nf*
sardinerie *nf*
sardinier, ère *a, nm*
sardoine *nf*
sardonique *a*
sardoniquement *av*
sargasse *nf*
sari *nm*
sarigue *nf*
sarin *nm*
sarisse *nf*
SARL *nf*
sarment *nm*

sarmenteux, euse *a*
sarod ou **sarode** *nm*
sarodiste *n*
sarong *nm*
saros *nm*
saroual ou **sarouel** *nm Des sarouals.*
sarracénie ou **sarracenia** *nf*
sarrancolin ou **sérancolin** *nm*
sarrasin, ine *a, n*
sarrasin *nm*
sarrau *nm*
sarrette *nf*
sarriette *nf*
sarrussophone *nm*
sarthois, oise *a, n*
sas *nm*
sashimi *nm*
saskatchewanais, aise *a, n*
sassafras *nm*
sassenage *nm*
sasser *vt* ***1***
sasseur, euse *nm*
satané, ée *a*
satanique *a*
satanisme *nm*
sataniste *a, n*
saté ou **satay** *nm*
satellisable *a*
satellisation *nf*
satelliser *vt* ***1***
satellitaire *a*
satellite *nm*
satello-opérateur *nm Des satello-opérateurs.*
sati *n Des satis ou sati.*
satiété *nf*
satin *nm*
satinage *nm*
satiné, ée *a, nm*
satiner *vt* ***1***
satinette *nf*
satire *nf (critique)*
satirique *a*
satiriquement *av*
satiriser *vt* ***1***
satiriste *n*
satisfaction *nf*
satisfaire *vt, vti, vpr* ***9***
satisfaisant, ante *a*
satisfait, aite *a*
satisfecit ou **satisfécit** *nm*
satori *nm*
satrape *nm*
satrapie *nf*
saturabilité *nf*
saturable *a*
saturant, ante *a*
saturateur *nm*
saturation *nf*
saturé, ée *a*
saturer *vt, vi* ***1***
saturnales *nf pl*
saturne *nm*
saturnien, enne *a*
saturnin, ine *a*
saturnisme *nm*
satyre *nm (pervers)*
satyriasis *nm*
satyrique *a*
sauce *nf*
saucée *nf*
saucer *vt* ***10***
saucier, ère *n*
sauciflard *nm*
saucisse *nf*
saucisson *nm*
saucissonnage *nm*
saucissonné, ée *a*
saucissonner *vt, vi* ***1***
saucissonnier *nm*
sauf, sauve *a*
sauf *prép*
sauf-conduit ou **saufconduit** *nm Des sauf-conduits.*
sauge *nf*
saugrenu, ue *a*
saulaie ou **sauleraie** ou **saussaie** *nf*
saule *nm (arbre)*
saulée *nf*
saumâtre *a*
saumon *nm, a inv*
saumoné, ée *a*
saumoneau *nm*
saumonette *nf*
saumurage *nm*
saumure *nf*
saumurer *vt* ***1***
sauna *nm*
saunage *nm*
sauner *vt* ***1***
saunier, ère *n*
saupe *nf*
saupiquet *nm*
saupoudrage *nm*
saupoudrer *vt* ***1***
saupoudreur, euse *a, nf*
saur *am*
saurage *nm*
saurer ou **saurir** *vt* ***3***
saurien *nm*
saurin *nm*
sauripelvien ou **saurischien** *nm*
sauris *nm*
saurissage *nm*
saurisserie *nf*
saurisseur, euse *n*
sauropode *nm*
sauropsidé *nm*
saut *nm (bond)*
saut-de-lit *nm*
saut-de-loup *nm Des sauts-de-loup.*
saut-de-mouton *nm Des sauts-de-mouton.*
saute *nf (changement)*
sauté, ée *a, nm*
saute-mouton *nm Des saute-moutons.*
sauter *vt, vi* ***1***
sautereau *nm*
sauterelle *nf*
sauteriau *nm*
sauterie *nf*
sauternes *nm*
saute-ruisseau *nm Des saute-ruisseaux.*
sauteur, euse *n, a*
sauteuse *nf*
sautillant, ante *a*
sautillement *nm*
sautiller *vi* ***1***
sautoir *nm*
sauvage *a, n*
sauvagement *av*
sauvageon, onne *nm*
sauvagerie *nf*
sauvagesse *nf*
sauvagin, ine *a, nm*
sauvagine *nf*
sauvegarde *nf*
sauvegarder *vt* ***1***
sauve-qui-peut *nm inv*
sauver *vt, vpr* ***1***
sauvetage *nm*
sauveté *nf*
sauveteur *nm*
sauvette (à la) *av*
sauveur *nm, a*
sauvignon *nm*
savagnin *nm*
savamment *av*
savane *nf*
savanisation *nf*
savant, ante *a, nm*
savarin *nm*
savart *nm*
savate *nf*
savetier *nm*
saveur *nf*
savoir *vt* ***46***
savoir *nm*
savoir-être *nm inv*
savoir-faire *nm inv*
savoir-vendre *nm inv*
savoir-vivre *nm inv*
savon *nm*
savonnage *nm*
savonner *vt* ***1***
savonnerie *nf*
savonnette *nf*
savonneux, euse *a*
savonnier, ère *n, a*
savourer *vt* ***1***
savoureusement *av*
savoureux, euse *a*
savoyard, arde ou **savoisien, enne** *a, n*
saxatile *a*
saxe *nm*
saxhorn *nm*
saxicole *a*
saxifragacée *nf*
saxifrage *nf*

saxitoxine *nf*
saxo *nm*
saxon *nm*
saxophone *nm*
saxophoniste *n*
saynète *nf*
sayon *nm*
sbire *nm*
sbrinz *nm*
scabieuse *nf*
scabieux, euse *a*
scabinal, ale, aux *a*
scabreux, euse *a*
scaferlati *nm*
scalaire *nm ; a*
scalde *nm*
scaldique *a*
scalène *a, nm*
scalp *nm*
scalpel *nm*
scalper *vt* ***1***
scampi *nm*
scandale *nm*
scandaleusement *av*
scandaleux, euse *a*
scandaliser *vt, vpr* ***1***
scander *vt* ***1***
scandinave *a, n*
scandinave *a*
scandium *nm*
scannage *nm*
scanner ou **scannériser** *vt* ***1***
scanner ou **scanneur** *nm*
scannérisation *nf*
scanographe *nm*
scanographie *nf*
scanographique *a*
scansion *nf*
scaphandre *nm*
scaphandrier *nm*
scaphite *nm*
scaphoïde *a, nm*
scaphopode *nm*
scapulaire *nm, a*
scapulohuméral, ale, aux *a*
scarabée *nm*
scarabéidé *nm*
scare *nm*
scarieux, euse *a*
scarifiage *nm*
scarificateur *nm*
scarification *nf*
scarifier *vt* ***1***
scarlatine *nf, af*
scarole *nf*
scat *nm*
scato *a*
scatologie *nf*
scatologique *a*
scatophile *a*
sceau *nm (marque)*
sceau-cylindre *nm Des sceaux-cylindres.*
sceau-de-Salomon *nm Des sceaux-de-Salomon.*
scélérat, ate *a, n*
scélératesse *nf*
scellage *nm*
scellement *nm*
sceller *vt* ***1*** *(cacheter, confirmer)*
scellés *nm pl*
scénarimage *nm*
scénario *nm*
scénarisation *nf*
scénariser *vt* ***1***
scénariste *n*
scénaristique *a*
scène *nf (théâtre, dispute)*
scénique *a*
scéniquement *av*
scénographe *n*
scénographie *nf*
scénographier *vt* ***1***
scénographique *a*
scénologie *nf*
scénologique *a*
scepticisme *nm*
sceptique *a, n*
sceptiquement *av*
sceptre *nm*
schabraque ou **chabraque** *nf*
schaffhousois, oise *a, n*
schah ou **shah** ou **chah** *nm*
schappe *nf*
schapska ou **chapska** *nm*
scheidage *nm*
scheikh ou **cheik** ou **cheikh** *nm*
schelem ou **chelem** *nm*
schéma *nm*
schématique *a*
schématiquement *av*
schématisable *a*
schématisation *nf*
schématiser *vt* ***1***
schématisme *nm*
schème *nm*
scherzando *av*
scherzo *nm, av*
schibboleth *nm*
schiedam *nm*
schilling *nm*
schismatique *a, n*
schisme *nm*
schiste *nm*
schisteux, euse *a*
schistoïde *a*
schistosité *nf*
schistosome *nm*
schistosomiase *nm*
schizogamie *nf*
schizoïde *a, n*
schizoïdie *nf*
schizophrène *n, a*
schizophrénie *nf*
schizophrénique *a*
schlague *nf*
schlamm *nm*
schlass *a inv*
schlinguer ou **chlinguer** *vt* ***1***
schlittage *nm*
schlitte *nf*
schlitter *vt* ***1***
schlitteur *nm*
schmilblick *nm*
schmitt *nm*
schnaps *nm*
schnauzer *nm*
schnock ou **chnoque** *a inv, nm*
schnorchel ou **schnorkel** *nm*
schnouf ou **chnouf** *nf*
schorre *nm*
schuss *nm, av*
schwytzois, oise *a, n*
SCI *nf*
sciage *nm*
scialytique *nm, a Nom déposé*
sciant, ante *a*
sciaphile *a*
sciatalgie *nf*
sciatique *a, n*
scie *nf (outil, refrain)*
sciemment *av*
science *nf*
science-fiction *nf Des sciences-fictions.*
sciène *nf*
scientificité *nf*
scientifique *a, n*
scientifiquement *av*
scientisme *nm*
scientiste *a, n*
scientométrie *nf*
scientométrique *a*
scier *vt* ***1***
scierie *nf*
scieur *nm*
scille *nf*
scinder *vt* ***1***
scinque *nm*
scintigramme *nm*
scintigraphe *nm*
scintigraphie *nf*
scintigraphique *a*
scintillant, ante *a*
scintillation *nf*
scintillement *nm*
scintiller *vi* ***1***
scion *nm*
sciotte *nf*
scirpe *nm*
scissile *a*
scission *nf*
scissionner *vi* ***1***
scissionnisme *nm*
scissionniste *a, n*
scissipare *a*
scissiparité *nf*
scissure *nf*
sciure *nf*
sciuridé *nm*
scléral, ale, aux *a*

sclérenchyme *nm*
scléreux, euse *a*
sclérification *nf*
sclérodermie *nf*
scléroprotéine *nf*
sclérosant, ante *a*
sclérose *nf*
scléroser *vt* ***1***
sclérote *nm*
sclérotique *nf*
scolaire *a, nm pl*
scolarisable *a*
scolarisation *nf*
scolariser *vt* ***1***
scolarité *nf*
scolasticat *nm*
scolastique *n, a*
scolex *nm*
scoliaste ou **scholiaste** *nm*
scolie ou **scholie** *n*
scoliose *nf*
scoliotique *a, n*
scolopendre *nf*
scolyme *nm*
scolyte *nm*
scombridé *nm*
sconse ou **sconce** ou **skons** ou **skunks** *nm*
scoop *nm*
scooter *nm*
scootériste *n*
scopolamine *nf*
scorbut *nm*
scorbutique *a, n*
score *nm*
scorer *vi* ***1***
scoreur, euse *n*
scoriacé, ée *a*
scories *nf pl*
scorpène *nf*
scorpénidé *nm*
scorpion *nm*
scorpionide *nm*
scorsonère *nf*
scotch *nm Des scotchs ou scotches.*
scotcher *vt* ***1***
scotome *nm*
scotomisation *nf*
scotomiser *vt* ***1***
scotophile *a*
scottish *nm*
scottish-terrier ou **scotch-terrier** *nm Des scottish-terriers.*
scoubidou *nm*
scoumoune *nf*
scoured *a, nm*
scout, e *n, a*
scoutisme *nm*
scrabble *nm Nom déposé*
scrabbler *vi* ***1***
scrabbleur, euse *n*
scramasaxe *nm*
scrapbook *nm*
scrapbooking *nm*
scraper ou **scrapeur** *nm*
scrapie *nf*
scratch *a inv, nm*
scratcher *vi, vpr* ***1***
scriban *nm* ou **scribanne** *nf*
scribe *nm*
scribouillard, arde *n*
scribouilleur, euse *n*
scripophile *n*
scripophilie *nf*
scripophilique *a*
script *nm (écriture, scénario)*
scripte *n (assistant)*
scripteur *nm*
scriptorium *nm*
scripturaire *a*
scriptural, ale, aux *a*
scrofulaire *nf*
scrofulariacée *nf*
scrogneugneu ! *interj*
scrotal, ale, aux *a*
scrotum *nm*
scrub *nm*
scrupule *nm*
scrupuleusement *av*
scrupuleux, euse *a*
scrutateur, trice *a, n*
scrutation *nf*
scruter *vt* ***1***
scrutin *nm*
scud *nm*
scull *nm*
sculpter *vt* ***1***
sculpteur *n*
sculptural, ale, aux *a*
sculpture *nf*
scutellaire *nf*
scutum *nf*
scyllare *nm*
scyphozoaire *nm*
SDF *n*
se *pr pers*
seaborgium *nm*
sea-line *nm Des sea-lines.*
séance *nf*
séant, ante *a*
séant *nm*
seau *nm (récipient)*
sébacé, ée *a*
sébaste *nm*
sébile *nf*
sebkha *nf*
séborrhée *nf*
séborrhéique *a*
sébum *nm*
sec, sèche *a, nm, av*
sécable *a*
sécant, ante *a, nf*
sécateur *nm*
secco *nm*
sécession *nf*
sécessionnisme *nm*
sécessionniste *a, n*
séchage *nm*
sèche *nf (cigarette)*
sèche-cheveu ou **sèche-cheveux** *nm Des sèche-cheveux.*
sèche-linge *nm Des sèche-linges ou sèche-linge.*
sèche-main *nm Des sèche-mains.*
sèchement *av*
sécher *vt, vi* ***12***
sècheresse ou **sécheresse** *nf*
sècherie ou **sécherie** *nf*
sécheur *nm* ou **sécheuse** *nf*
séchoir *nm*
second, onde *a, n*
secondaire *a, nm*
secondairement *av*
secondant, ante *n*
seconde *nf*
secondement *av*
seconder *vt* ***1***
secouement *nm*
secouer *vt* ***1***
secoueur *nm*
secourable *a*
secourir *vt* ***25***
secourisme *nm*
secouriste *n*
secours *nm*
secousse *nf*
secret, ète *a*
secret *nm*
sécrétagogue *nm*
secrétaire *nm*
secrétairerie *nf*
secrétariat *nm*
secret-défense *nm Des secrets-défenses.*
secrètement *av*
sécréter *vt* ***14***
sécréteur, trice *a*
sécrétine *nf*
sécrétion *nf*
sécrétoire *a*
sectaire *a, n*
sectarisme *nm*
sectateur, trice *n*
secte *nf*
secteur *nm*
section *nf*
sectionnement *nm*
sectionner *vt* ***1***
sectionneur *nm*
sectoriel, elle *a*
sectoriellement *av*
sectorisation *nf*
sectoriser *vt* ***1***
séculaire *a*
séculairement *av*
sécularisation *nf*
séculariser *vt* ***1***
sécularisme *nm*
séculier, ère *a, nm*
séculièrement *av*
secundo *av*
sécurisant, ante *a*

sécurisation *nf*
sécuriser *vt* ***1***
sécuritaire *a*
sécuritarisme *nm*
sécurité *nf*
sedanais, aise *a, n*
sédater *vt* ***1***
sédatif, ive *a, nm*
sédation *nf*
sédentaire *a, n*
sédentarisation *nf*
sédentariser *vt* ***1***
sédentarité *nf*
sedia gestatoria *nf*
sédiment *nm*
sédimentaire *a*
sédimentation *nf*
sédimenter *vi, vpr* ***1***
sédimentologie *nf*
sédimentologique *a*
sédimentologiste *n*
séditieusement *av*
séditieux, euse *a, n*
sédition *nf*
séducteur, trice *n, a*
séduction *nf*
séduire *vt* ***67***
séduisant, ante *a*
sédum *nm*
seersucker *nm*
séfarade *n, a*
sefirot *nm pl*
séga *nm*
ségala *nm*
ségatier, ère *n*
segment *nm*
segmentaire *a*
segmentation *nf*
segmenter *vt* ***1***
ségrais *nm*
ségrégatif, ive *a*
ségrégation *nf*
ségrégationnisme *nm*
ségrégationniste *n, a*
ségréguer *vt* ***14***
séguedille *nf*
séguia ou **seguia** *nf*
seiche *nf (mollusque)*
séide *nm*
seigle *nm*
seigneur *nm*
seigneuriage *nm*
seigneurial, ale, aux *a*
seigneurie *nf*
seille *nf*
seime *nm*
sein *nm (poitrine)*
seine-et-marnais, aise *a, n*
seing *nm (signature)*
séisme *nm*
seize *a num inv, nm inv*
seizième *a, n*
seizièmement *av*
séjour *nm*
séjourner *vi* ***1***
sel *nm (condiment, piquant)*
sélacien *nm*
sélaginelle *nf*
sélect, ecte *a*
sélecter *vt* ***1***
sélecteur, trice *a, nm*
sélectif, ive *a*
sélection *nf*
sélectionnable *a*
sélectionné, ée *a, n*
sélectionner *vt* ***1***
sélectionneur, euse *n*
sélectivement *av*
sélectivité *nf*
séléniate *nm*
sélénien, enne *a*
sélénieux *am*
sélénique *am*
sélénite *n, a*
sélénium *nm*
séléniure *nm*
sélénodonte *a*
sélénographie *nf*
sélénographique *a*
sélénologie *nf*
sélénologue *n*
self *nm*
self-control *nm Des self-controls.*
self-défense *nf Des self-défenses.*
self-government *nm Des self-governements.*
self-inductance *nf Des self-inductances.*
self-induction *nf Des self-inductions.*
self-made-man *nm Des self-made-mans ou self-made-men.*
self-service *nm Des self-services.*
seliste *a, n*
selle *nf (siège)*
seller *vt* ***1*** *(munir d'un siège)*
sellerie *nf*
selles-sur-cher *nm*
sellette *nf*
sellier *nm (fabricant, vendeur)*
selon *prép*
Seltz (eau de) *nf*
selve ou **selva** *nf*
semailles *nf pl*
semaine *nf*
semainier, ère *nm*
sémantème *nm*
sémanticien, enne *n*
sémantique *nf, a*
sémantiquement *av*
sémantisme *nm*
sémaphore *nm*
sémaphorique *a*
sémaphoriste *n*
sémasiologie *nf*
sémasiologique *a*
semblable *a, n*
semblablement *av*
semblant *nm*
sembler *vi* ***1***
sème *nm*
séméiologie *nf*
séméiologique *a*
séméiologue *n*
semelage *nm*
semelle *nf*
sémelpare *a*
sémelparité *nf*
sémème *nm*
semence *nf*
semencier, ère *a, nm*
semen-contra *nm inv*
semer *vt* ***15***
semestre *nm*
semestrialisation *nf*
semestrialiser *vt* ***1***
semestriel, elle *a*
semestriellement *av*
semeur, euse *n*
semi-aride *a semi-arides*
semi-automatique *a semi-automatiques*
semi-auxiliaire *a, nm semi-auxiliaires*
semi-chenillé, ée *a semi-chenillés*
semi-circulaire *a semi-circulaires*
semi-conducteur, trice *a, nm semi-conducteurs*
semi-conserve *nf Des semi-conserves.*
semi-consonne *nf Des semi-consonnes.*
semi-fini, ie *a semi-finis*
semi-grossiste *n Des semi-grossistes.*
semi-liberté *nf Des semi-libertés.*
sémillant, ante *a*
sémillon *nm*
semi-logarithmique *a semi-logarithmiques*
semi-lunaire *a, nm semi-lunaires*
semi-marathon *nm Des semi-marathons.*
semi-métal *nm Des semi-métaux.*
séminaire *nm*
séminal, ale, aux *a*
séminariste *nm*
séminifère *a*
semi-nomade *a, n*
semi-nomadisme *nm Des semi-nomadismes.*
séminome *nm*
semi-occlusif, ive *a, nf semi-occlusifs*
semi-officiel, elle *a semi-officiels*
sémiologie *nf*
sémiologique *a*
sémiologue *n*
sémioticien, enne *n*
sémiotique *nf, a*
semi-ouvré, ée *a semi-ouvrés*
semi-perméable *a semi-perméables*
semi-précieuse *af semi-précieuses*

semi-produit *nm Des semi-produits.*
semi-public, ique *a semi-publics*
sémique *a*
semi-remorque *n Des semi-remorques.*
semis *nm*
sémite *a, n*
sémitique *a*
sémitisme *nm*
semi-voyelle *nf*
semnopithèque *nm*
semoir *nm*
semonce *nf*
semoncer *vt* ***10***
semoule *nf*
semoulerie *nf*
semoulier, ère *a, nm*
sempervirens ou **sempervirent, ente** *a*
sempiternel, elle *a*
sempiternellement *av*
sen *nm inv*
sénat *nm*
sénateur, trice *n*
sénatorial, ale, aux *a*
sénaturerie *nf*
sénatus-consulte *nm Des sénatus-consultes.*
séné *nm*
sénéchal *nm Des sénéchaux.*
sénéchaussée *nf*
sèneçon ou **séneçon** *nm*
sénégalais, aise *a, n*
sénégali *nm*
sénégalisme *nm*
sénescence *nf*
sénescent, ente *a*
sénestre ou **senestre** *nf, a*
sénestrochère ou **senostrochère** *nm*
sénestrorsum ou **senestrorsum** *a inv*
sènevé ou **sénevé** *nm*
sénile *a*
sénilité *nf*
senior ou **sénior** *n, a*
sénior ie ou **seigneurie** *nf*
séniorité *nf*
senne ou **seine** *nf*
senneur *nm*
sénologie *nf*
sénologique *a*
sénologue *n*
señorita ou **séniorita** *nm*
sens *nm (organe, direction, signification)*
sensas ou **sensass** *a inv*
sensation *nf*
sensationnalisme *nm*
sensationnaliste *a*
sensationnel, elle *a, nm*
sensé, ée *a (raisonnable)*
sensément *av (sagement)*
senseur *nm*
sensibilisateur, trice *a, nm*
sensibilisation *nf*
sensibiliser *vt* ***1***
sensibilité *nf*
sensible *a, nf*
sensiblement *av*
sensiblerie *nf*
sensitif, ive *a, n*
sensitive *nf*
sensitivomoteur, trice *a*
sensitomètre *nm*
sensitométrie *nf*
sensitométrique *a*
sensorialité *nf*
sensoriel, elle *a*
sensorimoteur, trice *a*
sensualisme *nm*
sensualiste *a, n*
sensualité *nf*
sensuel, elle *a, n*
sensuellement *av*
sente *nf*
sentence *nf*
sentencieusement *av*
sentencieux, euse *a*
senteur *nf*
senti, ie *a*
sentier *nm*
sentiment *nm*
sentimental, ale, aux *a, n*
sentimentalement *av*
sentimentalisme *nm*
sentimentaliste *a*
sentimentalité *nf*
sentine *nf*
sentinelle *nf*
sentir *vt, vi, vpr* ***29***
seoir *vi* ***40***
séoulien, enne *a, n*
sep ou **cep** *nm (charrue)*
sépale *nm*
séparable *a*
séparateur, trice *a, nm*
séparatif, ive *a*
séparation *nf*
séparatisme *nm*
séparatiste *a, n*
séparé, ée *a*
séparément *av*
séparer *vt, vpr* ***1***
sépia *nf*
sépiole *nf*
sépiolite *nf*
seppuku *nm*
seps *nm*
sepsis *nm*
sept *a num inv, nm inv*
septain *nm*
septal, ale, aux *a*
septante *a num card*
septantième *a, n*
septembre *nm*
septembrisades *nf pl*
septembriseur *nm*
septemvir *nm*
septennal, ale, aux *a*
septennalité *nf*
septennat *nm*
septentrion *nm*
septentrional, ale, aux *a*
septette ou **septet** *nm*
septicémie *nf*
septicémique *a*
septicité *nf*
septidi *nm*
septième *a, n*
septièmement *av*
septique *a*
septmoncel *nm*
septuagénaire *a, n*
septuagésime *nf*
septum *nm*
septuor *nm*
septuple *a, nm*
septupler *vt, vi* ***1***
sépulcral, ale, aux *a*
sépulcre *nm*
sépulture *nf*
séquano-dyonisien, enne *a, n*
séquelle *nf*
séquençage *nm*
séquence *nf*
séquencer *vt* ***10***
séquenceur *nm*
séquencier *nm*
séquentiel, elle *a*
séquentiellement *av*
séquestration *nf*
séquestre *nm*
séquestrer *vt* ***1***
séquestreur, euse *n*
sequin *nm*
séquoia *nm*
sérac *nm*
sérail *nm*
sérançage *nm*
sérancer *vt* ***12***
sérancolin ou **sarrancolin** *nm*
sérapéum ou **serapeum** *nm*
séraphin, ine *a, n*
séraphin *nm*
séraphique *a*
serbe *a, n*
serbe *nm*
serbo-croate *a, nm serbo-croates*
sercquais, aise *a, n*
serdab *nm*
serdeau *nm*
séré *nm*
serein, eine *a*
serein *nm*
sereinement *av*
sérénade *nf*
sérénissime *a*
sérénité *nf*
séreux, euse *a, nf*
serf, serve *n, a (féodalité)*
serfouette *nf*

serfouir *vt* ***3***
serfouissage *nm*
serge *nf*
sergé *nm*
sergent *n* ou **sergente** *nf*
sergent-chef *n* ou **sergente-chef** *nf* *Des sergents-chefs.*
sergent-major *nm* *Des sergents-majors.*
serial ou **sérial** *nm*
sérialisme *nm*
serial killer ou **sérial-killer** *n* *Des serial killers.*
sériation *nf*
séricicole *a*
sériciculteur, trice *n*
sériciculture *nf*
séricigène *a*
séricite *nf*
série *nf*
sériel, elle *a*
sérier *vt* ***1***
sérieusement *av*
sérieux, euse *a, nm*
sérigraphie *nf*
sérigraphier *vt* ***2***
sérigraphique *a*
serin *nm*
serine *nf*
sérine *nf*
seriner *vt* ***1***
serinette *nf*
seringa ou **seringat** *nm*
seringage *nm*
seringue *nf*
seringuer *vt* ***1***
séringuéro ou **seringuero** *nm*
sériole *nf*
sérique *a*
serment *nm*
sermon *nm*
sermonnaire *nm*
sermonner *vt* ***1***
sermonneur, euse *a, n*
séroconversion *nf*
sérodiagnostic *nm*
sérodiscordant, ante *a*
sérogroupe *nm*
sérologie *nf*
sérologique *a*
séronégatif, ive *a*
séronégativité *nf*
séropositif, ive *a, n*
séropositivité *nf*
séroprévalence *nf*
sérosité *nf*
sérothérapie *nf*
sérothérapique *a*
sérotonine *nf*
sérotoninergique *a*
sérotype *nm*
sérovaccination *nf*
serpe *nf*
serpent *nm*
serpentaire *n*
serpenteau *nm*
serpentement *nm*
serpenter *vi* ***1***
serpentin, ine *a, nm*
serpentine *nf*
serpentinite *nf*
serpette *nf*
serpigineux, euse *a*
serpillière ou **serpillère** *nf*
serpolet *nm*
serpule *nf*
serrage *nm*
serran *nm*
serratule *nf*
serre *nf (abri, griffe)*
serré, ée *a, av*
serre-câble *nm* *Des serre-câbles.*
serre-fil ou **serre-fils** *nm* *Des serre-fils.*
serre-file *nm* *Des serre-files.*
serre-frein *nm* *Des serre-freins.*
serre-joint *nm* *Des serre-joints.*
serre-livre *nm* *Des serre-livres.*
serrement *nm*
serrer *vt, vpr* ***1***
serre-tête *nm* *Des serre-têtes.*
serriculture *nf*
serriste *n*
serrure *nf*
serrurerie *nf*
serrurier *nm*
sertão *nm*
serte *nf*
sertir *vt* ***2***
sertissage *nm*
sertisseur, euse *nm*
sertissure *nf*
sérum *nm*
sérumalbumine *nf*
sérumglobuline *nf*
servage *nm*
serval *nm* *Des servals.*
servant *nm*
servante *nf*
serveur, euse *nm*
serviabilité *nf*
serviable *a*
service *nm*
serviette *nf*
serviette-éponge *nf* *Des serviettes-éponges.*
servile *a*
servilement *av*
servilité *nf*
servir *vt, vti, vpr* ***29***
serviteur *nm*
servitude *nf*
servocommande *nf*
servodirection *nf*
servofrein *nm*
servomécanisme *nm*
servomoteur *nm*
servovalve *nf*
sésame *nm*
sésamie *nf*
sésamoïde *a*
sesbanie ou **sesbania** *nf*
sesquiterpène *nm*
sessile *a*
session *nf (délibération)*
sesterce *nm*
set *nm (partie, napperon)*
sétacé, ée *a*
setier *nm*
séton *nm*
setter *nm*
seuil *nm*
seul, seule *a, n*
seulement *av*
sève *nf*
seventies *nf pl*
sévère *a*
sévèrement *av*
sévérité *nf*
séveux, euse *a*
sévices *nm pl*
sévillan, ane *a, n*
sévir *vi* ***2***
sevrage *nm*
sevrer *vt* ***15***
sèvres *nm*
sévrienne *nf*
sexa *n*
sexage *nm*
sexagénaire *a, n*
sexagésimal, ale, aux *a*
sexagésime *nf*
sex-appeal *nm*
sexe *nm*
sexisme *nm*
sexiste *a, n*
sexoactif, ive ou **sexostimulant, ante** *a, nm*
sexologie *nf*
sexologique *a*
sexologue *n*
sexothérapeute *n*
sexothérapie *nf*
sex-ratio *nm* *Des sex-ratios.*
sex-shop *nm* *Des sex-shops.*
sex-symbol *nm* *Des sex-symbols.*
sextant *nm*
sexte *nf*
sextette ou **sextet** *nm*
sextidi *nm*
sexto *av*
sextolet *nm*
sex-tour *nm* *Des sex-tours.*
sextoy *nm*
sextuor *nm*
sextuple *a, nm*
sextuplé, ée *n, a*
sextupler *vt* ***1***
sexualisation *nf*
sexualiser *vt* ***1***
sexualité *nf*
sexué, ée *a*

sexuel, elle *a*
sexuellement *av*
sexy *a*
seyant, ante *a*
seychellois, oise *a, n*
seyyed *n*
sézigue *pr pers*
SF *nf*
sforzando *a*
sfumato *nm*
sgraffite *nm*
shabbat *nm*
shafiisme ou **chafiisme** *nm*
shafiite *a*
shaker *nm ; a*
shako ou **schako** *nm*
shakuhachi *nm*
shalwar kamiz *nm*
shamisen *nm*
shampoing ou **shampooing** *nm*
shampouiner ou **shampooiner** *vt* ***1***
shampouineur, euse ou **shampooineur, euse** *n*
shantung ou **chantoung** *nm*
shaouabti ou **chaouabti** *nm*
shareware *nf*
sharka *nf*
sharpei ou **shar-pei** *nf*
shed *nm*
shekel *nm*
shérif *nm*
sherpa *nm*
sherry *nm (vin)*
shetland *nm*
shiatsu *nm*
shiatsuki *n*
shiba *nm*
shido *nm*
shigelle *nf*
shigellose *nf*
shiitaké *nm*
shilling *nm*
shilom *nm*
shimaoré *nm*
shimmy *nm Des shimmys ou shimmies.*
shingle *nm*
shinto ou **shintoïsme** *nm*
shintoïque *a*
shintoïste *a, n*
shipchandler *nm*
shirting *nm*
shit *nm*
shiteux, euse *n*
shitzu ou **shi-tzu** *nm*
shivaïsme ou **sivaïsme** ou **çivaïsme** *nm*
shivaïste ou **civaïste** *n*
shizo *nm*
shochu *nm*
shocking *a inv*
shogounal, ale, aux *a*
shogun ou **shogoun** *nm*
shogunal, aux *a*
shona *nm*
shoot *nm (football)*
shooter *vi, vpr* ***1***
shopping *nm*
short *nm*
short-track *nm*
shorty *nm*
shosha ou **sogo-shosha** *nf*
show *nm (spectacle)*
show-business ou **showbizness** ou **showbiz** *nm inv*
showgirl *nf*
showman *nm*
showroom *nm*
shoyu *nm*
shrapnel ou **schrapnell** *nm*
shtetel *nm*
shudra ou **sudra** *n*
shunt *nm*
shuntage *nm*
shunter *vt* ***1***
si *conj, nm inv ; av*
sial *nm*
sialique *a*
sialorrhée *nf*
siamang *nm*
siamois, oise *a, n*
sibilant, ante *a*
sibylle *nf*
sibyllin, ine *a*
sic *av*
sicaire *nm*
sicav ou **SICAV** *nf inv*
siccatif, ive *a, nm*
siccité *nf*
sicilien, enne *n*
sicilien, enne *a, n*
sicle *nm*
sida *nm*
side-car ou **sidecar** *nm Des side-cars.*
side-cariste ou **sidecariste** *a, n side-caristes*
sidéen, enne *a, n*
sideman *nm*
sidéral, ale, aux *a*
sidérant, ante *a*
sidération *nf*
sidérer *vt* ***12***
sidérite *nf*
sidérolithique *a*
sidérophile *a*
sidérose *nf*
sidérostat *nm*
sidéroxylon *nm*
sidérurgie *nf*
sidérurgique *a*
sidérurgiste *n*
sidologue *n*
siècle *nm*
siège *nm*
siéger *vi* ***13***
siemens ou **siémens** *nm*
sien, sienne *a poss, pr poss, nm pl, pr*
sierra *nf*
sierra-léonais, aise *a, n*
sieste *nf*
sieur *nm*
sievert *nm*
sifflant, ante *a, nf*
sifflement *nm*
siffler *vt, vi* ***1***
sifflet *nm*
siffleur, euse *a, n*
siffleux *nm*
sifflotement *nm*
siffloter *vt, vi* ***1***
sifilet *nm*
sigillaire *a, nf*
sigillé, ée *a*
sigillographie *nf*
sigillographique *a*
sigisbée *nm*
siglaison *nf*
sigle *nm*
siglé, ée *a*
sigma *nm*
sigmoïde *a, nm*
signal *nm Des signaux.*
signalé, ée *a*
signalement *nm*
signaler *vt, vpr* ***1***
signalétique *a, nf*
signaleur, euse *n*
signalisation *nf*
signaliser *vt* ***1***
signataire *n*
signature *nf*
signe *nm (geste, indice)*
signer *vt, vi, vpr* ***1***
signet *nm*
signifiant, ante *a, nm*
significatif, ive *a*
signification *nf*
significativement *av*
signifié *nm*
signifier *vt* ***1***
sikh, sikhe *a, n*
sikhara *nm*
sikhisme *nm*
siki *nm*
sil *nm*
silane *nm*
silence *nm*
silencieusement *av*
silencieux, euse *a, nm*
silène *nm*
silésien, enne *a, n*
silex *nm*
silhouette *nf*
silhouetter *vt, vpr* ***1***
silicagel *nm*
silicate *nm*
silice *nf (produit chimique)*
siliceux, euse *a*
silicicole *a*

ilicique *a*
ilicium *nm*
iliciure *nm*
ilicone *nm*
iliconer *vt* ***1***
ilicose *nf*
ilicosé, ée *n*
ilicotique *a, n*
ilicule *nf*
'lionne *nf*
ilique *nf*
illage *nm*
illet *nm*
'llimanite *nf*
illon *nm*
illonner *vt* ***1***
ilo *nm*
ilotage *nm*
iloxane *nm*
ilphe *nm*
ilphium *nm*
ilure *nm*
ilurien, enne *a, nm*
ilvaner ou **sylvaner** *nm*
ima *nm*
imagrées *nf pl*
imarre *nf*
imaruba *nm*
imarubacée *nf*
imien, enne *a, nm*
imiesque *a*
imilaire *a*
imilarité *nf*
imili *n*
imiligravure *nf*
imilisage *nm*
imiliser *vt* ***1***
imiliste *n*
imilitude *nf*
imilor *nm*
immental *nf*
imoniaque *a, n*
imonie *nf*
imoun *nm*
imple *a, nm*
implement *av*
implet, ette *a*
implexe *nm*
implicité *nf*
implifiable *a*
implificateur, trice *a*
implification *nf*
implifier *vt* ***1***
implisme *nm*
impliste *a, n*
simulacre *nm*
simulateur, trice *n*
simulation *nf*
simuler *vt* ***1***
simulie *nf*
simultané, ée *a, nf*
simultanéisme *nm*
simultanéiste *a, n*
simultanéité *nf*

simultanément *av*
sinaïtique *a*
sinanthrope *nm*
sinapisé, ée *a*
sinapisme *nm*
sincère *a*
sincèrement *av*
sincérité *nf*
sincipital, ale, aux *a*
sinciput *nm*
sindhi ou **sindi, ie** *n*
sindhi ou **sindi** *nm*
sinécure *nf*
sine die *av*
sine qua non *a*
singalette *nf*
singapourien, enne *a, n*
singe *nm*
singe-araignée *nm Des singes-araignées.*
singer *vt* ***11***
singerie *nf*
single *nm*
singlet *nm*
singleton *nm*
singularisation *nf*
singulariser *vt* ***1***
singularité *nf*
singulet *nm*
singulier, ère *a, nm*
singulièrement *av*
sinigrine ou **sinigroside** *nf*
sinisant, ante *n, a*
sinisation *nf*
siniser *vt* ***1***
sinistralité *nf*
sinistre *a ; nm*
sinistré, ée *a, n*
sinistrement *av*
sinistrose *nf*
sinnfeiner *n*
sinologie *nf*
sinologique *a*
sinologue *n*
sinon *conj*
sinople *nm*
sinoque *a, n*
sino-tibétain, aine *a, nm sino-tibétains*
sinuer *vi* ***1***
sinueux, euse *a*
sinuosité *nf*
sinus *nm*
sinusien, enne *a*
sinusite *nf*
sinusoïdal, ale, aux *a*
sinusoïde *nf*
sionisme *nm*
sioniste *a, n*
sioux *a, nm*
siphoïde *a*
siphomycète *nm*
siphon *nm*
siphonaptère *nm*

siphonnage *nm*
siphonné, ée *a*
siphonner *vt* ***1***
siphonophore *nm*
sipo *nm*
sir *nm*
sirdar *nm*
sire *nm (titre)*
sirène *nf*
sirénien *nm*
sirex *nm*
sirocco *nm*
sirop *nm*
siroperie *nf*
siroter *vt, vi* ***1***
sirtaki *nm*
sirupeux, euse *a*
sirventès ou **sirvente** *nm*
sis, sise *a*
sisal *nm Des sisals.*
sisalerie *nf*
sismicité ou **séismicité** *nf*
sismique ou **séismique** *a*
sismogénique *a*
sismogramme *nm*
sismographe *nm*
sismographie *nf*
sismographique *a*
sismologie ou **séismologie** *nf*
sismologique *a*
sismologue *n*
sismotectonique *nf, a*
sismothérapie *nf*
sister-ship ou **sistership** *nm Des sister-ships.*
sistre *nm*
sisymbre *nm*
sitar *nm (caisse de résonance hémisphérique)*
sitariste *n*
sitcom *nf*
site *nm*
sitifien, enne *a, n*
sit-in *nm inv*
sitone *nm*
sitostérol *nm*
sitôt *av, prép*
sittelle *nf*
sittidé *nm*
situation *nf*
situationnel, elle *a*
situationnisme *nm*
situationniste *a, n*
situer *vt* ***1***
sivaïste *a, n*
sivaïte *a, n*
SIVOM *nm*
SIVU *nm*
six *a num, nm inv*
six-huit *nm inv*
sixième *a, n*
sixièmement *av*
six-quatre-deux (à la) *av*
sixte *nf*

sixties *nf pl*
sixtus *nm*
sizain ou **sixain** *nm*
sizerin *nm*
ska *nm*
skaï *nm Nom déposé*
skat *nm*
skateboard ou **skate** *nm*
skateboardeur, euse *n*
skatepark *nm*
skateur, euse *n*
skating *nm*
skeet *nm*
skeleton *nm*
sketch *nm Des sketchs ou sketches.*
ski *nm*
skiable *a*
ski-alpinisme *nm*
skiascopie *nf*
skicross *nm*
skidoo *nm Nom déposé*
skier *vi 1*
skieur, euse *n*
skiff ou **skif** *nm*
skijoring *nm*
skimmia *nm*
skinhead ou **skin** *n, a*
skipper ou **skippeur, euse** *n*
skipper *vt 1*
skons ou **sconse** ou **sconce** ou **skunks** *nm*
skopiote *a, n*
skua *nm*
skydome *nm*
skye-terrier *nm Des skye-terriers.*
skyline *nm*
skysurf ou **skysurfing** *nm*
skysurfeur, euse *n*
slalom *nm*
slalomer *vi 1*
slalomeur, euse *n*
slam *nm*
slameur, euse *n*
slang *nm*
slap *nm*
slapstick *nm*
slash *nm*
slave *a, nm*
slavisant, ante ou **slaviste** *n*
slaviser *vt 1*
slavistique *nf, a*
slavon *nm*
slavophile *a, n*
sleeping ou **sleeping-car** *nm*
slice *nm*
slicer *vt 12*
slikke *nf*
slim *a, nm*
slip *nm*
slogan *nm*
sloop *nm*
sloughi *nm*
slovaque *a, n*
slovaque *nm*
slovène *a, n*
slovène *nm*
slow *nm*
smala ou **smalah** *nf*
smalt *nm*
smaltite *nf*
smaragdin, ine *a*
smaragdite *nf*
smart *a inv*
smartphone *nm*
smash *nm*
smasher *vi 1*
SME *nm*
smectique *a*
smegma *nm*
SMIC *nm*
smicard, arde *n*
smicardisation *nf*
smiley *nm*
smillage *nm*
smille *nf*
smiller *vt 1*
smithsonite *nf*
smocké, ée *a*
smocks *nm pl*
smog *nm*
smoking *nm*
smolt *nm*
smoothie *nm*
smorrebrod *nm*
SMS *nm*
SMUR *nm*
smurf *nm*
snack-bar ou **snack** *nm Des snack-bars.*
snacking *nm*
snacks *nm pl*
sneaker *nm Nom déposé*
sniff *nm*
sniffer *vt 1*
sniffeur, euse *n*
sniper *nm*
snob *n, a*
snober *vt 1*
snobinard, arde *n, a*
snobisme *nm*
snooker *nm*
snorkeling *nm*
snowboard *nm*
snowboardeur, euse *n*
snow-boot ou **snowboot** *nm Des snow-boots.*
snowkite *nm*
snowpark *nm*
soap-opéra *nm Des soap-opéras.*
soba *nm*
sobre *a*
sobrement *av*
sobriété *nf*
sobriquet *nm*
soc *nm (charrue)*
socca *nf*
soccer *nm*
sociabilisation *nf*
sociabiliser *vt 1*
sociabilité *nf*
sociable *a*
social, ale, aux *a, nm*
social-démocrate *a, n*
social-démocratie *nf*
socialement *av*
socialisant, ante *a*
socialisation *nf*
socialiser *vt 1*
socialisme *nm*
socialiste *a, n*
socialité *nf*
social-libéral, ale, aux *a, n*
social-libéralisme *nm*
sociétaire *a, n*
sociétal, ale, aux *a*
sociétariat *nm*
société *nf*
socinianisme *nm*
socinien, enne *a, n*
sociobiologie *nf*
sociobiologique *a*
sociobiologiste *n*
socioculturel, elle *a*
sociodémographe *n*
sociodémographie *nf*
sociodémographique *a*
sociodrame *nm*
socioéconomique *a*
socioéducatif, ive *a*
sociogramme *nm*
sociolinguiste *n*
sociolinguistique *nf, a*
sociologie *nf*
sociologique *a*
sociologiquement *av*
sociologisme *nm*
sociologue *n*
sociométrie *nf*
sociométrique *a*
sociopathe *n*
socioprofessionnel, elle *a, n*
sociotechnique *nf, a*
sociothérapeute *n*
sociothérapie *nf*
soclage *nm*
socle *nm*
socque *nm (chaussure)*
socquette *nf*
soda *nm*
sodalite *nf*
sodar *nf*
sodé, ée *a*
sodique *a*
sodium *nm*
sodoku *nm*
sodomie *nf*
sodomiser *vt 1*
sodomite *nm*
sœur *nf*
sœurette *nf*
sofa *nm*
soffioni *nm pl*

soffite *nm*
sofiote *a, n*
soft *a*
softball *nm*
softdrink *nm*
software *nm*
soi *nm, pr*
soi-disant *a inv, av*
soie *nf*
soierie *nf*
soif *nf*
soiffard, arde *a, n*
soignant, ante *a, n*
soigner *vt* ***1***
soigneur *nm*
soigneusement *av*
soigneux, euse *a*
soin *nm*
soir *nm*
soirée *nf*
soissons *nm*
soit *conj, av*
soit-communiqué *nm inv*
soixantaine *nf*
soixante *a num inv, nm inv*
soixante-dix *a num inv, nm inv*
soixante-dixième *a, nm*
soixante-huitard, arde *a, n*
soixantième *a, nm*
soja *nm*
sol *nm inv (terrain, monnaie)*
solaire *a, nm*
solanacée ou **solanée** *nf*
solarigraphe *nm*
solarisation *nf*
solariser *vt* ***1***
solarium *nm*
soldanelle *nf*
soldat *nm*
soldate *nf*
soldatesque *a, nf*
solde *nf (rémunération)*
solde *nm (reste, fins de séries)*
solder *vt, vpr* ***1***
solderie *nf*
soldeur, euse *n*
sole *nf (sabot, poisson, four)*
soléaire *a, nm*
solécisme *nm*
soleil *nm*
solen *nm*
solennel, elle *a*
solennellement *av*
solenniser *vt* ***1***
solennité *nf*
solénodonte *nm*
solénoglyphe *a*
solénoïdal, ale, aux *a*
solénoïde *nm*
soleret *nm*
soleurois, oise *a, n*
solfatare *nf*
solfège *nm*
solfier *vt* ***1***
solidago ou **solidage** *nm*
solidaire *a*
solidairement *av*
solidarisation *nf*
solidariser *vt, vpr* ***1***
solidarité *nf*
solide *a, nm*
solidement *av*
solidification *nf*
solidifier *vt, vpr* ***1***
solidité *nf*
soliflore *nm*
solifluxion *nf*
soliloque *nm*
soliloquer *vi* ***1***
solin *nm*
soling *nm*
solipède *a, nm*
solipsisme *nm*
solipsiste *a, n*
soliste *n, a*
solitaire *a, nm*
solitairement *av*
soliton *nm*
solitude *nf*
solive *nf*
soliveau *nm*
sollicitation *nf*
solliciter *vt* ***1***
solliciteur, euse *a*
sollicitude *nf*
solo *nm, a solos ou soli*
solognot, ote *a, n*
solstice *nm*
solsticial, ale, aux *a*
solubilisation *nf*
solubiliser *vt* ***1***
solubilité *nf*
soluble *a*
soluté *nm*
solution *nf*
solutionner *vt* ***1***
solutréen, enne *a, nm*
solvabilisable *a*
solvabilisation *nf*
solvabiliser *vt* ***1***
solvabilité *nf*
solvable *a*
solvant *nm*
solvatation *nf*
solvate *nm*
solvolyse *nf*
som *nm*
soma *nm*
somali *nm*
somalien, enne *a, n*
soman *nm*
somation *nf*
somatique *a*
somatisation *nf*
somatiser *vt* ***1***
somatostatine *nf*
somatotrope *a*
somatotrophine *nf*
sombre *a*
sombrer *vi* ***1***
sombréro ou **sombrero** *nm*
somesthésie *nf*
somesthésique *a*
somite *nm*
sommable *a*
sommaire *a, nm*
sommairement *av*
sommation *nf*
somme *nf (addition, ensemble)*
somme *nm (sieste)*
sommeil *nm*
sommeiller *vi* ***1***
sommeilleux, euse *a, n*
sommelier, ère *n*
sommellerie *nf*
sommer *vt* ***1***
sommet *nm*
sommier *nm*
sommital, ale, aux *a*
sommité *nf*
somnambule *n*
somnambulique *a*
somnambulisme *nm*
somnifère *a, nm*
somnolence *nf*
somnolent, ente *a*
somnoler *vi* ***1***
somoni *nm*
somptuaire *a*
somptueusement *av*
somptueux, euse *a*
somptuosité *nf*
son, sa, ses *a poss*
son *nm*
sonagramme *nm*
sonagraphe *nm*
sonal *nm*
sonar *nm*
sonate *nf*
sonatine *nf*
sondage *nm*
sondagier, ère *a*
sonde *nf*
sondé, ée *n*
sonder *vt* ***1***
sondeur, euse *n*
songe *nm*
songe-creux *nm inv*
songer *vti* ***11***
songerie *nf*
songeur, euse *n, a*
songhay *nm*
songwriter *n*
soninké *nm*
sonique *a*
sonnaille *nf*
sonnailler *vi* ***1***
sonnant, ante *a, av*
sonné, ée *a*
sonner *vt, vi* ***1***
sonnerie *nf*
sonnet *nm*

sonnette *nf*
sonneur *nm*
sono *nf*
sonomètre *nm*
sonore *a*
sonorisation *nf*
sonoriser *vt* ***1***
sonorité *nf*
sonothèque *nf*
sophisme *nm*
sophiste *n*
sophistication *nf*
sophistique *a, nf*
sophistiqué, ée *a*
sophistiquer *vt* ***1***
sophora *nm*
sophrologie *nf*
sophrologique *a*
sophrologue *n*
soporifique *a, nm*
sopraniste *nm*
soprano ou **soprane** *n*
sorbe *nf*
sorbet *nm*
sorbetière *nf*
sorbier *nm*
sorbitol *nm*
sorbonnard, arde *n, a*
sorcellaire *a*
sorcellerie *nf*
sorcier, ère *n, a, am*
sordide *a*
sordidement *av*
sordidité *nf*
sore *nm*
sorgho *nm*
soricidé *nm*
sorite *nm*
sornette *nf*
sororal, ale, aux *a*
sororat *nm*
sororité *nf*
sort *nm*
sortable *a*
sortant, ante *a, n*
sorte *nf*
sortie *nf*
sortilège *nm*
sortir *vt, vi, vpr* ***29***
sortir *nm*
SOS *nm*
sosie *nm*
sosot, otte *a*
sostenuto *av*
sot, sotte *a, nm (idiot)*
sotch *nm*
sotériologie *nf*
sotériologique *a*
sotho *nm*
sotie ou **sottie** *nf*
sot-l'y-laisse *nm inv*
sottement *av*
sottise *nf*
sottisier *nm*
sou *nm (argent)*
soubassement *nm*
soubresaut *nm*
soubrette *nf*
soubreveste *nf*
souche *nf*
souchet *nm*
souchette *nf*
souchong *nm*
souci *nm*
soucier (se) *vpr* ***1***
soucieusement *av*
soucieux, euse *a*
soucoupe *nf*
soudabilité *nf*
soudable *a*
soudage *nf*
soudain, aine *a*
soudain *av*
soudainement *av*
soudaineté *nf*
soudanais *nm*
soudanais, aise *a, n*
soudanien, enne *a*
soudard *nm*
soude *nf*
souder *vt, vpr* ***1***
soudeur, euse *n*
soudier, ère *n*
soudoyer *vt* ***22***
soudure *nf*
soue *nf*
soufflage *nm*
soufflant, ante *a, n*
soufflard *nm*
souffle *nm*
soufflé, ée *a, nm (mets)*
soufflement *nm*
souffler *vt, vi* ***1***
soufflerie *nf*
soufflet *nm (instrument, gifle)*
souffleter *vt* ***17***
souffleur, euse *n*
soufflure *nf*
souffrance *nf*
souffrant, ante *a*
souffre-douleur *nm Des souffre-douleurs ou souffre-douleur.*
souffreteux, euse *a*
souffrir *vt, vi, vpr* ***3***
soufi, ie *n, a*
soufisme *nm*
soufrage *nm*
soufre *nm, a inv*
soufré, ée *a*
soufrer *vt* ***1***
soufreuse *nf*
soufrière *nf*
souhait *nm*
souhaitable *a*
souhaiter *vt* ***1***
souillard *nm*
souillarde *nf*
souille *nf*
souiller *vt* ***1***
souillon *nf*
souillure *nf*
soui-manga ou **souimanga** *nm Des soui-mangas.*
souk *nm*
soukouss *nm*
soul *nf*
soûl, soûle ou **soul, soule** ou **saoul, saoule** *a*
soulagement *nm*
soulager *vt* ***11***
soûlant, ante ou **soulant, ante** *a*
soûlard, arde ou **soûlaud** ou **soulaud, aude** ou **soûlot** ou **soulot, ote** *n*
soulcie *nm*
soule *nf*
soûler ou **saouler** ou **souler** *vt* ***1***
soûlerie ou **soulerie** *nf*
soulèvement *nm*
soulever *vt* ***15***
soulier *nm*
soulignage *nm*
soulignement *nm*
souligner *vt* ***1***
soulman *nm*
soûlographe ou **soulographe** *nm*
soûlographie ou **soulographie** *nf*
soûlon ou **soulon** *nm*
soulte *nf*
soumaintrain *nm*
soumettre *vt, vpr* ***64***
soumis, ise *a*
soumission *nf*
soumissionnaire *n*
soumissionner *vt* ***1***
sound system *nm*
soupape *nf*
soupçon *nm*
soupçonnable *a*
soupçonner *vt* ***1***
soupçonneusement *av*
soupçonneux, euse *a*
soupe *nf*
soupente *nf*
souper *vi* ***1***
souper *nm*
soupeser *vt* ***15***
soupeur, euse *n*
soupière *nf*
soupir *nm*
soupirail *nm Des soupiraux.*
soupirant *nm*
soupirer *vt, vi* ***1***
souple *a*
souplement *av*
souplesse *nf*
souquenille *nf*
souquer *vt, vi* ***1***
sourate ou **surate** *nf*
source *nf*
sourcellerie *nf*
sourcer *vt* ***12***

sourcier, ère *n*
sourcil *nm*
sourcilier, ère *a*
sourciller *vi* ***1***
sourcilleux, euse *a*
sourd, sourde *a, n*
sourdement *av*
sourdine *nf*
sourdingue *a, n*
sourd-muet, sourde-muette *n, a sourds-muets ou sourdes-muettes*
sourdre *vi* ***5***
souriant, ante *a*
souriceau *nm*
souricide *a, nm*
souricière *nf*
sourire *vi* ***72***
sourire *nm*
souris *nf*
sournois, oise *a, n*
sournoisement *av*
sournoiserie *nf*
sous *prép*
sous-administration *nf Des sous-administrations.*
sous-administré, ée *a*
sous-alimentation *nf Des sous-alimentations.*
sous-alimenté, ée *a*
sous-arbrisseau *nm Des sous-arbrisseaux.*
sous-barbe *nf Des sous-barbes.*
sous-bas *nm*
sous-bois *nm*
sous-brigadier *nm Des sous-brigadiers.*
sous-calibré, ée *a sous-calibrés*
sous-capitalisation *nf Des sous-capitalisations.*
sous-capitalisé, ée *a*
sous-chef *n Des sous-chefs.*
sous-chemise *nf Des sous-chemises.*
sous-classe *nf Des sous-classes.*
sous-clavier, ère *a, nf sous-claviers ou sous-clavières*
sous-comité *nm Des sous-comités.*
sous-commission *nf Des sous-commissions.*
sous-comptoir *nm Des sous-comptoirs.*
sous-consommation *nf Des sous-consommations.*
sous-continent *nm Des sous-continents.*
sous-couche *nf Des sous-couches.*
souscripteur, trice *n*
souscription *nf*
souscrire *vt* ***61***
sous-culture *nf Des sous-cultures.*
sous-cutané, ée *a sous-cutanés*
sous-déclaration *nf Des sous-déclarations.*
sous-développé, ée *a sous-développés*
sous-développement *nm*
sous-diaconat *nm Des sous-diaconats.*
sous-diacre *nm Des sous-diacres.*
sous-directeur, trice *n Des sous-directeurs ou sous-directrices.*
sous-dominante *nf Des sous-dominantes.*
sous-effectif *nm Des sous-effectifs.*
sous-embranchement *nm Des sous-embranchements.*
sous-emploi *nm Des sous-emplois.*
sous-employer *vt* ***22***
sous-ensemble *nm Des sous-ensembles.*
sous-entendre *vt* ***5***
sous-entendu *nm*
sous-entrepreneur *nm Des sous-entrepreneurs.*
sous-épidermique *a sous-épidermiques*
sous-équipé, ée *a*
sous-équipement *nm Des sous-équipements.*
sous-espèce *nf Des sous-espèces.*
sous-estimation *nf*
sous-estimer *vt* ***1***
sous-évaluation *nf*
sous-évaluer *vt* ***1***
sous-exploitation *nf*
sous-exploiter *vt* ***1***
sous-exposer *vt* ***1***
sous-exposition *nf*
sous-famille *nf Des sous-familles.*
sous-fifre *nm Des sous-fifres.*
sous-garde *nf Des sous-gardes.*
sous-gorge *nf Des sous-gorges.*
sous-gouverneur *nm Des sous-gouverneurs.*
sous-groupe *nm Des sous-groupes.*
sous-homme *nm Des sous-hommes.*
sous-ingénieur *n Des sous-ingénieurs.*
sous-intendant, ante *n Des sous-intendants.*
sous-jacent, ente *a sous-jacents*
sous-lieutenant, ante *n Des sous-lieutenants ou antes.*
sous-locataire *n*
sous-location *nf*
sous-louer *vt* ***1***
sous-main *nm Des sous-mains ou sous-main.*
sous-maître, -maîtresse ou **sous-maitre, -maitresse** *n Des sous-maîtres ou sous-maîtresses.*
sous-marin, ine *a, nm sous-marins*
sous-marinier, ère *n Des sous-mariniers ou ères.*
sous-marque *nf Des sous-marques.*
sous-maxillaire *a sous-maxillaires*
sous-médicalisation *nf*
sous-médicalisé, ée *a sous-médicalisés*
sous-ministre *n Des sous-ministres.*
sous-multiple *nm, a sous-multiples*
sous-munition *nf Des sous-munitions.*
sous-muqueuse *nf Des sous-muqueuses.*
sous-nappe *nf Des sous-nappes.*
sous-normale *nf Des sous-normales.*
sous-occipital, ale, aux *a*
sous-œuvre *nm Des sous-œuvres.*
sous-off *nm Des sous-offs.*
sous-officier *nm Des sous-officiers.*
sous-orbitaire *a sous-orbitaires*
sous-ordre *nm Des sous-ordres.*
sous-palan (en) *a*
sous-payer *vt* ***20***
sous-peuplé, ée *a*
sous-peuplement *nm Des sous-peuplements.*
sous-pied *nm Des sous-pieds.*
sous-préfectoral, ale, aux *a*
sous-préfecture *nf Des sous-préfectures.*
sous-préfet *nm Des sous-préfets.*
sous-préfète *nf Des sous-préfètes.*
sous-production *nf Des sous-productions.*
sous-produit *nm Des sous-produits.*
sous-programme *nm Des sous-programmes.*
sous-prolétaire *a, n sous-prolétaires*
sous-prolétariat *nm*
sous-pull *nm Des sous-pulls.*
sous-secrétaire *nm*
sous-secrétariat *nm*
sous-seing *nm Des sous-seings.*
soussigné, ée *a, n*
sous-sol *nm Des sous-sols.*
soussou *nm*
sous-station *nf Des sous-stations.*
sous-tangente *nf Des sous-tangentes.*
sous-tasse *nf Des sous-tasses.*
sous-tendre *vt* ***5***
sous-tension *nf Des sous-tensions.*
sous-texte *nm Des sous-textes.*
sous-titrage *nm*
sous-titre *nm Des sous-titres.*
sous-titrer *vt* ***1***
sous-toiler *vt* ***1***
sous-total *nm Des sous-totaux.*
soustractif, ive *a*
soustraction *nf*
soustraire *vt* ***74***
sous-traitance *nf*
sous-traitant, ante *nm, a sous-traitants*
sous-traiter *vt, vi* ***1***
sous-utiliser *vt* ***1***

sous-ventrière *nf Des sous-ventrières.*
sous-verge *nm Des sous-verges ou sous-verge.*
sous-verre *nm Des sous-verres ou sous-verre.*
sous-vêtement *nm Des sous-vêtements.*
sous-vide *nm Des sous-vides.*
sous-virage *nm*
sous-virer *vi* ***1***
sous-vireur, euse *a*
soutache *nf*
soutacher *vt* ***1***
soutane *nf*
soutanelle *nf*
soute *nf*
soutenabilité *nf*
soutenable *a*
soutenance *nf*
soutènement *nm*
souteneur *nm*
soutenir *vt* ***35***
soutenu, ue *a*
souterrain, aine *a, nm*
souterrainement *av*
soutien *nm*
soutien-gorge *nm Des soutiens-gorge.*
soutier *nm*
soutif *nm*
soutirage *nm*
soutirer *vt* ***1***
soutra ou **sutra** *nm*
souvenance *nf*
souvenir *nm*
souvenir (se) *vpr* ***35***
souvent *av*
souverain, aine *a, n*
souverain *nm*
souverainement *av*
souveraineté *nf*
souverainisme *nm*
souverainiste *a, n*
souvlaki *nm*
soviet *nm*
soviétique *a, n*
soviétique *a, n*
soviétisation *nf*
soviétiser *vt* ***1***
soviétologue *n*
sovkhoze *nm*
soyeux, euse *a, nm*
spa *nm*
space opera *nm*
spacieusement *av*
spacieux, euse *a*
spadassin *nm*
spadice *nm*
spaghetti *nm*
spahi *nm*
spalax *nm*
spallation *nf*
spalter *nm*
spam *nm*
spammeur *nm*
spamming *nm*
spanglish *nm*
sparadrap *nm*
spardeck *nm*
sparganier *nm*
sparidé *nm*
sparring-partner *nm Des sparring-partners.*
spart ou **sparte** *nm*
spartakisme *nm*
spartakiste *a, n*
spartéine *nf*
sparterie *nf*
spartiate *a, n*
spasme *nm*
spasmodique *a*
spasmophile *a, n*
spasmophilie *nf*
spasmophilique *a*
spasticité *nf*
spastique *a*
spatangue *nm*
spath *nm*
spathe *nf*
spathique *nf*
spatial, ale, aux *a, nm*
spatialisation *nf*
spatialiser *vt* ***1***
spatialité *nf*
spationaute *n*
spationef *nm*
spatiotemporel, elle *a*
spatule *nf*
spatulé, ée *a*
spätzle ou **spaetzle** *nm*
speakeasy *nm*
speaker, speakerine ou **speakeur** *n*
speaker ou **speakeur** *nm (enceinte)*
spécial, ale, aux *a, nf*
spécialement *av*
spécialisation *nf*
spécialiser *vt, vpr* ***1***
spécialiste *n*
spécialité *nf*
spéciation *nf*
spécieusement *av*
spécieux, euse *a*
spécification *nf*
spécificité *nf*
spécifier *vt* ***1***
spécifique *a*
spécifiquement *av*
spécimen *nm*
spéciosité *nf*
speck *nm*
spectacle *nm*
spectaculaire *a*
spectaculairement *av*
spectateur, trice *n*
spectométrique *a*
spectral, ale, aux *a*
spectre *nm*
spectrochimique *a*
spectrogramme *nm*
spectrographe *nm*
spectrographie *nf*
spectrographique *a*
spectrohéliographe *nm*
spectromètre *nm*
spectrométrie *nf*
spectrophotomètre *nm*
spectroscope *nm*
spectroscopie *nf*
spectroscopique *a*
spéculaire *a, nf*
spéculateur, trice *n*
spéculatif, ive *a*
spéculation *nf*
spéculer *vi* ***1***
spéculoos ou **speculoos** ou **spéculos** *nm*
spéculum *nm*
speech *nm Des speechs ou speeches.*
speed *nm*
speeddating *nm*
speedé, ée ou **speed** *a*
speeder *vi* ***1***
speedsail *nm*
speiss *nm*
spéléologie *nf*
spéléologique *a*
spéléologue *n*
spéléonaute *n*
spencer *nm*
spéos *nm*
spermacéti *nm*
spermathèque *nf*
spermatide *nm*
spermatique *a*
spermatocyte *nm*
spermatogenèse *nf*
spermatogénétique *a*
spermatogonie *nf*
spermatophore *nm*
spermatophyte ou **spermaphyte** *nf*
spermatozoïde *nm*
sperme *nm*
spermicide *a, nm*
spermiducte *nm*
spermogramme *nm*
spermophile *nm*
spetsnaz *nm*
sphacèle *nm*
sphagnale *nf*
sphaigne *nf*
sphénisciforme *nm*
sphénodon *nm*
sphénoïdal, ale, aux *a*
sphénoïde *nm*
sphère *nf*
sphéricité *nf*
sphérique *a*
sphéroïdal, ale, aux *a*
sphéroïde *nm*

sphéromètre *nm*
sphérule *nf*
sphex *nm*
sphincter *nm*
sphinctérien, enne *a*
sphinge *nf*
sphingidé *nm*
sphingolipide *nm*
sphinx *nm*
sphygmogramme *nm*
sphygmographe *nm*
sphygmomanomètre ou **sphygmotensiomètre** *nm*
sphyrène *nf*
spi *nm*
spic *nm*
spica *nm*
spiccato *av*
spicilège *nm*
spicule *nm*
spider *nm*
spiegel *nm*
spilite *nf*
spin *nm*
spina-bifida ou **spinabifida** *nm inv*
spinal, ale, aux *a*
spinalien, enne *a, n*
spina-ventosa ou **spinaventosa** *nm inv*
spinelle *nf*
spinnaker ou **spinnakeur** *nm*
spinosaure *nm*
spinozisme *nm*
spinoziste *a, n*
spintronique *nf*
spiracle *nm*
spiral, ale, aux *a, nm*
spirale *nf*
spiralé, ée *a*
spirante *af, nf*
spire *nf*
spirée *nf*
spirifer *nm*
spirille *nm*
spirillose *nf*
spirite *a, n*
spiritisme *nm*
spiritualisation *nf*
spiritualiser *vt* ***1***
spiritualisme *nm*
spiritualiste *a, n*
spiritualité *nf*
spirituel, elle *a*
spirituellement *av*
spiritueux, euse *a, nm*
spirochète *nm*
spirochétose *nf*
spirographe *nm*
spirogyre *nf*
spiroïdal, ale, aux *a*
spiromètre *nm*
spirométrie *nf*
spirorbe *nm*
spiruline *nf*
spitant, ante *a*
splanchnique *a*
splanchnologie *nf*
spleen *nm*
splendeur *nf*
splendide *a*
splendidement *av*
splénectomie *nf*
splénique *a*
splénite *nf*
splénomégalie *nf*
spoiler *nm*
spoliateur, trice *a, n*
spoliation *nf*
spolier *vt* ***1***
spondaïque *a, nm*
spondée *nm*
spondias *nm*
spondylarthrite *nf*
spondylite *nf*
spondylose ou **spondilarthrose** *nf*
spongiaire *nm*
spongieux, euse *a*
spongiforme *a*
spongille *nf*
spongiosité *nf*
sponsor *nm*
sponsorat *nm*
sponsoring *nm*
sponsorisation *nf*
sponsoriser *vt* ***1***
spontané, ée *a*
spontanéisme *nm*
spontanéiste *a, n*
spontanéité *nf*
spontanément *av*
sporadicité *nf*
sporadique *a*
sporadiquement *av*
sporange *nm*
spore *nf (botanique)*
sporée *nf*
sporifère *a*
sporocyste *nm*
sporogone *nm*
sporophyte *nm*
sporozoaire *nm*
sport *nm, a inv*
sportif, ive *a, n*
sportivement *av*
sportivité *nf*
sportswear *nm*
sportule *nf*
sporulation *nf*
sporuler *vi* ***1***
spot *nm*
sprat *nm*
spray *nm*
springbok *nm*
sprinkler *nm*
sprint *nm*
sprinter *vi* ***1***
sprinteur, euse ou **sprinter** *n*
sprue *nf*
spumescent, ente *a*
spumeux, euse *a*
spumosité *nf*
spyware *nm*
squale *nm*
squaliforme *nm*
squamate *nm*
squame *nf*
squameux, euse *a*
squamule *nf*
square *nm*
squash *nm*
squat *nm*
squatter ou **squattériser** *vt* ***1***
squatteur, euse ou **squatter** *n*
squaw *nf*
squeeze *nm*
squeezer *vt* ***1***
squelette *nm*
squelettique *a*
squille *nf*
squirre ou **squirrhe** *nm*
squirreux *a*
squirrheux, euse *a*
SRAS *nm*
sri-lankais, aise *a, n*
SS *nm*
stabat mater *nm inv*
stabile *nm*
stabilisant, ante *a, nm*
stabilisateur, trice *a, nm*
stabilisation *nf*
stabiliser *vt* ***1***
stabilité *nf*
stable *a*
stabulation *nf*
staccato *av, nm*
stade *nm*
stadia *nm*
stadiaire *a*
stadier, ère *n*
staff *nm*
staffer *vt* ***1***
staffeur, euse *n*
stage *nm*
stagflation *nf*
stagiaire *n*
stagnant, ante *a*
stagnation *nf*
stagner *vi* ***1***
stakhanovisme *nm*
stakhanoviste *a, n*
stakning *nm*
stalactite *nf*
stalag *nm*
stalagmite *nf*
stalagmomètre *nm*
stalagmométrie *nf*
stalinien, enne *a, n*
stalinisme *nm*
stalle *nf*
staminal, ale, aux *a*
staminé, ée *a*
staminifère *a*

stance *nf*
stand *nm*
standard *nm, a*
standardisable *a*
standardisation *nf*
standardiser *vt 1*
standardiste *n*
stand-by *a inv, n inv*
standing *nm*
standing-ovation *nf Des standing-ovations.*
standiste *n*
stand-up *nm inv*
stannate *nm*
stanneux, euse *a*
stannifère *a*
stannique *a*
staphisaigre *nf*
staphylier *nm*
staphylin *nm*
staphylinidé *nm*
staphylococcie *nf*
staphylocoque *nm*
staphylome *nm*
star *nf*
starets ou **stariets** *nm*
starification *nf*
starisation *nf*
stariser ou **starifier** *vt 2*
starking *nf*
starlette *nf*
staroste *nm*
star-system *nm Des star-systems.*
starter *nm*
starting-block ou **startingblock** *nm Des starting-blocks.*
starting-gate ou **startinggate** *nm Des starting-gates.*
start-up ou **startup** *nf inv*
stase *nf*
stasophyte *nm*
statère *nm*
stathouder ou **stadhouder** *nm*
stathouderat *nm*
statice *nm*
statif, ive *nm, a*
statine *nf*
station *nf*
stationnaire *a, nm*
stationnement *nm*
stationner *vi 1*
station-service *nf Des stations-service.*
statique *nf, a*
statique-ment *av*
statisticien *n*
statistique *nf, a*
statistiquement *av*
statocyste *nm*
stator *nm*
statoréacteur *nm*
statthalter *nm*
statuaire *a, n*
statue *nf (représentation)*
statuer *vi 1*
statuette *nf*
statufier *vt 1*
statu quo ou **statuquo** *nm inv*
stature *nf*
staturopondéral, ale, aux *a*
statut *nm (situation)*
statutaire *a*
statutairement *av*
staurothèque *nf*
staurotide *nf*
stawug *nm*
stayer ou **stayeur** *nm*
steak *nm*
steamer ou **steameur** *nm*
stéarate *nm*
stéarine *nf*
stéarinerie *nf*
stéarinier *nm*
stéarique *a*
stéatite *nf*
stéatopyge *a*
stéatopygie *nf*
stéatose *nf*
steel-band ou **steelband** *nm Des steel-bands.*
steeple-chase ou **steeple** *nm Des steeple-chases.*
stéganalyse *nf*
stéganographie *nf*
stéganographique *a*
stégocéphale *nm*
stégomyie ou **stegomyia** *nf*
stégosaure *nm*
steinbock ou **steenbock** *nm*
stèle *nf*
stellage *nm*
stellaire *a ; nf*
stelléroïde *nm*
stellionat *nm*
stellionataire *n*
stellite *nm Nom déposé*
stem ou **stemm** ou **stem-christiania** *nm*
stencil *nm*
sténo *n*
sténodactylo *n*
sténodactylographie *nf*
sténographe *n*
sténographie *nf*
sténographier *vt 2*
sténographique *a*
sténographiquement *av*
sténohalin, ine *a*
sténopé *nm*
sténose *nf*
sténosé, ée *a*
sténotype *nf*
sténotypie *nf*
sténotypiste *n*
stent *nm*
stentor *nm*
step *nm*
stéphanois, oise *a, n*
steppage *nm*
steppe *nf*
steppique *a*
stéradian *nm*
stercoraire *nm ; a*
stercoral, ale, aux *a*
sterculiacée *nf*
stère *nm*
stéréo *a*
stéréobate *nm*
stéréochimie *nf*
stéréochimique *a*
stéréocomparateur *nm*
stéréognosie *nf*
stéréogramme *nm*
stéréographie *nf*
stéréographique *a*
stéréo-isomérie *nf Des stéréo-isoméries.*
stéréométrie *nf*
stéréométrique *a*
stéréophonie ou **stéréo** *nf*
stéréophonique *a*
stéréoscope *nm*
stéréoscopie *nf*
stéréoscopique *a*
stéréotaxie *nf*
stéréotomie *nf*
stéréotype *nm*
stéréotypé, ée *a*
stéréotypie *nf*
stérer *vt 14*
stéride *nm*
stérile *a, nm*
stérilement *av*
stérilet *nm*
stérilisant, ante *a*
stérilisation *nf*
stériliser *vt 1*
stérilité *nf*
stérique *a*
sterlet *nm*
sterling *a inv*
sternal, ale, aux *a*
sterne *nf*
sternoclaviculaire *a*
sternocléidomastoïdien, enne *nm, a*
sternum *nm*
sternutation *nf*
sternutatoire *a*
stéroïde *a, nm*
stéroïdien, enne *a*
stérol *nm*
stertor *nm*
stertoreux, euse *a*
stéthoscope *nm*
stetson *nm*
stevia *nf*
steward *nm*
sthénie *nf*
sthénique *a*
stibié, ée *a*
stibine *nf*

stichomythie *nf*
stick *nm*
sticker *nm*
stigmate *nm*
stigmatique *a*
stigmatisant, ante *a*
stigmatisation *nf*
stigmatisé, ée *n*
stigmatiser *vt* ***1***
stigmatisme *nm*
stilb *nm*
stil-de-grain *nm inv*
stiletto *nm*
stillation *nf*
stillatoire *a*
stilligoutte *nm*
stilton *nm*
stimulant, ante *a, nm*
stimulateur *nm*
stimulation *nf*
stimuler *vt* ***1***
stimuline *nf*
stimulus *nm Des stimulus ou stimuli.*
stipe *nm*
stipendier *vt* ***1***
stipité, ée *a*
stipulaire *a*
stipulation *nf*
stipule *nf*
stipuler *vt* ***1***
stochastique *a, nf*
stock *nm*
stockable *a*
stockage *nm*
stock-car ou **stockcar** *nm Des stock-cars.*
stocker *vt* ***1***
stockfisch *nm*
Stockholm (syndrome de) *nm*
stockholmois, oise *a, n*
stockiste *nm*
stock-option *nf Des stocks-options.*
stock-outil *nm Des stocks-outils.*
stock-shots *nm pl*
stœchiométrie *nf*
stœchiométrique *a*
stoïcien, enne *a, n*
stoïcisme *nm*
stoïque *a, n*
stoïquement *av*
stokes *nm*
stol *nm*
stolon *nm*
stomacal, ale, aux *a*
stomachique *a, nm*
stomate *nm*
stomatite *nf*
stomato *n*
stomatologie *nf*
stomatologique *a*
stomatologiste *n*
stomatologue *n*
stomatoplastie *nf*
stomie *nf*
stomisé, ée *a, n*
stomocordé *nm*
stomoxe ou **stomoxys** *nm*
stop *interj, nm*
stop-and-go *nm inv*
stoppage *nm*
stopper *vt, vi* ***1***
stoppeur, euse *n*
store *nm*
story-board *nm Des story-boards.*
storytelling *nm*
stoupa ou **stupa** *nm*
stout *n*
strabique *a, n*
strabisme *nm*
stadiot ou **estradiot** *nm*
stradivarius *nm inv*
stramoine *nf*
strangulation *nf*
strap *nm*
strapontin *nm*
strapping *nm*
strasbourgeois, oise *a, n*
strass *nm*
strassé, ée *a*
stratagème *nm*
strate *nf*
stratège *nm*
stratégie *nf*
stratégique *a*
stratégiquement *av*
stratégiste *n*
stratification *nf*
stratifié, ée *a, nm*
stratifier *vt* ***1***
stratigraphie *nf*
stratigraphique *a*
stratocratie *nf*
stratocumulus *nm*
stratopause *nf*
stratosphère *nf*
stratosphérique *a*
stratotype *nm*
stratovolcan *nm*
stratus *nm*
streaming *nm*
streetwear *nm*
strelitzia *nm*
streptococcémie *nf*
streptococcie *nf*
strep-tococcique *a*
streptocoque *nm*
streptomyces *nm*
streptomycine *nf*
stress *nm inv*
stressant, ante *a*
stresser *vt* ***1***
stretch *nm, a inv Nom déposé*
stretching *nm*
strette *nf*
striation *nf*
striatum *nm*
strict, stricte *a*
strictement *av*
striction *nf*
stricto sensu *av*
stridence *nf*
strident, ente *a*
stridor *nm*
stridulant, ante *a*
stridulation *nf*
striduler *vi* ***1***
striduleux, euse *a*
strie *nf*
strié, ée *a*
strier *vt* ***1***
striga *nm*
strige ou **stryge** *nf*
strigidé *nm*
strigiforme *nm*
strigile *nm*
string *nm*
strioscopie *nf*
strioscopique *a*
strip *nm*
stripage *nm*
stripping *nm*
strip-tease ou **striptease** *nm Des strip-teases.*
stripteaseur, euse *n*
strip-teaseur *n*
striure *nf*
strobile *nm*
stroboscope *nm*
stroboscopie *nf*
stroboscopique *a*
stroma *nm*
stromatolite *nm*
strombe *nm*
strombolien, enne *a*
strongle ou **strongyle** *nm*
strongylose *nf*
strontiane *nf*
strontium *nm*
strophaire *nm*
strophantine *nf*
strophantus *nm*
strophe *nf*
strophoïde *nf*
structurable *a*
structural, ale, aux *a*
structuralisme *nm*
structuraliste *a, n*
structurant, ante *a*
structuration *nf*
structure *nf*
structuré, ée *a*
structurel, elle *a*
structurellement *av*
structurer *vt* ***1***
structurologie *nf*
strudel *nm*
strume *nf*
struthioniforme *nm*
strychnine *nf*
strychnos *nm*
stuc *nm*
stucage *nm*

stucateur *nm*
stud-book ou **studbook** *nm Des stud-books.*
studette *nf*
studieusement *av*
studieux, euse *a*
studio *nm*
stuka *nm*
stupa ou **stoupa** *nm*
stupéfaction *nf*
stupéfait, aite *a*
stupéfiant, ante *a, nm*
stupéfier *vt 1*
stupeur *nf*
stupide *a*
stupidement *av*
stupidité *nf*
stuporeux, euse *a*
stupre *nm*
stuquer *vt 1*
stuttgartois, oise *a, n*
style *nm*
stylé, ée *a*
styler *vt 1*
stylet *nm*
stylisation *nf*
styliser *vt 1*
stylisme *nm*
styliste *n*
stylisticien, enne *n*
stylistique *nf, a*
stylite *nm*
stylo ou **stylographe** ou **stylo-plume** *nm*
stylobate *nm*
stylo-bille *nm Des stylos-bille.*
stylo-feutre *nm Des stylos-feutres.*
styloïde *a*
stylométrie *nf*
stylométrique *a*
stylomine *nm Nom déposé*
stylommatophore *nm*
styrax ou **storax** *nm*
styrène ou **styrol** ou **styrolène** *nm*
su, sue *a*
suaire *nm*
suant, ante *a*
suave *a*
suavement *av*
suavité *nf*
subaigu, uë ou **subaigu, üe** *a*
subalpin, ine *a*
subalterne *a, n*
subaquatique *a*
subatomique *a*
subcarpatique *a*
subcellulaire *a*
subclaquant, ante *a*
subclinique *a*
subconscient, ente *a, nm*
subcontinent *nm*
subdélégué *nm*
subdéléguer *vt 12*
subdésertique *a*
subdiviser *vt 1*
subdivision *nf*
subduction *nf*
subéquatorial, ale, aux *a*
suber *nm*
subéreux, euse *a*
subérifié, ée *a*
subérine *nf*
subintrant, ante *a*
subir *vt 2*
subit, ite *a*
subitement *av*
subito *av*
subjacent, ente *a*
subjectif, ive *a*
subjectile *nm*
subjectivement *av*
subjectivisme *nm*
subjectiviste *a, n*
subjectivité *nf*
subjonctif *nm*
subjuguer *vt 1*
sublimation *nf*
sublime *a, nm*
sublimé *nm*
sublimement *av*
sublimer *vt 1*
subliminal, ale, aux *a*
sublimité *nf*
sublingual, ale, aux *a*
sublunaire *a*
submerger *vt 11*
submersible *a, nm*
submersion *nf*
subodorer *vt 1*
subordination *nf*
subordonnant, ante *a, nm*
subordonné, ée *a, n*
subordonner *vt 1*
subornation *nf*
suborner *vt 1*
suborneur, euse *n, a*
subpolaire *a*
subprime *nm*
subrécargue *nm*
subreptice *a*
subrepticement *av*
subrogation *nf*
subrogatoire *a*
subrogé, ée *n, a*
subroger *vt 11*
subsaharien, enne *a*
subséquemment *av*
subséquent, ente *a*
subside *nm*
subsidence *nf*
subsidiaire *a*
subsidiairement *av*
subsidiarité *nf*
subsidier *vt 2*
subsistance *nf*
subsistant, ante *a*
subsister *vi 1*
subsonique *a*
subspontané, ée *a*
substance *nf*
substantialisme *nm*
substantialiste *a, n*
substantialité *nf*
substantiel, elle *a*
substantiellement *av*
substantif, ive *n, a*
substantifier *vt 1*
substantifique *a*
substantivation *nf*
substantivement *av*
substantiver *vt 1*
substituabilité *nf*
substituable *a*
substituant *nm*
substituer *vt, vpr 1*
substitut *nm*
substitutif, ive *a*
substitution *nf*
substrat ou **substratum** *nm*
subsumer *vt 1*
subsurface *nf*
subterfuge *nm*
subtil, ile *a*
subtilement *av*
subtilisation *nf*
subtiliser *vt, vi 1*
subtilité *nf*
subtropical, ale, aux *a*
subulé, ée *a*
suburbain, aine *a*
suburbicaire *a*
subvenir *vti 35*
subvention *nf*
subventionnel, elle *a*
subventionner *vt 1*
subventionneur, euse *n*
subversif *a*
subversion *nf*
subversivement *av*
subvertir *vt 2*
suc *nm*
succédané *nm*
succéder *vti 12*
succenturié *am*
succès *nm*
successeur *n* ou **successeure** *nf*
successibilité *nf*
successible *a*
successif, ive *a*
succession *nf*
successivement *av*
successoral, ale, aux *a*
success-story *nf Des success-stories.*
succin *nm*
succinct, incte *a*
succinctement *av*
succinique *a*
succion *nf*
succomber *vi, vti 1*
succube *nm*
succulence *nf*

succulent, ente *a*
succursale *nf*
succursalisme *nm*
succursaliste *a, n*
sucer *vt* ***10***
sucette *nf*
suceur, euse *a, n*
suçoir *nm*
suçon *nm*
suçoter *vt* ***1***
sucrage *nm*
sucrant, ante *a*
sucrate *nm*
sucre *nm*
sucré, ée *a, n*
sucrer *vt, vpr* ***1***
sucrerie *nf*
sucrette *nf Nom déposé*
sucrier, ère *a, nm*
sucrin *a, nm*
sucrine *nf*
sud *nm, a inv*
sud-africain, aine *a, n*
sudation *nf*
sudatoire *a*
sud-coréen, enne *a, n*
sud-est *nm, a inv*
sudiste *n, a*
sudokiste *n*
sudoku *nm*
sudoral, ale, aux *a*
sudorifère *a*
sudorifique *a, nm*
sudoripare *a*
sud-ouest *nm, a inv*
sudra ou **shudra** *n*
suède *nm*
suédé, ée *a*
suédine *nf*
suédois *nm*
suédois, oise *a, n*
suée *nf*
suer *vt, vi* ***1***
suette *nf*
sueur *nf*
suffète *nm*
suffire *v, vti* ***79***
suffisamment *av*
suffisance *nf*
suffisant, ante *a*
suffixal, ale, aux *a*
suffixation *nf*
suffixe *nm*
suffixé, ée *a*
suffocant, ante *a*
suffocation *nf*
suffoquer *vt, vi* ***1***
suffragant *am*
suffrage *nm*
suffragette *nf*
suffusion *nf*
suggérer *vt* ***12***
suggestibilité *nf*
suggestible *a*
suggestif, ive *a*
suggestion *nf*
suggestionner *vt* ***1***
suggestivité *nf*
suiboku *nm*
suicidaire *a, n*
suicidant, ante *n*
suicide *nm*
suicidé, ée *a, n*
suicider (se) *vpr* ***1***
suicidité *nf*
suicidogène *a*
suidé *nm*
suie *nf*
suif *nm*
suiffer *vt* ***1***
suiffeux, euse *a*
sui generis *a*
suint *nm*
suintant, ante *a*
suintement *nm*
suinter *vi* ***1***
suisse *a, n*
suisse *nm*
Suissesse *nf*
suite *nf*
suitée *af*
suivant, ante *a, n, prép*
suiveur, euse *n*
suivi, ie *a, nm*
suivisme *nm*
suiviste *a, n*
suivre *vt, vi* ***73***
sujet, ette *a, n (enclin, ressortissant)*
sujet *nm (thème, motif)*
sujétion *nf*
sukuk *nm*
sulfamide *nm*
sulfatage *nm*
sulfate *nm*
sulfater *vt* ***1***
sulfateur, euse *n*
sulfhydrique *a*
sulfinisation *nf*
sulfitage *nm*
sulfite *nm*
sulfiter *vt* ***1***
sulfocarbonique *a*
sulfochromique *a*
sulfonation *nf*
sulfone *nm*
sulfonique *a*
sulfurage *nm*
sulfuration *nf*
sulfure *nm*
sulfuré, ée *a*
sulfurer *vt* ***1***
sulfurer *vt* ***1***
sulfureux, euse *a*
sulfurique *a*
sulfurisé, ée *a*
sulidé *nm*
sulky *nm*
sulpicien, enne *a, nm*
sultan *nm*
sultanat *nm*
sultane *nf*
sultanine *nf*
sumac *nm*
sumatranais, aise *a, n*
sumérien *nm*
sumiye *nm*
summum *nm*
sumo *nm inv*
sumotori *nm*
sunlight *nm*
sunna *nf*
sunnisme *nm*
sunnite *a, n*
super *a inv, nm*
superalliage *nm*
superamas *nm*
superbe *nf ; a*
superbement *av*
superbénéfice *nm*
supercalculateur *nm*
supercarburant *nm*
supercarré *am*
supercentenaire *n*
supercherie *nf*
superciment *nm*
superclasse *nf*
supercompensation *nf*
supercritique *a*
supère *a*
supérette *nf*
superfamille *nf*
superfétation *nf*
superfétatoire *a*
superficialité *nf*
superficie *nf*
superficiel, elle *a*
superficiellement *av*
superfinition *nf*
superflu, ue *a, nm*
superfluide *a*
superfluidité *nf*
superfluité *nf*
super-G *nm*
supergéant, ante *a, n*
supergéantiste *n*
supergrand *nm*
superhétérodyne *nm*
super-huit *a, nm inv*
supérieur, eure *a, nm*
supérieurement *av*
supériorité *nf*
superlatif, ive *nm, a*
superlativement *a*
superléger *am, nm*
superluminique *a*
superman *nm Des supermans ou supermen.*
supermarché *nm*
supermolécule *nf*
supernova *nf Des supernovas ou supernovæ.*

superordinateur *nm*
superordre *nm Des superordres.*
superovarié, ée *a*
superovulation *nf*
superpétrolier *nm*
superphosphate *nm*
superplume *nm*
superposable *a*
superposer *vt* ***1***
superposition *nf*
superproduction *nf*
superprofit *nm*
superpuissance *nf*
supersonique *a, nm*
superstar *nf*
superstitieusement *av*
superstitieux, euse *a, n*
superstition *nf*
superstrat *nm*
superstructure *nf*
superstructurel, elle *a*
supertanker *nm*
superviser *vt* ***1***
superviseur *nm*
supervision *nf*
superwelter *am, nm*
superwoman *nf Des superwomans ou superwomen.*
supin *nm*
supinateur *nm*
supination *nf*
supion *nm*
supplanter *vt* ***1***
suppléance *nf*
suppléant, ante *n, a*
suppléer *vt, vti* ***11***
supplément *nm*
supplémentaire *a*
supplémentation *nf*
supplémenter *vt* ***1***
supplétif, ive *a, nm*
supplétoire *a*
suppliant, ante *a, n*
supplication *nf*
supplice *nm*
supplicié, ée *n*
supplicier *vt* ***1***
supplier *vt* ***1***
supplique *nf*
support *nm*
supportable *a*
supporter *vt* ***1***
supporteur, trice ou **supporter** *n*
supposable *a*
supposé, ée *a*
supposément *av*
supposer *vt* ***1***
supposition *nf*
suppositoire *nm*
suppôt *nm*
suppresseur *nm*
suppression *nf*
supprimable *a*
supprimer *vt* ***1***
suppurant, ante *a*
suppuration *nf*
suppurer *vi* ***1***
supputation *nf*
supputer *vt* ***1***
supra *av*
supraconducteur, trice *a, nm*
supraconductivité ou **supraconduction** *nf*
supralégal, ale, aux *a*
supralittoral, ale, aux *a*
supranational, ale, aux *a*
supranationalisme *nm*
supranationalité *nf*
suprasegmental, ale, aux *a*
suprasensible *a*
supraterrestre *a*
suprématie *nf*
suprématisme *nm*
suprématiste *a, n*
suprême *a, nm*
suprêmement *av*
sur, sure *a (acide)*
sur *prép (dessus)*
sûr, sûre ou **sûr, sure** *a (fiable, ferme)*
surabondamment *av*
surabondance *nf*
surabondant, ante *a*
surabonder *vi* ***1***
suractif, ive *a*
suractivé, ée *a*
suractivité *nf*
suraigu, uë ou **suraigu, üe** *a*
surajouter *vt* ***1***
sural, ale, aux *a*
suralimentation *nf*
suralimenter *vt* ***1***
suranné, ée *a*
surarmement *nm*
surarmer *vt* ***1***
surate ou **sourate** *nf*
surbaissé, ée *a*
surbaissement *nm*
surbooké, ée *a*
surbooking *nm*
surboum *nf*
surbrillance *nf*
surcapacitaire *a*
surcapacité *nf*
surcapitalisation *nf*
surcharge *nf*
surcharger *vt* ***11***
surchauffe *nf*
surchauffer *vt* ***1***
surchauffeur *nm*
surchemise *nf*
surchoix *a inv, nm*
surclassement *nm*
surclasser *vt* ***1***
surcompenser *vt* ***1***
surcomposé, ée *a*
surcompression *nf*
surcomprimé, ée *a*
surcomprimer *vt* ***1***
surconsommation *nf*
surcontamination *nf*
surcontre *nm*
surcontrer *vt* ***1***
surconvertisseur *nm*
surcot *nm*
surcote *nf*
surcoupe *nf*
surcouper *vt* ***1***
surcoût ou **surcout** *nm*
surcreusement *nm*
surcroît ou **surcroit** *nm*
surdensité *nf*
surdétermination *nf*
surdéterminer *vt* ***1***
surdéveloppé, ée *a*
surdéveloppement *nm*
surdimensionné, ée *a*
surdimensionnement *nm*
surdimensionner *vt* ***1***
surdimutité *nf*
surdiplômé, ée *a, n*
surdité *nf*
surdosage *nm*
surdose *nf*
surdoué, ée *a, n*
sureau *nm*
sureffectif *nm*
surélévation *nf*
surélever *vt* ***15***
suremballage *nm*
sûrement ou **surement** *av*
surémission *nf*
suremploi *nm*
surenchère *nf*
surenchérir *vi* ***3***
surenchérissement *nm*
surenchérisseur, euse *n*
surendetté, ée *n*
surendettement *nm*
surendetter *vt* ***1***
surentrainement *nm*
surentraînement *nm*
surentraîner ou **surentrainer** *vt* ***1***
suréquipement *nm*
suréquiper *vt* ***1***
surestarie *nf*
surestimation *nf*
surestimer *vt* ***1***
suret, ette *a*
sûreté ou **sureté** *nf*
surévaluation *nf*
surévaluer *vt* ***1***
surexcitable *a*
surexcitation *nf*
surexciter *vt* ***1***
surexploitation *nf*
surexploiter *vt* ***1***
surexposer *vt* ***1***
surexposition *nf*
surf *nm*
surfaçage *nm*
surface *nf*

surfacer *vti* ***10***
surfaceuse *nf*
surfacique *a*
surfactant, ante *nm, a*
surfacturation *nf*
surfacturer *vt* ***1***
surfaire *vt* ***9***
surfait, aite *a*
surfaix *nm*
surfer *vi* ***1***
surfeur, euse *n*
surfil *nm*
surfilage *nm*
surfiler *vt* ***1***
surfin, ine *a*
surfinia *nm Nom déposé*
surfondu, ue *a*
surfréquentation *nf*
surfusion *nf*
surgélation *nf*
surgelé, ée *a, nm*
surgeler *vt* ***16***
surgénérateur, trice ou **surrégénérateur, trice** *a, nm*
surgénération ou **surrégénération** *nf*
surgeon *nm*
surgir *vi* ***2***
surgissement *nm*
surgras, asse *a*
surhaussement *nm*
surhausser *vt* ***1***
surhomme *nm*
surhumain, aine *a*
suricate *nm*
surimi *nm*
surimposer *vt* ***1***
surimposition *nf*
surimpression *nf*
surin *nm*
surinamien, enne ou **surinamais, aise** *a, n*
suriner *vt* ***1***
surineur *nm*
surinfecter *vt* ***1***
surinfection *nf*
surinformation *nf*
surinformer *vt* ***1***
surintendance *nf*
surintendant *nm*
surintendante *nf*
surintensité *nf*
surinterprétation *nf*
surinterpréter *vt* ***14***
surinvestir *vi* ***3***
surinvestissement *nm*
surir *vi* ***2***
surirradiation *nf*
surirradié, ée *a, n*
surjalé, ée *a*
surjectif, ive *a*
surjection *nf*
surjet *nm*
surjeter *vt* ***20***
surjeu *nm*
surjouer *vt* ***1***
sur-le-champ *av*
surlendemain *nm*
surlier *vt* ***2***
surlignage *nm*
surligner *vt* ***1***
surligneur *nm*
surliure *nf*
surlonge *nf*
surloyer *nm*
surmédiatisation *nf*
surmédiatisé, ée *a*
surmédicalisation *nf*
surmédicaliser *vt* ***1***
surmenage *nm*
surmener *vt* ***15***
sur-mesure *nm inv*
surmoi *nm inv*
surmontable *a*
surmonter *vt* ***1***
surmortalité *nf*
surmoulage *nm*
surmouler *vt* ***1***
surmulet *nm*
surmulot *nm*
surmultiplication *nf*
surmultiplier *vt* ***1***
surnager *vi* ***11***
surnatalité *nf*
surnaturel, elle *a, nm*
surnom *nm*
surnombre *nm*
surnommer *vt* ***1***
surnuméraire *a, n*
suroffre *nf*
suroît ou **suroit** *nm*
surpassement *nm*
surpasser *vt, vpr* ***1***
surpâturage *nm*
surpaye *nf*
surpayer *vt* ***20***
surpêche *nf*
surpeuplé, ée *a*
surpeuplement *nm*
surpiquer *vt* ***1***
surpiqûre ou **surpiqure** *nf*
surplace *nm*
surplis *nm*
surplomb *nm*
surplombant, ante *a*
surplomber *vt* ***1***
surplus *nm*
surpoids *nm*
surpopulation *nf*
surprenant, ante *a*
surprendre *vt* ***70***
surprescription *nf*
surpression *nf*
surprime *nf*
surprise *nf*
surprise-partie *nf Des surprises-parties.*
surproducteur, trice *a*
surproduction *nf*
surproduire *vt* ***67***
surprotection *nf*
surprotéger *vt* ***13***
surpuissance *nf*
surpuissant, ante *a*
surqualification *nf*
surqualifié, ée *a*
surréaction *nf*
surréagir *vi* ***3***
surréalisme *nm*
surréaliste *a, n*
surréalité *nf*
surrection *nf*
surréel, elle *a*
surremise *nf*
surrénal, ale, aux *a, nf*
surrénalien, enne *a*
surreprésentation *nf*
surreprésenté, ée *a*
surréservation *nf*
surréservé, ée *a*
surrisque *nm*
sursalaire *nm*
sursaturant, ante *a*
sursaturation *nf*
sursaturer *vt* ***1***
sursaut *nm*
sursauter *vi* ***1***
sursemer *vt* ***15***
surseoir ou **sursoir** *vti* ***40***
sursis *nm*
sursitaire *n*
sursoufflage *nm*
sursuicidité *nf*
surtaxe *nf*
surtaxer *vt* ***1***
surtension *nf*
surtitrage *nm*
surtitre *nm*
surtitrer *vt* ***1***
surtout *av ; nm*
survaleur *nf*
survalorisation *nf*
survaloriser *vt* ***1***
surveillance *nf*
surveillant, ante *n*
surveiller *vt* ***1***
survenance *nf*
survenir *vi* ***35***
survenue *nf*
surveste *nf*
survêt *nm*
survêtement *nm*
survie *nf*
survirage *nm*
survirer *vi* ***1***
survireur, euse *a*
survitaminé, ée *a*
survitrage *nm*
survivaliste *a, n*
survivance *nf*
survivant, ante *a, n*
survivre *vi, vti* ***76***

survol *nm*
survoler *vt* ***1***
survoltage *nm*
survolter *vt* ***1***
survolteur *nm*
survolteur-dévolteur *nm Des survolteurs-dévolteurs.*
sus *av*
susceptance *nf*
susceptibilité *nf*
susceptible *a*
susciter *vt* ***1***
suscription *nf*
susdit, ite *a, n*
sus-dominante *nf Des sus-dominantes.*
sus-hépatique *a sus-hépatiques*
sushi *nm*
sushi-bar *nm Des sushis-bars.*
susmentionné, ée *a, n*
susnommé, ée *a, n*
suspect, ecte *a, n*
suspecter *vt* ***1***
suspendre *vt* ***5***
suspendu, ue *a*
suspens *nm*
suspense *nm*
suspenseur *am, nm*
suspensif, ive *a*
suspension *nf*
suspensoir *nm*
suspente *nf*
suspicieux, euse *a*
suspicion *nf*
sustentateur, trice *a*
sustentation *nf*
sustenter *vt, vpr* ***1***
sus-tonique *nf Des sus-toniques.*
susurration *nf*
susurrement *nm*
susurrer *vt, vi* ***1***
susvisé, ée *a*
sutra ou **soutra** *nm*
sutural, ale, aux *a*
suture *nf*
suturer *vt* ***1***
suzani *nm*
suzerain, aine *n, a*
suzeraineté *nf*
svastika ou **swastika** *nm*
svelte *a*
sveltesse *nf*
SVT *nf pl*
swahili ou **souahéli** *nm*
swap *nm*
swazi *nm*
swazi, ie *a, n*
sweater ou **sweateur** *nm*
sweat-shirt ou **sweatshirt** ou **sweat** *nm Des sweat-shirts.*
sweepstake *nm*
swin *nm*
swing *nm*
swingant, ante *a*
swinguer *vi* ***1***
sybarite *a, n*
sybaritique *a*
sybaritisme *nm*
sycomore *nm*
sycophante *nm*
sycosis *nm*
syénite *nf*
syllabaire *nm*
syllabation *nf*
syllabe *nf*
syllabique *a*
syllabiquement *av*
syllabisme *nm*
syllabogramme *nm*
syllabus *nm*
syllepse *nf*
sylleptique *a*
syllogisme *nm*
syllogistique *a, nf*
sylphe *nm*
sylphide *nf*
sylvain *nm*
sylvaner ou **silvaner** *nm*
sylve *nf*
sylvestre *a*
sylvicole *a*
sylviculteur, trice *n*
sylviculture *nf*
sylviidé *nm*
sylvine ou **sylvite** *nf*
sylvinite *nf*
symbiose *nf*
symbiote *nm*
symbiotique *a*
symbole *nm*
symbolique *a, n*
symboliquement *av*
symbolisation *nf*
symboliser *vt* ***1***
symbolisme *nm*
symboliste *a, n*
symétrie *nf*
symétrique *a*
symétriquement *av*
sympa *a*
sympathectomie *nf*
sympathie *nf*
sympathique *a, nm*
sympathiquement *av*
sympathisant, ante *a, n*
sympathiser *vi* ***1***
sympatholytique ou **sympathicolytique** *nm*
sympathomimétique ou **sympathicomimétique** *nm*
sympatrique *a*
symphonie *nf*
symphonique *a*
symphoniste *n*
symphorine *nf*
symphyse *nf*
symposium *nm*
symptomatique *a*
symptomatiquement *av*
symptomatologie *nf*
symptomatologique *a*
symptôme *nm*
synagogal, ale, aux *a*
synagogue *nf*
synalèphe *nf*
synallagmatique *a*
synanthéré, ée *a, n*
synapse *nf*
synaptique *a*
synarchie *nf*
synarthrose *nf*
synchrocyclotron *nm*
synchrone *a*
synchronicité *nf*
synchronie *nf*
synchronique *a*
synchroniquement *av*
synchronisable *a*
synchronisation *nf*
synchroniser *vt* ***1***
synchroniseur *nm*
synchronisme *nm*
synchrotron *nm*
synclinal, ale, aux *nm, a*
syncopal, ale, aux *a*
syncope *nf*
syncopé, ée *a*
syncoper *vt, vi* ***1***
syncrétique *a*
syncrétisme *nm*
syncrétiste *a, n*
syncytial, ale, aux ou **syncitial, ale, aux** *a*
syncytium ou **syncitium** *nm*
syndactyle *a*
syndactylie *nf*
synderme *nm*
syndic *nm*
syndical, ale, aux *a*
syndicalisation *nf*
syndicaliser *vt* ***1***
syndicalisme *nm*
syndicaliste *a, n*
syndicat *nm*
syndicataire *n, a*
syndication *nf*
syndiqué, ée *a, n*
syndiquer *vt, vpr* ***1***
syndrome *nm*
synecdoque *nf*
synéchie *nf*
synécologie *nf*
synérèse *nf*
synergie *nf*
synergique *a*
synesthésie *nf*
syngnathe *nm*
synodal, ale, aux *a*
synode *nm*
synodique *a*
synonyme *a, nm*
synonymie *nf*

synonymique *a*
synopse *nf*
synopsis *n*
synoptique *a*
synoptophore *nm*
synovial, ale, aux *a, nf*
synovie *nf*
synovite *nf*
syntacticien, enne *n*
syntagmatique *a, nf*
syntagme *nm*
syntaxe *nf*
syntaxique *a*
syntaxiquement *av*
synthé *nm*
synthèse *nf*
synthétique *a, nm*
synthétiquement *av*
synthétisable *a*
synthétiser *vt* ***1***
synthétiseur *nm*
synthétisme *nm*
synthon *nm*
syntone *a*
syntonie *nf*
syntonisation *nf*
syntoniser *vt* ***1***
syntoniseur *nm*
syphiligraphe *n*
syphiligraphie *nf*
syphilis *nf*
syphilitique *a, n*
syrah *nf*
syriaque *nm, a*
syrien, enne *a, n*
syringomyélie *nf*
syrinx *nf*
syrphe *nm*
systématicien, enne *n*
systématicité *nf*
systématique *a, nf*
systématiquement *av*
systématisation *nf*
systématiser *vt* ***1***
systématisme *nm*
système *nm*
systémique *a, nf*
systole *nf*
systolique *a*
systyle *nm, a*
syzygie *nf*

t

t *nm*
tabac *nm, a inv*
tabacole *a*
tabacologie *nf*
tabacologique *a*
tabacologue *n*
tabacomanie *nf*
tabaculteur, trice *n*
tabaculture *nf*
tabagane ou **tobagane** *nf*
tabagie *nf*
tabagique *a, n*
tabagisme *nm*
tabard *nm*
tabasco *nm Nom déposé*
tabassage *nm*
tabassée *nf*
tabasser *vt* ***1***
tabatière *nf*
tabellaire *a*
tabelle *nf*
tabellion *nm*
tabernacle *nm*
tabès *nm*
tabétique *a, n*
tabla *nm*
tablard ou **tablar** *nm*
tablature *nf*
table *nf*
tableau *nm*
tableautin *nm*
tablée *nf*
tabler *vti* ***1***
tabletier, ère *n*
tablette *nf*
tabletterie *nf*
tableur *nm*
tablier *nm*
tabliste *n*
tabloïd ou **tabloïde** *nm Nom déposé*
tabor *nm*
tabou, e *nm, a*
tabouisation *nf*
tabouiser *vt* ***1***
taboulé *nm*
tabouret *nm*
tabulaire *a*
tabulateur *nm*
tabulation *nf*
tabun *nm*
tac *nm*
tacaud *nm*
tacca *nm*
tacet *nm*
tache *nf (salissure)*
tâche *nf (devoir)*
tachelhit *nm*
tachéographe *nm*
tachéomètre *nm*
tachéométrie *nf*
tacher *vt* ***1*** *(faire une tache)*
tâcher *vt* ***1*** *(faire des efforts)*
tâcheron *nm*
tacheter *vt* ***17***
tacheture *nf*
tachine ou **tachina** *nf*
tachisme *nm*
tachiste *a, n*
tachistoscope *nm*
tachkentois, oise *a, n*
tachyarythmie *nf*
tachyarythmique *a*
tachycardie *nf*
tachycardique *a*
tachygenèse *nf*
tachygraphe *nm*
tachygraphique *a*
tachymètre *nm*
tachymétrique *a*
tachyon *nm*
tachyphémie *nf*
tacite *a*
tacitement *av*
taciturne *a*
taciturnité *nf*
tacle *nm*
tacler *vt* ***1***
taco *nm*
tacon *nm*
tacot *nm*
tacrine *nf*
tact *nm*
tacticien, enne *n*
tactile *a*
tactique *nf, a*
tactiquement *av*
tactisme *nm*
tadjik *nm*
tadjik, ike *a, n*
tadorne *nm*
taekwondiste *n*
taekwondo *nm*
tael *nm*
taf *nm*
taffe *nf*
taffetas *nm*
tafia *nm*
tag *nm*
tagage *nm*
tagalog ou **tagal** *nm*
tagète ou **tagette** *nm*
tagliatelle *nf*
taguer *vt, vi* ***1***
tagueur, euse *n*
tahina *nf*
tahitien, enne *a, n*
taïaut ! ou **tayaut** *interj*
taïchi ou **taï chi chuan** *nm*
taie *nf*
taïga *nf*
taiji *nm*
taïkonaute *n*
taillable *a*
taillade *nf*
taillader *vt* ***1***
taillage *nm*
taillanderie *nf*
taillandier, ère *n*
taille *nf (dimension, découpe)*
taillé, ée *a*
taille-bordure *nm Des taille-bordures.*
taille-crayon *nm Des taille-crayons.*
taille-douce *nf Des tailles-douces.*
taille-haie *nm Des taille-haies.*
tailler *vt, vi, vpr* ***1***
taillerie *nf*
tailleur *nm*
tailleur-pantalon *nm Des tailleurs-pantalons.*
tailleuse *nf*
taillis *nm*
tailloir *nm*
taillole *nf*
tain *nm (étain)*
taire *vt, vpr* ***68***
taisant, ante *a*
taiseux, euse *a, n*
taiwanais, aise *a, n*
tajine ou **tagine** *nm*
taka *nm*
take-off *nm*
takht *nm*
taki-taki ou **takitaki** *nm inv*
talatat *nm*
talc *nm*
taled ou **taleth** ou **tallit** *nm*
talent *nm*
talentueux, euse *a*
taler *vt* ***1***
taliban, ane *a*
taliban *nm*
talibé *nm*
talion *nm*
talipot *nm*
talisman *nm*
talismanique *a*
talitre *nm*
talkie-walkie ou **walkie-talkie** *nm Des talkies-walkies.*
talk-show ou **talkshow** *nm Des talk-shows.*
tallage *nm*
talle *nf (botanique)*
taller *vi* ***1***
tallinnais, aise *a, n*
talmouse *nf*
talmudique *a*
talmudiste *nm*
taloche *nf*
talocher *vt* ***1***
talon *nm*
talon-aiguille *nm Des talons-aiguilles.*
talonnade *nf*
talonnage *nm*

talonnement *nm*
talonner *vt* ***1***
talonnette *nf*
talonneur, euse *n*
talonnière *nf*
talquer *vt* ***1***
talqueux, euse *a*
talus *nm*
talweg ou **thalweg** *nm*
tama *nm*
tamacheq *nm*
tamandua *nm*
tamanoir *nm*
tamarin *nm*
tamarinier *nm*
tamaris ou **tamarix** *nm*
tamaya *nm*
tamazight ou **tamazirt** *nm*
tambouille *nf*
tambour *nm*
tambourin *nm*
tambourinage *nm*
tambourinaire *n*
tambourinement *nm*
tambouriner *vt, vi* ***1***
tambourineur, euse *n*
tambour-major *nm Des tambours-majors.*
tamia *nm*
tamier *nm*
tamioc *nm*
tamis *nm*
tamisage *nm*
tamiser *vt* ***1***
tamiserie *nf*
tamiseur, euse *n*
tamisier, ère *n*
tamoul ou **tamil** *nm*
tamoulophone *a, n*
tamouré *nm*
tamoxifène *nm*
tampico *nm*
tampon *nm*
tamponnade *nf*
tamponnage *nm*
tamponnement *nm*
tamponner *vt, vpr* ***1***
tamponneur, euse *a, n*
tamponnoir *nm*
tam-tam ou **tamtam** *nm Des tam-tams.*
tan *nm (chêne)*
tanagra *n*
tanaisie *nf*
tananarivien, enne *a, n*
tancer *vt* ***10***
tanche *nf*
tandem *nm*
tandis que *conj*
tandoori *nm*
tangage *nm*
tangara *nm*
tangelo *nm*
tangence *nf*
tangent, ente *a, nf*
tangenter *vt* ***1***
tangentiel, elle *a, nf*
tangentiellement *av*
tangerine *nf*
tangibilité *nf*
tangible *a*
tangiblement *av*
tango *nm, a inv*
tangon *nm*
tangram *nm*
tangue *nf*
tanguer *vi* ***1***
tanguière *nf*
tanière *nf*
tanin ou **tannin** *nm*
tanisage ou **tannisage** *nm*
taniser ou **tanniser** *vt* ***1***
tank *nm*
tanka ou **thanka** *nm*
tanker *nm*
tankiste *nm*
tannage *nm*
tannant, ante *a*
tannat *nm*
tanné, ée *a, nf*
tanner *vt* ***1***
tannerie *nf*
tanneur, euse *n*
tannin ou **tanin** *nm*
tannique ou **tanique** *a*
tannisage ou **tanisage** *nm*
tanrec ou **tenrec** *nm*
tansad *nm*
tansu *nm*
tant *av (quantité)*
tantale *nm*
tante *nf (famille)*
tantième *nm*
tantine *nf*
tantinet (un) *av*
tantôt *av*
tantouse ou **tantouze** *nf*
tantra *nm*
tantrique *a*
tantrisme *nm*
tanzanien, enne *a, n*
tao ou **dao** *nm*
taoïsme *nm*
taoïste *a, n*
taon *nm (insecte)*
tapa *nm*
tapage *nm*
tapageur, euse *a*
tapageusement *av*
tapant, ante *a*
tapas *nf pl*
tape *nf*
tapé, ée *a*
tape-à-l'œil *a num inv, nm inv*
tapecul ou **tape-cul** *nm*
tapée *nf*
tapement *nm*
tapenade *nf*
taper *vt, vi, vpr* ***1***
tapette *nf*
tapeur, euse *n*
taphonomie *nf*
taphonomique *a*
taphophile *a, n*
taphophilie *nf*
tapin *nm*
tapiner *vi* ***1***
tapineur, euse *n*
tapinois (en) *av*
tapioca *nm*
tapir *nm*
tapir (se) *vpr* ***2***
tapis *nm*
tapis-brosse *nm Des tapis-brosses.*
tapissage *nm*
tapissant, ante *a*
tapisser *vt* ***1***
tapisserie *nf*
tapissier, ère *n*
tapon *nm*
taponner *vt, vi* ***1***
tapotement *nm*
tapoter *vt* ***1***
tapouille *nf*
tapuscrit, ite *a, nm*
taquage *nm*
taquer *vt* ***1***
taquet *nm*
taquin, ine *a, nm*
taquiner *vt* ***1***
taquinerie *nf*
taquoir *nm*
tar *nm*
tara *nm*
tarabiscot *nm*
tarabiscotage *nm*
tarabiscoté, ée *a*
tarabiscoter *vt* ***1***
tarabuster *vt* ***1***
taraf *nm*
tarage *nm*
tarama *nm*
tarare *nm*
tarasque *nf*
taratata ! *interj*
taraud *nm (outil)*
taraudage *nm*
taraudant, ante *a*
tarauder *vt* ***1***
taraudeuse *nf*
taravelle *nf*
tarbais, aise *a, n*
tarbouche ou **tarbouch** *nm*
tard *av, a*
tarder *vi* ***1***
tardif, ive *a*
tardigrade *nm*
tardillon, onne *n*
tardivement *av*
tardiveté *nf*
tare *nf (imperfection, poids)*
taré, ée *a, n*

tarentaise *nf*
tarentelle *nf*
tarentule *nf*
tarer *vt* ***1***
taret *nm*
targe *nf*
targette *nf*
targuer (se) *vpr* ***1***
tarière *nf*
tarif *nm*
tarifaire *a*
tarifer ou **tarifier** *vt* ***1***
tarification *nf*
tarin *nm*
tarine *nf*
tarir *vt, vi, vpr* ***2***
tarissable *a*
tarissement *nm*
tarlatane *nf*
tarmac *nm*
tarmacadam *nm*
tarnais, aise *a, n*
tarn-et-garonnais, aise *a, n*
taro *nm (plante)*
tarologie ou **taromancie** *nf*
tarologue *n*
tarot *nm (jeu de cartes)*
taroté, ée *a*
tarpan *nm*
tarpon *nm*
tarse *nm, a*
tarsidé *nm*
tarsien, enne *a*
tarsier *nm*
tarsoptôse *nf*
tartan *nm*
tartane *nf*
tartare *a, nm*
tartarin *nm*
tartarinade *nf*
tarte *nf, a*
tartelette *nf*
tartempion *nm*
tartiflette *nf*
tartignolle *a*
tartinabilité *nf*
tartinable *a, nm*
tartine *nf*
tartiner *vt* ***1***
tartir *vi*
tartrate *nm*
tartrazine *nf*
tartre *nm*
tartreux, euse *a*
tartrique *a*
tartuferie *nf*
tartuffe ou **tartufe** *nm*
tartufferie *nf*
tas *nm*
taser *nm Nom déposé*
task-force ou **taskforce** *nf Des task-forces.*
tasmanien, enne *a, n*
tassage *nm*
tasse *nf*
tassé, ée *a*
tasseau *nm*
tassement *nm*
tasser *vt, vpr* ***1***
tassette *nf*
tassili *nm*
taste-vin ou **tâte-vin** *nm Des taste-vins.*
tata *nf*
tatami *nm*
tatane *nf*
tatar *nm*
tâter *vt, vti, vpr* ***1***
tâteur *nm*
tatie *nf*
tatillon, onne *a*
tatin *nf*
tâtonnant, ante *a*
tâtonnement *nm*
tâtonner *vt* ***1***
tâtons (à) *av*
tatou *nm*
tatouage *nm*
tatoué, ée *n*
tatouer *vt* ***1***
tatoueur, euse *n*
tau *nm (alphabet grec)*
taud *nm*
taudis *nm*
taulard, arde ou **tôlard, arde** *n*
taule ou **tôle** *nf*
taulier, ère ou **tôlier, ère** *n*
tauon *nm*
taupe *nf*
taupé *nm, am*
taupe-grillon *nm Des taupes-grillons.*
taupier *nm*
taupière *nf*
taupin *nm*
taupinière *nf*
taure *nf*
taureau *nm*
taurides *nf pl*
taurillon *nm*
taurin, ine *a*
taurine *nf*
taurobole *nm*
tauromachie *nf*
tauromachique *a*
tautochrone *a*
tautogramme *nm*
tautologie *nf*
tautologique *a*
tautomère *a, nm*
tautomérie *nf*
taux *nm (prix, pourcentage)*
tavaillon ou **tavillon** *nm*
tavel *nm*
taveler *vt* ***16***
tavelure *nf*
taverne *nf*
tavernier, ère *n*
taxable *a*
taxacée *nf*
taxateur, trice *n*
taxatif, ive *a*
taxation *nf*
taxe *nf*
taxer *vt* ***1***
taxi *nm*
taxiarque *nm*
taxi-brousse *nm Des taxis-brousse.*
taxidermie *nf*
taxidermiste *n*
taxie *nf*
taxi-girl ou **taxigirl** *nf Des taxi-girls.*
taximan *nm*
taximètre *nm*
taxinomie ou **taxonomie** *nf*
taxinomique *a*
taxiphone *nm Nom déposé*
taxiway *nm*
taxodium ou **taxodier** ou **taxaudier** *nm*
taxoïde *nm*
taxol *nm*
taxon *nm Des taxons ou taxa.*
taxonomique *a*
taxotère *nm*
taylorien, enne *a*
taylorisation *nf*
tayloriser *vt* ***1***
taylorisme *nm*
tazieh *nm*
tbilissien, enne ou **tiflisien, enne** *a, n*
tchadien, enne *a, n*
tchador *nm*
tchadri *nm*
tch'an ou **chan** *nm*
tchao ou **ciao** *interj*
tchapalo *nm*
tchapalotière *nf*
tchat ou **chat** *nm*
tchatche *nf*
tchatcher *vi* ***1***
tchatter ou **chatter** *vi* ***1***
tchatteur, euse ou **chatteur, euse** *n*
tchékiste *n*
tchèque *a, n*
tchèque *nm*
tchernoziom ou **chernozem** ou **tchernozem** *nm*
tchétchène *nm*
tchin-tchin ! ou **tchintchin** *interj*
tchitola *nm*
TD *nm pl*
te *pr pers*
té *nm (règle)*
tea-room ou **tearoom** *nm Des tea-rooms.*
teaser *nm*
teasing *nm*
technétium *nm*
technicien, enne *a, n*
technicisation *nf*

techniciser *vt* ***1***
technicisme *nm*
techniciste *a*
technicité *nf*
technicocommercial, ale, aux *a, n*
technicolor *nm Nom déposé*
technique *n, a*
techniquement *av*
techno *a, nf*
technobureaucratie *nf*
technobureaucratique *a*
technocentre *nm*
technocrate *n*
technocratie *nf*
technocratique *a*
technocratisme *nf*
technoïde *a, n*
technolectal, ale, aux *a*
technolecte *nf*
technologie *nf*
technologique *a*
technologiquement *av*
technologiste *a, n*
technologue *n*
technophile *a, n*
technophobe *a, n*
technopole *nf*
technopôle *nm*
technopolitain, aine *a, n*
technoscience *nf*
technoscientifique *a*
technostructure *nf*
teck ou **tek** *nm*
teckel *nm*
tecktonik *nf Nom déposé*
tectonique *nf, a*
tectonophysique *nf, a*
tectrice *nf, af*
teddy *nm*
Te Deum *nm inv*
tee *nm*
teenager *n*
teen-movie *nm Des teen-movies.*
tee-shirt ou **T-shirt** ou **teeshirt** *nm Des tee-shirts.*
tef *nm*
téflon *nm Nom déposé*
tégénaire *nf*
tégéviste *nf*
tegmentum *nm*
tégument *nm*
tégumentaire *a*
téhéranais, aise *a, n*
teigne *nf*
teigneux, euse *a, n*
teillage *nm*
teille ou **tille** *nf*
teiller ou **tiller** *vt* ***1***
teindre *vt* ***69***
teint, teinte *a, nm (couleur)*
teinte *nf*
teinter *vt* ***1*** *(colorer)*
teinture *nf*
teinturerie *nf*
teinturier, ère *n*
tekke *nm*
teknival *nm Des teknivals.*
tel, telle *a, pr indéf*
télamon *nm*
télangiectasie *nf*
telavivien, enne *a, n*
télé *nf*
téléachat *nm*
téléacheteur, euse *n*
téléacteur, trice *n*
téléaffichage *nm*
téléalarme *nf*
téléassistance *nf*
téléaste *n*
télébenne *nf*
télébilletique *nf*
téléboutique *nf*
télécabine *nf*
télécarte *nf Nom déposé*
télécartiste *n*
télécentre *nm*
téléchargeable *a*
téléchargement *nm*
télécharger *vt* ***11***
téléchargeur, euse *n*
télécommandable *a*
télécommande *nf*
télécommander *vt* ***1***
télécommunication *nf*
télécoms *nm pl*
téléconférence *nf*
téléconseiller, ère *n*
télécopie *nf*
télécopier *vt* ***1***
télécopieur *nm*
télécoraniste *nm*
télédéclarant, ante *n*
télédéclaration *nf*
télédéclarer *vt* ***1***
télédétection *nf*
télédiagnostic *nm*
télédiffuser *vt* ***1***
télédiffusion *nf*
télédistribution *nf*
téléenquêteur, trice *n*
téléenseignement *nm*
téléfilm *nm*
téléga ou **télègue** *nf*
télégénique *a*
télégestion *nf*
télégramme *nm*
télégraphe *nm*
télégraphie *nf*
télégraphier *vt* ***1***
télégraphique *a*
télégraphiquement *av*
télégraphiste *n*
téléguidage *nm*
téléguider *vt* ***1***
téléimprimeur *nm*
téléinformatique *nf, a*
téléjournal *nm Des téléjournaux.*
télékinésie *nf*
télémanipulateur *nm*
télémanipulation *nf*
télémark *nm*
télémarketing *nm*
télématique *nf, a*
télématisation *nf*
télématiser *vt* ***1***
télémédecine *nf*
télémessage *nm*
télémessagerie *nf*
télémesure *nf*
télémètre *nm*
télémétrie *nf*
télencéphale *nm*
télencéphalique *a*
téléobjectif *nm*
téléologie *nf*
téléologique *a*
téléonomie *nf*
téléopérateur, trice *n*
téléopéré, ée *a*
téléostéen *nm*
télépaiement *nm*
télépathe *n, a*
télépathie *nf*
télépathique *a*
télépéage *nm*
téléphérage ou **téléférage** *nm*
téléphérique ou **téléférique** *a, nm*
téléphone *nm*
téléphoné, ée *a*
téléphoner *vt, vti* ***1***
téléphonie *nf*
téléphonique *a*
téléphoniquement *av*
téléphoniste *n*
téléport *nm*
téléportation *nf*
téléporter *vt* ***1***
télépoubelle *nf*
téléprompteur *nm*
téléprospecteur, trice *n*
téléradiographie ou **téléradio** *nf*
téléréalité *nf*
téléreportage *nm*
téléreporter *n*
téléroman *nm*
téléromancier, ère *n*
télescopage *nm*
télescope *nm*
télescoper *vt, vpr* ***1***
télescopique *a*
téléscripteur *nm*
télésécurité *nf*
téléservice *nm*
télésiège *nm*
téléski *nm*
téléspectateur, trice *n*
télésurveillance *nf*
télétel *nm Nom déposé*
télétex *nm Nom déposé*
télétexte *nm*
téléthèque *nf*
téléthon *nm Nom déposé*

télétoxie *nf*
télétoxique *a*
télétraitement *nm*
télétransmettre *vt* ***60***
télétransmission *nf*
télétravail *nm*
télétravailler *vi* ***1***
télétravailleur, euse *n*
télétype *nm*
télévangéliste *nm*
télévendeur, euse *n*
télévente *nf*
télévidéothèque *nf*
téléviser *vt* ***1***
téléviseur *nm*
télévision *nf*
télévisuel, elle *a*
télex *nm*
télexer *vt* ***1***
télexiste *n*
tell *nm*
tellement *av*
telline *nf*
tellure *nm*
tellurique ou **tellurien, enne** *a*
tellurique *a*
téloche *nf*
télolécithe ou **télolécithique** *a*
télomérase *nf*
télomère *nm*
télophase *nf*
télougou ou **telugu** *a, nm*
telson *nm*
téménos ou **temenos** *nm*
téméraire *a, n*
témérairement *av*
témérité *nf*
témoignage *nm*
témoigner *v* ***1***
témoin *nm*
tempe *nf*
tempéra ou **tempera** *nf*
tempérament *nm*
tempérance *nf*
tempérant, ante *a*
température *nf*
tempéré, ée *a*
tempérer *vt* ***12***
tempête *nf*
tempêter *vi* ***1***
tempétueux, euse *a*
temple *nm*
tempo *nm*
temporaire *a*
temporairement *av*
temporal, ale, aux *a, nm*
temporalité *nf*
temporel, elle *a, nm*
temporellement *av*
temporisateur, trice *n, a*
temporisation *nf*
temporiser *vi* ***1***
tempranillo *nm*
temps *nm (durée, moment)*
tempura *nm*
tenable *a*
tenace *a*
tenacement *av*
ténacité *nf*
tenaille *nf*
tenaillement *nm*
tenailler *vt* ***1***
tenancier, ère *n*
tenant, ante *nm*
tendance *nf*
tendanceur, euse *n*
tendanciel, elle *a*
tendanciellement *av*
tendancieusement *av*
tendancieux, euse *a*
tende-de-tranche *nm Des tendes-de-tranche.*
tender *nm*
tenderie *nf*
tendeur, euse *nm*
tendineux, euse *a*
tendinite *nf*
tendinopathie *nf*
tendon *nm*
tendre *vt, vti, vpr* ***5***
tendre *a, n*
tendrement *av*
tendresse *nf*
tendreté *nf*
tendron *nm*
tendu, ue *a*
ténèbres *nf pl*
ténébreux, euse *a*
ténébrion *nm*
ténesme *nm*
teneur, euse *n*
teneur *nf*
tengue *nm*
ténia ou **tænia** *nm*
téniasis ou **tæniasis** *nm*
ténifuge *a, nm*
tenir *vt, vi, vti, vpr* ***35***
tennis *n*
tennis-ballon *nm*
tennis-elbow *nm Des tennis-elbows.*
tennisman *nm Des tennismans ou tennismen.*
tennistique *a*
tenno *nm*
tenon *nm*
ténor *nm, am*
ténorino *nm*
ténorisant, ante *a*
ténoriser *vi* ***1***
ténotomie *nf*
tenseur *am, nm*
tensioactif, ive *a, nm*
tensioactivité *nf*
tensiomètre *nm*
tension *nf*
tensionnel, elle *a*
tenson *nf*
tensoriel, elle *a*
tentaculaire *a*
tentacule *nm*
tentant, ante *a*
tentateur, trice *a, n*
tentation *nf*
tentative *nf*
tente *nf (abri)*
tente-abri *nf Des tentes-abris.*
tenter *vt* ***1***
tenthrède *nf*
tenture *nf*
tenu, ue *a, nm (propre, faute dans certains sports)*
ténu, ue *a (mince)*
tenue *nf (vêtement, décence)*
ténuirostre *a, nm*
ténuité *nf*
tenure *nf*
tenuto *av*
téocalli *nm*
téosinthe ou **téosinte** *nm*
tep *nf*
tépale *nm*
téphillin ou **téfillin** *nm pl*
tépidarium *nm*
tépuy ou **tepuy** *nm*
téquila ou **tequila** *nf*
ter *av (numéro)*
TER *nm (train)*
téraoctet *nm*
téraspic *nm*
tératogène *a*
tératogenèse ou **tératogénie** *nf*
tératologie *nf*
tératologique *a*
tératologiste *n*
tératologue *n*
tératome *nm*
terbine *nf*
terbium *nm*
tercer ou **terser** ou **tiercer** *vt* ***12***
tercet *nm*
térébelle *nf*
térébellum *nm*
térébenthène *nm*
térébenthine *nf*
térébinthacée *nf*
térébinthe *nm*
térébrant, ante *a*
térébratule *nf*
térèbre *nm*
téréphtalique *a*
tergal, ale, aux *a*
tergal *nm Des tergals. Nom déposé*
tergiversation *nf*
tergiverser *vi* ***1***
termaillage *nm*
terme *nm (limite, fin)*
termicide *a, nm*
terminaison *nf*
terminal, ale, aux *a, n*
terminer *vt* ***1***
terminographe *n*
terminographie *nf*

terminographique *a*
terminologie *nf*
terminologique *a*
terminologue *n*
terminus *nm*
termite *nm*
termité, ée *a*
termitier, ère *a*
termitière *nf*
ternaire *a*
terne *nm ; a*
ternir *vt* ***2***
ternissement *nm*
ternissure *nf*
terpène *nm*
terpénique *a*
terpine *nf*
terpinol ou **terpinéol** *nm*
terrage *nm*
terrain *nm*
terra incognita *nf inv*
terramare *nf*
terraqué, ée *a*
terrariophile *n*
terrariophilie *nf*
terrarium *nm*
terrasse *nf*
terrassement *nm*
terrasser *vt* ***1***
terrassier *nm*
terre *nf*
terre à terre *a inv*
terreau *nm*
terreautage *nm*
terreauter *vt* ***1***
terrefort *nm*
terre-neuvas ou **terre-neuvier** *nm inv*
terre-neuve *nm inv*
terre-neuvien, enne *a, n*
terre-plein ou **terreplein** *nm Des terre-pleins.*
terrer *vt, vpr* ***1***
terrestre *a*
terreur *nf*
terreux, euse *a*
terrible *a*
terriblement *av*
terricole *a*
terrien, enne *a, n*
terrier *nm*
terrifiant, ante *a*
terrifier *vt* ***1***
terrigène *a*
terril ou **terri** *nm*
terrine *nf*
territoire *nm*
territorial, ale, aux *a, n*
territorialement *av*
territorialisation *nf*
territorialiser *vt* ***1***
territorialité *nf*
terroir *nm*
terrorisant, ante *a*
terroriser *vt* ***1***
terrorisme *nm*
terroriste *a, n*
tertiaire *a, nm*
tertiairiser *vt* ***1***
tertiarisation ou **tertiairisation** *nf*
tertiariser *vt* ***1***
tertio *av*
tertre *nm*
tervueren *n*
térylène *nm Nom déposé*
terza rima *nf Des terza rima ou terze rime.*
terzetto *nm*
tesla *nm*
tesselle *nf*
tessère *nf*
tessinois, oise *a, n*
tessiture *nf*
tesson *nm*
test *nm*
testable *a*
testacé, ée *a*
testacelle *nf*
testament *nm*
testamentaire *a*
testateur, trice *n*
tester *vt, vi* ***1***
testeur, euse *nm*
testiculaire *a*
testicule *nm*
testimonial, ale, aux *a*
testing *nm*
test-match ou **testmatch** *nm Des test-matchs.*
teston *nm*
testostérone *nf*
têt *nm*
tétanie *nf*
tétanique *a, n*
tétanisation *nf*
tétaniser *vt* ***1***
tétanos *nm*
têtard *nm*
tête *nf*
tête-à-queue *nm inv*
tête-à-tête *nm inv*
têteau *nm*
tête-bêche ou **têtebêche** *av*
tête-de-clou *nf Des têtes-de-clou.*
tête-de-loup *nf Des têtes-de-loup.*
tête-de-Maure *nf Des têtes-de-Maure.*
tête-de-moine *nm Des têtes-de-moine.*
tête-de-nègre *a num inv, nm inv*
tétée *nf*
téter *vt* ***14***
tèterelle ou **téterelle** *nf*
têtière *nf*
tétine *nf*
téton *nm*
tétrabranchial ou **tétrabranche** *nm Des tétrabranchiaux.*
tétrachlorure *nm*
tétracorde *nm*
tétracycline *nf*
tétradactyle *a*
tétrade *nf*
tétraèdre *nm*
tétraédrique *a*
tétraéthyle *a*
tétrafluorure *nm*
tétragone *nf*
tétragramme *nm*
tétralogie *nf*
tétramère *a*
tétramètre *nm*
tétranyque *nm*
tétraphonie *nf*
tétraplégie *nf*
tétraplégique *a, n*
tétraploïde *a*
tétraploïdie *nf*
tétrapode *a, nm*
tétrarchie *nf*
tétrarque *nm*
tétras *nm*
tétrastyle *a, nm*
tétrasyllabe *a, nm*
tétrasyllabique *a*
tétravalence *nf*
tétravalent, ente *a*
tétrodon *nm*
tétrose *nm*
tette *nf*
têtu, ue *a, nm*
teuf *nf*
teufeur, euse *n*
teuf-teuf ou **teufteuf** *n Des teufs-teufs.*
teuton, onne *a, n*
tex *nm*
tex-mex ou **texmex** *nm inv*
texte *nm*
textile *a, nm*
texto *nm ; av*
textuel, elle *a*
textuellement *av*
textural, ale, aux *a*
texturant, ante *a, nm*
texturation *nf*
texture *nf*
texturer ou **texturiser** *vt* ***1***
texturisation *nf*
tézigue *pr pers*
TGV *nm Nom déposé*
thaï *nm*
thaï, thaïe *a*
thaïlandais, aise *a, n*
thalamique *a*
thalamus *nm*
thalassémie *nf*
thalassémique *a, n*
thalassocratie *nf*
thalassothérapie *nf*
thalassotoque *a*
thaler *nm*

thali *nm*
thalidomide *nf Nom déposé*
thalle *nm (champignons, algues)*
thallium *nm*
thalweg ou **talweg** *nm*
thallophyte *nf*
thanatologie *nf*
thanatopracteur *nm*
thanatopraxie *nf*
thanatos *nm*
thanologique *a*
thaumaturge *nm, a*
thaumaturgie *nf*
thaumaturgique *a*
thé *nm (infusion)*
théacée *nf*
théâtral, ale, aux *a*
théâtralement *av*
théâtralisation *nf*
théâtraliser *vt* ***1***
théâtralité *nf*
théâtre *nm*
théâtreux, euse *n*
thébaïde *nf*
thébain, aine *a, n*
thébaïne *nf*
thébaïque *a*
thébaïsme *nm*
théier *nm*
théière *nf*
théine *nf*
théisme *nm*
théiste *n, a*
thélytoque *a*
thématique *a, nf*
thématiquement *av*
thématisation *nf*
thématiser *vt* ***1***
thématisme *nm*
thème *nm*
thénar *nm*
théobromine *nf*
théocratie *nf*
théocratique *a*
théodicée *nf*
théodolite *nm*
théogonie *nf*
théogonique *a*
théologal, ale, aux *a*
théologie *nf*
théologien, enne *n*
théologique *a*
théologiquement *av*
théophagie *nf*
théophanie *nf*
théophilanthrope *n*
théophilanthropie *nf*
théophilanthropique *a*
théophylline *nf*
théorbe ou **téorbe** *nm*
théorématique *a*
théorème *nm*
théorétique *a, nf*
théoricien, enne *n*
théorie *nf*
théorique *a*
théoriquement *av*
théorisation *nf*
théoriser *vt* ***1***
théosophe *n*
théosophie *nf*
théosophique *a*
thèque *nf*
thérapeute *n*
thérapeutique *a, nf*
théraphose *nf*
thérapie *nf*
thériaque *nf*
thermal, ale, aux *a*
thermalisme *nm*
thermalité *nf*
thermes *nm pl*
thermicien, enne *n*
thermicité *nf*
thermidor *nm*
thermidorien, enne *a, nm*
thermie *nf*
thermique *a, nm*
thermiquement *av*
thermisation *nf*
thermiser *vt* ***1***
thermistance *nf*
thermite *nf*
thermobarique *a*
thermocautère *nm*
thermochimie *nf*
thermochimique *a*
thermocinétique *nf, a*
thermoclastie *nf*
thermoclastique *a*
thermocline *nf*
thermocollage *nm*
thermocollant, ante *a, nm*
thermoconduction *nf*
thermocopie *nf*
thermocouple *nm*
thermodurcissable *a*
thermodynamicien, enne *n*
thermodynamique *nf, a*
thermoélectricité *nf*
thermoélectrique *a*
thermoélectronique *a*
thermoformage *nm*
thermoformer *vt* ***1***
thermogène *a*
thermogenèse *nf*
thermogramme *nm*
thermographe *nm*
thermographie *nf*
thermographique *a*
thermogravimétrie *nf*
thermogravimétrique *a*
thermogravure *nf*
thermohalin, ine *a*
thermo-ionique *a*
thermolabile *a*
thermoluminescence *nf*
thermoluminescent, ente *a*
thermolyse *nf*
thermomagnétique *a*
thermomagnétisme *nm*
thermomécanique *a*
thermomètre *nm*
thermométrie *nf*
thermométrique *a*
thermonucléaire *a*
thermopériodisme *nm*
thermophile *a*
thermophilie *nf*
thermopile *nf*
thermoplastique *a*
thermopompe *nf*
thermopropulsé, ée *a*
thermopropulsif, ive *a*
thermopropulsion *nf*
thermorégulateur, trice *a*
thermorégulation *nf*
thermorégulé, ée *a*
thermorémanence *nf*
thermorémanent, ente *a*
thermorésistance *nf*
thermorésistant, ante *a*
thermos *nf Nom déposé*
thermosensibilité *nf*
thermosensible *a*
thermosiphon *nm*
thermosphère *nf*
thermosphérique *a*
thermostabilité *nf*
thermostable *a*
thermostat *nm*
thermostatique *a*
thermotropisme *nm*
thermovinification *nf*
thérophyte *nm*
théropode *nm*
thésard, arde *n*
thésaurisation *nf*
thésauriser *vt* ***1***
thésauriseur, euse *n*
thésaurus ou **thesaurus** *nm inv*
thèse *nf*
thesmophories *nf pl*
thesmothète *nm*
thessalien, enne *a, n*
thêta *nm*
thétique *a*
théurge *n*
théurgie *nf*
théurgique *a*
thiamine *nf*
thiazine *nf*
thiazole *nm*
thibaude *nf*
think tank ou **thinktank** *nm Des think tanks.*
thioacide *nm*
thioalcool ou **thiol** *nm*
thiobactériale *nf*
thiofène ou **thiophène** *nm*
thionine *nf*
thionique *a*

thiosulfate *nm*
thiosulfurique *a*
thio-urée *nf Des thio-urées.*
thixotrope *a*
thixotropie *nf*
thixotropique *a*
thlaspi *nm*
tholos *nf*
thomise *nm*
thomisidé *nm*
thomisme *nm*
thomiste *a, n*
thon *nm (poisson)*
thonaire *nm*
thonier, ère *nm, a*
thonine *nf*
thoracentèse ou **thoracocentèse** *nf*
thoracique *a*
thoracoplastie *nf*
thoracotomie *nf*
thorax *nm*
thorine *nf*
thorite *nf*
thorium *nm*
thoron *nm*
thrace *a, n*
thrène *nm*
thréonine *nf*
thridace *nf*
thriller ou **thrilleur** *nm*
thrips *nm*
thrombine *nf*
thrombocyte *nm*
thrombocytopénie ou **thrombopénie** *nf*
thrombocytose *nf*
thromboélastogramme *nm*
thromboembolique *a*
thrombolyse *nf*
thrombolytique *a, nm*
thromboplastine *nf*
thrombopoïèse *nf*
thrombopoïétine *nf*
thrombose *nf*
thrombotique *a, n*
thrombus *nm*
THS *nm*
thug *a, nm*
thulium *nm*
thune ou **tune** *nf*
thurgovien, enne *a, n*
thuriféraire *nm*
thuringien, enne *a, n*
thuya *nm*
thyade *nf*
thylacine *nm*
thym *nm (aromate)*
thyméléacée *nf*
thymidine *nf*
thymine *nf*
thymique *a*
thymoanaleptique *a, nm*
thymol *nm*
thymorégulateur, trice ou **thymostabilisateur, trice** *a, nm*
thymus *nm*
thyratron *nm*
thyréostimuline ou **thyrostimuline** *nf*
thyréotrope *a*
thyristor *nm*
thyrocalcitonine *nf*
thyroglobuline *nf*
thyroïde *a, nf*
thyroïdectomie *nf*
thyroïdien, enne *a*
thyroïdite *nf*
thyronine *nf*
thyroxine *nf*
thyrse *nm*
thysanoure *nm*
tian *nm*
tiare *nf*
tiaré *nm*
tibétain *nm*
tibétain, aine *a, n*
tibéto-birman, ane *a, nm tibéto-birmans ou anes*
tibia *nm*
tibial, ale, aux *a*
tibouren *nm*
tic *nm (manie)*
tichodrome *nm*
ticket *nm*
ticket-restaurant *nm Des tickets-restaurants. Nom déposé*
tic-tac ou **tic tac** ou **tictac** *nm inv*
tictaquer *vi* ***1***
tidjane ou **tidiane** *n, a*
tidjanisme ou **tidianisme** *nm*
tiéboudiène *nm*
tie-break ou **tiebreak** *nm Des tie-breaks.*
tiédasse *a*
tiède *a, av, n*
tièdement *av*
tiédeur *nf*
tiédir *vt, vi* ***2***
tiédissement *nm*
tie-dye ou **tie and dye** ou **tiedye** *nm*
tien, tienne *a, pr, nm*
tierce *nf*
tiercé, ée *nm, a*
tiercefeuille *nf*
tiercelet *nm*
tierceron *nm*
tiers, tierce *nm, a*
tiers-monde *nm Des tiers-mondes.*
tiers-mondisme *nm*
tiers-mondiste *a, n*
tiers-point *nm Des tiers-points.*
tiers-secteur *nm Des tiers-secteurs.*
tif ou **tiffe** *nm*
tifinagh *nm*
tifosi *n*
TIG *nm*
tige *nf*
tigelle *nf*
tigette *nf*
tignasse *nf*
tigre, esse *n*
tigré, ée *a*
tigré *nm*
tigridie ou **tigridia** *nf*
tigrinya *nm*
tigron, onne ou **tiglon, onne** *n*
tiki *nm*
tilapia ou **tilapie** *nm*
tilbury *nm Des tilburys.*
tilde *nm*
tiliacée *nf*
tillac *nm*
tillage *nm*
tillandsie ou **tillandsia** *nf*
tille ou **teille** *nf*
tiller ou **teiller** *vt* ***1***
tilleul *nm*
tilsit *nm*
tilt *nm*
tilter *vi* ***1***
timbale *nf*
timbalier *nm*
timbrage *nm*
timbre *nm*
timbré, ée *a*
timbre-amende *nm Des timbres-amendes.*
timbre-poste *nm Des timbres-poste.*
timbre-quittance *nm Des timbres-quittances.*
timbrer *vt* ***1***
time-sharing ou **timesharing** *nm Des time-sharings.*
timide *a, n*
timidement *av*
timidité *nf*
timing *nm*
timon *nm*
timonerie *nf*
timonier *nm*
timorais, aise *a, n*
timoré *a, n*
tin *nm (pièce de bois)*
tinamou *nm*
tincal *nm*
tinctorial, ale, aux *a*
tinéidé *nm*
tinette *nf*
tintamarre *nm*
tintement *nm*
tinter *vt, vi* ***1*** *(sonner)*
tintin *interj*
tintinnabuler *vi* ***1***
tintouin *nm*
TIP *nm*
tipi *nm*
TIPP *nf*
tipp-ex *nm Nom déposé*
tipule *nf*
tique *nf (insecte)*
tiquer *vi* ***1***

tiqueté, ée *a*
tiqueture *nf*
tiqueur, euse *a*
tir *nm (lancement)*
tirade *nf*
tirage *nm*
tiraillement *nm*
tirailler *vt* ***1***
tirailleur *nm*
tiramisu *nm*
tiranais, aise *a, n*
tirant *nm (traction)*
tirasse *nf*
tire *nf (voiture)*
tiré *nm*
tire-au-flanc ou **tire-au-cul** *n inv*
tire-bonde *nm Des tire-bondes.*
tire-botte *nm Des tire-bottes.*
tire-bouchon ou **tirebouchon** *nm Des tire-bouchons.*
tire-bouchonner ou **tirebouchonner** *vi* ***1***
tire-clou *nm Des tire-clous.*
tire-d'aile (à) *av*
tire-fesse ou **tire-fesses** *nm Des tire-fesses.*
tire-filet *nm Des tire-filets.*
tire-fond *nm Des tire-fonds ou tire-fond.*
tire-jus *nm inv*
tire-laine *nm Des tire-laines ou tire-laine.*
tire-lait *nm Des tire-laits ou tire-lait.*
tire-larigot (à) ou **à tirelarigot** *av*
tire-ligne *nm Des tire-lignes.*
tirelire *nf*
tire-nerf *nm Des tire-nerfs.*
tire-pied *nm Des tire-pieds.*
tirer *vt, vi, vti, vpr* ***1***
tire-sève *nm Des tire-sèves.*
tire-sou *nm Des tire-sous.*
tiret *nm*
tiretaine *nf*
tirette *nf*
tireur, euse *n*
tire-veille *nm Des tire-veilles ou tire-veille.*
tire-veine *nm Des tire-veines.*
tiroir *nm*
tiroir-caisse *nm Des tiroirs-caisses.*
tisane *nf*
tisanière *nf*
tison *nm*
tisonné, ée *a*
tisonner *vt* ***1***
tisonnier *nm*
tissage *nm*
tisser *vt* ***1***
tisserand, ande *n*
tisserin *nm*
tisseur, euse *n*
tissu *nm*
tissu-éponge *nm Des tissus-éponges.*
tissulaire *a*
titan *nm*
titane *nm*
titanesque *a*
titanique *a*
titanique *a*
titanosaure *nm*
titi *nm*
titillation *nf*
titiller *vt* ***1***
titisme *nm*
titiste *a, n*
titrage *nm*
titre *nm*
titré, ée *a*
titrer *vt* ***1***
titre-restaurant *nm Des titres-restaurants.*
titreuse *nf*
titrimétrie *nf*
titrimétrique *a*
titrisation *nf*
titriser *vt* ***1***
titubant, ante *a*
titubation *nf*
tituber *vi* ***1***
titulaire *a, n*
titularisable *a*
titularisation *nf*
titulariser *vt* ***1***
titulature *nf*
tjäle *nm*
tmèse *nf*
TMS *nm*
TNT *nm (explosif)*
TNT *nf (télévision)*
toast *nm*
toasté, ée *a*
toaster *vt* ***1***
toasteur ou **toaster** *nm*
toboggan *nm*
toc ou **toc-toc** *nm, a inv (imitation)*
tocade ou **toquade** *nf*
tocante ou **toquante** *nf*
tocard, arde ou **toquard, arde** *a, nm*
toccata *nf*
tocographie *nf*
tocophérol *nm*
tocsin *nm*
tofu *nm*
toge *nf*
togolais, aise *a, n*
tohu-bohu ou **tohubohu** *nm Des tohu-bohus.*
toi *pr pers*
toile *nf*
toilerie *nf*
toilettage *nm*
toilette *nf*
toiletter *vt* ***1***
toiletteur, euse *n*
toise *nf*
toiser *vt* ***1***
toison *nf*
toit *nm*
toiture *nf*
toiture-terrasse *nf Des toitures-terrasses.*
tokai ou **tokay** ou **tokaï** *nm*
tokamak *nm*
tokharien, enne *nm, a*
tokonoma *nm*
tokyoïte ou **tokyote** *a, n*
tôlard, arde ou **taulard, arde** *n*
tôle *nf (métal)*
tôle ou **taule** *nf (prison)*
tôlée *af*
tolérable *a*
tolérance *nf*
tolérant, ante *a*
tolérer *vt* ***12***
tôlerie *nf*
tolet *nm (maritime)*
tôlier *nm (métallurgiste)*
tôlier, ère ou **taulier, ère** *n*
tolite *nf*
tollé *nm (cri)*
tolu *nm*
toluène *nm*
toluidine *nf*
toluol *nm*
tom ou **tom-tom** *nm (tambour)*
TOM *nm*
tomahawk *nm*
tomaison *nf*
toman *nm*
tomate *nf*
tomaté, ée *a*
tombal, ale, als *a*
tombant, ante *a, nm*
tombe *nf*
tombeau *nm*
tombée *nf*
tomber *v* ***1***
tombereau *nm*
tombeur, euse *n*
tombola *nf*
tombolo *nm*
tome *nm (volume)*
tomenteux, euse *a*
tomer *vt* ***1***
tomette *nf*
tomien, enne *a, n*
tomme ou **tome** *nf (fromage)*
tommy *nm Des tommys ou tommies.*
tomodensitomètre *nm*
tomodensitométrie *nf*
tomographie *nf*
tomographique *a*
ton *nm (intensité, inflexion)*
ton, ta, tes *a poss*
tonal, ale, aux *a*
tonalité *nf*
tondage *nm*
tondaison *nf*
tondeur, euse *n*
tondeuse *nf*

tondo *nm*
tondre *vt* ***5***
tondu, ue *a, nm*
toner *nm*
tonfa *nm*
tong *nf*
tongan ou **tonguien** *nm*
tonguien, enne *a, n*
tonicardiaque *a, nm*
tonicité *nf*
tonie *nf*
tonifiant, ante *a, nm*
tonifier *vt* ***1***
tonique *a, nm (stimulant)*
tonique *a, nf (musique, linguistique)*
tonitruant, ante *a*
tonitruer *vi* ***1***
tonka ou **tonca** *nm*
tonkinois, oise *a, n*
tonlieu *nm Des tonlieux.*
tonnage *nm*
tonnant, ante *a*
tonne *nf*
tonneau *nm*
tonnelet *nm*
tonnelier *nm*
tonnelle *nf*
tonnellerie *nf*
tonner *vi* ***1***
tonnerre *nm*
tonométrie *nf*
tonsillaire *a*
tonsure *nf*
tonsurer *vt* ***1***
tonte *nf*
tontine *nf*
tontiner *vt* ***1***
tontinier, ère *a*
tonton *nm*
tonus *nm*
top *nm ; a*
topaze *nf*
top-case ou **topcase** *nm Des top-cases.*
toper *vi* ***1***
topette *nf*
tophacé, ée *a*
tophus *nm*
topiaire *a, nf*
topinambour *nm*
topique *a, nm*
topless *a inv*
top-modèle ou **top** *nm Des top-modèles.*
top-niveau *nm Des top-niveaux.*
topo *nm*
topographe *n*
topographie *nf*
topographique *a*
topographiquement *av*
topoguide *nm*
topologie *nf*
topologique *a*
topologue *n*
topométrie *nf*
topométrique *a*
toponyme *nm*
toponymie *nf*
toponymique *a*
toponymiste *n*
top-secret *a inv*
top-ten *nm inv*
toquade ou **tocade** *nf*
toque *nf (coiffure)*
toqué, ée *a, n*
toquer *vi* ***1***
toquer (se) *vpr* ***1***
torche *nf*
torché, ée *a*
torche-cul *nm Des torche-culs.*
torchée *nf*
torcher *vt* ***1***
torchère *nf*
torchis *nm*
torchon *nm*
torchonner *vt* ***1***
torcol *nm*
tordage *nm*
tordant, ante *a*
tord-boyaux *nm inv*
tordeur, euse *n*
tord-nez *nm inv*
tordoir *nm*
tordre *vt, vpr* ***5***
tordu, ue *a, n*
tore *nm (architecture, géométrie)*
toréador *nm*
toréer *vi* ***8***
torero, torera ou **toréro, toréra** *n*
toreutique *nf*
torgnole *nf*
torii *nm Des toriis ou torii.*
toril *nm*
torique, aux *a*
tormentille *nf*
tornade *nf*
toroïdal, ale, aux *a*
toron *nm*
toronneuse *nf*
torontois, oise *a, n*
torpédo *nf*
torpeur *nf*
torpide *a*
torpillage *nm*
torpille *nf*
torpiller *vt* ***1***
torpilleur *nm*
torque *nm*
torr *nm*
torrée *nf*
torréfacteur *nm*
torréfaction *nf*
torréfier *vt* ***1***
torrent *nm*
torrenticole *a*
torrentiel, elle *a*
torrentiellement *av*
torrentueux, euse *a*
torride *a*
tors, torse *a, nm*
torsade *nf*
torsader *vt* ***1***
torse *nm*
torseur *nm*
torsion *nf*
tort *nm (préjudice)*
tortellini *nm*
torticolis *nm*
tortil *nm*
tortilla *nf*
tortillage *nm*
tortillard *nm*
tortillement *nm*
tortiller *vt, vpr* ***1***
tortillon *nm*
tortionnaire *nm*
tortis *nm*
tortricidé *nm*
tortu, ue *a*
tortue *nf*
tortueusement *av*
tortueux, euse *a*
torturant, ante *a*
torture *nf*
torturer *v* ***1***
torve *a*
tory *a, n torys ou tories*
tosa *nm*
toscan *nm*
toscan, ane *a, n*
tosque *nm*
tosser *vi* ***1***
tôt *av (de bonne heure)*
total, ale, aux *a, n*
totalement *av*
totalisant, ante *a*
totalisateur, trice *a, nm*
totalisation *nf*
totaliser *vt* ***1***
totalitaire *a*
totalitarisme *nm*
totalité *nf*
totem *nm*
totémique *a*
totémisme *nm*
totipotence *nf*
totipotent, ente *a*
toto *nm*
toton *nm*
touage *nm*
touareg *nm*
toubab *n, a*
toubib *nm*
toucan *nm*
touchant, ante *a*
touchant *prép*
touchau ou **toucheau** *nm*
touche *nf*
touche-à-tout *n inv, a inv*
touche-pipi *nm*
toucher *vt, vi, vti, vpr* ***1***
toucher *nm*

touche-touche (à) *av*
toucheur, euse *n*
toue *nf*
touée *nf*
touer *vt* ***1***
toueur *nm*
touffe *nf*
touffeur *nf*
touffu, ue *a*
touillage *nm*
touille *nf*
touiller *vt* ***1***
touillette *nf*
toujours *av*
touladi *nm*
toulonnais, aise *a, n*
touloupe *nf*
toulousain, aine *a, n*
toundra *nf*
toungouse ou **toungouze** *nm*
toupaye ou **toupaïe** *nm*
toupet *nm*
toupie *nf*
toupillage *nm*
toupiller *vi* ***1***
toupilleur, euse *n*
toupine *nf*
touque *nf*
tour *nm (rotation, stratagème)*
tour *nf (bâtiment)*
touraco *nm*
touraillage *nm*
touraille *nf*
touraillon *nm*
touraine *nm*
tourangeau, elle *a, n*
tourbe *nf*
tourber *vi* ***1***
tourbeux, euse *a*
tourbier, ère *a, n*
tourbillon *nm*
tourbillonnaire *a*
tourbillonnant, ante *a*
tourbillonnement *nm*
tourbillonner *vi* ***1***
tourd *nm*
tourdille *am*
tourelle *nf*
touret *nm*
Tourette (syndrome de) *nm*
tourettien, enne *a, n*
tourie *nf*
tourière *a, nf*
tourillon *nm*
tourin *nm*
tourisme *nm*
tourista ou **turista** *nf*
touriste *n*
touristique *a*
tourmaline *nf*
tourment *nm*
tourmente *nf*
tourmenté, ée *a*
tourmenter *vt, vpr* ***1***
tourmenteur, euse *n, a*
tourmentin *nm*
tournage *nm*
tournailler *vi* ***1***
tournant, ante *a, n*
tourne *nf*
tourné, ée *a*
tourne-à-gauche *nm inv*
tournebouler *vt* ***1***
tournebroche *nm*
tourne-disque *nm Des tourne-disques.*
tournedos *nm*
tournée *nf*
tournemain (en un) *av*
tournepierre ou **tourne-pierre** *nm Des tourne-pierres.*
tourner *vt, vi* ***1***
tournesol *nm*
tourneur, euse *n*
tournevis *nm*
tournicoter ou **tourniquer** *vi* ***1***
tourniquet *nm*
tournis *nm*
tournoi *nm*
tournoiement *nm*
tournois *a inv*
tournoyant, ante *a*
tournoyer *vi* ***22***
tournure *nf*
tournus *nm*
touron *nm*
tour-opérateur *nm Des tour-opérateurs.*
tourte *nf*
tourteau *nm*
tourtereau *nm*
tourterelle *nf*
tourtière *nf*
touselle *nf*
tousser *vi* ***1***
tousseur, euse *n*
toussotement *nm*
toussoter *vi* ***1***
tout, toute *a, nm, av, pr indéf*
tout à coup *av*
tout à fait *av*
tout-à-l'égout *nm inv*
tout à l'heure *av*
tout-chemin *a, nm tout-chemins*
tout de suite *av*
toute-épice *nf Des toutes-épices.*
toutefois *av*
tout-en-un *nm inv*
toute-puissance *nf inv*
toutim *nm*
tout-ménage *a, nm tous-ménages*
toutou *nm*
Tout-Paris *nm inv*
tout-petit *nm Des tout-petits.*
tout-puissant, toute-puissante *a, nm tout-puissants ou toutes-puissantes*
tout-terrain *a, nm tous-terrains*
tout-va (à) *av*
tout-venant *nm inv*
toux *nf (maladie)*
township *nm*
toxémie *nf*
toxicité *nf*
toxico *n*
toxicodépendance *nf*
toxicodépendant, ante *a, n*
toxicodermie *nf*
toxicogénomique *nf, a*
toxicologie *nf*
toxicologique *a*
toxicologue *n*
toxicomane *a, n*
toxicomaniaque *a*
toxicomanie *nf*
toxicomanogène *a*
toxicopathie *nf*
toxicose *nf*
toxicovigilance *nf*
toxi-infectieux, euse *a*
toxi-infection *nf Des toxi-infections.*
toxine *nf*
toxique *a, nm*
toxocarose *nf*
toxoplasme *nm*
toxoplasmose *nf*
TP *nm*
TPE *nf ; nm pl*
traban *nm*
trabe *nf*
trabécule *nf*
trabée *nf*
trabendiste *n*
trabendo *nm*
traboule *nf*
trac *nm (angoisse)*
trac (tout à) *av*
traçabilité *nf*
traçable *a*
traçage *nm*
traçant, ante *a*
tracas *nm*
tracasser *vt* ***1***
tracasserie *nf*
tracassier, ère *a, n*
tracassin *nm*
trace *nf*
tracé *nm*
tracement *nm*
tracéologie *nf*
tracer *vt, vi* ***10***
traceret *nm*
traceur, euse *a, nm*
trachéal, ale, aux *a*
trachéate *nm*
trachée *nf*
trachée-artère *nf Des trachées-artères.*
trachéen, enne *a*
trachéide *nf*
trachéite *nf*
trachéobronchite *nf*

trachéoscopie *nf*
trachéotomie *nf*
trachome *nm*
trachycarpus *nm*
trachyte *nm*
tracker *nm*
traçoir *nm*
tract *nm*
tractable *a*
tractage *nm*
tractation *nf*
tracter *vt, vi* ***1***
tracteur, trice *a, n*
tractif, ive *a*
traction *nf*
tractionnaire *n*
tractopelle *nf*
tractoriste *n*
tractus *nm*
trader ou **tradeur, euse** *n*
tradescantia *nf*
trade-union *nf Des trade-unions.*
trade-unionisme *nm*
trade-unioniste *n*
trading *nm*
tradipraticien, enne *n*
tradition *nf*
traditionalisme *nm*
traditionaliste *a, n*
traditionnaire *a, n*
traditionnel, elle *a*
traditionnellement *av*
traducteur, trice *n*
traduction *nf*
traductologie *nf*
traductologique *a*
traduire *vt* ***67***
traduisible *a*
trafic *nm*
traficotage *nm*
traficoter *v* ***1***
traficoteur, euse *n*
trafiquant, ante *n*
trafiquer *v* ***1***
trafiqueur, euse *n*
tragacanthe *nm*
tragédie *nf*
tragédien, enne *n*
tragicomédie *nf*
tragicomique *a*
tragique *a, nm*
tragiquement *av*
tragus *nm*
trahir *vt, vpr* ***2***
trahison *nf*
trail *nm*
trailer *nm*
traille *nf*
train *nm*
traînage ou **trainage** *nm*
traînant, ante ou **trainant, ante** *a*
traînard, arde ou **trainard, arde** *nm*
traînasse ou **trainasse** *nf*
traînasser ou **trainasser** ou **traînailler** ou **trainailler** *vi* ***1***
traîne ou **traine** *nf*
traîneau ou **traineau** *nm*
traîne-bûche ou **traine-buche** *nm Des traîne-bûches.*
traînée ou **trainée** *nf*
trainement *nm*
traînement *nm*
traîne-misère ou **traine-misère.** *nm Des traîne-misères ou traîne-misère.*
traîner ou **trainer** *vt, vi, vpr* ***1***
traîne-savate ou **traine-savate** *n Des traîne-savates.*
traîneur, euse ou **traineur, euse** *n*
training *nm*
train-parc *nm Des trains-parcs.*
train-train ou **traintrain** *nm inv*
traire *vt* ***74***
trait *nm*
traitable *a*
traitant, ante *a*
trait d'union *nm*
traite *nf*
traité *nm*
traitement *nm*
traiter *vt, vti* ***1***
traiteur ou **traiteure** *n*
traître, traîtresse ou **traitre, traitresse** *a, n*
traîtreusement ou **traitreusement** *av*
traîtrise ou **traitrise** *nf*
trajectographie *nf*
trajectographique *a*
trajectoire *nf*
trajet *nm*
tralala *nm*
trâlée *nf*
tram *nm (transport)*
tramage *nm*
tramail ou **trémail** *nm*
trame *nf (canevas)*
tramer *vt, vpr* ***1***
trameur, euse *n*
traminer *nm*
traminot *nm*
tramontane *nf*
tramp *nm*
tramping *nm*
trampoline *nm*
trampoliniste *n*
tram-train *nm Des trams-trains.*
tramway *nm*
tranchage *nm*
tranchant, ante *a, nm*
tranche *nf*
tranché, ée *a*
tranchée *nf*
tranchée-abri *nf Des tranchées-abris.*
tranchefile *nf*
tranchefiler *vt* ***1***
tranchelard *nm*
tranche-montagne *nm Des tranche-montagnes.*
trancher *vt, vi* ***1***
tranchet *nm*
tranchetage *nm*
trancheter *vt* ***18***
trancheur, euse *n*
tranchoir *nm*
tranquille *a*
tranquillement *av*
tranquillisant, ante *a, nm*
tranquilliser *vt* ***1***
tranquillité *nf*
trans *a, n*
transactinide *nm*
transaction *nf*
transactionnel, elle *a*
transafricain, aine *a*
transalpin, ine *a*
transaméricain, aine *a*
transaminase *nf*
transandin, ine *a*
transat *n*
transatlantique *a, n*
trans-avant-garde *nf*
transbahuter *vt* ***1***
transbordement *nm*
transborder *vt* ***1***
transbordeur *nm*
transcanadien, enne *a*
transcaspien, enne *a*
transcaucasien, enne *a, n*
transcendance *nf*
transcendant, ante *a*
transcendantal, ale, aux *a*
transcendantalisme *nm*
transcender *vt* ***1***
transcodage *nm*
transcoder *vt* ***1***
transcodeur *nm*
transconteneur *nm*
transcontinental, ale, aux *a*
transcriptase *nf*
transcripteur, trice *nm*
transcription *nf*
transcriptome *nm*
transcriptomique *nf, a*
transcrire *vt* ***61***
transcrit, ite *a*
transculturel, elle *a*
transcutané, ée *a*
transdermique *a*
transdisciplinaire *a*
transducteur *nm*
transduction *nf*
transe *nf*
transept *nm*
transeuropéen, enne *a*
transfection *nf*
transférabilité *nf*
transférable *a*
transférase *nf*
transfèrement *nm*
transférentiel, elle *a*

transférer *vt* ***12***
transferrine *nf*
transfert *nm*
transfiguration *nf*
transfigurer *vt* ***1***
transfiler *vt* ***1***
transfini, ie *a*
transfo *nm*
transformable *a*
transformante *af, nf*
transformateur, trice *a, nm*
transformation *nf*
transformationnel, elle *a*
transformer *vt, vpr* ***1***
transformisme *nm*
transformiste *a, n*
transfrontalier, ère *a*
transfuge *nm*
transfusé, ée *n*
transfuser *vt* ***1***
transfuseur *nm*
transfuseuse *nf*
transfusion *nf*
transfusionnel, elle *a*
transgène *nm*
transgénérationnel, elle *a*
transgenèse *nf*
transgénique *a, nm*
transgenre *a, n*
transgresser *vt* ***1***
transgresseur *nm*
transgressif, ive *a*
transgression *nf*
transhistorique *a*
transhumance *nf*
transhumant, ante *a*
transhumer *vt, vi* ***1***
transi, ie *a*
transi *nm*
transiger *vi* ***11***
transillumination *nf*
transir *vt* ***2***
transistor *nm*
transistorisation *nf*
transistoriser *vt* ***1***
transit *nm*
transitaire *a, nm*
transiter *vt, vi* ***1***
transitif, ive *a*
transition *nf*
transitionnel, elle *a*
transitivement *av*
transitivité *nf*
transitoire *a*
transitoirement *av*
translater *vt* ***1***
translatif, ive *a*
translation *nf*
translittération *nf*
translocation *nf*
translucide *a*
translucidité *nf*
transmanche *a*
transmetteur, trice *a, nm*
transmettre *vt, vpr* ***64***
transmigration *nf*
transmigrer *vi* ***1***
transmissibilité *nf*
transmissible *a*
transmission *nf*
transmuable *a*
transmuer ou **transmuter** *vt* ***1***
transmutabilité *nf*
transmutable *a*
transmutation *nf*
transnational, ale, aux *a*
transnationalité *nf*
transneptunien, enne *a*
transocéanique *a*
transpacifique *a*
transpadan, ane *a*
transpalette *nf*
transparaître ou **transparaitre** *vi* ***55***
transparence *nf*
transparent, ente *a, nm*
transpartisan, ane *a*
transpercer *vt* ***10***
transpersonnel, elle *a*
transphrastique *a*
transpiration *nf*
transpirer *vi* ***1***
transplant *nm*
transplantable *a*
transplantation *nf*
transplanté, ée *a, n*
transplanter *vt* ***1***
transplanteur *nm*
transplantoir *nm*
transpolaire *a*
transpondeur *nm*
transport *nm*
transportable *a*
transportation *nf*
transporter *vt, vpr* ***1***
transporteur *nm*
transposable *a*
transposée *nf*
transposer *vt* ***1***
transpositeur, trice *a, n*
transposition *nf*
transposon *nm*
transpyrénéen, enne *a*
transsaharien, enne *a*
transsexualisme *nm*
transsexualité *nf*
transsexuel, elle *a, n*
transsonique *a*
transsubstantiation *nf*
transsudat *nm*
transsudation *nf*
transsuder *vt, vi* ***1***
transuranien, enne *a, nm*
transvasement *nm*
transvaser *vt* ***1***
transversal, ale, aux *a, nf*
transversalement *av*
transversaliser *vt* ***1***
transversalité *nf*
transverse *a, nm*
transvider *vt* ***1***
transylvain, aine ou **transylvanien, enne** *a, n*
trapèze *nm, a*
trapéziste *n*
trapézoèdre *nm*
trapézoïdal, ale, aux *a*
trapézoïde *a, nm*
trapp *nm*
trappe *nf*
trappeur *nm*
trappillon *nm*
trappiste *nm (religieux)*
trappiste *nf (moine)*
trappistine *nf*
trapu, ue *a*
traque *nf (poursuite)*
traquenard *nm*
traquer *vt* ***1***
traquet *nm*
traqueur, euse *a, n*
trash *a, nm*
trattoria *nf*
trauma *nm*
traumatique *a*
traumatisant, ante *a*
traumatiser *vt* ***1***
traumatisme *nm*
traumatologie *nf*
traumatologique *a*
traumatologiste *n*
traumatologue *n*
travail *nm travaux*
travaillé, ée *a*
travailler *vt, vi, vti* ***1***
travailleur, euse *n, a*
travailleuse *nf*
travaillisme *nm*
travailliste *n, a*
travailloter *vi*
travée *nf*
travelage *nm*
traveller's check ou **traveller's chèque** *nm Des traveller's checks.*
travelling ou **traveling** *nm*
travelo *nm*
travers *nm*
traversable *a*
traverse *nf*
traversée *nf*
traverser *vt* ***1***
traversier, ère *a, nm*
traversin *nm*
traversine *nf*
travertin *nm*
travesti, ie *a, nm*
travestir *vt, vpr* ***2***
travestisme ou **transvestisme** *nm*
travestissement *nm*
traviole (de) *av*
trax *nm*
trayeur, euse *n*
trayon *nm*

trébuchant, ante *a*
trébuchement *nm*
trébucher *vt, vi* ***1***
trébuchet *nm*
tréfilage *nm*
tréfiler *vt* ***1***
tréfilerie *nf*
tréfileur *nm*
tréfileuse *nf*
trèfle *nm*
tréflé, ée *a*
tréflière ou **trèflerie** *nf*
tréflon *nm*
tréfonds *nm*
treillage *nm*
treillager *vt* ***13***
treillageur *nm*
treillagiste *nm*
treille *nf*
treillis *nm*
treillisser *vt* ***1***
treize *a num inv, nm inv*
treizième *a, n*
treizièmement *av*
treiziste *nm*
trekker *n*
trekker *vi* ***1***
trekkeur, euse *n*
trekking ou **trek** *nm*
tréma *nm*
trémail ou **tramail** *nm*
trématage *nm*
trémater *vi* ***1***
trématode *nm*
tremblaie *nf*
tremblant, ante *a, nf*
tremble *nm*
tremblé, ée *a*
tremblement *nm*
trembler *vi* ***1***
trembleur, euse *n*
tremblotant, ante *a*
tremblote *nf*
tremblotement *nm*
trembloter *vi* ***1***
trémelle *nf*
trémie *nf*
trémière *af*
trémolo *nm*
trémoussement *nm*
trémousser (se) *vpr* ***1***
trempage *nm*
trempe *nf*
trempé, ée *a*
tremper *vt, vi* ***1***
trempette *nf*
trempeur *nm*
tremplin *nm*
trémulant, ante *a*
trémulation *nf*
trémuler *vi* ***1***
trenail *nm*
trench-coat ou **trenchcoat** *nm Des trench-coats.*
trend *nm*
trendsetter *n*
trendy *a*
trentain *nm*
trentaine *nf*
trente *a num inv, nm inv*
trente-et-quarante *nm inv*
trentenaire *a, n*
trente-six *a num, nm inv*
trente-trois-tours *nm inv*
trentième *a, nm*
trépan *nm*
trépanation *nf*
trépaner *vt* ***1***
trépang ou **tripang** *nm*
trépas *nm*
trépassé, ée *a, n*
trépasser *vi* ***1***
trépidant, ante *a*
trépidation *nf*
trépider *vi* ***1***
trépied *nm*
trépignement *nm*
trépigner *vi* ***1***
trépointe *nf*
tréponématose *nf*
tréponème *nm*
très *av*
trésaille *nf*
trescheur ou **trécheur** *nm*
trésor *nm*
trésorerie *nf*
trésorier, ère *n*
trésorier-payeur *nm Des trésoriers-payeurs.*
tressage *nm*
tressaillement *nm*
tressaillir *vi* ***27***
tressautement *nm*
tressauter *vi* ***1***
tresse *nf*
tresser *vt* ***1***
tréteau *nm*
treuil *nm*
treuillage *nm*
treuiller *vt* ***1***
trêve *nf*
trévire *nf*
trévirer *vt* ***1***
trévise *nf*
tri *nm*
triacétate *nm*
triacide *nm*
triade *nf*
triage *nm*
triaire *nm*
trial *n*
trialcool ou **triol** *nm*
triangle *nm*
triangulaire *a*
triangulation *nf*
trianguler *vt* ***1***
trias *nm*
triasique *a*
triathlète *n*
triathlon *nm*
triathlonien, enne *n*
triatome *nm*
triatomique *a*
triazine *nf*
tribade *nf*
tribal, ale, aux *a*
tribalisme *nm*
tribaliste *a*
triballe *nm*
triballer *vt* ***1***
tribart *nm*
tribasique *a*
triboélectricité *nf*
triboélectrique *a*
tribologie *nf*
tribologique *a*
triboluminescence *nf*
tribométrie *nf*
tribométrique *a*
tribord *nm*
tribordais *nm*
triboulet *nm*
tribu *nf (groupe)*
tribulation *nf*
tribun *nm*
tribunal *nm Des tribunaux.*
tribunat *nm*
tribune *nf*
tribunitien, enne *a*
tribut *nm (contribution)*
tributaire *a*
tricalcique *a*
tricandilles *nf pl*
tricard, arde *n*
tricennal, ale, aux *a*
tricentenaire *nm, a*
tricéphale *a*
triceps *a, nm*
tricératops *nm*
triche *nf*
tricher *vi* ***1***
tricherie *nf*
tricheur, euse *n*
trichinal, ale, aux *a*
trichine *nf*
trichinose *nf*
trichite *nf*
trichloréthylène *nm*
trichlorure *nm*
trichocéphale *nm*
trichocéphalose *nf*
trichogramme *nm*
trichologie *nf*
tricholome *nm*
trichoma ou **trichome** ou **trichomatose** *nm*
trichomonas *nm*
trichophytie *nf*
trichophyton *nm*
trichoptère *nm*
trichrome *a*
trichromie *nf*

trick ou **tric** *nm*
triclinique *a*
triclinium *nm*
tricoche *nf*
tricoises *nf pl*
tricolore *a, n*
tricône *nm*
tricontinental, ale, aux *a*
tricorne *nm*
tricorps *a, nm*
tricot *nm*
tricotage *nm*
tricoter *vt, vi* ***1***
tricotets *nm pl*
tricoteur, euse *n*
trictrac *nm*
tricuspide *a*
tricycle *nm*
tricyclique *nm*
tricyrtis *nm*
tridacne *nm*
tridactyle *a*
trident *nm*
tridenté, ée *a*
tridentin, ine *a*
tridi *nm*
tridimensionnel, elle *a*
trie *nf*
trièdre *a, nm*
triennal, ale, aux *a, nf*
trier *vt* ***1***
triérarque *nm*
trière *nf*
triergol *nm*
triester *nm*
trieur, euse *n*
trifide *a*
trifolié, ée *a*
trifonctionnel, elle *a*
triforium *nm*
trifouiller *vi* ***1***
trige *nm*
trigémellaire *a*
trigéminé, ée *a*
trigle *nm*
triglycéride *nf*
triglyphe *nm*
trigone *a, nm*
trigonelle *nf*
trigonocéphale *nm*
trigonométrie *nf*
trigonométrique *a*
trigonométriquement *av*
trigramme *nm*
trijumeau *a, nm*
trilatéral, ale, aux *a*
trilingue *a*
trilitère *a*
trille *nm*
triller *vt, vi* ***1***
trillion *nm*
trilobé, ée *a*
trilobite *nm*
triloculaire *a*
trilogie *nf*
trilogue *nm*
trimaran *nm*
trimard *nm*
trimarder *vi* ***1***
trimardeur, euse *n*
trimbalage *nm*
trimbaler ou **trimballer** *vt* ***1***
trimballage ou **trimbalement** ou **trimballement** *nm*
trimer *vi* ***1***
trimère *a*
trimestre *nm*
trimestriel, elle *a*
trimestriellement *av*
trimètre *nm*
trimmer ou **trimmeur** *nm*
trimoteur *nm*
trinervé, ée *a*
tringle *nf*
tringler *vt* ***1***
tringlot ou **trainglot** *nm*
trinidadien, enne *a, n*
trinitaire *a, n*
trinité *nf*
trinitrine *nf*
trinitrotoluène *nm*
trinom *nm*
trinôme *nm*
trinquer *vi* ***1***
trinquet *nm*
trinquette *nf*
trinucléotide *nm*
trio *nm*
triode *nf*
triolet *nm*
triolisme *nm*
triomphal, ale, aux *a*
triomphalement *av*
triomphalisme *nm*
triomphaliste *a*
triomphant, ante *a*
triomphateur, trice *n*
triomphe *nm*
triompher *vi, vti* ***1***
trionyx *nm*
triose *nm*
trip *nm (illusion)*
tripaille *nf*
tripal, ale, aux *a*
tripale *a*
tripant, ante *a*
triparti, ie *a*
tripartisme *nm*
tripartite *a, nf*
tripartition *nf*
tripatouillage *nm*
tripatouiller *vt* ***1***
tripatouilleur, euse *n*
tripe *nf*
triperie *nf*
tripette *nf*
triphasé, ée *a*
triphosphate *a*
triphtongue *nf*
tripier, ère *n*
triple *a, nm*
triplé, ée *a, n*
triplé *nm*
triplement *av, nm*
tripler *vt, vi* ***1***
triplet *nm*
triplette *nf*
triplex *nm*
triploblastique *a*
triploïde *a, n*
triploïdie *nf*
triplure *nf*
tripode *nm, a*
tripolaire *a*
tripoli *nm*
tripolitain, aine *a, n*
triporteur *nm*
tripot *nm*
tripotage *nm*
tripotée *nf*
tripoter *vt, vi* ***1***
tripoteur, euse *n*
tripoux ou **tripous** *nm pl*
triptan *nm*
triptyque *nm*
trique *nf*
triqueballe *nm*
trique-madame ou **triquemadame** *nf inv*
trirectangle *a*
trirème *nf*
trisaïeul, eule *n*
trisannuel, elle *a*
trisecteur, trice *a*
trisection *nf*
triskèle *nm*
trismégiste *am*
trismus *nm*
trisoc *nm*
trisomie *nf*
trisomique *a, n*
trisser ou **se trisser** *vt, vi* ***1***
triste *a*
tristement *av*
tristesse *nf*
tristounet, ette ou **tristoune** *a*
trisyllabe *a, nm*
trisyllabique *a*
trithérapie *nf*
triticale *nm*
tritié, ée *a*
tritium *nm*
triton *nm*
triturateur *nm*
trituration *nf*
triturer *vt* ***1***
triumvir *nm*
triumvirat *nm*
trivalent, ente *a*
trivalve *a*
trivial, ale, aux *a*
trivialement *av*

trivialité *nf*
trivium *nm*
troc *nm*
trocart *nm*
trochaïque *a*
trochanter *nm*
trochantérien, enne *a*
troche ou **troque** *nf*
trochée *nf (touffe)*
trochée *nm (versification)*
trochilidé *nm*
trochin *nm*
trochiter *nm*
trochlée *nf*
troène *nm*
troglodyte *nm*
troglodytique *a*
trogne *nf*
trognon *nm, a inv*
trogoniforme *nm*
troïka *nf*
trois *a num inv, nm inv*
trois-D *nf inv*
trois-deux *nm inv*
trois-étoiles *a, nm inv*
trois-huit *nm pl*
troisième *a, n*
troisièmement *av*
trois-mâts *nm inv*
trois-quarts *nm inv*
trois-quatre *nm inv*
trois-roues *nm inv*
trois-six *nm inv*
troll *nm*
trolle ou **trole** *nm*
trolley *nm*
trolleybus *nm inv*
trombe *nf*
trombidion *nm*
trombidiose *nf*
trombine *nf*
trombinoscope *nm*
tromblon *nm*
trombone *nm*
tromboniste *n*
trommel *nm*
trompe *nf*
trompe-la-mort *n inv*
trompe-l'œil *nm inv*
tromper *vt, vpr* ***1***
tromperie *nf*
trompeter ou **trompetter** *vt, vi* ***1***
trompette *n*
trompettiste *n*
trompeur, euse *a*
trompeusement *av*
trompillon *nm*
tronc *nm*
troncation *nf*
troncature *nf*
tronche *nf*
tronçon *nm*
tronconique *a*
tronçonnage *nm*
tronçonnement *nm*
tronçonner *vt* ***1***
tronçonneuse *nf*
tronculaire *a*
trône *nm*
trôner *vi* ***1***
tronqué, ée *a*
tronquer *vt* ***1***
trop *av*
trope *nm*
trophallaxie *nf*
trophée *nm*
trophicité *nf*
trophique *a*
trophoblaste *nm*
trophoblastique *a*
tropical, ale, aux *a*
tropicalisation *a*
tropicaliser *vt* ***1***
tropicalisme *nm*
tropicaliste *a, n*
tropique *nm*
tropisme *nm*
troponine *nf*
tropopause *nf*
troposphère *nf*
troposphérique *a*
trop-perçu *nm Des trop-perçus.*
trop-plein *nm Des trop-pleins.*
troquer *vt* ***1***
troquet *nm*
troqueur, euse *n*
trot *nm*
trotskisme ou **trotskysme** *nm*
trotskiste ou **trotskyste** *n*
trotte *nf*
trotte-menu *a inv*
trotter *vi* ***1***
trotteur, euse *nm, a*
trotteuse *nf*
trottin *nm*
trottineige *nf*
trottinement *nm*
trottiner *vi* ***1***
trottinette *nf*
trottoir *nm*
trou *nm*
troubadour *nm*
troublant, ante *a*
trouble *a ; nm*
trouble-fête *n Des trouble-fêtes.*
troubler *vt, vpr* ***1***
trouée *nf*
trouer *vt* ***1***
troufignon *nm*
troufion *nm*
trouillard, arde *a, n*
trouille *nf*
trouillomètre *nm*
troupe *nf*
troupeau *nm*
troupiale *nm*
troupier *nm*
troussage *nm*
trousse *nf*
trousseau *nm*
trousse-pied *nm Des trousse-pieds.*
trousse-queue *nm Des trousse-queues.*
trousser *vt* ***1***
trousseur *nm*
trou-trou ou **troutrou** *nm Des trous-trous.*
trouvable *a*
trouvaille *nf*
trouvé, ée *a*
trouver *vt, vti, vpr* ***1***
trouvère *nm*
trouveur, euse *n*
trova *nf*
troyen, enne *a, n*
truand, ande *n*
truander *vt, vi* ***1***
truanderie *nf*
truble ou **trouble** ou **troubleau** *nf*
trublion *nm*
truc *nm*
trucage ou **truquage** *nm*
truchement *nm*
trucider *vt* ***1***
truck *nm*
Trucmuche *nm*
truculence *nf*
truculent, ente *a*
truelle *nf*
truellée *nf*
truffade *nf*
truffe *nf*
truffer *vt* ***1***
trufficole *a*
trufficulteur, trice *n*
trufficulture *nf*
truffier, ère *a*
truffière *nf*
truie *nf*
truisme *nm*
truite *nf*
truité, ée *a*
truitelle *nf*
truiticole *a*
truiticulture ou **trutticulture** *nf*
trullo *nm Des trullos ou trulli.*
trumeau *nm*
truquage ou **trucage** *nm*
truquer *vt, vi* ***1***
truqueur, euse *n*
truquiste *n*
trusquin ou **troussequin** *nm*
trusquiner *vt* ***1***
trust *nm*
truste ou **trustis** *nf*
truster *vt* ***1***
trusteur *nm*
trypanosome *nm*
trypanosomiase *nf*
trypsine *nf*
trypsinogène *nm*
tryptophane *nm*

tsampa *nf*
tsar ou **tzar** *nm*
tsarévitch ou **tzarévitch** *nm*
tsarine ou **tzarine** *nf*
tsarisme ou **tzarisme** *nm*
tsariste *a, n*
tsatsiki ou **tzatziki** *nm*
tsé-tsé ou **tsétsé** *nf inv*
TSF *nf*
tsigane ou **tzigane** *a, nm*
tsitsit *nm*
tsoin-tsoin ! *interj*
tsonga *nm*
tsuba *nm*
tsuga *nm*
tsunami *nm*
tswana *nm*
tu *pr pers*
tuamotu *a, n*
tuant, ante *a*
tub *nm*
tuba *nm*
tubage *nm*
tubaire *a*
tubard, arde *a, n*
tube *nm*
tubeless *a*
tuber *vt* ***1***
tubercule *nm*
tuberculeux, euse *a, n*
tuberculination ou **tuberculinisation** *nf*
tuberculine *nf*
tuberculinique *a*
tuberculisation *nf*
tuberculose *nf*
tubéreuse *nf*
tubéreux, euse *a*
tubérisation *nf*
tubérisé, ée *a*
tubérosité *nf*
tubicole *a*
tubifère *a*
tubifex *nm*
tubiflorale *nf*
tubipore *nm*
tubiste *n*
tubitèle *nm*
tuboscopie *nf*
tubulaire *a*
tubule *nm*
tubulé, ée *a*
tubuleux, euse *a*
tubulidenté *nm*
tubuliflore *nf*
tubuline *nf*
tubulonéphrite *nf*
tubulure *nf*
tudesque *a*
tudieu ! *interj*
tué, ée *a, n*
tue-chien *nm Des tue-chiens.*
tue-diable *nm Des tue-diables.*
tue-mouche *nm, a tue-mouches*
tuer *vt, vpr* ***1***
tuerie *nf*
tue-tête (à) *av*
tueur, euse *nm*
tuf *nm*
tuffeau ou **tufeau** *nm*
tufté, ée *a*
tugrik *nm*
tuile *nf*
tuilé, ée *a*
tuilerie *nf*
tuilier, ère *a, n*
tuilot ou **tuileau** *nm*
tui na *nm*
tularémie *nf*
tulipe *nf*
tulipier *nm*
tulle *nm*
tullerie *nf*
tulliste *a, n*
tulliste *n*
tumba *nm*
tumbling *nm*
tuméfaction *nf*
tuméfier *vt* ***1***
tumescence *nf*
tumescent, ente *a*
tumeur *nf*
tumoral, ale, aux *a*
tumorigène *a*
tumulaire *a*
tumulte *nm*
tumultueusement *av*
tumultueux, euse *a*
tumulus *nm Des tumulus ou tumuli.*
tuner *nm*
tuner *vt* ***1***
tuneur, euse *n*
tungstate *nm*
tungstène *nm*
tungstique *a*
tunicier *nm*
tuning *nm*
tunique *nf*
tuniqué, ée *a*
tunisien, enne *a, n*
tunisois, oise *a, n*
tunnel *nm*
tunnelier *nm*
tupi *nm*
tupi-guarani *nm*
tuque *nf*
turban *nm*
turbeh *nm*
turbellarié *nm*
turbidité *nf*
turbin *nm*
turbinage *nm*
turbine *nf*
turbiné, ée *a*
turbiner *vt, vi* ***1***
turbo *n, a (moteur)*
turboalternateur *nm*
turbocompressé, ée *a*
turbocompresseur *nm*
turbodiesel *nm*
turboforage *nm*
turbomachine *nf*
turbomoteur *nm*
turbopompe *nf*
turbopropulseur *nm*
turboréacteur *nm*
turbosoufflante *nf*
turbostatoréacteur *nm*
turbot *nm (poisson)*
turbotière *nf*
turbotin *nm*
turbotrain *nm*
turbovoile *nf*
turbulence *nf*
turbulent, ente *a*
turbulette *nf Nom déposé*
turc *nm*
turc, turque *a, n*
turcique *a*
turco *nm*
turcologue *n*
turco-mongol, ole *a, nm turco-mongols*
turcophone *a, n*
turdidé *nm*
turf *nm*
turfiste *n*
turgescence *nf*
turgescent, ente *a*
turion *nm*
turista ou **tourista** *nf*
turkmène *a, n*
turkmène *nm*
turlupinade *nf*
turlupiner *vt* ***1***
turlutaine *nf*
turlute *nf*
turluter *vi* ***1***
turlutte *nf*
turlututu *interj*
turne ou **thurne** *nf*
Turner (syndrome de) *nm*
turnover *nm*
turpide *a*
turpidement *a*
turpitude *nf*
turquerie *nf*
turquin *am*
turquoise *n, a inv*
turriculé, ée *a*
turritelle *nf*
tursan *nm*
tussah ou **tussau** *nm*
tussilage *nm*
tussor *nm*
tutélaire *a*
tutelle *nf*
tuteur, tutrice *nm*
tuteurage *nm*
tuteurer *vt* ***1***
tutoiement *nm*
tutoral, ale, aux *a*

tutorat *nm*
tutoriel *nm*
tutoyer *vt 22*
tutoyeur, euse *a, n*
tutti *nm Des tuttis ou tutti.*
tutti frutti *a, nm*
tutti quanti *nm inv*
tutu *nm*
tuvaluan, ane *a, n*
tuyau *nm Des tuyaux.*
tuyautage *nm*
tuyauter *vt 1*
tuyauterie *nf*
tuyauteur, euse *n*
tuyère *nf*
TV *nf*
TVA *nf*
tweed *nm*
tweet ou **twit** *nm*
tweeter ou **tweeteur** *nm*
twill *nm*
twin-set ou **twinset** *nm Des twin-sets.*
twirleur, euse *n*
twirling bâton ou **twirling** *nm*
twist *nm*
twister *vi 1*
twisteur, euse *n*
twitter *vt, vi 1*
tycoon *nm*
tylenchus *nm*
tympan *nm*
tympanal, ale, aux *a, nm*
tympanique *a*
tympaniser *vt 1*
tympanisme *nm*
tympanon *nm*
tympanoplastie *nf*
tyndallisation *nf*
typage *nm*
type *nm*
typé, ée *a*
typer *vt 1*
typha *nm*
typhacée *nf*
typhique *a, n*
typhlite *nf*
typhobacillose *nf*
typhoïde *a, nf*
typhoïdique *a*
typhon *nm*
typhose *nf*
typhus *nm*
typicité *nf*
typique *a*
typiquement *av*
typo *n*
typographe *n*
typographie *nf*
typographique *a*
typologie *nf*
typologique *a*
typomètre *nm*
typon *nm Nom déposé*
typtologie *nf*
tyran *nm (despote)*
tyranneau *nm*
tyrannicide *nm*
tyrannie *nf*
tyrannique *a*
tyranniquement *av*
tyranniser *vt 1*
tyrannosaure *nm*
tyrolien *nm*
tyrolien, enne *a, n*
tyrosinase *nf*
tyrosine *nf*
tyrrhénien *nm*
tzigane ou **tsigane** *a, nm*

U

u *nm*
ubac *nm*
ubiquiste *a, n*
ubiquitaire *a*
ubiquité *nf*
ubiquitine *nf*
ubris *nm*
uchronie *nf*
ufologie *nf*
ufologique *a*
ufologue *n*
UFR *nf*
ugni *nm*
uhlan *nm*
ukase ou **oukase** *nm*
ukiyo-e *nm*
ukrainien *nm*
ukrainien, enne *a, n*
ukulélé *nm*
ulcératif, ive *a*
ulcération *nf*
ulcère *nm*
ulcérer *vt* ***12***
ulcéreux, euse *a, n*
uléma ou **ouléma** *nm*
ulluque *nm*
ULM *nm inv*
ulmacée *nf*
ulmaire *nf*
ulmiste *n*
ulstérien, enne *a, n*
ultérieur, eure *a*
ultérieurement *av*
ultimate *nm*
ultimatum *nm*
ultime *a*
ultra *n, a*
ultrabasique *a*
ultracentrifugation *nf*
ultracentrifugeuse *nf*
ultracisme *nm*
ultraconservateur, trice *a*
ultradien, enne *a*
ultrafiltration *nf*
ultrafiltre *nm*
ultrafin, fine *a*
ultragauche *a, nf*
ultra-haute fréquence *nf Des ultra-hautes fréquences.*
ultraléger, ère *a*
ultralibéral, ale, aux *a, n*
ultralibéralisme *nm*
ultramarathon *nm*
ultramarin, ine *a, nm*
ultramarin, ine *a, n*
ultramicroscope *nm*
ultramicroscopie *nf*
ultramicroscopique *a*
ultramoderne *a*
ultramontain, aine *a, n*
ultramontanisme *nm*
ultra-petita *av, nm inv*
ultrapression *nf*
ultrarapide *a*
ultraroyaliste *n, a*
ultrasensible *a*
ultrason *nm*
ultrasonique *a*
ultrasonore *a*
ultratrail *nm*
ultraviolet, ette *a, nm*
ululement *nm*
ulve *nf*
umbanda *nm*
umbandiste *a, n*
umlaut *nm*
un, une *a, n, art ind, pr ind, a num, nm inv, nf*
unanime *a*
unanimement *av*
unanimisme *nm*
unanimiste *a, n*
unanimité *nf*
unau *nm*
unciforme *a*
unciné, ée *a*
underground *a, nm*
une-deux *nm inv*
une-pièce *nm inv*
unguéal, ale, aux *a*
unguifère *a*
unguis *nm*
uni, ie *a*
uniate *a, n*
uniatisme *nm*
uniaxe *a*
unicaule *a*
unicellulaire *a, nm*
unicité *nf*
unicolore *a*
unicorne *a, nm*
unidimensionnel, elle *a*
unidirectionnel, elle *a*
unidose *nf*
unième *a num ord*
unièmement *av*
unificateur, trice *a, n*
unification *nf*
unifier *vt* ***1***
uniflore *a*
unifolié, ée *a, nm*
uniforme *a, nm*
uniformément *av*
uniformisation *nf*
uniformiser *vt* ***1***
uniformité *nf*
unijambiste *a, n*
unilatéral, ale, aux *a*
unilatéralement *av*
unilatéralisme *nm*
unilatéraliste *a, n*
unilinéaire *a*
unilingue *a*
unilinguisme *nm*
unilobé, ée *a*
uniloculaire *a*
uniment *av*
uninominal, ale, aux *a*
union *nf*
unionisme *nm*
unioniste *n, a*
unipare *a*
unipersonnel, elle *a*
unipolaire *a*
unique *a*
uniquement *av*
unir *vt* ***2***
unisexe *a*
unisexualité *nf*
unisexué, ée ou **unisexuel, elle** *a*
unisson *nm*
unitaire *a*
unitarien, enne *a, n*
unitarisme *nm*
unitariste *a, n*
unité *nf*
unitif, ive *a*
univalent, ente *a*
univalve *a*
univers *nm*
universalisation *nf*
universaliser *vt* ***1***
universalisme *nm*
universaliste *a, n*
universalité *nf*
universaux *nm pl*
universel, elle *a, nm*
universellement *av*
universitaire *a, n*
université *nf*
univitellin, ine *a*
univocité *nf*
univoltin, ine *a*
univoque *a*
Untel, Unetelle *n*
ununoctium *nm*
upanishad *nm*
upas *nm*
upérisation *nf*
upérisé, ée *a*
uppercut *nm*
upsilon *nm*
upwelling *nm*
uracile *nm*
uraète *nm*
uræus *nm inv*
uranais, aise *a, n*
uranate *nm*
urane *nm*
uranie *nf*
uranifère *a*
uranique *a*
uranisme *nm*
uranium *nm*
uranoplastie *nf*
uranoscope *nm*
uranyle *nm*

urate *nm*
urbain, aine *a, n*
urbanisable *a*
urbanisation *nf*
urbaniser *vt* ***1***
urbanisme *nm*
urbaniste *n*
urbanistique *a*
urbanité *nf*
urbi et orbi *av*
urcéolé, ée *a*
urdu ou **ourdou** *nm*
uréase *nf*
urédinale ou **urédinée** *nf*
urédospore *nf*
urée *nf*
uréide *nm*
uréique *a*
urémie *nf*
urémique *a, n*
uréogenèse *nf*
urétéral, ale, aux *a*
uretère *nm*
urétérite *nf*
uréthane ou **uréthanne** *nm*
urétral, ale, aux *a*
urètre *nm*
urétrite *nf*
urgemment *av*
urgence *nf*
urgent, ente *a*
urgentiste *n*
urger *vi* ***11***
urgonien, enne *nm, a*
uricémie *nf*
uridine *nf*
urinaire *a*
urinal *nm Des urinaux.*
urine *nf*
uriner *vi* ***1***
urineux, euse *a*
urinifère *a*
urinoir *nm*
urique *a*
URL *nf*
urne *nf*
urobiline *nf*
urochrome *nm*
urocordé *nm*
urodèle *nm*
urogénital, ale, aux *a*
urographie *nf*
urokinase *nf*
urolagnie *nm*
urologie *nf*
urologique *a*
urologue *n*
uromastix *nm*
uropode *nm*
uropygial, ale, aux *a*
uropygien, enne *a*
ursidé *nm*
ursin, ine *a*
ursuline *nf*
urticacée *nf*
urticaire *nf*
urticant, ante *a*
urtication *nf*
urubu *nm*
uruguayen, enne *a, n*
urus ou **ure** *nm*
us *nm pl*
usage *nm*
usagé, ée *a*
usager, ère *n*
usant, ante *a*
USB *nm*
usé, ée *a*
user *vt, vti, vpr* ***1***
usinabilité *nf*
usinable *a*
usinage *nm*
usine *nf*
usine-center *nm Des usines-centers.*
usiner *vt* ***1***
usinier, ère *a*
usité, ée *a*
usnée *nf*
ustensile *nm*
ustilaginale *nf*
usucapion *nf*
usuel, elle *a, nm*
usuellement *av*
usufructuaire *a*
usufruit *nm*
usufruitier, ère *n*
usuraire *a*
usure *nf*
usurier, ère *n*
usurpateur, trice *n*
usurpation *nf*
usurpatoire *a*
usurper *vt* ***1***
ut *nm inv*
utérin, ine *a*
utérus *nm*
utile *a, nm*
utilement *av*
utilisable *a*
utilisateur, trice *n*
utilisation *nf*
utiliser *vt* ***1***
utilitaire *a, nm*
utilitarisme *nm*
utilitariste *a, n*
utilité *nf*
utopie *nf*
utopique *a*
utopisme *nm*
utopiste *n, a*
utriculaire *a, nf*
utricule *nm*
UV *nm pl (ultra-violets)*
UV *nf (unité de valeur)*
uval, ale, aux *a*
uva-ursi *nm inv*
uvée *nf*
uvéite *nf*
uvulaire *a*
uvule *nf*
uxorilocal, ale, aux *a*

V

v *nm*
va *interj*
VAB *nm inv*
vacance *nf*
vacancier, ère *n, a*
vacant, ante *a*
vacarme *nm*
vacataire *n*
vacation *nf*
vaccin *nm*
vaccinable *a*
vaccinal, ale, aux *a*
vaccinaliste *a, n*
vaccinant, ante *a*
vaccinateur, trice *a, n*
vaccination *nf*
vaccine *nf*
vacciné, ée *n*
vacciner *vt* ***1***
vaccinologie *nf*
vaccinologique *a*
vaccinologue *n*
vaccinostyle *nm*
vaccinothérapie *nf*
vachard, arde *a*
vache *nf ; a*
vachement *av*
vacher, ère *n*
vacherie *nf*
vacherin *nm*
vachette *nf*
vachotte *nf*
vacillant, ante *a*
vacillation *nf*
vacillement *nm*
vaciller *vi* ***1***
vacoa ou **vaquois** ou **vacois** *nm*
va-comme-je-te-pousse (à la) *av*
vacuité *nf*
vacuolaire *a*
vacuole *nf*
vacuome *nm*
vacuomètre *nm*
vacuum *nm*
vade-mecum ou **vadémécum** *nm inv*
vade retro ! ou **vade retro, Satana(s)** *interj*
vadrouille *nf*
vadrouiller *vi* ***1***
vadrouilleur, euse *a, n*
va-et-vient *nm inv*
vagabond, onde *a, n*
vagabondage *nm*
vagabonder *vi* ***1***
vagal, ale, aux *a*
vagile *a*
vagilité *nf*
vagin *nm*
vaginal, ale, aux *a*
vaginalite *nf*
vaginé, ée *a*
vaginisme *nm*
vaginite *nf*
vaginoplastie *nf*
vagir *vi* ***2***
vagissant, ante *a*
vagissement *nm*
vagolytique *a, nm*
vagotomie *nf*
vagotonie *nf*
vagotonique *a, n*
vague *nf (flot)*
vague *a ; nm (flou)*
vaguelette *nf*
vaguement *av*
vaguemestre *nm*
vaguer *vi* ***1***
vahiné *nf*
vaigrage *nm*
vaigre *nf*
vaillamment *a*
vaillance *nf*
vaillant, ante *a*
vaillantie *nf*
vain, vaine *a*
vaincre *vt* ***75***
vaincu, ue *a, n*
vainement *av*
vainqueur ou **vainqueure** *n, a*
vair *nm (fourrure)*
vairon *am ; nm (en parlant des yeux, poisson)*
vaishya ou **vaiçya** *nm inv*
vaisseau *nm*
vaisselier *nm*
vaisselle *nf*
val *nm Des vals ou vaux.*
valable *a*
valablement *av*
valaisan, ane *a, n*
valaque *a, n*
val-de-marnais, aise *a, n*
valdepeñas *nm*
valdinguer *vi* ***1***
val-d'oisien, enne *a, n*
valdôtain, aine *a, n*
valençay *nm*
valence *nf*
valence-gramme *nf Des valences-grammes.*
valenciennes *nf*
valentinite *nf*
valentinois, oise *a, n*
valérianacée *nf*
valériane *nf*
valérianelle *nf*
valérique *a*
valet *nm (domestique)*
valetaille *nf*
valétudinaire *a, n*
valeur *nf*
valeureusement *av*
valeureux, euse *a*
valgus *a, nm*
validation *nf*
valide *a, n*
validement *av*
valider *vt* ***1***
valideuse *nf* ou **valideur** *nm*
validité *nf*
valine *nf*
valise *nf*
valisette *nf*
vallée *nf (combe)*
valleuse *nf*
vallisnérie *nf*
vallon *nm*
vallonné, ée *a*
vallonnement *nm*
valoche *nf*
valoir *vt, vi* ***44***
valorisable *a*
valorisant, ante *a*
valorisation *nf*
valoriser *vt* ***1***
valpolicella *nm inv*
valse *nf*
valse-hésitation *nf Des valses-hésitations.*
valser *vi* ***1***
valseur, euse *n*
valvaire *a*
valve *nf*
valvé, ée *a*
valvulaire *a*
valvule *nf*
valvuloplastie *nf*
vamp *nf*
vamper *vt* ***1***
vampire *nm*
vampirique *a*
vampirisation *nf*
vampiriser *vt* ***1***
vampirisme *nm*
van *nm (transporteur, panier)*
vanadate *nm*
vanadinite *nf*
vanadique *a*
vanadium *nm*
vancomycine *nf*
vancouvérois, oise *a, n*
vanda *nf*
vandale *n*
vandalisation *nf*
vandaliser *vt* ***1***
vandalisme *nm*
vandoise *nf*
vanesse *nf*
vanille *nf*
vanillé, ée *a*
vanillier ou **vaniller** *nm*
vanilline *nf*
vanilliné, ée *a*
vanillisme *nm*
vanillon *nm*

vanité *nf*
vaniteusement *av*
vaniteux, euse *a, n*
vanity-case ou **vanity** *nm*
vannage *nm*
vanne *nf*
vanneau *nm*
vannelle ou **vantelle** *nf*
vanner *vt, vi* ***1***
vannerie *nf*
vannetais, aise *a, n*
vanneur, euse *n*
vannier, ère *n*
vannure *nf*
vantail ou **ventail** *nm Des vantaux.*
vantard, arde *a, n*
vantardise *nf*
vanter *vt, vpr* ***1*** *(glorifier)*
vanuatuan, ane *a, n*
va-nu-pieds ou **vanupied** *n inv*
vapes *nf pl*
vapeur *nf (eau)*
vapeur *nm (bateau)*
vapocraquage *nm*
vapocraqueur *nm*
vaporeusement *av*
vaporeux, euse *a*
vaporisateur *nm*
vaporisation *nf*
vaporiser *vt* ***1***
vaquer *vi, vti* ***1***
vaquéro ou **vaquero** *nm*
var *nm*
varaigne *nf*
varan *nm*
varangue *nf*
varappe *nf*
varapper *vi* ***1***
varappeur, euse *n*
varech *nm*
varenne *nf*
vareuse *nf*
varheure *nm*
varheuremètre *nm*
varia *nm*
variabilité *nf*
variable *a, n*
variablement *av*
variance *nf*
variant *nm*
variante *nf*
variantement *nm*
variateur *nm*
variation *nf*
varice *nf*
varicelle *nf*
varicocèle *nf*
varicosité *nf*
varié, ée *a pl*
varier *vt, vi* ***1***
variétal, ale, aux *a*
variété *nf*
varilux *nm Nom déposé*
variole *nf*
varioleux, euse *a, n*
variolique *a*
variolite *nf*
variolitique *a*
variomètre *nm*
variqueux, euse *a*
varistance *nf*
varlet *nm*
varlope *nf*
varloper *vt* ***1***
varna *nm*
varois, oise *a, n*
varroa *nm*
varroase *nf*
varron ou **varon** *nm*
varronné, ée ou **varonné, ée** *a*
varsovien, enne *a, n*
varus *a, nm*
varve *nf*
vasard, arde *a, nm*
vasculaire *a*
vascularisation *nf*
vascularisé, ée *a*
vascularite *nf*
vase *nf (matières organiques)*
vase *nm (récipient)*
vasectomie *nf*
vasectomiser *vt* ***1***
vaseline *nf*
vaseliner *vt* ***1***
vaseux, euse *a*
vasière *nf*
vasistas *nm*
vasoconstricteur, trice *a, nm*
vasoconstriction *nf*
vasodilatateur, trice *a, nm*
vasodilatation *nf*
vasomoteur, trice *a, nm*
vasomotricité *nf*
vasopresseur *nm*
vasopressine *nf*
vasouillard, arde *a*
vasouiller *vi* ***1***
vasque *nf*
vassal, ale, aux *n, a*
vassalique *a*
vassalisation *nf*
vassaliser *vt* ***1***
vassalité *nf*
vassive ou **vacive** *nf*
vaste *a*
vastement *av*
va-t-en-guerre *a inv, n inv*
vaticane *af*
vaticinateur, trice *n*
vaticination *nf*
vaticiner *vi* ***1***
va-tout *nm inv*
vatrouchka *nm*
vatu *nm*
vau *nm Des vaux.*
vauchérie *nf*
vauclusien, enne *a, n*
vaudeville *nm*
vaudevillesque *a*
vaudevilliste *nm*
vaudois, oise *a, n*
vaudou, oue *a, nm*
vau-l'eau (à) *av*
vaurien, enne *nm Nom déposé*
vautour *nm*
vautrait *nm*
vautrer (se) *vpr* ***1***
vavasseur *nm*
va-vite (à la) *av*
vé *nm*
veau *nm*
vécés *nm pl*
vecteur, trice *nm, a*
vectoriel, elle *a*
vectorisation *nf*
vécu, ue *a, nm*
vedettariat *nm*
vedette *nf*
vedettisation *nf*
vedettiser *vt* ***1***
védique *a, nm*
védisme *nm*
védutiste ou **vedutiste** *nm*
végan, ane *a, n*
véganisme *nm*
végétal, ale, aux *nm, a*
végétalien, enne *n*
végétalisation *nf*
végétaliser *vt* ***1***
végétalisme *nm*
végétaliste *a, n*
végétarien, enne *a, n*
végétarisme *nm*
végétatif, ive *a*
végétation *nf*
végéter *vi* ***14***
végétothérapie *nf*
véhémence *nf*
véhément, ente *a*
véhémentement *av*
véhiculaire *a*
véhicule *nm*
véhiculer *vt* ***1***
veille *nf*
veillée *nf*
veiller *vt, vi, vti* ***1***
veilleur, euse *n*
veilleuse *nf*
veinard, arde *n, a*
veine *nf*
veiné, ée *a*
veiner *vt* ***1***
veinette *nf*
veineux, euse *a*
veinosité *nf*
veinotonique *a, nm*
veinule *nf*
veinure *nf*
vêlage *nm*
vélaire *a, nf*
vélani *nm*
vélar *nm*

vélarisation *nf*
vélarium ou **velarium** *nm*
velche ou **welche** *n*
velcro *nm inv Nom déposé*
veld ou **veldt** *nm*
vélelle *nf*
vêlement *nm*
vêler *vi* ***1***
vélie *nf*
véligère *a*
vélin *nm*
véliplanchiste *n*
vélique *a*
vélite *nm*
vélivole *a, n*
vellave *a, n*
velléitaire *a, n*
velléité *nf*
vélo *nm*
vélobus *nm*
véloce *a*
vélocement *av*
vélocimétrie *nf*
vélocipède *nm*
vélocipédique *a*
vélociraptor *nm*
vélociste *n*
vélocité *nf*
vélocross *nm*
vélodrome *nm*
vélomoteur *nm*
vélomotoriste *n*
vélopartage *nm*
vélorizontal *nm*
véloroute *nf*
velot *nm*
vélotaxi *nm*
velours *nm*
velouté, ée *a, nm*
velouter *vt* ***1***
velouteux, euse *a*
veloutier *nm*
veloutine *nf*
velte *nf*
velu, ue *a*
vélum ou **velum** *nm*
velux ou **vélux** *nm Nom déposé*
velvet *nm*
velvote *nf*
venaison *nf*
vénal, ale, aux *a*
vénalement *av*
vénalité *nf*
venant *nm*
venda *nm*
vendable *a*
vendange *nf*
vendangeoir ou **vendangerot** *nm*
vendanger *vt* ***11***
vendangeur, euse *n*
vendangeuse *nf*
vendéen, enne *a, n*
vendémiaire *nm*
vendetta *nf*
vendeur, euse *n, a*
vendôme *nm*
vendre *vt, vpr* ***5***
vendredi *nm*
vendu, ue *a, n*
venelle *nf*
vénéneux, euse *a*
vénérable *a, n*
vénération *nf*
vénérer *vt* ***12***
vénéridé *nm*
vènerie ou **vénerie** *nf*
vénérien, enne *a*
vénérologie *nf*
vénérologique *a*
vénérologue *n*
venette *nf*
veneur *nm*
vénézuélien, enne *a, n*
vengeance *nf*
venger *vt* ***11***
vengeur, euse *n, a*
véniel, elle *a*
venimeux, euse *a*
venin *nm*
venir *vi, v semi-auxil* ***35***
vénitien *nm*
vénitien, enne *a, n*
vent *nm (air)*
ventage *nm*
ventail ou **vantail** *nm Des ventaux.*
vente *nf*
venté, ée *a*
venter *v impers* ***1***
venteux, euse *a*
ventilateur *nm*
ventilation *nf*
ventilatoire *a*
ventiler *vt* ***1***
ventileuse *nf*
ventis *nm pl*
ventôse *nm*
ventouse *nf*
ventral, ale, aux *a*
ventre *nm*
ventrèche *nf*
ventrée *nf*
ventriculaire *a*
ventricule *nm*
ventriculographie *nf*
ventriculotomie *nf*
ventrière *nf*
ventriloque *n, a*
ventriloquie *nf*
ventripotent, ente *a*
ventru, ue *a*
venturi *nm*
venturon *nm*
venu, ue *a, n*
venue *nf*
vénus *nf*
vénusien, enne *a*
vénusté *nf*
vépéciste *n*
vêpres *nf pl*
ver *nm (lombric)*
véracité *nf*
véraison *nf*
véranda *nf*
vératre *nm*
vératrine *nf*
verbal, ale, aux *a*
verbalement *av*
verbalisateur, trice *a, n*
verbalisation *nf*
verbaliser *vt, vi* ***1***
verbalisme *nm*
verbatim *av, nm*
verbe *nm*
verbénacée *nf*
verbeusement *av*
verbeux, euse *a*
verbiage *nm*
verbicruciste *n*
verbigération *nf*
verboquet *nm*
verbosité *nf*
ver-coquin *nm Des vers-coquins.*
verdage *nm*
verdâtre *a*
verdelet, ette *a*
verdet *nm*
verdeur *nf*
verdict *nm*
verdier *nm*
verdir *vt, vi* ***2***
verdissage *nm*
verdissement *nm*
verdoiement *nm*
verdoyant, ante *a*
verdoyer *vi* ***22***
verdunisation *nf*
verdure *nf*
vérétille *nm*
véreux, euse *a*
verge *nf*
vergé, ée *a*
vergence *nf*
vergeoise *nf*
verger *nm*
vergerette *nf*
vergeté, ée *a*
vergette *nf*
vergeture *nf*
vergeure ou **vergeüre** *nf*
verglaçant, ante *a*
verglacé, ée *a*
verglas *nm*
vergobret *nm*
vergogne *nf*
vergue *nf*
véridicité *nf*
véridique *a*
véridiquement *av*
vérifiable *a*
vérificateur, trice *n, a*
vérificatif, ive *a*
vérification *nf*

vérifier *vt* ***1***
vérin *nm*
vérisme *nm*
vériste *a, n*
véritable *a*
véritablement *av*
vérité *nf*
verjus *nm*
verjuté, ée *a*
verlan *nm*
verlaniser *vt, vi* ***1***
vermeil, eille *a, nm*
vermet *nm*
vermicelle *nm*
vermiculaire *a*
vermiculé, ée *a*
vermiculite *nf*
vermiculure *nf*
vermiforme *a*
vermifuge *a, nm*
vermifuger *vt* ***13***
vermiller *vi* ***1***
vermillon *nm, a inv*
vermine *nf*
vermis *nm*
vermisseau *nm*
vermivore *a*
vermouler (se) *vpr* ***1***
vermoulu, ue *a*
vermoulure *nf*
vermouth ou **vermout** *nm*
vernaculaire *a*
vernal, ale, aux *a*
vernalisation *nf*
verne ou **vergne** *nm*
verni, ie *a, nm*
vernier *nm*
vernir *vt* ***2***
vernis *nm*
vernissage *nm*
vernissé, ée *a*
vernisser *vt* ***1***
vernisseur, euse *n*
vernix caseosa *nm*
vernonia *nm*
vérole *nf*
vérolé, ée *a, n*
véronal *nm Des véronals. Nom déposé*
véronique *nf*
verranne *nf*
verrat *nm*
verre *nm (matière, récipient)*
verrée *nf*
verrerie *nf*
verrier, ère *nm, a*
verrière *nf*
verrine *nf*
verroterie *nf*
verrou *nm*
verrouillage *nm*
verrouiller *vt* ***1***
verrouilleur, euse *n*
verrucosité *nf*
verrue *nf*
verruqueux, euse *a*
vers *prép*
vers *nm (poésie)*
versaillais, aise *a, n*
versant *nm*
versatile *a*
versatilité *nf*
verse *nf*
versé, ée *a*
versement *nm*
verser *vt, vi* ***1***
verset *nm*
verseur, euse *a, nf*
versicolore *a*
versificateur, trice *n*
versification *nf*
versifier *vt* ***1***
version *nf*
vers-librisme *nm*
vers-libriste *n*
verso *nm*
versoir *nm*
verste *nf*
versus *prép*
vert, verte *a, nm*
vertacomirien, enne *a, n*
vert-de-gris *nm inv, a inv*
vert-de-grisé, ée *a*
vertébral, ale, aux *a*
vertèbre *nf*
vertébré, ée *a, nm*
vertébrer *vt*
vertébrothérapie *nf*
vertement *av*
vertex *nm*
vertical, ale, aux *a, n*
verticalement *av*
verticalité *nf*
verticille *nm*
verticillé, ée *a*
vertige *nm*
vertigineusement *av*
vertigineux, euse *a*
vertigo *nm*
vertisol *nm*
vertu *nf*
vertubleu ! ou **vertuchou** ou **vertudieu** *interj*
vertueusement *av*
vertueux, euse *a*
vertugadin *nm*
verve *nf*
verveine *nf*
vervet *nm*
vésanie *nf*
vesce *nf (plante)*
vésical, ale, aux *a*
vésicant, ante *a*
vésication *nf*
vésicatoire *a, nm*
vésiculaire ou **vésiculeux, euse** *a*
vésicule *nf*
vesou *nm*
vespa *nf Nom déposé*
vespasienne *nf*
vespéral, ale, aux *nm, a*
vespertilion *nm*
vespidé *nm*
vesse *nf (gaz)*
vesse-de-loup *nf Des vesses-de-loup.*
vesser *vi* ***1***
vessie *nf*
vestale *nf*
vestalies *nf pl*
veste *nf*
vestiaire *nm*
vestibulaire *a*
vestibule *nm*
vestige *nm*
vestigial, ale, aux *a*
vestimentaire *a*
veston *nm*
vésulien, enne *a, n*
vêtement *nm*
vétéran *nm*
vétérane ou **vétérante** *nf*
vétérinaire *a, n*
vététiste *n*
vétille *nf*
vétiller *vi* ***1***
vétilleux, euse *a*
vêtir *vt* ***32***
vétiver *nm*
véto ou **veto** *nm*
vêtu, ue *a, nm*
vêture *nf*
vétuste *a*
vétusté *nf*
veuf, veuve *a, n*
veuglaire *nm*
veule *a*
veulerie *nf*
veuvage *nm*
vexant, ante *a*
vexateur, trice *a, n*
vexation *nf*
vexatoire *a*
vexer *vt* ***1***
vexillaire *nm*
vexille *nm*
via *prép*
viabilisation *nf*
viabiliser *vt* ***1***
viabilité *nf*
viable *a*
viaduc *nm*
via ferrata *nf Des vias ferratas.*
viager, ère *a, nm*
viande *nf*
viander *vi, vpr* ***1***
viatique *nm*
vibices *nf pl*
vibrage *nm*
vibrant, ante *a, nf*
vibraphone *nm*
vibraphoniste *n*

vibrateur *nm*
vibratile *a*
vibration *nf*
vibrato *nm*
vibratoire *a*
vibrer *vt, vi* ***1***
vibreur *nm*
vibrion *nm*
vibrionnant, ante *a*
vibrionnement *nm*
vibrionner *vi* ***1***
vibriose *nf*
vibrisse *nf*
vibromasseur *nm*
vibure *nf*
viburnum *nm*
vicaire *nm*
vicarial, ale, aux *a*
vicariance *nf*
vicariant, ante *a*
vicariat *nm*
vice *nm (défaut, débauche)*
vice-amiral *nm Des vice-amiraux.*
vice-consul, ule *n Des vice-consuls ou vice-consules.*
vice-consulat *nm*
vicelard, arde *a, n*
vice-légat *nm Des vice-légats.*
vice-légation *nf*
vicennal, ale, aux *a*
vice-présidence *nf*
vice-président, ente *n Des vice-président(e)s.*
vice-recteur *nm Des vice-recteurs.*
vice-reine *nf Des vice-reines.*
vice-roi *nm Des vice-rois.*
vice-royauté *nf*
vicésimal, ale, aux *a*
vice versa *av*
vichnouite *a, n*
vichy *nm*
viciable *a*
viciateur, trice *a*
viciation *nf*
vicié, ée *a*
vicier *vt* ***1***
vicieusement *av*
vicieux, euse *a, n*
vicinal, ale, aux *a*
vicinalité *nf*
vicinité *nf*
vicissitude *nf*
vicomtal, ale, aux *a*
vicomte *nm*
vicomté *nf*
vicomtesse *nf*
victimaire *a, nm*
victime *nf*
victimisation ou **victimation** *nf*
victimiser *vt* ***1***
victimologie *nf*
victimologique *a*
victimologue *n*
victoire *nf*
victoria *nf (plante)*
victoria *nm (ananas)*
victorieusement *av*
victorieux, euse *a*
victuailles *nf pl*
vidage *nm*
vidame *nm*
vidange *nf*
vidanger *vt* ***11***
vidangeur *nm*
vide *a, nm*
vidéaste *n*
vide-bouteille *nm Des vide-bouteilles.*
vide-cave *nm Des vide-caves.*
vide-gousset *nm Des vide-goussets.*
vide-grenier *nm Des vide-greniers.*
vidéo *a, nf*
vidéoarbitrage *nm*
vidéoart *nm*
vidéoblog *nm*
vidéocassette *nf*
vidéochirurgie *nf*
vidéoclip *nm*
vidéoclub *nm*
vidéocommunication *nf*
vidéocomposite *a*
vidéodisque *nm*
vidéofréquence *nf*
vidéogramme *nm*
vidéographie *nf*
vidéographique *a*
vidéojockey *n*
vidéolecteur *nm*
vidéoludique *a*
vidéoprojecteur *nm*
vidéoprojection *nf*
vide-ordure *nm Des vide-ordures.*
vidéosurveillance *nf*
vidéotex *nm*
vidéothécaire *n*
vidéothèque *nf*
vidéotransmission *nf*
vide-poche *nm Des vide-poches.*
vide-pomme *nm Des vide-pommes.*
vider *vt* ***1***
vide-tourie *nm Des vide-touries.*
videur, euse *nm*
vide-vite *nm inv*
vidicon *nm*
vidimus *nm*
vidoir *nm*
viduité *nf*
vidure *nf*
vie *nf*
vieillard *nm*
vieillarde *nf*
vieille *nf (poisson)*
vieillerie *nf*
vieillesse *nf*
vieilli, ie *a*
vieillir *vt, vi* ***2***
vieillissant, ante *a*
vieillissement *nm*
vieillot, otte *a*
vielle *nf*
vielleur, euse *n*
vielleux, euse *n*
viennois *am*
viennois, oise *a, n*
viennoiserie *nf*
vientianais, aise *a, n*
vierge *a, nf*
vietnamien *nm*
vietnamien,enne *a, n*
viet vo dao *nm inv*
vieux, vieil, vieille *a, nm*
vieux-catholique, vieille-catholique *a, n*
vieux-croyant *nm Des vieux-croyants.*
vieux-lille *nm inv*
vif, vive *a, nm*
vif-argent *nm inv*
vigie *nf*
vigil, ile *a*
vigilamment *av*
vigilance *nf*
vigilant, ante *a*
vigile *nm (surveillant)*
vigile *nf (fête religieuse)*
vigne *nf*
vigneau *nm*
vigneron, onne *n, a*
vignetage *nm*
vigneter *vi* ***20***
vignette *nf*
vignettiste *n*
vigneture *nf*
vignoble *nm*
vignot ou **vigneau** *nm*
vigogne *nf*
vigoureusement *av*
vigoureux, euse *a*
vigousse *a*
viguerie *nf*
vigueur *nf*
viguier *nm*
VIH *nm*
vihara *nm inv*
vil, vile *a*
vilain, aine *a, nm*
vilainement *av*
vilayet *nm*
vilebrequin *nm*
vilement *av*
vilénie ou **vilenie** *nf*
vilipender *vt* ***1***
villa *nf*
villafranchien, enne *a, nm*
village *nm*
village-club *nm Des villages-clubs.*
villageois, oise *n, a*
villanelle *nf*
ville *nf*
ville-centre *nf Des villes-centres.*
ville-dortoir *nf Des villes-dortoirs.*
villégiature *nf*

villégiaturer *vi*
villeurbannais, aise *a, n*
villeux, euse *a*
villosité *nf*
vilnien, enne *a, n*
vimana *nm*
vin *nm (boisson)*
vina *nf*
vinage *nm*
vinaigre *nm*
vinaigrer *vt **1***
vinaigrerie *nf*
vinaigrette *nf*
vinaigrier *nm*
vinaire *a*
vinasse *nf*
vinblastine *nf*
vincamine *nf*
vindas ou **vindau** *nm*
vindicatif, ive *a*
vindicativement *av*
vindicte *nf*
vinée *nf*
viner *vt **1***
vineux, euse *a*
vingt *a num inv, nm inv*
vingtaine *nf*
vingt-deux ! *interj*
vingtenaire *a, n*
vingt-et-un *nm inv*
vingtième *a, nm*
vingtièmement *av*
vingt-quatre *a num inv*
vinicole *a*
viniculture *nf*
vinifère *a*
vinificateur, trice *n*
vinification *nf*
vinifier *vt **1***
vinique *a*
vinosité *nf*
vintage *a, nm*
vinyle *nm*
vinylique *a*
vinylite *nf*
viognier *nm*
viol *nm (sévices sexuels, transgression)*
violacé, ée *a, n*
violacer *vt **10***
violat *am*
violateur, trice *n*
violation *nf*
viole *nf (instrument de musique)*
violemment *av*
violence *nf*
violent, ente *a, n*
violenter *vt **1***
violer *vt **1***
violet, ette *a, nm*
violette *nf*
violeur, euse *n*
violier *nm*
violine *a*
violiste *n*
violon *nm*
violoncelle *nm*
violoncelliste *n*
violoné *a*
violoner *vi **1***
violoneux *nm*
violoniste *n*
vioque ou **vioc** *n*
viorne *nf*
VIP *nm inv*
vipère *nf*
vipéreau ou **vipereau** *nm*
vipéridé *nm*
vipérin, ine *a, nf*
virage *nm*
virago *nf*
viral, ale, aux *a*
vire *nf*
virée *nf*
virelai *nm*
virement *nm*
virémie *nf*
virer *vt, vi, vti **1***
virescence *nf*
vireton *nm*
vireur *nm*
vireux, euse *a*
virevolte *nf*
virevolter *vi **1***
virginal, ale, aux *a*
virginie *nm*
virginien, enne *a, n*
virginipare *a, nf*
virginité *nf*
virgule *nf*
viril, ile *a*
virilement *av*
virilisant, ante *a, nm*
virilisation *nf*
viriliser *vt **1***
virilisme *nm*
virilité *nf*
virilocal, ale, aux *a*
virion *nm*
virocide ou **virucide** ou **virulicide** *a, nm*
viroïde *nm*
virolage *nm*
virole *nf*
viroler *vt **1***
virologie *nf*
virologique *a*
virologiste *n*
virologue *n*
virose *nf*
virtualisation *nf*
virtualiser *vt **1***
virtualité *nf*
virtuel, elle *a, nm*
virtuellement *av*
virtuose *n, a*
virtuosité *nf*
virulence *nf*
virulent, ente *a*
virure *nf*
virus *nm*
vis *nf (outil)*
visa *nm*
visage *nm*
visagisme *nm*
visagiste *n*
vis-à-vis *prép, nm inv*
viscache *nf*
viscéral, ale, aux *a*
viscéralement *av*
viscère *nm*
viscoélasticité *nf*
viscoélastique *a*
viscoplasticité *nf*
viscoplastique *a*
viscose *nf*
viscosimètre *nm*
viscosité *nf*
visé *nm*
visée *nf*
viser *vt, vti **1** (sceller)*
viseur *nm*
vishnuisme ou **vichnouisme** *nm*
vishnuite *n*
visibilité *nf*
visible *a, nm*
visiblement *av*
visière *nf*
visioconférence ou **vidéoconférence** *nf*
vision *nf*
visionnage *nm*
visionnaire *a, n*
visionnement *nm*
visionner *vt **1***
visionneuse *nf*
visiophone *nm*
visiophonie *nf*
visiophonique *a*
visitandine *nf*
visitatrice *nf*
visite *nf*
visiter *vt **1***
visiteur, euse *n*
visitorat *nm*
vison *nm*
visqueux, euse *a*
vissage *nm*
visser *vt **1***
visserie *nf*
visseuse *nf*
vista *nf*
visualisable *a*
visualisation *nf*
visualiser *vt **1***
visuel, elle *a, nm*
visuellement *av*
visuomoteur, trice *a*
visuospatial, ale, aux *a*
vit *nm*
vitacée *nf*
vital, ale, aux *a*

vitalisme *nm*
vitaliste *a, n*
vitalité *nf*
vitamine *nf*
vitaminé, ée *a*
vitaminique *a*
vitaminothérapie *nf*
vit-de-mulet *nm Des vits-de-mulets.*
vite *av, a*
vitellin, ine *a, nf*
vitellus *nm*
vitelotte *nf*
vitesse *nf*
viticole *a*
viticulteur, trice *n*
viticulture *nf*
vitiligo *nm*
vitivinicole *a*
vitiviniculture *nf*
vitole *nf*
vitrage *nm*
vitrail *nm Des vitraux.*
vitrailliste *n*
vitre *nf*
vitré, ée *a, nm*
vitrer *vt* ***1***
vitrerie *nf*
vitreux, euse *a*
vitrier *nm*
vitrifiable *a*
vitrification *nf*
vitrifier *vt* ***1***
vitrine *nf*
vitriol *nm*
vitriolage *nm*
vitrioler *vt* ***1***
vitrioleur, euse *a, n*
vitriolique *a*
vitrocéramique ou **vitrocérame** *nf*
vitrophanie *nf Nom déposé*
vitupérations *nf pl*
vitupérer *v* ***12***
vivable *a*
vivace *a, nf (tenace)*
vivacité *nf*
vivandier, ère *n*
vivaneau *nm Des vivaneaux.*
vivant, ante *a, nm*
vivarium *nm*
vivat *interj, nm*
vive *nf*
vive ! *interj*
vive-eau *nf Des vives-eaux.*
vivement *av, interj*
viverridé *nm*
viveur, euse *n*
vivier *nm*
vivifiant, ante *a*
vivification *nf*
vivifier *vt* ***1***
vivipare *a*
viviparité *nf*
vivisection *nf*
vivoter *vi* ***1***
vivre *vt, vi* ***76***
vivre *nm*
vivre-ensemble *nm inv*
vivrier, ère *a*
vizir *nm*
vizirat *nm*
vlan ! ou **v'lan** *interj*
vo *nm (viet vo dao)*
vocable *nm*
vocabulaire *nm*
vocal, ale, aux *a*
vocalement *av*
vocalique *a*
vocalisateur, trice *n*
vocalisation *nf*
vocalise *nf*
vocaliser *vt* ***1***
vocalisme *nm*
vocaliste *n*
vocatif *nm*
vocation *nf*
voceratrice *nf*
vocératrice *nf*
vocéro ou **vocero** *nm*
vocifératеur, trice *n*
vocifération *nf*
vociférer *v* ***12***
vocodeur *nm*
vodka *nf*
vœu *nm*
vogelpik *nm*
vogoule *nm*
vogue *nf*
voguer *vi* ***1***
voici *prép*
voie *nf (chemin)*
voïévode ou **voïvode** *nm*
voïévodie *nf*
voilà *prép*
voilage *n*
voilage *nm*
voile *nm (étoffe, opacité)*
voile *nf (d'un voilier)*
voilé, ée *a*
voilement *nm*
voiler *vt* ***1***
voilerie *nf*
voilette *nf*
voileux, euse *n*
voilier *nm*
voilure *nf*
voir *vt, vti, vpr* ***45***
voire *av*
voirie *nf*
voisé, ée *a*
voisement *nm*
voisin, ine *a, n*
voisinage *nm*
voisiner *vi* ***1***
voiturage *nm*
voiture *nf*
voiture-balai *nf Des voitures-balais.*
voiture-bar *nf Des voitures-bars.*
voiture-bélier *nf Des voitures-béliers.*
voiturée *nf*
voiture-lit *nf Des voitures-lits.*
voiture-poste *nf Des voitures-postes.*
voiturer *vt* ***1***
voiture-restaurant *nf Des voitures-restaurants.*
voiturette *nf*
voiturier *nm*
voïvodie *nf*
voix *nf (son, vote)*
vol *nm*
volable *a*
volage *a*
volaille *nf*
volailler, ère ou **volailleur, euse** *n*
volant, ante *a, nm*
volant *nm*
volanté, ée *a*
volapük ou **volapuk** *nm*
volateur, trice *a*
volatil, ile *a*
volatile *nm*
volatilisable *a*
volatilisation *nf*
volatiliser *vt, vpr* ***1***
volatilité *nf*
vol-au-vent *nm inv*
volcan *nm*
volcanique *a*
volcanisme *nm*
volcanologie ou **vulcanologie** *nf*
volcanologique ou **vulcanologique** *a*
volcanologue ou **vulcanologue** *n*
vole *nf*
volé, ée *a, n*
volée *nf (envol, correction)*
volémie *nf*
volémique *a*
voler *vt, vi* ***1*** *(planer, dérober, arnaquer)*
volerie *nf*
volet *nm*
voletant, ante *a*
voleter *vi* ***17***
volettement ou **volètement** *nm*
voleur, euse *a, n*
volière *nf*
volige *nf*
voligeage *nm*
voliger *vt* ***13***
volis *nm*
volitif, ive *a*
volition *nf*
volley-ball ou **volleyball** ou **volley** *nm Des volley-balls.*
volleyer *vi* ***1***
volleyeur, euse *n*
volnay *nm*
volontaire *a, n*
volontairement *av*

volontariat *nm*
volontarisme *nm*
volontariste *a, n*
volonté *nf*
volontiers *av*
volt *nm (électricité)*
voltage *nm*
voltaïque *a ; nm*
voltaire *nm*
voltairianisme *nm*
voltairien, enne *a, n*
voltamètre *nm*
voltampère *nm*
volte *nf (cercle)*
volte-face ou **volteface** *nf*
volter *vi* ***1***
voltige *nf*
voltiger *vi* ***11***
voltigeur *nm*
voltinisme *nm*
voltmètre *nm*
volubile *a*
volubilis *nm*
volubilité *nf*
volucelle *nf*
volumateur, trice *a*
volume *nm*
volumétrie *nf*
volumétrique *a*
volumineux, euse *a*
volumique *a*
volupté *nf*
voluptueusement *av*
voluptueux, euse *a, n*
volute *nf*
volvaire *nf*
volve *nf*
volvox *nm*
volvulus *nm*
vomer *nm*
vomérien, enne *a*
vomi *nm*
vomique *a ; nf*
vomiquier *nm*
vomir *vt* ***2***
vomissement *nm*
vomissure *nf*
vomitif, ive *a, nm*
vomitoire *nm*
vomito négro ou **vomito negro** *nm*
vorace *a*
voracement *av*
voracité *nf*
vortex *nm inv*
vorticelle *nf*
vorticisme *nm*
vosgien, enne *a, n*
vosne-romanée *nm*
votant, ante *n*
votation *nf*
vote *nm*
voter *vt, vi* ***1***
vote-sanction *nm Des votes-sanctions.*
votif, ive *a*
votre, vos *a poss*
vôtre *a, pr poss*
voucher *nm*
vouer *vt, vpr* ***1***
vouge *nm*
vouivre *nf*
vouloir *vt, vti* ***47***
vouloir *nm*
voulu, ue *a*
vous *pr pers*
voussoiement *nm*
voussoir ou **vousseau** *nm*
voussure *nf*
voûtain *nm*
voûte ou **voute** *nf*
voûté, ée ou **vouté, ée** *a*
voûter ou **vouter** *vpr* ***1***
vouvoiement *nm*
vouvoyer ou **voussoyer** *vt* ***22***
vouvray *nm*
vox populi *nf*
voyage *nm*
voyager *vi* ***11***
voyageur, euse *n, a*
voyageur-kilomètre *nm Des voyageurs-kilomètre.*
voyagiste *n*
voyance *nf*
voyant, ante *a, nm*
voyelle *nf*
voyer *nm*
voyeur, euse *n*
voyeurisme *nm*
voyou *nm, a*
voyoucratie *nm*
VPC *nf*
vrac *nm*
vrai, vraie *a, nm, av*
vrai-faux, vraie-fausse *a vrais-faux ou vraies-fausses*
vraiment *av*
vraisemblable *a*
vraisemblablement *av*
vraisemblance *nf*
vraquier *nm*
vreneli *nm*
vrillage *nm*
vrille *nf*
vrillé, ée *a, nf*
vriller *vt, vi* ***1***
vrillette *nf*
vrombir *vi* ***2***
vrombissant, ante *a*
vrombissement *nm*
vroum-vroum *nm inv*
VRP *nm*
vs *prép*
VTC *nm*
VTT *nm*
vu, vue *a, nm*
vu *prép*
vue *nf (œil, site)*
vulcain *nm*
vulcanien, enne *a*
vulcanisation *nf*
vulcaniser *vt* ***1***
vulcanologie ou **volcanologie** *nf*
vulcanologique ou **volcanologique** *a*
vulcanologue ou **volcanologue** *n*
vulgaire *a, nm*
vulgairement *av*
vulgarisateur, trice *a, n*
vulgarisation *nf*
vulgariser *vt* ***1***
vulgarisme *nm*
vulgarité *nf*
vulgate *nf*
vulgo *av*
vulgum pecus *nm*
vulnérabilisation *nf*
vulnérabiliser *vt* ***1***
vulnérabilité *nf*
vulnérable *a*
vulnéraire *a, n*
vulnérant, ante *a*
vulpin *nm*
vultueux, euse *a*
vulturidé *nm*
vulvaire *a, nf*
vulve *nf*
vulvite *nf*
vumètre *nm*
vx *nm*

W

w *nm*
wading *nm*
wagage *nm*
wagon *nm*
wagon-citerne *nm Des wagons-citernes.*
wagon-foudre *nm Des wagons-foudres.*
wagon-lit *nm Des wagons-lits.*
wagonnage *nm*
wagonnet *nm*
wagonnier *nm*
wagon-poste *nm Des wagons-poste.*
wagon-restaurant *nm Des wagons-restaurants.*
wagon-tombereau *nm Des wagons-tombereaux.*
wagon-trémie *nm Des wagons-trémies.*
wahhabisme *nm*
wahhabite *a, n*
wahoo *nm*
wakamé *nm*
wakeboard *nm*
wali *nm*
walkie-talkie ou **talkie-walkie** *nm Des walkies-talkies.*
walkman *nm Nom déposé*
walk-over ou **walkover** *nm inv*
walkyrie *nf*
wallaby *nm Des wallabys ou wallabies.*
wallingant, ante *n, a*
wallisien, enne *a, n*
wallon *nm*
wallon, one *a, n*
wallonisme *nm*
walloniste *n*
wampum *nm*
waouh ! *interj*
wap *nm*
wapiti *nm*
wargame *nm*
warm-up *nm inv*
warning *nm*
warrant *nm*
warrantage *nm*
warranter *vt 1*
wasabi *nm*
washingtonia *nm*
wasp *n, a*
wassingue *nf*
water-ballast ou **waterballast** *nm Des water-ballasts.*
water-closet ou **watercloset** ou **waters** *nm Des water-closets.*
watergang *nm*
wateringue *n*
water-polo ou **waterpolo** *nm Des water-polos.*
waterproof *a inv*
waterzoi *nm*
watt *nm (énergie)*
wattheure *nm*
wattman *nm Des wattmans ou wattmen.*
wattmètre *nm*
wax *nm*
wayang *nm*
waza-ari *nm inv*
W-C *nm*
web *nm*
webcam *nf*
webdesigner *n*
weber ou **wéber** *nm*
webinaire *nm*
webisode *nm*
weblog *nm*
webmagazine ou **webzine** *nm*
webmestre ou **webmaster** *n*
webphone *nm*
webradio *nf*
webrairie *nf*
week-end ou **weekend** *nm Des week-ends.*
wehrlite *nf*
weichi *nm*
weigelia *nm*
welche ou **velche** *n*
wellingtonia *nm*
weltanschauung *nf*
welter *nm, a*
welwitschia *nm*
wengé *nm*
wergeld *nm*
western *nm*
wetback *n*
wharf *nm*
whig *n, a*
whipcord *nm*
whippet *nm*
whiskey *nm*
whisky *nm Des whiskys ou whiskies.*
whist *nm*
white spirit *nm Des white spirits.*
widget *nm*
wienerli *nm*
wifi ou **wi-fi** *nm Nom déposé*
wigwam *nm*
wiki *nm*
wilaya *nf*
williams *nf*
wimp *nm*
winch *nm*
winchester *nf*
wincheur, euse *n*
windsurf *nm Nom déposé*
winner *n*
winnipegois, oise *a, n*
winstub *nm*
wishbone *nm*
wisigothique *a*
witloof *nf*
witz *nm*
wok *nm*
wolfram ou **wolframite** *nm*
wolof ou **ouolof** *nm*
wombat *nm*
won *nm*
work in progress *nm*
workshop *nm*
world music *nf*
wormien *am*
wu *nm*
würm *nm*
würmien, enne *a*
wushu *nm*
wyandotte *nf, a*
wysiwyg *nm inv*

X

x *nm*
xanthélasma *nm*
xanthie *nf*
xanthine *nf*
xanthoderme *a*
xanthome *nm*
xanthophycée *nf*
xanthophylle *nf*
xanthoprotéique *a*
xanthoria ou **xanthorie** *nm*
xénarthre *nm*
xénisme *nm*
xénobiotique *a*
xénogreffe ou **xénotransplantation** *nf*
xénolite *nf*
xénon *nm*
xénope ou **xenopus** *nm*
xénophile *a, n*
xénophilie *nf*
xénophobe *a, n*
xénophobie *nf*
xénopi *nm*
xéranthème *nm*
xérès ou **jerez** *nm*
xérique *a*
xérodermie *nf*
xérographie *nf Nom déposé*
xérographique *a*
xérophile *a*
xérophtalmie *nf*
xérophyte *nf*
xhosa *nm*
xi ou **ksi** *nm*
xiang *nm*
xième ou **ixième** *a*
ximénia ou **ximénie** *nm*
xiphoïde *a*
xiphoïdien, enne *a*
xiphophore ou **xipho** *nm*
xoanon *nm*
xylème *nm*
xylène *nm*
xylidine *nf*
xylocope *nm*
xylographe *n*
xylographie *nf*
xylographique *a*
xylophage *a, nm*
xylophagie *nf*
xylophène *nm Nom déposé*
xylophone *nm*
xylophoniste *n*
xylose *nm*
xyste *nm*

Y

y *nm ; av, pr pers*
yacht *nm*
yacht-club *nm Des yacht-clubs.*
yachting *nm*
yachtman *nm Des yachtmans ou yachtmen.*
yack ou **yak** *nm*
yakitori *nm*
yakuza ou **yakusa** *nm*
yamakasi *nm*
yamassoukrois, oise *a, n*
yamato-e *nm*
yamba *nm*
yang *nm*
yankee *n, a*
yaoundéen, enne *a, n*
yaourt ou **yogourt** ou **yoghourt** *nm*
yaourtier *nm*
yaourtière *nf*
yard *nm*
yassa *nm*
yatagan *nm*
yawl *nm*
yazidi, ie *a, n*
yearling *nm*
yèble ou **hièble** *nf*
yéménite *a, n*
yen *nm (monnaie)*
yeoman *nm Des yeomans ou yeomen.*
yeshiva *nm Des yeshivas ou yeshivot.*
yéti ou **yeti** *nm*
yeuse *nf*
yé-yé ou **yéyé** *a inv, n inv*
yézidi, ie *a, n*
yézidisme *nm*
yiddish *nm, a inv*
yiddishophone *a, n*
yin *nm*
ylang-ylang ou **ilang-ilang** *nm*
yod *nm*
yodler ou **jodler** ou **iodler** ou **iouler** *vi **1***
yoga *nm*
yogi *nm*
yogique *a*
yohimbehe *nm*
yohimbine *nf*
yole *nf*
yonnais, aise *a, n*
yorkshire ou **yorkshire-terrier** *nm Des yorkshires.*
yorouba *nm*
yougoslave *a, n*
youpi ! ou **youppie** *interj*
youpin, ine *a, n*
yourte ou **iourte** *nf*
youtzer *vi **1***
youyou *nm*
yoyo ou **yo-yo** *nm Nom déposé*
yoyoter *vi **1***
ypérite *nf*
ysopet ou **isopet** *nm*
ytterbine *nf*
ytterbium *nm*
yttria *nm*
yttrialite *nf*
yttrifère *a*
yttrique *a*
yttrium *nm*
yuan *nm*
yucatèque *nm*
yucca *nm*
yue *nm*
yukata *nm*
yukonais, aise *a, n*
yuppie *n*
yuzu *nm*
yvelinois, oise *a, n*

Z

z *nm*
zabre *nm*
ZAC *nf*
zagrébois, oise *a, n*
zaibatsu *nm inv*
zaimph *nm*
zain *am*
zakat *nm*
zakouski *nm*
zamak *nm Nom déposé*
zambien, enne *a, n*
zamia ou **zamier** *nm*
zancle *nm*
zani ou **zanni** *nm*
zanzibar ou **zanzi** *nm*
zaouïa ou **zawiya** *nf*
zapatéado ou **zapateado** *nm*
zapatisme *nm*
zapatiste *a, n*
zapi *nf*
zapper *vt, vi* ***1***
zappette *nf*
zappeur, euse *n*
zapping *nm*
zarb *nm*
zarbi *a*
zarzuéla ou **zarzuela** *nf*
zaydite *a, n*
zazen *nm*
zazou *n*
zèbre *nm*
zébrer *vt* ***12***
zébrure *nf*
zébu *nm*
zec *nf*
zée *nm*
zef *nm*
zéine *nf*
zeitnot *nm*
zek *n*
zélandais, aise *a, n*
zélateur, trice *n*
zèle *nm*
zélé *a*
zelkova *nm*
zellige *nm*
zélote *n*
zemstvo *nm*
zen *nm, a inv*
zénana *nm*
zénith *nm*
zénithal, ale, aux *a*
zénitude *nf*
zéolite ou **zéolithe** *nf*
ZEP *nf*
zéphyr *nm*
zéphyrien, enne *a*
zeppelin *nm*
zéro *nm, a*
zest *nm*
zeste *nm*
zester *vt* ***1***
zesteur *nm*
zêta *nm*
zétacisme *nm*
zététique *n*
zeugma ou **zeugme** *nm*
zeuzère *nf*
zézaiement *nm*
zézayer *vi* ***20***
zibeline *nf*
zidovudine *nf*
zieuter ou **zyeuter** *vt, vi* ***1***
zievereir *n*
zig ou **zigue** *nm*
ziggourat *nf*
zigoto ou **zigoteau** ou **zigomar** *nm*
zigouiller *vt* ***1***
zigzag *nm*
zigzagant, ante *a*
zigzaguer *vi* ***1***
zimbabwéen, enne *a, n*
zinc *nm*
zincage *nm*
zincate *nm*
zincifère *a*
zincographie *nf*
zinfandel *nm*
zingage *nm*
zingaro *nm Des zingaros ou zingari.*
zingibéracée *nf*
zinguer *vt* ***1***
zingueur *nm*
zinjanthrope *nm*
zinnia *nm*
zinzin *nm, a inv*
zinzinuler *vi* ***1***
zinzolin *nm*
zip *nm Nom déposé*
zippé, ée *a*
zippo *nm Nom déposé*
zircon *nm*
zircone *nf*
zirconium *nm*
zizanie *nf*
zizi *nm*
zloty *nm*
zoanthaire *nm*
zoanthropie *nf*
zodiac *nm (canot) Nom déposé*
zodiacal, ale, aux *a*
zodiaque *nm (astrologie)*
zoé *nf*
zoécie *nf*
zoïle *nm*
zombie ou **zombi** *nm*
zombiesque *a*
zona *nm*
zonage *nm*
zonal, ale, aux *a*
zonalité *nf*
zonard, arde *n, a*
zonation *nf*
zone *nf*
zoné, ée *a*
zoner *vt, vi* ***1***
zonier, ère *n*
zoning *nm*
zonure *nm*
zoo *nm*
zoochore *a*
zoochorie *nf*
zooflagellé *nm*
zoogamète *nm*
zoogène *a*
zoogéographie *nf*
zoogéographique *a*
zooglée *nf*
zoographe *n*
zoolâtre *a, n*
zoolâtrie *nf*
zoologie *nf*
zoologique *a*
zoologiste *n*
zoologue *n*
zoom *nm*
zoomer *vi* ***1***
zoomorphe ou **zoomorphique** *a*
zoomorphisme *nm*
zoonose *nf*
zoonosique *a*
zoophage *a, nm*
zoophile *n, a*
zoophilie *nf*
zoophilique *a*
zoophobe *n, a*
zoophobie *nf*
zoophobique *a*
zoophyte *nm*
zooplancton *nm*
zooplanctonique *a*
zoopsie *nf*
zoopsychologie *nf*
zoosanitaire *a*
zoospore *nf*
zootechnicien, enne *n*
zootechnie *nf*
zootechnique *a*
zoothèque *nf*
zoreille *n*
zori *nm*
zorille *nf*
Zorn (axiome de) *nm*
zoroastrien, enne *a, n*
zoroastrisme *nm*
zostère *nf*
zostérien, enne *a*
zosterops *nm*
zouave *nm*
zouglou *nm*
zougois, oise *a, n*
zouk *nm*
zoulou *nm*
zozo *nm*
zozotement *nm*
zozoter *vi* ***1***
ZUP *nf*

zupien, enne *a, n*
zurichois, oise *a, n*
ZUS *nf*
zut ! *interj*
zutique *a*
zutiste *n*
zwanze *nf*
zwanzer *vi*
zwanzeur, euse *n*
zwieback *nm*
zwinglianisme *nm*
zwinglien, enne *a, n*
zydeco *nm*
zygène *nf*
zygoma *nm*
zygomatique *a, nm*
zygomorphe *a*
zygomycète *nm*
zygopetalum ou **zygopétalum** *nm*
zygoptère *nm*
zygospore *nm*
zygote *nm*
zyklon B *nm*
zymase *nf*
zymogène *a, nm*
zymologie *nf*
zymologique *a*
zymosimétrie *nf*
zymosimétrique *a*
zymotique *a*
zythum ou **zython** *nm*
zyva ou **z'y-va** *n*
zyzomys *nm*

La nouvelle orthographe

Les Rectifications de l'orthographe ont été publiées en France au Journal officiel du 6 décembre 1990 et dans le Bulletin Officiel du ministère de l'Éducation nationale (B.O. hors-série du 12 avril 2007).
La nouvelle orthographe est enseignée dans différents pays de la francophonie. On peut écrire en utilisant la nouvelle orthographe ou en gardant l'« ancienne », l'Académie française ayant précisé qu'« aucune des deux graphies ne peut être tenue pour fautive ».

1. On met un trait d'union entre tous les mots qui servent à écrire un nombre.

vingt et un *vingt-et-un*

2. Dans les noms composés du type *pèse-lettre* (verbe + nom) ou *sans-abri* (préposition + nom), le second élément se met au pluriel seulement lorsque le nom composé est au pluriel.

un compte-gouttes
un compte-goutte

des compte-gouttes
des compte-gouttes

• Restent invariables les mots comme *prie-Dieu* (à cause de la majuscule) ou *trompe-la-mort* (à cause de l'article).

3. On écrit certains mots composés en reliant les termes qui les composent : on ne met ni trait d'union ni espace entre ces termes.

C'est le cas pour tous les mots composés avec *contr(e)-* et *entr(e)-* ainsi que pour les mots composés avec des éléments « savants ».

contre-appel *contrappel*
entre-temps *entretemps*
agro-alimentaire *agroalimentaire*

• On relie aussi les onomatopées, des mots dont les termes ne sont plus analysés et des mots d'origine étrangère.

tic-tac, cui-cui *tictac, cuicui*
boute en train *boutentrain*
week-end *weekend*

4. Les mots empruntés aux langues étrangères suivent les règles de pluriel et d'accentuation des mots français.

des matches *des matchs*
un revolver *un révolver*

• Le pluriel régulier renforce l'intégration des mots empruntés et l'ajout d'accent permet d'éviter des prononciations hésitantes.

5. On écrit è devant une syllabe muette (avec un e non prononcé ou prononcé [ə]).

événement *évènement*
réglementaire *règlementaire*
je céderai *je cèderai*

• La règle de base est généralisée : *évènement* ressemble désormais à *avènement* ;
règlementaire s'écrit comme *règlement*.

• Le futur et le conditionnel des verbes qui se conjuguent comme *céder* sont ainsi alignés sur les formes des autres verbes (*je lèverai, il sèmerait*).

• On maintient l'accent aigu (*é*) dans les préfixes *dé-* et *pré-* (*dégeler, prélever*), sur les *é-* initiaux (*élevage*), ainsi que dans *médecin* et *médecine*.

6. On munit d'accent les mots où il avait été omis, ou dont la prononciation a changé.

papeterie *papèterie*
assener *asséner*

7. On écrit i et u sans accent circonflexe.

coût *cout*
traîner, je traîne *trainer, je traine*

• On maintient l'accent circonflexe dans les terminaisons du passé simple (*nous fîmes*), du subjonctif (*qu'il fût*) et dans certains mots, parce qu'il permet de distinguer deux mots de sens différent. C'est le cas des adjectifs masculins singuliers *dû, mûr* et *sûr, jeûne(s)* et les formes de *croitre* qui, sans accent, se confondraient avec celles de *croire* (*je croîs, tu croîs, etc.*).

8. On place un tréma sur le *u* de *gu* s'il est suivi d'un e ou d'un i et qu'il se prononce.

aiguë, ambiguë *aigüe, ambigüe*
ambiguïté *ambigüité*
arguer *argüer*

9. Les verbes en *-eler* ou *-eter* se conjuguent sur le modèle de *peler* ou de *acheter*. Les dérivés en *-ment* s'écrivent avec è et un seul *l* ou *t*.

j'amoncelle *j'amoncèle*
amoncellement *amoncèlement*
tu époussetteras *tu époussèteras*

• Font exception à cette règle *appeler, jeter* et leurs composés.

10. On écrit avec un seul *l* la finale *-ole*.

corolle *corole*
fumerolle *fumerole*

• Font exception à cette règle *colle, folle* et *molle*.

11. On écrit avec un seul *t* :
– les verbes dérivés de noms en *-ot* ;
– les verbes formés avec le suffixe *-oter* ;
– les mots dérivés de ces verbes.

ballotter, ballottage *balloter, ballotage*

frisotter, frisottis *frisoter, frisotis*

12. On écrit *-iller* (et non *-illier*) les noms où le *i* qui suit la consonne ne s'entend pas.

joaillier *joailler*
serpillière *serpillère*

13. Le participe passé de *laisser* suivi d'un infinitif est invariable.

elle s'est laissée maigrir *elle s'est laissé maigrir*

je les ai laissés partir *je les ai laissé partir*

14. Quelques anomalies sont supprimées.

L'orthographe de certains mots a été rectifiée pour harmoniser le nombre de consonnes au sein d'une même famille, pour aligner la consonne du masculin sur celle du féminin, etc.

bonhomie *bonhommie*
boursoufler *boursouffler*
chariot *charriot*
combatif *combattif*
dissous *dissout*
douceâtre *douçâtre*
imbécillité *imbécilité*
nénuphar *nénufar*
oignon *ognon*
prudhomal *prudhommal*
relais *relai*
vantail *ventail*

Préfixes et suffixes

acéto- du lat. « vinaigre ».
acro- du gr. « élevé, extrême ».
actino- du gr. « rayon ».
adéno- du gr. « glande ».
1. aéro- du gr. « air ».
2. aéro- de *aéroplane*.
afro- de *Afrique*.
-agogie, -agogue du gr. « qui conduit ».
agro- du gr. « champ ».
algo-, -algie du gr. « douleur ».
allo- du gr. « autre ».
ambi- du lat. « les deux, des deux côtés ».
ambly- du gr. « émoussé, obtus ».
amphi- du gr. « autour de, des deux cotés ».
amylo- du lat. « amidon ».
ana- du gr. « de bas en haut ».
andro- du gr. « homme, mâle ».
anémo- du gr. « vent ».
angio- du gr. « capsule, vaisseau ».
anglo- de *anglais*.
aniso- du gr. « inégal ».
anté- du lat. « avant ».
antho-, -anthe du gr. « fleur ».
anthropo-, -anthrope, -anthropique du gr. « homme ».
anti- du gr. « contre ».
api- du lat. « abeille ».
apo- du gr. « au loin, à l'écart ».
aqua-, aqui- du lat. « eau ».
archéo- du gr. « ancien ».
archi- du gr., marque la supériorié.
-archie, -arque du gr. « commander ».
artério- du lat. « artère ».
arthro-, -arthrie du gr. « articulation ».
astro- du gr. « astre ».
audio- du lat. « entendre ».
1. auto- du gr. « soi-même ».
2. auto- de *automobile*.
baro- du gr. « pesanteur ».
bary- du gr. « lourd ».
bathy- du gr. « profond ».
bi-, bis- du lat. « deux fois, double ».
biblio- du gr. « livre ».
bio- du gr. « vie ».
blasto-, -blaste du gr. « germe ».
brachy- du gr. « court, bref ».
brady- du gr. « lent ».
broncho- du gr. « bronches ».
bryo- du gr. « mousse ».
caco- du gr. « mauvais ».
calci-, calco- du lat. « chaux ».
calli- du gr. « beauté ».
calori- du lat. « chaleur ».
carbo- du lat. « charbon ».
carcino- du gr. « cancer ».
cardio-, -carde, -cardie du gr. « cœur ».
carpo-, -carpe du gr. « jointure » ou « fruit ».
caryo- du gr. « noyau, noix ».
cata- du gr. « en dessous, en arrière ».
-cèle du gr. « tumeur ».
-cène du gr. « récent ».
centi- du lat. « centième ».
centro- du lat. « centre ».
céphalo-, -céphale du gr. « tête ».
chalco- du gr. « cuivre ».
chimio- de *chimie*.
chiro- du gr. « main ».
chloro- du gr. « vert ».
cholé- du gr. « bile ».
chondro- du gr. « cartilage ».
chromo-, chromato-, -chrome, -chromie du gr. « couleur ».
chrono-, -chrone du gr. « temps ».
chryso- du gr. « or ».
-cide du lat. « meurtre ».
1. ciné-, cinémo- du gr. « mouvement ».
2. ciné- de *cinéma*.
circum-, circon- du lat. « autour ».
-claste, -clase du gr. « brisé ».
cis- du lat. « en deçà ».
clino- du gr. « être couché, penché ».
cœno- ou céno- du gr. « commun ».
-cole du lat. « cultiver, habiter ».
colpo- du gr. « vagin ».
contra- du lat. « contre, au sens contraire ».
copro- du gr. « excrément ».
-coque, -coccie du gr. « grain ».
cortico- du lat. « écorce ».
cosmo-, -cosme du gr. « ordre, univers ».
cranio- du gr. « crâne ».
-crate, -cratie du gr. « force ».
cristallo- du gr. « cristal ».
cryo- du gr. « froid ».
crypto- du gr. « caché ».
-culteur du lat. « qui cultive ».
-culture du lat. « culture ».
cupri-, cupro- du lat. « cuivre ».
curvi- du lat. « courbe ».
cyano- du gr. « bleu sombre ».
1. cyclo- du gr. « cercle ».
2. cyclo- de *cycle*.
cyno- du gr. « chien ».
cysto-, -cyste du gr. « vessie ».
cyto-, -cyte du gr. « cavité, cellule ».
déca- du gr. « dix ».
déci- du gr. « dixième ».
démo-, -démie du gr. « peuple ».
dactylo-, -dactyle du gr. « doigt ».
dendro-, -dendron du gr. « arbre ».
dermato-, dermo-, -derme du gr. « peau ».
deuto-, deutéro- du gr. « deuxième ».
dextro-, -dextre du lat. « qui est à droite ».
di- du gr. « deux fois ».
diplo- du gr. « double ».
dodéca- du gr. « douze ».
dolicho- du gr. « long ».
doxo-, -doxie du gr. « opinion ».
dromo-, -drome, -dromie du gr. « course ».
dynamo-, -dynamie du gr. « force ».
-dyne, dyno- du gr. « force ».
dys- du gr. « difficulté, mauvais état ».
échino- du gr. « hérisson ».
1. éco-, -écie du gr. « maison ».
2. éco- de *écologie*.
-ectasie du gr. « dilatation ».
ecto- du gr. « au-dehors ».
-ectomie du gr. « ablation ».
-èdre, -édrie du gr. « face ».
électro- de *électricité*.
embryo- du gr. « embryon ».
-émie du gr. « sang ».
endo- du gr. « au-dedans ».
entéro-, -entère du gr. « intestin ».
entomo- du gr. « insecte ».
éo- du gr. « aurore ».
épi- du gr. « sur, dessus, à la surface de ».
équi- du lat. « égal ».
ergo-, -ergie du gr. « action, travail ».
érythro- du gr. « rouge ».
esthési-, -esthésie du gr. « sensibilité ».
ethno- du gr. « race ».
eu- du gr. « bien ».
euro- de *Europe*.
ex- du lat. « hors de ».
exo- du gr. « hors de ».
-fère du lat. « porter ».
fibro- de *fibre*.
-forme du lat. « forme ».
franco- de *français*.
-fuge du lat. « fuir » ou « faire fuir ».
gala-, galacto- du gr. « lait ».
galli-, gallo- du lat. « coq ».
gamo-, -game, -gamie du gr. « union ».
gastéro-, gastro-, -gastre du gr. « ventre ».
-genèse, -génésie du gr. « formation ».
géno-, -gène, -génie du gr. « origine ».

géo-, -gée du gr. « terre ».
germano- de *germanique*.
géronto- du gr. « vieillard ».
giga-, gigan- du gr. « géant ».
glosso-, glotto-, -glosse, -glotte du gr. « langue ».
gluco-, glyco- du gr. « doux ».
glypto- du gr. « gravé ».
gnatho-, -gnathe du gr. « mâchoire ».
-gnose, -gnosie du gr. « connaissance ».
gonio-, -gone du gr. « angle ».
-grade du lat. « marcher ».
-gramme du gr. « lettre, écriture ».
grapho-, -graphe, -graphie du gr. « écrire ».
gréco- de *grec*.
gymno- du gr. « nu ».
gynéco-, gyné-, -gyne du gr. « femme ».
gyro-, -gyre du gr. « cercle ».
halo- du gr. « sel ».
haplo- du gr. « simple ».
hecto- du gr. « cent ».
hélio-, -hélie du gr. « soleil ».
héma-, hémato-, hémo- du gr. « sang ».
hémi- du gr. « à moitié ».
hendéca- du gr. « onze ».
hépato- du gr. « foie ».
hepta- du gr. « sept ».
hétéro- du gr. « autre ».
hexa- du gr. « six ».
hidro- du gr. « sueur ».
hiéro- du gr. « sacré, saint ».
hippo- du gr. « cheval ».
hispano- de *hispanique*.
histio-, histo- du gr. « tissu ».
holo- du gr. « entier ».
homéo-, homo- du gr. « semblable ».
horo- du gr. « heure ».
hydro-, -hydre du gr. « eau ».
hygro- du gr. « humide ».
hyper- du gr. « au-dessus, au-delà ».
hypno- du gr. « sommeil ».
hypo- du gr. « au-dessous, en deçà ».
hystéro- du gr. « utérus ».
iatro-, -iatre, -iatrie du gr. « médecin ».
ichtyo- du gr. « poisson ».
icono- du gr. « image ».
-ide, -idé du gr. « apparence ».
idéo- du gr. « idée ».
idio- du gr. « qui appartient en propre à ».
igni- du lat. « feu ».
immuno- du lat. « exempt de, libre de ».
indo- de *Inde*.
infra- du lat. « au-dessous, plus bas ».
inter- du lat. « entre ».
intra-, intro- du lat. « à l'intérieur de ».
iso- du gr. « égal ».
judéo- du lat. « juif ».
juxta- du lat. « près de ».

kérato- du gr. « corne, cornée ».
kilo- du gr. « mille ».
kinési-, -kinésie du gr. « mouvement ».
lacti-, lacto- du latin « lait ».
lalo-, -lalie du gr. « parler ».
laryngo- du gr. « gorge, gosier ».
latéro-, -latère du lat. « côté ».
-lâtre, -lâtrie du gr. « adorer ».
lépido- du gr. « écaille ».
lepto- du gr. « mince ».
leuco- du gr. « blanc ».
limno- du gr. « lac ».
lipo- du gr. « graisse ».
litho-, -lithe, -lite du gr. « pierre ».
loco- du lat. « lieu ».
-logie, -logiste, -logue du gr. « théorie ».
logo- du gr. « parole, discours ».
longi- du lat. « long ».
-loque du lat. « parler ».
lyco- du gr. « loup ».
lyo- du gr. « dissoudre ».
lyso-, -lyse du gr. « dissolution, dissociation ».
-lyte, -lytique du gr. « qui peut être dissous ».
-machie du gr. « combat ».
macro- du gr. « long, grand ».
magnéto- du gr. « aimant ».
malaco- du gr. « mou ».
-mancie du gr. « divination ».
1. -mane du lat. « main ».
2. -mane, -manie du gr. « folie ».
mécano- du gr. « machine ».
médico- du lat. « médecin ».
médio- du lat. « moyen ».
méga-, mégalo-, -mégalie du gr. « grand ».
méla-, mélano- du gr. « noir ».
mélo- du gr. « chant ».
méro-, -mère, -mérie du gr. « partie ».
méso- du gr. « au milieu, médian ».
méta- du gr. « changement ».
métallo- du gr. « mine ».
métro-, -mètre, -métrie du gr. « mesure ».
micro- du gr. « petit ».
milli- du lat. « mille ».
mini du lat. « moins ».
miso- du gr. « haïr ».
mnémo-, -mnésie du gr. « mémoire ».
mono- du gr. « seul ».
morpho-, -morphe, -morphisme du gr. « forme ».
moto- de *moteur* ou de *motocyclette*.
multi- du lat. « nombreux ».
myco-, -myce du gr. « champignon ».
myélo-, -myélite du gr. « moelle ».
myo- du gr. « muscle ».
myria-, myrio- du gr. « dizaine de mille ».
mytho-, -mythie du gr. « fable ».
mytilo- du lat. « moule ».
nano- du gr. « petit ».
narco- du gr. « engourdissement ».

-naute du gr. « navigateur ».
-nautique du gr. « relatif à la navigation ».
nécro- du gr. « mort ».
némato- du gr. « fil ».
néo- du gr. « nouveau ».
néphro- du gr. « rein ».
neuro-, névro- du gr. « nerf ».
nitro- du lat. « nitre ».
nivo- du lat. « neige ».
nomo-, -nome, -nomie du gr. « loi ».
noso-, -nose du gr. « maladie ».
nucléo- du lat. « noyau ».
nycto- du gr. « nuit ».
octa-, octi-, octo- du lat. « huit ».
-odie du gr. « chant ».
odo-, -ode du gr. « route ».
odonto- du gr. « dent ».
œno- du gr. « vin ».
-oïde, -oïdal du gr. « forme ».
oléi-, oléo- du lat. « huile ».
oligo- du gr. « peu nombreux ».
omni- du lat. « tout ».
oniro- du gr. « rêve ».
onto- du gr. « l'étant, l'être, ce qui est ».
oo- du gr. « œuf ».
-ope, -opie du gr. « vue ».
ophio- du gr. « serpent ».
ophtalmo-, -ophtalmie du gr. « œil ».
opo- du gr. « suc ».
-opsie du gr. « vue, vision ».
orchi-, orchido- du gr. « testicule ».
ornitho- du gr. « oiseau ».
oro- du gr. « montagne ».
ortho- du gr. « droit » ou « correct ».
ostéo-, -oste du gr. « os ».
ostréi- du lat. « huitre ».
oti-, oto- du gr. « oreille ».
-oure du gr. « queue ».
ovo-, ovi- du lat. « œuf ».
paléo- du gr. « ancien ».
palin- du gr. « de nouveau ».
pan-, panto- du gr. « tout ».
1. para- du gr. « à côté de ».
2. para-, pare- du lat. « protéger ».
-pare du lat. « engendrer ».
patho-, -pathie, -pathe du gr. « maladie ».
pédi-, -pède, -pédie du lat. « pied ».
1. pédo-, -pédie du gr. « enfant » ou « instruire ».
2. pédo- du gr. « sol ».
-pénie du gr. « manque ».
penta- du gr. « cinq ».
pepto-, -pepsie du gr. « digestion ».
péri- du gr. « autour »
1. pétro- du gr. « pierre, roche ».
2. pétro- de *pétrole*.
-pexie du gr. « fixation ».
phago-, -phage, -phagie du gr. « manger ».
phallo- du gr. « phallus ».
philo-, -phile, -philie du gr. « aimer ».
phlébo- du gr. « veine ».
-phobe, -phobie du gr. « crainte ».

phono-, -phone, -phonie du gr. « voix, son ».
-phore du gr. « porter ».
1. photo- du gr. « lumière ».
2. photo- de *photographie*.
phyco-, -phycée du gr. « algue ».
phyllo-, -phylle du gr. « feuille ».
-physe du gr. « formation, production ».
physio- du gr. « nature ».
phyto-, -phyte du gr. « plante ».
picro- du gr. « amer ».
piézo- du gr. « presser ».
pisci- du lat. « poisson ».
pithéco-, -pithèque du gr. « singe ».
plasmo-, -plasme, -plasie, -plaste, -plastie du gr. « modeler ».
platy- du gr. « large ».
-plégie du gr. « frapper ».
pleuro- du gr. « côté ».
pluri- du lat. « plusieurs ».
pluvio- du lat. « pluie ».
pneumo- du gr. « poumon ».
pneumato- du gr. « souffle ».
podo-, -pode du gr. « pied ».
1. -pole du gr. « ville ».
2. -pole du gr. « vendre ».
poly- du gr. « nombreux ».
post- du lat. « après ».
potamo- du gr. « fleuve ».
pré- du lat. « en avant, devant ».
pro- du lat. « pour ».
procto- du gr. « anus ».
proto-, protéro- du gr. « premier ».
pseudo- du gr. « menteur ».
psycho-, -psychie du gr. « esprit ».
ptéro-, -ptère du gr. « aile ».
-pyge, -pygie du gr. « fesse ».
pyo- du gr. « pus ».
pyro- du gr. « feu ».
quinqua- du lat. « cinq ».
quint- du lat. « cinquième ».
1. radio- du lat. « rayon ».
2. radio- de *radiodiffusion* et de *radiographie*.
recti- du lat. « droit ».
rétro- du lat. « en arrière ».
rhéo- du gr. « couler ».
rhino- du gr. « nez ».
rhizo-, -rhize du gr. « racine ».
rhodo- du gr. « rose ».
rhombo- du gr. « toupie, losange ».
rhyncho-, -rhynque du gr. « groin, bec ».
-rostre du lat. « éperon, bec ».
-rragie du gr. « jaillir ».
-rrhée du gr. « couler ».
sacchari-, saccharo- du gr. « sucre ».
salpingo- du gr. « trompe ».
sapon- du lat. « savon ».
sapro- du gr. « pourri, putride ».
sarco- du gr. « chair ».
-saure, -saurien du gr. « lézard ».
saxi- du lat. « rocher, pierre ».
scato- du gr. « excrément ».
schizo- du gr. « fendre ».
scléro- du gr. « dur ».
-scope, -scopie du gr. « regarder, observer ».
séléno- du gr. « lune ».
sémio- ou **séméio-** du gr. « signe ».
sérici- du lat. « soie ».
servo- du lat. « esclave ».
1. sidéro- du lat. « astre ».
2. sidéro- du gr. « fer ».
simili- du lat. « semblable ».
sino- du lat. « Chine ».
sismo- ou **séismo-** du gr. « secousse ».
somato-, -some du gr. « corps ».
sono- du lat. « son ».
spectro- du lat. « image ».
spéléo- du gr. « caverne ».
spermato-, spermo-, -sperme du gr. « semence, graine ».
spléno- du gr. « rate ».
spondylo- du lat. « vertèbre ».
stéaro-, stéato- du gr. « graisse ».
stégo- du gr. « toit ».
sténo- du gr. « étroit ».
stéréo- du gr. « solide, cubique ».
stomato- du gr. « bouche ».
strati-, strato- du lat. « couche ».
strobo- du gr. « rotation ».
sulfo- du lat. « soufre ».
supra- du lat. « au-dessus ».
sylvi- du lat. « forêt ».
syn-, syl-, sym- du gr. « avec ».
syringo- du gr. « canal, tuyau ».
tachy- du gr. « rapide ».
tauto- du gr. « le même ».
taxi-, taxo-, -taxie du gr. « arrangement ».
techno-, -technie du gr. « art, métier ».
1. télé- du gr. « au loin ».
2. télé- de *télévision*.
téléo-, télo-, -télie du gr. « fin, but ».
térato- du gr. « monstre ».
tétra- du gr. « quatre ».
thalasso- du gr. « mer ».
thanato- du gr. « mort ».
théo- du gr. « dieu ».
-thèque du gr. « loge, boîte ».
-thérapie du gr. « soin, cure ».
thermo-, -therme, -thermie du gr. « chaud ».
thio- du gr. « soufre ».
thrombo- du gr. « caillot ».
-thymie du gr. « cœur, affectivité ».
tomo-, -tome, -tomie du gr. « couper ».
-tonie du gr. « tension ».
topo-, -tope du gr. « lieu ».
toxo-, toxi-, toxico- du lat. « poison ».
tri- du lat. et du gr. « trois ».
tribo- du gr. « frotter ».
tricho- du gr. « poil, cheveu ».
tropo-, -trope, -tropie, -tropisme du gr. « tour, manège, direction ».
tropho-, -trophie du gr. « nourriture ».
tubi- du lat. « tube ».
turbo- du lat. « tourbillon, toupie ».
typho- du gr. « torpeur ».
typo-, -type, -typie du gr. « empreinte ».
tyro- du gr. « fromage ».
ultra- du lat. « au-delà de ».
unci- du lat. « crochet ».
ungui- du lat. « ongle ».
uni- du lat. « un ».
urano- du gr. « ciel ».
-urge, -urgie du gr. « travail ».
1. uro-, -urèse, -urie du gr. « urine ».
2. uro-, -oure, -ure du gr. « queue ».
-valent du lat. « valoir ».
vaso- du lat. « récipient » ou « canal ».
vermi- du lat. « ver ».
vibro- de *vibrer*.
vidéo- du lat. « je vois ».
vini- du lat. « vin ».
viti- du lat. « vigne ».
-vore du lat. « manger, avaler ».
xantho- du gr. « jaune ».
xéno-, -xène du gr. « étranger » et « étrange ».
xéro- du gr. « sec ».
xylo- du gr. « bois ».
zoo-, -zoaire, -zoïque du gr. « animal ».
zygo- du gr. « joug ».
zymo-, -zyme du gr. « levain, ferment »

ACCORD DU PARTICIPE PASSE

	Accord avec le sujet du verbe	Accord avec le complément d'objet direct (COD) placé avant le verbe	Participe passé invariable
Participe passé conjugué avec l'auxiliaire **ÊTRE**	La renarde a été apprivoisé**e**. Des renardeaux sont né**s**. Ils sont allé**s** les voir.		
Participe passé conjugué avec l'auxiliaire **AVOIR**.		La renarde qu'ils ont apprivoisé**e**… L'avez-vous vu**e**, cette renarde ? Quels noms as-tu choisi**s** ?	■ **COD après le verbe :** ils ont **vu** les renardeaux. ■ **Pas de COD :** Elles ont beaucoup **marché**. Elles en ont **bénéficié** (de cette faveur). ■ **COD = pronom neutre LE (L') :** Nous le leur avons **annoncé**. ■ **Verbes impersonnels :** Quelles démarches il a **fallu** ! ■ **Semi-auxiliaires :** La robe que j'ai **fait** faire… ■ **Participe passé suivi d'un verbe à l'infinitif :** La maison que j'ai **vu** construire (construire une maison). **Mais :** Les renardeaux que j'ai **vus** téter (j'ai vu les renardeaux téter).
Participe passé des verbes pronominaux ■ Verbes essentiellement pronominaux ■ Verbes pronominaux de sens passif ■ Verbes pronominaux de sens réfléchi ou réciproque : • si ***se*** est **COD** • si ***se*** n'est pas **COD**	■ Elle s'est plaint**e** du prix. Elles se sont enfui**es**. ■ La cuve s'est vidé**e** lentement.	■ Ils se sont caché**s**. Elles se sont embrassé**es**. ■ La maison qu'il s'est trouvé**e**… La balle, ils se la sont passé**e**.	■ **COD après le verbe :** Ils se sont **caché** les yeux. ■ **Pas de COD :** Elles se sont **souri**. Nous nous sommes **répondu**.

Conjugaison des verbes

Le renvoi au modèle de conjugaison est indiqué après l'entrée verbale pour tous les verbes qui présentent une ou plusieurs irrégularités dans leur flexion : **abattre** *vt* [77] se conjugue comme *battre* (p. 352). Le renvoi n'est pas indiqué pour les modèles réguliers que sont *aimer* (groupe 1) et *finir* (groupe 2).

INDICATIF

présent

j'	aim	e
tu	aim	es
il	aim	e
ns	aim	ons
vs	aim	ez
elles	aim	ent

passé composé

j'	ai	aimé
tu	as	aimé
elle	a	aimé
ns	avons	aimé
vs	avez	aimé
ils	ont	aimé

imparfait

j'	aim	ais
tu	aim	ais
elle	aim	ait
ns	aim	ions
vs	aim	iez
ils	aim	aient

plus-que-parfait

j'	avais	aimé
tu	avais	aimé
il	avait	aimé
ns	avions	aimé
vs	aviez	aimé
elles	avaient	aimé

passé simple

j'	aim	ai
tu	aim	as
il	aim	a
ns	aim	âmes
vs	aim	âtes
elles	aim	èrent

passé antérieur

j'	eus	aimé
tu	eus	aimé
elle	eut	aimé
ns	eûmes	aimé
vs	eûtes	aimé
ils	eurent	aimé

futur simple

j'	aim	erai
tu	aim	eras
elle	aim	era
ns	aim	erons
vs	aim	erez
ils	aim	eront

futur antérieur

j'	aurai	aimé
tu	auras	aimé
il	aura	aimé
ns	aurons	aimé
vs	aurez	aimé
elles	auront	aimé

conditionnel présent

j'	aim	erais
tu	aim	erais
elle	aim	erait
ns	aim	erions
vs	aim	eriez
ils	aim	eraient

conditionnel passé

j'	aurais	aimé
tu	aurais	aimé
il	aurait	aimé
ns	aurions	aimé
vs	auriez	aimé
elles	auraient	aimé

SUBJONCTIF

présent

(que)	j'	aim	e
(que)	tu	aim	es
(qu')	il	aim	e
(que)	ns	aim	ions
(que)	vs	aim	iez
(qu')	elles	aim	ent

imparfait

(que)	j'	aim	asse
(que)	tu	aim	asses
(qu')	elle	aim	ât
(que)	ns	aim	assions
(que)	vs	aim	assiez
(qu')	ils	aim	assent

passé

(que)	j'	aie	aimé
(que)	tu	aies	aimé
(qu')	elle	ait	aimé
(que)	ns	ayons	aimé
(que)	vs	ayez	aimé
(qu')	elles	aient	aimé

plus-que-parfait

(que)	j'	eusse	aimé
(que)	tu	eusses	aimé
(qu')	elle	eût	aimé
(que)	ns	eussions	aimé
(que)	vs	eussiez	aimé
(qu')	ils	eussent	aimé

INFINITIF

présent

aim er

passé

avoir aimé

PARTICIPE

présent

aim ant

passé

aimé, ée
ayant aimé

IMPÉRATIF

présent

aim e
aim ons
aim ez

passé

aie aimé
ayons aimé
ayez aimé

INDICATIF

présent			*passé composé*		
je	fin	is	j'	ai	fini
tu	fin	is	tu	as	fini
elle	fin	it	il	a	fini
ns	fin	issons	ns	avons	fini
vs	fin	issez	vs	avez	fini
ils	fin	issent	ils	ont	fini
imparfait			*plus-que-parfait*		
je	fin	issais	j'	avais	fini
tu	fin	issais	tu	avais	fini
il	fin	issait	elle	avait	fini
ns	fin	issions	ns	avions	fini
vs	fin	issiez	vs	aviez	fini
elles	fin	issaient	ils	avaient	fini
passé simple			*passé antérieur*		
je	fin	is	j'	eus	fini
tu	fin	is	tu	eus	fini
elle	fin	it	il	eut	fini
ns	fin	îmes	ns	eûmes	fini
vs	fin	îtes	vs	eûtes	fini
ils	fin	irent	elles	eurent	fini
futur simple			*futur antérieur*		
je	fin	irai	j'	aurai	fini
tu	fin	iras	tu	auras	fini
elle	fin	ira	il	aura	fini
ns	fin	irons	ns	aurons	fini
vs	fin	irez	vs	aurez	fini
ils	fin	iront	elles	auront	fini
conditionnel présent			*conditionnel passé*		
je	fin	irais	j'	aurais	fini
tu	fin	irais	tu	aurais	fini
elle	fin	irait	il	aurait	fini
ns	fin	irions	ns	aurions	fini
vs	fin	iriez	vs	auriez	fini
ils	fin	iraient	elles	auraient	fini

SUBJONCTIF

présent			
(que)	je	fin	isse
(que)	tu	fin	isses
(qu')	il	fin	isse
(que)	ns	fin	issions
(que)	vs	fin	issiez
(qu')	ils	fin	issent
imparfait			
(que)	je	fin	isse
(que)	tu	fin	isses
(qu')	elle	fin	ît
(que)	ns	fin	issions
(que)	vs	fin	issiez
(qu')	elles	fin	issent
passé			
(que)	j'	aie	fini
(que)	tu	aies	fini
(qu')	elle	ait	fini
(que)	ns	ayons	fini
(que)	vs	ayez	fini
(qu')	ils	aient	fini
plus-que-parfait			
(que)	j'	eusse	fini
(que)	tu	eusses	fini
(qu')	elle	eût	fini
(que)	ns	eussions	fini
(que)	vs	eussiez	fini
(qu')	ils	eussent	fini

INFINITIF

présent

fin ir

passé

avoir fini

PARTICIPE

présent

fin issant

passé

fini, ie
ayant fini

IMPÉRATIF

présent

fin is
fin issons
fin issez

passé

aie fini
ayons fini
ayez fini

INDICATIF						SUBJONCTIF			
présent			*passé composé*			*présent*			
j'	offr	e	j'	ai	offert	(que)	j'	offr	e
tu	offr	es	tu	as	offert	(que)	tu	offr	es
il	offr	e	elle	a	offert	(qu')	il	offr	e
ns	offr	ons	ns	avons	offert	(que)	ns	offr	ions
vs	offr	ez	vs	avez	offert	(que)	vs	offr	iez
elles	offr	ent	ils	ont	offert	(qu')	elles	offr	ent
imparfait			*plus-que-parfait*			*imparfait*			
j'	offr	ais	j'	avais	offert	(que)	j'	offr	isse
tu	offr	ais	tu	avais	offert	(que)	tu	offr	isses
elle	offr	ait	il	avait	offert	(qu')	elle	offr	ît
ns	offr	ions	ns	avions	offert	(que)	ns	offr	issions
vs	offr	iez	vs	aviez	offert	(que)	vs	offr	issiez
ils	offr	aient	elles	avaient	offert	(qu')	ils	offr	issent
passé simple			*passé antérieur*			*passé*			
j'	offr	is	j'	eus	offert	(que)	j'	aie	offert
tu	offr	is	tu	eus	offert	(que)	tu	aies	offert
il	offr	it	elle	eut	offert	(qu')	elle	ait	offert
ns	offr	îmes	ns	eûmes	offert	(que)	ns	ayons	offert
vs	offr	îtes	vs	eûtes	offert	(que)	vs	ayez	offert
elles	offr	îrent	ils	eurent	offert	(qu')	elles	aient	offert
futur simple			*futur antérieur*			*plus-que-parfait*			
j'	offr	irai	j'	aurai	offert	(que)	j'	eusse	offert
tu	offr	iras	tu	auras	offert	(que)	tu	eusses	offert
elle	offr	ira	il	aura	offert	(qu')	elle	eût	offert
ns	offr	irons	ns	aurons	offert	(que)	ns	eussions	offert
vs	offr	irez	vs	aurez	offert	(que)	vs	eussiez	offert
ils	offr	iront	elles	auront	offert	(qu')	ils	eussent	offert
conditionnel présent			*conditionnel passé*						
j'	offr	irais	j'	aurais	offert				
tu	offr	irais	tu	aurais	offert				
elle	offr	irait	il	aurait	offert				
ns	offr	irions	ns	aurions	offert				
vs	offr	iriez	vs	auriez	offert				
ils	offr	iraient	elles	auraient	offert				

INFINITIF	PARTICIPE	IMPÉRATIF
présent	*présent*	*présent*
offr ir	offr ant	offr e offr ons offr ez
passé	*passé*	*passé*
avoir offert	offert, te ayant offert	aie offert ayons offert ayez offert

INDICATIF

présent			*passé composé*		
je	reç	ois	j'	ai	reçu
tu	reç	ois	tu	as	reçu
elle	reç	oit	il	a	reçu
ns	rec	evons	ns	avons	reçu
vs	rec	evez	vs	avez	reçu
ils	reç	oivent	elles	ont	reçu
imparfait			***plus-que-parfait***		
je	rec	evais	j'	avais	reçu
tu	rec	evais	tu	avais	reçu
il	rec	evait	elle	avait	reçu
ns	rec	evions	ns	avions	reçu
vs	rec	eviez	vs	aviez	reçu
elles	rec	evaient	ils	avaient	reçu
passé simple			***passé antérieur***		
je	reç	us	j'	eus	reçu
tu	reç	us	tu	eus	reçu
elle	reç	ut	il	eut	reçu
ns	reç	ûmes	ns	eûmes	reçu
vs	reç	ûtes	vs	eûtes	reçu
ils	reç	urent	elles	eurent	reçu
futur simple			***futur antérieur***		
je	rec	evrai	j'	aurai	reçu
tu	rec	evras	tu	auras	reçu
il	rec	evra	elle	aura	reçu
ns	rec	evrons	ns	aurons	reçu
vs	rec	evrez	vs	aurez	reçu
elles	rec	evront	ils	auront	reçu
conditionnel présent			***conditionnel passé***		
je	rec	evrais	j'	aurais	reçu
tu	rec	evrais	tu	aurais	reçu
elle	rec	evrait	il	aurait	reçu
ns	rec	evrions	ns	aurions	reçu
vs	rec	evriez	vs	auriez	reçu
ils	rec	evraient	elles	auraient	reçu

SUBJONCTIF

présent			
(que)	je	reç	oive
(que)	tu	reç	oives
(qu')	il	reç	oive
(que)	ns	rec	evions
(que)	vs	rec	eviez
(qu')	ils	reç	oivent
imparfait			
(que)	je	reç	usse
(que)	tu	reç	usses
(qu')	elle	reç	ût
(que)	ns	reç	ussions
(que)	vs	reç	ussiez
(qu')	elles	reç	ussent
passé			
(que)	j'	aie	reçu
(que)	tu	aies	reçu
(qu')	elle	ait	reçu
(que)	ns	ayons	reçu
(que)	vs	ayez	reçu
(qu')	ils	aient	reçu
plus-que-parfait			
(que)	j'	eusse	reçu
(que)	tu	eusses	reçu
(qu')	elle	eût	reçu
(que)	ns	eussions	reçu
(que)	vs	eussiez	reçu
(qu')	elles	eussent	reçu

INFINITIF

présent

rec evoir

passé

avoir reçu

PARTICIPE

présent

rec evant

passé

reçu, e
ayant reçu

IMPÉRATIF

présent

reç ois
rec evons
rec evez

passé

aie reçu
ayons reçu
ayez reçu

5. RENDRE

INDICATIF

présent			*passé composé*		
je	rend	s	j'	ai	rendu
tu	rend	s	tu	as	rendu
elle	rend		elle	a	rendu
ns	rend	ons	ns	avons	rendu
vs	rend	ez	vs	avez	rendu
elles	rend	ent	ils	ont	rendu
imparfait			*plus-que-parfait*		
je	rend	ais	j'	avais	rendu
tu	rend	ais	tu	avais	rendu
il	rend	ait	il	avait	rendu
ns	rend	ions	ns	avions	rendu
vs	rend	iez	vs	aviez	rendu
elles	rend	aient	elles	avaient	rendu
passé simple			*passé antérieur*		
je	rend	is	j'	eus	rendu
tu	rend	is	tu	eus	rendu
elle	rend	it	elle	eut	rendu
ns	rend	îmes	ns	eûmes	rendu
vs	rend	îtes	vs	eûtes	rendu
ils	rend	irent	ils	eurent	rendu
futur simple			*futur antérieur*		
je	rend	rai	j'	aurai	rendu
tu	rend	ras	tu	auras	rendu
elle	rend	ra	il	aura	rendu
ns	rend	rons	ns	aurons	rendu
vs	rend	rez	vs	aurez	rendu
ils	rend	ront	elles	auront	rendu
conditionnel présent			*conditionnel passé*		
je	rend	rais	j'	aurais	rendu
tu	rend	rais	tu	aurais	rendu
elle	rend	rait	elle	aurait	rendu
ns	rend	rions	ns	aurions	rendu
vs	rend	riez	vs	auriez	rendu
ils	rend	raient	ils	auraient	rendu

SUBJONCTIF

présent			
(que)	je	rend	e
(que)	tu	rend	es
(qu')	il	rend	e
(que)	ns	rend	ions
(que)	vs	rend	iez
(qu')	ils	rend	ent
imparfait			
(que)	je	rend	isse
(que)	tu	rend	isses
(qu')	elle	rend	ît
(que)	ns	rend	issions
(que)	vs	rend	issiez
(qu')	elles	rend	issent
passé			
(que)	j'	aie	rendu
(que)	tu	aies	rendu
(qu')	elle	ait	rendu
(que)	ns	ayons	rendu
(que)	vs	ayez	rendu
(qu')	ils	aient	rendu
plus-que-parfait			
(que)	j'	eusse	rendu
(que)	tu	eusses	rendu
(qu')	elle	eût	rendu
(que)	ns	eussions	rendu
(que)	vs	eussiez	rendu
(qu')	ils	eussent	rendu

INFINITIF

présent

rend re

passé

avoir rendu

PARTICIPE

présent

rend ant

passé

rendu, ue
ayant rendu

IMPÉRATIF

présent

rend s
rend ons
rend ez

passé

aie rendu
ayons rendu
ayez rendu

INDICATIF		SUBJONCTIF
présent	*passé composé*	*présent*
je suis	j' ai été	(que) je sois
tu es	tu as été	(que) tu sois
elle est	elle a été	(qu') il soit
ns sommes	ns avons été	(que) ns soyons
vs êtes	vs avez été	(que) vs soyez
ils sont	ils ont été	(qu') elles soient
imparfait	*plus-que-parfait*	*imparfait*
j' étais	j' avais été	(que) je fusse
tu étais	tu avais été	(que) tu fusses
il était	il avait été	(qu') il fût
ns étions	ns avions été	(que) ns fussions
vs étiez	vs aviez été	(que) vs fussiez
elles étaient	elles avaient été	(qu') elles fussent
passé simple	*passé antérieur*	*passé*
je fus	j' eus été	(que) j' aie été
tu fus	tu eus été	(que) tu aies été
elle fut	elle eut été	(qu') elle ait été
ns fûmes	ns eûmes été	(que) ns ayons été
vs fûtes	vs eûtes été	(que) vs ayez été
ils furent	ils eurent été	(qu') elles aient été
futur simple	*futur antérieur*	*plus-que-parfait*
je serai	j' aurai été	(que) j' eusse été
tu seras	tu auras été	(que) tu eusses été
elle sera	il aura été	(qu') il eût été
ns serons	ns aurons été	(que) ns eussions été
vs serez	vs aurez été	(que) vs eussiez été
ils seront	elles auront été	(qu') elles eussent été
conditionnel présent	*conditionnel passé*	
je serais	j' aurais été	
tu serais	tu aurais été	
il serait	il aurait été	
ns serions	ns aurions été	
vs seriez	vs auriez été	
elles seraient	elles auraient été	

INFINITIF	PARTICIPE	IMPÉRATIF
présent	*présent*	*présent*
être	étant	sois soyons soyez
passé	*passé*	*passé*
avoir été	été (invariable) ayant été	aie été ayons été ayez été

7. AVOIR

INDICATIF		SUBJONCTIF
présent	*passé composé*	*présent*
j' ai	j' ai eu	(que) j' aie
tu as	tu as eu	(que) tu aies
il a	elle a eu	(qu') il ait
ns avons	ns avons eu	(que) ns ayons
vs avez	vs avez eu	(que) vs ayez
elles ont	ils ont eu	(qu') elles aient
imparfait	*plus-que-parfait*	*imparfait*
j' avais	j' avais eu	(que) j' eusse
tu avais	tu avais eu	(que) tu eusses
elle avait	il avait eu	(qu') elle eût
ns avions	ns avions eu	(que) ns eussions
vs aviez	vs aviez eu	(que) vs eussiez
ils avaient	elles avaient eu	(qu') ils eussent
passé simple	*passé antérieur*	*passé*
j' eus	j' eus eu	(que) j' aie eu
tu eus	tu eus eu	(que) tu aies eu
il eut	elle eut eu	(qu') elle ait eu
ns eûmes	ns eûmes eu	(que) ns ayons eu
vs eûtes	vs eûtes eu	(que) vs ayez eu
elles eurent	ils eurent eu	(qu') elles aient eu
futur simple	*futur antérieur*	*plus-que-parfait*
j' aurai	j' aurai eu	(que) j' eusse eu
tu auras	tu auras eu	(que) tu eusses eu
elle aura	il aura eu	(qu') elle eût eu
ns aurons	ns aurons eu	(que) ns eussions eu
vs aurez	vs aurez eu	(que) vs eussiez eu
ils auront	elles auront eu	(qu') ils eussent eu
conditionnel présent	*conditionnel passé*	
j' aurais	j' aurais eu	
tu aurais	tu aurais eu	
elle aurait	il aurait eu	
ns aurions	ns aurions eu	
vs auriez	vs auriez eu	
ils auraient	elles auraient eu	

INFINITIF	PARTICIPE	IMPÉRATIF
présent	*présent*	*présent*
avoir	ayant	aie ayons ayez
passé	*passé*	*passé*
avoir eu	eu, eue ayant eu	aie eu ayons eu ayez eu

8. ALLER

INDICATIF

présent		*passé composé*		
je	vais	je	suis	allé(e)
tu	vas	tu	es	allé(e)
elle	va	il (elle)	est	allé(e)
ns	allons	ns	sommes	allé(e)s
vs	allez	vs	êtes	allé(e)s
ils	vont	ils (elles)	sont	allé(e)s
imparfait		*plus-que-parfait*		
j'	allais	j'	étais	allé(e)
tu	allais	tu	étais	allé(e)
il	allait	il (elle)	était	allé(e)
ns	allions	ns	étions	allé(e)s
vs	alliez	vs	étiez	allé(e)s
elles	allaient	ils (elles)	étaient	allé(e)s
passé simple		*passé antérieur*		
j'	allai	je	fus	allé(e)
tu	allas	tu	fus	allé(e)
elle	alla	il (elle)	fut	allé(e)
ns	allâmes	ns	fûmes	allé(e)s
vs	allâtes	vs	fûtes	allé(e)s
ils	allèrent	ils (elles)	furent	allé(e)s
futur simple		*futur antérieur*		
j'	irai	je	serai	allé(e)
tu	iras	tu	seras	allé(e)
elle	ira	il (elle)	sera	allé(e)
ns	irons	ns	serons	allé(e)s
vs	irez	vs	serez	allé(e)s
ils	iront	ils (elles)	seront	allé(e)s
conditionnel présent		*conditionnel passé*		
j'	irais	je	serais	allé(e)
tu	irais	tu	serais	allé(e)
il	irait	il (elle)	serait	allé(e)
ns	irions	ns	serions	allé(e)s
vs	iriez	vs	seriez	allé(e)s
elles	iraient	ils (elles)	seraient	allé(e)s

SUBJONCTIF

présent			
(que)	j'	aille	
(que)	tu	ailles	
(qu')	il	aille	
(que)	ns	allions	
(que)	vs	alliez	
(qu')	elles	aillent	
imparfait			
(que)	j'	allass	e
(que)	tu	allass	es
(qu')	il	all	ât
(que)	ns	allass	ions
(que)	vs	allass	iez
(qu')	elles	allass	ent
passé			
(que)	je	sois	allé(e)
(que)	tu	sois	allé(e)
(qu')	elle	soit	allé(e)
(que)	ns	soyons	allé(e)s
(que)	vs	soyez	allé(e)s
(qu')	elles	soient	allé(e)s
plus-que-parfait			
(que)	je	fusse	allé(e)
(que)	tu	fusses	allé(e)
(qu')	il(elle)	fût	allé(e)
(que)	ns	fussions	allé(e)s
(que)	vs	fussiez	allé(e)s
(qu')	ils (elles)	fussent	allé(e)s

INFINITIF

présent

all er

passé

être allé(e)

PARTICIPE

présent

all ant

passé

allé(e)
étant allé(e)

IMPÉRATIF

présent

va
allons
allez

passé

sois allé(e)
soyons allé(e)s
soyez allé(e)s

INDICATIF		SUBJONCTIF
présent	*passé composé*	*présent*
je fais	j' ai fait	(que) je fasse
tu fais	tu as fait	(que) tu fasses
il fait	elle a fait	(qu') il fasse
ns faisons	ns avons fait	(que) ns fassions
vs faites	vs avez fait	(que) vs fassiez
elles font	ils ont fait	(qu') elles fassent
imparfait	*plus-que-parfait*	*imparfait*
je faisais	j' avais fait	(que) je fisse
tu faisais	tu avais fait	(que) tu fisses
elle faisait	il avait fait	(qu') elle fît
ns faisions	ns avions fait	(que) ns fissions
vs faisiez	vs aviez fait	(que) vs fissiez
ils faisaient	elles avaient fait	(qu') ils fissent
passé simple	*passé antérieur*	*passé*
je fis	j' eus fait	(que) j' aie fait
tu fis	tu eus fait	(que) tu aies fait
il fit	il eut fait	(qu') elle ait fait
ns fîmes	ns eûmes fait	(que) ns ayons fait
vs fîtes	vs eûtes fait	(que) vs ayez fait
elles firent	elles eurent fait	(qu') elles aient fait
futur simple	*futur antérieur*	*plus-que-parfait*
je ferai	j' aurai fait	(que) j' eusse fait
tu feras	tu auras fait	(que) tu eusses fait
il fera	il aura fait	(qu') elle eût fait
ns ferons	ns aurons fait	(que) ns eussions fait
vs ferez	vs aurez fait	(que) vs eussiez fait
elles feront	elles auront fait	(qu') elles eussent fait
conditionnel présent	*conditionnel passé*	
je ferai	j' aurais fait	
tu ferais	tu aurais fait	
il ferait	elle aurait fait	
ns ferions	ns aurions fait	
vs feriez	vs auriez fait	
elles feraient	ils auraient fait	

INFINITIF	PARTICIPE	IMPÉRATIF
présent	*présent*	*présent*
faire	fais ant	fais faisons faites
passé	*passé*	*passé*
avoir fait	fait, te ayant fait	aie fait ayons fait ayez fait

1 indicatif présent
2 indicatif imparfait
3 indicatif passé simple
4 indicatif futur
5 conditionnel présent
6 subjonctif présent
7 subjonctif imparfait
8 impératif
9 participes présent et passé

10 placer

1 je place, es, e, ez, ent, ns plaçons
2 je plaçais, ais, ait, aient, ns placions, iez
3 je plaçai, as, a, âmes, âtes ils placèrent
4 je placerai…
5 je placerais…
6 q. je place…
7 q. je plaçasse…
8 place, plaçons, placez
9 plaçant, placé

11 manger

1 je mange, es, e, ez, ent, ns mangeons
2 je mangeais, s, t, ent, ns mangions, iez
3 je mangeai, as, a, âmes, âtes ils mangèrent
4 je mangerai…
5 je mangerais…
6 q. je mange…
7 q. je mangeasse…
8 mange, mangeons, mangez
9 mangeant, mangé

12 céder

1 je cède, es, e, ent, ns cédons, ez
2 je cédais…
3 je cédai…
4 je céderai *ou* cèderai…
5 je céderais *ou* cèderais…
6 q. je cède, es, e, ent q. ns cédions, iez
7 q. je cédasse…
8 cède, cédons, cédez
9 cédant, cédé

13 siéger

1 je siège, es, e, ent, ns siégeons, ez
2 je siégeais, eais, eait, eaient ns siégions, iez
3 je siégeai…
4 je siégerai *ou* siègerai…
5 je siégerais *ou* siègerais…
6 q. je siège…
7 q. je siégeasse…
8 siège, siégeons, siégez
9 siégeant, siégé

14 répéter

1 je répète, es, e, ent, ns répétons, ez
2 je répétais…
3 je répétai…
4 je répéterai *ou* répèterai
5 je répéterais *ou* répèterais
6 q. je répète, es, e, ent q ns. répétions, iez
7 q. je répétasse…
8 répète, répétons, ez
9 répétant, répété

15 lever

1 je lève, es, e, ent, ns levons, ez
2 je levais…
3 je levai…
4 je lèverai…
5 je lèverais…
6 q. je lève, es, e, ent q. ns levions, iez
7 q. je levasse…
8 lève, levons, ez
9 levant, levé

16 geler

1 je gèle, es, e, ent, ns gelons, ez
2 je gelais…
3 je gelai…
4 je gèlerai…
5 je gèlerais…
6 q. je gèle, es, e, ent q. ns gelions, iez
7 q. je gelasse…
8 gèle, gelons, gelez
9 gelant, gelé

17 acheter

1 j'achète, es, e, ent, ns achetons, ez
2 j'achetais…
3 j'achetai…
4 j'achèterai…
5 j'achèterais
6 q. j'achète, es, e, ent q. ns achetions, iez
7 q. j'achetasse…
8 achète, achetons, ez
9 achetant, acheté

18 appeler

1 j'appelle, es, e, ent, ns appelons, ez
2 j'appelais…
3 j'appelai…
4 j'appellerai…
5 j'appellerais…
6 q. j'appelle, es, e, ent q. ns appellions, iez
7 q. j'appelasse…
8 appelle, appelons, ez
9 appelant, appelé

19 jeter

1 je jette, es, e, ent, ns jetons, ez
2 je jetais…
3 je jetai…
4 je jetterai…
5 je jetterais…
6 q. je jette, es, e, ent q. ns jetions, iez
7 q. je jetasse…
8 jette, jetons, jetez
9 jetant, jeté

20 payer

1 je paie, es, e, ent ou je paye, es, e, ent, ns payons, ez
2 je payais…
3 je payai…

4 je paierai ou je payerai…
5 je paierais ou je payerais…
6 q. je paie, es, e, ent ou
q. je paye, es, e, ent,
q. ns payions, iez
7 q. je payasse…
8 paie ou paye, payons,
payez
9 payant, payé

21 essuyer

1 j'essuie, es, e, ent,
ns essuyons, ez
2 j'essuyais…
3 j'essuyai…
4 j'essuierai…
5 j'essuierais…
6 q. j'essuie, es, e, ent
q. ns essuyions, iez
7 q. j'essuyasse…
8 essuie, essuyons, ez
9 essuyant, essuyé

22 employer

1 j'emploie, es, e, ent,
ns employons, ez
2 j'employais…
3 j'employai…
4 j'emploierai…
5 j'emploierais…
6 q. j'emploie, es, e, ent
q. ns employions, iez
7 q. j'employasse…
8 emploie, employons, ez
9 employant, employé

23 envoyer

1 j'envoie, es, e, ent,
ns envoyons, ez
2 j'envoyais…
3 j'envoyai…
4 j'enverrai…
5 j'enverrais…
6 q. j'envoie, es, e, ent
q. ns envoyions, iez
7 q. j'envoyasse…
8 envoie, envoyons, ez
9 envoyant, envoyé

24 haïr

1 je hais, s, t,
ns haïssons, ez, ent
2 je haïssais…
3 je hais, s, t
ns haïmes, haïtes, haïrent
4 je haïrai…
5 je haïrais…
6 q. je haïsse, es, e…
7 q. je haïsse, es, t…
8 hais, haïssons, haïssez
9 haïssant, haï

25 courir

1 je cours…
2 je courais…
3 je courus…
4 je courrai…
5 je courrais…
6 q. je coure…
7 q. je courusse…
8 cours, courons, courez
9 courant, couru

26 cueillir

1 je cueille, es, e,
ns cueillons, ez, ent
2 je cueillais…
3 je cueillis…
4 je cueillerai…
5 je cueillerais…
6 q. je cueille…
7 q. je cueillisse…
8 cueille, cueillons,
cueillez
9 cueillant, cueilli

27 assaillir

1 j'assaille, es, e,
ns assaillons, ez, ent
2 j'assaillais…
3 j'assaillis…
4 j'assaillirai…
5 j'assaillirais…
6 q. j'assaille…
7 q. j'assaillisse…
8 assaille, ons, ez
9 assaillant, assailli

28 fuir

1 je fuis, s, t, ent,
ns fuyons, ez
2 je fuyais…
3 je fuis…
4 je fuirai…
5 je fuirais…
6 q. je fuie, es, e, ent
q. ns fuyions, iez
7 q. je fuisse…
8 fuis, fuyons, fuyez
9 fuyant, fui

29 partir

1 je pars, tu pars, il part,
ns partons, tez, tent
2 je partais…
3 je partis…
4 je partirai
5 je partirais…
6 q. je parte…
7 q. je partisse…
8 pars, partons, partez
9 partant, parti

30 bouillir

1 je bous, s, t,
ns bouillons, ez, ent
2 je bouillais…
3 je bouillis…
4 je bouillirai…
5 je bouillirais…
6 q. je bouille…
7 q. je bouillisse…
8 bous, bouillons, bouillez
9 bouillant, bouilli

31 couvrir

1 je couvre, es, e,
ns couvrons, ez, ent
2 je couvrais…
3 je couvris…
4 je couvrirai…
5 je couvrirais…
6 q. je couvre, es, e, ent
q. ns couvrions, iez
7 q. je couvrisse…
8 couvre, ons, ez
9 couvrant, couvert

32 vêtir

1 je vêts, tu vêts, il vêt,
ns vêtons, ez, ent
2 je vêtais
3 je vêtis…
4 je vêtirai…
5 je vêtirais…
6 q. je vête…
7 q. je vêtisse…
8 vêts, vêtons, vêtez
9 vêtant, vêtu

1 indicatif présent
2 indicatif imparfait
3 indicatif passé simple
4 indicatif futur
5 conditionnel présent
6 subjonctif présent
7 subjonctif imparfait
8 impératif
9 participes présent et passé

33 mourir

1 je meurs, s, t, ent
ns mourons, ez
2 je mourais…
3 je mourus…
4 je mourrai…
5 je mourrais…
6 q. je meure…
7 q. je mourusse…
8 meurs, mourons, mourez
9 mourant, mort

34 acquérir

1 j'acquiers, s, t, ent,
ns acquérons, ez
2 j'acquérais…
3 j'acquis…
4 j'acquerrai…
5 j'acquerrais…
6 q. j'acquière, es, e, ent
q. ns acquérions, iez
7 q. j'acquisse…
8 acquiers, acquérons, ez
9 acquérant, acquis

35 venir

1 je viens, s, t, nent,
nous venons, ez
2 je venais…
3 je vins…
4 je viendrai…
5 je viendrais…
6 q. je vienne, es, e, ent
q. ns venions, iez
7 q. je vinsse…
8 viens, venons, venez
9 venant, venu

36 gésir

• **verbe défectif**
1 je gis, tu gis, il gît *ou* git,
ns gisons, ez, ent
2 je gisais…
9 gisant

37 ouïr

1 j'ois, s, t,
ns oyons, ez, ent
2 j'oyais…
3 j'ouïs…
4 j'ouïrai…
5 j'ouïrais…
6 q. j'oie, es, ent
q. ns oyions, iez
7 q. j'ouïsse…
8 ois, oyons, oyez
9 oyant, ouï

38 pleuvoir

1 il pleut
ils pleuvent
2 il pleuvait
ils pleuvaient
3 il plut
ils plurent
4 il pleuvra
ils pleuvront
5 il pleuvrait
ils pleuvraient
6 qu'il pleuve
qu'ils pleuvent
7 qu'il plût
qu'ils plussent
8 (inusité)
9 pleuvant, plu

39 pourvoir

1 je pourvois, s, t, ent,
ns pourvoyons, ez
2 je pourvoyais…
3 je pourvus…
4 je pourvoirai…
5 je pourvoirais…
6 q. je pourvoie, es, e, ent
q. ns pourvoyions, iez
7 q. je pourvusse…
8 pourvois, pourvoyons, ez
9 pourvoyant, pourvu

40 asseoir *ou* assoir

1 j'assieds, ds, d,
ns asseyons, ez, ent
ou j'assois, s, t, ent,
ns assoyons, ez
2 j'asseyais
ou j'assoyais…
3 j'assis…
4 j'assiérai…
ou j'assoirai…
5 j'assierais…
ou j'assoirais…
6 q. j'asseye, es, e, ent
ou q. j'assoie, es, e, ent,
q. ns assoyions, iez
7 q. j'assisse…
8 assieds, asseyons, ez
ou assois, assoyons, ez
9 asseyant *ou* assoyant, assis

41 prévoir

1 je prévois, s, t, ent,
ns prévoyons, ez
2 je prévoyais…
3 je prévis…
4 je prévoirai…
5 je prévoirais…
6 q. je prévoie, es, e, ent
q. ns prévoyions, iez
7 q. je prévisse…
8 prévois, prévoyons, ez
9 prévoyant, prévu

42 mouvoir

1 je meus, s, t, vent,
ns mouvons, ez
2 je mouvais…
3 je mus, s, t, rent
ns mûmes, tes
4 je mouvrai…
5 je mouvrais…
6 q. je meuve, es, e, ent
q. ns mouvions, iez
7 q. je musse…
8 meus, mouvons, ez
9 mouvant, mû

43 recevoir

1 je reçois, s, t, vent,
ns recevons, ez
2 je recevais…
3 je reçus…
4 je recevrai…
5 je recevrais…
6 q. je reçoive, es, e, ent
q. ns recevions, iez
7 q. je reçusse…
8 reçois, recevons, ez
9 recevant, reçu

44 valoir/prévaloir

1 je vaux, x, t
vs valons, ez, ent
2 je valais…
3 je valus…
4 je vaudrai…
5 je vaudrais…
6 q. je vaille, es, e, ent,
q. ns valions, iez
(q. je prévale, es, e,
ions, iez, ent)
7 q. je valusse
8 vaux, valons, valez
9 valant, valu

45 voir

1 je vois, s, t, ent,
ns voyons, ez
2 je voyais…
3 je vis…
4 je verrai…
5 je verrais…
6 q. je voie, es, e, ent
q. ns voyions, iez
7 q. je visse…
8 vois, voyons, voyez
9 voyant, vu

46 savoir

1 je sais, s, t,
ns savons, ez, ent
2 je savais…
3 je sus…
4 je saurai…
5 je saurais…
6 q. je sache…
7 q. je susse…
8 sache, sachons, sachez
9 sachant, su

47 vouloir

1 je veux, x, t, veulent,
ns voulons, ez
2 je voulais…
3 je voulus…
4 je voudrai…
5 je voudrais…
6 q. je veuille, es, e, ent
q. ns voulions, iez
7 q. je voulusse…
8 veux (veuille), voulions,
voulez (veuillez)
9 voulant, voulu

48 pouvoir

1 je peux, x, t, peuvent,
ns pouvons, ez
2 je pouvais…
3 je pus…
4 je pourrai…
5 je pourrais…
6 q. je puisse…
7 q. je pusse
8 **(Inusité)**
9 pouvant, pu

49 falloir

1 il faut
2 il fallait
3 il fallut
4 il faudra
5 il faudrait
6 qu'il faille
7 qu'il fallût
8 **(Inusité)**
9 **le p. présent n'existe pas**
fallu

50 déchoir

1 je déchois, s, t, ent,
ns déchoyons, ez
2 je déchoyais…
3 je déchus…
4 je décherrai…
5 je décherrais…
6 q. je déchoie, es, e, ent
q. ns déchoyions, iez
7 q. je déchusse
8 déchois, déchoyons, ez
9 **le p. présent de déchoir n'existe pas**
(**mais :** échéant) déchu

51 résoudre

1 je résous, s, t,
ns résolvons, ez, ent
2 je résolvais…
3 je résolus…
(absoudre **et** dissoudre
n'ont pas de passé simple)
4 je résoudrai…
5 je résoudrais…
6 q. je résolve…
7 q. je résolusse
8 résous, résolvons, ez
9 résolvant, résolu
(**mais :** absous *ou*
absout/oute, dissous
ou dissout/oute)

52 boire

1 je bois, s, t, vent,
ns buvons, ez
2 je buvais…
3 je bus…
4 je boirai…
5 je boirais…
6 q. je boive, es, e, ent
q. ns buvions, iez
7 q. je busse…
8 bois, buvons, buvez
9 buvant, bu

53 clore

1 je clos, os, ôt,
ns closons, ez, ent
2 **(Inusité)**
3 **(Inusité)**
4 je clorai…
5 je clorais…
6 q. je close…
7 **(Inusité)**
8 clos
9 closant, clos

54 conclure

1 je conclus, s, t,
ns concluons, ez, ent
2 je concluais…
3 je conclus…
4 je conclurai…
5 je conclurais…
6 q. je conclue…
7 q. je conclusse…
8 conclus, concluons, ez
9 concluant,
conclu (**mais :** inclus)

55 paraître *ou* paraitre

1 je parais, s,
ssons, ssez, ssent,
il paraît *ou* parait
2 je paraissais…
3 je parus…
4 je paraîtrai *ou* paraitrai…
5 je paraîtrais *ou* paraitrais…
6 q. je paraisse…
7 q. je parusse…
8 parais, ssons, ssez
9 paraissant, paru

1 indicatif présent
2 indicatif imparfait
3 indicatif passé simple
4 indicatif futur
5 conditionnel présent
6 subjonctif présent
7 subjonctif imparfait
8 impératif
9 participes présent et passé

56 coudre

1 je couds, s, d,
ns cousons, ez, ent
2 je cousais…
3 je cousis…
4 je coudrai…
5 je coudrais…
6 q. je couse…
7 q. je cousisse…
8 couds, cousons, cousez
9 cousant, cousu

57 craindre

1 je crains, s, t
ns craignons, ez, ent
2 je craignais…
3 je craignis…
4 je craindrai…
5 je craindrais…
6 q. je craigne…
7 q. je craignisse…
8 crains, craignons, ez
9 craignant, craint

58 croire

1 je crois, s, t, ent
ns croyons, ez
2 je croyais…
3 je crus…
4 je croirai…
5 je croirais…
6 q. je croie…
7 q. je crusse…
8 crois, croyons, croyez
9 croyant, cru

59 croître *ou* croitre

1 je croîs, s, t,
ns croissons, ez, ent
2 je croissais…
3 je crûs…
4 je croîtrai *ou* croitrai…
5 je croîtrais *ou* croitrais…
6 q. je croisse…
7 q. je crûsse…
8 croîs, croissons, ez
9

60 médire

1 je médis, s, t, ent,
ns médisons, ez
(mais : vous dites,
vous redites)
2 je médisais…
3 je médis…
4 je médirai…
5 je médirais…
6 q. je médise, es, e, ent
q. ns médisions, iez
7 q. je médisse…
8 médis, médisons, ez
(mais : dites, redites)
9 médisant, médit

61 écrire

1 j'écris, s, t,
ns écrivons, ez, ent
2 j'écrivais…
3 j'écrivis…
4 j'écrirai…
5 j'écrirais…
6 q. j'écrive…
7 q. j'écrivisse…
8 écris, écrivons, ez
9 écrivant, écrit

62 joindre

1 je joins, s, t,
ns joignons, ez, ent
2 je joignais…
3 je joignis…
4 je joindrai…
5 je joindrais…
6 q. je joigne…
7 q. je joignisse…
8 joins, joignons, ez
9 joignant, joint

63 lire

1 je lis, s, t,
ns lisons, ez, ent
2 je lisais…
3 je lus…
4 je lirai…
5 je lirais…
6 q. je lise…
7 q. je lusse…
8 lis, lisons, lisez
9 lisant, lu

64 mettre

1 je mets, ts, t,
ns mettons, ez, ent
2 je mettais…
3 je mis…
4 je mettrai…
5 je mettrais…
6 q. je mette…
7 q. je misse…
8 mets, mettons, mettez
9 mettant, mis

65 moudre

1 je mouds, ds, d,
nous moulons, ez, ent
2 je moulais…
3 je moulus…
4 je moudrai…
5 je moudrais…
6 q. je moule…
7 q. je moulusse…
8 mouds, moulons, moulez
9 moulant, moulu

66 naître *ou* naitre

1 je nais, nais, naît *ou* nait,
ns naissons, ez, ent
2 je naissais…
3 je naquis…
4 je naîtrai *ou* naitrai…
5 je naîtrais *ou* naitrais…
6 q. je naisse…
7 q. je naquisse…
8 nais, naissons, ez
9 naissant, né

67 conduire

1 je conduis…
2 je conduisais…
3 je conduisis…
4 je conduirai…

5 je conduirais…
6 q. je conduise…
7 q. je conduisisse…
8 conduis, sons, sez
9 conduisant,
conduit (**mais** : lui, nui)

68 plaire

1 je plais, s, il plaît *ou* plait,
(mais : il tait)
ns plaisons, ez, ent
2 je plaisais…
3 je plus…
4 je plairai…
5 je plairais…
6 q. je plaise…
7 q. je plusse…
8 plais, plaisons, plaisez
9 plaisant, plu

69 peindre

1 je peins, s, t,
ns peignons, ez, ent
2 je peignais…
3 je peignis…
4 je peindrai…
5 je peindrais…
6 q. je peigne…
7 q. je peignisse…
8 peins, peignons, ez
9 peignant, peint

70 prendre

1 je prends, ds, d,
ns prenons, ez, ils prennent
2 je prenais…
3 je pris…
4 je prendrai…
5 je prendrais…
6 q. je prenne…
7 q. je prisse
8 prends, prenons, ez
9 prenant, pris

71 attendre

1 j'attends, ds, d,
ns attendons, ez, ent
2 j'attendais…
3 j'attendis…
4 j'attendrai…
5 j'attendrais…
6 q. j'attende…
7 q. j'attendisse…
8 attends, ons, ez
9 attendant, attendu

72 rire

1 je ris, s, t,
ns rions, ez, ent
2 je riais, ais, ait, aient,
ns riions, riiez
3 je ris, s, t,
ns rîmes, rîtes, rirent
4 je rirai…
5 je rirais…
6 q. je rie, es, e, ent,
q. ns riions, riiez
7 q. je risse, isses, ît,
q. ns rissions, ssiez, ssent
8 ris, rions, riez
9 riant, ri

73 suivre

1 je suis, suis, suit,
ns suivons, ez, ent
2 je suivais…
3 je suivis…
4 je suivrai…
5 je suivrais…
6 q. je suive…
7 q. je suivisse…
8 suis, suivons, ez
9 suivant, suivi

74 traire

1 je trais, s, t, ent,
ns trayons, ez
2 je trayais…
3 **(Inusité)**
4 je trairai…
5 je trairais…
6 q. je traie, es, e, ent
q. ns trayions, iez
7 **(Inusité)**
8 trais, trayons, ez
9 trayant, trait

75 vaincre

1 je vaincs, cs, c,
ns vainquons, ez, ent
2 je vainquais…
3 je vainquis…
4 je vaincrai…
5 je vaincrais…
6 q. je vainque…
7 q. je vainquisse…
8 vaincs, vainquons, ez
9 vainquant, vaincu

76 vivre

1 je vis, s, t,
ns vivons, ez, ent
2 je vivais…
3 je vécus…
4 je vivrai…
5 je vivrais…
6 q. je vive…
7 q. je vécusse…
8 vis, vivons, ez
9 vivant, vécu

77 battre

1 je bats, ts, t
ns battons, tez, tent
2 je battais…
3 je battis…
4 je battrai…
5 je battrais…
6 q. je batte…
7 q. je battisse…
8 bats, battons, battez
9 battant, battu

78 rompre

1 je romps, ps, pt,
ns rompons, ez, ent
2 je rompais…
3 je rompis…
4 je romprai…
5 je romprais…
6 q. je rompe…
7 q. je rompisse…
8 romps, rompons, ez
9 rompant, rompu

79 suffire

1 je suffis, s, t,
ns suffisons, ez, ent
2 je suffisais…
3 je suffis…
4 je suffirai…
5 je suffirais…
6 q. je suffise…
7 q. je suffisse…
8 suffis, suffisons, ez
9 suffisant,
suffi (**mais** : confit,
déconfit, frit, circoncis)